KÖRPER

PSYCHO

THERAPIE

oder

Die Kunst der Begegnung

Bernhard Maul (Hrsg.)

Vorwort des Herausgebers

Lieber Leser

Ich freue mich, Ihnen dieses aus einer Zusammenarbeit mit der Europäischen Gesellschaft für Körperpsychotherapie entstandene Lesebuch zur gegenwärtigen Körperpsychotherapie in Europa vorlegen zu können. Wir schauen nun auf eine 60jährige Tradition in der Körpertherapie und Körperpsychotherapie zurück, die einen Baum mit vielen Stämmen, Ästen, Verzweigungen, Zweiglein, aber leider auch einigen Mißbildungen (wie überall) erzeugte. Zeit also für ein Zurücktreten und den Blick aufs Ganze, Zeit also für eine Zusammenschau, die seit 1987 auf den alle zwei Jahre stattfindenden Kongressen der Europäischen Gesellschaft für Körperpsychotherapie immer besser geleistet wird und sich nun auch in diesem Reader ausdrückt, der auf dem letzen Kongreß 1991 in Lindau/Bodensee aufbaut.

Neben dieser meiner deutschen Übersetzung liegen auch die englischen Originalfassungen in Buchform im gleichen Verlag unter dem Titel "Bodypsychotherapy or The Art of Contact" vor.

Danksagung

Ich möchte an dieser Stelle allen Autoren dieses Buches für die bereitwillige Überlassung und großenteils weitere Ausarbeitung ihrer Vorträge in Lindau zu Artikeln von hohem wissenschaftlichem Wert aber gleichzeitig verständlicher Sprache herzlich danken und möchte jene, die ich in meinem Bestreben den Reader rasch fertigzustellen, manchmal ein wenig unter Zeitdruck stellte, hier nochmals um Verzeihung bitten. Danken möchte ich vor allem auch meinem Lehrer David Boadella für seine Ermunterungen und Matthew Speyer für seine mich bei unseren Telefongesprächen immer wieder erreichende positive Atmosphäre. Dank auch allen anderen, die mir in diesen äußerst arbeitsamen Monaten immer wieder das Wunder des kleinen Zuspruchs gewährten, das immer wieder mein Herz wohltuend öffnete und aus der Arbeit freudige Arbeit werden ließ. Wenn dies geschah, fiel mir immer wieder ein Satz von David ein: "Ein Gramm Kontakt ist mehr als eine Tonne Energie". Vielen Dank auch an meinen Freund Thomas Stoehr, der mir beständig auch an Wochenenden hilfreich unter die Arme griff und an die Leute bei der Druckerei Theta Berlin, die über das Geschäftliche hinaus stets freundlich auf meine Sonderwünsche eingingen. Dankeschön auch jenen, die ich hier nicht erwähnen konnte.

Bernhard Maul, Berlin im Juni 1992

Inhalt

Matthew Speyer (Deutschland)
Willkommen — 6
David Boadella (England)
Worte - Körper - Übertragung — 9
Barbara Andriello & Alison Duguid (Italien)
Kontakt in der Funktionalen Gruppentherapie — 16
Marianne Bentzen (Dänemark)
Intimität, Sexualität und Grenzen in der Körperpsychotherapie — 22
Björn Blumenthal (Norwegen)
Ganzkörperberührung — 25
Peter Bolen (Österreich)
Übertragungsheilungen in der Körperpsychotherapie — 35
Katherine Brown (Italien)
Die Vernachlässigung der Seele und des Femininen in der
Körperpsychotherapie — 37
Malcolm Brown (Schweiz)
Das patriarchale Ego in der Rolle des Körperpsychotherapeuten — 52
Olivia Candotti (Italien)
Sado-Masochismus neu betrachtet — 62
Jose Alberto Cotta (Brasilien)
Gegenübertragung — 77
Esther Frankel (Portugal)
Die Transsomatische Erfahrung — 84
Dorothea Fuckert (Deutschland)
Psychiatrische Orgontherapie — 87
Teresa Ginis (Griechenland)
Ein Fall von Hysterie — 107
Rolf Grönseth (Norwegen)
Worte - Berührung - Übertragung — 128
Arnt W.Halsen (Norwegen)
Körperorientierte Milieutherapie in der Kinderpsychiatrie — 150
Michel Heller (Schweiz)
Unbewußte Kommunikation — 163
Oskar Holzberg (Deutschland)
Konkretisation — 190
Sander Kirsch (Belgien)
Ich, Du und Sie - Analytische Prozesse in der Körperpsychotherapie — 204
Clorinda L.Kotulas (Griechenland)
Körperarbeit mit Jugendlichen — 217
Ljiljana Klisic (Jugoslawien)
Das Orgasmus-Konzept — 223

Jerome Liss (Italien)
Wenn eine Gruppe beginnt 226
Eleonora Magrassi (Italien)
Die Übertragung in der Funktionalen Therapie mit Kindern 263
Lisbeth Marcher & Peter Levine (Dänemark)
Entwicklungstrauma und Schocktrauma 273
Yvonne Maurer (Schweiz)
Körperzentrierte Psychotherapie 291
Richard Meyer (Frankreich)
Richtige Präsenz 299
Lois Reiersol (Norwegen)
Liebe-Wut-Furcht-Trauer; 317
Luciano Rispoli (Italien)
Das Hilfs-Ich 319
Anna Baldini & Massimo Rosselli (Italien)
Der Körper und die Psychosynthese 328
Henri Saigre (Frankreich)
Maskentherapie 340
Christiane Schleidt (Deutschland)
Übertragung und Gegenübertragung als Spiel 344
Joachim Vieregge (Deutschland)
Ki-energetische Therapie und Charakterstrukturen 348
Andreas Wehowsky (Deutschland)
Übertragung und Transmission 358
Halko Weiss (Deutschland)
Die heilende Beziehung 378

Anhang
Entschließungen der EABP 383

Eröffnung durch den Vorsitzenden des Planungskomitees

WILLKOMMEN

von **Matthew Speyer**, Göttingen (Deutschland)

Meine Damen und Herren,

ich freue mich, den ***III. Europäischen Kongreß für Körperpsychotherapie*** offiziell zu eröffnen und begrüße Euch alle, die Ihr aus ganz Europa und Amerika angereist seid, um heute auf der Insel von Lindau zusammenzukommen.

Dieser Kongreß, der dritte in Folge, hat die bisher meisten Teilnehmer und Präsentationen. Das ist ein gutes Zeichen für die dynamische Entwicklung unseres Berufsfeldes.

Ich danke Euch, daß Ihr hier seid. Es ist nicht so einfach - man muß eingeladen werden, nicht nur Kongreßgebühr, sondern auch Hotel- und Reisekosten bezahlen und eine Woche lang seine Arbeit ruhen lassen. Dazu bedeutet der Kongreß, fast eine Woche Englisch zu sprechen, obwohl das für die meisten von Euch nicht die Muttersprache ist. Jetzt liegt es an uns *allen*, den kommenden Tagen einen Wert zu geben.

Ich glaube, daß das, was diese Tage wertvoll machen wird, unsere ***Ehrlichkeit*** ist. Die Ehrlichkeit, nicht nur über unsere Ideale, sondern auch darüber, wie die Praxis wirklich ist, zu sprechen. Sich zu treffen in Ehrlichkeit. Vielleicht ein hohes Ideal - aber eines, das unserem Arbeitsfeld Stärke geben wird und sicherstellt, daß es lebt und wächst.

Den Kongreß zu planen bedeutete zwei Jahre harte Arbeit und ich möchte allen danken, die daran beteiligt waren. Ich möchte den Mitgliedern des Vorstands danken (die solches Vertrauen in den Kongreß hatten, daß sie persönlich das Risiko finanzieller Verluste übernahmen). Ich möchte dem Planungskomitee für unsere lebhaften und kreativen Treffen in Göttingen, Hamburg und Paris danken. Außerdem dem Auswahlkomitee für die schwierige Aufgabe, die Präsentationen dieses Kongresses auszuwählen. Ich möchte auch dem Künstler für seinen Beitrag zu diesem Kongreß danken und allen Mitgliedern des Mitgliederkomitees, des Ethikkomitees, des Publikationskomitees und des Internationalen Komitees für ihre individuellen Beiträge zu der Entwicklung unserer Gesellschaft. Und außerdem besonders jenen, die diesem Kongreß seine Substanz und seinen Inhalt geben: Den Plenumsrednern und -rednerinnen und den Vortragenden für ihre Arbeit und das Mitteilen ihres Wissens und ihrer Erfahrung. Letztlich dem Kongreßorganisator und seinem Team für die komplexen Aufgaben der Koordinierung auf internationaler Ebene. Wenn Ihr in den nächsten Tagen irgendwelche Fragen oder Probleme organisatorischer Natur habt, wendet Euch an ihn - ich habe wirklich sehr viel Spaß an unserer Zusammenarbeit gehabt (Wendung an Ulrich Fleck, Kongreßbüro

Göttingen).

Der Kongreß ist wichtig aus mehreren Gründen:

1. Wir sind dabei, eine Tradition der Diskussion und Reflexion über die Körperpsychotherapie in einem weiten Rahmen zu etablieren. Hier ist die Dokumentation unserer Arbeit von Bedeutung, als Basis für eine weitere Entwicklung. Wir planen einen detaillierten Kongreßbericht und arbeiten an einer Struktur der Videodokumentation, die eventuell beim IV.Kongreß im September 1993 eingesetzt werden wird.

2. Der Kongreß ist politisch wichtig. Um auf europäischer Ebene überhaupt irgendeinen politischen Einfluß haben zu können, müssen wir zusammenarbeiten. Mit dem sich rasch entwickelnden europäischen Markt wird auch die europäische Ebene für die legale Situation der Körperpsychotherapie immer bedeutsamer.

3. Das Kongreßthema soll unseren Diskussionen einen Fokus geben:

"Wörter, Berührung und Übertragung.
Aspekte der therapeutischen Beziehung."

In der Kongreßeinladung schrieb ich: "Obwohl Methoden, Techniken und Regeln die therapeutische Beziehung gestalten und kanalisieren, und helfen, daß diese Beziehung unseren therapeutischen Zielen dient, bleibt es im Kern eine tiefe menschliche Begegnung."
Ein Teil der Faszination, die ich in unserer Arbeit erlebe, ist genau diese duale Natur der therapeutischen Beziehung. Einerseits zielorientierte, theoriegeleitete, komplexe *Aktivität*, andererseits die einfache Begegnung. Diese duale Natur unserer Arbeit wird in den Vorträgen und Seminaren der kommenden Tage reflektiert werden und ebenso das sehr wichtige implizite, stillschweigend immer mitschwingende Kongreßthema: Gegenübertragung.
Gegenübertragung konfrontiert uns mit uns selber und fordert uns heraus, *unser* energetisches, emotionales, kognitives und körperliches Geschehen in Beziehung zu unseren Klienten, Patienten und Auszubildenden zu erforschen.
Einer der Vorteile der Körperpsychotherapie liegt in der *Flexibilität* der therapeutischen Beziehung. Diese Flexibilität entstand aus den reichen historischen Wurzeln, besonders von Wilhelm Reich her, aber auch aus der psychodynamischen Tradition, Freud und Jung, der humanistischen Tradition und auch den kognitiven und systemischen Ansätzen sowie den spirituellen Strömungen (natürlich sind diese und andere Einflüsse mehr oder weniger stark repräsentiert in den verschiedenen Schulen).

Insoweit als wir über die Jahre die Fäghigkeit entwickelt haben, diese Ursprünge zu *integrieren* (und nicht nur zu mischen), haben wir eine außerordentlich *flexible* Form der therapeutischen Beziehung entwickelt. Wir können sowohl verbal als auch direkt und indirekt mit dem Körper arbeiten. Wir können die therapeutische Beziehung *selbst* als Instrument benutzen oder eher als Grundlage für weitere Interventionen. Wir sind fähig, mit Distanz und Nähe sowohl körperlich als auch psychisch zu arbeiten. Wir können mit dem Körper symbolisch, somatisch und energetisch arbeiten. Dies sind nur einige Beispiele. Profitieren können wir alle von dieser Flexibilität durch Respekt für die Vielfalt der unterschiedlichen Ansätze, die wir mitbringen, und die Bereitschaft, voneinander zu lernen.

Ich glaube, daß die Psychotherapie in der Zukunft flexibel und integrativ sein wird und dadurch fähig, auf den zunehmend schnelleren kulturellen und sozialen Wandel zu reagieren und sich mit ihm zu entwickeln. Darüber sollten wir uns im klaren sein, während wir in den nächsten Tagen die Grenzen unseres Arbeitsfeldes definieren.

Nun, dies sind einige Gründe für die Wichtigkeit unseres Kongresses. Aber, wo Arbeit ist, ist auch Vergnügen: Deswegen wünsche ich Euch allen während der Einführung heute nachmittag, dem Willkommenstrunk, dem Get-Together-Abendessen, den Warming-Ups und Vorträgen, den Diskussionen und Präsentationen, den Parties und privaten Gesprächen, den Nächten und sogar während der politischen Diskussionen der Mitgliederversammlung eine Zeit voller Freude und Genuß.

Ich danke Euch.

* * * * *

Matthew Speyer ist Vorstandsmitglied der Europäischen Gesellschaft für Körperpsychotherapie. Er arbeitet als Therapeut in Integrativer Biodynamik. Seine Adresse: Lotzestr. 5, 3400 Göttingen, Tel.0551/7703653.

DIE WORTE, DER KÖRPER UND DIE ÜBERTRAGUNG

von **David Boadella**, Zürich (Schweiz)

Therapie besteht aus drei Sprachsystemen oder Dialogen: der Wortsprache, der Körpersprache und dem Dialog zwischen beiden. Die verbale Sprache entsteht etwa nach dem zweiten Lebensjahr, die körperliche Sprache bereits davor. Sie ist eine Sprache des Berührens, der Körpergesten und der Bewegung. Die Psychoanalyse arbeitet hauptsächlich mit der ersten, die Reichianischen Therapien betonen die zweite. Aber in Wahrheit ist die erste, mit der **Freud** arbeitete, gar nicht die erste, sondern, wie wir gesehen haben, die an zweiter Stelle entstehende, während die zweite in Wahrheit die an erster Stelle entstehende ist. Wilhelm Reich arbeitete mit dieser ersten Sprache, der Sprache des Körpers. Ich glaube, daß es noch eine dritte Sprache gibt: es ist die Kommunikation zwischen diesen beiden Sprachen. Ich denke, daß Körperpsychotherapeuten diese dritte verstehen und benutzen sollten.

Es gibt zwei Arten der Wortsprache: die erklärende und die erforschende. Die **erklärende** Sprache ist die Sprache der Diagnose, der Analyse, der Objektivität und der Klassifikation. Sie verflacht oft die Kommunikation, reduziert, kategorisiert, kanalisiert und erklärt weg. Sie kommt vom Kopf und kann als Abwehr gegen die Wahrnehmung des Körpers benutzt werden. **Wilhelm Reich** ließ diese Sprache hinter sich, als er von der "talking cure" (Sprechkur) der Psychoanalyse zu den Energien des Körpers weiterging. Er tat dies u.a., weil er herausgefunden hatte, daß bestimmte Arten des Sprechens das Problem eher verstärken und verlängern als das sie es lösen. Nicht wegen des Inhaltes, sondern wegen des Energieniveaus der Sprache. Wenn das Energieniveau abflacht, wird der Inhalt egal.

Erforschende Sprache fließt, sie verbindet dich mit deiner Erfahrung und deine Erfahrungen miteinander. Erforschende Sprache ist verkörperte Sprache, zu Fleisch geworden, leidenschaftlich. Sie hat mehr Fragen als Antworten. Sie wächst und du wächst, während du sprichst. Oder wie **Stanley Keleman** einmal zu mir sagte: "Ich beobachte, wie die Worte durch meinen Mund pulsieren und hinausfließen". Die erforschende Sprache erzählt die Geschichte deines Lebens als eines von Bedeutung durchpulsten somatischen Mythos.

Die erforschende Sprache kommt vom Herzen, die erklärende vom Kopf. Wir begegnen in der Therapie vielen Menschen, die sprechen, aber nicht fühlen können oder fühlen können, aber keine Sprache dafür finden. Es ist eine Wahl zwischen Erstarrung und Taubheit (numbness) und Sprachlosigkeit (dumbness). Eine der Spaltungen zeigt also Erstarrung, die andere Sprachlosigkeit. Psychoanalytische Klienten neigen vielleicht eher zur Erstarrung, körperpsychotherapeutische vielleicht eher zur Sprachlosigkeit. Es wäre allerdings sehr schön, weder erstarrt, noch sprachlos zu sein.

Wenn wir uns selbst und unseren Klienten von der erklärenden Sprache über Probleme hin zur erforschenden Sprache über Lebenssituationen führen können, ist dies tatsächlich eine Bewegung auf den Körper hin, denn erforschende Sprache ist verkörperte Sprache. Wenn du dann in dieser erforschenden Art mit jemandem sprichst, werden Gefühle hochkommen und Gefühle beteiligen immer den Körper. *Erforschende Sprache verbindet also die Worte mit dem Körper, während erklärende Sprache, unabhängig ihres Inhalts, dazu neigt, die Worte vom Körper zu trennen.*

Therapie soll einen Menschen von erklärender Sprache zu erforschender Sprache geleiten, von einem Charakterskript zur gefühlten Kommunikation. Wenn dies gelingt, wird die Arbeit mit der Sprache zu einer Form tiefer Körperarbeit.

Das zum Thema "Worte". Nun zum Thema *"Berührung"*.

Wenn ich einen Klienten berühre, beginne ich einen somatischen Dialog. Wenn ich meine Hände auf jemanden lege, stelle ich eine somatische Frage, keine verbale. Die Person, die ich berühre, wird irgendwie reagieren, sich versteifen, anspannen oder entspannen und tiefer atmen oder sagen: Hör auf damit, oder er wird sich ausdehnen. Grundlegend wird er drei Signale geben: Ja, Nein oder keines. Er gibt diese Signale mit dem Körper. Seine Antwort ist eine somatische. Die Berührung durch eine Person und die Antwort, die Reaktion des anderen ist der Anfang eines somatischen Dialogs.

Das gleiche passiert in der Erziehung von Kindern. Wenn Vater oder Mutter das Kind berühren, das noch nicht sprechen kann, müssen sie auf die Körpersprache achten und darauf, was das Kind tatsächlich braucht.

Wenn wir also mit Berührung arbeiten, erhalten wir Informationen, die wir niemals durch die Sprache alleine erhalten würden. Informationen, die wir nicht in Sprache übersetzen können, kinästhetische Informationen, die du in deinem eigenen Muskelsystem spürst. Informationen z.B. über den Stresszustand, das Gefühlsniveau oder die Spannungsebene des anderen Menschen. Du kannst hier extrem feine und differenzierte Signale empfangen, die kaum in ein verbales Äquivalent transformiert werden können. Es ist ein völlig anderes eigenständiges Sprachsystem.

Das Muskelsystem liefert dazu die Physiologie. Darauf kann ich an dieser Stelle jedoch nicht eingehen. Nur eines: es gibt zwei Ebenen. Auf der einen geht es darum, was der Muskel tut, auf der anderen, um die Frage, wie bereit der Muskel ist zu tun, was er gerade tut. Wenn wir mit der Berührung arbeiten, können wir uns darin üben zu erspüren, wie die unterliegende Bereitschaft eines Menschen aussieht, genau das zu tun, was er gerade tut. Das Gamma-System der Muskeln erzählt von der Absicht des Menschen, von dem Gefühl im Körper etwas tun zu wollen oder nicht. Wenn wir jemanden berühren, treten wir sozusagen mit der Seele des Muskels in Kontakt, mit der Seele der Bewegung.

Ich habe ein Berührungssystem entwickelt, in dem die Berührung mit den vier Elementen beschrieben werden kann. Kurz, die Erdberührung, die Festigkeit und Solidität vermittelt, die Wasserberührung, die das Fließende, Entspannende kommuniziert, die Luftberührung, die Rhythmus vorschlägt und die Feuerberührung, die Wärme, Kontakt und Präsenz anbietet.

Was aber ist die Absicht der Berührung? Was versuche ich zu kommunizieren? *Ich unterscheide grundlegend zwischen Berührung, die Energie auslösen soll und Berührung die Kontakt beinhaltet.* Berührung kann sehr schnell hohe Energiemengen aufwühlen und auslösen, z.b. wenn du mit deinem Daumen tief in den Rücken des Klienten drückst. Durch rauhe, grobe Berührung kann man sehr schnell sehr leicht dramatische Durchbrüche herbeiführen, die aber vielleicht, wahrscheinlich, kaum Kontakt beinhalten. Viel Energie, aber wenig Kontakt. Oder wir sehen uns die Berührung unter dem Aspekt der Frage an, wie wir durch sie den Kontakt entwickeln und verbessern können: Kontakt zwischen der Person, die wir berühren und ihr selbst und Kontakt zwischen der Person, die wir berühren und uns.

Hier liegt also eine Polarität vor: Kontakt versus Energie, Pulsation versus Explosion (z.B.). Sie bezieht sich auf Reichs Konzept der primären und sekundären Ebene des Menschen. Außerdem geht es hier um eine grundlegende Wirklichkeit: Jemand kann eine ganze Menge ausdrücken, aber dennoch wenig kommunizieren. Wir sollten uns also immer fragen, ob Ausdruck und Kommunikation übereinstimmen oder nicht und ob wir als Therapeuten nur den Ausdruck wollen oder aber den Ausdruck, der tatsächlich auch Kommunikation ist.

Die direkte Arbeit mit dem Körper kann einen Menschen tief mit sich selbst verbinden. Dazu gehört die Wiederverbindung von Kopf und Rumpf, die Harmonisierung der Spannung des Nackens und die Öffnung der Kehle. Gute Körperarbeit erzeugt Pulsation und die Pulsation in den Geweben wird zur Quelle von Lebendigkeit, von der aus ein Mensch zu sprechen beginnt. Die Rhythmen von Gedanken und Ausdruck, die Wellen von Herz und Gehirn, erhalten und unterstützen einander. Gute Körperarbeit bereitet den Weg für den gefühlten Sinn und die gefühlte Kommunikation. Wir helfen einem Menschen zu sagen was er meint und zu meinen was er sagt, zu fühlen, was er sagt und zu sagen was er fühlt.

Es gibt aber auch andere Arten mit dem Körper zu arbeiten, z.B. die Ruheenergie produzieren, aber die Kommunikation und den Kontakt eventuell fragmentieren. Oder ein Klient lernt vielleicht zu explodieren, aber nicht zu pulsieren. Er lernt vielleicht auszuagieren, aber nicht, sich zu leben. Er mag voller Ausdruck sein, (Expression, d.h. herausdrücken), aber es fehlt ihm die Integration (d.h. Zusammenkommen).

Therapeuten mögen ihren Klienten sehr geschickt helfen, beweglicher, emotionaler und energetischer zu werden, aber ihnen weniger geschickt beibringen, wie die Energien zu handhaben und harmonisieren sind. Vielleicht kann ein Mensch durch uns seine sekundäre destruktive Schicht erreichen, wir wissen aber dann nicht, wie wir darüberhinaus zu der primären Schicht des organischen Rhythmus gelangen. Auch die Regression zu frühen Gefühlen kann zur Flucht vor den alltäglichen Problemen mißbraucht werden z.b. zur Flucht vor dem realen Umgang mit einem realen Partner.

Wenn ich nun Worte und Berührung zusammennehme und betrachte, finde ich in vielen Klienten Gegensätze: der Körper sagt das eine und die Stimme etwas ganz anderes. Wenn der Klient das eine sagt, aber sein Körper das andere, wird der Therapeut zum Übersetzer zwischen der Wortsprache und der Körpersprache, er eröffnet einen Dialog, der hilft, Sprache und Gefühl, Bewegung und Ton, Stimmspannung und Muskelspannung, Erdung und Klang (grounding and sounding) zu integrieren. Das verbindet den Kopf wieder mit dem Rumpf, das Leben kann nun leicht wieder in beiden Richtungen fließen, vom Kopf zum Rumpf und vom Rumpf zum Kopf.

Die vertikale Verbindung von oberen und unteren Zentren verläuft parallel zum horizontalen Treffen zwischen zwei Menschen, Wort zu Wort, Körper zu Körper, Herz zu Herz.

Und nun noch einige kurze Sätze zur *"Übertragung"*.

Bei dem Wort "Übertragung" geht es darum, wie wir uns gegenseitig beeinflussen. Es bedeutet "hinübertragen". Es ist eine Energiebrücke zwischen zwei Menschen über die in zwei Richtungen gegangen werden kann. Von mir zu dir (Übertragung) und von dir zu mir (Gegenübertragung). Ich weiß allerdings nicht ganz genau, warum immer der Klient die Übertragung hat und der Therapeut immer die Gegenübertragung, denn ich denke, es kommt darauf an, wer damit anfängt.

Wenn diese Brücke eindeutig gebaut ist, sprechen wir von einer Resonanz zwischen zwei Menschen. Die Energie fließt gut in beide Richtungen, erzeugt eine klare Kommunikation, effektive Arbeit, geteilte Menschlichkeit und freudiges Wachstum. Das meinte *Freud*, als er von "wahrhafter Übertragung" sprach oder *Stanley Keleman*, wenn er die "somatische Resonanz" zwischen zwei Menschen erwähnte oder *Daniel Stern* die "Einstimmung" (attunement). Wenn die Brücke nicht gut gebaut ist, erleben wird den anderen als störend, blockierend, eindringend, beraubend, verführend, manipulierend, zu passiv, zu aktiv oder was auch immer.

Die zwei grundlegenden Arten der Kommunikationsstörung sind die invasive und die deprivierende Kommunikation, d.h. zuviel oder zuwenig Kommunikation. Daniel Stern beschreibt die Über- und die Unterstimulierung von Kindern durch ihre Eltern. Genau das gibt's auch in der Therapie. Überstimulierung durch den Therapeuten, wobei er in einer überaktiven Gegenübertragung verfangen ist oder Unterstimulierung, wo er in einer überpassiven Gegenübertragung festhängt. Das gleiche gilt auch für den Klienten. Wir sehen also Bänder (bonds) oder Verbindungen, die gute Kommunikations-"drähte" sind und Ketten oder Fesseln (cords), von denen wir uns entweder nicht lösen können oder glauben, wir hätten es geschafft, wobei sie uns in Wirklichkeit jedoch immer noch unsichtbar festhalten. Sie behindern deine Bewegungen, du bist nicht frei. Eine Verbindung (bond) ist etwas, was dir hilft zu wachsen.

Was machen wir also mit unseren Klienten? Helfen wir ihnen gute Verbindungen aufzubauen oder wickeln wir sie in neue, unsichtbare Fesseln ein? Oder umgekehrt, wickeln sie uns ein? Frage: Ist mein Bindungsstil der beste für meinen Klienten? Bin ich mir überhaupt über meinen Bindungsstil im klaren? *Maarten Aalberse* hat darüber einen hervorragenden Artikel im neuesten Band der *"Collected Papers of Unitive Psychology"* geschrieben.

Und es gibt noch weitere Fragen, die wir uns stellen sollten, z.b. über *unser Spektrum der Polaritäten*, das wir mit bestimmten Klienten haben. Ich werde Ihnen drei typische vorstellen:

1. *Nähe* - Distanz. Sind wir dem Klienten zu nahe oder zu fern? Hält uns der Klient zu sehr von sich weg oder zieht er uns zu nahe heran? Oder ziehen wir ihn zu sehr an uns heran oder halten ihn zu distanziert? Wie ist der richtige Abstand, körperlich, verbal, psychisch.
2. *Aktivität* - Passivität. Tun wir zuviel oder zuwenig? Bemüht sich der Klient zu sehr oder nicht genug? Will er oder sie, daß wir alle Arbeit machen, oder möchte er alles selbst tun? Wie sieht das Spektrum von Aktivität und Passivität in uns als Therapeuten aus und ändert es sich von Therapiestunde zu Therapiestunde, die wir geben und von Klient zu Klient? Oder sind wir in irgendeinem Muster verfangen, das den Prozeß stört.
3. *Halten - Freisetzen* (containment - release). Versuchen wir das Wasser des Stroms, des Flusses unseres Klienten zu verstärken, oder verstärken wir die Ufer. Helfen wir ihm, zu containen, Grenzen aufzubauen oder helfen wir ihm, Grenzen abzubauen? Und warum tun wir das und warum nicht?

Wir können viel über jemand anderen lernen, wenn wir seine Beziehungsprobleme studieren, die uns die Geschichte seiner Kindheit enthüllt, und sogar helfen können, sie wiederzuerleben. Die grundlegende Arbeit an der Übertragung dient jedoch dazu, dem Klienten, aber auch uns selbst, zu helfen, von *destruktiven Interaktionsmustern zu kreativen Interaktionsmustern* zu gelangen.

Die horizontale Arbeit im Helfer und Geholfenen reflektiert ihre vertikale Ebene der Integration (Kopf-Körper-Einheit), die vertikale Einheit reflektiert die Beziehungsgeschichte und die Fähigkeit zu einer laufenden aktuellen Beziehung, einschließlich der therapeutischen Verbindung, wodurch ein haltendes Umfeld erzeugt wird, mit dessen Hilfe sich Kopf und Körper annähern können.

Wenn wir also die drei Punkte des Kongreßthemas zusammennehmen: Worte, Körper und Übertragung, eröffnen sich uns interessante Beziehungen. Die Arbeit mit Worten öffnet den Kontext des Klienten, erzählt uns also von seiner Geschichte, seiner Kindheit, seinen Problemen und dem, was außerhalb der Therapie vor sich geht. Das erfahren wir durch die verbale Sprache. Durch die Arbeit mit der

Berührung verhelfen wir dem Klienten zu mehr Pulsation im Körper und zu einer besseren Verbindung zwischen den verschiedenen Teilen. Wir arbeiten eher mit dem energetischen Fluß und damit wie etwas miteinander verbunden werden kann, rechts mit links, außen mit innen, oben mit unten usw. Durch die Arbeit mit der Übertragung beschäftigten wir uns mit dem Kontakt im Raum. Was geht wirklich zwischen den beiden Leuten da im Therapieraum vor? Und das kann man tatsächlich sehen, man muß darüber keine Frage stellen, man erlebt, erfährt es. Aber du bist kein unbeteiligter Beobachter, du bist voreingenommen, den du bist die eine Hälfte der Interaktion. So, es sehr schwierig, die eigene Beziehung zum Klienten zu erkennen, denn wir stecken ja mittendrin. Deswegen braucht ein Therapeut Supervision. Reich sagte: zwei Tiere in einem Raum. Und du bist eines von beiden. Und du versuchst objektiv zu sein und den Klienten nicht in deinen Graben hineinzuziehen.

Wenn wir also daran arbeiten, diesen Energiefluß zu verbessern, kann uns der andere Energiefluß zu Hilfe kommen, sowohl in uns selbst, als auch im Klienten. Alles, was vertikal, also die Körperachse betreffend, hilfreich ist, wird auch den Kontakt (horizontal) verbessern und alles, was den Kontakt verbessert, wird wiederum die Pulsation verbessern. Sie arbeiten Hand in Hand. Wenn du also mit deinem Klienten in eine schlechte Übertragungssituation gerätst, schau dir deinen Körper an, nimm ihn wahr, es wird dort Spannungen geben. Und umgekehrt: wenn du in der einen Woche viele Spannungen im Körper entwickelt hast und damit in Kontakt mit deinen Klienten trittst, wird der Kontakt schwieriger sein.

Wortarbeit öffnet den mentalen Körper, Berührungsarbeit und Körperbewegung öffnet den Handlungskörper, Kontakt- und Beziehungsarbeit öffnet die Gefühlsseite, die eng mit Herz und Spiritualität zusammenhängt. Verstand, Körper und Spiritualität. Und dies auf allen Ebenen, z.B. auf der embryonalen, denn die drei Keimschichten beziehen sich auf Denken, Handeln und Fühlen. Oder die kosmische Ebene, wo, wie z.B. im Buddhismus, immer wieder die Triade vorkommt: klares Denken, klares Fühlen, klares Handeln. Es gibt also viele Ebenen, auf denen das Thema dieses Kongresses angesiedelt werden kann.

Worte, Körper und Übertragung sind einerseits ein Statement von Kopf, Bauch und Herz und wie sie zusammenfließen oder nicht, andererseits aber grundlegende Ausdrücke der dreifältigen Natur des menschlichen Wesens: unseres denkenden Selbst (oder Geistes), unseres aktiven Selbst (oder Körpers) und unseres fühlenden Selbst (dem Atem oder "Geist" des Herzens).

Ich danke Ihnen für Ihre Aufmerksamkeit.

* * * * *

David Boadella wurde 1931 in London geboren. Er studierte englische Literatur und Pädagogik und spezialisierte sich auf emotionale Störungen bei Kindern.

Ausbildung bei Ola Raknes und Paul Ritter in reichianischer Vegeto-Therapie. 1963 wurde er Rektor der Abbotsbury Schule in Dorset. Zur gleichen Zeit baute er eine psychotherapeutische Praxis in London auf. Seit 1970 gibt er die Zeitschrift *"Energy & Character"* (seit 1990 auch in deutsch *"Energie & Charakter"*) heraus, die sich der Theorie und Praxis der Somatischen Psychotherapie widmet. 1981 gründete er das *"Zentrum für Biosynthese"* (London, Zürich) um seine Lehr- und Ausbildungsaktivitäten in über 30 Ländern zu koordinieren. Er ist Präsident der Europäischen Gesellschaft für Körperpsychotherapie. Zur Zeit arbeitet er als Therapeut, Ausbilder und Buchautor in Zürich. Veröffentlichungen in deutsch: *"Wilhelm Reich: Leben und Werk"*, Frankfurt 1983, Fischer Verlag; *"Biosynthese"*, Grundlagen einer neuen Körperpsychotherapie, Oldenburg 1989, Transform Verlag; *"Befreite Lebensenergie"*, Eine Einführung in die Biosynthese, München 1991, Kösel-Verlag.

DER KONTAKT IN DER FUNKTIONALEN GRUPPEN-KÖRPERPSYCHOTHERAPIE

von **Barbara Andriello** und **Alison Duguid**, Neapel (Italien)

Wir wollen im folgenden verschiedene Techniken der Funktionalen Gruppen-Körperpsychotherapie darstellen und verdeutlichen, daß wir sie nicht einfach nur anwenden, weil wir sie mögen oder pragmatischerweise, weil sie funktionieren, sondern weil sie auf die allgemeine Persönlichkeitstheorie und die Theorie der therapeutischen Technik, die die funktionale Therapie ausmachen, bezogen sind.

Gruppentherapie

Die funktionale Körperpsychotherapie hat ihren Ursprung in den Arbeiten von **Wilhelm Reich** über die funktionale Identität von Psyche und Soma und in unserer eigenen 20jährigen Forschungsarbeit. Wilhelm Reich befaßte sich selbst nicht mit Gruppentherapie. Die Anwendung seiner Erkenntnisse auf die Gruppentherapie fand später statt, besonders in den 60er Jahren mit **Lewin**, mit den T-Gruppen und mit der Gruppenanalyse, wobei dort manchmal einiges ziemlich durcheinander ging. Viele Psychotherapien verwenden den Gruppenansatz, obwohl nicht alle ihre Arbeit theoretisiert haben. Es ist bemerkenswert, wie der eklektische Gebrauch von Techniken, besonders im Gruppenkontext, so angewandt wird, als ob das Gruppen-"Rezept" einfach nur aus einer guten Mixtur frischer Ingredenzien bestehen müsse, damit ein reichhaltiges und befriedigendes Essen herauskommt.

Wir wollen uns hier eher einem präzisen klinischen als einem soziologischen Modell annähern, denn es geht um *Gruppentherapie* und nicht um *Therapie in Gruppen*. Die Gruppe als Ganzes ist nicht nur einfach eine Summe von Individuen, die innerhalb der Gruppe handeln, sondern sie erscheint als Wesen, das Einzelelemente beinhaltet, aber auch über sie hinausgeht.

D.h. nicht nur, daß die Gruppe als "Wesenheit" existiert, eine dritte Partei sozusagen, sondern die Gruppe tatsächlich ein Spiegel für jedes ihrer Mitglieder ist. Wir finden in ihr ein komplexes Wechselspiel von Projektion und Identifikation, sie ist ein mächtiger "Container" (Behälter), nicht nur für die tiefen Befürchtungen und Ängste, sondern sie kann darüber hinaus auch eine Barriere für den Ausdruck jeglicher Emotion oder Bewegung sein, die als gefährlich und unannehmbar angesehen wird. Effizient als Barriere nicht nur, weil sie aus vielen Elementen besteht, sondern auch beweglich und bewegbar, sodaß der Therapeut/die Therapeutin nicht nur die in ihr entstehenden Dynamiken für diagnostische Zwecke nutzen, sondern ganz ausdrücklich mit dem ganzen Gewicht der Gruppe als solcher arbeiten kann.

Kontakt und funktionale Gruppentherapie

Die Funktionale Theorie, auf der unsere gruppen-psychotherapeutische Arbeit beruht, bezieht neben der verbalen Ebene auch den Körper in seiner Ganzheit ein: Stimme, Augen, Bewegung, Halten und Gehaltenwerden. Mit Hilfe von ständig geübten Wahrnehmungsmodulierungen wächst die Fähigkeit des Einzelnen zum Kontakt: zum Kontakt mit dem äußeren und dem inneren Raum. "Schritte unternehmen" wird hier nicht nur im eingeschränkten Sinne des Wortes verstanden, sondern als Ermutigung beim Sprechen, beim Darstellen und Sich-selbst-innerhalb-einer-Situation-Fühlen einen Schritt weiterzugehen.

Die Gruppe wirkt auf den Einzelnen nicht nur dadurch, daß sie existiert, sondern wir benutzen sie bewußt als eine Art "Druckinstrument", um so Bereiche zu erreichen, die vom Kern des Selbst entfernt sind. Damit sollen Konflikte und tiefe Spaltungen an die Oberfäche kommen, aber auch der Prozeß der Wiederverbindung und Veränderung weitergehen. Aber noch einmal: Wir betrachten den Körper nicht nur physikalisch oder postural oder empfinden solche Phänomene wie Übertragung, Regression etc. als weniger wichtig, weil die Arbeit in einer Gruppe stattfindet. In der funktionalen Therapie wird der Organismus als Körpersystem betrachtet, das aus vier funktionalen Bereichen des Selbst besteht: dem kognitiven Bereich (Ideen, Imagination, Sprache und Logik), dem gefühlsmäßigen, dem physiologischen und dem posturalen Bereich. Gearbeitet wird in allen. Beabsichtigt ist die Mobilisierung und Re-integrierung jener Bereiche, die vom originalen Kern getrennt wurden oder wo Störungen auftraten. Jeder Mensch hat verschiedene Konfigurationen von Spaltungen oder Sklerotisationen. Deshalb muß der therapeutische Plan für jeden Patienten verschieden sein. Was bedeutet das für die Gruppe? In der funktionalen Gruppentherapie wird die Gruppe als Organismus angesehen. Sie ist ein mehrschichtiges System, sowohl was ihre Charakterzüge (Dynamiken, Raum, Rollen usw.), ihre Bewegungen und die Phasen, durch die sie geht (negative Übertragung, Regression, Rekonstruktion etc.) betrifft. Wir arbeiten auf verschiedenen Ebenen an den Spaltungen innerhalb eines funktionalen Bereiches oder zwischen verschiedenen Bereichen, um schließlich zur tiefen Ebene der Integration zu gelangen. Der funktionale Gruppentherapeut muß deshalb die Gruppe als Ganzes in Bewegung setzen und die Gruppe als eine Art Druckmittel auf den Einzelnen benutzen, um die Gruppenebenen wiederzuverbinden und die funktionalen Aspekte auszubalancieren.

Gruppenfunktionen und das therapeutische Projekt

Die Gruppe kann, genau wie der Körper, viele Funktionen übernehmen. Das führt uns zu folgenden Grundannahmen.
In seinem Wachstum und seiner "Repräsentation" manifestiert sich das Gruppen-System in seiner Ganzheit als "Körperlichkeit". Die emotionale Welt des Einzelnen begleitet Schritt für Schritt die Entwicklung einer Gruppenemotio-

nalität, in die der Einzelne voll einbezogen ist, aber dennoch seine eigene persönliche Geschichte behält.

Beispiel: die Gruppe steht an einem Punkt, wo es darum geht "loszulassen", sich jemandem anderen "anzuvertrauen", z.b. dem Therapeuten, und Rigidität oder schmerzvolle Empfindungen, es "alleine tun zu müssen", loszulassen. Die ganze Gruppe nähert sich nun einer alten Furcht. Natürlich wird jeder Teilnehmer sie in verschiedenen Nuancen erleben, von Mißtrauen bis Traurigkeit, von Zynismus über Intoleranz bis Panik. Neben diesen subjektiven Varianten bleibt die Dynamik jedoch die einer unangenehmen Emotion in einer angstvollen Begegnung.

Die emotionale Ebene der Gruppe verbindet sich mit dieser sogenannten vorherrschenden Emotion, die von Zeit zu Zeit im therapeutischen Prozeß entsteht. Dies ist vor allem das Ergebnis jener emotionalen Rollen, die die Gruppe unbewußt an einzelne Teilnehmer delegiert und sie so in der Rolle des "Schlechtgelaunten", der "Ängstlichen" oder des "Traurigen" (als Träger eines bestimmten Unwohlseins) immobilisiert. In dieser erzwungenen Unbeweglichkeit werden Charakterzüge nur noch rigider und können die Form von Stereotypen und Automatismen annehmen, angeblich "natürlichen Verhaltensweisen", die so zur zweiten Natur jener Menschen (und zum Symptom) werden, bis sie schließlich eine Chance angeboten bekommen, etwas Neues, bisher Unversuchtes zu versuchen. Wie für die emotionale Ebene gilt das gleiche für die kognitive Ebene der Gruppe.

In den bekannteren Techniken der Gruppentherapie wurden die körperlichen Ebenen und die Ebene der Körperhaltung eher ignoriert oder geringer eingeschätzt, besonders was den gruppenanalytischen Ansatz betrifft, wo der Körper nur als Körperposition, als eingenommener physikalischer Raum oder als muskuläre Zone, auf die sich ein Kontakt auswirkt, gesehen wird, oder als ein Seufzer, ein Gähnen, ein Husten, die generell als Bestätigungen oder besondere Verhaltensweisen genommen werden. Das Somatische wurde auf ein Szenario, ein Theater oder eine Metapher eingeschränkt, ob es nun um Gruppen oder Einzelne ging und nur zweitrangig als integrierender Teil eines interaktiven Prozesses eingeordnet.

Körpertherapien andererseits schränken ihre Arbeit auf eine Art und Weise ein, die an andere Bilder erinnert: Klemptnerei, wenn es um Aufladung und Entladung geht, oder den Ansatz des "Elektrikers", wo "Kontakt herstellen" die Wahrnehmung von Bedürfnissen meint, ohne daß dabei notwendigerweise auch die Hilfsmittel, mit denen dies erreicht wird, mitgeliefert werden. Dabei wird riskiert, die tiefe Verbindung zwischen Gesten, Bewegungen, muskulärer Spannung, physiologischen Reaktionen einerseits und Emotionen und kognitiven Prozessen andererseits zu verlieren.

Die bisherigen Beschreibungen sind bewußt simplizistisch. Ähnliche Darstellungen werden der Öffentlichkeit oft in Form von Do-it-yourself-Anleitungen angeboten (*organisieren Sie Ihre eigene Selbstbestätigungsgruppe; machen Sie Ihre eigenen Bioenergetik-Übungen*), die, obwohl sie mit den besten Absichten transparent und demokratisch sein wollen, doch dazu neigen, die Tatsache zu verdecken, daß Therapie nicht einfach ist. *Therapie ist oft ein langer und kompli-* *zierter Prozeß einer (auf diagnostischer Basis ablaufenden) Wiederverbindung.* Innerhalb eines therapeutischen Projektes mit Kontakt und Körperarbeit kommt es zu verschiedenen Arten der Interaktion zwischen der Gruppe und dem Einzelnen oder dem Einzelnen mit der Gruppe, zwischen Einzelnen in der Gruppe, mit der Gruppe als Ganzem. In der Einzelarbeit ist es für den Therapeuten oft nicht möglich, mit seinem Körper tiefe regressive Gefühle zu erzeugen, weil der Patient einfach zu groß ist. Die Gruppe hingegen kann den Klienten z.b. hochheben und schaukeln und so die Empfindungen vermitteln, die gewünscht sind. Dies ist nur ein Beispiel, es gibt viele davon und wir können sie hier nicht alle aufzählen.

Wir betonen, daß die posturale Ebene in ihrer Komplexität aus der Art und Weise besteht, wie sich die Gruppe in dem verfügbaren Raum darstellt, wie sie ihn nutzt, mit welcher Art der Bewegung, welcher Geschwindigkeit und der Konfiguration aller ihrer Mitglieder in Untergruppen.

Die körperliche Ebene, auf der es um Atmung und vegetative Veränderungen geht, bezieht sich darauf, wie die Gruppe auf Ruhe oder Hektik, Wärme oder Kälte, Streß, vagotone oder sympathikotone Reaktionen reagiert.

Von diesen Hypothesen ausgehend lehnt die Funktionale Psychotherapie die These von der Bi-Polarität von Psyche und Soma ab.

Grundannahmen

* Die Gruppe handelt und repräsentiert sich selbst (genauso wie der Einzelne) als ein System auf mehr als einer Ebene und auf Ebenen, die untereinander integriert und verbunden sind. Es handelt sich dabei hauptsächlich um die kognitive, die posturale, die emotionale und die physiologische Ebene.
* Die Gruppe bildet sich und wächst nicht linear. Sie präsentiert mit der Übertragungsbeziehung hypertrophische Aspekte, Sklerotisationen, Reduzierungen auf eine Ebene in Bezug auf andere, bis offensichtliche Spaltungen zwischen den Ebenen innerhalb einer Ebene beobachtet werden können.
* Auf den verschiedenen Stufen des therapeutischen Prozesses können bezüglich des Körper-Selbst der Gruppe Diagnosen aufgestellt werden, die die Diskrepanzen zwischen der einen Ebene und den anderen oder innerhalb einer Ebene betonen. Diese Diskrepanzen erlauben die Identifizierung von Kurzschlüssen, dort wo Gruppengefühl und Gruppenausdruck, Repräsentation und Wahrnehmung nicht übereinzustimmen scheinen.
* Von dieser Diagnose ausgehend, wird ein therapeutisches Projekt in Gang gebracht, das den kommunikativen Fluß und die verlorengegangene Beweglichkeit zwischen der einen Ebene und der anderen Ebenen wieder herstellen soll.
* Mobilität bedeutet hier das ganze Spektrum der Emotionalität, das nicht nur durch Worte oder Denken ausgedrückt wird, oder nur durch emotionale Erfahrungen oder nur durch Bewegung und physiologische Reaktionen und sicherlich auch nicht nur durch *eine* Art der Bewegung oder *eine* Art der Reaktion, oder

indem nur dieses oder jenes ausgewählt wird, sondern sie ist eine Erweiterung der integrierten Bereiche der Gruppe und stellt das Gleichgewicht innerhalb des Gruppen-Selbst wieder her, erschafft ein größeres Terrain für den Einzelnen, eine Pluralität von Beziehungen, innerhalb der neue Bewegungen ausprobiert werden können.

Ein Beispiel

Eine nicht mehr gänzlich am Anfang stehende Gruppe mit zwölf Teilnehmern (verschiedene Alter, verschiedene Pathologien) verbalisierte über mehr als eine Sitzung Dinge, die außen geschahen. Es wurde rationalisiert, die kognitive Ebene herrschte vor. Worte und Emotionen klafften auseinander. Als der Therapeut einige Ausdrucksbewegungen vorschlug, erhielt er zur Antwort: "Das ist ja alles bekannt, alles offensichtlich, vorhersagbar". Nun wurden Übungen vorgeschlagen, die auf der posturalen Ebene das rigide Verschlossensein der Gruppe lockern und die bestehenden Spannungen lösen sollten. Dabei ging es um die Mobilisierung des Kreuzbein-Bereiches und der Beine. Alle Teilnehmer verspürten Schmerzen, Müdigkeit und ein Bedürfnis aufzuhören. Im Gespräch darüber wurde über Erfahrungen der Angst berichtet, es nicht zu schaffen, über den Wunsch loszulassen und über eine Traurigkeit, auf alle Fälle durchhalten zu müssen. An dieser Stelle schien eine Wiederverbindung zwischen posturaler und physiologischer Ebene als Weg zu den verkapselten Emotionen geboten.

Mit Hilfe von Paar-Massage und verstärkter Zwerchfellatmung entstanden langsame Bewegungen und vagotone Reaktionen (Tränen, Zittern, Kribbeln, eine Lockerung des Muskeltonus). Die ganze Gruppe erkannte, daß sie Schwierigkeiten hatte, auf den eigenen Füssen zu stehen, mit Sicherheit durchs Leben zu gehen, entscheidende Schritte zu unternehmen und zu wählen. In diesem nun erzeugten emotionalen Raum können Bilder des Wachstums, des Größer- und Unabhängigerwerdens entstehen. Durch den tiefen Kontakt wurde jeder fähig, neue Wege zu erkennen und auszuprobieren. In dieser Phase der Öffnung für das Neue ist die Gruppe mehr als je in ihrer ganzen Funktionsbreite präsent. Dieses komplexe Wechselspiel lediglich als ein Spiegeln zu definieren, wäre wegen des ausgeübten starken Drucks (Hilfs-Selbst, haltend und rekonstruierend) zu einschränkend.

Zusammenfassung

Die *Funktionale Gruppentherapie* benutzt Gruppentechniken und Körpertechniken als Teil eines therapeutischen Projekts, das aus der Diagnose sowohl der Gruppensituation als auch der Situation der Einzelnen in der Gruppe entsteht. Diese Diagnose entsteht andererseits aus einer Entwicklungstheorie und einer Theorie der Psychopathologie. Berührung und Kontakt nehmen grundlegende Rollen ein, nicht nur im posturalen Bereich, sondern während des ganzen Übertragungsprozesses und der Arbeit an den Emotionen. Die Berührung durch die Gruppe bietet Druck und Halten (containment) an, definiert Grenzen und schlägt konstruktive Bewegungen für den Einzelnen und die ganze Gruppe vor. Der Therapeut benutzt die Gruppe bewußt als Teil seines Projektes, als starkes Mobilisierungsinstrument, das Emotionen hervorrufen kann und auf den Einzelnen in der Übertragungs-Beziehung einwirkt.

* * * * *

Barbara Andriello ist Vorstandsmitglied der Italienischen Gesellschaft für Funktionale Körperpsychotherapie (S.I.F.) und arbeitet am Wilhelm Reich Institut in Neapel. Ihre Adresse: Via Belvedere 45, 80127 Neapel, Italien.

　Alison Duguid arbeitet ebenfalls am W.Reich Institut. Ihre Adresse: Via Vincinale Soff.55, 80126 Neapel.

INTIMITÄT, SEXUALITÄT UND GRENZEN
IN DER KÖRPERPSYCHOTHERAPIE

von **Marianne Bentzen**, Charlottenlund (Dänemark)

Einleitung

Die Idee für diesen Workshop entstand während meiner Arbeit im Ethikkomitee. Wir fühlten dort alle, daß die Ethik zu einem individuell aber auch kollektiv gelebten Prozeß werden sollte. Ich denke, wir haben es geschafft, unseren ethischen Kodex genausoviel aus der eigenen Erfahrung heraus zu entwickeln, wie wir daneben die Hilfe anderer bereits existierender Kodices in Anspruch nahmen. Während des Entwicklungsprozesses brachten wir alle unsere persönlichen ethischen Probleme ein. Wir lernten dabei, uns mit klarem Urteil, aber auch mit Leidenschaft zu begegnen, erlaubten uns, Meinungsverschiedenheiten genauso scharf und kraftvoll da sein zu lassen, wie sie gefühlt wurden, ohne jedoch die Tatsache aus den Augen zu verlieren, daß wir alle unperfekte menschliche Wesen sind.

Kaum überraschend drehten sich viele hitzige Diskussionen um das Thema *Sexualität* und andere Themen der Vertraulichkeit innerhalb der asymmetrischen Beziehungen des Körperpsychotherapeuten. Wir stimmten darin überein, dies sei ein wundervolles Thema weiterer persönlicher Erforschung in künftigen EABP-Ethik-Wochenendworkshops, in denen wir Berufskollegen unsere eigenen Stärken und Schwächen mit Hilfe von Kollegen erforschen könnten, anstatt uns in den Fallstricken von Selbstgerechtigkeit, Zügellosigkeit, Schuld und Verleugnung zu verheddern. Um dies tun zu können, ist jedoch Respekt und Vertrauen notwendig.

Der Workshop

Um ein angemessenes Maß an Vertraulichkeit in dieser sehr kurzen Zeit (zwei Stunden) herstellen zu können, begrenzte ich die Teilnehmerzahl auf zwölf. Nachdem ich mich selbst vorgestellt und die Vorstellungen der Gruppenmitglieder angehört hatte (begrenzt auf Namen, körperpsychotherapeutischen Hintergrund und spezifische Interessen oder Bitten), sagte ich mehr oder weniger das oben dargestellte und erklärte, daß ich **die Klarheit sexueller Grenzen oder ihren Mangel** auf einer oder mehreren der folgenden Interventionsebenen zeigen würde:

Wörter, Hand-Körperberührung, Körper-Körperberührung und dem eher nicht so eindeutigen interpersonellen und intrapsychischen Feld. Eine kurze Diskussion folgte.

Während der nächsten Stunde arbeiteten die Teilnehmer in Paaren, sie blieben während des ganzen Workshops bei ihrem Partner.

Die Übungen:

1. Setze dich Rücken an Rücken mit deinem Partner auf den Boden. Drücke mit deinem Rücken gegen den deines Partners, reibe deinen Rücken an ihm so wie ein Schwein sich an einem Pfahl reibt, strecke und bewege jeden anderen Teil von dir, der Aufmerksamkeit braucht (weitere spezifische Anweisungen).
2. Nun erlaube dir selbst, ruhig zu werden, lehne dich in der Vertikalen an deinen Partner, ohne dich jedoch auf ihn zu stützen oder sein Gewicht zu tragen. Erlaube deiner Aufmerksamkeit, sich auf dein Gewicht, das auf dem Boden ruht, zu lenken, auf deine Atmung, die Haltung deiner Gelenke, fühle dich frei, dich zu bewegen, wenn du dich nicht wohl fühlst, fühle deinen Rücken und die Wärme, die aus dem Rücken deines Partners/deiner Partnerin in deinen Rücken ausstrahlt.
3. Erlaube deiner Aufmerksamkeit zu deiner Atmung zurückzukehren und folge in den nächsten Minuten einer inneren Energielinie, die aus der Mitte deines Kopfes zur Mitte deines Beckens führt, während du einatmest und stelle dir beim Ausatmen ein Hinausfließen, das Erblühen einer Blume im Becken und unteren Bauch vor. Wiederhole dies in Bezug auf das Hara und erblühe.
4. Denke nun an eine Therapiesituation, in der ein sexuelles Thema vorkam, das für dich schwierig war und mit dem du dich nun beschäftigen möchtest. Du wirst es deinem Partner später erzählen. Überdenke es noch einmal und versuche, dich an alle Details zu erinnern. Schätze deine eigenen Interventionen ein, welche waren korrekt und welche inkorrekt?
5. In den nächsten 45 Minuten wirst du diese Erfahrungen deinem Partner mitteilen. Ihr könnt Rücken an Rücken sitzenbleiben oder euch gegenüber sitzen. Benutzt die folgende Struktur:
   a. beschreibt die von euch ausgewählte Situation und nehmt euch Zeit, eure jetzigen körperlichen Reaktionen und Gefühle zu spüren und mitzuteilen; außerdem die Einschätzung eurer Interventionen und Gedanken darüber, was ihr heute anders machen würdet;
   b. bleibt im Kontakt mit euren eigenen inneren Empfindungen, Gefühlen und Gedanken. Der Partner hört zu und fragt, wenn er etwas nicht verstanden hat oder etwas ausgelassen wurde. Aufgabe ist, auf eine Art und Weise präsent zu sein, die erlaubt, die eigene Erfahrung zu konfrontieren, mitzuteilen und einzuschätzen/zu bewerten.

Nach diesem Prozeß kam noch einmal die ganze Gruppe zusammen, um sich mitzuteilen und zu diskutieren. Zwei sehr persönliche und intensive Fälle wurden vorgestellt, wobei der zweite fast haargenau den ersten ergänzte. Auf meine Bitte hin wurde die Gruppe im wesentlichen zum Container für diese individuellen Mitteilungen. Weil wir dadurch fast 20 Minuten über der Zeit waren, endeten wir ohne Diskussion, die eigentlich ein Drittel der Zeit einnehmen sollte.

Danach

Die zwei Teilnehmer, die ihr Material in der Gruppe mitteilen konnten, drückten Befriedigung mit dem Prozeß aus. Ein Teilnehmer erklärte, der Workshop sei eine re-traumatisierende Erfahrung gewesen, weil er sich ausschließlich mit den Schwierigkeiten des Therapeuten anstatt mit der Notlage des Klienten beschäftigt habe. Außerdem seien die beiden Teilnehmer, die ihre Fälle dargestellt hatten, des gleichen Geschlechts gewesen, wodurch eine Einseitigkeit entstanden sei.

Einschätzung

Ich fühle, daß die Intensität des Workshops und die Reaktionen der Teilnehmer, die Bedeutung dieses Themas für die EABP beweisen. Formal gesehen könnten jedoch einige Punkte verbessert werden: .

Zeit: der Zeitplan konnte nicht eingehalten werden, es gab keine Diskussion. Wegen des extrem sensitiven und feinmaschigen Themas brauchen zwölf Teilnehmer mindestens zwei Tage Zeit. Zwischen den Kongressen wären normale Workshops die angemessene Form. Auf Kongressen sollten höchstens vier Personen an einem zweistündigen Workshop teilnehmen.

Teilnehmer: möglicherweise sollten diese Workshops in Männer- und Frauengruppen unterteilt werden, um geschlechtsspezifische Prozesse zu erlauben.Jedoch ist ein späteres gemischtes Treffen für den Austausch sehr wünschenswert.

Vorstellungsrunde: in Zukunft sollten die Teilnehmer vorher ihre ethische Position bezüglich sexueller Grenzen in der Therapie vorstellen, um Verwirrungen über das präsentierte Fallmaterial und ethischer Positionen zu vermeiden.

Neben diesen Betrachtungen bin ich sehr zufrieden, daß die Übungen und die Struktur des Workshops an die Absicht herankam: einen Prozeß zu beginnen, bei dem die EABP-Mitglieder schwieriges berufliches Material mitteilen und die Ethik aus einem "persönlich-professionellen" Blickwinkel heraus diskutieren konnten.

* * * * *

Marianne Bentzen ist Vorstandsmitglied der Europäischen Gesellschaft für Körperpsychotherapie und Mitglied des Bodynamischen Instituts Dänemark. Sie erreichen sie unter Forärsvej 1, 2920 Charlottenlund, Tel. Dänemark/4531636883.

DIE GANZKÖRPERBERÜHRUNG (Total bodytouch)
Vegetative Identifikation und direkte Körperbeteiligung in der Psychotherapie

von **Björn Blumenthal**, Oslo (Norwegen)

Vor einiger Zeit sprach ich zu Kollegen in Norwegen über die "Ganzkörperberührung" (total bodytouch). Wir hatten dann eine Pause und nach der Pause eine Diskussion. Die erste Frage war: "Heißt das auch mit Patienten schlafen?" Hmmm, ich hatte über die Ganzkörperberührung auf einer ganz anderen Ebene gesprochen, aber das war die Frage, die kam. Vielleicht hatte es etwas mit der geographischen Lage zu tun, ich meine Skandinavien. Aber auch woanders sind immer wieder viele Menschen an dieser Frage interessiert. Die "Ganzkörperberührung" scheint also einige Leute aufzuregen. Ich spreche hier über Psychotherapeuten. Es gibt einige Körperteile, die ihnen Probleme machen, Körperteile, die vermieden werden. Wir arbeiten ja mit Muskelspannungen und es gibt keinen Körperbereich, wo Sie die nicht finden, weder im willkürlichen Muskelsystem noch im unwillkürlichen Muskelsystem. Ich denke, daß die jetzt in diesem Raum Anwesenden hierhergekommen sind, weil das Thema sie selbst angeht.

Ich hoffe, daß wir zu Beginn unseres Lebens genügend Ganzkörperberührung bekommen haben, und damit auch eine Erinnerung an eine Art Paradies, wo wir so berührt wurden, wie wir es mochten und brauchten. Je älter wir jedoch werden, desto weniger werden wir berührt. Wir arbeiten als Therapeuten meistens mit Menschen, die eine verzweifelte Sehnsucht nach Berührung haben. Oft korrespondiert dies mit dem Problem des Therapeuten, weil sein Leben gewöhnlich nicht so verschieden von dem seines Patienten ist, auch wenn er wahrscheinlich nicht die spezifischen Probleme hat, die dieser mitbringt.

Wir haben in der therapeutischen Situation also eine Person, die berührt werden möchte und eine andere, die berührt, nämlich den Therapeuten. Hinter dessen Lösungsentscheidung seines Bedürfnisses nach Berührung steht ein Fragezeichen. Dies ist wahrscheinlich eines der größten Probleme des Berührens. Man kann leicht lernen, wie man berührt und auch intellektuell die Bedeutung der Berührung und die Absicht der Berührung verstehen, aber am eigenen Bedürfnis nach Berührung zu arbeiten, ist eine viel schwierigere Aufgabe. *In der Vegetotherapie geht es um die direkte Berührung und die ganze Berührung. Direkt bedeutet, Berührung mit den Händen, Berührung mit dem Körper.*

Wenn wir über Berührung reden, reden wir oft über den Gebrauch unserer Hände, die ja wirklich wunderbare Instrumente sind. Ich pflege zu sagen, daß wir zwölf Augen haben, zwei normale Augen und dann zehn extra Augen in unseren Fingern. Mit diesen berühren wir, das ist von äußerster Wichtigkeit. *George Downing* sprach in seinem Vortrag über Radar, hier haben wir ihn. Wir nehmen Informationen auf und geben aber auch Impulse durch unsere Hände zurück. Wir können unsere Hände frei arbeiten und suchen lassen, als sensitive Organe, die nach

Anspannungen und Verspannungen fanden. Nicht, weil wir Physiotherapeuten sind und Spannungen wegmassieren und auflösen wollen, sondern weil wir mit ihnen und dem in ihnen enthaltenen psychischen Material in Kontakt kommen wollen. Aber zuerst müssen wir die Anspannungen registrieren und das tun wir mit den Händen.

Aber eben nicht nur mit den Händen, sondern auch mit dem Körper und das ist für viele die schwierige Angelegenheit, denn mit den Händen kann man Distanz halten. Wenn wir mit dem Körper arbeiten, Körper an Körper, gibt es keine Distanz, jedenfalls keine traditionelle Distanz. Man kann sich zurückziehen, aber auf eine viel gefährlichere Ebene, nämlich nach innen, man muß sozusagen die Haut verlassen. Wenn Du mit den Händen berührst, besteht immer noch ein halber Meter Entfernung und Du kannst in Deiner Haut bleiben. Aber wenn Du Deinen Körper gibst und in engem Kontakt arbeitest, solltest Du wagen, dazubleiben. Hier geht es um das Problem der Nähe und das Problem desjenigen Teils, den Du benützt. Du kannst einen Teil Deines Körpers geben, aber signalisieren, daß Du den Rest nicht gibst. Jeder hat schon mal zwei Menschen gesehen, die sich umarmen oder einen Kuß geben. Sie bewegen ihre Köpfe aufeinander zu, geben sich einen Kuß, ziehen aber ihre Körper zurück. Sie tun etwas im oberen Teil des Körpers und halten den anderen Teil zurück. Und das wird sofort bewußt vom anderen erlebt. Genau dies kann geschehen, wenn wir mit unserem Körper im direkten Kontakt arbeiten.

Der Körper beinhaltet die Sinne, die Augen, die Ohren, die Haut, die Wahrnehmung, dies ist auch ein Teil dessen, was ich "den Körper gebrauchen" nenne. Wir arbeiten auf der Körper-Körper-Ebene im physikalischen Bereich aber ebenso im energetischen Bereich. Einige tun dies mit ihrem Körper auch in der Aura. Und dann gibt es noch einen weiteren, bisher eher unbekannten Bereich, den einige den magischen Bereich, den Metabereich oder transzendentalen Bereich nennen. Dies sind alles verschiedene Teile oder Ebenen, auf denen wir mit unseren Händen und unserem Körper arbeiten.

Wenn wir mit unserem Körper arbeiten, sind wir uns dessen, was wir übermitteln oder empfangen nicht immer vollständig bewußt. Es wird ja viel über Übertragung und Gegenübertragung geredet. Dabei kann der Eindruck entstehen, daß es möglich sei, kognitiv von Augenblick zu Augenblick mitzubekommen, was in der therapeutischen Situation geschieht. *Wenn wir uns aber die verschiedenen Ebenen und die Geschwindigkeit der zwischen zwei Menschen arbeitenden Energie klarmachen, erscheint es mir unmöglich, irgendeine Idee von dem zu haben, was wirklich zwischen mir und dem anderen vorgeht.* Du kannst darüber nach der Sitzung reflektieren und es mag sein, daß Du etwas herausfindest, aber in der aktuellen Situation geschehen die Dinge so schnell, daß Du sie nicht kontrollieren kannst.

Wir sprachen über die Übertragung und die Stimulierung im Therapeuten und sagten, daß er dies nicht ausagieren muß. Auf der primitivsten Ebene heißt dies, daß wir unserem Patienten natürlich nicht ins Gesicht schlagen, auch wenn der Impuls da ist. Wir arbeiten mit der Idee, führen sie aber nicht aktuell aus. Aber auch wenn mein Arm vollständig ruhig und "entspannt" daliegt, kann der Patient mein Gefühl auf zwei Ebenen mitbekommen. Erstens, er könnte z.b., wenn ich meinen Arm normalerweise nicht so halte, diese außergewöhnliche Armhaltung bemerken. Zweitens, und das finde ich interessanter, wird er seinen eigenen Körper spüren und in ihm spüren, was in mir vorgeht und aus Selbstschutz heraus auf meine negativen Impulse reagieren. Aber auch wenn ich "liebevolle" Gefühle hege, könnte er spüren, daß diese liebevollen Gefühle nicht geben, sondern nehmen wollen. All dies geschieht zwischen mir und dem Patienten, ohne daß ich es und noch weniger der Patient in diesem Moment weiß. Allerdings habe ich als Therapeut meine jahrelangen Erfahrungen mit diesen Prozessen und kann ihnen Worte verleihen, was der Patient meistens nicht kann. Deshalb wird er verwirrt sein, besonders wenn über diesen Prozeß nicht gesprochen wird.

Und schon sind wir bei der nächsten Schwierigkeit: Worte zu rein körperlichen Interaktionen zwischen Therapeut und Patient hinzuzufügen. Wir sind als Therapeuten diskrete Menschen und haben gelernt, freundlich und unterstützend zu sprechen. Was jedoch, wenn der Impuls sehr direkt ist: "Ich mag Dich nicht"; kann eine tiefe Empfindung sein. Dein Körper erzählt dem Patienten, daß der Therapeut den Patienten nicht mag, zumindest nicht in diesem Moment.

Was ist nun die Aufgabe des Therapeuten? Soll er das Gefühl in Worte fassen, damit der Patient aus seiner Verwirrung herauskommt oder kann er sich einfach zurückziehen und sagen: 'Na gut, mal sehen wie der Patient mit einer Situation umgeht, in der ich mich ihm gegenüber aggressiv fühle?' Wir könnten also mit der Angst des Patienten vor der Aggressivität wichtiger Personen arbeiten. Aber das hieße, den Patienten zum Narren halten. Das hieße, ihn die Verantwortung des Therapeuten übernehmen lassen. Therapeuten sind hier oft sehr unklar und haben Angst vor solchen Situationen, weil "ich bin doch hier, um zu helfen, um zu klären, ich sollte entwickelter sein, reifer als mein Patient, ich sollte Einsichten haben und unterscheiden können..." Und dann versucht er/sie, das ganze Problem zu vermeiden.

Das Neugeborene ist ein reifes Individuum, das lernt, sich erinnert, fühlt, spürt, aber keine Worte dafür hat. Der Körper weiß jedoch, wie er erleben und das, was erlebt wurde, aufnehmen und verarbeiten kann. Wenn wir also mit dieser Periode arbeiten, die oft den schwersten Problemen zugrunde liegt, ist es umso wichtiger mit dem eigenen körperlichen Ausdruck ehrlich zu sein. Auf der kognitiven Ebene sind wir alle freundliche Menschen. In der Vollversammlung heute waren wir 300 Menschen, 300 verschiedene Strukturen und wahrscheinlich Spannungen, und wir konnten gut miteinander arbeiten.

Wie gehen wir also mit dem Gefühl der Angst, dem Gefühl der Aggression und dem Gefühl der Lust in der Therapie um? Ich denke, dies sind die drei Grundelemente. Mit ihnen haben wir ständig in der Psychotherapie oder Vegetotherapie oder körperorientierten Psychotherapie zu tun.

Aus meiner Erfahrung mit diesen drei Gefühlstypen, fürchten wir uns nicht so sehr davor, der *Angst* Worte zu verleihen. Wir können sagen: "Ich fühle mich irgendwie unwohl" und leiten dies aus bestimmten Körpersignalen ab, wie eine kleine Ruhelosigkeit, aus dem Fenster hinausschauen wollen, irgendetwas stimmt nicht. Wir haben die Einsicht und können sie anwenden. Das gleiche mit der *Aggressivität.* Aber beim dritten, bei der *Lust,* den lustvollen Gefühlen, und ich spreche hier nicht über die Sekundärlust, also z.B. wenn mein Patient gut vorankommt und ich mich darüber freue, nein, es geht um jene positive Entwicklung, wenn die Patienten dem Strömen nahekommen, wenn Blockaden befreit werden, das Körpergefühl gut ist und der Patient sagt: "Oh, fühle ich mich gut". Manchmal können wir das tolerieren, manchmal aber auch nicht, z.B. wenn unser eigenes Leben nicht so gut läuft. Aber wir sind ja klug und tolerieren es. Wenn es aber weiter geht und der Körper des Klienten in das hineinfließt, was *Reich "die einzig wirklichen Lebensbewegung"* nennen würde, *die Pulsation des Körpers,* was dann? Wenn wir es nur in unserem Kopf wahrnehmen, erleben wir es dann wirklich? Wie steht es dann mit dem Konzept der *vegetativen Identifikation,* Körper identifiziert sich mit Körper? Wenn wir jetzt Angst davor haben, engen wir uns selbst ein, bereiten uns auf einen Kampf vor. Oder andererseits, wir öffnen uns für Freude und Lust. Das alles heißt aber: es ist in der therapeutischen Situation sehr schwierig, diese lustvollen Erlebnisse zu verstecken.

Ich spreche hier vom sexuellen Teil der Therapie (von sexueller Bewegung) der für die meisten Therapeuten wohl der schwierigste Teil ist. Wenn der Patient beginnt, seinen Körper dem fundamentalen Strömen und den entsprechenden Bewegungen zu überlassen, denken wir in unserer Engstirnigkeit sofort an den erotischen Ausdruck. Unser Körper allerdings, jedenfalls im relativen gesunden Therapeuten, reagiert auf keiner erotischen Ebene, sondern antwortet auf dieses grundlegende gute Strömen. Im Körper werden wir weiche, kleine, rhythmische Bewegungen spüren, die wir auch im Patienten wiederfinden. *Und nun kommt das Entscheidende: entweder hat der Patient einen guten Therapeuten, der dies in sich selbst tolerieren kann, oder er hat jemanden, der Angst davor hat, über Gegenübertragung nachzudenken.* Wenn also ein Patient sagt: "Oh, das fühlt sich so gut an, das ist so gut", wie beeinflußt Sie das als Therapeut, wie ist es für Sie und was sollte ein Therapeut sich erlauben zu antworten? "Ich freue mich, daß Du diese Lust spürst" (so den vegetativen Strom und die Interaktion vermeidend) oder könnte er auch sagen: "Das tut auch meinem Körper gut". Er würde nicht sagen: "Ich werde jetzt sexuell", sondern: "Dies tut auch meinem Körper gut, ich freue mich an Deinen Bewegungen". Aber wenn dann der Patient sagt: "Hmm, wie wäre es...., kannst Du nicht etwas näher kommen, kannst Du Dich nicht vielleicht auf mich legen oder kann ich mich vielleicht auf Dich legen?..." Und dann gibt es viele Therapeuten, oder besser gesagt, nicht so viele, denn nur wenige kommen überhaupt zu diesem Punkt, dann gibt es also unter diesen wenigen viele Therapeuten, die keine Grenze setzen können. Sie können nicht sagen, daß sie das nicht aushalten würden oder daß dies zu kompliziert ist oder zu schwierig. Es wird dann irgendwelche Erklärungen geben, aber sie können einfach nicht sagen: "Nein, das ist mir zu nahe, das ist mir zuviel, da will ich nicht hineingehen, das ist einer sexuellen Situation zwischen Dir und mir zu nahe und dafür bin ich nicht bereit". Wenn ich in einer solchen Situation bin, benutze ich keinen komplizierten professionellen Worte.

Es ist so wichtig, dieses Gefühl zu akzeptieren. *Wir wollen dem Klienten in der Therapie ja nicht helfen, dieses Gefühl loszuwerden, sondern ihn in eine konstruktive Lage zu versetzen, um mit diesem Gefühl umzugehen:* wenn es Aggressivität ist, dann mit Aggressivität, wenn es Angst ist, dann mit Angst, wenn es Freude und Lust ist, dann mit Freude und Lust.

Reich sagte zum Thema Lust: Zuerst sieht es so aus, als ob die Patienten den Therapeuten lieben. Aber sie lieben den Therapeuten nicht, sie wollen vom Therapeuten geliebt werden.- Ich würde jedoch sagen, daß es für einen Therapeuten, weiblich oder männlich, unmöglich ist, viele Menschen tief zu lieben. Und ich möchte hier noch einmal sagen: Der Patient liebt den Therapeuten nicht. Wir dürfen nicht vergessen, auch an der Negativität zu arbeiten.

Und nun zum Konzept der *Energie*. Energie ist ein so leicht benutztes Wort, aber es gibt so viele Erklärungen. *Reich* sprach über grundlegende Instinktenergie, Lebensenergie, Orgonenergie. Jede Zelle in unserem Körper entwickelt Energie, d.h., daß z.B., Magen und Herz Energie erzeugen und dem willkürlichen Muskelsystem zuleiten, dieses gibt sie an die Haut weiter, von der Haut strömt sie in ein Feld um uns herum ein und dieses Feld berührt die andere Person. Jeder, der mir also jetzt nahe sitzt, bekommt etwas, was ihr dort hinten, am Ende des Raumes nicht bekommt. Ihr dort hinten bekommt einen Eindruck von mir, ihr bekommt Worte und die Konzepte der Wissenschaft. Die Menschen hier um mich herum bekommen etwas anderes und ich bekomme etwas von ihnen zurück. Meine Energie trifft auf die Haut meines Nachbarn, strömt in seine Muskeln, in seine Organe und bis zu seinen Knochen hinunter. Dies geschieht ständig, ohne Pause.

Therapie bedeutet also auch neben den Wörtern, Konzepten, Erklärungen psychischer Probleme oder von Verhaltensschwierigkeiten, mit dem Energiefeld zwischen Menschen in Kontakt kommen. Einzeltherapie ist eigentlich eine Zweiertherapie. Zwischen mir, dem Therapeuten und dem Patienten gibt es eine Interaktion. Erinnern Sie sich an dieses Zeichen von Wilhelm Reich:

Die Grundenergie strebt nach oben und gibt den beiden Teilen Leben. Der eine Teil ist der Ausdruck, das Hinausgeben der Emotionen oder der Energie, der andere Teil ist die Wahrnehmung der Realität. Wenn beide gut korrespondieren, verhält sich das Individuum gut und hat mit anderen eine gute Resonanz. Gewöhnlich ist es jedoch so, daß ich mit mir selbst gut korrespondiere, aber der Patient gespalten ist.

Abb. 1

Seine Wahrnehmung verschwindet ins Denken hinein, sein Energie strömt nicht, er ist blockiert. Das hat dann nichts mit dem bekannten Singen in der Kirche zu tun, sondern mit dem Singen in einer Fabrik, die auch noch zerbombt wurde. Kurz, die Resonanz ist seltsam. *Therapie soll das "vegetative Strömen" in den Klienten reorganisieren.* Reich wurde und wird oft wegen seines Konzeptes vom Orgasmus-reflex (als Zeichen für einen gesunden Menschen), mißinterpretiert. Man machte daraus soviel Unsinn über Sexualität oder die Genitalien. *Wir sollten das, was Reich Orgasmusreflex nannte, besser "vegetatives Strömen in einem Menschen" nennen, das zu einer guten Resonanz mit einem anderen Menschen führt.*

In der Vegetotherapie benutzen wir unsere Hände und unseren Körper, um die Blockaden des Muskelsystems zu entdecken. Das tun wir ganz bewußt. Wir benutzen Worte, um der Wahrnehmung ein Konzept zu geben, wir versuchen die Wahrnehmung zu verbessern, und wenn uns dies gelingt, räseonieren Therapeut und Patient gut. Am Ende einer Therapie sollte der Therapeut also keine Erleichterung spüren, sondern ein gutes Gefühl haben, vielleicht ein bißchen Traurigkeit, weil es ja nun auch um eine Trennung geht. Wenn der Patient in der Therapie ist, möchte er für den Rest seines Lebens beim Therapeuten bleiben. Aber wenn die Therapie gut war, wird er vielleicht sagen: "Gut, danke, war schön Dich zu treffen. Ich bin eine Beziehung mit Dir eingegangen, aber ich habe erfahren, daß ich *durch* eine Beziehung gegangen bin. Ich gehe nun weiter und muß deshalb 'Auf Wiedersehen' sagen". Dann sollte der Therapeut das Gefühl haben: Das war okay. Wir hatten ein menschliches Zusammentreffen und am Ende habe ich ein gutes Gefühl in meinem Körper und spüre keine Erleichterung wie etwa: "Na ja, das war das, laß' es uns vergessen". Das ist tatsächlich ein Problem, wenn man jahrelang Therapie gibt. Wieviele Trennungen kann man verkraften? Denn wir lassen uns ja tief ein. Das geht bis auf die Knochen.

Und wir müssen auch begreifen, daß viele unserer Patienten ganz schön an uns herumknabbern. Sie versuchen, uns zu zerstören. Sie sind sehr destruktiv, denn sie sind in ihrem Leben ebenso destruktiv behandelt worden.

Nun noch etwas zu diesem *"Burned-out-Syndrom"* (ausgebrannt sein), daß uns ja wirklich alle hier im Raum angeht. Wenn ein Therapeut damit nicht umgehen kann, wenn er die direkten körperlichen Auswirkungen nicht versteht, ist er in einer gefährlichen Situation. Mit unserem Gehirn können wir eine ganze Menge bewältigen. Ich glaube, ich kann jahrelang Schwierigkeiten mit meinem Gehirn bewältigen, wenn ich mein Gehirn vom Körper trennen kann. In der Vegetotherapie geht das aber nicht. Hier wird mein Körper direkt beeinflußt, aber darüber wird normalerweise nicht geredet. *Wir diskutieren Übertragungen und Gegenübertragungen, aber sagen nichts zu der Frage: "Wie halte ich meinen Körper gesund?" Wie gelingt es uns, nicht in Stücke zu gehen, bei all diesen Patienten, die uns wirklich aussaugen wollen.* Denn die Leute, die kommen, sind ja nicht die, die für eine gute Interaktion offen sind. Es sind bedürftige Menschen, die nehmen, was sie kriegen können. Sie sagen zu mir: "Oh, Sie sehen ein bißchen erschöpft aus heute, sie sind müde". Aber den Patienten kümmert das eigentlich gar nicht, er ist wütend darüber. Er denkt in Wirklichkeit: "Du gibst Deine Kraft und Aufmerksamkeit den anderen. Ich habe die Frau vor mir herauskommen sehen, sie sah glücklich aus und nun bist Du müde, was hast Du mir zu geben?". So, das ist darunter. Ich möchte also mit einer Warnung schließen. Wir sind gute Menschen, wir reden über unseren Beruf, wir wollen anderen Leuten helfen, wir arbeiten mit den guten Kräften in der Gesellschaft, aber denken Sie auch darüber nach, wie Sie für sich selbst sorgen können. Wenn Sie anfangen, sich ausgebrannt zu fühlen, seien Sie aufmerksam und seien Sie froh darüber, daß ihr Körper Ihnen noch sagen kann: "Paß auf, Du brennst aus!" Wenn Sie ausgebrannt sind, wird ihr bester Freund, ihr Körper nur noch wispern können: "Das ist zuviel..." Gehen Sie dann nicht in irgendwelche Seminare, um herauszufinden, was Sie falsch machen, sondern finden Sie heraus, was Sie brauchen. Vielleicht auf einen Sandsack einschlagen, vielleicht mit jemanden über ihre Ängste reden, oder wie steht's mit der orgastischen Potenz? Fragen Sie sich: wie gehe ich mit meinen grundlegenden Triebkräften um? Denn dies ist die Grundlage für ihre Ganzkörpertherapie.

Diskussion

Frage: Du sagtest, Du seist Dir nicht immer klar darüber, was Du in einer Sitzung tust. Könntest Du das etwas näher erklären.

Antwort: Ich funktioniere mit solcher Geschwindigkeit, daß ich einfach keine Vorstellung von allem haben kann, was in der Therapiesitzung passiert. Es ist einfach nicht zu kontrollieren. Weil ich mir ausgewählt habe, ein Psychotherapeut zu sein, muß ich auch Vertrauen haben. *Ich habe irgendwann begriffen, daß Therapie keine Revolution ist, sondern eine Evolution, die Schritt für Schritt voranschreitet.* Auch wenn ich mal den Weg verpasse, weiß ich, daß es im Patienten schützende Kräfte gibt. Wir sprechen manchmal über Borderliner oder über psychotische Klienten, als ob wir mit rohen Eiern umgehen müßten. Aber wenn ich zu hart drücke, wird sich der Klient auch schützen. Und auch damit kann man wieder arbeiten. Ich gehe davon aus, daß ich nicht sadistisch bin und daß ich *nicht* von tiefen destruktiven Kräften getrieben werde. Wenn ich Vertrauen in meine eigene, relativ normale Gesundheit habe, kann ich mich auf das verlassen, was ich tue, auch wenn ich nicht alles verstehe. Ich kann mich irgendwie sicher fühlen, daß alles Schritt für Schritt weitergeht und daß ich als guter Therapeut vielleicht nach der Stunde begreife, daß dieses oder jenes nicht gut war oder ich etwas projizierte, was mir im Kopf herumschwirrte. Darauf kann ich zurückkommen. Das hat etwas mit Ehrlichkeit zu tun. Wir jonglieren nicht mit professionellen Begriffen und manipulieren dadurch auch nicht. Die Gefahr, sich nicht über all das im Klaren zu sein, was geschieht, ist daher keine Bedrohung.

Frage: Es geht um Deine Unterscheidung zwischen Berührung mit der Hand und Berührung mit dem Körper. Für welche Klienten ist der Ganzkörperkontakt gut?

Antwort: Ich kann hier mit keiner Typologie antworten. Es kommt auf die emotionale Situation an. Was erlebt der Klient jetzt? Was drückt er aus? Einige Therapeuten wie z.B. Malcolm Brown und andere unterscheiden zwischen der provokativen Berührung und der nährenden Berührung. Bei einem Therapeutentreffen präsentierte ein Psychotherapeut den Fall einer sexuell mißbrauchten Frau. Wie in der traditionellen Vegetotherapie üblich, hatte die Patientin nur einen Slip an. Die bei diesem Gespräch anwesenden weiblichen Therapeuten reagierten daraufhin enorm emotional. Diese Klientin hatte 20 Jahre lang versucht, ihr Erlebnis zu verdecken, es zu vergessen, und dann kam es zurück. Ich denke, daß in ihrem Alltag Sexualität kaum eine Rolle spielte. In dieser therapeutischen Situation und unter diesen Umständen wird ihr weiblicher Körper auf einer ganz natürlichen Ebene kontrahieren. *Organisches Strömen ist gut, aber man muß auch wissen, ob es gut ankommt.* Wenn der Therapeut nicht gut in sich hineinhört, kann er sich schnell verfangen und Dinge tun, die zumindest die Therapie verhindern oder schlimmstenfalls Schaden anrichten.

Antwort einer Gesprächsteilnehmerin: Ich würde jedoch nicht sagen, daß ein Mann niemals mit einer mißbrauchten Frau arbeiten sollte. Es kommt sehr darauf an, wo die Frau in ihrem Prozeß steht. Wenn sie noch nie Therapie hatte, ist wohl eine Therapeutin am besten. Wenn sie aber schon etliches durchgearbeitet hat, wird es irgendwann für sie wichtig, sich mit einer männlichen Energie in Verbindung mit ihrer alten Erfahrung zu konfrontieren, um sich zu heilen, weil sie ansonsten niemals ihr Sexualleben richtig entwickeln kann.

Frage: Ich würde gerne zur ersten Frage bezüglich der Kontrolle zurückkommen. Wenn wir wirklich und ich meine wirklich, vom Herzen her arbeiten und volles Vertrauen dazu haben, dann können wir jemanden sogar mit unseren Becken berühren und es wird keine sexuelle Energie ausströmen. Ich habe sogar gesehen, wie ein Therapeut Genitalien direkt berührte, aber auf solch mütterliche Art, daß es darüber überhaupt keine Frage gab, niemand in der Gruppe dachte etwas anderes. Aber nehmen wir eine hypothetische Situation an, eine junge Frau oder ein junger Mann als Therapeut. Der Therapeut/die Therapeutin befindet sich in keiner idealen persönlichen Beziehung, es gibt keine sexuelle Erfüllung und auf der anderen Seite ist dann dieser sehr attraktive Klient/attraktive Klientin und Eros schwingt im Raum. Es gibt natürlich Wege, diese Situation im Hier-und-Jetzt zu kontrollieren. Wie kontrollierst Du das?

Antwort: Ältere Therapeuten werden übrigens dasselbe Problem haben wie die jüngeren. Ich würde das nicht auf das Alter beziehen. Es handelt sich hier um ein

Problem der Ausbildung, der Entwicklung und der Erfahrung. Das Hauptproblem des jungen Therapeuten ist meistens, daß er etwas produzieren und zeigen will, er ist ehrgeizig, sein Erwartungsniveau ist hoch, er will arbeiten, er drängt und vielleicht drängt er dann etwas zuviel Energie hinein, er beginnt mit Jellyfish-Übungen, um diesen Teil des Körpers zu mobilisieren und zu stimulieren. Das kann ein Problem sein, muß aber nicht.

Statement eines anderen Therapeuten der Ganzkörperberührung: Ich fange an, mich etwas unwohl zu fühlen, nicht wegen der hier angesprochenen sexuellen Gefühle, sondern weil diese Fragen nach der Sexualität auf Konferenzen immer wieder auftauchen. Sehen Sie, ich habe keine Angst vor sexuellen Gefühlen, nicht in meinen Klienten, nicht in mir, ich kann damit umgehen. Für mich persönlich sind sexuelle Gefühle nicht die Hauptkraft und nicht der heilende Aspekt, sie sind nur der Seiteneffekt, der ihre sexuellen Kontakte mit dem anderen oder mit dem gleichen Geschlecht verbessert. *Für mich war es sehr wichtig durch diesen Ganzkörperkontakt mit der endodermalen vegetativen Energie arbeiten zu können, die auf der embryologischen intra-uterinen Ebene fließt.* Ich arbeite viel mit Patienten, die Multiple Sklerose haben, ein Problem, daß nur sehr schwer anzugehen ist. Die Ganzkörperberührung ist hier der Schlüssel der Arbeit. Das hat nichts mit einer Sexualisierung des Körperkontakts zu tun und deshalb fühle ich mich unwohl, wenn es hier um eine Sexualisierung des Körperkontakts geht. Also noch einmal: Ich möchte hier den Körperkontakt nicht so im allgemeinen sexualisiert wissen.

Antwort: Auf der anderen Seite werden wir draußen immer wieder diesem Mißtrauen begegnen. Wir versuchen, über unsere schöne Körperarbeit zu sprechen und was uns geantwortet wird ist: "Ach hören Sie doch auf, Sie machen ja doch nur sexuelle Dinge". Frage also: Was machen wir damit? Antwort: Wenn Sie etwas Sexuelles fühlen, ist das ein *vegetatives Strömen*. Sie werden auf vegetativer Ebene in ihrem Körper stimuliert und das Strömen breitet sich in ihrem ganzen Körper, einschließlich des genitalen Bereiches aus, weil sie dort, wie ich annehme, nicht blockiert sind. Haben Sie also keine Angst, wenn Sie etwas in Ihren Genitalien spüren, es ist nur ein Teil Ihres Körpers. Sagen Sie: 'Oh, da strömt etwas. Das ist gut, es ist gut, auch auf dieser Ebene zu reagieren'. Sehen Sie es so, anstatt Angst zu haben und sich darauf zu konzentrieren, daß dies etwas Sexuelles ist. *Vegetatives Strömen hat natürlich seine sogenannte sexuelle Komponente. Aber vegetatives Strömen ist nicht notwendigerweise an sich sexuell.*

Frage: Wie sollten wir mit dem sozial verursachten Inszesttabu umgehen?
Antwort: Wir sollten es akzeptieren.

Frage: Wie steht es mit Anziehung oder Ablehnung in Dir?

Antwort: Das ist ganz einfach, wenn ich nicht berühren möchte, berühre ich auch nicht. Grundlegend gesagt, ist die menschliche Berührung ein universeller Ausdruck der Kommunikation auf verschiedenen Ebenen. Wenn ich also jemanden nicht berühren möchte, entweder weil er gefährlich krank ist oder aus anderen Gründen, sollte ich dies aus Selbstschutz auch nicht tun. Wann berühren wir also? **Berühren sollte keine Methode sein. Berühren kommt aus der Essenz heraus.** Wenn ich Dich berühre, weil ich denke, daß dann etwas geschieht und weil ich denke, daß alles, was der Klient braucht, ist, daß etwas geschieht, dann berühre ich auf sehr mechanische Art und Weise. Das ist es nicht. Ich berühre, weil ich denke, daß es gut ist, sich darüber bewußt zu werden, daß da etwas ist und ich höre aus Deiner Antwort, ob ich Recht habe oder Unrecht.

Frage: Berühren ist sozial nicht sehr akzeptiert. Der Klient lernt also in der Therapie zu berühren, aber in der alltäglichen Realität...?

Antwort: Reich sagte dazu in etwa: Du wirst gesund und Du hast Glück. Und nun finde jemanden, mit dem Du "zusammenklingen" kannst. Denn es ist ziemlich schlimm in einer Welt für das vegetative Strömen offen zu sein, die ständig: 'nein, nein, nein' sagt. Aber ich glaube, daß ein gesunder Mensch sich zu den guten Dingen des Lebens durchschnuppern kann und einen Partner finden wird, mit dem er in der Ganzkörperberührung harmoniert.

* * * * *

Björn Blumenthal ist Klinischer Psychologe und wurde von Elsa Lindenberg, Odd Havrevold und Ola Raknes ausgebildet. Er ist Mitbegründer des Skandinavischen Instituts für Psychotherapie in Göteborg und des Norwegischen Vegetotherapie-Instituts in Oslo, sowie Vizepräsident der Europäischen Gesellschaft für Körperpsychotherapie. Sie erreichen ihn unter Tingstuveien 8, 0281 Oslo 2, Norwegen.

ÜBERTRAGUNGSHEILUNG IN DER KÖRPERPSYCHOTHERAPIE

von *Peter Bolen*, Brunn/G. (Österreich)

Jedem Therapeuten sind Klienten bekannt, die nach einem Workshop mit einem "berühmten" Therapeuten ihrer Unzufriedenheit mit ihrer laufenden Therapie Ausdruck verleihen. Sie wünschen die Wiederholung der dynamischen Unterstützung und des magischen Erlebnisses, vom Therapeuten sofort durchschaut zu werden. Sie möchten das Gefühl der Ganzheit durch Verschmelzung mit der Wunderkraft des Therapeuten wiedererleben, um sich dadurch heil zu fühlen.

Am Beispiel von Körperpsychotherapieseminaren, die manchmal als Einführung und Demonstration für die einzelne Therapierichtung angeboten werden, wird ein Phänomen sichtbar, welches besonders in den Körperpsychotherapieschulen eine Rolle spielt, die nicht mit dem psychoanalytischen Verständnis der Übertragung, der Gegenübertragung und speziell der *Übertragungsheilung* vertraut sind.

Das äußere zu beobachtende Phänomen, ist eine scheinbar plötzliche Heilung nach einer einzigen Sitzung im Rahmen eines Workshops. Die Teilnehmer beschreiben Gefühle von Neuheit, noch nie gefühlten Möglichkeiten und einer eindrucksvollen Lebendigkeit.

Die Therapeuten nennen es entweder Heilung oder Gipfelerlebnis (peak experience), welches sie Kraft ihrer Erfahrung beim Klienten induzieren können und welches Heilung fördert. In diese Kategorie fällt auch der Begriff des kleinen (An)Stoßes, den der Klient angeblich braucht. Diese Interventionen wirken wie eine Abkürzung zur Problemlösung.

Einige Tage oder Wochen nach der Therapiesitzung verblaßt das Erlebnis und das Gefühl der eigenen Unzulänglichkeit zusammen mit den alten Symptomen tritt in den Vordergrund. Die iedalisierte Übertragung auf den Therapeuten löst sich auf oder kippt ins Gegenteil. Der Grund ist, daß die Übertragungsreaktionen nicht analysiert werden. *In der Rolle einer realen oder phantasierten Person aus der Vergangenheit befriedigt oder manipuliert der Therapeut die infantilen Wünsche des Klienten.*

Eine Folge ist die häufige Fixierung des Klienten an diesen Therapeuten im Sinne einer andauernden positiven und unterwürfigen Übertragung und eine Verlängerung der Abhängigkeit. Wir kennen diese Patienten auch als fanatische Verfechter dieses Therapeuten oder dieser Therapierichtung im Sinne eines missionarischen Verhaltens.

Tatsache ist, daß starke emotionale Erlebnisse, wie sie besonders in Gruppen auftreten heilend sind, wenn sie im Zusammenhang mit der eigenen frühen Geschichte erinnert und verstanden werden. Die Gruppe macht Druck und entängstigt gleichzeitig als Symbol der schützenden Mutter. Die Therapie in der Gruppe macht sich diese Phänomene zunutze und mobilisiert rasch Emotionen. Wichtig dabei ist, daß bewußt gemacht wird, daß das emotionale und eindrucks-volle Erlebnis aus dem Klienten und nicht vom Therapeuten kommt. Er stellt nur das Setting bereit, seine Interventionen sollten analytisch, katalytisch und nicht manipulativ sein. Übertragungsphänomene müssen trotz der kurzen Zeit sichtbar gemacht und gedeutet werden.

* * * * *

Dr. **Peter Bolen** leitet den Arbeitskreis für Emotionale Reintegration. Seine Adresse: Grohestr.11, 2345 Brunn/Gebirge, Tel. Österreich/02236/33443.

Literatur

Greenson, 1967, S.49, 286, 361
Fenichel, 1945a, S.559-561
Nunberg, 1932, S.301

SCHATTEN AUF DEM MOND

Die Vernachlässigung der Seele und des Weiblichen in der Körperpsychotherapie

von *Katherine Brown*, Cassano (Italien)

Verschiedene Aspekte dessen, was ich heute über die Vernachlässigung der Seele und des Femininen sagen möchte, wirkten viele Jahre lang in den eher unbewußten Dimensionen meiner Körper-Psyche. Als sie bewußter wurden, bekamen sie für mich immer größere Bedeutung und forderten mehr und mehr meine Aufmerksamkeit, Zeit und Hingabe. Mich mit ihnen zu beschäftigen wurde zu einer inneren Reise - und nicht zu einer intellektuellen Übung. Die Gedanken, die ich heute mit Ihnen teilen möchte, stammen aus meiner Suche nach meiner eigenen Seele und nach meinen weiblichen Wurzeln.

Während ich in diesen letzten Jahren um meinen Weg zur Seele kämpfte, erregten manchmal die folgenden Worte des Dichters *John Keats* meine Aufmerksamkeit: *"Nennen Sie die Welt, wenn Sie wollen, das Tal des Seelen-Machens, dann werden Sie den Nutzen der Welt herausfinden"*. Sie entstammen einem Brief an seinen Bruder vom April 1819, in dem er fortfährt: *"...ich sage Seelen-Machen... Es mag Intelligenzen oder Funken der Göttlichkeit in Millionen geben - aber sie sind keine Seelen, bis daß sie Identitäten gewonnen hätten, bis jede persönlich sie selbst ist. Diesen Punkt (sagt Keats, d.Aut.) möchte ich hier eingehend betrachten, weil ich ihn für ein größeres Heilssystem als die christliche Religion halte"*.

Dieses Zitat verfolgte mich. Einerseits schien es die Richtung meiner inneren Reise und meiner Arbeit als organismischer Psychotherapeutin zusammenzufassen, andererseits wußte ich, daß mir irgendetwas entging und daß meine beständige Besetzung durch es auf eine tiefere Bedeutung hinwies, die ich noch nicht ganz erfassen konnte. Jahrelang drehte sich mein Hauptinteresse für mich selbst und andere um die Notwendigkeit, persönliche Identität zu gewinnen, was für mich die Entdeckung und das Leben der besonderen und einzigartigen Aspekte unseres Seins in dieser Welt bedeutet, die jeden von uns darauf hinleiten, zu werden, wer wir wirklich sind.

Schließlich begriff ich, daß ich nach all den Jahren persönlicher Psychotherapie, Körperarbeit und Analyse, - Jahre in denen ich mich immer wieder gefragt hatte: 'Wer bin ich?' -, nur einen Teil der viel größeren Frage gestellt hatte: *'Wer bin ich als eine Frau?'* Langsam wurde mir klar, daß das Herausfinden meiner Identität als Frau ein viel breiteres Verständnis von dem, was es heißt, eine Frau zu sein, erforderte, als jenes mit dem ich aufgewachsen war und das ich internalisiert hatte. Es brauchte jahrelange Therapie bevor ich begriff, daß ich jedes Recht dazu hatte, etwas anderes als das süße, nette, freundliche, liebreizende, die Bedürfnisse der anderen an erste Stelle setzende Kind meiner Eltern und Großeltern zu sein. Und ich brauchte noch länger, um zu verstehen, daß, obwohl ich ja schon immer 'feminin identifiziert' war, meine Ideen, was es heißt, 'feminin' zu sein, ganz eng durch die kulturellen Ideale darüber, wie eine Frau zu sein habe, konditioniert waren. Aber aus dem weiten Spektrum der inhärenten femininen Möglichkeiten hat das patriarchale Ego nur die lebensspendenden und schützenden mütterlichen Qualitäten akzeptiert. Nun erst konnte ich anfangen, mich zu fragen, wie ein Mädchen oder eine Frau sein könnte, wenn sie in den femininen Dimensionen ihres Organismus verwurzelt wäre, anstatt in den kulturellen Idealen darüber, wie sie sein sollte.

Diese Frage führte mich über die Psychologie hinaus zum Studium der Mythen, der Geschichte und der Vorgeschichte. Ich konnte nun besser verstehen, warum ich auch außerhalb der Psychologie suchen mußte, um meine weiblichen Wurzeln zu finden. Es entstanden gleichzeitig auch viele Fragen zu meiner Arbeit als Organismischer Psychotherapeutin, zur Psychologie im allgemeinen und der Körperpsychotherapie im besonderen.

Viele dieser Fragen sind immer noch unbeantwortet und als der Brief von *Matthew Speyer* mich erreichte, in dem er mich einlud, auf diesem Kongreß zu sprechen, geriet ich in einen Zustand inneren Aufruhrs. Bewußt war es das letzte auf dieser Welt, was ich tun wollte... und gleichzeitig drängte mich doch eine innere Stimme "Ja" zu sagen. Die Einladung belebte erneut Gefühle der Enttäuschung, der Wut und Verwirrung, die in mir während des letzten Kongresses in Seefeld entstanden waren und sie erweckten in mir die innere Notwendigkeit, für die Seele und die Werte des Femininen, die zunehmend mein Leben und meine Arbeit leiteten, einzustehen. Das Problem war, daß ich selten versucht hatte, die Veränderung der Bewußtheit, die in mir herangewachsen war, zu artikulieren, und ich wußte wirklich nicht, ob mir dies gelingen würde oder ob ich den Mut hätte, es zu versuchen. Der Kampf zwischen diesen inneren Kräften ließ mich mein Schweigen in Frage stellen und provozierte schließlich ein Verantwortlichkeitsgefühl zu sprechen - auch wenn meine Gedanken und Ideen immer noch im Fluß waren - für das zu sprechen, ***was in der Körperpsychotherapie noch nicht besprochen worden ist: die Seele und das Feminine.***

Meine Reaktionen auf die Ereignisse des Kongresses in Seefeld gossen Öl in das Feuer meiner Suche nach dem unterdrückten Femininen und weil es so eine große Rolle in meinem Hiersein heute spielt, möchte ich mit ihnen einige meiner *subjektiven* Erfahrungen während dieser Tage teilen. Als ich in Seefeld ankam, war ich sehr auf meiner femininen Seite - offen für Kontakt und den Austausch von Gedanken, Ideen und Gefühlen mit anderen. Nachdem jedoch die erste Aufregung und Freude über das Zusammentreffen mit alten Freunden verflogen war, fühlte ich mich zunehmend unwohl und am falschen Ort in dieser physischen und psychologischen Umgebung. Die höhlenartigen Seminarräume mit ihren hohen Decken boten keinen Halt und intensivierten stattdessen das Hochfliegen der Energien, die mich von meinen Füssen zu wischen schienen. Als ich den Vortragenden und den Podiumsdiskussionen zuhörte, fühlte ich mich immer mehr wie eine Außenseiterin. Es schien mir (mit einigen Ausnahmen), daß jeder der sprach, in irgendeinem Bereich analytischer Untersuchung und rationaler Sicherheit lebte, der mir fremd war. Außerdem vermißte ich das Gefühl, die Präsenz, die Seele des Menschen hinter den Worten. Meine innere Unruhe wurde von Gefühlen der Unzufriedenheit unter den Kongreßteilnehmern verstärkt, was sich während der Treffen zeigte und in den unzufriedenen Gesprächen privater Konversationen enthüllte. Mein Impuls war zu sagen: *zur Hölle mit diesem ganzen Kram!* Ich fand es notwendig, mich zurückzuziehen - alleine zu sein - um mich zu fragen, was da geschah. In diesen Momenten der Einsamkeit gingen mir immer wieder folgende Worte von *James Hillman* durch den Kopf: *"Kein Wunder, daß wir in bestimmten Momenten unseres Lebens fühlen, daß wir mit der Psychologie abgeschlossen haben, daß wir uns unfähig fühlen, eine weitere psychologische Erklärung zu ertragen, weil alles zu einfach ist, zu naiv, zu optimistisch"* (*Loose Ends*, S.28). Ich verstand, daß ich meinen Gefühlen des Unwohlseins, mich am falschen Platz zur falschen Zeit zu befinden, trauen konnte, weil sie Botschaften meiner Seele und meines Körpers waren, schmerzhafte Erinnerungen daran, daß ich nicht länger die einseitige, rationale, halbherzige und maskulin dominante Sicht tolerieren konnte, die auf dem Kongreß dominierte. Hier gab es viel Futter für das Ego, aber mit einigen Ausnahmen kaum Nahrung für die Seele und sicherlich überhaupt keine für die femininen Aspekte meines Seins. Es schien mir, als ob der Kongreß ein heroischer Egotrip war und alles dafür sprach, daß das so weiter gehen würde! Ein Ideal, das uns immer weiter und hinaus in die Außenwelt führte. Wo, so fragte ich mich, waren die Worte, die uns nach innen und hinunter in die Sphären der Seele und des unterdrückten Femininen leiten könnten?

Ich verstehe nun, daß jeder Moment oder jede Stufe in unserem Leben ihre eigenen Anforderungen hat und daß heute, jetzt in meinem Leben, meine verschieden von denen der meisten von Ihnen sind. Die meisten von Ihnen sind sehr viel jünger als ich. Meine Beschäftigung mit der Vernachlässigung der Seele kann, obwohl sie schon vor Jahren begann, ein Ausdruck meines Alterns sein, jener Zeit des Lebens also, wenn die Seele den Ego-Bedürfnissen entwischen will und wenn eine innere Übereinstimmung mit dem Selbst wichtiger wird als die Übereinstimmung mit den Werten der äußeren Welt. Meine Aufmerksamkeit für die Vernachlässigung der femininen Prinzipien und Werte kann jedoch nicht nur einfach an die Türschwelle meines Alters gelegt werden. Sie repräsentiert eine Bewußtseinsveränderung, die die weiblichen Werte in sich aufnehmen möchte. Es geht nicht nur mir alleine so. Ich kenne viele von Ihnen, die auch aktiv an diesem Prozeß beteiligt sind. Weil ich mich diesen feminine Werten gewidmet habe und jene von Euch unterstützen möchte, die sie ebenfalls unterstützen, wage ich es letztlich doch zu sprechen und die patriarchalen Prämissen der Ego-Psychologie in Frage zu stellen, auf denen sich ja auch die Körperpsychotherapie-Bewegung aufgebaut hat.

Die Worte und Ideale des Patriarchats, die unser Leben geformt haben - meines und Ihres - formen auch die Sprache, die Konzepte und Theorien der Psychologie und Körperpsychotherapie. Und sie werden das tun bis wir verstehen, daß das wissenschaftlich-medizinische Modell, dem wir folgen, und die essentiellen Lehrsätze der akademischen Psychologie, die uns gelehrt wurden, Produkte und Träger jenes ent-körperten Egos sind, die sie formulierten. Dieses Ego, der

Repräsentant des cerebro-spinalen Systems, hat sich selbst von der Ganzheit des Organismus getrennt und behauptet nun seine Herrschaft über den Körper und andere Teile der Psyche, die für unsere Ganzheit als menschliche Wesen essentiell sind. Es ist diese Herrschaft des ent-körperten Egos, die uns in uns selbst gespalten hat und uns den Reichtum unserer inneren Welt raubt - die Verbindung zu den femininen Aspekten unseres Seins - zu unseren Seelen und zu den Seelen und Körpern der anderen, die wir heutzutage so verzweifelt brauchen. Diese einseitige Dominanz des Ego-Bewußtseins kann nur durch ein Hinabsteigen in unsere Körper und die eher unbewußten Teile unserer Psyche korrigiert werden, wo wir die ungelebten Teile von uns selbst entdecken werden. Diese bisher unbekannten Teile ins Bewußtsein zu bringen, wird die arroganten Forderungen des Egos ausbalancieren und dadurch unser Leben erweitern und vertiefen.

Es war sehr anrührend für mich zu entdecken, daß es, *obwohl die Seele oder das Feminine in der Literatur der Körperpsychotherapie-Bewegung kaum erwähnt wird*, einen zunehmenden Strom von Veröffentlichungen aus anderen Disziplinen gibt, die andeuten, daß eine Bewußtseinsveränderung in Richtung auf die Inkorporation femininer Werte in die Herzen und Köpfe der Menschen unserer westlichen Welt vor sich geht. Z.B. finden wir in der zweiten Hälfte dieses Jahrhunderts, angefangen bei *Eric Neumann's* "On the moon and matriarchal consciousness" (1950) bis *Elinor Gadon's* "The once and future Goddess" (1989), Ausdrücke eines wachsenden Bewußtseins, daß die äonen-alte Unterdrückung weiblicher Werte eine einseitig maskulin-egoistische Sicht der Welt, der Natur und der Beziehungen zwischen menschlichen Wesen erzeugte, die korrigiert werden muß. Was im Bewußtsein von Frauen und Männern auftaucht ist die Tatsache, daß trotz mehr als 5.000jähriger Unterdrückung und der Kraft des Patriarchats... *die Göttin immer noch lebt!* Als ihre Tempel in der Außenwelt zerstört wurden, zog Sie sich in die unbewußten Tiefen der Körper-Psyche zurück, wo Sie immer noch wohnt. Ihre Leidenschaft und Kraft wird nie zerstört werden, weil Sie die andere Seite von uns selbst ist und wir nie eins mit uns selbst oder anderen sein werden, bis wir verstehen, daß die Dominanz des Patriarchal-Egos, das uns antreibt, uns trennt. Ob wir nun männlich oder weiblich sind, die Ganzheit fordert eine Balance zwischen unseren femininen und maskulinen Seiten und wenn wir unsere Verbindung mit unserer femininen Seite wiederentdecken und erneuern wollen, müssen wir darauf vorbereitet sein, die Reise in unsere unbewußten Tiefen zu unternehmen, wo wir nicht nur die Erinnerungen und Bilder unserer persönlichen Geschichte, sondern auch unserer kollektiven Vor-Geschichte entdecken werden. Dort, in den Nebeln der Zeit, werden wir der Göttin von Angesicht zu Angesicht gegenüberstehen.

Diese Reise nach innen und zurück in der Zeit war für mich oft lang und einsam und mein Eintreten in die Präsenz der Göttin erschütterte mich - auch wenn Malcolm (Brown) während dieser Erfahrung bei mir war - bis in meinen Kern. Jene von Euch, die auch solche Erfahrungen hatten, ob im Wachen oder Schlafen, werden wissen worüber ich spreche. Oder, wenn Sie jemals die Fresken der *"Villa of Mysteries"*

(Haus der Mysterien) in Pompeji gesehen haben und von ihnen berührt wurden, werden Sie einiges über die Kraft und die Numinosität der Archetypen wissen, die, einmal konstelliert, sich weigern Sie gehenzulassen, bis sie sich assimiliert haben. Solche Botschaften haben die Macht unsere Leben zu verändern und ihnen unsere rationalen und irrationalen Forderungen zu assimilieren. Sie haben die Macht, unsere Aufmerksamkeit von den Forderungen der äußeren Welt ab- (obwohl wir notwendigerweise in ihr weiterleben müssen) und den Forderungen der Seele und der inneren Welt zuzuwenden. Wir sind gelehrt worden, den Autoritäten der äußeren Welt Vertrauen zu schenken - Müttern, Vätern, Pastoren, Doktoren, Lehrern etc. - und deshalb ist es für uns äußerst schwierig, unsere innere Autorität zu entdecken und den Mut zu haben, uns die aus unseren eigenen Tiefen stammenden Forderungen anzuschauen und hinzuhören, besonders dann, wenn wir entdecken, daß diese Forderungen im scharfen Gegensatz zu dem stehen, was uns gelehrt wurde. In diesen Momenten, wenn wir gefangen sind zwischen den Forderungen der inneren und äußeren Autorität, mißtrauen wir oft unserer geistigen Gesundheit und brauchen Halt (Containment), Verständnis und Unterstützung. Ich hatte das Glück, daß diese Bedürfnisse von Malcolm, von meinen Freunden in den USA und hier in Europa und auch auf weniger persönliche Arten durch die Schriften, die ich bereits erwähnte, erfüllt wurden. Sie stärkten immer wieder den Glauben an meine innere Reise.

In den letzten zwei Jahren haben die Schriften von *Elinor Gadon*, einer Kunsthistorikerin und *Riane Eisler*, einer Soziologin, Anthropologin und Rechtsanwältin, nicht nur meine Suche nach dem inneren femininen Bild, das mich leiten sollte, unterstützt, sondern mich ebenso auf die ungeheure Explosion archäologischer Daten hingewiesen, die seit dem II.Weltkrieg entdeckt worden sind. Diese Entdeckungen bestätigten die über 30.000 Jahre lang andauernde Verehrung und Anbetung einer weibliche Gottheit, beginnend im späten Paläolithikum mit einer Blütezeit im Neolithikum und bis in die frühe christliche Periode hinein, als in Gallien der letzte der Göttinnen-Tempel im 5.Jh. geschlossen wurde.

Die Göttinnen-Religion war, wie *Elinor Gadon* beschreibt, "erd-zentriert, nicht himmel-gerichtet, von dieser Welt und nicht anderweltlich, körperbestätigend und nicht körperverleugnend, holistisch und nicht dualistisch. Die Göttin war in jedem menschlichen Wesen immanent, nicht transzendent und Humanität wurde als Teil der Natur betrachtet, der Tod als Teil des Lebens. Ihre Anbetung war sinnlich, das Erotische und das allumfassend Lebendige zelebrierend. Die religiöse Suche richtete sich auf die Erneuerung und Regenerierung des Lebens und die Göttin war die Lebenkraft".

Dies ist sehr weit von der jüdisch-christlichen Religionstradition entfernt, in der die westliche Welt emporwuchs. Es ist eine Tradition, die einen männlichen Gott als Erzeuger postuliert, dessen Reich im Himmel und nicht in dieser Welt ist und der verfügt, daß unsere einzige Rettung das Streben nach Perfektion durch die Verleugnung der Bedürfnisse unserer Körper und unserer Instinkte und Triebe ist.

Als die ersten Beweise für diese Göttin-orientierten Gesellschaften im 19.Jh. auftauchten, bezog man sich auf sie als "matriarchal". Weil sie Zentren der Anbetung der Göttin waren nahm man an, daß sie von Frauen regiert wurden und daß deshalb die Männer unterworfen waren. Jüngere Forschungen enthüllen jedoch, daß sie eher "matrilokal" oder "matrilineal" und nicht "matriarchal" waren, d.h. Frauen regierten diese Gesellschaften nicht. Wie *Riane Eisler, James Mellaart, Marija Gimbutus* und andere Archäologen, Soziologen und Ethnologen gezeigt haben, lebten solche Gesellschaften wesentlich gleichberechtigter als alle anderen, die sich seit den barbarischen Invasionen nomadischer Stämme aus Nordeuropa und Asien, die irgendwann zwischen 4300 und 4200 v.Chr. begannen, entwickelten. In jenen frühen Gesellschaften waren *weder* Frauen noch Männer unterworfen und beide verehrten die lebenspendenden-lebenunterstützenden weiblichen Qualitäten, die die Göttin repräsentiert. Es ging ihnen um den Schutz des Lebens aller, die in ihren Grenzen lebten, Frauen, Männer und Kinder und sie verehrten die natürlichen Kräfte, auf denen ihre Existenz beruhte und versuchten mit ihnen in Harmonie zu leben. In diesen friedvollen und agrarischen Gesellschaften, die Tausende von Jahren bestanden spielte, wie *Eisler* schreibt, "obwohl das feminine Prinzip als primäres Symbol des Wunders des Lebens die neolithische Kunst und Ideologie durchdrang, das männliche Prinzip ebenfalls eine wichtige Rolle... keines war dem anderen untergeordnet: durch die Ergänzung des einen durch das andere wurde ihre Kraft verdoppelt... eine Kraft, die eher mit Verantwortlichkeit und Liebe zusammenhing als mit Unterdrückung, Privileg und Angst" (*The Chalice and the Blade*, S.26-28).

In dem Frieden und der Fruchtbarkeit jener frühen Zivilisationen schritt unsere soziale, kulturelle und technologische Evolution voran und in einem sozialen System, das Partnerschaft über die männliche Dominanz und Hierarchie stellte, entwickelten sich die grundlegenden Technologien, auf denen unsere Zivilisation steht.

Die Dominanz des patriarchalischen Bewußtseins - dem einzigen unserer modernen Welt bekannten - baute sich auf dem Verlust der Anbetung und des Respektes vor der Göttin, vor den Werten des Femininen und der Natur auf. Dieser Verlust betrifft uns alle, Frauen und Männer, *weil das Weibliche nicht das Vorrecht der Frauen ist*, es ist eine Wesenheit, die genauso zu den Männern gehört. Die Unterdrückung der femininen Prinzipien erzeugte ein Gefühl des Seelenverlustes, unter dem sowohl Männer als auch Frauen heutzutage leiden. Frauen, deren Körper während Jahrhunderten gekauft, verkauft, getauscht und geschlagen wurden, haben jeden Sinn für die Verehrungswürdigkeit ihrer eigenen Körper verloren. Sie haben den Respekt für die Tatsache verloren, daß ihre Körper mit der Natur eng verbunden sind - mit den zyklischen Phasen des Mondes, der Gezeiten und der Jahreszeiten - und sie mißtrauen der wirklichen Essenz ihres Seins. Als die Männer das Leben des Egos und des Geistes über das Leben des Körpers und seiner Instinkt-Bedürfnisse stellten, mußten sie zwangsläufig die Werte des Femininen unterdrücken - nicht nur in der Außenwelt, sondern auch in der Innenwelt. Die Männer verloren ihr Vertrauen in ihre Fähigkeit zu fühlen und verleugneten das Mysterium ihrer emotionalen Tiefen. Es ist kein Wunder, daß wir uns heute - Männer und Frauen - isoliert finden, unzufrieden und einsam und ohne einen Sinn in unserem Leben.

Das Gleichgewicht zwischen den maskulinen und femininen Prinzipien, das die Kraft hat, uns innerlich und äußerlich zu vereinen, wurde von der Überbewertung des maskulinen Ego-Bewußtseins und der Rationalität gespalten. Das Leiden unserer Körper und Psychen versucht uns zu sagen, daß wir einseitig geworden sind und uns in einem gefährlichen Zustand des Ungleichgewichtes befinden. Körperlich z.b. warnt uns die Zunahme von streß-erzeugten Störungen, hoher Blutdruck, Herzattacken, Schlaganfälle etc. Die Psyche schickt uns andere Botschaften der Qual: am Tage fühlen wir uns isoliert und mißtrauen uns selbst und anderen, sind gelangweilt, ruhelos, ohne einen Sinn in unserem Leben, phantasieren davon krank zu werden, verkrüppelt, arbeitsunfähig, arm, verlassen, heimatlos und ungeliebt; und nachts kommen die Träume, Alpträume globaler Zerstörung, von Erdbeben, Stürmen, Flutwellen und unkontrollierten Feuerstürmen. Vielleicht versinken wir im Treibsand oder riesigen Exkrementseen oder wir flüchten vor Dieben, Vergewaltigern und Mördern. Welches Thema es immer auch sein mag, wir wachen schreckerfüllt auf, schweißgebadet und in Tränen. Das Leiden unserer Psyche und unseres Körpers sind nur die zwei Seiten derselben Münze von uns selbst, und beide versuchen, die einseitige Vorherrschaft des maskulinen Prinzips und die Dominanz der ent-körperten Egos zu korrigieren. Die Botschaften aus der persönlichen und kollektiven Körper-Psyche möchten gehört werden, nicht als Manifestationen psychosomatischer Symptome oder persönlicher Neurosen, sondern als Beschreibungen des persönlichen und kollektiven Leidens der Seele.

In Gesprächen mit vielen von Euch, Frauen wie Männern, habt Ihr mir während dieser letzten Jahre enthüllt, wie Ihr von euren eigenen Träumen, Phantasien und unbewußten Bedürfnissen eurer Körper gezwungen worden seid jenes Wertesystem, in dem wir alle aufgewachsen sind, neu zu überprüfen. Und weil Ihr immer mehr die femininen Aspekte in euch anerkennt, erkennt Ihr auch, daß die Sprache der Psychologie nicht dafür geeignet ist, die Veränderungen in euren inneren und äußeren Welten zu erklären oder auszudrücken. Unsere Sprache ist so arm geworden wie unsere Herzen und Seelen. *Die Sprache, die uns, egal zu welcher Nationalität sie gehört, gelehrt wurde, ist die Sprache des Patriarchats, des ent-körperten Ichs, sie ist abstrakt, rational, wissenschaftlich und vor allem unpersönlich und unemotional. Und noch mehr, sie zerteilt, zertrennt und kategorisiert uns und beschreibt eher die logischen und mechanischen Gründe als die Beziehung.* Es gibt keine Worte, keine Metaphern, um das Mysterium des Lebens auszudrücken, das in die Komplexitäten und Interrelationen, die innerhalb und zwischen menschlichen Wesen und der natürlichen Welt, die sie beinhalten, eingewoben ist. Es ist nichts falsch mit dieser Sprache an sich, wir haben nur erst sehr langsam begriffen, daß sie von einem Ich formuliert wurde und ein Ausdruck eines Ichs ist, das sich selbst vom Körper getrennt hat. Außerdem sind wir von Jahrhunderten rationalen, wissenschaftlichen Denkens darin getäuscht worden, daß sie die einzige

Sprache sei, die wirklich Validität besitzt. Uns wurde gelehrt, daß die Vernunft *die* uns leitende Autorität ist und daß nur der *Geist* denkt. Wir haben die Sprache des Herzens vergessen, jene Sprache, die imaginativ und poetisch ist und wir haben den Glauben an die Sprache des Körpers verloren, die durch jede Zelle unseres Seins zirkuliert.

Erich Neumann sagt uns in *"The origin and history of consciousness"* (S.210), daß "die Entwicklung des Ich-Bewußtseins von einer Tendenz, sich selbst vom Körper unabhängig zu machen, begleitet wird. Diese Tendenz findet ihren offensichtlichsten Ausdruck im maskulinen Asketentum, der Weltverneinung, der Kasteiung des Körpers und im Frauenhaß... (im Kampf gegen den Körper und das Weibliche) dies sollte die Stabilität des Egos, des Willens und der höheren (spirituellen) Männlichkeit stärken und ein bewußtes Gefühl der Macht über den Körper geben".

Diese Worte Neumann's sind eine exakte Definition und Beschreibung dessen, was ich mit dem Begriff "ent-körpertes Ego" meine. Es erscheint mir notwendig zu begreifen (1), daß während des dritten Jahrtausends A.D. die Entwicklung des ent-körperten Ich-Bewußtseins die Entstehung des Patriarchates förderte und dies lange vor der Entstehung der hebräischen Bibel (2). In einem 2.500 Jahre andauernden Prozeß etablierten sich dann die *Werte des Patriarchates* (3), die sich in der hebräischen Bibel kristallisierten und kodifizierten: *ein männlicher Gott erschuf die Welt; die Menschen haben das Recht, sich die Erde untertan zu machen; die Männer haben das Recht, die Frauen zu dominieren.*

Durch die jahrhundertelange Herrschaft des Patriarchates akzeptierte man diese Glaubenssätze als natürlich und unvermeidlich. Wenn wir jedoch die Prämisse akzeptieren, daß die Körper-Psyche zur Ganzheit strebt, scheint es ebenfalls unvermeidlich, daß schließlich die Einseitigkeit dieses Glaubenssystems und der Kultur, die sich auf ihm aufbaut, eine Umkehr erfordert und daß die Energie und die Kraft des unterdrückten Femininen letztlich versuchen würde, wiederzukommen.

Unsere machtgetriebene, materialistische, westliche Kultur und die ökologische Zerbrechlichkeit des Planeten, auf dem wir leben, bezeugen den "Erfolg" der Herrschaft des maskulinen Ego-Bewußtseins. Es scheint so, als ob es die äußere und innere Notlage gebraucht habe, um uns wieder zu Sinnen zu bringen - zu unseren Körpern und zu den unbewußten Dimensionen unserer Psyche, wo die Göttin immer noch wohnt und wo sie darauf wartet, uns zur Verbindung mit den weiblichen Seiten zurückzuführen. Diese Erneuerung der femininen Energie wird in der heutigen Welt nötig gebraucht, um die maskulinen Kräfte, die uns an den Rand der Selbstzerstörung und der Zerstörung anderer gebracht haben, auszugleichen. Ich glaube, daß wir jenen Punkt, über den Erich Neumann vor 50 Jahren gesprochen hat, erreicht haben: "Nur in den späten Phasen der Entwicklung, wenn das Patriarchat sich selbst erfüllt oder absurd in die Länge gezogen und seine Verbindung mit Mutter Erde verloren hat, wird die Individuation eine Umkehr bringen" (*The moon and matriarchal consciousness*, S.60). Diese Umkehr fängt gerade an, sich ihren Weg ins Bewußtsein zu bahnen, während die destruktiven

Werte des patriarchalen Systems im Extrem ausgelebt werden, so wie wir es gerade in Kuwait und dem Irak oder in Osteuropa, Afrika und anderen Teilen der Welt beobachten konnten. Die Rückkehr der regenerativen Kraft des unterdrückten Femininen wird deshalb zunehmend dringender.

Ich rede jedoch nicht einer Rückkehr der *"großen Mutter"* oder irgendwelcher matrilinealen oder matrilokalen Gesellschaftsmuster das Wort, das wäre weder möglich noch wünschenswert. Ich sage, daß wir eine Balance zwischen den maskulinen und femininen Kräften in uns brauchen und diese Balance in der Außenwelt unterstützen müssen. Wir müssen anerkennen, daß wir innerlich und äußerlich gespalten sind. *Bis daß nicht jeder von uns seine eigene Art und Weise, die femininen und maskulinen Elemente in sich selbst zu vereinen, gefunden hat, wird die Außenwelt ein Schlachtfeld bleiben, auf dem wir unser inneres Dilemma ausagieren.* Es scheint mir, daß wir wieder einmal an einem jener Punkte stehen (und es gab davon während der letzten 2000 Jahre eine ganze Anzahl), an dem die Stimme des unterdrückten Weiblichen sich über ein Flüstern hinaus erhebt. Die Zukunft der Zivilisation, so wie wir sie kennen, wird stark darauf beruhen, ob wir auf sie hören, unsere Aufmerksamkeit auf sie lenken und verstärken oder ob wir dem Lärm der wohlbekannten Stimme des maskulinen Bewußtseins folgen, die die Macht über andere predigt und ihre Forderungen mit Drohungen der Gewalt stützt, die nun bereits das Gewicht von Megatonnen nuklearer Energie haben, die uns zerstören und den Planeten, der uns ernährt, vernichten und verwüsten kann.

Nun aber, *was hat dies alles*, was ich bisher über das Feminine und die Seele, über prähistorische partnerschaftliche Gesellschaften und ihre Niederschlagung durch die patriarchale Dominanz gesagt habe, *mit der Praxis der Körperpsychotherapie heute zu tun*?

Erstens, ich glaube, daß wir neue Perspektiven in unseren Leben und unserer Arbeit gewinnen können, wenn wir uns auf den Weg zu unseren Seelen machen, indem wir uns mit unseren Körpern und dem Weiblichen in uns selbst anfreunden.

Zweitens, wir sind so von den Werten des Patriarchates und der Herrschaft des ent-körperten Egos konditioniert, daß es extrem schwierig für uns ist, sie als das zu sehen, was sie wirklich sind: Parodien auf unsere menschlichen Möglichkeiten.

Drittens, wir brauchen neue Einsichten und Informationen, z.B. solche mit archäologischer Grundlage, die unsere kreative Imagination anregen und die eingefahrenen Wege unseres Denkens und Seins konfrontieren.

Viertens, wir brauchen neue Bilder und ein neues Verständnis von der Körper-Psyche-Verbindung, mit der wir ja alle arbeiten.

Ich glaube nicht, daß wir sie finden, wenn wir damit fortfahren, ständig die Konzepte der Ich-Psychologie zu verfeinern und umzudefinieren, die wir von Freud, Reich und Lowen erbten.

Die Drohung globaler Zerstörung, die uns die Fragen der Seele zu Bewußtsein brachte und die wachsende Sorge um die unterdrückten Aspekte des Femininen in Männern und Frauen deuten an, daß das psychologische Bewußtsein sich verändert, obwohl die psychologische, psychiatrische und psychotherapeutische Sprache, die während des 19.Jhdts. von Ärzten und akademischen Psychologen (die in der Diagnose und Behandlung von Krankheiten geschult waren) noch heute großenteils dieselbe ist. Wie **Hillman** in *"The myth of analysis"* betont, neigen die Worte, die wir benutzen, dazu, sich zu vergegenständlichen, denn sie geben uns eine Art Sicherheit, daß sie die **Dinge** sind, die sie eigentlich nur bezeichnen. Wenn wir diagnostische Kategorien anwenden, ob sie nun dem klassischen psychiatrischen Modell oder der charakter-muskulären Typologie von **Reich** und **Lowen** entstammen, fällen wir von außen Urteile über Menschen und klassifizieren sie gemäß dessen, was wir Störungen nennen. Dann versuchen wir sie von jener Krankheit, die wir ihnen etikettiert haben, zu "heilen". Das erinnert mich an einen wirklich sehr alten Witz: ein berühmter Psychiater wurde gefragt, wie lange er brauche, einen Patienten zu "heilen". Er dachte ein wenig nach und sagte dann: "Nun, das kommt auf den 'Fall' an. Schizoide kann ich sehr schnell 'heilen', aber manchmal dauert es sehr lange, bis ich sie zu Schizoiden gemacht habe, bevor ich sie heilen kann". Zugegeben, ein sehr schwarzer Scherz, aber er trifft.

Die Sprache diagnostischer Kategorien, die pure Idee der Etikettierung, Behandlung und Heilung dessen, was benannt wurde, war von mir schon zu Beginn meines Psychologiestudiums vor über 30 Jahren mit einem Bannfluch belegt worden. In den 18 Jahren meiner Praxis als organismische Psychotherapeutin habe ich keinerlei Rechtfertigung für die Anwendung dieser diagnostischen Kategorien für die Beschreibung des Seelenleidens von Männern und Frauen gefunden, die als Studenten und Klienten mit uns zusammengearbeitet haben. **Malcolm Brown** und ich haben während dieser Jahre viele hitzige Diskusssionen über diese Frage der Diagnose geführt. Aus meiner Sicht ist sein Konzept der *"vier dynamischen Seins-Zentren der verkörperten Seele"* und seine Theorie der Panzerung - die wenig mit der von Reich zu tun hat - einen viel fruchtbareren Ansatz für das Verständnis der Durchdringung und gegenseitigen Abhängigkeit der Körper-Psyche-Phänomene als die charakter-muskulären Typologien von **Reich** und **Lowen**. In den frühen Jahren unserer Zusammenarbeit war es für mich oft schwierig, meine Sichtweise auszudrücken oder zu artikulieren. Und erst nach dem ich ernsthaft begonnen hatte die Schriften von **Jung** zu studieren, fand ich dort Unterstützung für meine starken intuitiven Gefühle, daß die Abstraktionen der diagnostischen Kategorien mehr verhüllen als enthüllen. Jung ging es um die Seele und im Gegensatz zu seinen Zeitgenossen lehnte er es standhaft ab, eine systematische oder detaillierte Neurosenlehre oder Krankheitsbeschreibung oder Behandlungsanweisung zu liefern.

Während andere ihn deswegen kritisierten, fühlte ich mich ihm wegen dieser Sichtweise verpflichtet.

Auch auf die Gefahr hin, daß ich auf viele Zehen trete und den Punkt überstrapaziere, muß ich sagen, daß ich glaube, daß die **Neurose-Klassifikationen** sich auf von außen beobachtbare, klassifizierbare Verhaltenshandlungen gründen und daß wir, wenn wir sie anwenden, das Individuum auf jene **Verhaltenskategorien** reduzieren, die wir oral, hysterisch, masochistisch, zwanghaft oder was auch immer nennen, und daß wir dann als Therapeuten versuchen, dieses äußerliche Verhalten zu verändern und dadurch eine "Heilung" herbeiführen. Dies mag uns ein falsches Gefühl der Sicherheit vermitteln, den Glauben, daß wir wüßten was wir tun, aber es kann uns ebenso für die Tatsache unzugänglich machen, daß die individuellen Unterschiede, die einzigartigen Qualitäten, die jeden einzelnen von jedem anderen auf dieser Erde unterscheiden, übersehen werden und ununterstützt bleiben und daß das Leiden der Seele, das den einzelnen ja primär in die Therapie führte, nicht berührt wird. Wenn Klienten zu uns kommen, sind sie auf der Suche nach irgend jemandem auf dieser Welt, der ihr Leiden versteht. Wenn wir von außen an sie herangehen, von unserem analytischen, rationalen Ego-Bewußtsein, werden sie sich ungesehen und ungehört fühlen und sie haben Recht damit. Wenn wir uns ihnen andererseits von innen her nähern, von unseren verkörperten Seelen, anstatt als autoritäre Figuren, die "wissen, was mit denen da falsch ist und wie man es wieder reparieren kann", kommunizieren wir unsere Bereitschaft, sie auf ihrer Reise nach innen zu den unbekannten Teilen ihrer Psyche und hinunter in die Tiefen und Mysterien des Körpers, der beraubt, entweiht und von den Forderungen des Egos und des Willens unterjocht wurde, zu begleiten.

Nun, dazu braucht es wahrscheinlich einen Vertrauenssprung, Vertrauen in uns selbst anstatt in Theorien, um von unseren verkörperten Seelen aus zu arbeiten und nicht mehr vom rationalen Ego, das, so wurde uns ja gelehrt, angeblich alle Antworten hat. Für diesen Sprung hin zur Seelenverbindung mit dem anderen müssen wir unsere Spieltheorien im Hintergrund lassen und von Moment zu Moment phänomenologisch arbeiten.

Bevor wir aber auch nur **beabsichtigen** auf diese Art zu arbeiten, müssen wir auf unserer Reise nach innen und hinunter die Notwendigkeit entdeckt haben, die Bedürfnisse des vegetativen oder autonomen Nervensystems ins Bewußtsein zu bringen, bevor es auch nur irgend eine Möglichkeit gibt, die Macht des rationalen Egos und des Willens, die Produkte des über-dominanten cerebro-spinalen Netzes in Verbindung mit der willkürlichen Muskulatur sind, herauszufordern. Mit anderen Worten: wenn wir die ausgleichende Macht des langsamen, ruhigen und durchdringenden Energieflusses entdeckt haben, der aus unseren endodermalen Tiefen hochsteigt und lernten ihm zu vertrauen, werden wir verstehen, wie notwendig auch unsere Klienten, männliche wie weibliche, das Erleben des Augenblicks in den Sitzungen brauchen, die Direktheit des Körpers und die Wahrnehmung der Arbeit des autonomen Nervensystems (von dem ja der endodermale Fluß abhängt). Wir werden uns dann als Therapeuten darauf konzentrieren, die wachsende Wahrnehmung des Klienten in seine körper-psychischen Prozesse und das Vertrauen in sie als *Ort* seiner/ihrer inneren Autorität zu unterstützen. Wir helfen dem Klienten damit, *jene innere Autorität aufzurichten*, die bisher keine Entwicklungschance hatte oder verloren ging, weil eine äußere Autorität, beginnend bei der Mutter oder einer anderen für das Wohlbefinden des Kindes verantwortlichen Person, anfing, die primären Bedürfnisse und Gefühle des Babies mit Ideen und Idealen, d.h. mentalen Konstrukten darüber, wie er/sie *sein solle,* zu überrennen. Um zu überleben und sich geliebt zu fühlen, mußte der Klient als Kleinkind lernen, seine von innen kommenden Instinkt-Impulse zu kontrollieren und sich den Forderungen der Mutter oder Bezugsperson anzupassen. Und so stumpfte die Wahrnehmung für die inneren Gefühle und Empfindungen immer mehr ab und trennte sich schließlich von der Hier-und-jetzt-Erfahrung der Einheit mit seiner/ihrer Körper-Psyche.

Ich möchte dies noch einmal auf andere Weise darstellen:

Wir wissen, daß der Fötus sogar in der Gebärmutter viele sensorische Stimuli empfängt und auf sie reagiert und daß die Erfahrungen des Neugeborenen in den ersten Wochen nach der Geburt hauptsächlich Sinneserfahrungen sind. Durch die Empfindungen, die durch den Organismus zum Embryo fließen, gewinnt er ein Gefühl dafür, ob seine Umgebung liebevoll oder feindselig ist, ob er/sie in dieser Welt willkommen ist oder nicht. Wie viele von Ihnen aus eigener persönlicher Erfahrung oder von Klienten her wissen, kommt die frühe Verletzung aus einem *Gefühl* als Kleinkind oder Kind oder sogar schon *in utero* ungewollt gewesen zu sein. In dieser frühesten Phase des Lebens wird die Bühne für die Trennung von intellektueller und sinnlicher Erfahrung, der sog. Geist-Körper-Split, der so zerstörerisch in unserer westlichen Kultur vorherrscht, vorbereitet. Daß wir ihn in unseren Klienten heute immer mehr erkennen, kommt nicht daher, daß wir uns seiner Symptome immer bewußter werden, sondern aus der Tatsache, daß er tatsächlich immer vorherrschender wird, denn er wächst seit Jahrhunderten. Jede weitere Generation von Mädchen und Frauen identifizierte sich zunehmend mit dem vorherrschenden maskulinen Bewußtsein und entfremdete sich entsprechend von ihren instinkthaften femininen Wurzeln, von ihren Sinnen und ihrer inneren Autorität. Indem sie den Respekt für ihre eigene Körper verloren, konnten sie auch die Körper ihrer Kinder nicht lieben, besonders nicht die ihrer Töchter, die ihren eigenen so glichen. Ich habe kein Interesse daran, die Mütter und Frauen oder Väter und Männer von heute für einen Entfremdungsprozeß anzuklagen, der seit Jahrhunderten gewachsen ist. Ich möchte stattdessen verstehen, wie dieser Entfremdungszustand entstanden ist und wie wir als Körperpsychotherapeuten dabei helfen können, ihn zu korrigieren. Bei diesem Unternehmen ist das autonome Nervensystem unser Verbündeter und die Wiederherstellung seiner Funktionen und seines berechtigten Platzes im Organismus fordert unsere Aufmerksamkeit.

Das autonome Nervensystem ist besonders verletzlich im psycho-physikalischen Entwicklungsprozeß. Dies leitet sich aus der Tatsache ab, daß die von den viszeralen Organen und dem unwillkürlichen Muskelsystem herkommenden Empfindungen oft unklar und nur wenig organisiert sind und die Impulse oft das

Bewußtsein nicht erreichen. Wenn alle Teile des Organismus harmonisch arbeiten, brauchen diese Empfindungen nicht ins Bewußtsein zu treten. Wenn jedoch das geschlossene cerebro-spinale System vorherrscht, muß an der bewußten Wahrnehmung dieser Empfindungen gearbeitet werden bevor das Ego gewillt sein wird, zu akzeptieren, daß im Organismus noch andere Faktoren wirken, die seine eigenen Grenzen ausweiten. Aus der Erfahrung mit vielen Klienten und Studenten wissen wir, daß die Bedeutung des autonomen Nervensystems nur selten anerkannt wird. Es wird nur selten gesehen, auf welch subtile Weisen beide seiner Teile, das sympathische und das para-sympathische System vom ent-körperten Ego überrannt wird.

Eines der grundlegendsten Bedürfnisse des Menschen ist die Verbindung - oder Beziehung - mit anderen. Und, wie *Jung* vor vielen Jahren betont hat, ist es jenes "Nervensystem, das seit Jahrhunderten als 'sympathisches' bekannt war (welches), obwohl es ohne Sinnesorgane arbeitet... die Balance des Lebens aufrecht erhält und über die geheimnisvollen Wege sympathischer Erregung uns nicht nur Kenntnis von dem innersten Leben anderer Wesen verschafft, sondern auch innere Auswirkungen auf sie hat. In diesem Sinne ist es ein extrem kollektives System, die operative Basis aller participation mystique..." (Jung 1934, C.W.9ii41). Auch wenn ich hier nicht genug Zeit habe, auf das Phänomen der *participation mystique* einzugehen, möchte ich doch behaupten, daß wir in unserer Begeisterung dafür, "*wissenschaftlich*" zu sein, seine Bedeutung und Wichtigkeit übersehen haben. Wir neigten dazu, Projektion, Übertragung und Gegenübertragung als *psychische* Prozesse zu sehen und zu vergessen, daß sie genau so gut körperliche Komponenten haben. Ich deute damit die Möglichkeit an, daß über diese "geheimnisvollen Wege sympathischer Erregung" der Organismus inhärent fühlt, ob ein anderes Individuum oder eine Situation potentiell positiv oder negativ ist. Und weiterhin, daß wir als Therapeuten nur von der Arbeitsannahme profitieren können, daß die positiven oder negativen Projektionen und Übertragungen des Klienten seine unbewußten körperlichen Wahrnehmungen unserer unbewußten verkörperten Reaktionen auf sie reflektieren, was durch all unsere mentalen "guten Absichten" nicht versteckt werden kann. Wenn die Ausstrahlung des mehr oder weniger "fremden Anderen" nicht "sympathisch" ist, haben wir es mit dem gleichen System zu tun, das die Kampf- oder Fluchtreaktionen des Organismus regiert. Wie wir aus unserer eigenen Erfahrung und von unseren Klienten wissen, wurden diese beziehungsmäßigen Reaktionen auf andere schwer durch elterliche und gesellschaftliche Eingriffe behindert, die sich gegen das "Fremde" richten oder spontan die Wut oder Angst ausdrücken, die wir in seiner Gegenwart fühlen. Genauso wurde uns gelehrt, körperlichen oder psychologischen Schmerz zu verleugnen und unsere Reaktion darauf zu unterdrücken. All diese uns aufgezwungenen Lehren brachten uns bei, unseren inneren Gefühlen und Reaktionen zu mißtrauen und sie zu verleugnen. Die Art und Weise, wie diese Gebote von Eltern und Gesellschaft aufgezwungen wurden, ermutigten das Kind dazu, die Hilfe des Großhirns und der willkürlichen Muskulatur in seinem/ihrem Kampf gegen den Ausdruck seiner/ihrer Instinktreaktionen aufzurufen. Wenn das Kind erwachsen ist, werden die Impulse von innen und die Wahrnehmung ihrer Botschaften so schwach geworden sein, daß sie nur noch in den extremsten Umständen das Bewußtsein augenblicklich erreichen.

Der parasympathische Teil, der hauptsächlich während der Ruheperioden wirkt und für die restaurativen Prozesse als auch die für den Organismus notwendige Erneuerung der Energien sorgt, *leidet ebenso*. Wenn die egoistische Forderung nach sozialer Macht und ökonomischem Erfolg Überarbeitung und beständige Cortex-Aktivität erzeugen, erschöpfen sich die natürlichen Energiereserven des Organismus, die von Ruhephasen und Inaktivität (zur Wiederauffüllung) abhängig sind. Dann muß Adrenalin den Treibstoff liefern, um die ekzessiven egoistischen Forderungen zu erfüllen.

Das autonome Nervensystem reguliert die unwillkürlichen Aktivitäten der Eingeweideorgane, des Herzens, der Blutgefäße, der Atmungsorgane, des Nahrungskanals, der Nieren, der Blase, der reproduzierenden Organe, der endokrinen Drüsen usw. Auch innerhalb dieser Organe laufen viele Prozesse ab. Die Bewegung und Regulation der *Flüssigkeiten oder Sekretionen*, die sie produzieren, hängt von ihrem angemessenen Funktionieren und der Balance zwischen dem sympathischen und dem parasympathischen Teil ab. Trotz dessen, was ich über die unwillkürlichen Aktivitäten des autonomen Nervensystems sagte, operiert dieses System nicht separat und unabhängig vom zentralen Nervensystem. Die Zentren im Gehirn üben Kontrolle aus, besonders das Großhirn, der Hypothalamus und die Medulla oblongata. Wenn die Forderungen des Großhirn-Egos ekzessiv sind, zwängt die Kontrolle des zentralen Nervensystems über das autonome Nervensystem den flüssigen Energiestrom durch den Organismus ein und führt zu Stillstand und Disfunktion in verschiedenen Teilen.

Die Wiederherstellung der Balance zwischen den beiden Teilen des autonomen Nervensystems sowie zwischen den zentralen, peripheren und autonomen Nervensystemen ist grundlegend für die Harmonie und Vitalität des Organismus. Sie bedeutet die Wiederbelebung des flüssigen Energiestromes, der dabei hilft, die Panzerung aufzulösen und jene Teile der Körper-Psyche wiederzuvereinen, die durch das ent-körperte Ego von der Wahrnehmung isoliert wurden.

Ich habe dem autonomen Nervensystem aus zwei gleich wichtigen Gründen sehr viel Zeit gewidmet. Der eine betrifft die Überbetonung des "Ich-Aufbaus" und des "Aufbrechens der charakter-muskulären Panzerung", die die körperpsychotherapeutische Bewegung charakterisiert hat. Wenn dies die Ziele unseres therapeutischen Bemühens sind, neigen wir dazu, die natürlichen Heilungskapazitäten der Körper-Psyche unserer Klienten zu unterschätzen und mit viel Arbeit von außen an sie heranbringen zu wollen, was doch nur aus dem Inneren des Klienten durch ihn selbst entstehen kann. Wenn wir jedoch die Bedeutung des autonomen Nervensystems für die Energieökonomie des menschlichen Organismus erkennen, werden wir verstehen, daß die Wiederherstellung ihrer vollen Funktion grundlegend für die

Veränderung der Körper-Psyche ist. Der andere Grund stammt aus meiner Überzeugung, daß das autonome Nervensystem und die femininen Aspekte unseres Seins untrennbar verbunden sind. Sie sind nicht komplementär, sie sind die beiden Seiten des gleichen Körper-Psyche-Phänomens. Was buchstäblich und materiell in den organischen Funktionen erlebt wird, wird als Bild und Symbol in den psychischen Funktionen erfahren und ob wir nun mit unseren Händen oder Stimmen sprechen, sprechen wir doch beide zur gleichen Zeit an. Ihre Funktionen und ihr Schicksal sind unabhängig von unserem Geschlecht für unsere Ganzheit als menschliche Wesen wichtig. Wie immer wir uns ihnen auch annähern finden wir, daß beide versteckt, geheimnisvoll und verletzlich sind; beide wurden durch die Forderungen des patriarchalen Egos unterdrückt; beide brauchen unsere Wahrnehmung ihrer Existenz und unsere Aufmerksamkeit für ihre Bedürfnisse, bevor sie ihren positiven Einfluß auf unser Leben ausüben können; und beide sind uns allen verfügbar, Männern wie Frauen. Ich überlasse sie nun meiner These, daß das autonome Nervensystem und der endodermale Fluß die femininen Dimensionen in uns selbst und unseren Klienten nährt und wir, indem wir dies unterstützen, in Essenz an der Seele bauen.

* * * * *

Katherine Brown ist Klinische Psychologin und Co-Direktorin des Europäischen Instituts für Organismische Psychotherapie. Ihre Adresse: Villa Candida, 21030 Cassano-Valcuvia, Italien.

Literatur

Eisler, Raine, The Chalice and the Blade, Unwin Hyman, London 1990
Gadon, Elinor, The Once and Future Goddess, Harper and Row, New York 1989
Hillmann, James, The Myth of Analysis, Northwestern University Press, 1972
Hillman, James, Loose Ends, Spring Publications, Irving, Texas 1978
Keats, John, From a letter to his brother George, in: The Letters of John Keats, S.326, hrsg.v. H.B.Forman, Reeves & Turner, London 1895
Neumann, Erich, The Moon and Matriarchal Consciousness, in: Fathers and Mothers, S.40-63, hrsg.v. Patricia Berry, Spring Publications, Zürich 1973
Neumann, Erich, The Origins and History of Consciousness, Princeton University Press

DAS PATRIARCHALE EGO
IN DER ROLLE EINES KÖRPERPSYCHOTHERAPEUTEN

von **Malcolm Brown**, Ponte Tresa (Schweiz)

In welchem Maße stehe ich unter dem Einfluß einer patriarchal-egoistischen Orientierung, wenn ich mit Klienten arbeite? Mit dieser Frage müssen wir als Therapeuten wohl alle leben. Jeder, der mit einer fixe Konzepttheorie arbeitet, wie man die Körperarbeit mit Klienten strukturieren müsse (inklusive präziser Techniken), tut dies aufgrund einer *patriarchalen Ego-Orientierung*. Die ist zum großen Teil unbewußt. Wir sind uns dessen kaum bewußt, weil wir im Inneren unserer Konzepte, Theorien und logisch "präzisen" Techniken verfangen sind. Ich glaube, daß die drei Männer, denen die Körperpsychotherapie am meisten zu verdanken hat, *Freud*, *Reich* und *Lowen*, alle Opfer einer patriarchalen Ego-Orientierung waren.

Lassen Sie mich mit einer kurzen *Definition des patriarchale Egos* bezüglich unseres Arbeitsfeldes beginnen. *Im Wesentlichen ist es der für mich unbewußt in einen maskulinen Willen eingebettete cerebrale Intellekt, der heroisch motiviert ist, die Macht über andere zu erhalten, um diese unter der Maske eines überlegenen Wissens zu retten.*
Ich kann dies schreiben, weil ich in den ersten fünfzehn Jahren meiner klinischen Praxis als Körperpsychotherapeut selbst ein Opfer der patriarchale Ego-Orientierung war.
Vier unbewußte Rollen gehen mit dieser patriarchalen Ego-Einstellung einher. *1*. Der *reine Wissenschaftler*, gleich ob medizinischer oder psychiatrischer Orientierung, hat, wenn er wirklich an seine Theorien, Meß-Parameter und Strukturen gebunden ist und seine Klienten in Charakterstrukturen einpaßt, eine patriarchale Ego-Rolle. *2*. Der *Guru*, der eine Art spiritueller Tyrannei über die Seelen seiner Anhänger ausübt, ist ebenfalls in einer patriarchalen Ego-Haltung gefangen. Ich spreche hier nicht über religiöse Gurus, sondern über psychotherapeutische Gurus. *3*. Das *Genie*, das Sitzung für Sitzung eine brillante und großartige Körperpsychotherapie vorführt, bei seinen Klienten exzellente Durchbrüche und wunderbare Entladungsreaktionen erreicht, auch er steckt in seinem patriarchale Ego fest. *4*. Der *Retter* oder Prometheus-Held, der alle Verwundungen seines Klienten heilt und ihn rettet.

All dies läuft unbewußt ab. Wenn Sie in diesen Rollen gefangen sind, denken Sie, Sie seien die vorzüglichste Person in der Welt, weil Sie *ja nur für Ihre Klienten* da sind, für sie leben, aber eigentlich leben Sie nur Ihre Rolle... Es braucht Jahre, damit Sie sich selbst demystifizieren und darüber klar werden können, in welchem Ausmaße Sie in einer dieser vier Rollen verfangen sind, besonders, wenn Ihre Lehrer *Freud, Reich* und *Lowen* waren.

In den letzten zehn Jahren seines Lebens arbeitete Reich nicht mehr als Psychotherapeut, weil er letztlich seine falsche Rolle als Retter erkannte. Dies verwirrte und quälte ihn sehr und er verließ seinen ursprünglichen Arbeitsbereich völlig... *Wilhelm Reich!* Er wurde ein Wissenschaftler und fühlte sich hier authentischer. Aber er war ein Wissenschaftler, der nicht länger Psychotherapeut war. Diese Rollen können also schreckliche Formen annehmen. In meinem eigenen Falle begann ich vor etwa zwölf Jahren zu begreifen, daß ich in der Rolle des Retters, des patriarchalen Retters verfangen war. Ich wußte es nun zumindest in meinem Kopf, während meiner 15 davor liegenden Arbeitsjahre wußte ich es noch nicht einmal dort. Ich denke, daß jeder von uns, der in einer *vertikal übergeerdeten Weise gepanzert* ist und dies nicht voll begreift, dazu neigt, in der patriarchale Ego-Haltung zu bleiben.

Ich möchte nun über die drei größten Gefahren sprechen, denen ein praktizierender Körperpsychotherapeut gegenübersteht, der mit seinen Klienten aufgrund einer klinischen Orientierung arbeitet, die hauptsächlich aus seiner unbewußten patriarchalen Ego-Einstellung stammt.

Die erste Gefahr

Eine solche klinische Orientierung *erzeugt im Klienten die Illusion, der Therapeut wisse mehr als er selbst über seine Psychopathie und die Behandlungs- und Heilungsmöglichkeiten* . Lassen Sie uns diese Gefahr "die Illusion der Objektivität und Überlegenheit wissenschaftlicher und medizinischer Kenntnisse in unserem Arbeitsbereich" nennen. Diese Illusion der Überlegenheit ist die Voraussetzung für eine unterschwellige Autoritätshörigkeit und die Tendenz zu cerebraler Allmacht-Wissenschaft. Das heimtückischste Ergebnis dieser Überlegenheits-Illusion besteht darin, daß der Psychotherapeut glaubt, indem er seine Klienten in bestimmte logische Schubladen dieser oder jener charaktermuskulären Typologie steckt, eine akkurate psychodynamische und bioenergetische Diagnose der Probleme geben zu können. Die logisch präzise Konstruktion dieser Typologien brütet das Trugbild im Intellekt des Psychotherapeuten aus, daß er ein spezielles objektives Wissen vom psychodynamischen und bioenergetischen Zustand des Klienten habe.

Ich selbst wandte zwanzig Jahre lang die reichianisch-lowenianischen Typologien der verschiedenen charaktermuskulären Panzerungsmuster an und tue es immer noch. In den letzten zehn Jahren habe ich ständig die Verdienste dieser Typologien hinterfragt und langsam ihre ihnen innewohnenden Begrenzungen und Tendenzen, den inneren Zustand des Klienten zu *stereotypisieren* und zu *dehumanisieren* erkannt, sogar bezüglich seiner psychopathologischen Spaltungen. Es ist mir aber erst in den letzten fünf Jahren gelungen, sie tatsächlich an zweite Stelle zu setzen und sie nicht mehr als hauptsächliches oder erstes Wahrnehmungsindiz des essentiellen inneren Zustandes meiner Klienten zu nehmen, weil ich begriff, wie sie eine partriarchale Ego-Haltung gegenüber den Klienten verstärken. Sie sind in sich selbst extrem **mangelhafte** Werkzeuge für das Verständnis der psychopathologischen Spaltungen, weil sie dazu neigen, viele Funktionsebenen der Psyche zu ignorieren, besonders die eher unbewußten Ebenen. Sie betonen viel zu sehr die chronischen Energieblockaden auf der Körperebene oder das, was wir muskuläre Panzerungen nennen. *Sie idolisieren die Körperpanzerung auf Kosten der Tatsache, daß jede Psychopathologie bestimmten Überlebensbedürfnissen und konstruktiven Integrationsfunktionen auf den psychischen Ebenen dient.*

Die Panzerung hat eine konstruktive integrative Funktion, besonders auf der charakterologisch-psychischen Ebene.

Die Reich-/Lowen'schen Typologien simplifizieren die sich im Kern jeder Psychopathologie befindenden wesentlichen psychologischen Konflikte und stellen sie hinter die Bedeutung der energetischen Blockaden. Jeder einzelne Klient hat aufgrund seiner einzigartigen persönlichen Geschichte ein absolut einzigartiges Muster chronischer psychologischer Konflikte, auch wenn er mit anderen die gleiche charaktermuskuläre Typologie gemeinsam hat. Er verfügt über ein absolut einzigartiges familiäres Interaktionsmuster der Primärfamilie, das mit anderen Familien nicht vergleichbar ist. Und im Kontext der Primärfamilie formt sich ja die Matrix jeder Psychopathologie. Wenn Sie die Ursprünge der Psychopathologie verstehen wollen, muß der Klient diese Familienmuster in all ihren Beziehungen wiedererleben. Man *könnte* ihnen dasselbe Etikett aufdrücken und doch ist jeder Fall verschieden. Diese reichianisch-lowenianischen "shit"-Etiketten, wie ich sie nenne, vermitteln dem neuen und ambitionierten Psychotherapeuten die Illusion, daß er/sie, wenn er direkt und irgendwie eindimensional nur an den Energieblockaden arbeitet, die Psychopathologie des Klienten mehr oder weniger automatisch ausradiert und auflöst. Ich werde niemals jenen Tag im Jahre 1969 vergessen, als *Alexander Lowen* mir gestand, daß er davon träume eine Körperpsychotherapie zu entwickeln, mit der es möglich wäre, Heilungen in zehn Sitzungen zu erreichen. Der Therapeut müsse nur eine exakte Diagnose stellen und harte energiemobilisierende Techniken anwenden, die die spezifischen, die Typologie begleitenden Energieblockaden, unterminieren würden. Ich weiß nicht, was Lowen heute darüber denkt. Vielleicht hat er seine Meinung geändert. Ein solcher Traum hat nach meiner Meinung einen enorm verführerischen Reiz auf den neuen und unerfahrenen Körperpsychotherapeuten, dessen Gefangenschaft innerhalb seines eigenen cerebralisierten Intellektes ihn zwingt, sich an rational strukturierte Formeln zu klammern, die angeblich die komplexen psychopathologischen Phänomene erklären können.

Der größte Mangel aller reichianisch-lowenianischen charaktermuskulären Typologien ist ihre Ignoranz gegenüber der Mannigfaltigkeit versteckter Wachstumspotentiale im Klienten, die aus völlig natürlichen Selbstheilungskräften, sowohl auf der psychischen als auch der organismischen Ebene stammen. Die bedeutendste dieser Selbstheilungskräfte auf organismischer Ebene ist der longitudinale vegetative Fluß der endodermalen Schicht. Wenn wir den endodermalen vegetativen Energieströmen Zeit und Raum geben, die hauptsächlich unbewußten intuitiven Bereiche innerhalb der Psyche allmählich wiederzuerwecken, bestätigen wir im Klienten eine innere Instanz, mit deren Hilfe er/sie die restlichen zwei Drittel seiner Ent-Panzerung und Heilung aus sich selbst heraus leisten kann. Dies vorausgesetzt, *geht es in der Kunst der Körperpsychotherapie darum, dem Klienten aktiv zunehmendes Selbstvertrauen zu vermitteln, damit er riskieren kann, sich immer stärker auf seine inneren intuitiven Möglichkeiten und Rhythmen zu verlassen.*

Ich möchte hier betonen, daß es für die logischen Konstrukte des patriarchalen Ego unmöglich ist, den endodermalen vegetativen Fluß des Klienten wahrzunehmen und ihn zu unterstützen. Sie können dies nur in dem Ausmaß, in dem Sie fähig sind, während der Sitzung (in Gegenwart dieses geheimnisvollen anderen Menschen, der Ihr Klient ist), völlig aus Ihrem Kopf und Verstand herauszugehen. Ansonsten bleibt der Therapeut in seinen intellektualisierten wissenschaftlichen Kategorien und abstrakten Visionen der Psychopathologie des Klienten stecken. Er erkennt nicht die sofort sichtbaren Hinweise des fluidalen vegetativen Stroms. Denn dies gelingt nur, wenn der Therapeut sich nicht mehr von seinem Verstand-Gehirn und seiner medizinisch-wissenschaftlichen Diagnose her auf seinen Klienten bezieht, sondern sich völlig aus seinem Kopf in die mehr femininen und sympathischen Gefühlszentren (sympathisches Nervensystem) seines Gesichtes, seiner Brust und seines Bauches hinunterläßt, in seinen eigenen großen, teils unbewußten, intuitiven Bereich. Dieses Herablassen ist dem patriarchalen Ego unmöglich, weil es leicht die Tyrannei des dominierenden männlichen Intellektes unterminiert, der in einen heroischen und unbewußten Willen zur Macht über den Klienten in der Rolle eines Retters (ausgestattet mit Expertenwissen) eingebettet ist.

Die zweite Gefahr

Die Haltung des Körperpsychotherapeuten mit einem patriarchalen Ego ist eher therapeut-zentriert als klient-zentriert. Beim therapeuten-zentrierten Arbeitsstil ist die Verbindung des Verstandes/Geistes des Psychotherapeuten mit seinen eigenen Willenszentren in der Rückseite seines Körpers sehr stark. Dadurch überstrapaziert der Therapeut seinen eigenen Willen, wenn er Körperarbeit vorschlägt, die diesen oder jenen lokalisierten Energieblock auflösen soll. Welche spezifische Technik dann in der Sitzung angewendet wird, gerät dadurch unter die Verantwortlichkeit des Therapeuten und nicht unter die des Klienten. Der erfahrenere und holistische orientierte Körperpsychotherapeut weiß, daß es keine lokalisierten Energieblockaden gibt, sondern daß jede beobachtbare Energieblockade wie die Spitze eines Eisbergs ist. Darunter gibt es in den Tiefen des Körpers verschmolzene Formationen gestauter Energie, die im ganzen Organismus zu finden sind. Der therapeuten-zentrierte Psychotherapeut zwingt im Gegensatz dazu den Klienten buchstäblich, diese oder jene Streßposition einzunehmen oder seinen Körper präzise so oder so gemäß ausdrücklich formulierter Instruktionen zu bewegen. Außerdem kontrolliert er den Geist und die Psyche des Klienten, wenn er definitive Interpretationen anbietet, die die angeblichen Muster charakter-muskulärer Panzerungen der psychodynamischen Abwehrmechanismen konfrontieren sollen. Durch diese Interpretationen mag er das rationale Bewußtsein stimulieren, lenkt den Klienten aber von der spontanen Weisheit seines eigenen kreativen Unbewußten ab.

Ein klienten-zentrierter Arbeitsstil unterstützt dagegen zu allen Zeiten die spontane Weisheit des kreativen Unbewußten. Dies gelingt nur durch die geringstmögliche Anwendung des rationalen Willens oder der intellektuellen Kenntnisse des Therapeuten bei der Körperarbeit oder der spontanen psychologischen Erforschung. Der Therapeut ist dann keine Autoritätsfigur oder ein alles wissender Experte, sondern mehr ein Allierter, ein Begleiter und Mitmensch, dessen Interesse am Klienten hauptsächlich auf der Hier-und-Jetzt-Ebene beruht. *Die Gefühlszentren in der Vorderseite des Körpers des Psychotherapeuten und ihre intuitiven Bereiche sind die primären Kanäle kognitiven Wissens über den Zustand des Klienten.* Ich meine hier ein intuitives kognitives Wissen über den Klienten, das in den ontologisch verkörperten Seins-Zentren des Psychotherapeuten geerdet ist und nicht nur in seinen Gefühlsreaktionen. Es war für mich persönlich die entscheidenste Veränderung meines Arbeitsstils in den letzten 15 Jahren, als ich entdeckte, wie sehr meine Brust, mein Bauch und meine Gesichtsregionen im Augenblick die feinsten und umfangreichsten Daten aus der nicht-verbalen Körpersprache des Klienten empfangen können, ohne daß ich diese Daten rational in meinen Kopf kategorisieren und sezieren muß.

Dieser innere Wandel meiner klinischen Perspektive ging Hand in Hand mit meinem eigenen persönlichen Wachstum als einem Mann, der langsam seine eigenen femininen Gefühlskapazitäten in der Vorderseite seines Körpers entdeckte... mehr oder weniger. Ich bin noch nicht ganz dort Zuhause, aber ich gehe darauf zu. Das ist ein erstaunlicher Prozeß. Es ist großartig, wenn ich wirklich von meiner Vorderseite aus Beziehungen eingehen kann. Dann bin ich „verstandlos", „leerköpfig", ich bin „dumpf" inbegriffen präziser kognitiver Strukturen... das ist großartig. Aber das kann man sich nicht erlauben, wenn man nicht durch eine gewisse Hölle gegangen ist. Fünfzehn Jahre lang war ich sehr organisiert und benutzte all den patriarchalen Ego-Kram. Das Problem ist: wie können wir dieser Weise auf die Vorderseite orientierte Psychotherapeuten sein und immer noch darein vertrauen, daß wir wirklich etwas über die Psychopathologie des Klienten wissen. Denn ich glaube immer noch, daß diese "shit"-Etiketten (die reichianisch-lowenianischen charaktermuskulären Typologien: Masochisten, Orale, Regide etc.) immer noch einen gewissen Wert haben, wenn auch einen sehr sekundären. Das ganz ist nicht leicht, es ist kompliziert.

Im Mittelpunkt dieser Fähigkeiten steht das Vertrauen in die Seins-Zentren von Eros und Hara, die die wichtigsten Hinweise über den Schatten und die am stärksten unbefriedigten primären Gefühlsbedürfnisse des Klienten liefern. Diese beiden Seins-Zentren der vorderen Hälfte sind von Natur aus eher am primären Prozeß als am sekundären Prozeß beteiligt. Durch Eros können wir uns empathisch auf körperlicher Ebene im Hier-und-Jetzt beziehen, während Hara uns erlaubt, den anderen im Hier-und-Jetzt bedingungslos zu akzeptieren. Sie balancieren sich innerhalb des innerlich zentrierten Psychotherapeuten aus. Die Entdeckung der größeren Genauigkeit von Eros und Hara und ihre Kapazität mich intuitiv auf die tiefen Seelenzustände des Klienten einzustimmen, erlaubten mir in den vergangenen fünf Jahren meinen früheren exzessiven Rückgriff auf die *reichianisch-lowenianischen Typologien wesentlich zu vermindern. In der letzten Analyse sind diese Typologien nämlich nur ein intellektueller Ersatz für das intuitive Verstehen und den Kontakt mit der lebendigen Präsenz des Klienten im Hier-und-Jetzt.*

Unser Rumpf beinhaltet Kanäle der kognitiven Rezeptivität für die Seinszustände des Klienten im Hier-und-Jetzt, die verläßlichste Informationsquellen über den bioenergetischen Zustand des Klienten und seine inneren Selbstheilungskräfte sind. Wir haben immer dann Zugang zu diesen Informationen, wenn wir unseren eigenen vegetativen endodermalen Fluß mit dem vegetativen Fluß des Klienten resonieren lassen. Wenn wir uns auf diese verkörperten Vorderseitenkanäle interpersonell erzeugter Gefühle und Energiekreise, die zwischen ihrem eigenen Organismus und dem Körper des Klienten bestehen, verlassen können, sind wir fähig hinter die ektodermale Oberfläche zu blicken und durch empathische Identifikationen direkt auf den Streß, die chronische Anspannung und sogar die Orte chronischer Kollisionen von Energieströmen, die innerhalb der zwei tieferen Schichten (mesodermale und endodermale Schichten) zusammentreffen, einzustimmen. Durch das mitfühlende und direkte Einstimmen auf das, was innerhalb der beiden tieferen Schichten des Klienten vor sich geht, bestätigt und erweckt der klienten-zentrierte Körperpsychotherapeut die Selbstheilungskräfte des Klienten durch Worte und direkte Berührung und nicht durch den direkten Angriff auf die chronische Panzerung oder die direkte Konfrontation der Ich-Abwehr des Klienten von außen.

Aus meiner Erfahrung fördern nährende und katalytische direkte Berührungen weiblicher Qualität am besten die Selbstheilungskräfte. Diese über eine längere Zeit (bis zu 45 Minuten) an derselben Stelle angewandten Berührungen weiblicher Qualität mobilisieren die tieferen und unbewußteren Ebenen der Psyche und ihre bildhaften und archetypischen Kapazitäten und wirken sich auf sehr direkte Art und Weise auf den longitudinalen vegetativen endodermalen Fluß aus. Katherine (Brown) und ich haben herausgefunden, daß diese feminine Berührung mehr als jede andere Art körperlicher Intervention, unterdrückte primäre Gefühlsbedürfnisse der Verbindung mit seiner inneren Welt und der Verbindung mit der äußeren Welt anderer fühlender Wesen innerhalb der Psyche des Empfängers (Klienten) erweckt. Dies, weil die endodermale Schicht unsere primären Gefühlsbedürfnisse enthält und die gepanzerte mesodermale Schicht diese Bedürfnisse davor schützt erneut mißbraucht zu werden. Durch eine klienten-zentrierte Orientierung können wir die gepanzerte mesodermale Muskelschicht von innen schmelzen und auflösen, indem wir die unterliegende endodermale Schicht anregen. Dies gelingt viel besser als durch den direkten Angriff auf die ektodermalen Schichten oder durch verbale Konfrontation.

Der patriarchale, maskulin-identifizierte Intellekt versteht nicht, was es heißt, den eigenen subjektiven, endodermalen, vegetativen Fluß direkt für den innerhalb der mesodermen und endodermen Schichten des Klienten strömenden Fluß oder dessen Blockade zu öffnen. Er mißtraut dem Körper-zu-Körper-Gefühlswissen und hat Angst davor, diese Energien zu erleben und sie als verläßliche Informationskanäle über die inneren Räume des Klienten zu nutzen. Dies erinnert mich daran, daß mir *Alexander Lowen* vor 22 Jahren sagte, daß er nicht nur allen Formen direkter Berührung mißtraue, sondern auch empfehle, sie nicht anzuwenden, weil die toxische Energie im Körper des gepanzerten Klienten vom Körper des Therapeuten absorbiert werde und bei diesem zur Krankheit führe. Dies ist typisch für das patriarchale Ego, daß grundlegend mißtrauisch, voller Angst und den ontologischen Seinszentren von Eros und Hara entfremdet bleibt. Diese Therapeuten oder Therapeutinnen wissen nicht, daß die Seinszentren in ihrer Brust und ihrem Bauch autonom entsprechend ihren eigenen intuitiven prä-verbalen energetischen Kontaktkreisen mit dem Körper des Klienten resonieren. Das Gespräch über solche intuitions-vermittelten Seinszentren, die über den Klienten informieren können, ist für sie schrecklich und gefährlich, weil sie selbst nicht von ihren verkörperten gefühlszentrierten Wissenszentren her leben, sondern aus ihren fälschlicherweise idealisierten patriarchalen Persönlichkeiten her. *Das patriarchale Ego ist in sich selbst eine massive intellektuelle Abwehr gegen die eigenen primären Gefühlsbedürfnisse der Körpervorderseite und des Aufblühens erwachsener Kapazitäten, sich selbst und andere zu lieben.*

Die dritte Gefahr

Die patriarchale Ego-Orientierung unterstützt unbewußt im Klienten eine chronische vertikale Übergeerdetheit. Dies ist die größte Gefahr. *Die vertikale Über-Erdung ist für mich die Essenz eines wirklich gepanzerten Neurotikers.* Sie beruht auf dem Glauben an die Macht der Willenszentren der Rückseite des Körpers und ist davon überzeugt, das eigene Ich und auch alle anderen Menschen mit rationalen Hilfsmitteln durch das Leben führen zu können. Dieser absolute Glaube an die analytischen Vernunftkapazitäten, verbunden mit dem Willen zu überleben, verstärkt einen geschlossenen Kreis zwischen dem Gehirn und der mesodermalen Muskulatur entlang der Wirbelsäule. Vertikal übergeerdete Menschen sind chronisch in ihren willkürlichen Nerven und Muskeln über-adrenalisiert und überladen, weil sie ihre Selbstidentität, die durch ihren egoistischen Willen als ihrem angeblich wahren Zentrum definiert wird, ständig aufrechterhalten müssen. Das Gefühl für einen inneren Kern, der in ihrem großenteils unbewußten Gefühlszentrum wurzelt, ist für sie etwas seltsames und nicht vertrauenswürdiges und muß bekämpft werden. Deshalb sind sie auch unfähig im Hier-und-Jetzt mit anderen Gefühlszustände zu teilen, seien sie nun spielerisch oder ernsthaft oder charakterisiert durch eine unstrukturierte Grenzenlosigkeit oder verstandesmäßige Leere, die von den eigenen durch die Vorderseite des Körpers vermittelten Eros- und Hara-Gefühlskapazitäten charakterisiert wird. *Eros* ist für diese Leute eine bedrohliche unbekannte Kraft, weil sie *im Kern ein spirituelles Bedürfnis nach Verbindung mit anderen darstellt,* die uns zeitweise offen und in einem reziproken Austausch von Liebe und Sorge von anderen abhängig macht. Ein solches Muster des Austausches erschreckt das im Kopf eingeschlossene patriarchale Ego. Genau dieses Muster des gegenseitigen Austauschs, daß eine humanistische und positive Einschätzung der Gegenübertragungs-Bedürfnisse des Psychotherapeuten beschreibt, muß das patriarchale Ego in ausschließlich negativen Begriffen wahrnehmen.

Vertikal übergeerdete Menschen haben einen großen Widerstand gegen jede gefühlsmäßige Interaktion mit anderen Menschen, die ihre Kontaktgrenzen schwächen oder sogar auflösen könnten. Aber genau diese Haltung völligen Öffnens, ist die Grundlage für eine klienten-zentrierte Therapie inklusive körperlicher Interventionen, die nicht verändern, sondern den Klienten in einem Ich-Du-Modus akzeptieren will, gerade so wie er oder sie ist. Mit anderen Worten: es scheint mir, daß die Essenz einer klienten-zentrierten Haltung eine Haltung des "Lassens" (engl. letting be) ist, aber auf die Psychopathologie, auf die Verletzung, auf den Schmerz antwortend. Wir akzeptieren den Menschen in seinem Leiden und in seinem Sumpf und versuchen nicht, in ihn durch körperliche oder psychische Arbeit einzudringen und ihn zu verändern, sondern erlauben das "Herauskommen" ohne es herauszufordern.

Das ist nicht einfach, denn dazu benötigen Sie eine Balance zwischen den Gefühlskapazitäten der Vorderseite des "Lassens" und den Intuitionszentren der Rückseite, die ich bisher noch nicht erwähnt habe, den *Zentren des Logos und des spirituellen Kriegers.* Der Logos und der spirituelle Krieger im Rücken können dem Leide des Klienten antworten. Sie sind für das "Lassen" notwendig. Es reicht nicht aus, nur Sympathie zu haben. Wenn Sie nur Sympathie haben, ertrinken Sie im Mitleid. Sie wollen dann mit hinein und die Dinge verändern.

Es kommt jedoch auf die Balance zwischen Eros und Logos an. Es dauert Jahre, um diese Haltung zu entwickeln und sich mit ihr gut zu fühlen. Eine solche vom Logos unterstützte Haltung sieht die Abwehr, die Spielereien des Verstandes und Rigiditäten der Verpanzerungen, ohne sich in ihnen zu verfangen und sie direkt ändern zu müssen. Eine solche Haltung kann sich gleichzeitig auf die im Körper und der Psyche des Klienten verschlossenen positiven Möglichkeiten im Hier-und-Jetzt einstimmen und auf seine verkrüppelten und verletzten Teile aus der ungelösten Gefühlsvergangenheit konzentrieren. Es ist für einen Therapeuten leicht, sich in der Psychopathologie des Klienten, sowohl dessen aus der Vergangenheit stammenden Wunden als auch seinen gegenwärtigen Abwehrmechanismen zu verklammern, um damit sein eigenes heroisches Selbstbild als Experte mit überlegenem

Wissen und einem Willen, den Klienten von sich selbst zu befreien, aufrecht zu erhalten. Ich bin überzeugt, daß dieses Phänomen (der Therapeut verklammert sich durch intellektuelles Verstehen in die Psychopathologie des Patienten) unbewußte symbiotische Muster psychischer Verschmelzung zwischen Therapeut und Klient erzeugt. Dies geschieht hier viel eher als bei der verkörperten empathischen Identifikation auf der Gefühls- und auf der Empfindungsebene. Jener Körperpsychotherapeut, der sich mit seinem eigenen patriarchalen Ego oder seiner patriarchalen Persona (griechisch: Maske) wissenschaftlicher Objektivität und überlegenen Wissens identifiziert und in dieser Falle verfängt, kann in seinen Klienten nur die gleiche chronische vertikale Übergeerdetheit verstärken, die in ihm selbst existiert. Er hat kein Gefühl für den primären Prozeß, ist nicht in der hauptsächlich in der Vorderseite verkörperten femininen Sensibilität zuhause und glaubt nicht an die Selbstheilungskräfte des vegetativen longitudinalen Flusses und das Aufwachen der unbewußten Bilderwelt, die daraus entsteht. Er ist völlig dessen entfremdet, was wir in der *Organismischen Psychotherapie* volle horizontale Erdung nennen. Er betrachtet die Selbstheilungskräfte als Flucht vor den harten Forderungen der objektiven Realität, wo gerade sie doch erst tiefe religiöse Erfahrungen der Erfüllung im Transpersonalen und archetypischen Kontakt mit sich selbst, mit anderen und dem Universum ermöglichen.

Genau dieser longitudinale vegetative Fluß, verbunden mit den femininen intuitiven Bereichen von Eros und Hara und den maskulinen intuitiven Bereichen von Logos und spirituellem Krieger, erlaubt uns, die Seelenhaftigkeit des Klienten im Unterschied zu seinen charakterologischen Rigiditäten und seiner muskulären Panzerung zu entdecken. Nur durch die Entdeckung und Enthüllung der einzigartigen Seelenhaftigkeit des Klienten wird es dem Psychotherapeuten möglich, eine Übertragungsbeziehung mit dem Klienten zu entwickeln, die die Seelenbedürfnisse des Patienten nach einer positiven archetypischen Elternfigur befriedigt und gleichzeitig das Gegengewicht für die anderen Bedürfnisse des Patienten nach einem nun realistischeren und persönlichen Gefühlskontakt mit dem Therapeuten als einem Alliierten und mit ihm zusammenarbeitenden Partner gibt. Diese Sensibilität für die Seelenbedürfnisse des Patienten leitet den Therapeuten in seiner allmählichen Transformierung einer "Gegenübertragung relativer Entfernung" zu einer "Gegenübertragung der größeren Transparenz und Gleichheit im Austausch", während der Klient allmählich heilt. Je mehr der Klient seinen Therapeuten als elterliche Autoritätsfigur braucht, sowohl persönlich als auch archetypisch (wie das bei psychisch schwerverwundeten Menschen der Fall ist), desto mehr arbeitet der Therapeut von seinen intuitiven Kapazitäten der Körperrückseite, also vom spirituellen Krieger und Logos, her. Je mehr die Seelenbedürfnisse des Klienten sich auf eine warme persönliche Beziehung mit dem Therapeuten als Verbündetem und Bundesgenossen hinrichten, desto mehr Platz nehmen die femininen intuitiven Bereiche von Eros und Hara in der Gegenübertragung des Therapeuten ein. Nur jener Psychotherapeut, der in allen vier intuitiven Beziehungsbereichen verkörpert ist, sowohl den maskulinen auf seiner Rückseite als auch den femininen auf seiner

Vorderseite, kann auf die Seelenbedürftigkeit seines Patienten resonieren. Dies ist für das ent-körperte Ego des patriarchal orientierten Psychotherapeuten unmöglich.

* * * * *

Malcolm Brown ist Co-Direktor des Europäischen Instituts für Organismische Psychotherapie in Cassano-Valcuvia (Italien). Sie erreichen ihn unter Casella Postale 11, 6988 Ponte Tresa, Schweiz, Tel.Schweiz/0332/280122.

SADO-MASOCHISMUS NEU BETRACHTET

von **Olivia Candotti**, Mailand (Italien)

Ich möchte Ihnen in diesem Artikel die besonderen Bedingungen einer sado-masochistischen Beziehung vorstellen. Welche Faktoren sind an dieser besonderen Partnerwahl beteiligt, welcher Aufgabe dient sie und welcher Prozeß läuft in ihr ab? Letztlich möchte ich dann herausstellen, daß dieselben Phänomene auch in der Therapeut-Patient-Beziehung auftauchen und wie die Kollusion vermieden werden kann.

Zu Anfang muß ich jedoch einiges über den Sado-Masochismus an sich sagen. Er kann auf verschiedenen Ebenen interpretiert werden. Bestimmte Autoren haben ihn als ein ES-Phänomen behandelt. Danach ist der Sadismus ein aggressiver Trieb und der Masochismus ein Sadismus, den der Einzelne gegen sich selbst wendet.

Andere Autoren sehen den Masochismus hauptsächlich als ÜBER-ICH-Erscheinung. Er entsteht aus Schuldgefühlen und aus dem Bedürfnis, für verbotene ödipale Impulse bestraft zu werden. Von anderen wiederum wurde der Sado-Masochismus in den letzten zehn Jahre als Abwehroperation des ICH angesehen, als eine Anpassung an die Umwelt der Person.

Sadismus und Masochismus sind dementsprechend Reaktionen auf eine feindliche, enttäuschende und kontrollierende Umgebung. Liebe wurde in der Kindheit als Taktik erlebt, durch die man abhängig gemacht, ausgebeutet und manipuliert wurde. Man selbst war hilflos, während der Elternteil die Kontrolle hatte. Liebe bedeutete in der Essenz Demütigung, Verzweiflung und die Erkenntnis, daß eine Liebesbeziehung ein Kampffeld ist, wo es nur Gewinner oder Verlierer gibt.

Der Sadist will sicherstellen, daß er niemals wieder in einer Position ist, wo man ihn demütigen oder kontrollieren kann. Als Abwehrmaßnahme identifiziert er sich mit dem Aggressor und behandelt den anderen so, wie er selbst behandelt wurde. Indem er sich mit dem Aggressor identifiziert, erhöht er sein Selbst. Sein verletzliches Selbst wird verleugnet. Er behandelt andere mit Verachtung und wehrt das ab, was von seiner Umgebung abgewehrt wurde.

Der Masochist andererseits, entwertet sein eigenes Selbst. Es funktioniert als Abwehr gegen die Agression, die in einer feindlichen Umgebung mobilisiert wurde.

"Es ist eine pathologische Art zu lieben, wenn man einen Menschen liebt, der einem nur Haß und schlechte Behandlung zurückgibt. Das Kind introjiziert das schmerzverursachende Objekt, weil es ein orales Bedürfnis nach dessen Liebe hat. Es unterdrückt jede feindliche Reaktion, weil es den Verlust verursachen würde. Das Kind liebt nicht das Leiden, aber weil es den Menschen, der das Leiden verursacht liebt, wird die schlechte Behandlung libidonisiert". (*Bernhard Berliner*)

Masochistisches Leiden ist die Bemühung um die Zuneigung eines hassenden Liebesobjektes. Es geht also nicht um das Bedürfnis nach Bestrafung, sondern um das Bedürfnis nach der Liebe eines Menschen, der bestraft.

Wir können den Sado-Masochismus als eine bi-polare Struktur des Narzissmus definieren. Es handelt sich um die beiden Pole eines gemeinsamen Themas, des falschen Selbst. Das heißt, entweder ist man ein hilfloses Opfer oder ein sadistischer Tyrann. Der eine verzichtet der Liebe wegen auf Macht, der andere der Macht wegen auf Liebe.

Ein weiteres Thema beim Sado-Masochismus ist die ungelöste Trennung und Individuation. Der Sadist möchte sie durch eine zur Karikatur gewordene Behauptung seiner Selbst lösen, der Masochist durch einen Versuch, mit dem Objekt zu verschmelzen, wobei er sein Selbst aufgibt.

Das Kind kann jedoch nur durch eine erfolgreiche Individuation (Selbstwerdung) sich selbst und den anderen realistisch sehen. Eine nicht gelungene Separation (Trennung) erlaubt weder dem Sadisten noch dem Masochisten, beide Seiten der Polarität - gut und schlecht - sowohl in sich selbst als auch in seinem Objekt zu sehen. Beide benutzen die Spaltung als Abwehrmechanismus.

Der Sadismus idealisiert sich selbst als gut und den anderen als böse. Er bleibt in der negativen Übertragung gefangen. Der Masochismus idealisiert den anderen als gut und sich selbst als schlecht. Er bleibt in der idealisierten positiven Übertragung gefangen.

Masochismus ist nicht geschlechtsspezifisch, obwohl er häufiger bei Frauen vorkommt. Die Annahme, daß Frauen von Natur aus Masochisten seien, hat unter Feministinnen mehr als jede andere Idee in der psychoanalytischen Theorie Aufruhr verursacht. "Das wurde in der Geschichte der Frauen- Unterdrückung als ein grausamer Witz angesehen". (*Susanne Schad-Sommers*)

Tatsächlich werden die meisten mit Masochismus identifizierten Charakterzüge (Abhängigkeit, Unterwürfigkeit, Altruismus und negative Selbsteinschätzung) kulturell bei den Frauen gefördert und bei den Männern abgelehnt.

"Die Alternative für eine biologische Erklärung des Masochismus muß jedoch nicht nur in der Kultur, sondern in der Interaktion von Kultur und psychologischen Prozessen gesucht werden". (*Jessica Benjamin*)

Sie betont, daß die Mutter-Tochter-Beziehung Verschmelzung und Kontinuität auf Kosten von Individualität und Unabhängigkeit fördert und so einen fruchtbaren Boden für Unterwürfigkeit bereitet. In ihrem sehr interessanten Buch *"The Bonds of Love - Psychoanalysis, Feminism and the Problem of Domination"* erklärt sie, auf welche Art Sadismus und Masochismus mit Maskulinität und Feminität verknüpft sind.

Nach meinem Verständnis schreibt sie jedoch der die Unterwürfigkeit schürenden Rolle des Vaters nicht genug Bedeutung zu. Dieser erste Mann im Leben einer Frau wird zu einem Erwartungsmodell. Er vermittelt ihr die Schlüsselelemente dessen, was von einem Mann zu erwarten ist. Das Mädchen erhält also eine "doppelte Dosis auf dem Weg zum Opfer". Dieses Thema ist jedoch allzu komplex, um in diesem Artikel abgehandelt zu werden.

Die Partnerwahl des Sado-Masochisten

In einer narzisstischen Beziehung wird immer ein Partner dazu verleitet, der Spiegel des anderen zu sein. Die narzisstische Mutter erkannte das Kind nicht als das an, was es war. Sie lieferte keine angemessene Spiegelung. Das zurückgespiegelte Bild war stattdessen das, was wir das *'Falsche Selbst'* nennen. Das Kind sollte so sein, wie die Umgebung es haben wollte.

Lassen Sie mich das an dem Gemälde *"Der falsche Spiegel"* von *Magritte* darstellen. Sie schauen in das Auge und können sich selbst jedoch nicht sehen. Stattdessen sehen Sie die Welt, die dieses Auge sieht. Sie werden zu dem anderen, der in die Welt hinausschaut, d.h. Sie sehen sich selbst, wie ihre Mutter Sie sieht. Dies ist der falsche Spiegel, der die narzisstische Struktur reflektiert.

Für den Rest ihres Lebens suchen die Narzissten danach, gespiegelt zu werden, sie suchen nach dem eigenen Selbst im anderen. Der andere ist nur dazu da, das Bild, das sie von sich selbst haben, zu bestätigen. Sadisten und Masochisten benutzen sich als Spiegel, ohne den anderen tatsächlich zu erkennen und ohne sich selbst zu sehen.

Der Sado-Masochist fühlt sich besonders von einem Partner angezogen, der sein komplementäres Selbst repräsentiert. Ein Partner, von dem er glaubt, daß er seine Mängel ergänzt. Diese Attribute spielen eine entscheidende Rolle beim Prozeß des sich Verliebens. Gleichzeitig wirken die gleichen Attribute in ihren Extremen jedoch abstoßend, weil sie die unterdrückten Teile repräsentieren. Ein Sado-Masochist wird also von einem Partner angezogen, der sein Unbewußtes spiegelt. Warum? Antwort: es dient der besseren Abwehr. Denn nun können diese unterdrückten Teile auf den Partner projiziert und der Partner, der diese Projektion verkörpert, bekämpft werden, wodurch das falsche Selbst aufrecht erhalten bleibt.

Es kommt zu einer **Kollusion**. Nach *Laing* bedeutet Kollusion eine geheime Übereinstimmung, ein geheimes Abkommen: "ein Spiel wird von zwei oder mehr Menschen gespielt, wobei sie sich von Anfang bis Ende gegenseitig betrügen". In der höchsten Entwicklungsstufe findet der eine Partner dann jemand anderen, der, indem er sein falsches Bild von sich selbst bestätigt, ihm dem Anschein der Realität verleiht.

Eine Kollusion basiert auf ähnlichen ungelösten Konflikten. "Sie wird durch verschiedene Rollen ausagiert, die den Eindruck machen, als ob jeder Partner das exakte Gegenteil des anderen sei, wobei sie in Wirklichkeit nur mit den polaren Varianten desselben Themas umgehen. Der eine Partner sucht die Lösung durch kompensatorisches, progressives Verhalten, der andere durch regressives". (*Jürg Willi*)

Dazu ein Beispiel:

Die Anfangsphase der Romanze

Er fühlt sich von ihrer Weichheit, ihrer Sensitivität, ihrer Wärme angezogen.

Sie mag seine Stärke, seine Selbstgenügsamkeit, seine Selbstbestimmtheit.
Beide fühlen sich glückstrahlend. Sie haben ihre andere Hälfte, ihr komplementäres Selbst gefunden, oder metaphorisch ausgedrückt: "Er ist der Stamm des Baumes und sie die Blätter. Beide brauchen sich, um ganz zu sein". Ein gegenseitiges Selbst wird in dieser Anfangsphase der Verliebtheit erzeugt. Sie befinden sich innerhalb einer Grenze, sie fühlen sich ganz.

Die gleichen Attribute tragen jedoch auch eine andere Bedeutung in sich:

Ihre Sensitivität bedeutet auch Verletzlichkeit.
Seine Stärke bedeutet auch Härte und Empfindungslosigkeit.
Ihre Wärme bedeutet auch das Bedürfnis nach Nähe und enthüllt Abhängigkeitsbedürfnisse.
Seine Selbstgenügsamkeit stellt auch das Bedürfnis nach Distanz und Unabhängigkeitsbedürfnissen dar.

Ihre körperliche Weichheit bedeutet ebenso die Unfähigkeit, sich zu versteifen, sie bedeutet einen Mangel an Grenzen.
Seine körperliche Stärke bedeutet auch Rigidität und ein Zuviel an Grenzen.

Ihre Weichheit heißt auch Nachgeben, Mangel an Widerstand, Unterwürfigkeit.
Seine Selbstbestimmtheit bedeutet auch Aggression und Dominanz.

Auf einer vorbewußten Ebene spürt sie seinen Sadismus, spürt er ihren Masochismus.
Beide haben den Spiegel ihres jeweiligen Unbewußten gefunden.
Der Herrscherspiegel spiegelt nur den Sklavenspiegel. Keiner sieht den Spiegel, den der andere hält. Sie glauben beide, daß die bestätigende Spiegelung die Spiegelung ihres wahren Selbst ist.

Er kann sein Bild von einem mächtigen Mann aufrechterhalten.
Sie kann ihr Bild einer hilflosen Frau aufrechterhalten.

Er wird in ihr seine eigenen unterdrückten Abhängigkeitsbedürfnisse und seine eigene Verletzlichkeit bekämpfen.
Sie wird in ihm ihre eigenen unterdrückten Autonomiebedürfnisse und ihre Wut bekämpfen.

Laing sagt dazu: "der eine benutzt den anderen nicht nur einfach als Haken, an den er seine Projektionen hängt. Er versucht den anderen vielmehr ***dazu zu verleiten***, die tatsächliche Verkörperung seiner Projektion zu werden. Es wird das soziale Verhalten des anderen beeinflussen".

Er wird sie durch sein distanziertes Verhalten dazu verleiten, immer abhängiger und bedürftiger zu werden.
Sie wird ihn durch ihr nach-Nähe-suchendes-Verhalten dazu verleiten, immer selbstgenügsamer und unverletzlicher zu werden.

Er wird ihre Verzweiflung provozieren und vergrößern.
Sie wird seine Wut provozieren und vergrößern.

Innerhalb des Paares wirkt nun ein homöostathischer Mechanismus. Das distanzierende Verhalten des einen verstärkt das anklammernde Verhalten des anderen. Natürlich beschuldigt jeder Partner den anderen: ich wäre nicht so bedürftig, wenn du nicht so ablehnend wärst. Ich wäre nicht so ablehnend, wenn du nicht so bedürftig wärst.

Ich wäre nicht so verzweifelt, wenn du nicht so wütend wärst.
Ich wäre nicht so wütend, wenn du nicht so verzweifelt wärst.

Die grundlegende Ursache des Konfliktes liegt in dem Widerstand von beiden, sich mit den unterdrückten Schichten ihrer eigenen Persönlichkeit zu konfrontieren. Je stärker jeder gegen die eigenen unterdrückten Verhaltenspotentiale kämpft, desto extremer zeigt sich dies am äußeren Verhalten.

Die Wahl eines Partners mit einem komplementären Selbst zeigt auf der einen Seite den Versuch, Ganzheit zu erfahren, ist jedoch auf der anderen Seite das Bedürfnis, einen Spiegel für das eigene Unbewußte zu finden, um das falsche Selbst aufrechtzuerhalten. Indem sie ihr Abwehrverhalten aufrechterhalten, reaktivieren sie das Szenario ihrer Vergangenheit! Gemäß der Theorie vom Wiederholungszwang agieren sie die unglückliche Erfahrung ihrer Kindheit aus, und provozieren eine Situation, die ihnen erlaubt, das Ursprungstrauma wiederzubeleben.

Sie stützt ihre omnipotente Phantasie, daß es ihr diesmal gelingen wird, ihren Vater (oder ihre Mutter) dazu zu bringen, sie zu lieben. Tatsächlich wählt sie sich einen Partner, der keine große Nähe tolerieren kann und indem sie versucht, Liebe aus ihm herauszuziehen, lädt sie ihn dazu ein, sie mit der gleichen Ablehnung zu behandeln, mit der sie von ihren frühesten Liebesobjekten behandelt wurde.

Sie wird die Situation erneut als hilfloses Opfer erleben, und sich weiterhin an den ablehnenden und mißbrauchenden Partner klammern. Sie ist in ihrer idealisierenden positiven Übertragung verfangen.

Er wird diesmal seine Kindheitssituation in der Rolle des Aggressors ausagieren. Er ist jedoch ebenfalls ein Leidender, ein Opfer seiner eigenen Aggression. Er beraubt sich damit der Liebe, die er von seiner Partnerin erhalten könnte. Indem er die Rache an seiner Mutter ausagiert, zerstört er langsam aber sicher seinen Partner und provoziert so viel Störung, daß er von ihr nicht genährt werden kann. Er ist in der negativen Übertragung verfangen.

Zum Prozeß einer sado-masochistischen Beziehung

1. Verlieben

Eine Periode der Symbiose und Idealisierung. Beide befinden sich innerhalb einer Grenze, sie fühlen sich ganz und wonnevoll. Er befürchtet, daß er ihre Liebe in der Zukunft verliert, daß sie ihn nicht so lieben wird, wie er ist. Sie befürchtet, daß sie seine Liebe in der Zukunft verliert, daß er sie nicht so lieben wird, wie sie ist.

2. Austesten: Die Konfrontation mit internalisierten Objekten

Wie bei jeder Kollusion gibt es auch hier ein anfängliches Austesten. Wenn der Partner darauf reagiert, sind beide für die Kollusion verantwortlich. Die Idealisierung wird enthüllt. Er reagiert mit Wut darauf, daß sie nicht die perfekte Frau ist. Stattdessen erinnert sie ihn an seine Mutter. Er beginnt sie zu kritisieren.

Sie reagiert mit Schmerz darauf, daß er nicht der immer liebende Mann ist. Tatsächlich erinnert er sie an ihren Vater. Sie fühlt sich gegenüber seiner Aggression hilflos. Sie kann ihr Selbst nicht verteidigen und sagen "wie kannst du es wagen..."; stattdessen rechtfertigt sie sich zu ihrer Verteidigung. Auf diese Weise versucht sie das "Nicht-Akzeptable akzeptabel zu machen" (*S.Vorward*). Die sado-masochistische Kollusion beginnt.

Er hat das ideale Objekt für seine Wut gefunden.
Sie hat das ideale Objekt für ihren Schmerz gefunden.

3. Folie à deux - : Crescendo

Er erlebt sie wie in einem Kokon, sich bei der leisesten Berührung verletzt fühlend.
Sie erlebt ihn in einem Kokon, sich bei der leisesten Berührung wütend fühlend.

Sie sind unfähig, diese Reaktionen vom anderen zu akzeptieren und in einer Art und Weise darauf zu reagieren, die sie in ihrem Grundbedürfnis danach, so akzeptiert zu werden, wie sie sind, bestätigen.

Ihn erbittert ihre Verletzlichkeit. Er möchte, daß sie sich verändert und sich nicht so fühlt, wie sie sich fühlt. "So bin ich aber", fleht sie ihn in Tränen an.
Sie erbittert seine Wut. Sie erwartet von ihm, sich zu ändern, sich nicht so zu fühlen, wie er sich fühlt. "So bin ich aber", schreit er vor Wut.

Beide fühlen, daß sie für die Gefühle des anderen nicht verantwortlich sind, daß sie das emotionale Gepäck sind, das sie aus ihrer Vergangenheit in diese Beziehung einbrachten.

"Ich bin nicht verantwortlich für deine Gefühle, ich bin nicht dein Vater, schreit er sie an und fühlt sich gegenüber ihrer Verzweiflung hilflos.
Ich bin nicht verantwortlich für deine Gefühle argumentiert sie und fühlt sich gegenüber seiner Aggression hilflos.

Jedoch haben beide Einfluß auf das Verhalten des anderen, sind aber unfähig, dies zu erkennen.

Ihre Art, sich ihm anzunähern, um seine Liebe und Aufmerksamkeit zu bitten, ihm seine Lieblosigkeit vorwerfend, verstärkt nur seine Aggression. Er fühlt sich durch ihre Bitten erstickt und fährt schließlich in der Rolle des sadistischen Tyrannen fort.
Seine Art, sie anzuschauen, keine Gefühle zu zeigen, sie mit Verachtung zu behandeln, verstärkt nur ihren Schmerz. Sie fühlt sich abgelehnt und regrediert schließlich in die Rolle des hilflosen Opfers.

Er drückt sie in Wut von sich, ist unfähig, sie zu nähren.
Sie hängt sich voller Schmerz an ihn, ist unfähig, ihn zu nähren.

Er zwingt sie mit seinem grandiosen Selbst, möchte, daß sie seinen Erwartungen entspricht, respektiert sie nicht als Wesen mit eigenen Rechten und Bedürfnissen, wertet sie ab und zerstört ihre Selbstwertschätzung.
Sie setzt seinem Verhalten keine Grenzen, gibt mehr und mehr ihr Selbst auf, versucht vergeblich, seine Liebe zu gewinnen. (Sie hält ihre Illusion, die omnipotente Phantasie, daß es sich diesmal ändern wird und der "gute Vater" auftaucht, aufrecht).

Beide fühlen sich nicht gesehen, nicht so akzeptiert wie sie sind, nicht respektiert in ihren Bedürfnissen, nicht geliebt. Beide haben Angst, verlassen zu werden.

Er versteift sich immer mehr, betont immer stärker seine Grenzen, wird für sie und für seine eigenen Gefühle immer undurchlässiger.
Sie wird immer unfähiger, ihr Selbst aufzubauen, sie wird entgrenzt und bricht in Verzweifelung zusammen.

Ein zeitweiliger Wahnsinn berührt sie beide. Es wird "folie à deux" genannt. Ansteckender Wahnsinn. Er kann nicht aufhören zu verletzen, sie kann nicht aufhören verletzt zu werden. Beide sind völlig in ihrem Abwehrverhalten verfangen, in ihren extremen Positionen und unfähig, die Mitte zu finden. Beide sind gleichermaßer verantwortlich für den Status Quo. Sie füttern beide die Pathologie des anderen oder wie Shakespeare's Othello sagt: "Du hast nicht halb die Kraft, mich zu verletzen, wie ich, verletzt zu werden!"

4. Trennung

In einem letzten Akt der Selbsterhaltung verläßt sie ihn. Unfähig, ihr Selbst durchzusetzen, zieht sie sich zurück, glücklicherweise nicht, indem sie sich selbst umbringt. Sie begreift, daß dies der konsequente Schritt in diesem allmählichen Prozeß der Selbstvernichtung wäre.

Anhang

Sadismus und Masochismus sind keine endgültigen und unveränderbaren Positionen. Deshalb benutze ich den Begriff Sado-Masochismus.
Jedes Verhalten muß immer in Beziehung zu anderen gesehen werden. Es ist wie eine Wippe. Zwei Kinder sitzen sich auf einem Balken gegenüber und spielen miteinander, einmal hoch, einmal runter. Die gleiche Person kann mit einem anderen Partner die genau entgegengesetzte Position einnehmen. Dies wird in der sogenannten Testperiode entschieden.

Je mehr sich ein Mensch jedoch in der Abwehr befindet, desto warhscheinlicher ist es, daß er genau die Art Partner wählt, von der er/sie weiß (unbewußt), daß er/sie ihm/ihr erlauben, wird, die gleiche Position aufrechtzuerhalten.

Zum besseren Verständnis all dessen, was ich bisher gesagt habe, habe ich folgenden Sketch geschrieben:

Spiegelbilder komplementär

Anziehung (bewußt)

Du kommst mir so bekannt vor. Ich kenne dich. Wo kommst du her?	Du kommst mir so bekannt vor. Ich kenne dich. Wir müssen uns in einem früheren Leben schon einmal getroffen haben.
Tatsächlich erkenne ich mich selbst genauso gut wie meine Mutter in deinem Gesicht. Du bist so sanft. Mit dir zusammen kann ich sanfter werden. Mit dir zusammen kann ich leichter werden.	Tatsächlich erkenne ich mich selbst und meinen Vater in deinem Gesicht. Du bist so stark. Mit dir kann ich stärker werden. Mit dir kann ich fester werden.

Ich bin der Stamm des Baumes und du bist die Blätter.
Wir brauchen einander, um
vollständig zu werden.

Du bist meine andere Hälfte.

Narzissus liebt sein eigenes Bild.
Narzissus liebt sein komplementäres Selbst.

Anziehung (unbewußt)

Ich kann deine Unterwürfigkeit spü-
ren.
Ich kann dich kontrollieren.
Ich werde dein Herr sein.

Ich kann deine Dominanz spüren.

Ich kann mich endlich unterwerfen.
Ich kann deine Sklavin sein.

Projektive Identifikation

Ich kann deine Verzweiflung, deine
Angst und deine Sehnsucht provo-
zieren und in dir diese in mir unter-
drückten Gefühle bekämpfen.
Du bist mein Unbewußtes.
Du bist mein wahres Selbst.

Ich kann deine Wut provozieren und
in dir dieses in mir unterdrückte Gefühl bekämpfen.
Du bist mein Unbewußtes.
Du bist mein wahres Selbst.

Narzissus lehnt sein wahres Selbst ab

Identifikation mit dem Aggressor

Ich kann dich so behandeln, wie ich
von meiner Mutter behandelt wurde
und mich nun mächtig fühlen.

Ich brauche es, mich mächtig zu fühlen, damit ich meine Hilflosigkeit
nicht fühle.
Ich brauche es, dich abzuwerten, damit ich meine eigene Wertlosigkeit
nicht spüren muß.
Ich brauche es, verächtlich zu sein,
damit ich meine eigene vergangene
Demütigung nicht fühlen muß.

Mit dem Opfer

Ich kann mich auf die Art und Weise
behandeln lassen, wie mein Vater
mich behandelte und wieder hilflos
fühlen.
Ich gebe meine Kraft weg und fühle
mich hilflos.

Ich werte mein Selbst ab und lasse
mich deshalb abwerten.

Ich lasse mich selbst wie in der Vergangenheit demütigen.

Ungelöste Trennung

Ich verleugne deine Getrenntheit
.von mir, indem ich dich kontrolliere.

Ich bin pathologisch unabhängig.

Sadismus

Ich gebe meine Liebe um der Macht
willen auf.
Ich kann nicht aufhören zu verletzen.
Aus meiner Vergangenheit weiß ich,
daß Liebe gleich Schmerz ist.
Ich erhöhe mein Selbst und werte
dich ab.

Falsches Selbst

Ich verbarrikadiere mein Selbst, aus
Angst mich zu verlieren.
Ich verhärte meinen Körper und
werde für deine Gefühle undurchläs-
sig.
Ich werde zu stark begrenzt und verliere den Kontakt mit meinen zärtlichen Gefühlen.
Ich kann nur "Nein" sagen.

Übertragung

Du bist ein Objekt für meine Wut.

Du bist (wie) meine Mutter.
Ich wurde verführt und mißbraucht
und werde mich jetzt an dir rächen.

Aktuelle Erfahrung

Du brauchst mich zuviel; ich fühle
mich benutzt.
Du dringst in meinen Raum und
meine Zeit ein.
Ich fühle mich betrogen.
Du bist nicht die, die ich dachte, daß
du seist.
Du siehst mich nicht.
Du gibst mir keine Unterstützung.
Du bist zu selbst-zentriert.

Ich verleugne meine Getrenntheit
von dir, indem ich mit dir verschmelzen möchte.
Ich bin pathologisch abhängig.

Masochismus

Ich gebe meine Kraft um der Liebe
willen auf.
Ich kann nicht aufhören, mich verletzen zu lassen.
Aus meiner Vergangenheit weiß ich,
daß Liebe gleich Schmerz ist.
Ich werte mein Selbst ab und erhöhe
dich.

Ich verliere mein Selbst aus Angst,
dich zu verlieren.
Ich bin unfähig, meinen Körper an-
zuspannen und werde von deinen
Gefühlen überflutet.
Ich werde entgrenzt und verliere den
Kontakt mit meiner Wut.

Ich kann nur "Bitte" sagen.

Du bist ein Objekt für meine Verzweiflung.
Du bist (wie) mein Vater.
Ich wurde verführt und betrogen und
lasse dies nun wieder geschehen.

Du brauchst mich überhaupt nicht,;
ich fühle mich abgewiesen.
Du gibst mir keinen Raum und keine
Zeit.
Ich fühle mich betrogen.
Du bist nicht der, der ich dachte, der
du seist.
Du siehst mich nicht.
Du gibst mir keine Unterstützung.
Du bist zu selbst-zentriert.

Du gibst nichts, du gibst nur deinen
Körper.
Du klagst mich immer nur an.
Du fühlst dich immer verletzt.
Ich möchte nicht, daß du so bist, wie
du bist.
Ich brauche dich nicht.
Ich liebe dich nicht.

Du gibst nichts, du gibst nur deinen
Körper.
Du klagst mich immer nur an.
Du verletzt mich immer nur.
Ich will dich, auch wenn du mich
verletzt.
Ich brauche dich.
Ich liebe dich, deswegen leide ich.

Narzissus bleibt alleine

Übertragung und Gegenübertragung in der Therapie des Sado-Masochisten

Das gleiche für die Partnerwahl des Sado-Masochisten beschriebene Phänomen, entsteht auch bei der Wahl des Therapeuten.

Die Patienten suchen unbewußt nach jedem Detail, das die Art des Therapeuten mit Autorität umzugehen enthüllt. Die Art, wie sich der Therapeut anzieht, wie er sein Büro eingerichtet hat oder sein Setting herstellt, sind wichtige Hinweise für den Patienten.

Der Klient wird sehr schnell den Therapeuten testen. Er wird vergessen, rechtzeitig zu zahlen und wenn es ihm paßt, eine Verabredung abzusagen usw.

Sobald er/sie den Therapeuten auf seine Handhabung der Macht hin getestet hat, beginnt er/sie den Therapeuten in die komplementäre Rolle hineinzudrängen. Der masochistische Patient wird den Therapeuten in die sadistische Position drängen und umgekehrt. Wenn es dem Therapeuten/der Therapeutin nicht gelingt, dies zu erkennen und die Übertragungs-/Gegenübertragungsbeziehung zu kontrollieren, wird der Klient/die Klientin dazu gezwungen, die bekannten Muster zu reaktivieren und die Therapie wird mißlingen. D.h. sobald der Therapeut mit dem Patienten eine Kollusion gemäß seinen eigenen ungelösten Problemen eingeht, wird der Patient sein eigenes abwehrendes Beziehungsmuster, sein falsches Selbst aufrechterhalten und das Szenario der Vergangenheit noch einmal aufführen.

Der Therapeut muß als Spiegel handeln, der die Gefühle des Patienten, sein Verhalten und seine unbewußten Wünsche genau reflektiert und konstant die verzerrte Sicht des Patienten von der Realität korrigieren. Dies steht im Kontrast zu der komplementären Spiegelung der Partner des Klienten, die seine abwehrende Beziehungsart verstärkt und festigt. *Gear, Hill & Lindow* haben sehr genau die besonderen Dynamiken des sadistischen Patienten und seines Therapeuten, genauso wie die des masochistischen Patienten und seines Therapeuten beschrieben.

Der sadistische Patient
*   wird kontrollieren, wird der Führer jeder Behandlung usw. sein;

* wird sich selbst über- und den Therapeuten auf mehr oder weniger subtile Art abqualifizieren (durch Kommentare zur Behandlung oder zum Mobiliar des Büros etc.);
* wird den Therapeuten zensieren, wenn dieser versucht, das kontrollierende Verhalten herauszustellen;
* wird die Wahrnehmung und die Erinnerung des Therapeuten stören, z.b. ihn zu überzeugen suchen, daß er niemals zu spät kam oder nur einmal, wenn der Therapeut sein gewöhnliches Zuspätkommen zum Thema machen will;
* wird ein "Sicherheitsspender" sein und Patienten zum Therapeuten empfehlen oder ihm Ratschläge zu irgend etwas geben;
* hat die Fähigkeit, Schwachpunkte des Therapeuten herauszufinden;
* wird eine negative Übertragung haben;
* wird im Therapeuten ein überwältigendes Gefühl impotenter Hilflosigkeit erzeugen, sodaß dieser sich in Gegenwart dieser Art Klient kraftlos, dumm, schlecht, verrückt und abhängig fühlt.

Der masochistische Patient

* gibt dem Therpeuten völlige Kontrolle über die Behandlung und ebenso über alle seine Entscheidungen, die sein Leben betreffen;
* überqualifiziert den Therapeuten und disqualifiziert sich selbst;
* wird ständig seine eigene Wahrnehmung, Erinnerung und seine Gefühle infrage stellen und den Therapeuten dazu drängen, dies ebenfalls zu tun ("wie dumm ich bin, wie konnte ich nur so etwas denken");
* wird versuchen, den Therapeuten auf alle mögliche Art und Weise in unterwürfiger Haltung zufriedenzustellen;
* den Druck verstärken, den Therapeuten/die Therapeutin in einen herabwürdigenden, anklagenden und mißbrauchenden "Meister" umzuwandeln;
* wird eine idealisierende positive Übertragung haben;
* und im Therapeuten ein Gefühl allmächtiger Verantwortlichkeit erregen, wodurch er sich wie ein sadistischer, mächtiger Vater/Mutter-Herrscher fühlt.

Behandlung

Es ist essentiell, daß sich der Therapeut/die Therapeutin der ausgelösten Gegenübertragung bewußt ist und nicht so reagiert, wie der Patient es von ihm will.

Beim *masochistischen Patienten* muß er die selbstvernichtenden Verhaltensweisen spiegeln ohne die ganze Macht, die ihm vom Patienten gegeben wird, zu nehmen. Er sollte versuchen, keine aus seinen eigenen ungelösten Themen entstehenden Doppelbotschaften zu geben. D.h. ihn/sie zur Unabhängigkeit aufzufordern und ihn/sie dann zu beeinflussen, bestimmte Entscheidungen zu treffen. Er muß Selbstbestätigung belohnen und keine Unterwürfigkeit. Schließlich muß er dem Klienten helfen, Vertrauen in eine Liebe zu finden, die kein Leiden bedeutet.

Bei dem **sadistischen Patienten** muß der Therapeut die Kontrolle über die Therapie behalten. Er muß den Klienten wissen lassen, daß er dessen Hilfe nicht braucht. Er muß den Patienten mit seinem grandiosen Selbst konfrontieren und ihm nicht erlauben, ihn zu disqualifizieren, mit dem Ziel, die Selbstidealisierung des Patienten und die Abwertung anderer aufzulösen. Schließlich muß er die Abfolge von Idealisierung, Enttäuschung und daraus folgender chronischer Einsamkeit herausstellen.

Behandlung auf Körperebene

Das Thema "Grenzen" ist zentral, weil Grenzen das Selbst definieren und weil, wie ich bereits gesagt habe, Sadismus und Masochismus zwei Pole desselben Themas sind, des Falschen Selbst.

"Selbst-Grenzen bedeutet die Erfahrung des Selbst, von der Welt getrennt zu sein und doch in einer harmonischen Beziehung mit ihr zu existieren. Die Selbst-Grenze definiert das von ihr eingegrenzte Selbst. Es wird durch ein angemessenes Spiegeln verstärkt". (*J.Rosenberg*)

Das narzisstische Kind wurde nicht adäquat gespiegelt. Inadäquates Spiegeln erzeugt die Abwesenheit oder Verschwommenheit von Grenzen. Der- oder diejenige hat dann kein Selbstgefühl, das ihn/sie erkennen läßt, wo und wie es eine Grenze zu setzen gilt. Die Fähigkeit, die Muskulatur zu verhärten, ist ebenso schwach. Konsequenterweise ist er/sie deshalb unfähig, sich gegen negativen Kontakt zu schützen. Das Nein zu Schmerz und Aggression kann nicht gesagt, das Selbst nicht bestimmt werden. Er/sie ist das ideale Opfer von Gebrauch und Mißbrauch, der Masochist par excellence.

Unangemessenes Spiegeln kann auch defensive Grenzen erzeugen. Sie beschützen dann das Selbstgefühl, wie immer das auch sei. Die motorische Entwicklung war bereits ausreichend genug, um die Muskulatur, wenn nötig, zu verhärten. Das Kind konnte bereits 'Nein' zu Schmerz und Aggression sagen, indem es seine Körpergrenzen bis zur Undurchdringlichkeit verhärtete. Dadurch wurde jedoch auch kein nährender Kontakt mehr hereingelassen. "Ich werde dich nicht in mich hereinlassen", ist das Statement. Der Klient hält die Leute draußen und versiegelt seine eigenen Gefühle innerhalb rigider Grenzen.

"Sein Selbstgefühl ist völlig cerebral... Sein fühlendes Selbst wurde auf einer viel früheren Entwicklungsstufe abgeschnitten... Er muß dieses unterentwickelte Selbst schützen, indem er einen Wall um es herum baut". (*J.Rosenberg*)

Die Therapie hat nun die Aufgabe, die Erfahrung des Selbst zu ermöglichen. Dem masochistischen Patienten muß geholfen werden, seine Fähigkeiten, Grenzen zu setzen zu vergrößern, ihm die Möglichkeit, getrennt zu existieren und Grenzen akzeptieren und setzen zu können, zu verbessern. Diese nur schwach begrenzte Person muß lernen, ihre Grenzen auch auf Körperebene zu stärken und ihre

Körpermuskulatur auch einmal hart machen zu können. Beim sadistischen Patienten geht es um das Aufweichen der Grenzen, um das Abschmelzen seiner Panzerung, damit er sich seinen zärtlichen Gefühlen hingeben kann und die Membran, die ihn von der äußeren Welt trennt, durchlässiger wird.

In dem einen Fall müssen wir also den Fortschritt des Patienten fördern, um sein Selbst ans Licht zu bringen. Das bedeutet hauptsächlich Arbeit auf der vertikalen Ebene, wo er seine Beine und sein Rückgrat fühlen lernt und fähig wird, seinen Körper aufzurichten.

Im anderen Fall muß dem Klienten geholfen werden, zu regredieren, sein Selbst herunterzubringen (vom cerebralen in ein Körper-Selbst), wobei wir hauptsächlich auf der horizontalen Ebene arbeiten, damit sich seine Muskulatur entspannen und "de-strukturieren" kann, wie *Stanley Keleman* sagt.

Keleman betont auch, wie die Atmung die Emotionen beeinflußt. Hochgezogene Einatmung erweckt Verachtungs- oder Mißfallensgefühle, während unterdrückte Ausatmung Verzweifelung und Kummer anregt.

Dementsprechend braucht der masochistische Patient Übungen, die seine Einatmung stimulieren und der Sadist solche, die seine Ausatmung stimulieren. Die Einatmung baut auf aktive Weise Grenzen auf und gibt dem Körper Form, während die Ausatmung den Körper entgrenzt und de-strukturiert.

Wie nun konkret auf der Körperebene gearbeitet werden kann, geht leider über die Möglichkeiten dieser Präsentation hinaus und kann nur das Thema eines anderen Workshops sein.

$$* * * * *$$

Olivia Candotti ist unter Piazza Piola 1, 20133 Mailand, Tel.Italien/2/70600734 zu erreichen.

Literatur

Bücher:
Benjamin, Jessica, *Bonds of love*, 1988, Pantheon Books
Dicks, Henry, *Marital tensions*, 1967, Routledge & Kegan
Forward, Susan, *Men who hate women, women who love them*, 1986, Bantam
           Books
Gear, Hill, *Liendo, Working through narcissism*, 1981, J.Aronson
Johnson, Stephen, *Humanizing the narcissitic style*, 1987 Norton & Co.
Keleman, Stanley, *Emotional anatomy*, 1985, Center Press
Rosenberg, Jack, *Körper, Selbst und Seele*, Oldenburg 1990, Transform-Verlag
Scarf, Maggie, *Intimate partners*, 1988, Ballantine Books
Schad-Sommers, Susanne, *Sado-masochism*, 1982, Human Science Press
Schainess, Nathalie, *Sweet suffering*, 1984, Bobb's Merril Co.

Willi, Jürgen, *Couples in collusion*, 1975

Artikel:

Avery, Nicholas, *Sado-masochism: a defense against object loss*, in: Psychoanalitical Review, Bd.64,1,1977

Berliner, Bernhard, *On some psychodynamics of masochism*, in Psychoanalit.Quarterly, Bd.16,1947

Berliner, Bernhard, Psychoanalitic.Quarterly, Bd.27,55,1958

Bernstein, Isidor, *The role of narcissism in moral masochism*, in: Psychoanalit.Quarterly, Bd.6,1957

Bond, Alma, *The masochist is the leader*, in: J.Amer.Acad.of Psycho., Bd.9,3,1981

Eisenbud, Ruth Jean, *Masochism revisited*, Psychoanal.Review, Bd.54,1967

Ghent, Emmanuel, *Masochism, submission, surrender*, in: Paper for the New York Univ., 1983

Lasegue Ch., Falret J., *La folie a deux*, in: Ann.Med.Psychol., Bd.18,1977

Lawner, Peter, *Sado-masochisitic relationships*, in: Symposium of New York Center for psychoanal.training, 1979

Menaker, Esther, *Masochism - a defensive reaction of the ego*, in: Psychoanal.Quart.,Bd.22, 1953

Mollinger, Robert, *Sado-masochism and developmental stages*, in: Psychoanal.Review, Bd.69,3,1982

Reich, Annie, *A contribution to the psychoanalysis of extreme submissiveness in women*, in: Psychoanalytic Quarterly, Bd.9,1940

Socaridis, Charles, *The function of moral masochism*, in: Int.J.of Psychoanal.,Bd.39,1958

Stolorov, Robert, *The narcisstic function of masochism (and sadism)*, in: Int.J.Psychoanal., Bd.56,41,1975

GEGENÜBERTRAGUNG – EIN AUSAGIEREN DES ICHIDEALS

von *Jose Alberto Cotta*, Rio de Janeiro (Brasilien)

Vorwort

Mit diesem Aufsatz möchte ich einige dunkle Punkte beleuchten und diskutieren, die mir in der Beziehung zwischen Therapeut und Klient aufgefallen sind. Es geht dabei hauptsächlich um die Gegenübertragung und die Schäden, die sie der emotionalen Gesundheit und dem Wachstumsprozeß des Klienten zufügen kann, wenn sie vom Therapeuten nicht erkannt und nicht genutzt wird. Zum Thema Übertragung ist schon sehr viel geschrieben worden. Supervisoren und Ausbilder weisen immer wieder auf die Notwendigkeit hin, sich mit den Theorien zur Übertragung zu beschäftigen. Aber es gibt nur wenig zur Gegenübertragung und es wird mit kaum solchem Nachdruck vertreten (...vielleicht aus Gegenübertragungsgründen).

Weil es auch zwischen Supervisoren und supervidierten Therapeuten und zwischen Ausbildern und Studenten Übertragungs- und Gegenübertragungsgefühle und -verhaltensweisen gibt, treffen meine Ideen, die ich im folgenden entwickeln möchte, auch hier zu. Um der Leserlichkeit willen schließen Sie also bitte, wenn Sie das Wort "Therapeut" lesen, genauso den "Supervisor" und den "Ausbilder" mit ein und beim Wort "Klient" ebenfalls den "Therapeuten unter Supervision" und den "Studenten".

Das imaginäre Objekt (1)

Wenn jemand um therapeutische Hilfe nachsucht, so deshalb, weil er oder sie irgendwie nicht mit dem Leben zufrieden ist. Er oder sie erlebt es in einem bestimmten Maße **leer und/oder unstimmig**. Dieser Erwachsene war einmal ein Baby und Kleinkind, das Charakterhaltungen und einen Körperpanzer entwickeln mußte, um zu **überleben**. (2) Seine Gedanken, Verhaltensweisen und die Art und Weise, wie er sich fühlt und ausdrückt, hat mehr mit dem, was Reich "gefrorene Geschichte" nannte, zu tun, als mit dem Kern. Um das traumatische und/oder schmerzvolle Umfeld zu überleben, in dem es aufwachsen mußte, entwickelte das Kind ein imaginäres Ich (falsches Selbst). Psychologisch gesprochen bezeichnet dieser Begriff die verzerrten Wege, auf denen jemand seine inneren und äußeren Objekte internalisierte. Das bedeutet, daß dieser Mensch mit den Objekten auf imaginäre (eingebildete) Weise umgeht. Ich konzentriere mich hier auf zwei der Formen, in denen imaginäre (falsche) Objekte verinnerlicht werden: Sie werden dann zu verfolgenden oder idealisierten Objekten.

Verfolgende und idealisierte Objekte

Ein *verfolgendes Objekt* bezieht sich auf das, was Melanie Klein die "schizo-paranoide Position" nannte. Ihr hauptsächlicher Charakterzug ist der paranoide. Der Mensch spürt *"das Gute in sich und das Böse außerhalb"*. Paranoide Menschen können auch Verfolgende werden, denn dadurch gelingt es ihnen manchmal, die eigene Verfolgung zu verhindern. Man greift an, um sich vor den inneren und äußeren Angriffen zu schützen.

Ein *idealisiertes Objekt* bezieht sich auf die "depressive Position". Nach Melanie Klein spürt die depressive Persönlichkeit *"das Gute außerhalb und das Böse in sich selbst"*. Weil das Gute nicht im depressiven Menschen selbst ist, wird das was draussen ist ("das Gute"), großartig und idealisiert. Nach meiner Hypothese idealisieren diese Menschen sich selbst, um sich gegen die schlechten Gefühle und Wahrnehmungen ihrer selbst zu schützen.

Die Idealisierung verfügt über zwei Waffen: *Verführung und "Schutz"*.

Durch die Verführung erlangen wir große Macht über den anderen, ohne dem "wahren Selbst" (dem eigenen und dem des anderen) zu erlauben, gefühlt oder ausgedrückt zu werden.

Durch den "Schutz" halten wir uns von den Angriffen der eigenen verfolgenden Gefühle und Gedanken fern und von denen des anderen. Außerdem kann man dadurch auch einen tatsächlichen Angriff von außen abwehren.

Verführung und "Schutz" infantilisieren den anderen und bringen einen selbst in eine sehr *idealisierte und mächtige Abwehrposition*. Jemand, der sich selbst idealisiert, kann sehr verfolgend werden, wenn er sich von denjenigen, die ihn idealisieren, bedroht fühlt. Idealisierte Menschen senden unbewußte Botschaften aus wie: "Entweder Du verehrst mich, oder ich bringe Dich um". Sie sind das gleiche wie der elterliche Satz: "Entweder Du benimmst Dich so, wie ich will, oder ich werde Dich bestrafen" (körperlich, emotional, wirtschaftlich usw.).

Gegenübertragung

Wenn der Klient den Therapeuten als *imaginäres Objekt* ansieht, befindet er sich in der *Übertragung*; wenn er ihn als *reales Objekt* betrachtet, bewegt er sich in der *therapeutischen Allianz*. Das gilt auch für den Therapeuten: Wenn er den Klienten als *imaginäres Objekt* betrachtet, ist er in der *Gegenübertragung*, wenn er den Klienten als *Real-Objekt* sieht, ist er in der *therapeutischen Allianz*.

Die Psychoanalyse lehrt uns, daß Gegenübertragungsgefühle als gutes therapeutisches Mittel genutzt werden können. Wenn Therapeuten für ihre Gegenübertragung blind sind, werden sie wahrscheinlich die Gefühle und Handlungen ihrer Klienten unterdrücken. Diese Unterdrückung verstärkt im Klienten wiederum dessen eigene verfolgende oder idealisierende Tendenzen (das imaginäre Ich).

Die Gegenübertragung kann *aktiv* oder *passiv* sein. Wenn das auftauchende Material des Klienten auf einen "blinden Fleck" des Therapeuten fällt, wird der es entweder *nicht sehen* oder unbewußt darauf *reagieren*. Z.B. könnte er sich von seinen eigenen homosexuellen Wünschen bedroht fühlen; dann wird er die homosexuellen Wünsche seines Klienten entweder *nicht entdecken* oder *mit Ärger reagieren*.

Sandler (3) erklärt das bei seiner Untersuchung des Wortes *Gegen* sehr gut:

1. Wenn die Reaktion des Therapeuten eine *Parallele* zur Geschichte des Klienten hat, bedeutet Gegenübertragung *Gegen-Stück*.
2: Wenn die Reaktion des Therapeuten sich gegen das Material des Klienten richtet, bedeutet Gegenübertragung *Gegen-Angriff*.

Wenn Therapeuten nicht mit der Gegenübertragung arbeiten, wenn sie die therapeutische Beziehung eine "Beziehung von Erwachsenem zu Erwachsenem" nennen oder die Gegenübertragung nicht aufgedeckt oder angemessen benutzt wird, kann die therapeutische Beziehung schweren Schaden nehmen, besonders auf Seiten des Klienten. Geschieht dies, öffnet sich die Tür für ein Ausagieren des Ichideals des Therapeuten. Ich stelle nun drei Arten heraus, in denen das Ichideal des Therapeuten ausagieren und die therapeutische Beziehung schädigen kann: die *psychopathische, die perverse und die narzisstische Art*.

Psychopathische Schädigungen

Eines der Ziele psychopathischen Verhaltens ist es, die Leere der psychopathischen Persönlichkeit zu füllen.

Wenn die psychopathischen Charakterzüge des Therapeuten nicht genügend durchgearbeitet sind, wird sein *Nicht-Selbst* (Ichideal) ausagieren und beginnen, das "falsche Selbst" (imaginäres Objekt) des Klienten zu manipulieren und/oder über es zu herrschen. Weil die psychopathische Persönlichkeit in sich selbst eine große Leere und nur ein schwaches, geringgeschätztes Ich hat, vergrößert sie durch Manipulationen und Kraftakte die eigene Energie, um so der Leere mit einem gewissen Gefühl der Fülle entgegenzutreten.

Psychopathisches Verhalten zielt in drei Hauptrichtungen: *sexuelle Invasion, soziale Macht und charakterliche Angriffe*.

A. Sexuelle Invasion

Zwei verschiedene Arten der sexuellen Invasion können vorkommen:

1. Wenn der Therapeut(in) mit dem Klienten(in) schläft.
2. Wenn der Therapeut zwar nicht mit dem Klienten schläft, aber seine/ihre eigenen sexuellen Wünsche auf ihn/sie projiziert, indem er/sie die Therapie sexuell überlädt und sozusagen aus zweiter Hand Befriedigung zieht.

Mit dem Klienten schlafen oder die therapeutische Beziehung sexuell überladen ist eine ödipale Projektion. Unbewußt beabsichtigt, soll sie Therapeut und Klient in der ödipalen Fixierung festhalten.

B. Soziale Macht

Viele Therapeuten und Ausbilder haben und behaupten soziale Macht über den Klienten. Sie verstärken die Abhängigkeit und Idealisierung ihrer Klienten und Studenten, indem sie dominieren und/oder die Abhängigkeit pflegen. "Heilung" und Macht versprechend (ein wohlbekanntes psychopathisches Verhalten), manipulieren sie ihre Klienten. Die Zahl der Menschen, die sich selbst "großartig" fühlen, nur weil sie bei einem berühmten Therapeuten Therapie haben, ist enorm. Wir haben dann eine Ichideal-zu-Ichideal-Beziehung. Solche Therapeuten können sehr erfolgreich erscheinen, weil sie die Kontrolle über ihre Klienten behalten und das eigene Ichideal und das der Klienten verstärken.

Zwei Tatsachen machen mir Sorge: Die eine ist die Zahl der Therapeuten und Ausbilder, die ihre Klienten und Studenten manipulieren, indem sie ihnen sagen, was sie in ihrem persönlichen und beruflichen Leben tun sollen und was nicht; die andere ist die große Zahl an Klienten und Studenten, die diese Manipulation akzeptieren.

Ich glaube, dies geschieht aus dem Bedürfnis des Klienten heraus, den Vater oder die Mutter zu idealisieren, der oder die dann auf den Therapeuten projiziert wird. Der sich selbst idealisierende Therapeut zündet das Feuer der Idealisierung im Klienten an.

C. Charakterliche Angriffe

Zu den Eigenheiten des psychopathischen Charakters gehören versteckte Wut, Ärger, Explosivität und Demütigung. Fühlt sich nun der Therapeut angegriffen, greift er vielleicht seinerseits an und demütigt den Klienten. Es gibt für dieses Verhalten gegenüber Klienten, Studenten und Kollegen viele Beispiele. Es ist der Macht-Trip; unethisch und feige. Der Therapeut mißbraucht vertrauliche Informationen, um den anzugreifen, der sie ihm gab.

Unglücklicherweise gibt es auch Kollegen, die Kollegen anmachen, ob sie nun zur gleichen Institution gehören oder nicht. Manchmal sind die Angriffe eindeutig, manchmal unterschwellig und getarnt, um anzudeuten, daß die eigene Arbeit "doch wohl wissenschaftlicher ist", als die der anderen aus anderen Institutionen.

Perversion

Obwohl ich glaube, daß auch die freudianisch definierte Perversion (wie z.B. sado-masochistisches Verhalten) in der therapeutischen Beziehung vorkommt, möchte ich dieses Thema anders angehen. Aus der Sicht von Lacan bedeutet Perversion die "pere-version", die Version (Darstellung, Lesart) des "pere", des Vaters oder der elterlichen Bezugsperson. Wenn jemand zu einem professionellen Helfer geht, möchte er unter anderem auch sein "Schicksal" (seine Familien-Version) loswerden. Weil er sich aber gleichzeitig davor fürchtet, neigt er dazu, diese

Familien-Version mit seinem Therapeuten zu wiederholen. Auf einer tief unbewußten Ebene wählt er den "richtigen" Therapeuten, mit dem er diese elterliche Konstellation wiederholen kann. Ich glaube ebenso, daß auch der Therapeut dazu neigt, mit diesem Klienten seinerseits sein eigenes Familien-Skript zu wiederholen. Ein Klient, der einen invasiven Therapeuten auswählt, wird wahrscheinlich eine invasive erste Bezugsperson gehabt haben. Genauso wird jemand mit einer narzisstischen Mutter oder einem narzisstischen Vater wahrscheinlich zu einem narzisstischen Therapeuten gehen. So gesehen, beschreiben die Begriffe Übertragung und Gegenübertragung Gefühle und Verhaltensweisen, die mit der eigenen "pere-version" korrespondieren. Wenn der Klient seine Familiengeschichte wiederholen will, ist daran nichts Falsches. Der Therapeut ist jedoch dafür verantwortlich, sein eigenes verzerrtes Verhalten in eine Kern-zu-Kern-Beziehung umzuwandeln.

Narzissmus

In der Mythologie ist Narzissus, das Ideal der Schönheit und Perfektion, dazu verdammt, sich selbst zu lieben. Als er sein Spiegelbild im Wasser sieht, verliebt er sich so sehr in es, daß er nicht mehr weggehen kann. Er bleibt dort bis zu seinem Tod und wird zu einer wunderschönen Blume, der Narzisse.

In einem anderen Mythos bittet Zeus die schöne Nymphe Echo, seine Frau mit Geschichten zu unterhalten, während er auf Freiersfüßen anderen Frauen nachstellt. Als Hera, sein Eheweib, dieses Manöver entdeckt, verflucht sie Echo, die von nun an ständig die Worte anderer Menschen wiederholen muß. Sie darf also nie mehr für sich selbst sprechen. Schließlich stirbt Echo und wird zu einem Felsen, der die Stimmen imitiert. Sie wurde bestraft, weil sie mit "Vater" Zeus eine Allianz gegen "Mutter" Hera eingegangen war.

Echo liebte Narziß. Aber sie konnte ihm ihre Liebe nicht übermitteln, denn Narziß liebte ja nur sein Bild. Er liebte ein gespiegeltes/imaginäres Bild, nicht ein wirkliches/reales.

Echo mußte die Worte anderer Menschen wiederholen. Die Worte anderer Menschen wiederholen bedeutet, als falsches Selbst zu handeln, als imaginäres Ich, das nicht gemäß den eigenen Gefühlen für sich selbst sprechen kann.

Wenn Echo ihre eigene Stimme gehabt hätte, hätte sie Narziß auf sich aufmerksam machen können. Wenn Narziß fähig gewesen wäre, seine Aufmerksamkeit auf jemand anderen zu richten, hätte er Echo anschauen können. Und vielleicht wäre es ihnen möglich gewesen, einander zu lieben.

Narziß würde ein reales Ich (Echo) geliebt haben, und Echo hätte sich selbst ausdrücken können (als reales Ich). Ich will damit sagen, daß es zwischen Therapeuten und Klienten und zwischen Ausbildern und Studenten eine Menge Narzissus-Echo-ähnliche Beziehungen gibt. Es gibt viele Therapeuten und Trainer, die sich selbst wie Narziß lieben und verehren. Es gibt viele Klienten und Studenten, die wie Echo nur die Worte und das Verhalten ihrer Therapeuten und Ausbilder wiederholen. In diesen Fällen werden die Klienten zum Wasser, das Narzissus spiegelt und zum Felsen, der die Worte wiederholt. Der eine braucht den anderen. Es gibt Narzissmus-Therapeuten, weil es Echo-Klienten gibt.

Unglücklicherweise wird wahrscheinlich ein Therapeut, je berühmter er wird, desto weniger an sich selbst arbeiten. Als Therapeuten wissen wir, wie schwierig es wegen der starken narzisstischen Abwehr ist, an den Narzissmus des Klienten heranzukommen. Aber ich glaube, daß es noch schwieriger ist, die narzisstischen Charakterzüge des Therapeuten aufzulösen.

Eine der größten Gefahren für Therapeuten ist Berühmtheit und Macht, weil daraus oft die Neigung entsteht einem Bild der Perfektion zu huldigen: "Jetzt brauche ich keine therapeutische Hilfe mehr." Aber auch wenn sie selbst zur Therapie gehen, versuchen sie angestrengt, ihren Narzissmus nicht berühren zu lassen. Ein idealer Boden, um die Blume Narzisse zu nähren.

Dieser Fluch liegt sowohl auf den Narzissus-ähnlichen Menschen als auch auf den Echo-ähnlichen. Beide benötigen eine ganze Menge Willen und Mut, um ihre Verwünschungen zu erforschen, ihre inneren Orakel zu konfrontieren, die Flüche loszuwerden, um letztlich mit ihrem eigenen Kern in Kontakt zu kommen. Es ist schwierig, aber nicht unmöglich. Sogar in der Mythologie wurde das Rätsel der Sphinx gelöst.

Zusammenfassung

Die aus dem Gleichgewicht geratene Familie und die ungleichgewichtige Gesellschaft drängen uns dazu, imaginäre Ichs zu werden und uns wie imaginäre Objekte in einer Umgebung zu benehmen, die auf falschen Selbsten aufbaut. Diese Art Gesellschaft hat ihre Basis im Konsum. Sie lehrt die Menschen nur, *zu haben und zu machen.* Familie und Gesellschaft sagen: "Wenn Du hast und machst, bist Du" (allerdings ein falsches Selbst). Diese Gesellschaft lehrt uns, nicht *zu sein.*

Wirkliche Menschen können haben und machen, weil *sie sind;* ganz einfach als Folge ihres *Seins. Sie wiederholen nicht die "pere-version"* ihrer Familie und ihrer Gesellschaft, sondern deuten sie um (engl. *re-verse*) und kreieren eine neue Version: eine Version, die auf dem *Sein* aufbaut.

Wenn der Therapeut den Mut hat, seine psychopathisch-perverse-narzisstische Maske anzuschauen, dann durch seine negative, chaotische und bedrohliche zweite Schicht zu gehen, um letztlich seine eigene Essenz zu erreichen, wird er seinen Klienten helfen können, Real-Objekte zu werden, reale Menschen. Das ist der wirkliche Beitrag, den ein Therapeut den Menschen und der Gesellschaft geben kann.

* * * * *

Jose Alberto Cotta ist Ausbilder in *Biosynthese* am Brasilianischen Zentrum für Biosynthese in Rio de Janeiro. Sie erreichen ihn unter Barrabatijuca, Av.J.C.Machado, 469-102, BR-22600, Rio de Janeiro, Tel.Brasilien/21/3996914.

Literatur

Fairbairn, R.D., *An Object Relations Theory of the Personality.*
Klein, Melanie, *Amor, Odio e Reparacao.*
Smith, D., *Maps of Character* (zusammen mit David Boadella).
Winnicott, Donald Woods, *Playing and Reality.*
Lowen, Alexander, *The Physical Dynamics of Character Structure* (dt. Körperausdruck und Persönlichkeit).
Reich, Wilhelm, *Charakteranalyse.*
Sandler, J., Dare, Holder, A., *El paciente y el analista.*

DIE TRANSSOMATISCHE ERFAHRUNG IN DER THERAPIE

von **Esther Frankel**, Lissabon (Portugal)

Vorbereitungsebene: Arbeit mit energetischen Strömungen, Ladung und dem Körper.

Initiationsebene: Kontakt mit der Essenz, Arbeit mit der Seele.

Die *Transsomatische Therapie* ist ein Tanz zwischen Körper und Seele, Energie und Essenz, Innerem Boden (Grund) und Äußerem Boden (Grund).

Unser *äußerer Boden* ist unser Körper. Gemacht aus Fleisch und Knochen, aus Blutgefäßen und Nervenzellen, ist er ein unglaublich kompliziertes Kunstwerk und ein faszinierendes, komplexes Rüstzeug, das uns erlaubt zu leben. Einige Jahrzehnte lang geht er über diese Erde und löst sich dann wieder auf. Wir sprechen hier von unserer existentiellen Reise, von *C.G.Jung*'s Ich.

Nach **David Boadella** ist der innere Grund dort, wo wir wirklich sind. Er verbindet uns mit einem Bereich der Existenz, der da ist, bevor der Körper geformt wird und weiterbesteht, wenn der Körper wieder Staub geworden ist. Dieser Bereich ist nicht abhängig von Zeit und Raum. Er überbrückt alle Grenzen, er ist unsere archetypische Erinnerung, unsere Vision, unser Traum. Es ist Jung's Selbst.

Die Arbeit mit der Energie ist eine Form von Therapie, die uns mit der Erde verbindet. Die Arbeit mit der Essenz ist eine Form der Heilung, die uns mit dem Licht verbindet.

Der Kontakt mit unserer Essenz

"Wir haben Angst davor, unsere Tiefen zu erreichen. Wir erreichen sie nur, wenn wir in Ekstase sind" (*Zelita Seabra*, brasilianische Schriftstellerin).

"Ich hatte Angst vor den größeren Freiheiten, die das Buch von mir forderte. Es ging tatsächlich über mich hinaus. Ich versuchte, es zu schreiben. Ich bin stärker als ich dachte..." (*Clarice Lispector*, brasilianische Schriftstellerin, die sich hier auf ihr Buch *Lernen, oder das Buch der Freude* bezieht).

Je näher wir unserer Essenz, unserem inneren Grund, unserer existentiellen Ebene kommen, desto näher kommen wir auch unserer Verletzlichkeit, unserer Zerbrechlichkeit.

Je mehr Angst wir vor unseren Tiefen haben, desto mehr müssen wir uns vor dem Außen "schützen".

Wir können sagen, daß wir in einem bestimmten Teil unserer existentiellen Reise, als wir Kinder waren, nicht genug Unterstützung für unsere Brillanz, unser inneres Selbst und unsere Essenz bekamen.

Einige Menschen wurden dadurch ganz auf sich selbst bezogene Erwachsene. Sie begegnen neuen Lebenserfahrungen immer so, als ob sie sie schon kennen würden. Andere Menschen wurden zu kollabierten und "entwerteten" Erwachsenen, die Schwierigkeiten damit haben, sich von Lebenserfahrungen nähren zu lassen. Die Transsomatische Therapie will diese Menschen wieder mit ihren Tiefen verbinden. Die Therapeutin lenkt ihre Aufmerksamkeit auf die Fähigkeit ihrer Patientin, sich selbst zu formen und besser an ihrem eigenen Prozeß teilzunehmen. Die Therapeutin hilft ihrer Klientin, ihren inneren Boden, ihre Essenz und Quelle zu finden, aus der ihre eigene heilende Energie sprudelt und damit ihre Kraft zu integrieren, trotz allem was sie darüber lernte, sich nicht lebendig zu fühlen.

Essenz und Scham

Wenn wir uns unserer Essenz nähern, kommen wir auf den Platz der Scham. Der Therapeut sollte dies wissen. Wenn der Klient mit seiner Scham in Verbindung tritt, ist er auf einem guten Weg. Scham ist hier so etwas wie ein Schatten: das, was zwischen der Essenz und ihrem Ausdruck im täglichen Leben steht. Sie ist wie ein ausgestreckter Finger in der Sonne, der das Licht blockiert. Als Therapeuten sollten wir auf den Schatten achten, denn dann können wir die Position der Sonne bestimmen.

Die transsomatische Erfahrung in der Therapie

Die Transsomatische Therapie ist Erde-Licht-Arbeit. Die therapeutische Arbeit mit dem äußeren Boden befaßt sich mit Haltungen, Streßpositionen, dem Ausdruck blockierter Emotionen und der Katharsis.

Die therapeutische Arbeit mit dem inneren Boden (Grund) ist Transsomatische Therapie, eine Therapie, die sich an den Bedürfnissen der Seele orientiert. Sie unterstützt den Kontakt mit der Essenz. Sie ist eine Quelle der Heilung.

Mit "Seele" meine ich unser tiefes persönliches Zentrum, das sich während unserer existentiellen Reise weiterentwickelt. Es kann nicht von unserer somatischen Realität getrennt werden.

Geburt.. ——————————————————→ Tod
Reise unserer Seelenentwicklung
Tal des Seelenmachens/Seelenbauens

Während meiner Präsentation in Lindau ging die Gruppe durch den Vorbereitungsprozeß: Öffnen der Atmung, Reorganisierung der Körperhaltung, Aufwecken der Sinne. Danach konnte die Gruppe tieferen Kontakt mit dem inneren Leben aufnehmen. Die Teilnehmer konnten sich von dieser Ebene aus ausdrücken. (Vor der praktischen Arbeit hatte ich das Modell der Transsomatischen Therapie wie oben beschrieben).

* * * * *

Esther Frankel ist Leiterin des brasilianischen Instituts für Biosynthese (IBB) und des Centro de Estudos e Prácticas Transomáticas, Quiron, Rio de Janeiro, sowie des Asas e Raízes, Centro des Estudos e Terapias Psico-Corporais, Lissabon. Sie erreichen sie unter der Adresse Av.A.Cupert.de Mir.2/20Esq, 2780 Oeiras, Tel. Portugal/4435250.

Literatur

Ali, Abdul-Hameed, *Essence and Sexuality*, in: *Energy & Character*, Bd.14, Nr.2, August 1983
Boadella, David, *Soma, Selbst und Ursprung*, in: *Energie & Charakter*, deutsche Ausgabe, Bd.21, Nr.2, 1990

PSYCHIATRISCHE ORGONTHERAPIE

von *Dorothea Fuckert*, Eberbach (Deutschland)

Englisch ist nicht meine Muttersprache. Obwohl ich Orgon-Therapeutin bin, ist es für mich daher sehr schwer, die Orgontherapie in korrektem Englisch zu erklären. (Die Kongreßsprache in Lindau war Englisch, Anm.d.Red.). Deshalb stütze ich mich hauptsächlich auf die Beschreibung der Orgontherapie von *Dr. Morton Herskowitz* und habe ein Exzerpt seines Buches *"Menschliche Panzerung. Eine Einführung in die psychiatrische Orgontherapie"* angefertigt. Herskowitz war Schüler und Mitarbeiter von Reich. Sein Buch ist das tiefstgehendste und umfassendste Werk über den therapeutischen Teil der Orgonomie seit Reich. Wir haben es in unserer Zeitschrift *"Lebensenergie - Zeitschrift für Orgonomie"* (Zentrum für Orgonomie) veröffentlicht. Wir hoffen, daß es bald einen deutschen Verlag finden wird. Morton Herskowitz war mein Therapeut, ist immer noch mein Lehrer und als seine anerkannte Kollegin bin ich befugt, seine Begriffe zu benutzen, denn sie vermitteln die Essenz der Orgontherapie auf bestmögliche Weise.

Wilhelm Reich entdeckte den Prozeß der Panzerung und dessen Bedeutung in unserem Leben. Er erfand auch die Technik, mit der wir versuchen konnten, die Panzerung aufzulösen und nannte die Methode *"Psychiatrische Orgontherapie"*. Es war die erste Therapie, die die Bedeutung der Panzerung bei psychiatrischen Störungen erkannte.

Psychiatrische Orgontherapie ist kein Allheilmittel. Es ist ein sorgfältiges Therapiesystem, das einen gewissen Grad körperlichen und oft in großem Maße emotionalen Unbehagens mit sich bringt. Durch dieses System ist es gelungen, lohnende Veränderungen im Leben vieler Patienten zu bewirken.

In der Medizin ist es axiomatisch, daß Theorien vorherrschen, wenn die Krankheit nicht verstanden wird. Sobald die Ursachen jedoch bekannt und der Prozeß verstanden wurde, verschwinden die vielen Theorien. Die Verwirrung über die geeignete Methode, emotionale Störungen zu behandeln, gleicht der Verwirrung der Auffassungen von der Krankheit selbst. Die meisten von uns werden bei den schlimmsten Fällen einig sein, z.B. bei der paranoiden Schizophrenie. Wir wissen aber, daß die Symptome nicht notwendigerweise die genauesten Anzeiger einer emotionalen Krankheit sind. Sie sind nur eine Form wie Störung erscheint. Es gibt eine Funktionsstörung über spezifische Symptome und die besonderen abweichenden Verhaltensmuster hinaus. Die Ursache der Funktionsstörung ist die Muskel- und Charakterpanzerung. Panzerung ist das Substrat der emotionalen Störung. Panzerung ist da, wo Körper und Geist sich berühren und abnormales Verhalten, abnormales Fühlen, Denken und Funktionieren als solches bewirkt. Sie schließt unsere Begrenzungen ein, indem wir ganzheitlich auf unsere Welt reagieren. Gepanzerte Menschen leiden an einem Mangel, Leben zu metabolisieren. Wir sind alle mehr oder weniger stark gepanzert.

Reichs Vorgehen auf die Frage, was denn nun Krankheit ist, unterschied sich von den meisten anderen Ansätzen. Er fragte nicht zuerst: Was ist ungesund? sondern: Was ist Gesundheit? Während seiner charakteranalytischen Arbeit entdeckte er, daß jene Patienten, die gesund wurden, diejenigen waren, die eine befriedigende sexuelle Beziehung herstellen konnten. Er suchte nun nach einer Antwort auf die Frage: Was ist ein befriedigendes Sexualleben? Schließlich kam er nach verschiedenen logischen Stufen der wissenschaftlichen Beobachtung zu den Fragen: Was ist Leben wirklich? Wie funktioniert es? Welche Naturgesetze regulieren den Lebensprozeß?

Um diese Fragen zu beantworten, reduzierte Reich alle Tiere, einschließlich des Menschen, zu einer protoplasmischen, bohnenförmigen Masse, die in einer Membran eingeschlossen ist. Im Falle eines einzelligen Organismus können wir die organismische Pulsation direkt beobachten. Mehrzellige Organismen sind aus Systemen von separat pulsierenden Komponenten innerhalb einer größeren einheitlichen Pulsation aufgebaut. Eine Schwäche einer der kleineren Pulse, vom zellulären bis zum systemischen Niveau, verringert den größeren Puls. Auf diese Weise dämpft ein verstopfter Magen-Darm-Puls den Puls des gesamten Organismus. Andererseits, wenn der Basispuls des gesamten Organismus flach ist, muß er sich in den systemischen und zellulären Pulsen im Inneren widerspiegeln.

Demnach ist die Qualität der Pulsation das grundlegende Merkmal von Gesundheit oder Krankheit. Ein Korrelat der Pulsation des Organismus ist das Energiefeld, das manchmal als eine den Organismus umgebende Aura wahrgenommen werden kann. Mit der Entwicklung der Kirlian-Photographie könnte es eines Tages möglich sein, den Gesundheitszustand eines Menschen durch photographische Untersuchung festzustellen. Bis dahin verlassen wir uns darauf, die Qualität und Quantität der energetischen Funktion eines Menschen zu beobachten, die emotionale Freiheit, mit der er sein Leben lebt.

Nachdem Reich die Bedeutung der freien Pulsation (den freien Fluß der Energie) im Körper nachgewiesen hatte, entdeckte er, daß es sieben Segmente gibt, worin die Energie durch Panzerung blockiert werden kann. Reich definierte die Panzerungssegmente als "diejenigen Organe und Muskelgruppen, die miteinander in funktionellem Kontakt sind, die einander in der emotionellen Ausdruckbewegung mitzureißen vermögen". *Ein Panzerungssegment ist eher eine funktionelle als eine anatomische Einheit. Ein Segment ist die kleinste Einheit, die eines emotionalen Ausdrucks fähig ist.* Es können jedoch viele Segmente an einem größeren Emotionsausdruck teilnehmen. Beispielsweise kann man einerseits seine Wut ausdrücken, indem man seinem Widersacher einen vernichtenden Blick zuwirft. Andererseits kann die Wut *dieser* Situation angemessener ausgedrückt werden durch einen zornigen Blick, einem Brüllen durch einen zähnefletschenden Mund und mit schlagenden Fäusten und tretenden Füßen.

Mit Ausnahme der Arme und Beine, die Anhängsel der Thorax- bzw. Beckensegmente sind, zeigt sich die Panzerung immer im rechten Winkel zur Körperlängsachse. Sie bildet eine gleichzeitige Verhärtung und Verspannung, die die Beweglichkeit der betreffenden Teile und den freien Fluß der Energie entlang der Kopf-zu-Fuß-Achse einschränkt.

Der Orgonom erkennt die Störung der biologischen Pulsation in seinen Patienten. Welche Störung es auch immer sein mag, somatisch oder psychologisch (mit nur wenigen Ausnahmen wie tatsächlichen Unfällen, angeborenen Defekten usw.), sucht er nach der Wurzel der Krankheit in einer Abweichung des Energiestoffwechsels. So wie wir in der Orgontherapie arbeiten, sind wir in einer einzigartigen Position, um die Positionen der Orgonenergie im menschlichen Organismus zu beobachten.

Als Studenten und Ärzte beobachten wir die Pulsationen der Organsysteme, das Pochen des Herzens, den arbeitsamen Schlag des Atemapparates, den langsamen, selektiven Rhythmus der perestaltischen Welle, die wurmartige Bewegung des geöffneten Gehirns und den gelegentlich zu beobachtenden kriechenden Puls des Hodensacks. Genauso wie wir es bei unseren Patienten beobachten können, wenn sie einen Panzerungsblock durchbrochen haben und von einer Welle der Wut oder des Weinens oder der Zärtlichkeit erfaßt werden; dann ebbt die Welle ab und sie sind erleichtert. Langsam steigt die Emotion zu einem neuen Höhepunkt auf und verschwindet dann wieder. Wenn der Patient lebendig und frei von Panzerung ist, beobachtet der Therapeut das Herz der Natur. Die Patienten sind sich in diesen Momenten bewußt, daß sie die Gefäße der Emotionen sind, die sie ausdrücken. Zu keiner Zeit wird uns die Bedeutung von Reichs Erkenntnis, daß wir Energieströme in einem kosmischen Energieozean sind, so klar, wie dann, wenn wir von unseren tiefsten Emotionen ergriffen werden. Die Kreiselwelle repräsentiert die Bewegung der Orgonenergie durch die Zeit.

Sobald wir an der Energiekurve, durch die wir unser Leben leben, lebendig teilnehmen, erkennen wir ihre Manifestationen in jedem Aspekt des Lebens. (Die sich drehende Architektur der langen Knochen in unserem Körper, das energetische Aufblühen und Verwelken auf unserem Weg von der Geburt bis zum Tod, der Weg der Planeten durch Raum und Zeit, Aufstieg und Fall von Imperien, Licht und Dunkel usw.). Die Form der Bewegung der Orgonenergie liegt allem was existiert zu Grunde. Die Beschäftigung mit den Bereichen und der experimentellen Arbeit der physikalischen Orgonenergie geht jedoch über den Rahmen dieses Artikels hinaus. Wissenschaftlich interessierte Leute werden auf Reichs Arbeiten und die Berichte aus den verschiedenen orgonomischen Organisationen verwiesen.

Der psychiatrische Orgontherapeut muß die folgenden physikalischen Eigenschaften der Orgonenergie bei der Arbeit mit seinen Patienten im Gedächtnis behalten. *Sauerstoff und Wasser sind die hauptsächlichen Träger von Orgonenergie, soweit lebende Organismen betroffen sind. Orgon wird aus der Luft, die wir atmen, aus unserem Essen, dem Wasser und aus der Atmosphäre heraus metabolisiert. Metabolisierte Orgonenergie wird vom Körper als Kohlendioxid, als stickstoffhaltiger Abfall im Urin, den Exkrementen, dem Schweiß und den Gasen ausgeschieden.* In der Krankheit neigt das tote, metabolisierte Orgon dazu, sich in den Körpergeweben anzureichern. Der Orgontherapeut beobachtet seine Patienten aus der Sicht von Ausdehnung und Zusammenziehung, von hoher oder niedriger Ladung. Er ist sich darüber bewußt, daß nach einer für den Klienten ungewöhnlichen Ausdehnung in der Therapie sicherlich eine Kontraktion folgen wird. Er erkennt, daß jedes Individuum ein seit der Geburt konstantes Energiespektrum hat und daß jegliche Verbesserung, die in der Therapie entsteht, irgendwo ihren Platz innerhalb dieses Rahmens einnehmen wird.

Das heißt nicht, daß ein depressiver Patient, dessen verfügbare Energien gebunden sind, in seinem niedrigen Energiezustand bleiben muß, noch daß ein schwergepanzerter Patient nicht lebendiger werden kann, wenn seine Panzerung schmilzt. *Expansion und Kontraktion sind keine metaphorischen Beschreibungen für "Wohlsein" oder "Unwohlsein", sondern konkrete physikalische Phänomene.* Es gibt eine natürliche, biologische Antithese zwischen Lust und Angst. In der *Lust* fließt die Energie vom Kern des Organismus zur Hautoberfläche; in der *Angst* wird sie ins Innere des Körpers zurückgezogen, was gleichbedeutend mit einer motorischen Lähmung ist. Wir nehmen bei diesen Prozessen den Energieimpuls als primär an, die physiologischen und psychologischen Manifestationen als Ableitungen. Alle anderen Emotionen sind Varianten innerhalb dieses Schemas. Die Essenz von *Wut* ist der energetische Fluß zu den willkürlichen Muskeln. Bei *Sehnsucht* drängt der Fluß nach außen, genauso wie bei *Lust*. Sexuelles Verlangen ist ein energetisches Ausfließen hin zu den Lippen, der Haut und den Genitalien, zur Brust und den oberen Extremitäten. Wenn das Verlangen nach Kontakt mit dem Geliebten unerreichbar ist, wird aus der Kombination von nach außen gerichtetem Fluß und Frustration eine bittersüße Qualität. Sehnsucht, die nicht-sexuell ist, muß immer unbefriedigt bleiben. Wahre *Traurigkeit* ist die Erfahrung von Frustration oder Verlust und besteht aus einem anfänglichen Impuls des Ausstreckens, wie bei der Sehnsucht, gefolgt von einer starken Kontraktion hin zu sich selbst. Die Reaktion auf von der Umgebung erzeugten Schmerz, gegen den wir machtlos sind, wird manchmal Traurigkeit genannt, ist es aber nicht. Der gemeinsame Nenner ist Weinen, aber Weinen als Antwort auf Schmerz hat weniger kontrahierende Qualität und inkorporiert ein gewisses Maß an stimmlichem Ärger. *Depression* ist ein Gefühlszustand, bei dem Energie gehalten wird und kaum in Bewegung ist. Sie entsteht, wenn Feindseligkeit aus charakterologischen Hemmungen nicht ausgedrückt und statt dessen heruntergeschluckt und gegen sich selbst gewendet wird.

So wie *Emotionen als spezifische energetische Konfigurationen* angesehen werden, gilt dies auch für zwei bestimmte organismische Beziehungen - der des Kleinkindes und der mütterlichen Brust und der Durchdringung der Genitalien in der sexuellen Umarmung. Reich beschrieb diese Phänomene als Manifestationen der Überlagerung, die er als Annäherung durch Anziehung und vollen bioenergetischen Kontakt von zwei orgonotischen Strömungen definierte, die zur Verschmelzung führen. Die Brustfütterung bedeutet deshalb weder nur Ernährung noch befriedigt sie nur die oralen Bedürfnisse des Kleinkindes, sondern ist auf tiefster

Ebene eine Verschmelzung des energetischen Flusses von Mutter und Kind. Die gelegentlichen oralen "Orgasmen" enthüllen die gleiche grundlegende energetische Funktion wie später die genitale Umarmung.

Die Entladungsfunktion des Orgasmus ist der Grundstein, auf dem das theoretische Gebäude der psychiatrischen Orgontherapie ruht. Wenn im Laufe der Therapie die einzelnen Panzerungsringe nacheinander behandelt und vom Kopf nach unten hin aufgelöst werden, kommt es zu einer durch das Zwerchfell-Segment rollenden Welle. Diese Welle kann sowohl vom Therapeuten als auch vom Klienten/der Klientin beobachtet werden. Oft kommt es dann zu einer initialen Reflex-Beugung des Rumpfes am Ende der Ausatmung, wenn die hauptsächliche Panzerung über dem Zwerchfell aufgelöst ist. Wenn man mit der Entpanzerung des Bauch- und des Becken-Segments fortfährt, entdeckt man, daß sich im Beckensegment eine Gegenbewegung entwickelt, wobei sich das Becken ebenfalls am Ende der Ausatmung dem Rumpf zuneigt. Diese Reflexannäherung des oberen und unteren Endes des Körpers ist der Orgasmusreflex. Seine volle und harmonische Erscheinung hängt von der Abwesenheit von Panzerung und einem Zustand lustvoller Erregung ab. (Im Video werden verschiedene Patienten mit verschieden entwickelten Orgasmusreflexen gezeigt). Nachdem die oberen Segmente gelöst worden sind, zeigt uns eine sichtbar durch den Abdomen fließende energetische Welle, daß durch zurückgehaltene Emotionen freifließende Energie gebunden wird, Energie, die zum Orgasmusreflex werden wird. Wir werden mit der Frage konfrontiert: "Warum wehren sich unsere Klienten mit aller Kraft gegen den Orgasmusreflex?" Um diese Frage zu beantworten, müssen wir noch eine fundamentalere stellen: "Warum gibt es den Orgasmus und was ist seine grundlegende Funktion?" Offensichtlich ist der Orgasmus eine unwillkürliche Kontraktion. In dieser Hinsicht ähnelt er der Pulsation der Qualle. Alle Organe und Organismen funktionieren gemäß einer grundlegenden Lebensformel: Anspannung - Ladung - Entladung - Entspannung. D.h., die energetische Funktion liegt jeglichem zu erfüllenden Zweck zugrunde. Diese Pulsationsfunktion alles Lebendigen gibt uns das Modell, um den Orgasmusreflex zu verstehen. Sie ist jene Bedingung, unter der der Körper als Ganzes aufgestaute Energie entlädt. Deshalb ist ein freier Orgasmus der vollständigste Weg energetischer Entladung. Andere Hilfsmittel zur Entladung von Energie sind körperliche Arbeit, produktives Denken, echter Ausdruck von Emotion und lokalisierte Entladungen wie z.B. Urinieren etc. All diese Entladungen werden, wenn sie keinen Hemmungen unterliegen, als lustvoll erlebt. *Diese Lust leitet sich von der Entspannung physikalischer Anspannung und energetischer Entladung ab, und nicht andersherum.* Warum gibt es dann aber so großen Widerstand und so viel Hemmungen gegenüber dem Orgasmusreflex? Wir müssen zuerst klarstellen, daß der Orgasmus im orgonomischen Sinne nicht nur aus der puren Fähigkeit, einen sexuellen Höhepunkt zu erreichen, besteht; er enthält ganzkörperliche Empfindungen energetischen Strömens und den Orgasmusreflex in der genitalen Umarmung. Aus den sexuellen Forschungen von *Masters & Johnson* bezüglich des weiblichen Orgasmus haben wir viel über die Kontraktion einzelner Organe, den Zustand von Geweben, die Atmungs- und Pulsraten, die Abfolge von Handlungen usw. gelernt. Aber weil die lebendige Qualität des Erlebten nicht beachtet wurde, haben wir es dabei mit einer mangelhaften Schlußfolgerung zu tun, die alle Orgasmen gleichstellt und eine Klitorissexualität in Frauen dogmatisiert.

Die Ladungsmenge in der sexuellen Umarmung (und allgemein) hängt von der Amplitude der Entladung ab und umgekehrt. Um voll entladen zu können, müßte der Organismus also auch voll aufladen können. Volle Ladung würde hier also völlige emotionale Fähigkeit, Offenheit, Empfindsamkeit und Lebhaftigkeit bedeuten. Für einen eingeengten und gepanzerten Organismus gibt es allerdings auch nichts Beängstigenderes als genau dies (Abb.2).

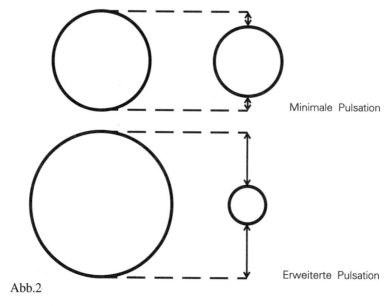

Minimale Pulsation

Erweiterte Pulsation

Abb.2

So kämpfen wir also mit all unserer charakterologischen Durchtriebenheit und somatischen Panzerung darum, die Pulsation unseres Lebens innerhalb der Grenzen zu halten, die für unseren Zustand tolerabel sind. In unserer Kultur ist der spontan erscheinende Orgasmusreflex nur selten anzutreffen und seine Herausarbeitung in der Therapie ist gewöhnlich eine mühsame und langwierige Aufgabe.

Therapeutischer Prozeß

Im weitesten Sinne definieren wir die psychiatrische Orgontherapie als die Beeinflussung eines Energiesystems (das des Patienten) durch ein anderes (das des Therapeuten), wodurch die Blockaden des Orgasmusreflexes aufgelöst wer-

den. Diese Definition gilt auch trotz der Tatsache, daß nur wenige Patienten schließlich den Orgasmusreflex regelmäßig erreichen. Der Treffpunkt zwischen dem Ideal des definierten Zieles und der wirklichen therapeutischen Situation der meisten Patienten ist die Tatsache, daß auf dem Weg zu dem letztlichen Ziel (Orgasmusreflex) Hemmungen aufgelöst werden, Symptome verschwinden und das Lebenserlebnis reicher wird. *Auch wenn wir uns noch so sehr danach sehnen, Therapie ist keine Wunderheilung.* Einige in die Therapie kommende Patienten sind wie Bäume mit ziemlich verbogenen Stämmen. Diese Stämme können niemals wieder geradegerichtet werden. Das Beste, was wir erreichen können, ist die Abmilderung der Beugung, damit die Struktur gerader wächst, was ohne therapeutische Beeinflussung kaum geschehen kann. Bestenfalls können wir bei den jüngsten und flexibelsten Bäumen ein fast gerades Wachstum erreichen. Wenn die Panzerung fest etabliert ist, wird sie auch in der Therapie nicht mehr völlig aufgelöst. Unter optimalen Umständen kann der Patient so funktionieren, als ob die Panzerung nicht anwesend sei. In akuten traumatischen Situationen wird er jedoch dazu neigen, zu den alten Plätzen zurückzukehren. *Therapie ist harte Arbeit, sie braucht Einlassen und Mut. Sie fordert vom Patienten, zu jenen dunklen Orten zu gehen, die er seit seiner frühen Kindheit vermieden hat. Es gibt nichts Mutigeres, als sich der eigenen Angst zu stellen.*

Behandelt werden Patienten vom frühen Kindheits- bis ins hohe Alter hinein. Die psychiatrische Orgontherapie behandelt auch *Kleinkindpatienten* direkt. Das ist einzigartig unter den Psychotherapien. Wenn das Verhalten der Eltern der Grund für die Panzerung des Kindes ist, muß dieses Verhalten aufgedeckt und durch einfache Instruktionen oder durch eine Therapie der Eltern korrigiert werden. Eine Panzerung im Kleinkind kann oft in ein oder zwei Sitzungen korrigiert werden. Die Panzerung ist noch nicht rigide und das Kleinkind hat gewöhnlich viel Energie, mit der gearbeitet werden kann. Die Maßnahmen sind einfacher (und werden mit weniger körperlicher Kraft ausgeführt), weil das Kleinkind noch keine Abwehr gegen die Abwehr aufgebaut hat, wie die Erwachsenen es tun. Die Panzerung ist gewöhnlich offensichtlich und kann leicht aufgelöst werden. Das Frustrierende an der Behandlung von Kindern ist das Wiederauftauchen der Panzerung aufgrund von Umweltbedingungen, die jenseits der Einflußmöglichkeiten des Kindes liegen. Deshalb ist oft die Behandlung und Anleitung der Eltern der entscheidende Faktor bei der Behandlung des Kindes. Die Behandlung von *Jugendlichen* steht im allgemeinen ernsthaften Problemen gegenüber. Die Pubertät ist eine solche Zeit von Veränderung und Aufruhr, daß man nur versuchen kann, den Patienten einigermaßen fließend zu halten. Wir gehen in einer solch rauhen See und ständig wechselnden Winden nicht auf lange therapeutische Reisen. Interveniert werden sollte nur, wenn wirklich nötig, die offensichtlichsten Panzerungen auflösend, um dann wieder die Hände davon zu lassen und dem Organismus eine Chance zu gewähren, seinen eigenen Weg zu finden. Die Behandlung *älterer Patienten* gilt hauptsächlich der symptomatischen Erleichterung. Im Alter ist die Panzerung im allgemeinen bereits "institutionalisiert", der Organismus hat sich an ein Gleichgewicht gewöhnt, bei dem die Panzerung ein sehr wichtiger Faktor ist. Wir greifen nur ein, wenn das Gleichgewicht zu wanken beginnt und Symptome auslöst.

Bei der Behandlung schreiten wir im allgemeinen vom Kopf zum Becken hin fort. Es gibt zwei generelle Gründe für dieses Vorgehen:

1. Die Panzerung in den höheren Segmenten bindet Energie, die für die Auflösung der Panzerung in den unteren Segmenten notwendig ist.
2. Die tiefsitzendste und beängstigendste Angst (Sexualangst) wohnt im Beckensegment und wir behandeln sie nicht, bis der Einzelne genug Energie und emotionale Kraft aus seiner Auseinandersetzung mit den Ängsten der oberen Segmente gewonnen hat.

Interessanterweise sind die **Gesetze des Heilens** in der Orgontherapie auch schon seit 200 Jahren in der Homöopathie **(Samuel Hahnemann)** bekannt. Die Heilung des kranken Organismus muß folgenden Regeln folgen:

1. **Von innen nach außen**, d.h. vitale Symptome, z.B. organische Mängel, werden zuerst behandelt. Die inneren Symptome müssen zuerst verschwinden und "weniger wichtige" Symptome in den äußeren Schichten können sich entwickeln und müssen im folgenden behandelt werden.
2. **Von oben nach unten**, d.h. das Verschwinden der Symptome des Kopfsegmentes und ihr Wiederauftauchen weiter unten. Symptome im Kopfbereich müssen zuerst behandelt werden, dann die nächsten unteren.
3. **Das Verschwinden der Symptome in der umgekehrten Ordnung ihrer historischen Entwicklung**, d.h. die jüngstens erschienenen Symptome verschwinden zuerst, die ältesten (oder frühesten) zuletzt.

Mit diesem Schema kann die Richtigkeit und Genauigkeit jeder Heilmethode geprüft werden, sei es nun Homöopathie, Orgontherapie, orthodoxe Medizin etc.

Die erste Aufgabe der Behandlung ist die Bestimmung des Ortes und der Intensität der Panzerung und dann ihre Einordnung in das individuelle Abwehrmuster. Mit anderen Worten, wir müssen eine energetische Diagnose aufstellen, was verschiedene wichtige Implikationen zur Folge hat. Zum ersten erzählt sie uns Wichtiges aus der Geschichte des Patienten, zweitens können wir eine bis zu einem gewissen Grad valide Prognose aufstellen, drittens lassen sich Aussagen über den Gang der Übertragung machen und letztens können wir aus ihr Techniken ableiten, mit denen der Therapeut an der Übertragung und der Panzerung des Patienten arbeiten muß. *Die Leitung der Therapie ist eine detektivische Operation.* Wir entdecken nicht einfach nur eine Panzerungsschicht, behandeln sie und gehen zum nächsten Ort über, lockern ihn usw. Wenn der Therapeut/die Therapeutin und der Patient/die Patientin nicht langsam und genau die Funktion eines Abwehrmechanismus auf einen anderen bezogen, d.h. die Architektur des Abwehrsystems (Abb.3) aufgedeckt haben, bleibt das Problem der Charakterstruktur ungelöst und die losen Enden werden wieder die eine oder andere Pathologie erzeugen.

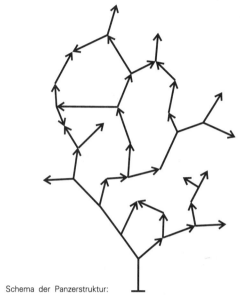

Schema der Panzerstruktur:

Resultat des dynamischen Kräftespiels

Abb.3

Es ist relativ einfach, dramatische Episoden in der Therapie auszulösen, aber außer ein wenig positiver Übertragung, wird dadurch wenig Bleibendes gewonnen. In manchen Fällen wurde das Drama selbst zu einem Mittel des Abwehrsystems. Es ist daher schon von Fällen berichtet worden wo Unerfahrene, zu forsch vorgehende Therapeuten in den ersten paar Therapiesitzungen Orgasmusreflexe herauskitzelten, die für den Patienten so beängstigend waren, daß der Reflex jahrelang nicht mehr erschien - oder niemals mehr.

Wir entdecken den Ort der Panzerung, wenn wir den Patienten bei seinen gewöhnlichen Aktivitäten beobachten und dann in der Ausübung spezieller emotionaler Aufgaben. Der Patient spricht mit Ihnen und Sie beobachten, daß er z.B. Ihren Blick vermeidet, oder seine Augen leer oder auch lebendig sind. Sie beobachten, wie er mit seinen Fingern spielt, seine Brust sich jedoch nicht bewegt und die Stimme zurückgehalten ist. Der Rumpf sitzt steif auf dem Stuhl oder hängt schlaff in ihm. Er lächelt, wann immer er über etwas spricht, was Angst auslösen könnte, oder seine Augen werden für einen Moment dumpf. Sein Handschlag ist reaktiv aggressiv oder schlaff. Diese und viele andere Eindrücke fügen sich zu einer ersten Einschätzung seines Zustandes zusammen. Zu diesen kommen jene der emotionalen Übungen hinzu. Emotionen, die leicht und mit Gefühl kommen, sind frei. Körperteile, die unfähig sind, verschiedene Emotionsaspekte auszudrücken, sind gepanzerte Bereiche. Der erfahrene Therapeut weiß, daß die Panzerung, die er bei diesen Übungen aufdeckt, nicht die ganze Panzerung definiert. Er ist sich bewußt, daß Bereiche, die bei dieser ersten oberflächlichen Inspektion frei erscheinen, sich später panzern können, wenn die Therapie fortschreitet und es für den Patienten notwendig wird, alle möglichen Kräfte im Kampf gegen den Orgonfluß in seinem Körper zu nutzen. Diese Bereiche und Verpanzerungen werden jedoch zu angemessener Zeit behandelt.

Im allgemeinen enthält jedes Panzerungssegment Spuren von oberflächlicher und sekundärer Panzerung und sobald die Panzerung aufgelöst ist, wird die Kernfunktion des Segmentes enthüllt (Abb. 4).

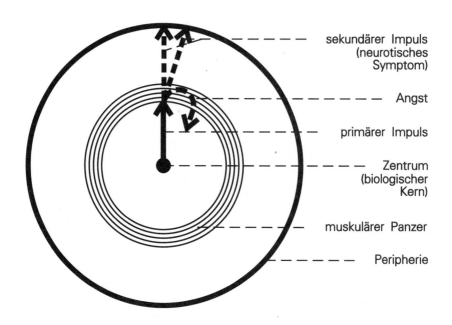

sekundärer Impuls
(neurotisches
Symptom)

Angst

primärer Impuls

Zentrum
(biologischer
Kern)

muskulärer Panzer

Peripherie

Abb.4

Z.B. arbeiten wir uns durch die Bedeutung von traurigen, bittenden Augen auf der Oberflächenschicht hindurch und kommen bei der Frustration und der Wut an, die die Trauer und das Bitten auslösten. Aber nur wenn die sekundäre Schicht der Wut voll ausgedrückt werden kann, können die Augen die Wärme und das Vertrauen, also ihre elementaren Fähigkeiten, wieder ausdrücken. Dieses Modell ist jedoch rein akademisch, eine grobe Simplifizierung des sich in der aktuellen therapeutischen Erfahrung aufwickelnden Prozesses. In einigen Segmenten ist die sekundäre Schicht bereits klar enthüllt, z.b. im Wut verkanteten Kiefer, in den zu Fäusten geballten Händen etc.

Bei der Arbeit mit gepanzerten Segmenten werden gewöhnlich die aggressiven Anteile ausgelöst, bevor die sanfteren Emotionen erscheinen können. Mit anderen Worten: die negative Übertragung muß zuerst durchgearbeitet werden (mit einer Ausnahme: nur beim sog. "okulären Charakter" mit seiner sehr frühen Entwicklungsstörung sollte die Arbeit mit der negativen Übertragung und dem Wutausdruck oder anderen "negativen Emotionen" aufgeschoben werden bis eine feste, unterstützende und warme Beziehung mit dem Patienten etabliert werden konnte. Das gilt für alle Patienten, die tief verletzt und in ihrem Leben mißbraucht worden sind und sich gegen alle Beziehungen verschlossen haben. Die einzige Hoffnung auf irgendeinen Fortschritt in der Therapie liegt hier bei der Herstellung einer genügend warmen und vertrauensvollen Beziehung zwischen Therapeut und Patient, damit dieser beginnen kann, sich für einen anderen Menschen zu öffnen). Dafür gibt es zwei Gründe:

1. Die Emotionen sind so gelagert.
2. Solange noch eine Spur von Emotionen der zweiten Schicht vorhanden ist, können die tiefsten Schichten nicht erreicht werden. Die verbleibenden Spuren der Wut lauern im Schatten und warnen davor, sich völlig zu offenbaren.

Die individuelle und bewußte Beurteilung eines jeden Patienten ist absolut notwendig für die erfolgreiche Ausführung einer Behandlung. Wir können uns allerdings nur an den allgemeinsten Leitlinien orientieren. Jeder Patient ist einzigartig und es kommt zu keinem bleibenden therapeutischen Erfolg, wenn wir auf mechanische Art und Weise behandeln. Oft müssen wir improvisieren und neue Techniken entwickeln usw. Kein Fall ist einfach, außer wo das Ziel rein symptomatische Erleichterung ist. ***Der Patient ist immer klüger bei der Herstellung seiner Abwehr als der Therapeut bei ihrer Entdeckung.*** Es kommt immer auf den einzelnen Fall und die Situation an, ob der Therapeut nun charakteranalytisch an der Panzerung arbeitet, z.B. indem er die von ihm beobachteten Charakterzüge diskutiert oder ob er an der physikalischen Panzerung direkt arbeitet. Wenn die Charakterzüge offensichtlich sind, arbeiten wir an ihnen; wenn es die physikalische Panzerung ist, dann damit. Das Herangehen von dieser oder jener Seite macht keinen Unterschied, in beiden Fällen arbeiten wir an der Charakterstruktur. Therapie ist keine Sache von ein bißchen Körperarbeit, dann ein bißchen reden, wie einige

Unwissende annehmen würden. Wir arbeiten immer an der Charakterstruktur, wo immer sie am leichtesten zu greifen ist. Von den psychoanalytischen Techniken wenden wir die Freie Assoziation und die Trauminterpretation an, jedoch auf intuitivere Art und Weise, um Wegweiser im Unbewußten zu erkennen, während die Therapie voranschreitet.

Ich möchte hier ein Abwehrmuster am Beispiel einer Patientin darstellen, die Trauer versteckt. Sie ist eine lebhafte Studentin Anfang Zwanzig. Sie sprüht vor Energie, ist attraktiv und ständig in Bewegung. In ihrer ersten Sitzung wird ihr verboten zu sprechen. Sie liegt auf der Matte. Ich bitte sie, leicht, aber frei zu atmen. Sie folgt den Instruktionen und hebt nach einigen Atemzügen ihren Finger, schaut den Therapeuten mit strahlenden Augen an und deutet an, daß sie etwas Wichtiges zu sagen habe. Er drückt ihren erhobenen Finger wieder an ihre Seite und erklärt, daß sie einfach nur weiter atmen soll. Nach einem Dutzend weiterer Atemzüge hebt sich der Finger wieder, und ihre Augen und ein brummender Ton deuten an, daß sie nun etwas wirklich Wichtiges zu sagen hat. Der Therapeut legt ihre Hand wieder an ihre Seite und wiederholt die Anweisungen. Ein weiterer Versuch von ihr wird abgewiesen und nun begreift sie langsam, daß diese Tour nicht läuft. Sie geht nun ernsthafter ins Atmen und nach einer kurzen Zeit wird sie von einem Schluchzen überwältigt. Ihre Lebhaftigkeit diente als Ablenkung von ihrer Trauer. Sie weinte nun in jeder Therapiestunde, wochenlang.

Rauh und zynisch, fordernd und kritisch, oder chronisch witzig zu sein, können ebenfalls Abwehrmechanismen gegen trauriges Weinen sein.

Gewöhnlich genügt es, die Abwehr der Oberflächenschicht abzustellen und das Energieniveau durch volle Atmung zu erhöhen, um unterdrückte und verdrängte Gefühle ans Tageslicht zu bringen. Ein frischgebackener, mit einer Tasche voll cleverer Tricks ausgerüsteter Therapeut, ist manchmal darauf aus, sein Können zu demonstrieren, indem er "Dinge macht". Aber damit verschmutzt er nur das Wasser. Ein Orgontherapeut sollte wie ein Geburtshelfer "fette Pobacken haben und wissen, wie man auf ihnen sitzt". Die Fähigkeit des Therapeuten zur Seite zu treten, nachdem er einen leichten Druck auf die unterdrückte Seite der Charakterstruktur des Patienten ausgeübt hat, erlaubt das Auftauchen von Emotionen in einer geordneten und umfassenden Art, wodurch die Architektur des Charakters deutlich wird. Letztlich stützen wir uns immer auf den Fortschritt des Patienten in dessen eigenem Tempo.

Sobald die Panzerung eines höheren Segmentes gelöst ist, taucht die Panzerung eines tieferen Segmentes akzentuierter auf. Dies ist ein regelmäßiges Merkmal der Therapie. Es ist, als ob der Feind vom Kopf zum Becken marschiert. Je weiter sich die versprengten Abwehrtruppen zurückziehen, neu gruppieren und umso mehr konzentrieren, je näher sind wir bei der letzten Abwehrbastion, dem Beckensegment. Manchmal werden Bereiche, die bei der ersten Einschätzung ungepanzert erscheinen zu Bereichen stärksten Widerstandes. Aus diesem Grunde können wir das Ausmaß der Panzerung nicht definitiv spezifizieren, bis das Bek-kensegment erreicht wurde. Es ist jedoch nicht nur so, daß die Panzerung der unteren Segmente stärker wird, wenn sich die höhere Panzerung auflöst, sondern daß auch, wenn wir an den unteren Segmenten arbeiten, die Panzerung in den höheren Segmenten oft wieder auftritt. Es ist wie das Wiederaufflackern eines Buschfeuers in einem bereits gelöschten Gebiet. Dieser Prozeß wiederholt sich oft viele Male.

Die Durcharbeitung der in einem gepanzerten Segment befindlichen Emotionen führt unvermeidlich zur Freisetzung von offenkundiger Angst und einer darauffol-genden Kontraktion des Organismus. *Kontraktion folgt der Expansion (Befreiung, Freiheit) so unvermeidlich wie die Nacht dem Tag folgt. Im Laufe der Therapie wird jeder Patient manchmal frei - und kann es nicht ertragen!* Dann kriecht er in seine Fluchtburg zurück und schaut von dort sehnsüchtig nach draußen. Wir wollen von unseren Leiden frei sein, aber wenn sie uns genommen werden, graben wir nach ihnen, weil sie zu einem Teil von uns geworden waren. Therapie ist ein beständiger Prozeß des Suchens nach unausgedrückten Emotionen, des Wanderns durch Angstperioden, die der Befreiung folgen, bis der Patient sich besser fühlt und den Prozeß auf einer tieferen Angstschicht wiederholt, bis die tiefste Angst erreicht wurde. Im Laufe der Behandlung fühlt sich der Patient besser und dann wieder schlechter. Im allgemeinen ist jede gute Phase ein wenig höher als die vorherige angesiedelt und die schlechteren Phasen können besser toleriert werden. Diese allgemeine Regel gilt jedoch nicht für die letzte Angst, die Beckenangst, die erschreckendste von allen. Der Patient steht seiner Sexualangst gegenüber und mag sich schlechter als jemals fühlen und Symptome entwickeln, die er noch nie entwickelt hatte.

Die Segmente

Während des therapeutischen Prozesses vom obersten bis zum untersten Seg-ment wird dem Augensegment immer besondere Aufmerksamkeit gewidmet. *Wenn die Panzerung des Augensegmentes nicht gut durchgearbeitet ist, wird der Effekt jeglicher Arbeit an anderen gepanzerten Segmenten abgeschwächt.* Wenn die Augen dumpf sind, besteht ein gemäß der Stärke des Dumpfseins entsprechen-des unvollständiges Einlassen. Die Augen sind für den Patienten der Hauptfluchtort. Jeder, der während des Liebesaktes phantasiert, flüchtet vor seiner Partnerin/seinem Partner mit den Augen. Voller, klarer Augenkontakt ist für ein völliges sich Einlassen notwendig. Dementsprechend kommen wir während der Therapie immer wieder zu den Augen zurück, um uns zu versichern, daß sie nicht als Fluchtort vor dem völligen sich Einlassen benutzt werden. Das Augen-(Gehirn-)Segment ist ebenso Sitz des Rationalisierungsprozesses, der seinen wichtigen Platz bei jeder guten neurotischen Abwehr hat. Die rationelle Anwendung unseres Gehirns ermög-lichte uns Enzyklopädien zu schreiben und auf dem Mond herumzuwandeln. Die defensive Anwendung von Gedanken trennt uns von unseren Gefühlen und ist der

Feind affektiven Flusses in der Therapie. Analyse stoppt Aktion. Analysierendes Stören der Aktion ist üblich für Patienten, die in Psychoanalyse oder anderen Psychotherapien waren. Es ist eine zusätzliche Last für die Therapie. Die Energie wird aus der Aktion in das Gehirn zurückgezogen und die Aktion verschwindet. Die Personalisations- und Dissoziationsprozesse haben ihren Ursprung im Rückzug der Energie in den Kopf. Von Panzerung befreite Augen sind leuchtend und lebendig. Sie lesen die Umgebung bewußt und beteiligen sich voll an allen emotionalen Reaktionen.

Die Arbeit an den *oralen und zervikalen Segmenten* braucht nicht die intensive Aufmerksamkeit wie die Arbeit an der Augenpanzerung. Dort geht es einfach nur um das Durcharbeiten jeglicher Panzerung, die entdeckt wird. Es gilt die allgemeine Regel, daß zuerst mit den negativen Emotionen gearbeitet wird, bevor der warme emotionale Ausdruck erscheinen kann. Ein milder Gesichtsausdruck kann nicht erreicht werden, bis daß der Patient die haßerfüllten Gesichtsausdrücke anerkannt, ausgedrückt und gefühlt hat und fähig wurde, sie angemessen in seinem täglichen Leben anzuwenden. Das Beißen, Knurren, Brummen, Schreien und Weinen muß da gewesen sein, bevor die Lippen mit Genuß saugen können, das Lächeln des Gesichtes offen und warm ist und die Kehle tiefe, modulierte Klänge machen kann.

Das *Brustsegment* ist von besonderer Wichtigkeit. Erste Aufgabe zu Beginn jeder Sitzung ist es, den Patienten zuerst frei in die Brust atmen lassen. Die verbesserte Einatmung und Verteilung der aus der Atmosphäre eingeatmeten Orgonenergie erhöht das Energieniveau des Körpers und übt Druck auf die Panzerung aus, wo immer sie existiert. Panzerung mag nicht zu erkennen sein, bis eine volle Atmung erreicht wurde. Deshalb entdecken wir vielleicht in den Augen nichts Ungewöhnliches, bis daß die Atmung voll geworden ist. Dann beobachten wir, daß die Augen zunehmend dumpfer werden, wenn der Patient die nichttolerierbaren Empfindungen der höheren Energieebene abstellt. Zu diesen Empfindungen gehört oft ein Kribbeln in verschiedenen Körperteilen, meistens in den Extremitäten. Medizinisch wird dies der "Hyperventilation" zugeschrieben. Dies ist jedoch nur eine physikalisch-chemische Beschreibung und keine Erklärung des Phänomens. Die in der Therapie beobachteten Fakten sind: Es gibt gewöhnlich eine Grenzlinie im Körper, wo das Kribbeln aufhört. Es dringt niemals in schwer gepanzerte Bereiche ein. Sobald die Panzerung eines Segments aufgelöst ist, entsteht auch hier das Kribbeln. Einige Patienten nehmen fünf tiefe Atemzüge und es kribbelt überall. Andere atmen eine ganze Stunde und fühlen überhaupt nichts davon. Andere Patienten erleben zu Beginn der Therapie nach relativ geringer Atmung intensive Empfindungen, die sich zu einem carpopedalen Spasmus ausweiten (einem klassischen Zeichen für "Hyperventilation"), können aber später in der Therapie, wenn ihre Organismen sich ausgedehnt haben, höhere Energieebenen tolerieren und wesentlich länger und tiefer atmen. Das Kribbeln ist unangenehm für Patienten in einem kontrahierten und niedrigen Energiezustand, aber stimulierend und lustvoll für lebendigere Körper. Die Empfindung beschränkt sich nicht auf den Behandlungsraum. Emotional lebendige Individuen erleben ihn während Zuständen hoher

Emotion oder wenn sie von einer Musik oder einem Sonnenuntergang fasziniert sind.

Die Behandlung des *Zwerchfellsegmentes* ist oft zeitraubend, weil es hier besonders um das Prinzip der Hingabe an den eigenen energetischen Fluß geht, was oft schwierig zu lernen ist. Das Durcharbeiten des Diaphragma-, des Abdominal- und des Beckensegmentes hat viel mit der Hingabe an sich selbst zu tun und weniger mit der Bewegung nach außen, die typisch für die oberen Segmente ist. Allerdings gilt das nicht immer. Wenn wir mit der sekundären Schicht dieser Segmente arbeiten, kann es auch zu einem wütenden Wegdrücken mit dem Bauch oder einem haßvollen Schlagen mit dem Becken kommen.

Wenn wir uns dem *Beckensegment* nähern, geht es oft um eine umfassende Besprechung der Sexualität des Patienten/der Patientin. Dazu gehören sexuelle Schuldgefühle, sexuelle Erfahrungen in Kindheit und sexuelle Phantasien. Manchmal wurde darüber schon vorher diskutiert, wenn es angemessen schien. Jedenfalls jedoch wird die pathologische Sexualität, sowohl die psychologische als auch die somatische, letztlich angegangen, wenn wir mit der Beckenpanzerung arbeiten. Nun erscheint auch die intensivste Lustangst. *Lustangst ist die Unfähigkeit, lustvolle Empfindungen im Körper zu tolerieren.* Dies kann man nicht völlig verstehen, wenn man es nicht selbst erlebt hat. Wir alle nehmen ja an, daß wir so viel Lust wünschen, wie wir erreichen können. Warum sind wir dann aber unfähig, sie zu tolerieren?

Die tiefste und vollste animalische Lust ist der ungehemmte Energiefluß in und durch die Genitalien. In einer Gesellschaft, in der die volle und tiefe Erfahrung der genitalen Lust in der Kindheit mit Sünde gleichgesetzt wird, liegt ein ungeheures Hinderniss zwischen Genitalapparat und dem völligen Überfluten mit Energie. Ein bestimmtes Energieniveau wird toleriert und dies als sexuelle Befriedigung erlebt. Wenn der energetische Fluß über das tolerierte Niveau hinaus schwappt, wird Angst ausgelöst und der ganze Körper sagt: "Nein". Dieses "Nein" ist wiederum angstauslösend.

Wenn wir uns mit der Beckenpanzerung beschäftigen, treten wir in die Endphase der Therapie ein. Sie ist besonders gefährlich. Gar nicht so untypisch erleben Patienten hier akute Angstanfälle, Fallangst und Todesfurcht, sexuelle Impotenz oder Ohnmachten (manchmal zum ersten Mal im Leben). Während dieser Endphase versucht die alte Panzerung, die bereits aufgelöst wurde, in einem letzten verzweifelten Versuch, sich letztlich doch nicht zu unterwerfen, zurückzukehren, und das mit Gewalt. Manchmal entwickeln sich in den gepanzerten Segmenten während dieser Periode somatische Störungen. Die Aufmerksamkeit des Therapeuten wird beständig von seiner Arbeit am Beckensegment abgelenkt, damit er an bereits durchgearbeiteter Panzerung erneut arbeitet. Der Körper kämpft verzweifelt gegen die Freiheit, während sich die Energie des Patienten langsam auf sie ausrichtet. Den meisten Patienten gelingt nicht der regelmäßige Orgasmusreflex in der Therapie. Jene, die diese Ebene dennoch erreichen, müssen meistens ein oder zwei Jahre nach Beendigung der Therapie darauf warten, bevor der Reflex zu einem regelmäßigen Merkmal der genitalen Umarmung geworden ist. In dieser Zeit haben sie die restlichen Spuren von Angst in ihrem alltäglichen Leben durchgearbeitet und den Mut gewonnen, wirklich tief zu leben. Die Mehrheit der Patienten verläßt die Therapie oder wird entlassen, bevor die Ebene voller Genitalität erreicht wurde. Die meisten waren ja in die Therapie gekommen, weil ihr Leben verworren war oder sie nicht effizient arbeiten konnten oder sie quälende Symptome hatten. Sobald sie genug von ihrer Panzerung aufgebrochen hatten, so daß sie diese Bedingungen verändern konnten, waren sie nicht mehr an Therapie interessiert und für sie war dies auch in Ordnung. Einige Patienten möchten weitermachen, geben dies jedoch auf, wenn der Therapeut den gegenwärtigen Stand ihres Wohlbefindens der Stärke der verbleibenden Panzerung und der möglichen, sich daraus freisetzenden Angst bei weiterer Therapie gegenüberstellt. Es gibt auch Patienten, deren Panzerung so zerbrechlich ist, daß sie überhaupt nicht orgon-therapeutische Hilfsmitteln behandelt werden sollten. Aber auch bei den übrigen Patienten gilt: Vorsicht, vor dem Mut weiterzumachen.

Die Behandlung eines jeden Patienten, ist, wie das Leben selbst, eine völlig individuelle Angelegenheit. Wir versuchen mit dem einen etwas, was bei dem anderen undenkbar wäre. Die meisten Patienten liegen mit ausgestreckten Beinen auf dem Rücken und werden korrigiert, wenn sie sie kreuzen, weil dies den energetischen Fluß stört. Aber einem schizophrenen Patienten gegenüber, dessen Beine sozusagen fest verknotet sind, und der sich mit aller Macht an seiner gesunden Seite festhält, erwähne ich dies noch nicht einmal. Die Auflösung der Beckenabwehr würde ihn wahrscheinlich in die Psychose werfen. Ich diskutiere auch nicht die Abwehrfunktion des Fettes mit einem dickleibigen Mädchen, das kaum mit der Schule, ihrer Familie und dem sozialen Druck zurechtkommt. Darüber kann man später immer noch reden, wenn sie in sich stärker geworden ist. Wir arbeiten mit jeder Panzerung, ob sie nun hypertonisch (angespannt), hypotonisch (schlaff) oder ob es Fett sei nur, wenn genügend freie Energie vorhanden ist, um damit umzugehen.

Der energetische Fluß ist etwas, was der Patient im Laufe der Zeit erfährt. *Reich* verglich die Behandlung eines Patienten einmal mit der Fahrt einer Lokomotive durch eine bergige Gegend, in der Felsen auf die Gleise gefallen waren. Der Therapeut muß die Felsen wegräumen und nicht die Lokomotive drücken. Wenn die Behinderungen verschwunden sind, wird die Geschwindigkeit der Lokomotive größer werden. Dies gilt besonders für den letzten Block, den Beckenblock. Reich warnte: "Du gehst nicht zu ihm hinunter" (zum Becken), "das untere kommt hoch zu dir".

Eine gute Therapie muß essentiell logisch sein. Es geht um ein beständiges Aufdecken der neurotischen Charaktermuster mit einer daraus entstehenden Verbesserung und Vergrößerung des Potentials des Patienten. In einer mißgeleiteten Therapie taucht der Patient in eine tiefe Schicht ein, bevor die Oberflächentrümmer weggeräumt wurden, und nun sitzt er in der Falle. Chaos folgt. Es gibt einige

Therapien, die sich sehr verschwommen auf ein Reichianisches Modell berufen, wo so etwas passiert.

Ab und an werden auch neben der psychologischen oder körperlichen Arbeit andere Hilfsmittel in der Therapie angewandt, wie z.b. der Akkumulator oder der medizinische DOR-Buster, oder auch eine zusätzliche klassische homöopathische Behandlung. Manchmal werden auch Tabletten notwendig.

Gearbeitet wird in der Regel einmal die Woche, die Gesamtdauer ist sehr unterschiedlich. Symptomatische Heilungen, die oftmals sehr dramatisch aussehen, können in ein oder zwei Sitzungen erreicht werden. Andererseits gibt es Patienten, die seit fünf oder sieben Jahren kommen und weitermachen, weil es immer noch vorangeht. Im Laufe der Therapie werden oft Pausen eingelegt, damit die Patienten Gelegenheit haben, ihr Leben an die neuen Möglichkeiten ihres Charakters anzupassen.

Die *Integration von therapeutischer Erfahrung und Alltagsleben* erzeugt gelegentlich Probleme, denn die therapeutische Arbeit hat auch Elfenbeinturmqualität. In der Welt draußen sind Ersatz und Oberflächlichkeit üblich, aus dem Therapieraum sind diese jedoch verbannt. Die Patienten sagen manchmal: "Aber es ist ja überhaupt nicht wie draußen!" Das ist wahr, aber unwichtig. Die therapeutische Beziehung versucht nicht, das soziale Milieu zu kopieren, sondern die schädigenden Auswirkungen aufzulösen. Der Therapeut/die Therapeutin erkennt, daß der Patient lernen muß, in dieser Welt zu bestehen, aber nicht auf Kosten seiner Seele.

Manchmal ist der Druck des Alltags so akut, daß die Suche nach sich selbst zeitweise aufgegeben werden muß, bis dieses Problem gelöst ist. Meistens gibt es aber ein Zusammenfließen von Therapie und Leben. Charakter ist Schicksal. Jede Verbesserung der Fähigkeiten des Patienten vergrößert seine Wahlmöglichkeiten. Wird seine persönliche Stärke vergrößert, vergrößert sich auch seine Fähigkeit, Hindernisse zu überwinden. Wenn die Therapie uns intoleranter für Falschheit und Trivialität macht und uns mehr die Spielereien von Schmeichlern entdecken läßt und dadurch die Zahl möglicher Freunde herabsetzt, versichert dies umso mehr, daß wir nicht in einer fadenscheinigen Beziehung steckenbleiben.

Emotionale Gesundheit kann nicht als Zustand des Organismus definiert werden, bei dem keine Panzerung vorhanden ist. Ein völlig ungepanzerter Mensch in einer schwer gepanzerten Gesellschaft wird zur Zielscheibe von Verachtung, Mißtrauen und Mißverständnis. Um diesem Schicksal zu entgehen, muß die Panzerung zu bestimmten Gelegenheiten getragen werden. Sie ist jedoch flexibel und wie ein Mantel, der abgelegt werden kann. Sie ist kein festsitzendes Korsett mehr.

Die medizinische Orgonomie erkennt, daß die *Störung der Pulsation* der Boden ist, in dem die Pathologie sprießt. Die medizinische Orgonomie wird deshalb bei allen möglichen Störungen angewandt, inklusive aller funktional-emotionalen (mit der Einschränkung, daß sie bisher ambulant sein muß) und aller Biopathien, die noch nicht irreversibel sind.

Orgontherapie, die direkt mit den energetischen Kräften umgeht, ist eine intensive Medizin. Nach Therapiesitzungen fühlt man sich oft wie in andere Dimensionen hineingeworfen.

Der Therapeut

Es gibt ein taoistisches Sprichwort: "Wenn der falsche Mann das richtige Mittel benutzt, arbeitet das richtige Mittel auf falsche Weise." Gemäß diesem Prinzip, gibt es in der Orgonomie verstärkte Anstrengungen, daß der "richtige" Mann/die "richtige" Frau mit den richtigen Mitteln umgeht. In den Vereinigten Staaten muß jeder Orgonom Arzt sein. Obwohl einige Psychologen kompetent genug sind, mit den psychologischen Aspekten der Therapie umzugehen, wird doch eine medizinische Ausbildung als wichtig erachtet, um den Körper, so wie die medizinische Orgonomie ihn versteht, zu begreifen und zu behandeln. Noch darüber hinausgehend wird sogar ein Zertifikat in einer Spezialdisziplin, gewöhnlich Psychiatrie oder innere Medizin verlangt, um die klassische Kompetenz auf diesem Gebiet sicherzustellen. Zusätzlich wird der Aspirant mehrere Jahre in didaktischer Arbeit, Laborkursen, Seminaren und supervidierter Therapie unterrichtet, bevor er Patienten behandeln darf. Die medizinische Ausbildung und das Zertifikat sind die notwendigen, aber weniger bedeutsamen "Voraussetzungen" für einen Orgon-Therapeuten.

Die wichtigste Voraussetzung ist die Stabilität der Charakterstruktur und seine Fähigkeit, frei zu pulsieren, zu fühlen, und das ganze Spektrum seiner Emotionen ohne Angst auszudrücken. Er ist in seiner Kindheit relativ emotional lebendig geblieben und konnte in seiner eigenen Therapie seine Knoten lösen. Der Therapeut muß auf einem gefestigten Level biophysikalischer Freiheit in seiner eigenen Struktur leben, bevor ihm erlaubt wird, Patienten orgonomisch zu behandeln.

In der orgonomischen Arbeit wird angenommen, daß Kompetenz und Gesundheit von Zeit zu Zeit variieren. Jeder von uns trägt versteckte Spuren seiner Krankheit in sich. Es wird angenommen, daß der Therapeut/die Therapeutin einen Wahrnehmungsstand erreicht hat, durch den er seine Krankheit erkennt, wenn sie wieder erscheint. Ist sie nur leicht entwickelt, muß er bei der Behandlung seiner Patienten darauf achten. Ist sie schwerer, sollte er den professionellen Kontakt mit seinen Patienten unterbrechen, bis er sich erholt hat. Ich spreche hier nicht von psychotischen Zusammenbrüchen, sondern von Charakterzügen, die schädlich für Patienten sein könnten. Wenn z.B. der Therapeut wegen zeitweiliger persönlicher Ängste nicht fähig sein sollte, in einer gegebenen Situation zuzugeben, daß er Unrecht hat, oder nicht versteht, was vor sich geht, stellt er sich in den Weg der Entwicklung und des Wachstums seines Patienten. Wenn er andererseits, wieder aus Gründen persönlicher Angst, nicht fähig ist, mit einem Patienten, der die therapeutische Situation mißbraucht, angemessen umzugehen, geschieht dies erneut.

Patienten schreiben Therapeuten oft magische Fähigkeiten zu und sind enttäuscht und manchmal voller Rachegefühle, wenn sie entdecken, daß der Therapeut auch nur ein Mensch ist. Therapeuten werden niemals krank, sind immer glücklich, haben eine perfekte Familie etc. Das sollte teilweise auch so sein und ist es auch, aber wie hier dargestellt, völlig übertrieben. Ein ständig kranker Therapeut, der in einer langweiligen und unbefriedigenden Ehe lebt, ist sicherlich verdächtig, aber die Perfektion, die der Patient sucht, ist ebenso weit von der Wahrheit entfernt. Obwohl der Therapeut energetisch genug sein sollte, um die Behandlung lebendig und beweglich zu halten, gibt es Tage, wo sich sein Kopf wie eine gekochte Zwiebel anfühlt. An anderen Tagen sprüht seine Wahrnehmung und bei jedem Patienten werden die kleinen, feinen Aspekte der Körperpanzerung oder des Verhaltens klar, wie seit Monaten nicht mehr. An diesen ungewöhnlichen Tagen ist der Kontakt mit den Patienten gegenseitig sehr belebend.

Trotz der Höhen und Tiefen im Energiesystem des Therapeuten, muß er während langer Zeit über genügend Energie verfügen, um eine Therapie erfolgreich durchführen zu können. Diese Energie und Stabilität trägt ihn über Zeiten hinweg, wo er zwei und zwei zu fünf zusammenzählt, wenn er quängelig und unvernünftig ist und vergißt, was sein Patient ihm bereits gesagt hat und er seinen Enthusiasmus und seine Vorurteile auf den Patienten packt.

Weil diese therapeutische Technik derart potent ist, birgt sie sowohl die Möglichkeit zu Gutem als auch zu Schädlichem in sich. Es gibt diese Abenteurer im psychotherapeutischen Beruf, die - unausgebildet - irgendwelche "Anleihen" bei Reich gemacht und ihre Patienten körperlich wie emotional verletzt haben. Es muß daher sichergestellt werden, daß der Therapeut keinen versteckten charakterologischen Grund hat, seine Patienten zu verletzen. Der Patient muß vor dem Mißbrauch der professionellen Beziehung und der Befriedigung der ungelösten (sexuellen) Probleme des Therapeuten sicher sein. Reich war in dieser Hinsicht sehr streng. Er empfahl, daß jeder Therapeut, der wegen seiner Lebensumstände zeitweilig sexuell unerfüllt war, sich aus der Therapie mit Angehörigen des anderen Geschlechts zurückziehen sollte, bis das Problem gelöst war.

Die Grundcharakterstruktur des Therapeuten spiegelt sich in der Arbeit mit seinen Patienten. Es gibt "strenge" Therapeuten, die besonders für Patienten geeignet sind, die mit einem ganzen Rucksack voller Tricks ankommen. Und es gibt die eher "väterlichen" oder "mütterlichen" Therapeuten/Therapeutinnen, die etwas leichter den Kontakt mit jenen Patienten, die eine lange Mißbrauchsgeschichte hinter sich haben, herstellen können. Jeder Therapeut sollte, welch grundlegenden Charakter er im Laufe seiner eigenen Therapie bei sich auch entdeckt haben mag, von seinen weichen Teilen genug freigesetzt haben, damit er die feinen Qualitäten seines Patienten empfinden kann und er sollte genug Aggression besitzen, um die Abwehrmechanismen rigoros verfolgen zu können. Der Therapeut ist, im Gegensatz zu den Erwartungen vieler Patienten, kein perfektes Ausbund an Gesundheit. Irgendwo gibt es sicherlich Leute, die ein höheres Level an Gesundheit erreicht haben als er. Aber nichtsdestotrotz, Perfektion ist keine notwendige Qualifikation, um eine Therapie gut auszuführen. Eine ausreichende charakterologische Restrukturierung und eine umfassende Ausbildung im Verstehen des Krankheitsprozesses garantieren, daß der Orgonom ein ordentlicher und bedächtiger Führer der Mißgeleiteten ist. Der Therapeut/die Therapeutin muß sein/ihr eigenes Haus in Ordnung halten. Er sollte, genauso wie seine Patienten, regelmäßig üben, sich angemessen um Spiel, Urlaub und andere Interessen kümmern, so daß er sich ständig erneuern kann. Er muß ständig auf der Hut vor dem Wiedererscheinen seiner eigenen Panzerung sein und angemessene Maßnahmen ergreifen, wenn dies geschieht. Er muß den Kontakt mit der Natur aufrechterhalten, damit er immer zwischen dem Realen und dem Scheinbaren unterscheiden kann.

* * * * *

Dr.med **Dorothea Fuckert** ist Ärztin für Allgemeinmedizin und Homöopathie. Sie arbeitet als Orgontherapeutin am Zentrum für Orgonomie in 6930 Eberbach, Memelstr.3, Tel.Deutschland/06271-6131.

EIN FALL VON HYSTERIE
Eine psycho-soziale Erscheinung Griechenlands

von *Theresa-Panagiota Ginis*, Athen (Griechenland)

Einführung

Während das Konzept der hysterischen Persönlichkeit eine spätere Entwicklung darstellt, waren Hysterie und hysterische Symptome jene Forschungsobjekte, auf denen *Freud* die Grundlagen der Psychoanalyse aufbaute. *Fenichel* beschreibt das Problem, indem er feststellt, daß einige der Symptome mit einem Konflikt zwischen intensiver Sexualangst und intensiven unterdrückten sexuellen Bedürfnissen korrespondieren, während *Reich* betont, daß diese Bedürfnisse unerfüllte genitale Bedürfnisse sind, die durch die Genitalangst gehemmt werden und die hysterische Charakterstruktur erzeugen. Die hysterische Persönlichkeit hat deshalb Angst vor Gefahren, die in Kinderphantasien auftauchen.

Wie entwickelt sich die hysterische Persönlichkeit? Wo befindet sich die "Panzerung" des Hysterikers?

Sie besteht in der völligen Rigidität (acampsia) des Körpers. Der untere Rücken ist rigide und unbeweglich, der Nacken verengt, der Kopf in einer aufrechten Position verankert, das Becken angespannt.

Die Rigidität entwickelt sich zuerst im Rücken (posterior). Bei dieser Rigidität wird die Aggression als Abwehr benutzt und nicht als Angriff. Danach baut sich die Rigidität von Brust und Bauch auf. Dies, weil wir in der Vorderseite des Körpers unsere zärtlichen Emotionen fühlen. Die "Panzerung" manifestiert also ein Verhalten, das die Anspannung der Muskeln angesichts eines Angriffs repräsentiert, sie stellt deshalb kaum einen Gegenangriff dar.

Die Anspannung in der Vorderseite des Körpers ist die Antwort auf Gefahr oder Ablehnung: Die Schultern und das Becken werden zurückgezogen und deshalb alle vorderen Muskeln des Körpers automatisch angespannt.

Warum sind viele griechische Frauen hysterisch? Gemäß *Lowen* fördern in bestimmten Lebensabschnitten soziale Faktoren die Bildung innerer Kräfte, die sich zu einem geschlossenen und rigiden Container (Behälter) vereinen. Berichtet wird, daß typischerweise diese Enge kurz vor dem Orgasmus die Möglichkeit sexueller Erfüllung blockiert.

Traditionelle Lebensweisen, Religiösität und die rapiden Veränderungen der griechischen Gesellschaft deuten immer mehr auf die Probleme der griechischen Familie hin, einer Institution, die auf die eine oder andere Art unangreifbar zu sein scheint. Aus meiner persönlichen Erfahrung in Beratungszentren für Eltern in und um Athen herum weiß ich, daß sich Frauen immer wieder über die geringe Zeit beklagen, die sie für sich selbst haben, weil sie Familienverpflichtungen erfüllen müssen. Ungeschriebene Gesellschaftsnormen zwingen sie, sich um Ehemann und Eltern, Großeltern, Schwestern, Brüder, Tanten und Onkel zu kümmern.

Bis in die 60er Jahre hinein war die Geburt eines Mädchens eine Enttäuschung für die Eltern. Forschungen in den 70er Jahren ergaben, daß Mütter ihren Söhnen immer noch länger die Brust gaben als ihren Töchtern. Die Mädchen wurden wesentlich kürzer und unsanfter entwöhnt und strenger erzogen. Die Haltung von Familie und Gesellschaft gegenüber einer Frau wird wesentlich vorteilhafter, sobald sie ein Kind zur Welt bringt, also eine Mutter geworden ist.

Auch wenn die Rolle der Frau von der Gesellschaft mit negativen Konnotationen versehen wird, wird die Mutterschaft besonders idealisiert. Diese Rolle der traditionellen Frau wird immer noch mit Respekt und Wertschätzung behandelt. Je mehr sie ihren Kindern, Eltern, Schwiegereltern, Onkeln, Tanten gibt (auch wenn sie einen Job oder einen Beruf hat), je mehr sie sich selbst der Freude und des Vergnügens beraubt und ihre soziale Kompensation erhöht, desto mehr wird sie respektiert.

Aber auch wenn die griechische Frau im Beruf steht, selbständig ist oder sogar politisch revolutionär, bleibt sie doch mit ihren Hemmungen und Wünschen in sich selbst konfrontiert, denn wie *Maurice Merleau-Ponty* sagt, "ist die Sexualität ständig präsent wie eine Atmosphäre" und gibt den grundlegenden Dimensionen der Existenz Bedeutung.

Die Identitätskrise der griechischen Frau ist also offensichtlich, besonders die der Frau auf dem Lande, mit all den negativen Erfahrungen der Großfamilie, in der sie mit allen negativen Attributen und Verantwortlichkeiten belastet wird.

Sexualität existierte nicht und wurde auch nicht diskutiert, wie die Patientin, deren Fallgeschichte ich heute präsentieren will, charakteristischerweise sagte. Man kann eben nichts diskutieren, was nicht existiert. Die Frau ist etwas, was von der Hüfte an abwärts keinen Körper hat, aber plötzlich hört: "Nun darfst du, nun bist du frei, jetzt, wo du geheiratet hast". Die sich von den Sichtweisen des ländlichen Bereiches abwendende städtische Frau hat voreheliche sexuelle Beziehungen, jedoch mit intensiven Konflikten und Ängsten. Die Abtreibungsrate in Griechenland ist sehr hoch.

Fallgeschichte

E. wuchs in einer ländlichen Stadt auf. Sie ist 32 Jahre alt und hat einen sechs Jahre älteren Bruder. Ihr Vater starb 1985. Der Kontakt zwischen den Eltern war nicht gut, und sie erinnert sich an keine zärtlichen Gefühle zwischen ihnen. Der Vater kümmerte sich um das Wohlbefinden der Tochter, ob sie etwas aß, ihre Hausaufgaben oder andere alltägliche Dinge erledigte. Ihre Mutter, die noch lebt, hatte ständig mit verschiedenen psychosomatischen Problemen zu tun. Dies führte zu ständigen Schwierigkeiten innerhalb der Familie. E. hat keine Informationen über ihre Geburt, aber ein Gefühl, daß ihre Mutter sie nicht wollte. Diese befand sich damals in einer schwierigen Situation, sie lebte mit ihrem Ehemann und ihrer Schwiegermutter im gleichen Haus. Als E. 14 Jahre alt war, lief sie von zuhause weg. Ihre Mutter hatte sie wieder einmal wegen angeblichen Zuspätkommens vor ihren Freundinnen gescholten. Man suchte und fand sie und verhielt sich eine Zeit lang besser. Bald darauf glaubte die Mutter jedoch, E. habe eine sexuelle Beziehung mit einem Jungen und zwang sie zu einer gynäkologischen Untersuchung. E. vergaß das ganze schnell, unterdrückte es, aber von jetzt an war ihr Leben verändert. An einem Feiertag des Dorfes wurde sie in einem Raum eingeschlossen. Sie durfte nicht mitfeiern. Sie schnitt sich eine Pulsader auf. Sie hatte eigentlich nicht die Absicht, Selbstmord zu begehen, fühlte aber, daß ihr Leben nirgendwohin führte. Sie hatte nur eine Freundin, und ihr Kontakt mit Jungen war sehr eingeschränkt. Die Aufnahmeprüfungen zur Universität hatte sie verpatzt. Sie überlebte, ließ sich zur Funkerin ausbilden und fuhr auf einem Handelsschiff. Dann heiratete sie einen Seemann und lebte im gleichen Haus mit ihrer Schwiegermutter, die sehr autoritär war. Kurz danach wurde sie geschieden. Nach drei Monaten empfand sie überhaupt nichts mehr. Derzeit lebt sie in einer Beziehung mit einem anderen Seemann, der häufig von zuhause weg ist. Ein Zustand, der ihrem Wunsch nach Partnerschaft völlig widerspricht.

Sie betrachtet die Rolle ihrer Mutter und nicht die des Dorfes als signifikant für ihr Leben. Sie empfindet die Mutter als kalt und erinnert sich an keine positiven Emotionen von ihr. Die Mutter hatte ihre Emotionen völlig unter Kontrolle, sowohl die positiven wie auch die negativen.

Körperbeschreibung

Sie geht sehr schnell, als ob sie verfolgt würde, sie geht auf ihren Fersen. Ihre Brust steht vor und die Brüste sind zu groß für ihren Körper. Sie hat eine leichte Verbiegung der Wirbelsäule. Sie ist sehr schlank, ihre Augen sitzen tief, ihr Blick ist durchdringend, myopisch (sie trägt eine Brille), ihre Lippen sind dünn und angespannt, ihr Kiefer zusammengebissen. Die Kehle ist geschlossen, und ihre Stimme hat manchmal etwas durchdringendes. Der Hals ist eng und zusammengezogen (sie schluckt und hustet viel). Die Schultern sind hochgezogen und im oberen Teil des Rückens stark blockiert. Ihre Hände sind weiß, lang und dünn, immer kalt und ungewöhnlich zusammengeballt. Der Bauch ist flach, die Beine sind lang, dünn und steif. Ihre Atmung kommt aus der Brust, ist unregelmäßig, mit Unterbrechungen, sie verbraucht zweimal so viel Energie wie notwendig und atmet ohne Pause aus. Die Charakterdiagnose (gemäß den Merkmalen ihres Körpers), ist hysterisch mit masochistischen Elementen. Die damit verbundenen Emotionen sind indirekt und unbewußt. Als Kind weinte sie häufig, aber als Erwachsene überhaupt nicht mehr. Wutausbrüche sind sehr selten, die Erinnerungen aus ihrer Kindheit alle unangenehm. Schlüsselelemente sind Ablehnung, Unsicherheit, kein Selbstvertrauen, Abhängigkeit. Sie hält ihren Atem an, damit sie keine Emotionen fühlt. Sie ist geschieden, Grundschullehrerin, arbeitet aber nicht. Ihre ökonomische Situation ist durchschnittlich, sie besitzt mit einem Freund einen kleinen Buchladen. Ihre intellektuellen Fähigkeiten sind ziemlich entwickelt. Sie wurde in Ipiros, der Nordwestprovinz, geboren. Die intellektuellen Fähigkeiten ihrer Eltern waren durchschnittlich, ihr Vater war Bauer, ihre Mutter Hausfrau, half jedoch auf dem Hof. Die Mutter hatte viele psychosomatische Probleme, ihre Erinnerungen waren voller Wut. Der Vater starb an Magenkrebs. Als sie geboren wurde, war ihr Vater 40 Jahre alt und ihre Mutter 30.

Diagnose

Wir arbeiteten drei Jahre zusammen. Im ersten Jahr nur in der Gruppe, im zweiten begann sie ihre Einzeltherapie, blieb jedoch in der Gruppe, im dritten Jahr nur Einzeltherapie.

Starke Blockade der Kehle, sie schluckt häufig und hustet. In den Augen eine starke Neigung zur Kritik. Zwangsverhalten in Verbindung mit Abhängigkeit. Kaum persönliche Beziehungen, kaum ausgedrückte Gefühle in der Gruppe. Handlungsgehemmt, unmotiviert im Beruf. Wiederholt ständig die Worte: "Ich weiß nicht", was bedeutet: "Ich will nicht wissen". Dies ist ihr ein wenig oder vielleicht sogar völlig bewußt.

Allgemeine Interventionen

Da die hysterische Persönlichkeit zur rigiden Charakterstruktur gehört, entstehen Veränderungen nur, wenn die Aggression aus dem defensiven Verhaltensmodus befreit werden kann.

Dies geschah zuerst in der Gruppe. Es gab Probleme in der Beziehung mit anderen Gruppenmitgliedern, an denen wir arbeiten, die jedoch nicht gelöst werden konnten, weil keine Einzeltherapie simultan stattfand. Ihre Aktionshemmung war eine Angelegenheit der Energie, deswegen intervenierte ich nicht direkt, sondern indirekt mit Hilfe von Übungen. Die Blockade in der Kehle bedeutete Mißtrauen, Kontrolle und Selbstkontrolle. Ihre Mutter hatte häufig gesagt: "Verliere bloß nicht den Kopf! Hier lauern überall Gefahren für ein Mädchen. Sei vor allem gut in der Schule. Verliere also nicht deinen Kopf!" E. war sehr gut in der Schule, was für sie bedeutete, sich selbst (ihr Ego) nicht zu verlieren.

Es mußte auf allen Ebenen gearbeitet werden, damit ihre Gefühle und Emotionen aufblühen konnten. Die Blockaden im oberen Teil des Körpers waren sehr stark, die Muskeln am Ansatz des Halses, aber auch in der Tiefe sehr angespannt. Die Brust befand sich häufig in Folge einer Blockade zwischen Kehle und Zwerchfell unter Druck, das führte zu einer Unfähigkeit zu schreien und zu weinen.

Nach einem Jahr in der Gruppe und sechs Einzelsitzungen erlaubte sie zum erstenmal Körperarbeit. Zum erstenmal berichtete sie darüber, daß ihre Kehle beständig eng war und sie oft glaubte, sie werde ersticken. Sie hatte auch ständige Probleme mit ihren Eingeweiden. In der Gruppe hatte sie die Übungen intensiv, vielleicht sogar theatralisch, mitgemacht. Sie zeigte dabei kaum Gefühle, sprach im allgemeinen jedoch viel länger als die anderen. Nachdem ich mit ihren Augen mit Hilfe eines Lichtes gearbeitet hatte und sie sehr langsam atmete, bekam sie Magenkrämpfe, die sich in ihrem ganzen Körper auswirkten. Sie sagte: "Ich kann meinen Körper nicht tolerieren. Es ist, als ob ich 80 Jahre alt bin. Vielleicht kann ich deshalb nichts fühlen".

In der 12. Sitzung beschrieb sie einen Traum mit sexuellem Inhalt. Wir arbeiteten nun mit den Augen, der Atmung, Drücken auf die Brust und, für den Nacken, Bewegen des Kopfes von links nach rechts und umgekehrt. Der Kopf hing von der Matte herunter, so daß sie ihren Körper nicht sehen konnte, während sie ein- und ausatmete. Sie sagte: "Ich fühle mich nun entspannt, die Enge in meiner Kehle ist nicht mehr so stark, aber da gibt es diese Anspannung auf der linken Seite meines Bauches. Ein Gefühl von Chaos in mir, das ich nicht kontrollieren kann. Ich fühle mich seltsam, habe ein bißchen Angst".

In der 18. Sitzung erschienen erste Elemente negativer Übertragung:

Klientin: "Ich weiß nicht, ob ich dir das sagen soll, aber ich fühle mich nicht gut, ich bin sehr enttäuscht. Ich verstehe nicht, warum ich mich so isoliert fühle, es ist dieser Schmerz, ich möchte alleine sein, ich möchte nichts fühlen. Warum erzähle ich dir das alles, ich möchte dir das nicht erzählen, und ich frage mich warum, ich schäme mich."

Therapeutin: "Ich fühle, du willst mir sagen, daß du nicht glaubst, daß sich durch die Therapie irgendetwas verändern wird".

Klientin: "Ich weiß nicht (ihr Körper beginnt zu zittern), ich habe noch nie in meinem Leben etwas getan, das gut endete. Ich habe Angst, daß es hier genauso sein wird. Vielleicht sollte ich dir jetzt sagen, daß ich die Therapie nicht fortsetzen kann, weil ich finanzielle Schwierigkeiten habe".

T.: "Die Leute verlassen manchmal die Therapie, wenn sie positive oder negative Emotionen fühlen".

K.: "Ich schäme mich, daß ich so bin und daß du mich anschaust, wenn ich Übungen mache".

T.: "Warum schaust du mich mit soviel Ablehnung an? Es war doch vom ersten Moment an klar, daß die Körperarbeit ein Teil deines Therapieprozesses sein wird".

K.: "Das passiert mir immer. Ich kann nicht glauben, daß mich jemand anschaut, weil ich etwas Positives an mir habe. Ich fühle immer, daß jeder nach etwas Negativem in mir sucht, in meinen Augen, in meiner Seele, irgendetwas anderes als das, was ich zeige. Mit meiner Mutter gab es immer nur Kämpfe".

Als sie ihre Spannungen lokalisieren sollte, zeigte sie auf ihren Hals und die Eingeweide. Sie fühlte sich von vorne von einem Messer durchbohrt. Ein wenig später spürte sie ein Gefühl der Wärme im Bauch, während irgendetwas anderes sich in ihr zurückzog. In jeder Sitzung arbeiteten wir an der Atmung. Später dann verstärkt an Nacken und Becken.

In der 22. Sitzung sprach sie über ihre erste Masturbation im Alter von 23 Jahren.

K.: "Ich kann nichts tun, ich wandere von einem Stuhl zum anderen, schaue herum und fühle mich im allgemeinen so, als ob ich mich von allem zurückzöge. Ich spüre, daß in mir irgendetwas ist, das herauskommen will, etwas Schmutziges und gleichzeitig fühle ich mich verzweifelt. Was könnte dies sein. Ich denke, daß dieses Schmutzige die Masturbation ist. Auch wenn ich wußte, daß es nichts schlechtes war, konnte ich es nicht tun. Ich existierte nicht von meiner Hüfte abwärts".

T.: "Möchtest du in Kontakt mit deinem ganzen Körper kommen?"

K.: "Ja".

Ich ließ sie für 15 Minuten in Kontakt mit ihrem ganzen Körper kommen. Zuerst war es mechanisch, später wurde es lustvoll. Am meisten streichelte sie ihre Brüste, während sie ihr Becken nur zögerlich an der Matratze rieb.

In der 36. Sitzung sprach sie darüber, daß sie noch niemals einen vaginalen Orgasmus gehabt habe. Ich wandte nun zum erstenmal die bioenergetische Übung mit der Decke über ihrem Becken an. Sie sagte, sie fühle nichts und lachte (eine typische Abwehr, um Gefühle zu vermeiden).

K.: "Warum machst du das alles?"

Ich bat sie weiterzumachen, und allmählich wurde ihr Gesicht ruhig. Kurz darauf fragte ich sie, wie sie sich fühle.

K.: "Ich habe Angst davor, daß du mir sagen könntest, ich solle aufhören, aber ich fühle nichts und gleichzeitig fühle ich mich gut! Einmal wollte ich weinen, aber das war ganz tief unten".

In der nächsten Sitzung sprachen wir über ihre Emotionen.

K.: "Ich wachte heute morgen auf und hatte Angst, weil ich alleine war. Vorher dachte ich immer nur darüber nach, aber fühlte nichts".

Zur 38. Sitzung kam sie nicht, das war das erstemal. In der 44. Sitzung kam sie mit Material aus einem Traum, der denselben Inhalt, denselben Ort, dieselben Leute und dieselben Objekte hatte wie der in der 12. Sitzung. Nachdem sie ihn beschrieben hatte, schmerzte ihr Bauch und sie fühlte Kontraktionen in ihrer Kehle. Ich bat sie, Kehle und Bauch miteinander sprechen zu lassen. Am Ende der Sitzung sagte sie:

K.: "Zuerst reagierte meine Kehle nicht, aber stattdessen meine Brust, als ob die Kontraktion dort säße: Es war, als ob meine Kehle sagen würde 'Du findest die Lösung und ich einen anderen Grund zu existieren'".

(Hier können wir ganz klar den Krampf erkennen, der erzeugt wird, wenn die Kehle die Verbindung zwischen dem Kopf und dem Rest des Körpers blockiert.) Ich konnte hören, wie sich ihre Gedärme bewegten. Sie fragte mich, wieso das so sei? Ich antwortete ihr, daß in ihrem Bauch einige Gefühle blockiert sein könnten. Sie weinte nun und sagte, daß sie diese Enge in der Kehle immer spüre, wenn sie eigentlich weinen wolle, aber es sei wirklich nicht leicht für sie zu weinen. In dieser Sitzung sagte sie mir auch etwas charakteristisches:

K.: "Etwas muß geschehen, ich fühle mich krank, als ob ich operiert werden müßte. Ich habe mich entschieden und kann jetzt nur noch hoffen, daß alles gut wird. Ich möchte weinen und sehne mich nach jemandem, der mich festhält, aber da ist niemand".
T.: "Darf ich dich umarmen?"
K.: "Ja" (weinend).

Ich nahm sie in meine Arme. Dann begann sie zu sprechen:

K.: "Ich fühle nichts. Ich fühle, daß du mich gar nicht berührst. Ich fühle dein Umsorgen gar nicht. Ich kann auch nicht mal meinen eigenen Körper fühlen und tolerieren, das geschieht mir immer. Als ob ich 80 Jahre alt sei (zum zweitenmal nannte sie innerhalb kurzer Zeit dieses Alter). Wenn jemand mir Liebe zeigt, also das, was ich wirklich möchte, ziehe ich mich in mich selbst zurück. Als ob ich eine Wand vor mir aufbaute".

Wir können hier einen Gefühlsausdruck beobachten. Ziel ist es, daß sie ihre Gefühle anerkennt. In der nächsten Sitzung wiederholten wir die gleichen Übungen: Atmen, Augen, Bewegen des Kopfes von rechts nach links und Reiben des Beckens auf der Matratze.

K.: "Ich schäme mich, weil du mir zuschaust. Ich fühle mich nackt".
T.: "Wo würdest du dich schämen?"
K.: "In einer sexuellen Beziehung mit einem Mann. Ich kann nicht nackt sein, ich ertrage meinen Körper nicht, das geschieht mir immer. Ich spüre, daß etwas meinen Bauch verletzt, es ist wie ein scharfes Messer, ein Pfeil, der mich durchbohrt. Ich möchte wegtun, was ich in mir fühle. Ich spüre, daß es von meiner Kehle und meiner Brust ausströmt, ich kann nicht mehr, warum möchte ich allein sein? Ich kann nicht mehr weitermachen. Es ist, als ob ein Schleier vor mir heruntergefallen sei und ich nichts mehr sagen kann. Ich bin völlig verspannt."
T.: "Vielleicht kannst du dich entspannen, wenn ich dich berühre und dir eine Massage gebe?"
K.: "Ja... Als ich 14 Jahre alt war, saß ich am Meer und sprach mit einem Soldaten. Meine Mutter kam und beschimpfte mich gleich. Deshalb lief ich von

zuhause weg. Sie sagte immer nur: 'Sei vorsichtig, sei vorsichtig!' Und sie sagte: 'Verliere deinen Kopf nicht!' Ich war sehr gut in der Schule.

Wie war es möglich, daß ich all die Jahre nichts mit Sex zu tun hatte und dann plötzlich verheiratet war? Als ich ein Kind war, ging ich zur Beichte und der Priester fragte mich, ob ich irgendetwas mit mir selbst gemacht habe. Verstehst du das, daß er mich so etwas fragte!"

T.: "Es sieht so aus, als ob du immer einen guten Eindruck machen willst".

K.: "Das ist meine Angst. Ich möchte nicht, daß irgendjemand etwas Schlechtes von mir denkt".

Wir arbeiteten nun mit dem Körper, der Atmung und Druck auf die Brust. Ihr ganzer Körper zitterte. Ich sagte ihr, daß sie die Augen öffnen könne, wenn sie das wolle.

K.: "Nein, ich möchte sie geschlossen halten und in der Dunkelheit bleiben, die nun heraufzieht."

Ich bestand darauf, daß sie allmählich in Kontakt mit mir ging. Daraufhin zitterte sie noch mehr.

K.: "Dies ist das erste Mal, daß ich die Dunkelheit kommen sah und sie zulassen konnte. Es war wundervoll."

Ich stellte Fragen zu ihrer Geburt. Sie wiederholte das, was ich schon wußte. Neu war die Information, daß ihre Mutter offensichtlich nicht mehr mit ihrem Ehemann schlief, weil sie sich an ihm rächen wollte.

K.: "Nach der letzten Stunde hier fragte ich mich, warum ich beim Sex nicht frei sein kann. Als ich nachhause kam, schrieb ich auf einen Zettel 'Ich habe ein Versprechen gegeben!'. Mit einem Ausrufezeichen. Am nächsten Tag las ich den Zettel noch einmal und sah, daß ich kein Ausrufezeichen hinzugefügt hatte, sondern ein Fragezeichen. Ich weiß nicht, wem ich dieses Versprechen gegeben habe, vielleicht meinem Vater?" (Das Zittern war abgeebbt).

In der nächsten Sitzung wollte sie über einen Traum arbeiten.

K.: "Es ist ein langer Traum, aber ich werde nur eine Szene erzählen. Da war eine Brücke und ich begann, sie zu überschreiten. Ich fiel hin, aber da wurde ich zu einer kleinen Stoffpuppe und verletzte mich nicht."

T.: "Möchtest du an dem Traum arbeiten?"

K.: "Ja."

T.: "Du bist der Produzent des Traums, der Regisseur und deshalb verantwortlich für den Film und du kannst im Traum etwas vermeiden. Ich möchte, daß du einige Sätze vervollständigst, die anfangen mit: 'In meinem Traum vermeide ich ...'."

K.: "Ich vermeide es, Farben zu sehen. Ich vermeide es, Lichter zu sehen. Ich vermeide es, Sterne zu sehen. Ich vermeide es, zu erkennen, welche Kleider ich trage. Ich vermeide es, hinzufallen, weil ich Angst habe. Ich vermeide es, meinen Körper zu sehen."

T.: "Noch etwas?"

K.: "Nein."

T.: "Ich habe gemerkt, daß du es vermeidest, Menschen zu sehen, die über die Brücke gehen. Möchtest du fortfahren?"

K.: "Ja."

T.: "Nun möchte ich, daß du den Satz noch dreimal sagst und drei spezifische Dinge hinzufügst. Es macht nichts, ob der Satz irgendeine Bedeutung hat oder nicht."

K.: "In meinem Leben vermeide ich es, zu lieben. In meinem Leben vermeide ich es, zu lachen. In meinem Leben vermeide ich es, Kontakt zu haben."

T.: "Du hast da einiges vergraben. Das einzige, was dir bleibt ist zu lügen."

K.: "Ich wollte noch etwas sagen, aber schämte mich. Ich wollte dir sagen, daß ich in meinem Leben das Ficken vermeide. Während der ganzen Sitzung zitterte ich und hatte Schwierigkeiten, aber als ich das Wort 'Ficken' sagte, fühlte ich mich besonders zornig."

Sie ballte ihre Hände. Ich griff diese seltene Gelegenheit sofort auf.

T.: "Was wollen deine Hände sagen?"

K.: "Ich fühle mich sehr wütend, wütend auf meine Mutter."

T.: "Möchtest du die Matratze schlagen?"

K.: "Ja."

T.: "Beuge ein wenig deine Knie, erhebe deine Arme über die Schultern, hier stauen wir viel Wut. Hebe deine Arme langsam hoch, nicht schnell, nimm auch deine Stimme mit und schlage auf die Matratze."

Ihr Gesicht zuckte. Bevor sie zuschlug, sagte sie:

K.: "Ich fühle mich, als ob ich sie ermorde. Ich möchte mit diesem Wutgefühl bleiben."

T.: "All die Jahre hast du dieses Gefühl in dir getragen und niemals herauskommen lassen, versuche es nun ein wenig."

Nach der Sitzung und großer Entladung sagte sie:

K.: "Ich habe diese Wut oft gefühlt, konnte sie jedoch nie zeigen (ihre Augen sind geschlossen). Ich fühle mich jetzt seltsam, ich fühle, daß du weit weg bist, obwohl du ja hier bist. Ich sehe dich in der Ferne, weit weg, ich kann meine Augen nicht öffnen. Ich weiß, daß du hier bist, aber ich kann deine Gegenwart nicht fühlen."

T.: "Das dient deiner Sicherheit. Je entfernter du mich fühlst, desto gepanzerter wirst du."

Aus einer anderen Sitzung:

K.: "Ich fühle mich nicht gut, es gibt niemanden im meinem Leben."

T.: "Wenn es einen Grund gäbe, mit mir zornig zu sein, welcher würde es sein?"

K.: "Mit dir? Es gibt keinen Grund. Ich bin sehr froh, daß ich mit jemandem sprechen kann."

T.: "Hypothetisch?"

K.: "Nun ja, ich bin zornig, weil ich dir Geld gebe. Warum muß das so sein, warum können Leute nicht einfach so Beziehungen haben wie wir?" (sie erwähnte das Geld-Thema noch einmal, aber viel später).

Ich möchte hier noch einmal betonen, daß ihr erster Satz in jeder Sitzung war: "Ich fühle nichts, ich habe keine Gefühle, aber immer diese Enge in der Kehle und in den Schultern". Sie entspannte sich, wurde jedoch immer angespannter, je länger sie redete. Ihre Energie war beständig gehemmt. Ihre Unfähigkeit, Gefühle auszudrücken, war Teil eines Abwehrsystems, das nicht reif genug war, gut mit einer Umgebung auszukommen, die frustrierend war. Sie kooperierte kaum bei Übungen im Stehen. Nur wenn sie sehr starke Verspannungen in den Schultern spürte, akzeptierte sie Erdungsübungen und eine Massage des Nackenansatzes. Der Nakken konnte nur sehr schwer entspannen.

In der 46. Sitzung, kurz vor den Sommerferien, drückte sie auf sehr direkte Art und Weise ihre positive Übertragung aus.

K.: "Ich fühle mich überhaupt noch nicht gut, ich möchte weinen, aber ich schäme mich (in ihren Augen standen Tränen). Es ist das erstemal, daß ich darüber sprechen kann, was mir passiert ist. Ich habe niemals darüber gesprochen."

Nach langem Schweigen sah sie mich wie ein kleines trauriges Kind an, verlassen und enttäuscht. Sie weinte tief und lange (wir sprachen später eine ganze Sitzung lang darüber, die vorletzte vor den Sommerferien). Sie setzte sich auf und sagte:

K.: "Ich möchte dich fragen, ob du mich in deine Arme nimmst und weinen läßt, aber ich könnte dir das niemals sagen, weil ich noch nie nach Liebe gefragt habe und niemals Liebe empfangen habe."

Sie hustete nun und beklagte sich über ihre Kehle. Ich bat sie, eine Erdungsposition einzunehmen und fragte, ob ich ihren Nacken massieren dürfe (was sie bisher systematisch abgelehnt hatte). Allmählich entspannte sie sich.

K.: "Ich möchte deine Hand in meine nehmen, aber ich kann es nicht."

In der 54. Sitzung fragte sie mich zum erstenmal, ob ich sie berühren würde.

K.: "Ich schäme mich, dir das zu sagen, aber ich möchte, daß du mir eine Gesichtsmassage gibst und eine wenig an meinem Kopf arbeitest, weil ich mich am Kopfansatz etwas verspannt fühle."

Wir setzten die Augenübungen fort. Die Energie entlud sich allerdings nicht, immer wieder unterbrach E. die Übungen oder sagte etwas. Ich sah, daß hinter ihrer gedämpften Stimme und Sprechweise Gefühle waren. Ich wollte mit ihrem Körper arbeiten und sie akzeptierte. Ich bat sie, ihre Oberkleider auszuziehen. Bisher hatten wir noch nie ohne Kleider gearbeitet. Ich legte eine Hand auf ihre Brust, die andere auf ihren Bauch und strich dann langsam auf nährende Art und Weise zu ihrem Gesicht hin. Sie schluchzte bald, ohne jedoch meine Hände abzulehnen. Dies dauerte eine Weile und als sie sich beruhigt hatte, nahm ich meine Hand von ihrem Gesicht, ließ die andere jedoch auf ihrem Bauch liegen.

K.: "Deine Hand auf meinem Bauch läßt mich zittern wie bei einem sexuellen Kontakt. Deine Hand auf meinem Gesicht fühlte ich wie ein kleines, verlassenes Kind, das nach Liebe sucht, das schließlich nur noch sein Weinen hat und von niemandem verstanden wird. (sie weinte wieder.) Ich erinnere mich an etwas, aber ich weiß nicht, ob es stimmt. Ich bin in einem Raum, sehr klein, in einem Bett... Ich möchte diese Sitzung jetzt nicht beenden."
T.: "Ich bin hier, solange du mich brauchst."
K.: (wieder weinend) "Es ist sehr wichtig für mich, daß mir etwas gegeben wird. Ich fühle, daß ich dies fühle."

Ihre Ferien stimmten nicht mit meinen überein, deshalb trafen wir uns 45 Tage nicht. In der ersten Sitzung sagte sie:

K.: "Ich möchte, daß du mir eine Rückenmassage gibst."

Es war eine energetisierende Massage. Ihre Schultern und die großen Muskeln im oberen Rücken waren sehr hart. Als sie allmählich losließ und sich entspannte, streichelte ich sanft ihre Schultern. Ihr Körper zuckte und sie begann zu wimmern. Ich berührte sie weiter, bis sie sich auf den Rücken drehte. Ihre Augen waren geschlossen. Ich berührte ihr Gesicht und bat sie, die Augen zu öffnen, in Kontakt mit mir und dem Raum zu kommen.

K.: "Als du mich am Rücken berührtest, ich weiß nicht mehr genau wo, wurde mein Nacken sehr empfindlich und ich konnte ohne Anstrengung weinen. Das gleiche geschah, als ich vor einiger Zeit meinen Freund bat, mir eine Massage zu geben."

Nach dieser Sitzung sprach sie über ihre sexuelle Beziehung zu ihrem Freund. Er durfte ihre Brüste nicht berühren und sie konnte keine Lust fühlen, auch wenn sie körperlich, d.h. über ihre Klitoris, dazu fähig war. Je länger sie darüber sprach, desto öfter schluckte sie. Sie redete darüber, wie wütend sie auf jeden war, der ihr Erfahrungen weggenommen und auf ihren gegenwärtigen Zustand eingeschränkt habe.

K.: "Meine Mutter sagte mir immer, ich solle vorsichtig sein, meinen Kopf behalten, meine Augen offen haben."

Dies bedeutet: 'Du sollst dein Ego nicht verlieren'. Daher die Angst vor dem Orgasmus, weil der Orgasmus zu einem zeitweiligen Verlust des Ego führt. Zum erstenmal übte ich intensiven Druck auf ihren Scalenus-Muskel aus (eine Lowen'sche Übung). Der daraus entstehende Schrei war für sie, so sagte sie, eine Erleichterung. Sie wollte noch lauter schreien, zögerte jedoch. Ich bat sie, einige Male tief zu atmen. Daraufhin bemerkte ich, daß ihre Atmung zum erstenmal aus dem Zwerchfell kam, ihren Bauch erreichte und auch die Ausatmung entspannt war.

Sie brachte in die 63. Sitzung einen sehr bedeutsamen Traum mit.

K.: "Ich fühle mich ein wenig besser. Ich bin in Kontakt mit meinem Körper. Du hast letztes Mal gesagt, daß jeder seine eigene Zeit braucht, um etwas zu fühlen. Das hat mir wirklich sehr geholfen. Ich habe oft gefühlt, daß du mir etwas sagst, was mich berührt, aber ich wollte es dir nicht zugeben. Es berührt mich tief und hilft mir, viel mehr zu fühlen und zu sehen. Ich fühle keinen Unterschied mehr zwischen der rechten und linken Seite, ich spüre alles viel besser. Ich hatte einen Traum. Ich war in einem Raum, der wie einer zuhause aussah, aber es nicht war. Da stand eine Vase, leicht angebrochen und mit Blumen. Ich war damit beschäftigt, etwas Grün hinzuzufügen und da waren plötzlich zwei Vasen. Ich stellte die eine in die andere, aber es gelang mir nicht, das Grün in die Vase zu stecken. Es war etwas Verwirrendes in diesem Traum und ich wachte mit zusammengebissenen Zähnen auf. Ich habe dir noch nicht erzählt, daß mir ein Buch über Geburt in die Hände gekommen ist.
Ich sah es mit Spannung, aber auch mit Ekel an. Geburt ist nichts, was von mir getrennt wäre, es ist irgendwie mit mir verbunden. Neben dem Gefühl der Angst kam ein Gefühl der Degradierung hoch, der Vergewaltigung. Als meine Mutter schwanger war, befahl ihr die Großmutter, nicht niederzukommen, wenn sie nicht

anwesend sei. Ich fühle, wie ich geboren werde und jeder sagt: 'Laßt uns das schnell vergessen'. Ich fühle keine Wärme, ich bin enttäuscht, traurig, fühle mich seltsam, angegriffen, habe Angst in meiner Brust, eine Enge."

T.: "Was denkst du nun?" (ihr Körper beginnt zu vibrieren.)

K.: "Nein, es ist nichts, ich fühle nichts."

T.: "Dein Körper protestiert, fühlst du es? Ist es möglich, daß du Angst vor der Interpretation deines Traumes hast, oder glaubst du, daß er etwas mit uns, mit der Therapie und mit mir zu tun hat?"

Nach langer Stille.

K.: "Ich fühle mich wie nackt, ich stehe in einem Raum, mein Kopf aufgerichtet, ich reagiere nicht und kooperiere nicht. Ich fühle mich so, als ob du mich an die Wand stellst. Ich spüre, daß ich weinen möchte, aber das ist so tief unten, es wird niemals hochkommen (sie weint). Es ist seltsam, daß im Moment die Dinge mit meinem Freund ganz gut laufen. Aber dort bin ich völlig anders, ganz verschieden. Was nutzt diese Analyse, was habe ich denn noch zu sagen? Warum geschieht das alles? Warum bin ich draußen jemand anderes als hier?"

T.: "Vielleicht ist das die Balance, die du brauchst?"

K.: "Ja, vielleicht kann ich dadurch so sein."

Aus einer anderen Sitzung:

T.: "Wie fühlst du dich körperlich?"

K.: "Ich bin wütend. Das könnte heute natürlich einen Grund darin haben, daß ich viele schwere Dinge für das Geschäft geschleppt habe, aber ich glaube, es kommt von tiefer her. Es ist tiefe Wut, ohne daß ich dafür einen Grund angeben könnte, aber sie richtet sich immer auf meinen Freund."

T.: "Möchtest du mit dem Körper arbeiten?"

K.: "Ja."

T.: "Atme etwas mehr (sie nimmt einen tiefen Atemzug). Hebe deine Arme hoch und schlage auf die Matratze, von den Schultern aus."

Sie schlägt die Matratze.

T.: "Öffne deine Augen, schlage härter und sage ein Wort."

K. (schlagend): "Dumm."

T.: "Lauter, und behalte deine Augen offen."

K.: "Geh, geh."

T.: "Lauter."

K.: "Geh, geh, geh!"

In diesem Moment spürte ich, daß sie an der Schwelle zum Unbewußten stand und ich wollte es nach außen bringen. Deshalb sagte ich:

T.: "Hattest du Bilder im Kopf, als du geschrieen hast?"

K.: "Ja, meine Mutter."

T.: "Wie sieht das Bild aus, kannst du es beschreiben? Wie ist ihr Ausdruck? Was fühlst du?"

K.: "Ich habe mich gerade an einen Traum erinnert, den ich gestern hatte. Ich war mit meiner Mutter in einem Raum. Der Raum hatte keine Fenster, sondern schwere Vorhänge. Außerhalb des Raumes gab es eine Mauer, aber nicht zu hoch. Dort stand ein Mann mit einem Gewehr, er hatte ein Mädchen getötet und nun war ich dran. Ich versuchte wegzulaufen, rannte in einen anderen Raum, ließ meine Mutter allein und dort fühlte ich mich sicher. Dann dachte ich, wie ich wohl hätte sein können, wenn ich geflüchtet wäre. (Pause) Ich weiß nicht, aber ich denke, wenn sie wirklich gestorben wäre, wäre ich wirklich von all dem befreit gewesen" (sie beginnt zu weinen).

T.: "Möchtest du ihr das sagen?"

K.: "Nein. (sie weint weiter, ihr Körper fühlt es) Ich denke, daß die Mauer außerhalb des Schlafzimmers das ist, was ich mit meinem Leben tue und was mich nicht fühlen läßt."

T.: "Und der Mann in deinem Traum?"

K.: "Ich kann niemanden identifizieren."

T.: "Aber du siehst ihn als aggressiven Mann, du siehst, wie er auf dich zukommt, um dich zu töten."

K.: "Das ist immer so, ich kann ihn nicht anders sehen. Ich erinnere mich an Wutgefühle, die ich in meiner Jugend hatte, so mit 15 oder 16 Jahren. Ich wollte explodieren und alles zerstören, das ist es, was ich wirklich wollte. Als ich mich wieder einmal so fühlte, habe ich das einer Freundin erzählt und sie schaute mich an und sagte: 'Es sieht aber gar nicht so aus. Du siehst wie immer aus, so als ob alles in Ordnung wäre'. Nun verstand ich, daß ich nur Hinweise gab und sonst nichts."

Die 85. Sitzung:

T.: "Wie fühlst du dich?"

K.: "Nicht gut, ich habe keine Energie. Gestern habe ich einige Übungen zuhause gemacht, ich sah meinen Rücken im Spiegel und berührte ihn und war plötzlich aggressiv und wütend."

T.: "Auf wen warst du wütend?"

K.: "Ich weiß nicht, ich sehe kein Gesicht bei mir, aber ich fühle mich schrecklich, wenn ich an meinen Rücken denke."

T.: "Möchtest du damit arbeiten?"

K.: "Nein, absolut nicht."

T.: "Möchtest du diesen Ärger behalten?"

K.: "Ich bereue es jetzt, daß ich dir das gesagt habe. Ich dachte noch, daß ich das vor dir verheimlichen sollte."

T.: "Wenn du möchtest, können wir hier aufhören, es ist deine Sitzung. Wenn du dich entfernt halten möchtest, von dir selbst, von hier, von mir, es ist deine Entscheidung."

Sie schloß ihre Augen.

K.: "Warum fühle ich mich so? Ich will solche Fragen nicht provozieren, aber dann beklage ich mich darüber, daß sich niemand um mich kümmert. (ihre Augen sind weiterhin geschlossen.) Und wenn sie dann nicht mehr fragen, desto mehr verschließe ich mich in mir selbst. (sie beginnt zu weinen. Nach langer Stille:) Ich sehe mich als kleines Kind, irgendwo in der Ferne."

T.: "Versuche, dich wie ein kleines Kind zu fühlen. Welche Haltung nimmt es ein, was trägt es, wie groß ist es, welches Alter, wie fühlt es sich, wo ist es? Versuche ganz langsam, ein Kind zu werden und versuche, den Kern, ein Kind zu sein, mit drei Worten auszudrücken."

K.: "Ich kann nicht, es taucht nichts auf."

T.: "Versuche es."

K.: "Das Kind ist traurig, verlassen und enttäuscht."

Sie weinte wieder. Manchmal setzte sie sich auf, trocknete ihre Augen und schaute keuchend auf die Matte.

K.: "Ich möchte, daß du mich in deine Arme nimmst und weinen läßt, aber ich kann es dir nicht sagen, warum kann ich das nicht?" (Sie weint weiter.)

T.: "Möchtest du, daß dies geschieht?"

K.: "Nein."

T.: "Möchtest du mit dem Körper arbeiten?"

K.: "Ja, weil ich mich sehr schlecht fühle."

T.: "Kannst du dich in der Erdungsposition hinstellen? Atme jetzt und mache einen Ton bei der Ausatmung. Lasse deinen Kopf langsam kreisen. Und nun komme langsam in Kontakt mit diesem Raum hier, entspanne deine Atmung und schaue dir sehr langsam jedes Detail in diesem Raum an. Richte bei jedem Ausatmen deine Schultern etwas auf. Und nun komme auch in den Augenkontakt."

Als die Atmung tiefer wurde, schlossen sich ihre Augen, als ob sie sich zurückzögen.

T.: "Mache weiter und verliere den Kontakt nicht mit mir... Wie fühlst du dich jetzt?"

K.: "Es ist erstaunlich; ich fühle mich nicht nur entspannt, sondern habe auch das Bedürfnis, etwas zu tun", (noch während sie das sagt, ergreift sie zum erstenmal meine Hand und sagt, ohne mir dabei in die Augen zu schauen:) *"Ich fühle, daß ich etwas fühle!"*

Aus einer anderen Sitzung. Sie betrat den Raum, angespannt, aber lächelnd und fragte:
K.: "Wie fühlst du dich? Gut?!"
T.: "Möchtest du im Liegen oder im Stehen arbeiten?"
K.: "Im Liegen."
T.: "Beginne zu atmen."

Ihre Atmung kam aus dem Bauch. Ich legte die Decke auf ihre Brust, aber das Ergebnis war nicht das erhoffte. Ich versuchte ihre Brust zu drücken. Sie hielt ihren Atem an, bis ich meine Hände wegnahm. Danach wurde ihre Atmung besser.

T.: "Lege deine Hände auf deinen Bauch, entspanne dich und sage mir, was du fühlst."
K.: "Seit heute morgen habe ich viele Spannungen. Ich wachte auf und sah, daß ich masturbierte. Als ich meine Augen öffnete, bemerkte ich, daß meine Zähne aufeinander bissen. Es fühlte sich nicht gut an, sondern irgendwie krank. Ich habe die Übungen eine halbe Stunde lang gemacht. Da fühlte ich mich besser, aber als ich mich auf den Weg hierher machte, fing es wieder an."
T.: "Laß deinen Mund offen, atme ein und laß deine Hüften ein wenig kreisen, hebe sie dann hoch wie zu einer Brücke, atme nun aus und laß deine Hüften mit Kraft in die Matte hineinfallen" (ich half ihr bei dieser Übung. Ich wollte, daß sie losließ. Zu Beginn dieses Artikels erwähnte ich, daß sie die Übungen in der Gruppe immer irgendwie theatralisch ausgeführt hatte. Diesesmal war es anders. Es gab Bewegung im Nacken und im Kopf. Als sie einatmete und ihre Hüften in die Brücke hob, neigte sie ihren Kopf leicht nach hinten).
T.: "Laß einen Ton kommen, wenn du ausatmest. Forciere es nicht, laß den Ton einfach kommen. Atme nun ein, während du deine Hüften hochhebst und laß sie plötzlich in die Matte fallen. Und sag' beim Ausatmen: 'Ich, ich will, ich habe genug', oder irgendetwas, was du sagen möchtest." (Nach kurzer Zeit:) "Schlägt dein Herz schnell? Der schnelle Herzschlag kommt wahrscheinlich daher, daß du 'berührt' bist, das ist sehr wichtig und hilfreich. Möchtest du mir sagen, wie du dich fühlst?" (Sie rieb ihre Hüften nun an der Matte und streckte sich mit Lust.)
K.: "Ich, ich bin wütend, ich will. Das macht Spaß, es ist fast so wie sexuelle Lust."

Während der 120. Sitzung im Januar 1991 sprach sie zum erstenmal über die Abwesenheit ihres Vaters.

K.: "Als ich gestern nachhause ging, fühlte ich mich nach Weinen, aber da war noch etwas anderes... trauern,... ich dachte, vielleicht weil mein Freund weggeht, aber dann kam mir mein Vater in den Sinn. Ich weiß nicht, ich bin verwirrt".

T.: "In den Sitzungen berichtest du häufig über deine Mutter, aber kaum über deinen Vater oder deinen Bruder. Es ist, als ob sie nicht existieren".

K.: "Außerhalb der Therapie rede ich mehr über meinen Vater und nicht über meine Mutter."

T.: "Du hast über Trauer gesprochen."

K.: "Als mein Vater starb, fühlte ich nichts. Und dann dachte ich mir, daß das alles nicht stattgefunden habe."

T.: "Möchtest du mir noch mehr davon erzählen? Hebe einmal deine Arme und sage 'Papa, ich...' und was immer jetzt in deinem Kopf kommt."

K.: "Papa, ich habe nicht um dich geweint, weil ich das alles nicht verstanden habe... Papa, ich habe deinen Tod nicht gefühlt, das tut mir leid, Papa, ich kann mich nicht daran erinnern, wegen dir geweint zu haben."

T.: "Und warum hast du nicht geweint?"

K.: "Weil ich mich schämte, weil ich meine Kraft zeigen wollte, weil du mich nicht geliebt hast."

T.: "Mache noch ein bißchen weiter."

K.: "Ich kann nicht, ich ersticke, ich bin atemlos."

Ich ging zu ihr hin und legte meine Hand leicht auf ihren Körper.

T.: "Ich bin hier, ich werde dich nicht ersticken lassen. Rede weiter über deinen Vater."

K.: "Papa, ich bin so traurig darüber, daß ich dir niemals gesagt habe, wie sehr ich dich liebe, aber du hast es mir ja auch nie gesagt, (mit viel Anstrengung:) Papa, ich erinnere mich nur an einmal, wo du besorgt warst, wo du ängstlich warst", (sie beginnt zu weinen), als ich mein Gesicht an der Heizung verbrannte kam er und nahm mich in seine Arme, (hier beginnt sie, über ihn in der dritten Person zu reden), er hielt mich fest und war sehr besorgt um mich. Er sagte: 'Mein Kind, hast du dir wehgetan?'"

T.: "Wie alt warst du?"

K.: "Fünf oder sechs Jahre alt, ich weiß nicht mehr genau, ich muß jetzt hier aufhören."

Bis zu den Sommerferien kam sie nicht mehr auf ihren Vater zurück, nur noch auf ihren Bruder einige wenige Male.

Eine weitere Sitzung: Sie kam sehr mürrisch an, legte sich hin und wollte nicht sprechen. Nach einer Weile...

K.: "Ich habe Anst, weiß aber nicht wieso. Es ist nichts besonderes geschehen, aber es wurde stärker, als ich herkam." (Sie schweigt wieder. Ihre Atmung ist kurz und kommt aus dem Bauch).

T.: "Nimm' einige Atemzüge."

K.: "Ich kann nicht, ich habe einen Klumpen in meiner Kehle, meine Brust schmerzt und meine Schultern auch."

T.: "Deine Schultern sind nach vorne gezogen, fühlst du das?"

K.: "Ja, wenn ich versuche, mit ihnen diese Matte zu berühren, fühle ich, wie sich etwas öffnet, wie ein Fenster, und die Luft fließt in einen langen Korridor und geht wirklich tief hinein."

T.: "Was meinst du damit, 'geht sehr tief'?"

K.: "Ich möchte wirklich wissen, was es dort gibt."

T.: "Gibt es etwas, was du mir sagen möchtest? Etwas, was du dir gedacht hast, für wichtig hieltest, mir aber bisher noch nicht sagtest?"

Nach langem Schweigen...

K.: "Ich habe dir noch nicht gesagt, daß ich mich frage, ob ich homosexuell bin. Vielleicht habe ich deshalb keine sexuellen Wünsche. Weil ich in meiner Jugend keinen Kontakt mit Jungen hatte, dachte ich, daß meine Mutter mich zu einer Lesbe machen wollte. Ich fühle mich jetzt ruhiger. Das Gewicht auf meiner Brust, es ist nicht mehr da, aber meine Kehle ist sehr zusammengedrückt."

T.: "Möchtest du damit arbeiten?"

K.: "Ja."

T.: "Hänge deinen Kopf ganz langsam über den Matratzenrand hinaus. Entspanne jetzt deine Atmung."

Nach einer Weile half ich ihr, ihren Kopf ganz langsam wieder auf die Matratze zu schieben.

K.: "In dieser Position kam die Angst wieder, die ich vor kurzem hatte. Wenn ich in ein Auto steige, denke ich, daß ich gegen eine Wand rasen werde. Ich habe soviel Angst, daß ich sie nicht erklären kann. Irgendetwas geht in mir vor, ich fühle, daß ich nicht hierher gehöre, daß ich nicht in diese Umgebung gehöre, aber gleichzeitig bin ich eins mit ihr."

T.: "Was hat das mit deinem Leben zu tun?"

K.: "Ich sehe mich jetzt als sehr kleines Kind in meinem Bett, das ein Geländer hatte. Ich habe überhaupt kein Gefühl. Mein Gott, wie konnte ich bloß leben? Es tut mir weh, darüber zu sprechen. Es ist, als ob ich einen alten großen Koffer hätte und ihn mit dir durchsucht habe. Jetzt möchte ich aber allein gelassen werden und alleine weitersuchen. Ich fühle mich wie eine Zwiebel. Zuerst war das Abschälen schmerzlos, aber nun fängt es an, weh zu tun. Was soll das alles?"

T.: "Du stellst mich außerhalb deiner Grenzen. Wer soll nicht wissen, was mit dir geschieht und was du fühlst?"

K.: "Jeder, außer dir. Ich habe meine ersten Gefühle hier gefühlt, und dafür danke ich dir."

Nach eineinhalb Jahren Einzeltherapie und kurz vor den Sommerferien bringt E. sehr bedeutsames und sehr altes Material.

K.: "Ich fühle mich überhaupt nicht gut. Ich tue nichts mehr, am liebsten würde ich meine Haare nicht mehr waschen und auch meinen ganzen Körper nicht mehr."

(Ich interpretierte dies als Abwehrmechanismus 'anal zurückhaltenden Typus'. Aus persönlichen Gründen, die mir erst nach der Sitzung klar wurden, arbeitete ich nicht damit.)

K.: "Ich habe überhaupt keine Energie. Die Tage verlieren sich irgendwie. Eine enge Freundin sagte zu mir, daß ich wie in einer anderen Welt lebe. Ich möchte nicht reden, ich möchte keinen Kontakt mit der Außenwelt, das einzige was ich nach der Arbeit mache, sind die Übungen. Es ist das einzige, was mich entspannt."
T.: "Ist dies vielleicht der Grund, warum du keine Körperarbeit machen möchtest?"
K.: "Ja, es ist besser zu reden."
T.: "Dadurch vermeidest du es, zu fühlen."
K.: "Ich mache oft die Beckenübungen und wenn ich Verspannungen in meinem Nacken spüre, die Nackenübungen."
T.: "Das ist o.k., aber die Übungen hier in der Therapie sind auch wichtig."
K.: "Wir können sie ja jetzt machen."

Es folgte einige Atmungsarbeit und dann bat sie mich, ihre Schultern und den Rücken zu massieren. Danach gab ich ihr eine Gesichtsmassage nach Eva Reich.

K.: "Ich möchte nicht, daß es so ist" (sie weint).

Sie wollte nicht reden. Als sie dann doch begann, war sie sehr leise, ich konnte sie kaum hören. Ich beugte mich näher zu ihr und fühlte, daß es etwas sehr tiefes und mit ihren Gefühlen verbundenes war."

K.: "Als ich drei oder vier Jahre alt war, steckte mich meine Mutter in ein sehr kleines Bett" (sie hatte über dieses Bett schon vorher gesprochen. Ihr Weinen wird tiefer. Ich wußte, daß ihre Mutter für sie kaum erreichbar gewesen war).
K.: "Meine Mutter war ständig mit irgendwelchen Hausangelegenheiten beschäftigt. Damit ich nicht schrie, band sie eine Schnur an mein Bett und schaukelte mich. Aber ich hatte keinen Kontakt mit ihr, sie war unsichtbar... einige Male kam ein kleiner Junge und schaukelte mich, aber sobald er den Eismann draußen hörte, lief er weg und dann schrie ich ziemlich viel. Es war, als ob ein Geist mich schaukele, ein unsichtbarer Geist, verstehst du das? Ich erinnere mich nicht daran, daß sie jemals liebevoll war... Ich möchte nicht, ich kann das nicht ertragen,

vielleicht ist das der Grund, warum ich nicht fühlen kann, ich werde nie lernen zu fühlen."

Sie war in einem kritischen Zustand. Ich hielt sie in meinen Armen. Ich fühlte, daß dies sehr bedeutsam war, damit eine Veränderung stattfinden könne. (Kein Kontakt mit ihrer Mutter - Kontakt mit mir). Wenn dies einige Male geschehen konnte, würde sie ihre primäre Introjektion einer negativen Mutter aufgeben und etwas Positives von der anwesenden Therapeutin introjizieren können. Sie weinte weiter, sagte mir aber, daß sie nicht fühle, daß ich sie berühre. Das wiederholte sie mehrmals.

T.: "Möchtest du, daß ich dich loslasse?"

Schweigen. Ich strich über ihren Kopf und hob langsam den Kontakt auf. Die Sitzung dauerte eineinhalb Stunden.

Die Patientin kam am 27.August 1991 aus ihren Ferien und die Veränderung war wirklich offensichtlich. Sie war voller Energie und voller Leben. Nach einigen Körper- und Atemübungen sagte sie...

K.: "Zum erstenmal in meinem Leben kann ich meinen Körper sehen, mein Rücken ist gerade und die Aushöhlung in meiner Brust gefüllt. (Nach Reich wird diese Aushöhlung mit essentieller Nahrung aufgefüllt.) Es ist so, als ob ich meinen Freunden sagen könnte: Hallo Leute, hier ist mein Körper, den wir so lange gesucht haben. Der Körper, von dem ihr gesagt habt, daß ich ihn niemals finden werde..."

Zum erstenmal hatte sie keinen Plan für ihre Ferien. Sie hatte die Leitung eines Zeltlagers für Erstkläßler übernommen und erfreute sich einfach an dem, was der Tag brachte. Sie hatte keine Angst und fühlte auch keine Schuld, daß sie keine Angst hatte. Sie kam nach Hause und fühlte sich im gleichen Haus, wo sie früher zu ersticken glaubte, wie Robinson Crusoe.

Sie fühlt ihr Vagina angeregt und ihre Kehle gefüllt. Dies ist ihr nicht unangenehm. Sie redet über ihre Vergangenheit, wie sie war und wie sie nun ist. Sie lacht, fühlt die anderen, wenn sie angesehen wird und gibt den Blick zurück...

Ich habe die Absicht, mehr mit ihrer Aggressivität zu arbeiten. Bisher hat sie ihre Aggressivität kaum gezeigt. Wir sprachen darüber in der letzten Sitzung, bevor ich zu diesem Kongreß fuhr. Ihre Antwort war ziemlich charakteristisch:

K.: "Ich fühle mich wie ein Seidenwurm in seinem Kokon. Ich weiß, daß ich heraus muß, ich bewege mich, aber ich habe auch eine wenig Angst vor dem Ergebnis."

Im Moment hat ihre Behandlung einen schwierigen Punkt erreicht. Sie schließt sich von allem, was um sie herum geschieht, ab. Sie ist sehr gewachsen, und es wird Zeit für einen neuen Behandlungsplan.

* * * * *

Tereza-Panagiota Ginis ist Psychotherapeutin am Griechischen Institut für Vegetotherapie und Charakteranalyse (E.I.N.A.) in Athen. Sie erreichen sie unter G.Mystrioti Str.14, 11255 Athen, Tel.Griechenland/1/2028773.

Literatur

1. **Kataki, Haris D.**, *The Three Identities of Greek Family*
2. **Igglesi, Chrisi**, *Faces of Women - Masks of Concious*
3. **Jonson, Korin Benson & Jonson Eric**, *Love, Sex and the Development*
4. **Lentakis, A.**, *Is Woman inferior to Man?*
5. **Notes E.I.N.A.**

WÖRTER - BERÜHRUNG - ÜBERTRAGUNG

Aspekte der therapeutischen Beziehung aus der Sicht der Existentiellen Charakteranalytischen Vegetotherapie

von *Rolf Grönseth*, Oslo (Norwegen)

Einführung

Ich werde im Gegensatz zu den meisten anderen auf diesem Kongreß darüber sprechen, daß ich die Körper meiner Klienten *nicht* berühre, weder mit meinen Händen noch mit meinem Körper und dies, obwohl mein Verständnis meiner Patienten grundlegend und völlig auf einem Verständnis der *Psychologie ihrer Körper* beruht. Es ist der Körper, der psychologisch ist.

Ich möchte auch gleich zu Anfang feststellen, daß *ich gewöhnlich nicht in Begriffen der Übertragung denke*. Ich werde Ihnen bald meine Alternativen vorstellen.

Das Bedürfnis des sich entwickelnden Kindes

Um jedoch Mißverständnissen vorzubeugen: ich bin überzeugt, daß Neugeborene und Kinder körperliche Berührung, Aufmerksamkeit und liebende Pflege für eine glückliche und günstige Entwicklung brauchen. Erwachsene brauchen körperliche Berührung, Kontakt und Aufmerksamkeit besonders in einem gesunden sexuellen Liebesleben, um ein reiches und selbstverwirklichendes Dasein leben zu können.

Meine gegensätzlichen Sichtweisen

In der Psychotherapie und sogar in der *Körper*psychotherapie geht es jedoch um etwas anderes. Ich habe lange Zeit unter der Voraussetzung gearbeitet, daß es möglich ist einem Menschen, der unter Mängeln und Defiziten seiner frühen und auch späteren Kindheit leidet, zu geben, was ihm mangelt und so in der Therapie später aufzufüllen, was er früher nicht bekam und dadurch ein Nachwachsen zu ermöglichen.

Trotz meines Wissens, daß viele Menschen, die Körperpsychotherapie erlebt haben oder immer noch erleben, sagen würden, daß sie genau das erfahren haben (zu ihnen gehören viele meiner früheren Patienten), trete ich nun für die Meinung ein: alte Verluste können nicht wiedergewonnen werden. Das ist vorbei und vergangen. Es ist eine ganz andere Geschichte, daß liebevolle Zuwendung und Aufmerksamkeit von einer "bedeutsamen" Person sich gut anfühlt.

Was in Therapiesitzungen wirklich *gegenwärtig* ist, ist das *Hier-und-Jetzt*. Die Patienten erzeugen heute selbst die Umstände, die sich auf ihre Bedürfnisse nach

Zuwendung und Anerkennung durch andere Menschen beziehen, z.B. durch den Mangel an Kontakt und Erfahrung mit sich selbst/mit ihren Körpern, was auch zu einem gehemmten Kontakt mit anderen führt.

Aspekte des Hier-und-Jetzt

Das **Hier-und-Jetzt** ist von entscheidender Wichtigkeit in der **Existentiellen Charakteranalytischen Vegetotherapie**. Das **Hier-und-Jetzt** ist auch ein Aspekt in **Reich**'s charakteranalytischer Vegetotherapie. Er wird jedoch öfter übergangen als anerkannt.

Bei der Erforschung des **Hier-und-Jetzt** können wir mit denjenigen beginnen, die hier und jetzt anwesend sind... mit Ihnen, den Zuhörern, und mir. Vielleicht achten wir jetzt einmal darauf, wie wir sitzen. - Gut, einige von Ihnen haben gerade ihre Sitzhaltung verändert und können deshalb jetzt nicht mehr die Art und Weise erfahren, in der sie vor einem Moment saßen. Das ist vorbei und vergangen, weil sie etwas mit sich selbst getan haben, während sie ihre Position veränderten. Aber gut, Sie sitzen nun in einer anderen Haltung und können eben diese erleben.

Die meisten von Ihnen sitzen auf dem Boden und haben die Fußsohle des einen Fußes aufgestellt. Schienbein und Fuß in der vertikalen Position, das Knie gebeugt im annähernd 90- Winkel, den Oberschenkel horizontal. Dies erzeugt einen rigiden Rahmen, der bis zu den Hüften hochreicht. Das andere Bein liegt auf diesem Rahmen auf, hängt herunter, als ob es verloren sei.

Wenn wir so sitzen, haben wir sozusagen unsere untere Körperhälfte abgelegt und damit auch jeglichen emotionalen Eindruck und jegliche emotionale Erfahrung. Körper und Emotion werden davon abgehalten in unsere intellektuelle Aktivität einzudringen, während wir unseren Kopf körperlich und intellektuell einige Zentimeter über die Vorderseite unseres Körpers nach vorne oder nach oben hin strecken. Die obere Hälfte des Rumpfes funktioniert nur als Hilfsapparat   für den Kopf. - Ich würde weder Ihre Brust massieren noch Druck auf sie ausüben, um die Atmung zu verbessern oder Ihren Nacken massieren, um die Beziehung zwischen Kopf und Rumpf zu beeinflussen, noch würde ich Ihren unteren Rücken oder Ihre Beine behandeln.

Einige von Ihnen haben *ihre Füße* unter den Stuhl *zurückgezogen* und ihre Beine gekreuzt. Einige von Ihnen sitzen sogar auf einem Bein oder auf beiden. Sie haben Ihre Beine vom Boden weggezogen und sind deshalb vertikal nur wenig geerdet. So haben Sie auf Ihre Art und Weise jeglichen emotionalen Eindruck und jede emotionale Erfahrung weggesteckt.

Einige Leute sind in den Stuhl hineingerutscht und liegen mehr als daß sie sitzen. Ein paar von Ihnen strecken ihren Kopf nach vorne, während andere eher passiv daliegen oder sich zurückstrecken. Bei ausgestreckten Beinen *berühren nur die Fersen* den Boden. Mit den Fersen im Boden werden Sie jeglichen Bemühungen des Therapeuten oder von irgendjemand anderem widerstehen. Wenn Sie in dieser Körperhaltung auch noch ihre Beine übereinander legen, *ist der Kreis geschlossen.*

Wir sind dadurch sehr selbstgenügsam, sehr selbsteingeschlossen, desto mehr, wenn auch der obere Kreis durch gekreuzte Hände und Arme geschlossen ist. Sie können nun nichts hereinkommen- und nichts herauslassen. Versuchen Sie es doch einmal selbst!

Jene, die mit parallelen Beinen und den Fußsohlen auf dem Boden dasitzen, geben nichts von sich heraus, stehen aber unter dem Eindruck all dessen, was geschehen wird. Nach einer Weile werden Sie etwas zum Thema sagen wollen. Sie haben tatsächlich etwas Authentisches anzubieten. Und Sie werden eine wachsende Kraft und spontane Neigung, sich aufzurichten und ein wenig zu bewegen, spüren.

Gut also, dies sind einige Beispiele für das *Hier-und-Jetzt*. Es sind *wir*, die wir etwas in dem Moment, in dem wir uns hinsetzen, wenn wir unsere Position verändern oder aufgeben, *mit uns tun*. *Wir* sind die Aktiven: es ist niemand anderes. Es ist nicht etwas, das nur einmal geschah und das auch noch vor langer Zeit. Es wird immer aktiv getan - wir wiederholen es ständig.

Wie bereits erwähnt, geben wir eine ganze Menge von uns weg. Existentiell ist das eine ernste Angelegenheit. Uns selbst weggeben heißt auf die Dauer und letztendlich unser Leben weggeben, d.h. Selbstmord begehen, allerdings ohne die üblichen Hilfsmittel wie Tabletten oder einem Revolver oder indem wir unser Auto in den Abgrund fahren etc. Gewöhnlich löst dieses Verhalten einen Kampf ums Überleben aus (s. A.Lowen, "The will to live and the wish to die", 1988).

Die Kraft und die Bemühungen

Ich hoffe, daß nun offensichtlich ist, daß es um unsere eigenen *Bemühungen* geht und daß *unser Wille und unsere Absichten* ihnen bestimmte Richtungen geben.

Ich halte es für eine Mangel, daß noch niemand das *Konzept der Energie* unter dem Blickwinkel dessen, was phänomenologisch als Bemühung, Anstrengung, Stärke, Kraft und ähnlichem beschrieben wird, untersucht hat. Wird dies nicht getan, verdeckt und verwässert das Wort *Energie* viele wichtige Bedeutungen und Themen.

Es ist eine falsche Praxis, die wichtige Tatsachen verhüllt, wenn der Körperpsychotherapeut seine Klienten anweist, etwas anderes zu tun, als sie bisher bereits taten. Denn auf diese Weise erkennen sie ihre gegenwärtigen intentionalen Aktivitäten *nicht*, auch wenn sie nur dasitzen und anscheinend nichts tun. Es kann jedoch sein, daß sie warten oder irgendwo steckengeblieben sind.

Ein Klient, der *die Identität* des Wartenden hatte, liebte das Angeln und wartete den ganzen Tag darauf, daß der Fisch anbiß. Er zog es vor, alleine zu bleiben, denn so konnte niemand ungeduldig werden und sein Warten stören. Es machte ihm garnichts aus, wenn er nichts fing, denn es ging ihm ja ums Warten. Ein anderer Klient mit der Warte-Identität kam *zu direkt* in den Behandlungsraum und blieb auch schon stecken. Das bedeutete verstärkte Spannungen und eine Blockade des vaskulären Flusses. Nach einer Weile vermischte sich sein Steckenbleiben mit einer

Art Warten. Das führte uns dann allmählich in den Warteraum zurück. Es war niemand anders anwesend. Hier konnte er sich nun niederlassen und *wir kamen genau hier zu ihm.* Er erlebte sein Warten, sein Sitzen im Stuhl, seine Schmerzen im Rücken, in den Beinen, im Magen, sein Zurückhalten, das ihn veranlaßte, zu warten. Schließlich veränderte sich seine Ungeduld und Ruhelosigkeit, seine Warte-Identität, veränderten sich seine Spannungsmuskel und auch seine vegetative Funktion.

Ich hätte wirklich einen schweren Fehler begangen, wenn ich den steckengebliebenen Klienten zu irgendeiner Art Aktivität, zu irgendwelchen Spannungen oder Emotionen instruiert hätte, wenn ich ihn massiert oder wenn ich seine fixierten oder steckengebliebenen Körpermuskeln geknetet oder auch nur, wenn ich sein Steckenbleiben als Widerstand interpretiert hätte.

Das Hinausgehen, das Verlassen

Während ich meine Existentielle Charakteranalytische Vegetotherapie entwickelte, lud ich meine Klienten ein, ihre Bewegungs- und Verhaltenstendenzen sowohl geistig wie auch körperlich zu spüren und dasein zu lassen.

Zu den Themen gehörten auch das Weglaufen oder Weggehen. Es war allerdings wichtig, daß sie den Raum nicht mitten in der Therapiesitzung verließen, denn dann hätten wir nicht mehr die Möglichkeit gehabt, uns das Thema anzuschauen. Ich lud sie deshalb ein, den Therapieraum innerhalb des Therapieraums zu verlassen und wegzugehen, während wir beide jedoch anwesend blieben. Nur wenige mußten tatsächlich ein- oder zweimal wirklich ausprobieren, die Sitzung zu verlassen.

Sie spürten dadurch endlich, wie sehr sie sich immer angestrengt hatten, auf die Erwachsenen zuzugehen. Sie drückten nun gegen die Wände, hämmerten mit ihren Fäusten und ihren Füssen dagegen, drückten mit ihrer Stirn gegen die Wand und mobilisierten ihre ganzen Kräfte. Die meisten von ihnen hatten einmal oder mehrmals das starke Bedürfnis gespürt, ihre Eltern einfach zu verlassen. Indem sie das nun taten, wendeten sie ihren Eltern oder anderen wichtigen Bezugspersonen aggressiv den Rücken zu. Sie spürten nun aber auch, daß sie nicht wußten, wo sie hingehen sollten. Kein anderer Erwachsener war ihnen so vertraut und so nahe, daß sie zu ihm aufschauen konnten. Deshalb mußten sie, an irgendeinem Punkt angelangt, wieder zurückkehren.

Indem sie nun zurückkehrten, indem sie sich umdrehten, erlebten sie gleichzeitig, daß sie sich von sich selbst abwandten. Zurückzugehen hieß, sich zu unterwerfen, ihren Protest, ihre Absicht aufzugeben und sich unter die Macht eines anderen zu begeben. Früher oder später mußten sie dann demjenigen oder derjenigen an der Macht zu Munde reden und *offensichtlich* nett, artig und klug sein und sich den entsprechenden Forderungen anpassen. Kurz: sie mußten sich den anderen anpassen und gleichzeitig selbst verstecken, d.h. ihre Affekte, Empfindungen und Impulse. Dadurch verloren sie sich selbst, ihren spontanen Kontakt, ihre Erfahrung und ihr Wissen von sich selbst und ihren Körpern. Sie wurden von denen, denen sie sich anpaßten, abhängig, abhängig von deren Einschätzung, deren Zustimmung und deren regelmäßigem, *positivem* Feedback. Wenn sie dieses nicht erhielten, wurden sie depressiv, unglücklich, und kamen in Streß.

Wahres Selbstvertrauen, d.h. Vertrauen in sich selbst, gründet sich auf der wahren, spontanen, direkten Erfahrung von mir selbst, meines eigenen Körpers. Sie kann nicht durch irgendetwas anderes ersetzt werden.

Verhüllen, Verstecken und Unterdrücken

Ein anderes Thema war das *Verstecken*. Die Klienten versuchten anfangs mehr oder weniger ihre Verhaltensneigungen zu verstecken. Sie wollten sie nicht *enthüllen*. Daß sie es als eine Enthüllung spürten, entstand genau aus ihrer Basis des Verhüllens und des Versteckens von sich selbst, ihrer Körper und ihrer spontanen Handlungen.

In meinem früheren Büro gab es eine Nische zwischen einem großen Schrank und der vorspringenden Wand. Diese Nische bot vielen meiner Klienten die Möglichkeit, sich zu verstecken. Und genau hier, in dieser Nische, fühlten einige von ihnen ihre Anstrengungen und ihre Bemühungen, die sie dabei hatten, sich selbst in die Nische hineinzudrängen. Einige versuchten sogar, sich zwischen die Rückwand des Schrankes und die Wand zu zwängen und arbeiteten einige Sitzungen daran.

Diese Erlebnisse sagen einiges über die Kraft und Anstrengung aus, die die Klienten darin investierten, wegzugehen und auch in den Versuch, sich zu verstecken. Wenn sie versuchen, ihr Weggehen zu verstecken, tun sie das, indem sie vorgeben, hier zu sein. Ihre Körper sind da, so offensichtlich sind sie da. Aber das ist ein Irrtum. In ihren Gedanken sind sie weit weg und sogar in ihren Gesprächen sind sie manchmal weit weg. Sie denken und sprechen über irgendetwas in der Vergangenheit oder der Zukunft, über etwas außerhalb des Therapieraumes und über etwas vom *Hier-und-Jetzt* entfernten.

Wenn sie diese vom Klienten investierten Anstrengungen und Bemühungen erkennen und anerkennen werden sie, so denke ich, keinerlei Körperarbeit machen, bevor dies nicht geklärt ist.

Die Spannungen im Körper des Klienten sind solche Bemühungen, die bestimmten Absichten dienen. Fehlen die Spannungen, hat der Klient sie und seine Aggression aufgegeben, er hat resigniert und ist mehr oder weniger depressiv.

Reich entdeckte, daß die Unterdrückung von Körperspannungen aufrechterhalten wird. Ich sage nun, daß die Spannungsmuster die Unterdrückung (Repression) *sind*. Und ich gehe noch ein Stück weiter und behaupte, daß die *Unterdrückung das Verstecken und Verhüllen der Person ist*, unterstützt durch die härtesten Bemühungen, durch Wille, durch Absicht und Motiv, obwohl der Klient dies oft vor sich selbst versteckt. Oder er hat *all dies aufgegeben* und versteckt es auf diese Art.

Ich habe bis jetzt nur über die Handlungen und Aktivitäten des Klienten im

Hier-und-Jetzt geredet, über ihre *Art zu sitzen*, sich anderen *anzupassen, wegzu-gehen* und sich auf ihre Art und Weise *zu verstecken* und über die Bemühungen, die sie anstellten oder über ihr Aufgeben der Bemühungen und ihr Hypotonisch-, Resigniert- und Depressivwerden.

Ich möchte diese vom Klienten angestrengten Aktionen und Aktivitäten nicht verhüllen, indem ich irgendeine "Körperarbeit" mache oder irgendeinen "Körper-kontakt" gebe oder überhaupt eine körperliche Berührung. Ich berühre sie jedoch durch meine *Worte*, indem ich sie auf ihre körperlichen *Haltungen, Aktivitäten, ihr "Ich will" und ihr "Ich will nicht" aufmerksam mache.*

Übertragung

Ich erwähnte in meiner Einführung, daß ich normalerweise nicht in Übertra-gungsbegriffen denke und daß ich meine Alternativen vorstellen würde.

Die psychologischen Aspekte all dessen, was bisher erwähnt wurde, lassen sich in der dynamischen Psychotherapie unter die Begriffe Übertragung und Übertra-gungswiderstand subsummieren. Der Psychotherapeut beschäftigt sich dabei selten mit den aktuellen Handlungen des Patienten, sondern mit den Ergebnissen dieser Handlungen. Die verschiedenen Arten des Sitzens und des Widerstehens *gegen* den emotionalen Eindruck der verbalen Kommunikation wird als Übertragung, als Widerstand gegen das Intellektualisieren betrachtet. Sie haben diese Haltung wäh-rend ihrer Beziehung mit den Eltern oder wichtigen Bezugspersonen entwickelt. Um sie als Übertragung und Übertragungswiderstand behandeln zu können, müssen sie der Haltung Gelegenheit geben, sich zu entwickeln und zur angemessenen Zeit vorschlagen, daß diese Art und Weise, sich anderen Menschen gegenüber zu verhalten, zuerst in der Beziehung zu ihren Eltern auftauchte. Tatsächlich entwik-kelten sie sie, um ihnen zu begegnen. Tatsächlich müssen sie sich mit dieser Beziehung zu ihren Eltern beschäftigen, sie verändern und möglicherweise regres-sive Prozesse entwickeln.

Dasselbe gilt für die selbstgenügsamen Klienten, die den unteren Kreis schlie-ßen, indem sie ihre Füße übereinander legen und den oberen Kreis schließen, indem sie ihre Arme und Hände gekreuzt halten. Und genau das tun sie in ihrem Verhalten anderen gegenüber, sie sind nett, freundlich, klug, wandern mit ihren Gedanken und reden, so sind sie in ihrer Resignation und Depression.

Dies ist aber nur die eine Seite der Münze. Wie sieht die andere aus? Hier finden wir die häßliche, die kritische, die aggressive, die unzufriedene, die fordernde und die narzisstische Seite.

Die Vorderseite der Münze ist die Vorderseite der Person, so wie sie anderen gegenübertritt, so wie sie eigentlich die Vorderseite aufgegeben und sich ins Innere des Körpers zurückgezogen hat. Die Rückseite der Münze ist die Rückseite der Person mit all den starken Spannungen im Rücken, aber gewöhnlich ohne eine Wahrnehmung davon. In Übertragungsbegriffen gesprochen ist sie die *negative Übertragung.*

All dies ist die Basis des Kontaktes des Klienten mit Ihnen als Therapeut. Es ist wichtig *zum Basiskontakt* zwischen Klient und Therapeut zu gelangen, denn auf ihm ruht die ganze restliche Therapie. Wenn sie therapeutisch mit der Übertragung und in ihr arbeiten ist die Übertragung das Medium innerhalb dessen die Therapie fortschreitet. Das gilt umso mehr, wenn sie innerhalb der Übertragungsneurose arbeiten. Bei *Wilhelm Reich*'s Charakteranalyse ging es ursprünglich um die Herstellung der Übertragungsneurose (Reich, 1950). Diese ist innerhalb der Körperpsychotherapie jedoch kaum relevant, wo mit den eher eingeschränkten Übertragungsphänomenen, die in der Therapie auftauchen, gearbeitet wird.

Natürlich entwickeln die Klienten ihre Arten, Weisen und Hilfsmittel in Beziehung zu ihren Eltern und anderen wichtigen Bezugspersonen und wir treffen auf diese Arten und Hilfsmittel in der Therapie. Aber sie haben dies ja nicht nur einmal getan, in der Vergangenheit. Sie wiederholen es täglich neu, mehrmals am Tag oder auch die ganze Zeit. *Freud* schrieb über den *Wiederholungszwang* (1926), *Alice Miller* schrieb über das Wiederholen des Traumatischen und Dramatischen durch die ständige *Wiederaufführung* (1981).

Im Gegensatz zu diesen beiden sage ich ihnen jedoch, daß es nicht nötig ist, dies mit Hilfe der Übertragung des Klienten auf Sie zu bearbeiten. Was Sie tun müssen ist: Machen Sie ihm bewußt, wie er *Hier-und-Jetzt ist, hier vor Ihnen* und *machen Sie ihm bewußt*, was er mit sich selbst macht und möglicherweise auch, was er mit Ihnen macht und machen Sie ihm seine Identität bewußt, die den grundlegenden psychotherapeutischen Kontakt mit Ihnen als Körperpsychotherapeut bestimmt. Er wird auf irgendeine Art und Weise darauf reagieren, wahrscheinlich dagegen ankämpfen oder weggehen. Sie müssen dann damit arbeiten.

Dem Klienten muß natürlich klar sein, daß er eine Lebensgeschichte hat, daß er Erfahrungen gemacht hat, die ihre selbstauferlegten Spuren hinterlassen haben (Ich werde zu diesem "selbstauferlegt" in Kürze kommen).

Vor einiger Zeit hatte ich einen Klienten, der immer hereingerauscht kam und seine Jacke auf dem Weg zu "seinem Stuhl" auszog. Er zog diesen Stuhl dann nach vorne, hing seine Jacke über die Rückenlehne und setzte sich ziemlich nahe vor mich hin. Das zeigte seine Abhängigkeitsbedürfnisse und sein Bedürfnis nach Nähe. Andererseits war er ziemlich schnell kurz angebunden, selbstbezogen und selbstgenügsam. Was immer ich ihm auch sagte und bewußt zu machen suchte, wies er auf unfreundliche Art und Weise zurück. Ich spürte, daß ich eigentlich zornig mit ihm werden sollte, aber ich tat es nicht. Er spielte also für einige Zeit dieses Spiel mit mir, bis ich ihm doch seine Selbstbezogenheit und Selbstgenügsamkeit zusammen mit seiner Körperhaltung, also seinen Beinen, Armen und Händen, die den Kreis schlossen, bewußt machen konnte. Nach einer Weile öffnete er seine Beine, hakte seine Füße aber um die Stuhlbeine herum und hielt sich zurück.

Er beklagte sich dann darüber, daß er nichts aus seiner Vergangenheit, seiner Kindheit, der Schulzeit oder sogar von den Orten, in denen er als Erwachsener wegen seiner verschiedenen Berufe gelebt hatte, wusste. Mit der normalen Suche kamen wir nicht weiter. Ich wagte die Frage, ob das Hängen seiner Jacke über die

Rückenlehne möglicherweise etwas mit seiner massiven Erinnerungslücke zu tun haben könnte. Sofort trug er seine Jacke in den Warteraum und hing sie dort auf. Ich machte ihn darauf aufmerksam, daß er auf diese Weise etwas von sich selbst wegtat und uns so von der Erforschung der Bedeutung des Ortes, wo seine Jacke hing, wegführte. Da brachte er sie wieder herein. Gewöhnlich können Klienten das, was sie getan haben, nicht wieder unwirksam machen. Aber manchmal gelingt es. Es kommt auf ihr persönliches Interesse am Thema an. Diesesmal gelang es. Als er sich in den ersten Stuhl setzte, hing die Jacke an der Rückenlehne des zweiten Stuhles.

Über die ganze Sache nachdenkend, drehte er sich zu der Jacke hin und damit von mir weg. Die Jacke wurde zum ersten Thema. Das wurde ihm nun zum ersten Mal klar. Er mochte die Jacke eigentlich nicht, aber o.k., er trug sie. Etwas später wünschte er sich eine neue zu kaufen, die er mögen würde. Aber fast zu sich selbst sagte er, daß er warten würde, bis dieser Prozeß zuende sei.

In der Mitte all dessen wurde ihm bewußt, daß ihm als Kind und auch in seiner Jugend nie erlaubt war, seine eigenen Kleider auszuwählen. Seine Mutter hatte es getan. Nun stiegen seine Resignation, sein Widerstand und seine Aggression auf. Er erinnerte sich auch an sein scheues Wesen und seine Einsamkeit und damit wurde seine Depression klar. Es wurde bald klar, daß er sich, wenn er zurückschaute, und das tat er ja buchstäblich in der Sitzung (auf die Jacke an der Rückenlehne), an sein vergessenes Leben erinnerte. Anfangs konnte er sich mir nur für kurze Perioden zuwenden, um nicht den Kontakt mit der Vergangenheit zu verlieren.

Er experimentierte mit der Jacke, hing sie auf denselben Stuhl auf dem er saß, zog sie an, hing sie in den Warteraum. Solange er mit der Jacke im Kontakt war, erinnerte er sich an seine Vergangenheit. Sobald er diesen Kontakt verlor, verlor er auch den Kontakt mit seinem vergangenen Leben. Bald jedoch konnte er ohne direkten Berührungs- oder Sehkontakt mit der Jacke zurückschauen. Es reichte aus zurückzuschauen, um sich zu erinnern.

Wenn Sie wollen, können Sie dies als Übertragung in Beziehung auf seine Mutter betrachten. Ich betrachte es jedoch als seine *Identität* . Er war ein Mensch, der anfangs keine Erfahrung mit seiner Vergangenheit hatte. Erlebnismäßig und existentiell hatte er keine Vergangenheit. Er hatte sich dies auferlegt auch wenn es eine Reaktion auf seine Mutter war.

Der hier dargestellte Prozeß basierte immer auf dem *Hier-und-Jetzt* in einer Körperpsychotherapiesitzung. Auch das, was er über seine Mutter und sich selbst erzählte, wurde in die *Hier-und-Jetzt*-Situation gebracht. Es geht immer darum, was der Klient mit sich tut oder nicht tut.

Während des Prozesses veränderte sich seine Identität. Mein Klient wurde zu *einem Menschen mit einer Vergangenheit, mit einer Lebensgeschichte*. Er fuhr schließlich mit seinem Auto zu den verschiedenen Plätzen, wo er gelebt und gearbeitet hatte. Er erkannte sie alle wieder, aber gleichzeitig war ihm, als sehe er sie zum erstenmal. Erst jetzt erlaubte er ihnen, irgendeinen Eindruck auf ihn zu machen. Er spürte, daß er Jahre seines Lebens verschlossen hatte, Jahre, die, ohne daß er es bemerkt hatte, vorbeigegangen waren. Als er in seinem Leben eine gewisse Kontinuität erreicht hatte, wurde er depressiv und fühlte den Schmerz über seine Einsamkeit, obwohl er verheiratet war und zwei Kinder hatte. Vorher hatte er dies nie gespürt. Er hatte immer nur geschmollt und sich über andere beschwert.

Ich ließ ihn so sein und blieb mit ihm zusammen und wir hatten unseren Austausch. Als er ungeduldig wurde und sich beklagte, wie belastend das sei, stimmte ich ihm zu. Ich machte ihm bewußt, seit wie vielen Jahren er so war, auch wenn er dies vor sich selbst und den anderen verborgen hatte. Dies war ein Aspekt seiner Identität. Bevor ich mich nun mit der Identität beschäftige, möchte ich einiges über Spaltungen im Organismus sagen.

Die Spaltungen im Organismus

Durch das, was ich oben sagte, ist klar geworden, daß wir Beziehungen mit uns selbst und unserem Körper haben. Das führt zu bestimmten Problemen, hauptsächlich zu Spaltungen im Organismus.

Es gibt vier Haupt-Spaltungen:

1. Zwischen dem Kopf und dem restlichen Körper hauptsächlich am Nacken (s. *David Boadella, Mesoderm, Ektoderm, Endoderm*; 1987).
2. Zwischen den Augen und dem Körper. Wenn jemand systematisch andere Menschen und die Umgebung beobachtet, beinhaltet das immer ein von sich selbst Wegsehen. Wenn er gleichermaßen systematisch seine Augen schließt, schließt er seine Augen für sich selbst. Sowohl das von sich Wegsehen als auch die Augen vor sich selbst verschließen beinhaltet, daß er sich selbst nicht beachtet.
3. Zwischen dem Gehirn und dem restlichen Körper. Er betont seine intellektuelle Kapazität (Ektoderm), sein Denken und Reden und wandert in seinen Gedanken und Reden über äußerliche Dinge von sich selbst, von seinem Körper und dort, wo er existentiell ist, weg.
4. Zwischen den äußeren Teilen des Körpers und den inneren Teilen. Die äußeren Körperteile funktionieren dann als Wände, Deckel und Boden eines Containers (Behälters), während die inneren Teile der Inhalt sind, versteckt vor anderen Menschen und oft auch vor sich selbst. *James Healy* hat darüber in seinem Vortrag *"Die Therapeut-Klient-Beziehung. Der Kontext der Körperpsychotherapie"* auf dem *II.Europäischen Kongreß für Körperpsychotherapie* in Seefeld gesprochen (bezüglich Borderlinern). Ich sehe dies jedoch als ein allgemeines Problem an. Je lebhafter und kraftvoller der innere Inhalt ist, desto höher ist der Druck. Der Container ähnelt also einem Dampfkochtopf oder einer Dampfmaschine, die ab und zu den Druck vermindern und Dampf ablassen muß. Es geht jedoch eigentlich darum, die inneren und äußeren Teile zu einer einzigen

pulsierenden Einheit werden zu lassen.

Der Orgasmus-Reflex ist ein Beispiel für diese pulsierende Einheit *(Wilhelm Reich, Charakteranalyse,* 1950; *Die Funktion des Orgasmus,* 1961; *Gerda Boyesen, Primary personality and the streamings,* 1972; *Mona Lisa Boyesen, Psychoperistaltik,* 1974; s.a. *Malcolm Brown, The healing touch; Jerome Liss, Horizontal grounding,* 1989).

Identität

Reich schrieb, daß der Charakter die Gesamtsumme der Arten und Weisen des Seins eines Menschen ist (1950). Das bedeutet, wie er *ist*. Ich sage, wie ein Mensch *ist*, das ist seine *Identität*.

Die Identität ist immer etwas schon lange bestehendes, seit der Kindheit oder der Jugend oder späteren traumatischen Ereignissen. Ein Mensch ist sich gewöhnlich seiner Identitäten teilweise oder ganz unbewußt. Nichtsdestoweniger suchen wir dauernd nach ihnen, ob sie nun gut oder schlecht sind. Die Identität ist immer umfassend und niemals teilweise oder relativ. Wenn sie sich ihrer Identität bewußt werden, wird sie als etwas nie Endendes erlebt. "Ich werde für immer so bleiben, für den Rest meines Lebens bis ich im Grab liege". Klienten sagen häufig, daß sie ihre Identität nicht verändern können. Sie erleben dann Hoffnungslosigkeit, Verzweiflung, Bedeutungslosigkeit und Absurdität. Sie halten das nicht aus und werden oft suizidal. Diese Erfahrungen sind stark und von existentieller Bedeutung. Entsprechenderweise sind die korrespondierenden therapeutischen Prozesse essentiell.

Die Geographie des Raums

Indem ich während der Therapiesitzung keinerlei Instruktionen gebe und es dem Klienten überlasse, ob er herumgehen, stehen, sich niedersetzen oder sich hinlegen will, wird die Geographie des Raums wichtig und von existentieller Bedeutung. Sein Verhalten im Therapieraum wird von seiner Identität bestimmt. Es ist bedeutsam, *wo* im Raum, dem existentiellen Raum oder Feld des Klienten, er sich hinsetzen will. Wenn er sich in eine Ecke setzt, mag dies sein Verstecken andeuten. Nicht selten fühlt er sich wie eine Maus in ihrem Loch am Boden oder daß man ihn in eine Ecke hineingezwungen hat. Wenn er an eine Wand gelehnt sitzt, mag dies andeuten, daß er die Unterstützung dieser Wand braucht oder aber gegen diese Wand gepreßt wird. Wenn der Klient sich in einem Stuhl an die Seite des Raumes setzt, kann dies andeuten, daß er sich selbst beiseite setzt. Wenn er den Stuhl von der Wand wegzieht, kann dies heißen, daß er dieses Sich-selbst-beiseite-Drücken bekämpft. Den Stuhl nach vorne zu ziehen kann bedeuten, daß er sich ausgestellt, ausgeliefert und verletzlich fühlt oder aber auch, daß er konfrontiert. Im fortgeschrittenen Stadium der Körperpsychotherapie kann dies aber auch Nähe andeuten, möglicherweise alternierend mit Konfrontation. Oder er setzt sich nahe an den Therapeuten, wie bei dem bereits erwähnten Klienten, was eventuell Abhängigkeitsbedürfnisse offen legt. Wenn er in der Mitte des Raumes sitzt, bedeutet dies eventuell, daß er immer im Zentrum der Ereignisse steht.

Vor einigen Jahren hatte ich eine Klientin, die in der Mitte des Raumes auf der Couch saß. Sie beklagte sich darüber, daß ihre Kinder wegen allem und jedem zu ihr kamen und völlig abhängig von ihr waren, auch wenn sie anderweitig sehr unabhängig lebten. Sogar ihr Ehemann konsultierte sie wegen irgendwelcher Nichtigkeiten, obwohl er sonst ziemlich selbständig arbeitete. Er war in seinem Beruf Topmanager. Sie wunderte sich darüber. Eines Tages kam sie völlig aufgeregt und erzählte, daß eines ihrer Kinder den Vater wegen irgendetwas gefragt und dieser seine Zustimmung gegeben hatte. Sie erfuhr erst später davon und war sehr wütend, denn sie war mit der Entscheidung ihres Mannes nicht einverstanden. Man hätte sie fragen müssen, damit sie ihre Meinung hätte sagen können. Sie fühlte sich beiseite gestellt und übergangen, weil ihr Mann es gewagt hatte, sich die Freiheit zu nehmen etwas zu entscheiden, ohne sie zu fragen oder das Kind an sie zu verweisen.

Ihr Thema war damit klar: Sie saß in der Mitte des Raumes. Sie hatte sich selbst vom Rande, zu dem sie gehörte und den sie bekämpfte, weggezogen. Damit war sie nun im Zentrum und eine zentrale Person. Ich machte sie auf diese Beziehungen aufmerksam. Sie griff dies auf, blieb sitzen und konnte dadurch noch mehr Erfahrungen dessen, was sie mit sich selbst und anderen machte, machen.

Sie war gut ausgebildet und hatte eine ziemlich unabhängige Position in ihrem Beruf mit gutem Einfluß auf die laufenden Geschäftsangelegenheiten. Sie war jedoch ärgerlich auf ihren Abteilungsleiter, der sie nicht genügend konsultierte und informierte. Sie wurde sich nun klar darüber, daß sich dies ebenso auf ihr Bedürfnis im Zentrum zu stehen bezog. Sie erfuhr nun, daß dies für fast alle ihre Beziehungen galt.

Im Laufe des Prozesses zog sie sich von der Couch zurück, lehnte ihren Rücken an die Wand, streckte ihre Beine aus und spreizte sie. Sie beklagte sich nun darüber, wie hin- und hergerissen sie zwischen ihrem Job, all der Extraarbeit und ihrem Familienleben, dem Ehemann und den Kindern war. Sie wußte nicht, worauf sie sich konzentrieren sollte und ob vielleicht eine Veränderung im Beruf anstand.

Sie fühlte sich auch in Beziehung zu ihren Kindern gespalten, sie wußte nicht, wem sie in deren Konflikten beistehen sollte. Außerdem war sie auch gespalten in Beziehung zu ihrem Ehemann, den sie liebte und einem anderen Mann, den sie bewunderte. Sie fühlte sich von ihm sexuell angezogen und konnte sich gut vorstellen, eine Affaire mit ihm zu haben. Wenn aber ihr Mann davon erfahren würde, wäre er sehr verletzt.

Wie Sie sehen, war ihre Spaltung vollständig. Ebenso in ihrem Körper so wie sie dasaß und wie sie ihre Beine spreizte, sodaß sie völlig offen war. Ich machte sie darauf zu gegebener Zeit aufmerksam. Wir können hier nun über Übertragung reden und die Struktur einer entsprechenden Therapie, die mit ihrem Sein im Zentrum und ihrer Spaltung umgehen würde. Oder wir können in Begriffen der traditionellen charakteranalytischen Vegetotherapie oder der Bioenergetik denken und körperlich mit Massage an den verschiedenen muskulären Spannungen arbeiten, mit Streßpositionen und ähnlichen Übungen, um ihre Erdung zu verbessern.

In beiden Fällen verleugnen wir jedoch, was die Klientin tatsächlich mit sich selbst macht. Sie setzt sich selbst in die zentrale Position und tut alles, was dazu gehört. Außerdem spaltet sie sich ganz aktuell, indem sie ihre Beine spaltet und alles, was das beinhaltet. Das, was sie mit sich selbst tut, wird nur in der *Hier-und-Jetzt*-Situation offensichtlich und nur dann, wenn sie sich selbst überlassen bleibt in dem, was sie tut, ohne daß irgendwelche Suggestionen oder Instruktionen gemacht werden. Nur so kann ihre Identität auftauchen. Indem sie sie ist, im Kontakt mit sich ist, erfährt sie ihre verschiedenen Aspekte und erkennt sie als wahr, genauso wie die Schmerzen, Konflikte und Sorgen, die sie verursachen. Die können dann tatsächlich ohne jegliche körperlichen Interventionen spontan verschwinden. In bezug auf ihre Identität erscheinen Veränderungen spontan.

Fast jedes Phänomen kann Identität sein. *Die Identität ist ein essentieller Teil dessen, was in der psychodynamischen Therapie als Übertragung oder möglicherweise als Widerstand angesehen wird.* Ich möchte einige Identitäten deutlich machen und sie ein wenig näher untersuchen: "Anderswo sein", "gegensätzlich sein", "der Angegriffene sein", "der Prüfer sein", "der Kämpfer sein", "der Container sein", "nichts sein", "eine Leiche sein" (Grönseth, 1991).

"Anderswo sein" ist eine sehr beschwerliche Identität. Wenn der Körperpsychotherapeut diese Klientin auf irgendetwas aufmerksam macht, sind sie sofort und automatisch anders und erleben, daß der Therapeut falsch liegt. Es ist eine Frage der Einschätzung, ob und wann der Therapeut die Aufmerksamkeit auf die Tatsache lenkt, daß in der Meinung des Klienten der Therapeut immer falsch liegt und ob der Therapeut nun den Klienten mit dem, was er tatsächlich gesehen hat, konfrontiert. Wenn der Klient auf ein anderes Thema ausweicht, kann der Therapeut den Fokus verändern oder den Klienten auch damit konfrontieren.

"Der Angegriffene" wird sofort und automatisch den ganzen Körper zusammenziehen, sich gegen den Therapeuten wenden und angreifen. Oder er wird ganz ähnlich mit einer Spannungsreduzierung, verstärkter Hypotonie und zunehmender Resignation antworten. Der Klient gibt buchstäblich seine Spannungen und möglichen Tendenzen, sich anzuspannen, auf. D.h. er gibt seine Stärke, seine Kraft, seinen Protest und mögliche Flüche ab und auf und reduziert seine Sympathikus-Aktivitäten. Protest und/oder Verfluchung gehört zu jeder vergrößerten Spannung. Beide, also diejenigen, die mit verstärkter Spannung und verstärkter Sympathikus-Aktivität antworten und die, die mit Spannungsreduzierung antworten, neigen dazu, sich verletzt, abgelehnt, gedemütigt und unverstanden zu fühlen und reduzieren die Aktivitäten des vegetativen Systems. Denn sie haben ja ein "Recht" darauf, verstanden und unterstützt zu werden. Dies ist die narzisstische Reaktion. Der Gegenangriff, die Aggression und die Wut ist die narzisstische Wut, weil sie verletzt und beleidigt sind. Die Spannungsreduzierung mit der vergrößerten Resignation ist die depressive narzisstische Reaktion.

Eine nur schwer zu fassende Identität ist die des *"ein anderes Mal"*. Immer zum Ende der Sitzung kam eine Klienten zu einem wichtigen Thema. Die Antwort mußte natürlich sein: "Wir werden darauf ein anderes Mal zurückkommen". Das tat sie auch, immer am Ende der Sitzung. Dies könnte als Widerstand interpretiert werden. In der psychodynamischen Therapie wird dies so interpretiert. Meine Frage war, wie sucht sie, indem sie dies ständig wiederholt, nach ihrer Identität? "Wiederholend...? - Nein - Was ist die essentielle Botschaft? - Sie kommt nie zu ihr... du Narr", sagte ich schließlich zu mir, "du weißt doch, daß du nach der Hier-und-Jetzt-Botschaft suchen mußt - Gut, aber sie sagt doch jedesmal 'ein anderes Mal'! - Natürlich, da hast du es doch. Die Botschaft ist 'ein anderes Mal'. Sie ist ein 'ein anders Mal-Mädchen'". Sie erlebte sich selbst als einen ziemlich gutwilligen Menschen, während die anderen sie ziemlich ablehnend erlebten, weil immer dieses "ein anderes Mal" kam. Sie sagte selten Nein.

Oder *"die Versuchende"*. Sie war immer gutmütig und riskierend, immer ihr Bestes versuchend. Sie spürte, daß sie in ihrer Arbeit im Gesundheitsbereich Erfolg hatte, aber sie fühlte sich anderweitig nicht erfolgreich. Ihre Fähigkeit zum Erfolg in der Arbeit bezog sich auf die Tatsache, daß ihre Hauptsorge dort andere Leute waren und nicht sie selbst. Wenn sie selbst das Hauptthema war, hatte sie niemals vollen Erfolg, auch wenn sie hart daran arbeitete. Eine "Versuchende" zu sein, d.h. jemand, die dauernd etwas nur versucht, ist jemand, die den Erfolg zurückhält und vermeidet, denn sie kann keine "Versuchende" mehr sein, wenn sie erfolgreich ist. Denn dann gibt es nichts mehr zu versuchen. Deshalb muß sich zuerst ihre Identität ändern, bevor ihr Sein ihr einen Erfolg erlauben kann.

Das gleiche gilt für den *"Wartenden"*. Das, auf das er wartet, darf nicht erscheinen, denn dann hat er ja nichts mehr, auf das er warten kann. Wenn sich das ändern soll, muß sich seine Identität des "Wartenden" ändern.

Erleben versus Denken

Unsere Beziehungen zu uns selbst, zu unseren Körpern sind entscheidend für unsere kognitiven Stile, für unsere Art zu denken. Sie sind unser grundlegender Bezugsrahmen, unsere Reaktionsbasis (Reich, 1950). Auf dieser Basis verstehen und begreifen wir uns selbst, unsere Körper, andere Menschen und unsere Umgebung im allgemeinen. Unsere Beziehungen zu uns selbst, zu unserem Körpern sind entscheidend für unseren Gedankenstrom.

Die neuen Erlebnisse, die wir haben, empfangen wir und verstehen wir innerhalb von Gedankensystemen, die wir bereits haben und es ist überhaupt nicht leicht, über diese bereits bestehenden hinauszugehen. Dies betrifft alles, über das ich hier spreche. Wenn wir die neuen Erfahrungen nicht in die alten integrieren können, neigen wir dazu, sie herunterzuspielen und abzulehnen. Das passiert im alltäglichen Leben, aber auch in der Wissenschaft, wenn es darum geht, Paradigmen zu verändern (*Thomas S.Kuhn, The structure of scientific revolution*, 1970). **Reich** hatte damit auf schwerwiegende Art und Weise zu tun (*Myron Sharaf, Thoughts about Reich*, Journal of Orgonomy, 15, S.96-107, 1981). Ich betrachte meinen Ansatz der Körperpsychotherapie - die *Existentielle Charakteranalytische Vegetotherapie* - als

Paradigmenverschiebung in bezug zur traditionellen Charakteranalytischen Vegetotherapie von Wilhelm Reich.

Es gibt noch andere Wege des Verstehens als über unsere mehr oder weniger logischen und systematischen Gedanken, nämlich hauptsächlich durch die direkte und unmittelbare Erfahrung von uns selbst, unseren Körpern und der uns umgebenden Welt, durch die Wahrnehmung unserer Empfindungen, Erlebnisse und Gefühle. Diese Veränderungen erscheinen häufig in der Therapie.

Durch das Zuhören und Hereinnehmen dieser direkten Erfahrungen gehen wir hindurch, lernen viel und haben die Möglichkeit, die Gedankensysteme zu überschreiten und uns selbst zu bereichern.

Es werden häufig Erfahrungen sein, die nicht in unsere normale Art, die Dinge zu sehen, hineinpassen. Es können auch Hinweise oder Verbindungen sein, die unklar sind oder nicht hineinpassen. Es können Paradoxe sein, die kaum zu fassen sind. Sind wir dafür offen, wird sich unser Verstehen und unsere Konzeption verändern, Gegensätzliches kann sich versöhnen oder auch gleichzeitig nebeneinander bestehen ohne im Konflikt zu sein. Es mag auch geschehen, daß das, woran wir glaubten, vielleicht sehr intensiv glaubten, unvollständig oder völlig falsch ist und daß unsere direkten und unmittelbaren Erfahrungen und Empfindungen sie korrigieren und unsere Gedankenlinien anpassen.

Wir müssen auch unsere Unwilligkeit und unseren Protest gegen Veränderung und Neubetrachtung miteinbeziehen. Wir hören ja des öfteren und sagen es vielleicht selbst:

Ich glaube meinen Augen nicht.
Ich glaube meinen Ohren nicht.
Ich glaube meinen Sinnen nicht.
Ich glaube meinen Erfahrungen nicht.

Das sagt etwas über den Mangel an **Glauben** an uns selbst (*Alexander Lowen, Fear of Life*, 1980).

Es kann jedoch anders sein, als wir es lernten, als wir dachten oder glaubten und es ist gar nicht so einfach zu glauben. Wir werden vielleicht ganz neu denken müssen.

Wir können über uns in der Vergangenheit nachdenken, über das was vor einem Moment geschah, was auf dem Weg hierher geschah, was zuhause passierte, was vor einer Woche, im letzten Jahr oder als wir klein waren geschah usw. Wir können auch über unsere Zukunft nachdenken, über das, was wir danach tun werden, was wir heute abend tun werden oder an Weihnachten oder im nächsten Jahr etc.

Wir können aber nicht über das, was **Hier-und-Jetzt** in diesem Moment geschieht, nachdenken! Aber wir können zu uns selbst durch den direkten und unmittelbaren Kontakt, mit dem Erlebnis und den Empfindungen von uns selbst, von unseren Körpern, kommen.

Das direkte und unmittelbare Erleben und Empfinden von uns selbst, von unseren Körper ist eine ganz andere Art des Verstehens als durch das systematische logische Denken. *Das ist entscheidend!*

Eugen Herrigel schreibt in *"Zen in the art of archery"* (1971) über Zen: "...und ist keineswegs Spekulation, sondern unmittelbare Erfahrung dessen, als bodenlosem Boden des Seins, was nicht mit intellektuellen Hilfsmitteln verstanden werden kann und deshalb auch nicht nach den unzweifelhaftesten und unbestreitbarsten Erlebnissen interpretiert werden kann: man weiß es, weil man es weiß".

Die Erlebnisse sind von ihrem Weg durch den Körper abhängig, damit eben diese körperlichen Phänomene zum Gehirn oder zum Bewußtsein und zur Bildung von Worten gelangen können.

Die wohlbekannten Segmente von **Reich** blockieren den Fluß von Strömungen und Bewegungswellen in Organismen und behindern die freie sexuelle Funktion und den Orgasmusreflex, sie blockieren und machen es den körperlichen Phänomenen schwer, das Gehirn zu erreichen und wahrgenommen oder bewußt zu werden - Erlebnis zu werden, besonders Sexualität und Lust.

Deshalb wird der kognitive Stil in der Körperpsychotherapie ebenfalls essentiell.

Direkte Sinneseindrücke sind im allgemeinen für uns zugänglich:

- um uns zu fühlen, unsere Körper zu fühlen,
- uns zu sehen,
- uns zu riechen,
- uns zu berühren,
- und sogar unser Denken kann gefühlt werden.

Ich beziehe mich hier auf **Reich**, der sagte (1950): "Bewußtsein ist eine Funktion der Selbstwahrnehmung im allgemeinen und umgekehrt".

Das Hier-und-Jetzt und das SEIN versus das TUN

Ich bin sicher, daß es nicht möglich ist, durch logisches Denken zu ergründen "Wie der Klient" und "Wo der Klient" in seinem existentiellen Raum nach seiner Identität sucht. Die Klienten müssen es erleben und sie müssen ihrem Erleben vertrauen, so daß sie sich darauf und auf die Bedeutung stützen können. Dasselbe gilt für ihre spontanen Wortbildungen. Sie müssen jetzt ihren "Neins" Platz lassen und ihnen Zeit geben (ohne ihre spontanen Erfahrungen und Wortbildungen abzulegen). Dies kann nur dort und dann geschehen, in genau diesem Moment.

Das gleiche gilt für die Bedeutung der Aktivitäten des Klienten mit all den darin beabsichtigten Bemühungen und Kräften. Sie können weder nur durch ihre logischen und systematischen Gedankenprozesse zu ihrem Weggehen noch zu ihrem Verhüllen und Verstecken gelangen.

Das letzte Ergebnis und die existentielle Dimension dieses Sich-selbst-Wegtuns ist, wie bereits erwähnt, der Selbstmord. Es geht hier also um eine Sache auf Leben und Tod, etwas, das gar nicht so unschuldig und unbedeutend ist. Es ist weit von dem Reden über oder Handeln mit einem Problem des Klienten entfernt, so wichtig dies auch sein mag.

Es geht hier darum, wie der Klient *ist*, es geht um sein wirkliches *Sein*, hier in dieser Sitzung in diesem Moment. Es geht um das *Sein* versus das *Tun*. Für den Klienten bedeutet das, sich seiner Selbst bewußt werden, seines Körpers, sich selbst zu erleben, seinen Körper, sich selbst Zeit zu geben, zu sein, alle Erfahrungen, die er macht, anzuerkennen und auch zu erkennen, was dies mit dem Therapeuten macht, indem er ihnen Worte verleiht. Das hat nichts mit Über-etwas-Sprechen oder Erklärungen-geben zu tun. Im Über-etwas-Sprechen oder Erklärungen-geben wenden sie sich buchstäblich an den Therapeuten und von sich selbst weg und auch den Erfahrungen, die sie vermitteln wollen. Viele Klienten beklagen sich dann darüber, daß sie sie gerade verloren haben, während andere sehr geschwätzig werden oder zu etwas anderem kommen und deshalb vom ursprünglichen weggehen, von sich selbst, von ihren Körpern.

Viele Klienten werden an diesen Punkten sehr linkisch, bevor sie erfahren, daß sie so nicht sein sollten, daß sie nicht sein sollten wie sie sind, daß ihre Erscheinung nicht so sein sollte oder ihre Laune, ihre Vitalität oder was immer sie auch sein mögen, es sollte nicht so sein.

Und sie sollten ja überhaupt nicht sein, sie sollten ja überhaupt nicht existieren. Es ist wirklich sehr hart, dies zu erfahren. Sie fühlen sich sehr verletzt und verwundet, mit intensiven und gewaltsamen Reaktionen. Ihre Selbstmordneigungen werden gewöhnlicherweise akut. Existentiell ist es jedoch zu spät. Auch wenn sie sich ihr eigenes Leben wegnehmen, werden sie immer noch ein Körper sein, eine Leiche, der spätere Soundso, der der frühere Soundso war. Sie können sich nicht völlig eliminieren. Sie können nur die Nicht-Erfahrung von sich selbst erreichen, was ja zu dem, was sie bisher taten, paßt.

Wenn ihnen dies vermittelt wird, werden sie gewöhnlich zuerst verzweifelt und erleben, daß es wirklich keinen Weg hinaus gibt. Zur gleichen Zeit verstehen sie auch ihre Selbstmordtendenzen besser.

Wenn ihr Stil ist, *daß sie nicht sein sollten*, kommt dies aus ihrer Vergangenheit und wurde von ihren Eltern gesagt oder ihnen im Verhalten ihrer Eltern deutlich. Die Klienten reagieren wirklich sehr intensiv auf diese Wiedererfahrung, häufig mit begleitenden somatischen Symptomen. Die Vergangenheit wurde zu einem Teil des *Hier-und-Jetzt*.

Sie spüren, daß es ihrem Leben an Bedeutung mangelt, trotz all ihrer Anstrengungen, es wertvoll zu gestalten und dadurch ihre Existenz zu rechtfertigen. Und sie erleben ihre Anstrengungen *zu überleben*, was etwas ganz anderes ist als ein selbstverständliches Leben: nämlich einfach leben und lebendig sein, so natürlich und offensichtlich wie die gesunden Herzschläge eines Menschen.

Wenn ihr Stil sich zu dem 'Ich soll nicht sein, ich soll nicht existieren' verändert, kommt dies aus der Gegenwart und ist ihre eigene Sprache. Dies verstehend, reagieren die Klienten gewöhnlich erschrocken, werden sich selbst gegenüber feindlich und verfluchen sich. Denn das ist noch schlimmer als das, was ihre Eltern sagten und taten.

Sie müssen sich nun selbst für den Schmerz, für ihre Verletzung Zeit geben, damit bleiben und es ganz erleben. Hier liegt die Chance, daß sie es allmählich "ausschwitzen" und Ruhe, Fülle und Gefühle der Gnade und intensiven Sexualität einkehren.

Wörter - Sprache

Ich hoffe, daß ich Ihnen mit dem, was ich bisher gesagt habe und mit der Art, wie ich es gesagt habe, die Wichtigkeit der exakten Wortwahl und des Verständnisses, das aus dem direkten und unmittelbaren Erleben, sowohl des Klienten als auch des Körperpsychotherapeuten entsteht, vermitteln konnte. Es geht hier wirklich direkt um den Klienten und den Therapeuten und ihre Körper. Dies macht es zu einer intimen und wirklich direkten Angelegenheit von beiden. Wie ich bereits gesagt habe, unterscheidet es sich wirklich davon, ein Statement oder eine Erklärung abzugeben, und es ist auch keine Interpretation. Und auch wenn eine Metapher verwendet wird, z.B. "du liegst da wie eine Stange", handelt es sich um das Erleben des konkreten Körpers des daliegenden Klienten, ausgestreckt, beschränkt, rigide, solide, ohne Bewegung oder was auch immer der Klient diesem "wie eine Stange sein" zuschreiben mag.

Eine professionelle Definition der eigenen Konzepte, um sie klar, spezifisch und direkt zu machen, ist von großer Bedeutung. Im Zusammensein mit meinen Klienten arbeite ich jedoch anders. Es ist wichtig, alltägliche Worte zu benutzen, die Konnotationen nicht zu begrenzen und sie soweit wie möglich offen zu lassen. Es bleibt dem Klienten überlassen, ob er einige Aspekte der Stange ablehnt und andere hinzufügt. Sie ist ziemlich trocken und hat keine Gefühle. Sie läuft und tanzt ziemlich linkisch und geht nur gestelzt. Die Atmung ist sehr flach und es gibt keine Bewegungen der Brust oder des Bauches, die sichtbar wären etc.

Normalerweise wird davon ausgegangen, daß körperliche Worte und Ausdrücke Analogien, Metaphern und Bilder für das Psychische sind. Das dreht die Tatsachen jedoch um und macht die Worte und Ausdrücke abstrakt, anstatt das konkrete körperliche Sein zu erfassen. Analogien, Metaphern und Bilder stehen immer *für* etwas und d.h. hier, für den konkreten Körper und die damit zusammenhängenden Gefühle und die Kognition.

Wie bereits erwähnt, ist es essentiell, wie der Klient sich auf seine **Identität** bezieht, in diesem Fall, eine Stange zu sein. Er mag dies zu Beginn gar nicht erkennen. Er erlebt es nicht. Nachdem wir einigen Einzelheiten, die wir als Therapeut gesehen haben, Worte verliehen haben, bestätigen wir ihm vielleicht, daß er nicht das geringste davon spürt. Wir mögen dann vielleicht noch etwas anderes besonderes über die Stange hinzufügen - daß sie nicht die Fähigkeit besitzt, zu erleben und daß sie nichts fühlt. Wir fragen ihn, ob er vielleicht generell wenig spürt und fühlt. Wenn er dies bestätigt, ist vielleicht eines der Hauptziele, eine Stange zu werden (denn er wurde ja nicht geboren, um eine zu sein), unangenehme Gefühle und Erlebnisse zu vermeiden. Danach kommen wir vielleicht dazu, exakt herauszufinden, wie er es anstellt, dieses Gefühl der Stange nicht zu haben. Nun wird er vielleicht wütend auf uns und behauptet, daß dies alles falsch sei usw. Wir machen ihm auch dieses bewußt und bestätigen ihn in der Art und Weise, wie er uns denunziert und in der Art und Weise, wie er selbst verdrängt und ablehnt, eine Stange zu sein. Es ist nicht möglich, daß sich an seinem Dasein als Stange etwas verändert, bis er es erkennt und erleben kann, wie es ist, eine Stange zu sein und bevor er nicht seine Anstrengungen erlebt, die nötig sind, um diese Position und seine Absichten, die schmerzen und leiden, ----, und daß er es nicht aktiv verändern kann etc. Er kann sich nun Zeit geben, eine Stange zu sein. Nun können Veränderungen spontan erscheinen, seine Spannungen können sich lösen, seine Atmung vertiefen und spontane Bewegungen hochkommen. Er mag nun zum erstenmal nach langer Zeit Freude in seinem Körper fühlen. Wahrscheinlich wird sich auch seine Stimme und seine spontane Wortwahl verändern, genauso wie seine vegetativen Funktionen. Er wird nie mehr eine Stange sein oder sich wie eine fühlen, seine Schmerzen und sein Leiden gehören der Vergangenheit an.

Das Sein des Therapeuten - ein essentieller Teil der körpertherapeutischen Beziehung

Ich möchte nun das, was ich über den Körperpsychotherapie in der Existentiellen Charakteranalytischen Vegetotherapie und über die Arten seines Seins gesagt habe, zusammenfassen.

Der Therapeut gibt dem Sein des Klienten Raum, respektiert dessen individuelles Territorium ohne engen Kontakt oder Augenkontakt zu fordern, bis dies als Teil oder als Problem des *Hier-und-Jetzt* während des Therapieprozesses sowieso erscheint. Die Absicht des Therapeuten ist es, den Klienten "sein" zu lassen. Die existentielle Dimension ist intrinsisch. Ein Teil davon ist: Laß'ihn so sein, wie er ist und überlasse es ihm, wie er sich benimmt und was er präsentiert, fördere seine Beziehung mit sich selbst/mit seinem Körper, auch wenn dies die Vermeidung oder das Wegtun von sich selbst/von seinem Körper ist.

Der Therapeut ist in der *Hier-und-Jetzt*-Situation präsent (Meduard Boss,Dasein,1963), er schenkt dem Sein des Klienten Aufmerksamkeit, ist mit ihm zusammen, mitfühlendend, teilnehmend (Sullivan,"Der teilnehmende Beobachter",1953). Er muß mit sich selbst/mit seinem Körper sein, genauso wie mit dem Klienten, mit dessen Körper.

Der Körperpsychotherapeut macht den Klienten bewußt, wie sie ganz konkret ihre Körper benutzen, was sie mit ihrem Körper/mit sich selbst tun und benutzt diese Erscheinungsweisen, um die Klagen der Klienten aus einer neuen Perspektive zu sehen und zu erkennen, wie sie aktiv daran beteiligt sind, sie zu erzeugen.

Er bestätigt den Klienten und seine Klagen und erzeugt Beziehungen, Bedeutung und Verständnis, auch wenn dies Zeit braucht, um es zu vermitteln. Der Klient wird natürlich darauf reagieren. Der Therapeut muß sich dann auf diese Reaktionen beziehen, ihnen Worte geben und sie in bezug zu der *Identität* sehen.

Die Art und Weise des Seins des Therapeuten ist in der Existentiellen Charakteranalytischen Vegetotherapie anders als in anderen Psychotherapieformen, auch anders als in der Körperpsychotherapie, weil der Therapeut den Klienten auf verschiedene Phänomene hinweist, indem er seiner direkten und unmittelbaren Erfahrung des Klienten Worte verleiht und so die Phänomene bezeichnet und ebenso ein Verständnis, das spontan in ihm entsteht. Hier geht es also nicht um die Bezeichnung von Charakterhaltungen und Charakterzügen oder Interpretationen, Erklärungen und einem "Darübersprechen".

Der Klient mag eine eigene Erfahrung von sich selbst haben und den Therapeuten korrigieren. Er ist der einzige, der direkten Zugang zu sich selbst über die Erfahrung von sich selbst/seines eigenen Körpers hat. Es ist wichtig, daß der Therapeut sich nicht für einen Experten bezüglich der anderen Person hält und daß es nicht um sein Prestige geht, so daß er sich fixiert und rigide wird, sondern daß er wirklich mit dem Klienten sein kann und dabei flexibel bleibt. Die Korrekturen des Klienten können jedoch auch ein Zurückweisen des Therapeuten und seiner Beiträge sein. Der Therapeut muß in diesem Fall den Klienten darauf aufmerksam machen.

Die psychodynamische Therapie hat sich in den letzten Jahren vorwiegend mit dem Phänomen der projektiven Identifikation beschäftigt. Der Therapeut nimmt die bösen und vergiftenden Kommunikationen des Klienten, verdaut und entgiftet sie und wirft sie im passenden Moment auf den Klienten zurück, ein Fall der Gegenübertragung und wie sie zu behandeln ist (Bion, Second thoughts,1984; Ogden,Thomas H.,Projective identification and psycho-therapeutic technique). In Norwegen werden die Wörter "contain" und "containing" nicht übersetzt. Sie sind Modeworte und im Moment wirklich *in*. Ich kümmere mich nicht um diesen ganzen Lärm. Ich sehe es als persönliches Problem des Therapeuten, mit dem wir uns beschäftigen müssen.

Wenn wir uns als Therapeuten, so wie beschrieben, als "Container" verhalten, wird dies unsere Art der Beziehung mit unseren Klienten bestimmen und wir müssen uns dementsprechend verhalten. Jedoch muß dies nicht notwendigerweise so sein. Alternativ kann der Therapeut, wie bereits erwähnt, präsent sein, kann mit dem Klienten sein, ganz dasein und den Klienten und seine Botschaft direkt und unmittelbar erfahren und dies spontan in Worte fassen. Es ist dann die Frage, ob direkt reagiert oder der Klient so sein gelassen wird.

Vielleicht kann der Klient dahin kommen, sich so sicher und vertrauensvoll mit dem Therapeuten zu fühlen, daß er sich ihm nicht mehr "anbiedern" muß. Er kann den Therapeuten nun sich selbst überlassen. Es ist dann sehr wichtig, daß auch der Therapeut den Klienten lassen kann, daß er sich sich selbst zuwenden und z.B. den Schmerz im Bauch oder die Lust im Becken oder was immer es auch sein mag, spüren kann, vielleicht dadurch ein Ereignis antizipierend.

Der Klient kann dann für sich selbst sein, kann "alleine sein", auch wenn der Therapeut da ist. Was immer er tut oder auch nicht tut, es ist nicht mehr für den Therapeuten, sondern für sich selbst. Es geht nun nicht mehr darum, ob der Therapeut ihn sieht oder hört oder nicht. Der Therapeut sieht ihn und hört ihn. Wenn nicht, sollten wir unsere Augen schließen oder vom Klienten wegschauen.

Es ist essentiell, daß Klient und Therapeut mit der Identität des Klienten sein können, sie durch direkte und unmittelbare Erlebnisse seiner selbst/seines Körpers erleben können, damit sich Spannungen und Reaktionsmuster spontan reduzieren und Unterspannungen ohne manuelle Interventionen aufladen können.

Wir selbst sein hat zwei Konnotationen:

1. Mit uns selbst in Kontakt sein, mit unserem Körper, mit unserer Identität, auch wenn wir versuchen, davon wegzukommen und uns selbst/unseren Körper wegzutun. Das bedeutet, wir versuchen, nicht zu sein.

2. Zu erkennen und anzuerkennen, wer wir sind, sowohl wer wir sind für uns selbst als auch, wer wir für einen anderen Menschen, den Therapeuten, sind. Zu erkennen und anzuerkennen bedeutet auch, etwas, was immer es auch sein mag, Worte zu verleihen und es auszusprechen.

Den Klienten sein zu lassen ist intrinsisch. *Es handelt sich hier nicht um eine Frage des Tuns, sondern um eine Frage des Seins.*

Schlußfolgerung

Auch als Vegetotherapeuten können wir mit unseren Klienten und ihren Körpern nicht alles direkt tun. Und auch die Klienten können nicht alles mit sich selbst tun, ihren Körpern, ohne nicht eventuell auch etwas von sich selbst/von ihren Körpern wegzutun oder zu kompensieren. Das letztere bedeutet immer ein sich auf die eine oder andere Weise Zusammenziehen. Dazu gehören verstärkte Spannungen irgendwo im Organismus und eine verstärkte Aktivität des sympathischen Nervensystems.

Essentiell ist, daß der Klient sich irgendwann Zeit gibt, so zu sein, wie er ist, mit sich selbst zu sein, mit seinem Körper und seiner Identität und damit auch mit seinem Schmerz, seiner Trauer, seinem Haß, seiner Freude und seiner Lust, seiner Sexualität und seinem Vergnügen. Ebenso auch bei der *Art*, wie er sich von sich selbst, von seinem Körper, seiner Identität entfernt und wie er dadurch sich selbst, seinen Körper und seine Identität ablehnt, sich von ihnen abwendet und sie verdammt.

Wenn der Klient mit sich selbst sein kann und nichts mehr die unnormalen Spannungsmuster, Emotionen und physiologischen/ vegetativen Prozesse aufrechterhält, kann es möglich sein, daß Korrekturen spontan eintreten, sodaß der Klient sich selbst erlauben kann, sichtbar zu sein, auf der Basis von Wünschen und Bedürfnissen zu kommunizieren und dies für sich selbst und auch für den Körperpsychotherapeuten anerkennen kann.

Erfahrung und Bewußtsein sind wesentlich, damit Veränderung erscheinen kann. D.h., daß der Kopf mit dem Gehirn präsent sein muß, um die pure Wiederholung des Falschen und der alten Identität zu vermeiden.

Weitere mögliche Korrekturen können den Klienten näher oder völlig zum spontan pulsierenden Organismus führen, z.B. zum Orgasmus-Reflex (Reich,1961; Groenseth,1975). Dies geschieht ohne Massage oder andere manuelle Interventionen gemäß Wilhelm Reich's Prinzipien der Selbstregulation und der Selbstheilungsfähigkeiten des Körpers.

Wenn sie sich ihren Arm oder ihr Bein brechen, wird der Arzt ihr Fleisch *nicht* aufschneiden, um zu den Knochen zu gelangen und er wird auch nichts tun, um die gebrochenen Teile des Knochens wachsen zu lassen. Wenn er dies täte, würde er das Risiko eingehen, die Wachstums- und Selbstheilungskräfte des Knochens zu zerstören und die Fraktur total werden zu lassen. Der Arzt tut stattdessen folgendes: Er bereit dem Wachstumsprozeß ein möglichst günstiges Umfeld, indem er Pflaster oder Gips auf der Außenseite anwendet, um den Arm ruhig zu halten. Die Leiden, mit denen wir zu tun haben, sind garnicht so verschieden davon. Wir können nur unser Bestes tun, um die gegenwärtige Situation in den Sitzungen so günstig wie möglich zu gestalten, um den korrigierenden - und den Heilungsprozeß zu ermöglichen.

* * * * *

Rolf Grönseth ist Klinischer Psychologe und NPF zertifizierter Charakteranalytischer Vegetotherapeut und Supervisor am Forum für Charakteranalytische Vegetotherapie in Oslo. Sie erreichen ihn unter Gyldenlovesgate 16, 0260 Oslo 2, Tel.Norwegen/2/430228.

Literatur

Boadella, David (1987) *"Lifestreams. An Introduction to Biosynthesis"*, London/New York: Routledge & Kegan Paul.

Boss, Meduard (1963) *"Psychoanalysis and Daseinanalysis"*, New York: Basic Books.

Boyesen, Gerda (1972) *"Primary Personality and the Streamings"* in: Energy & Character,3,63-78

Boyesen, Mona Lisa (1974) *"Psycho-peristalsis"* in: Energy & Character,5,5-16

Brown, Malcolm *"The Healing Touch"*

Freud, Sigmund (1926,1959) *"Inhibition, Symptom, Anxiety"*, SE.Vol.XX, London: The Hogarth Press

Grönseth, Rolf (1975) *"Karakteranalytisk vegetoterapi og psykoterapi av barn"*, in: Faleide,A.,Grönseth,R.Urdal,B.(Ed.): Det levande i muskelpanseret, Oslo:Universitetsforlaget.

dto. (1990a) *"Eksistensiell karakteranalytisk vegetoterapi"*. Tidsskrift for Norsk Psykologforening No.11,Vol.27

dto. (1990b) *"Å være - ikke å gjre"*. Intervju med Tone Brevig: Kropp og Psyke. Individ og Samfunn, Oslo, Populærvitenskapelig magasin Nr.9

dto. (1991a) *"Wilhelm Reich ag Sigmund Freud - Fra psykoanalyse til karakteranalytisk vegetoterapi"*

dto. (1991b) *"Eksistensiell karakteranalytisk vegetoterapi"*

dto. (1991c) *"Eksistensiell karakteranalytisk vegetoterapi og kvinner med incestproblemer"*

Faleide, A., Grönseth, E. & Grönseth, R.(Eds.): *"Karakteranalytisk vegetoterapi. I kjlvannet til Wilhelm Reich"*, Oslo: Spartacus Forlag

Healy, James (1989) *"The therapist-client relationship: The context for Body-Psychotherapy"*, Lecture at the 2nd European Congress of Body-Psychotherapy, Seefeld, Austria

Herrigel, Eugen (1971) *"Zen in the Art of Archery"*, New York: Vintage Books

Kuhn, Thomas S.(1970) *"The Structure of Scientific Revolution"* Chicago/London: The University of Chicago Press

Liss, Jerome (1989) *"Vertical and Horizontal Grounding deepened by the sympathetic and parasympathetic 'Rebound' "* in: Energy & Character,20,21-42

Lowen, Alexander (1980) *"Fear of Life"*, New York: Macmillan

dto. (1988) *"The Will to Live and the Wish to Die"* in: Love, Sex and Your Heart, NewYork: Macmillan

Miller, Alice (1981,1984) *"Du skall icke märka"*, Stockholm: Wahlstrm & Widstrand

Reich, Wilhelm (1950)*"Character Analysis"*, London: VisionPress

dto. (1961) "The function of the Orgasm", New York: The Noonday Press

Sharaf, Myron (1981) *"Thoughts about Reich"* in: Journal of Orgonomy, 15,96-107

Sullivan, Harry S.(1953) *"The Interpersonal Theory of Psychiatry"*, New York: W.W.Morton & Co.

KÖRPERSTIMULATION - KÖRPERORIENTIERTE MILIEUTHERAPIE IN EINER KINDERPSYCHIATRIE

von **Arnt W. Halsen**, Frederikstad (Norwegen)

Einführung

Verglichen mit der Bedeutung des Kleinkindalters und der Kindheit für die spätere Charakter- und Symptombildung (*Helfaer* 1988/89, *Lewis* 1976) ist es erstaunlich, wie wenig über die Körperpsychotherapie mit Kindern geschrieben worden ist. Nur drei von 57 Präsentationen dieses Kongresses beschäftigen sich direkt mit Kindern oder Jugendlichen. **Wilhelm Reich** interessierte sich sehr für Kleinkinder und Kinder, jedoch hauptsächlich aus präventiver Sicht. Er hoffte, daß durch Änderungen in der Kindererziehung und den pädagogischen Systemen weniger Panzerung und Pathologie der Erwachsenen entstehen würde. (*Sharaf* 1983, teilt mit, daß Reich bei der Arbeit mit seinem Sohn Peter eine neue Art der "Spieltherapie" einführte, bei der alles was er tat, eine direkte "Arbeit mit dem emotionalen Ausdruck und dem Energiefluß durch Kontakt, Körper-'spiele' und Muskelbewegung" war.)

Wilhelm Reich lebte und arbeitete von 1934 bis 1939 in Norwegen. Er wurde zum Lehrer und Therapeuten einer der Begründerinnen der norwegischen Kinderpsychiatrie **Dr. Nic Waal** (Waal 1958). Nic Waal's Institut in Oslo ist das berühmteste norwegische Ausbildungsinstitut für Kinderpsychotherapeuten und kinderpsychiatrische Sozialarbeiter. Die körperlichen Aspekte von Diagnose und Therapie sind daher in der psychiatrischen Arbeit mit Kindern in Norwegen gut integriert. Nach meinen Ausbildungsjahren am Institut von 1968-71 wurde ich Direktor der kinderpsychiatrischen Klinik in Fredrikstad (100 km südlich von Oslo). Wir hatten eine kleine Bettenstation für sieben Kinder (im Alter von sieben bis zwölf Jahren) und einen Kindergarten für die Tagesbehandlung von vier bis fünf Vorschulkindern. Unsere ambulante Station behandelte etwa 200 Kinder und ihre Familien pro Jahr.

Die stationäre Behandlung und der Kindergarten blieben schwergestörten Kindern vorbehalten. Vor zehn bis zwanzig Jahren waren dies hauptsächlich psychotische/autistische oder sehr aggressive Kinder. Heutzutage sehen wir dort eher Borderlinekinder und sexuell als auch körperlich mißbrauchte Kinder mit schweren Bindungsproblemen.

Um diesen Kindern zu helfen, brauchen wir Zeit. Die meisten von ihnen bleiben für ein oder zwei, manchmal auch drei Jahre in unseren Programmen. Während dieser Zeit versuchen wir eine **abhängige Bindung** zwischen Kind und Therapeut herzustellen. Wir glauben, daß wirkliche Unabhängigkeit und Selbstbestimmung nur erreicht werden kann, wenn das Kind eine abhängige Beziehung mit einem Erwachsenen hat (oder gehabt hat), der eine "sichere Basis" anbieten kann oder konnte (*Bowlby* 1988).

Eine solche Beziehung mit traumatisierten, abwehrenden, aggressiven oder zurückgezogenen Kindern aufzubauen ist keine leichte Aufgabe. Der Erziehung, Supervision und Unterstützung der **Milieu-Therapeuten** (psychiatrischen Krankenschwestern, Kinderpflegern) kommt eine entscheidende Rolle zu, wenn dieser Fortschritt gesichert werden soll. Wenn die Milieu-Therapeuten (*Umfeldtherapeuten*) die Dynamiken der Übertragung und ihre eigene Gegenübertragung erkennen und verstehen und mit nützlichen therapeutischen Hilfsmitteln kombinieren können, scheint dies den Wachstums- und Heilungsprozeß der verwundeten Kinder zu fördern.

In unserer Klinik versuchen wir eine warme und unterstützende Atmosphäre zu schaffen, wobei wir Programme mit klaren Strukturen anbieten, die einen Container für unsere Kinder darstellen. *Die Struktur basiert weniger auf fixen Regeln, sondern eher darauf, daß der Erwachsene innerhalb seiner Beziehung mit dem Kind Grenzen definiert.* Wir glauben, daß verantwortliche Erwachsene verantwortliche Kinder erzeugen. *Ich kann Ihnen versichern, daß die Arbeit mit gestörten Kindern eine sehr körperliche Angelegenheit ist.* **Winnicott's** Konzepte von "Halten" und "Handeln" (Handling) sind in einer Kinderpsychiatrie sehr nützlich. Um Bindung und Wachstum zu fördern, muß dieses "Halten" über das einfache Stoppen des Ausagierens hinausgehen. Ganz konkret und körperlich gesagt, müssen wir eine warme, sichere und verantwortliche Pflege anbieten, wir müssen das Kind und seine Umgebung schützen. Der Milieu-Therapeut (Umfeldtherapeut) muß die emotionalen Botschaften des Kindes aus dessen körperlichen Reaktionen ablesen und darauf reagieren können. **David Boadella** hat in seiner Eröffnungsrede zum Kongreß **David Stern's** Konzept der "Einstimmung" (atunement) erwähnt. Es ist sehr wichtig, daß der Umfeldtherapeut (Milieu-Therapeut) auf das Kind eingestimmt ist. Von immensem Wert für die allgemeine Entwicklung unserer Arbeit sind das bioenergetische Verständnis der Energiekonzepte, der emotionalen Abwehrschichten und des Blockierens und Ausdrückens von Emotionen (*Lowen* 1975).

Das Körpertherapie-Programm

Die Körpertherapie mit unseren Kindern begann 1976 mit dem, was wir dann *"Körperstimulation"* (body stimulation) nannten. Wir haben uns nun entschlossen, unser Programm *"Körperorientierte Milieu-Therapie"* zu nennen. Zuerst gründete sie sich auf Physiotherapie und Bewegungstherapie, inspiriert von **Veronica Scherborne** und **Rudolph Laban** und zu einem gewissen Ausmaß auf der körperorientierten Kinderpsychotherapie. In den letzten Jahren wurden für Kinder umstrukturierte bioenergetische Übungen zu einem immer bedeutenderen Teil dieser Körpertherapie. Das theoretische Modell unserer Arbeit gründet sich ebenfalls immer mehr auf die bioenergetische Analyse.

Wir passen ein Programm mit seinen Übungen immer an die wichtigsten Probleme/Themen des Kindes an. Jedes Kind hat eine wöchentliche Sitzung von

15-60 Minuten mit seinem Milieu-Therapeuten (*"spezielle Kontaktperson"*). Die Sitzungen finden in einem extra dafür eingerichteten Raum statt, mit einem dicken Teppich, Matratzen und vielen Kissen. An der Wand gibt es einen Spiegel, der verdeckt werden kann, sonst keine weiteren Möbel.

Die Programme und Sitzungen werden wöchentlich in einer Gruppe durch einen Kinderpsychiater oder -psychologen, der in charakteranalytischer Vegetotherapie und bioenergetischer Analyse ausgebildet ist, supervidiert.

Die Ziele des Programms sind sowohl erzieherisch als auch therapeutisch. Natürlich vermischen sich diese beiden Ziele in der täglichen Arbeit mit den Kindern. Die Arbeit mit ihren Defiziten und das Auffüllen von Mängeln in ihrer allgemeinen Entwicklung, sowie der Aufbau von neuen Fertigkeiten sind erzieherische Aufgaben. Die Arbeit mit ihren frühen Traumen, internalisierten Konflikten und unterdrückten Gefühlen ist eine eher therapeutische Aufgabe.

Vor allem müssen wir das "Ich" durch verstärkte Selbstwahrnehmung, verstärkten Selbstausdruck und verstärkte Selbstbestimmung stärken. Wir versuchen, ein therapeutisches Setting aufgrund eines bioenergetischen Programms zu erzeugen, das auf folgenden Prinzipien basiert:

1. Die Verbesserung der Kenntnis, der Wahrnehmung und des Kontaktes der Kinder mit ihren Körpern und Gefühlen.
2. Die Verbesserung ihrer Fähigkeit, diese Gefühle körperlich und verbal auszudrücken.
3. Die Verbesserung ihrer bewußten Kontrolle über ihren emotionalen Ausdruck. Das gleiche gilt für ihre Fähigkeit, Emotionen und Anspannungen zu tolerieren und zu halten. Außerdem wollen wir ihnen dabei helfen, die Bedeutung und den Grund ihrer Emotionen und Reaktionen zu erkennen.
4. Der Aufbau und die Sicherung ihrer Grenzen, physikalisch und psychologisch.
5. Die Verminderung ihrer Neigung zur Spaltung. Wir helfen dem Kind, sich mit seinem Körper verbunden zu fühlen und verbessern die Verbindung zwischen seinen körperlichen und verbalen Äußerungen.
6. Die Verstärkung ihres Identitätsgefühls und ihrer Fähigkeit, auf eigenen Füßen zu stehen.
7. Die Arbeit mit Konzentration, mit dem Setzen und Verwirklichen von Zielen. Die Entwicklung von Bewältigungsstrategien.
8. Das Anbieten einer sicheren Basis für die weitere Entwicklung der interpersonellen Beziehung.

Kategorien der bioenergetischen Übungen für Kinder

Einige der Übungen sind dieselben, die wir auch in den Bioenergetik-Seminaren für Erwachsene anwenden. Andere Übungen sind modifiziert und einige, oft die spielerischsten, sind speziell für Kinder entwickelt worden. Sie haben bei der Arbeit mit dem speziellen Kind bestimmte Funktionen. Ich möchte ihnen nun zwölf

Kategorien vorstellen, die die verschiedenen funktionellen Ziele zeigen. Natürlich kann jede Übung für verschiedene Ziele zu verschiedenen Zeiten angewandt werden. Einige von ihnen sind sehr einfach, und sie müssen ja auch einfach sein.

1. Das Erkennen des Körpers und der Körperteile

Das Kind oder der Therapeut deutet auf bestimmte Körperteile oder berührt sie und gibt ihnen Namen ("Dies ist dein Knie, dies ist deine Nase" usw.). Es ist erstaunlich, wie unbekannt einigen dieser gestörten Kinder ihr eigener Körper ist, auch wenn sie sich ansonsten auf einer im allgemeinen hohen Informationsebene bewegen.

2. Die Qualitäten der Berührung

Diese Übungen helfen den Kindern, verschiedene Berührungsqualitäten wahrzunehmen, sie in Worte zu fassen und auszuprobieren (fest, weich, kalt, gut, schmerzend, passabel usw.). Meistens berührt der Therapeut das Kind, das dann über seine Empfindungen oder Gefühle berichtet. Wir können das Kind auch den Therapeuten oder die Therapeutin berühren lassen. Dies ängstigt unsere Kinder jedoch oft. Sie haben keine Erfahrung darin, aktiv zu sein und sie fühlen sich deshalb leicht als Angreifer. Durch diese Übungen lernt das Kind langsam, die bei der Fußmassage oder sanftem Schlagen entstehende Freude zu tolerieren.

3. Die eigene körperliche Kraft fühlen

Mit Hilfe dieser Übungen sollen die Kinder lernen, daß sie sich stark oder schwach fühlen können, daß sie sich zurückhalten, aufgeben etc. können, d.h. daß sie eine Wahl haben. Das Kind wird gebeten, sich auf den Rücken zu legen und den Absichten des Therapeuten zu widerstehen, ihn oder sie herumzudrehen. Nachdem es seine Kraft gespürt hat, wird es angewiesen, aufzugeben und sich herumrollen zu lassen.

Das gleiche Prinzip kann benutzt werden, wenn das Kind auf seinen Händen und Knien kniet. Es ist immer wieder erstaunlich, wie groß bei sexuell mißbrauchten Kindern die verfügbare Stärke des Oberkörpers im Gegensatz zum völligen Mangel an Kraft im unteren Rücken, dem Becken und dem Oberschenkelbereich ist.

4. Erdungsübungen

Diese sind ja bei bioenergetischen Therapeuten wohlbekannt und ich denke auch bei fast allen Körperpsychotherapeuten. Wir können das ganze Spektrum der bekannten Erdungsübungen benutzen.

Vor diesen Erdungsübungen kann auch z.B. durch Fußmassage mit den Füssen der Kinder gearbeitet werden. Viele unserer Kinder scheinen ständig in der Luft zu schweben. Sie laufen vor sich selbst davon. Stehen oder liegen kann für sie erschreckend und ängstigend sein. In der stehenden Position lernt das Kind allmählich, daß seine Füsse es unterstützen und wie es sich anfühlt, geerdet auf der Erde zu stehen. Auch das Liegen übermittelt die Erfahrung von Körperkontakt mit dem Boden. Die Unterstützung von Boden und gleichzeitig Therapeut zu akzeptieren, läßt sie sich sicherer fühlen. Eine Kombination von Halten und Erden kann deshalb notwendig sein (*Ludwig* 1990).

5. Die Arbeit mit Grenzen und Begrenzungen

Viele dieser Kinder, ob sie nun als Borderline klassifiziert werden oder nicht, wurden von mißbrauchenden, ignoranten Eltern oder anderen Erwachsenen invasiv überwältigt. Die Übungen dieser Kategorie sind deshalb sehr konkret. "Hier, nimm diesen Strick (oder eine Deckenrolle) und grenze dein Reich ein, markiere deine Grenzen". Das Kind wird gebeten, in seinem Territorium herumzugehen und zu sagen: "Das gehört mir. Dies gehört zu mir". Das Kind kann entscheiden, ob es seine Grenzen öffnen will, wen es hereinlassen möchte und wie lange derjenige bleiben darf.

Andere Übungen dieser Kategorie beinhalten das Halten der Handinnenflächen gegen die Handinnenflächen des Therapeuten, manchmal das Wegdrücken, manchmal das Herankommenlassen des Therapeuten. Oft muß das Kind erst einmal lernen, andere nicht zu nahe an sich herankommen zu lassen.

6. Vertrauensübungen

Sie versuchen, das Vertrauen des Kindes in Erwachsene wiederaufzubauen. "Leg' dich auf den Rücken und mach dich ganz steif. Ich werde dich jetzt aufrichten". Diese Übung kann auch umgedreht werden, so daß sie bei der stehenden Position anfängt (dies ist ängstigender). Der Therapeut kann es auch z.B. mit geschlossenen Augen im Raum herumführen. Oder das Kind liegt und der Therapeut hält seinen Kopf, so daß das Kind langsam lernt, seine Kontrolle und seine beständige Aufmerksamkeit und Beobachtung aufzugeben (*Lewis* 1986).

7. Ausdrucksübungen

Mit unseren impulsiven und desorganisierten Kindern müssen wir bei der Anwendung von Ausdrucksübungen sehr vorsichtig sein. Wir brauchen einen ganz langsamen Fortschritt, damit das Kind die starken Gefühle tolerieren und sie, ohne chaotisch zu werden, allmählich ausdrücken kann. Die meisten unserer Kinder brauchen Hilfe bei der Identifikation ihrer Gefühle. Es muß ihnen beigebracht werden, wie sie diese Gefühle ausdrücken können. Wir haben ein Plakat mit Donald-Duck-Gesichtern, das verschiedene emotionale Ausdrücke zeigt: traurig, wütend, fröhlich etc. Das Kind kann auf denjenigen Ausdruck deuten, der mit seinem Gefühl korrespondiert. Es kann versuchen, ihn zu imitieren und eventuell in einen Spiegel schauen, der ihm das eigene Gesicht zeigt. Wir benutzen auch spielerische Übungen. Ein Junge, John, hat sehr viel Wut in sich, die er nur indirekt zeigen kann, er spricht nur flüsternd. Aber er konnte einen bellenden Hund spielen. Nach einiger Zeit führte dies zu einer dramatischen Veränderung seiner Stimme in der Schule und auf dem Schulhof. Kissenkämpfe sind ein anderes ausdrucksstarkes Spiel, das wir benutzen.

8. Kontrollübungen

Diese Übungen sollen dem impulsiven Kind zu besserer Kontrolle verhelfen. Andere sollen dem kontrollierten Kind beim Los- und Lockerlassen helfen. Wut ausdrücken, sich gleichzeitig kontrollieren und im Kontakt mit dem Erwachsenen bleiben ist eine schwierige und wichtige Aufgabe. Darüber sprach *Boadella* ja gestern: Ausdruck und Integration kombinieren. Um dies zu erreichen, benutzen wir oft sehr detaillierte Anweisungen: "zähle bis drei, schlage die Matratze *einmal*, schau' mich an".

9. Regressive und progressive Übungen

Unsere Kinder regredieren sehr leicht. Ein Raum mit Kissen und Matratzen bietet gute Möglichkeiten für Regression. Das Kind kann ganz einfach in den Kissen verschwinden.

Mit einem dieser regressiven Kinder probierten wir eine Wachstumsübung aus. Es wurde gebeten, sich auf eine Seite zu legen und einzurollen. Die Therapeutin legte eine Hand auf seinen Kopf, die andere unter seine Füsse und gab ihm etwas Widerstand: "Und nun wachse, dehne dich bei jeder Einatmung ein wenig aus". Der Punkt ist, daß Regression nicht so ängstigend für das Kind (oder für den Therapeuten) ist, wenn es Wege des Wachsens kennt.

Wir wollen völlige Regression vermeiden, aber eine Teilregression erlauben und ermutigen. Dem Kind wird erlaubt, sich seinem Alter unangemessen zu benehmen und seine infantilen Bedürfnisse auszudrücken. Gleichzeitig möchten wir aber, daß das seinem Alter entsprechende "Ich" teilnimmt. Ein Junge bekommt z.B. eine Fußmassage, wir bitten ihn jedoch, sich aufrechtzusetzen anstatt niederzulegen. Ein Mädchen kuschelt sich in die Kissen ein, aber wir bitten sie, im Kontakt mit der Therapeutin zu bleiben. Nach einigen Minuten bitten wir sie, sich auf ihre Füsse zu stellen.

10. "Nährende" Übungen

Vielleicht sollten sie nicht "Übungen" genannt werden, weil das Kind z.B. mit einer Decke bedeckt oder ihm eine sanfte Massage usw. gegeben wird. Das Kind wird dadurch allmählich rezeptiver und kann Freude fühlen. Eventuell ist dies extrem schwierig für mißbrauchte und unsichere Kinder. Mary, ein mißbrauchtes kleines Mädchen, sagte: "Vielleicht faßt du plötzlich meine Genitalien an. Ich weiß, daß du es nicht tun wirst, aber ich kann nicht aufhören, daran zu denken".

11. Kooperative Übungen

Das Kind benutzt zusammen mit dem Therapeuten seinen Körper. Beispiel: Kind und Therapeut liegen auf ihrem Rücken, die Füsse gegeneinander und fahren Rad. Manchmal bestimmt der Therapeut die Geschwindigkeit und Richtung, manchmal das Kind. "Ruder' dein Boot" und andere Kinderspiele können hier sehr nützlich sein.

12. Distanzübungen

Das Kind und/oder der Therapeut bewegen sich im Raum. Welche Entfernung oder Nähe fühlt sich gut an? Wann ist es zu eng? Wann kommt das Gefühl der Verlassenheit? Kann das Kind die Therapeutin fragen, näher zu kommen oder wegzugehen? Kann das Kind eine Distanz finden, wo es sich wohlfühlt? Es ist oft schwierig, zu fühlen, was gut ist und noch schwieriger, dies offen auszudrücken. Seite an Seite sitzen, getrennt, aber nahe, gibt dem Kind die Erfahrung, einen Erwachsenen auf seiner Seite zu haben.

Die Anwendung der Übungen

Es gibt bestimmte Überlegungen, wie die Übungen vor, während und nach den Sitzungen angewandt werden.

Vor den Sitzungen

Die Sitzungen bestehen immer aus einem gut definierten Programm von einer bis zu vier Übungen. Das Kind kennt die Übungen, und das Programm basiert oft auf einer Verabredung zwischen Kind und Therapeut. Neue Übungen werden vorgeschlagen und bevor sie ausgeübt werden vom Therapeuten erklärt.

Während der Übungen

Die Kinder werden selten dazu gedrängt, Übungen auszuführen, aber für jene mit einem niedrigen Selbstvertrauen, die gewöhnlich "Nein" zu allem sagen, kann man sanften Druck und Überredung benutzen. Manchmal entstehen während der Sitzungen starke Gefühle. Der Therapeut braucht all seine Geschicklichkeit und Erfahrung, um mit solchen Situationen umzugehen. Manchmal muß die Sitzung auf 10-15 Minuten begrenzt werden. Manchmal ist es nötig, das Programm abzubrechen und nur zu reden.

Nach den Übungen

Es ist sehr wichtig, die Übungen nach den Sitzungen durchzuarbeiten. Therapeut und Kind reden über die verschiedenen Übungen und darüber, was sie erlebt haben. Der Therapeut macht sich darüber Aufzeichnungen, nicht nur für die Supervision, sondern um sie vor der nächsten Körpertherapiesitzung mit dem Kind zu benutzen. Dies gibt dem Kind ein Gefühl der Wichtigkeit, der Kontinuität und der Kontrolle über die Veränderungen des Übungsprogramms.

Klinische Beispiele

Robert war sieben Jahre alt, als er zu uns kam. Er blieb drei Jahre. Als er ein Jahr alt war, kam er zu seinen Pflegeeltern, nachdem er einige Monate in einem Waisenhaus gewesen war, weil seine Eltern ihn völlig abgelehnt hatten. Wir wissen nicht viel über sein Leben bevor er ins Waisenhaus kam, aber sein Vater hat seine zwei älteren Brüder sexuell mißbraucht und wahrscheinlich auch Robert. Ein Jahr, nachdem seine Pflegeeltern ihn aufgenommen hatten, bekamen sie ein eigenes Kind. Als Robert drei war, nahm seine Pflegefamilie seinen fünf Jahre älteren Bruder ebenfalls als Pflegekind auf. Robert wurde uns von einem Kindergarten überwiesen, weil er anscheinend völlig in seiner sozialen und intellektuellen Entwicklung stehengeblieben war. Verängstigt und schweigend saß er die ganze Zeit in einer Ecke. Nachdem er bei uns war, stellte sich heraus, daß sein älterer Bruder ihn sexuell mißbraucht und ihm gedroht hatte, ihn zu töten, wenn er seinen Pflegeeltern davon erzählen würde, die nichts von dem Mißbrauch bemerkt hatten. Der Bruder wurde zu anderen Pflegeeltern gegeben. Später wurde klar, daß Robert selbst seinen jüngeren Bruder mißbraucht hatte, was bedeutete, daß er sowohl Opfer als auch Täter war.

Robert war anfangs extrem labil und verängstigt. Seine Angst wurde sehr leicht zur Panik, was unkontrolliertes, aggressives Ausagieren zur Folge hatte. Zu anderen Zeiten regredierte er, versteckte sich selbst in einer Ecke, den Daumen im Mund. Eine große Schwierigkeit war, daß jede Emotion sofort sexualisiert wurde. Freude, Trauer, Wut, alles führte bei ihm zu Erektionen, er sagte: "Ich fühle es nur in meinem Penis". Wenn ein Erwachsener nett zu ihm war, ihm etwas vorlas, mit ihm zusammensaß und mit ihm spielte, begann er mit sexuellen Bewegungen. Er provozierte bei den anderen Kindern der Klinik sehr schnell sexuelles Verhalten und es gelang ihm schnell, die Erwachsenen wütend zu machen.

Wie sollten wir also körperlich mit diesem Jungen arbeiten? Seine "Kontaktperson" war eine erfahrene und engagierte psychiatrische Krankenschwester, die auch bioenergetische Übungsseminare besucht hatte. In unserem "Kissenraum" regredierte er sehr schnell, sprang in die Kissen, versteckte sich und lutschte am Daumen. Wir begannen mit einfachen Erdungsübungen, Aufstehen und Niederlegen. Er war ruhelos und bewegte sich, schon bevor er irgendetwas fühlen konnte.

Hinlegen ängstigte ihn, er sprang auf und rannte zu den Kissen.
Wir versuchten es mit der Wachstumsübung, die ich bereits beschrieben habe.
Er hatte Freude daran. Die Unterstützung seiner Füße befähigte ihn, für einige Zeit stehenzubleiben. Er sagte mit einiger Überraschung: "Ich kann fühlen, wie die Kraft von meinen Füssen zu meinem Kopf geht". Er begann seine Atmung zu beachten und berichtete, daß sie seine Gefühle verstärke.

Wir arbeiteten mit Robert auch in der Sitzposition, wobei die Therapeutin seine Füsse hielt und sie sanft auf den Fußboden drückte, um seine Erdung zu unterstützen. Nach einiger Zeit konnte er aus der Sitzposition in die Stehposition wechseln. Allmählich hatte er auch Freude am Liegen: "Du weißt ja, das ist besser als Stehen". Mit dieser besseren Erdung wagte er es, allmählich über den Mißbrauch seines Bruders zu sprechen.

Anfangs sagte er, er habe Freude an seines Bruders sexuellem und sadistischem "Spiel" gehabt, gab aber allmählich zu, daß er wütend war und wagte es sogar, diese Wut auszudrücken. Als Kind, dessen Grenzen nicht respektiert worden waren, war es natürlich wichtig, mit Begrenzungsübungen zu beginnen. Wir ermutigten ihn, den Raum mit Kissen und Decken zu unterteilen. Er ging an der Grenze "seines" Raums entlang, trampelte mit den Füssen auf den Boden und rief "Nein". Aber dann brach er plötzlich zusammen, als ob er alle Energie verloren habe, war traurig und regredierte. Er wurde nun ermutigt, auf allen vieren zu kriechen und konnte dies auch. Allmählich gewann er die Stärke in seinen Füssen wieder und konnte aufstehen.

Es gab keinen konstanten Fortschritt in der Therapie. Eine Übung, die ihm an einem Tag Spaß machte und ihm ein Gefühl seiner Kraft gab, konnte in der nächsten Woche Katastrophengefühle in ihm wecken. Er schrie dann: "Blut! Tod! Zusammenstoß!" Er sprach viel über seine schlimmen Träume und über seinen Bruder. Manchmal wollte er überhaupt keine Übungen machen. Wir respektierten dies als Zeichen seiner wachsenden Fähigkeit, zu fühlen, was gut für ihn war.

Von Zeit zu Zeit kam es während der Übungen auch zu sexuellen Bewegungen. Er fragte seine Therapeutin, ob sie ihn möge und liebe. Wenn sie "ja" sagte, fragte er sie, warum sie nicht mit ihm Sex haben wolle. Sie erklärte ihm den Unterschied zwischen Kindern und Erwachsenen. Sie versicherte ihm, daß er, wenn er erwachsen sei, ein Mädchen treffen und mit ihr Sex haben könne, aber nun brauche er es, ein Kind zu sein und wie ein Kind behandelt zu werden. Er konnte immer besser Gefühle der Freude, der Stärke, der Wut und Trauer ausdrücken. Er sagte dann: "Kannst du sehen, daß ich stark wie Stahl bin. Ich war so schwach vorher, aber nun bin ich stark. Kannst du das sehen?" Er machte eine bemerkenswerte Äußerung. Er sagte: "Ich wurde vor zehn Jahren geboren, aber ich habe zehn Jahre lang nicht gelebt".

Sein Körper und seine Art sich zu bewegen, haben sich inzwischen sehr verändert, ebenso der Ausdruck seines Gesichtes und seiner Augen. Er hat damit begonnen, in der Schule zu lernen. Nachdem er zwei Jahre bei uns gewesen war, hatte er uns mitgeteilt, daß er die Klinik nie verlassen würde. Heute, nach drei

Jahren, ist er stolz darauf, fähig zu sein, in eine "richtige Schule" zu gehen. Er beginnt auch, sich mit seinem ziemlich sportlichen Pflegevater zu identifizieren. Er wird seine individuelle Psychotherapie als ambulanter Patient noch einige Zeit lang fortsetzen.

Alice wurde im Alter von sieben Jahren von ihrer Schule in unsere stationäre Abteilung überwiesen. Sie blieb fast zwei Jahre bei uns. Als sie kam, versteckte sie sich, zog ihren Anorak über ihren Kopf, saugte am Daumen und ließ immer andere Kinder vor sich hergehen. Sie und ihre zwei jüngeren Geschwister lebten mit ihrer Mutter, die durchaus warmherzig, aber unreif war und unfähig, ihren Kindern die angemessene Pflege zu geben. Sie hatte sich vor einigen Jahren von ihrem Mann getrennt. Dieser war arbeitslos gewesen, drogenabhängig und hatte seine zwei Töchter sexuell mißbraucht. Als Alice bei uns war, gab er den Mißbrauch zur großen Erleichterung von Alice endlich zu, die sich bis dahin für das Auseinanderbrechen ihrer Familie verantwortlich gefühlt hatte.

Alice ist ein schmales, dünnes Mädchen, das fast transparent aussieht. Ihr Verhalten wechselt schnell von Wärme und Mitgefühl zu Anklammern und Fordern oder Ablehnung und Feindlichkeit. Manchmal ist sie die verantwortungsvolle Erwachsene, die sich um ihre Familie sorgt (was ihre Mutter auch von ihr möchte), manchmal ist sie ein Baby und manchmal eine frühreife, sexuell verführende Teenagerin, die die Jungs an unserer Klinik provoziert. Sie spaltet die Erwachsenen in Gute und Schlechte auf.

Sie mochte die Körpertherapie sofort und hatte offensichtlich besseren Kontakt mit ihrem Körper, als wir dachten. Wir begannen mit den Distanzübungen. Sie war auch fähig, zu sagen, welche Nähe oder Ferne gut für sie war.

Als sie auf Händen und Füssen krabbelte, fühlte sie sich stark in ihren Schultern und dem Oberkörper, aber schwach im unteren Teil. Sie liebte die Wachstumsübung, bestand darauf, für eine ziemlich lange Zeit klein zu sein, um dann selbst zu entscheiden, wann sie wachsen wollte.

Wir schlugen ihr eine Ausdrucksübung vor, sie sollte auf ihrem Rücken liegen und ein Kissen wegtreten, das der Therapeut hinhalten würde. Zuerst lehnte sie ab und als der Therapeut sie fragte, ob sie wisse, warum sie ablehne, sagte sie: "ja..., aber ich sage es nicht". In der nächsten Sitzung bat sie ausdrücklich um diese Übung und gab sehr viel Energie und Wut hinein.

Von Zeit zu Zeit regredierte sie, saugte an ihren Fingern und biß in die Matratzen und Kissen im Raum. Als man ihr ein Handtuch zum Beißen anbot, sagte sie mit einem Lächeln: "Heißt das wirklich, daß ich soviel beißen kann, wie ich will?" Sie fühlte ihre Kraft in ihren Kiefern und den Zähnen, während der Therapeut an dem Handtuch zog, in das sie biß.

Allmählich konnte sie ihre starken Gefühle akzeptieren und tolerieren, konnte sie integrieren und direkt ausdrücken, anstatt sie zu unterdrücken oder zu dissoziieren.

Chris war neun Jahre alt, als sie in unsere Klinik kam, sie blieb zehn Monate stationär. Sie war weniger gestört als Robert oder Alice. Sie litt an wiederholten Blaseninfektionen und war seit ihrem vierten Lebensjahr oft in Krankenhäusern gewesen (zum erstenmal als ihr Bruder geboren wurde. Dieser wuchs später als das "perfekte" Kind der Familie auf). Die Eltern hatten resigniert und lehnten sie ab. In der Therapie begannen wir mit den "Halten und Loslassen"-Übungen. Sie wurde gebeten, ihren Atem anzuhalten, ihre Fäuste zu ballen und dann loszulassen. Der Therapeut hielt dann ihre Handgelenke fest, damit Chris schreien konnte "laß' mich los! Geh'weg!" Wir arbeiteten sehr hart daran, ihr zu helfen zu fühlen und ihre Aggressionen auszudrücken. Allmählich konnte sie immer besser wütend sein. Schließlich konnte sie ein Kissen auf den Boden werfen und "Nein!" sagen. Dann schrie sie plötzlich: "Hölle! Scheiße! Mist!" und ähnliche Worte. Dies war ein Wendepunkt, und danach war sie weniger angespannt. Eine Übung des "Gehens" auf ihren Pobacken half ihr, mehr in diesem Körperbereich zu empfinden. Es blieb für sie jedoch schwierig, die Hilfe, Unterstützung, sanfte Massage usw. ihrer Therapeutin anzunehmen. Chris konnte auch nur schwer um Hilfe bitten.

Ihre ganze Lebenssituation verbesserte sich, sie wurde jedoch entlassen, bevor ihre Probleme ganz durchgearbeitet waren. Dennoch blieb auch für Chris die bioenergetische Arbeit von großer Wichtigkeit. Nach ihrer Entlassung wurde Chris und ihrer Familie eine Familientherapie angeboten.

Diskussion

In unserer Klinik diskutieren und schätzen wir das ganze Programm jedes halbe Jahr neu ein. Die Milieu-Therapeuten halten die Körpertherapie für einen zunehmend wichtigeren Teil unseres Programms. Sie finden diese Arbeit jedoch gleichzeitig schwierig und herausfordernd, denn viele Probleme kommen durch sie zu Tage, aber "das sind ja genau die Probleme, die hochkommen sollen". Die Therapeuten sind allerdings der Meinung, daß auf unserer vielbeschäftigten Station zuwenig Zeit für die Vor- und Nachbereitung der Sitzungen ist. Ich stimme ihnen zu. Es war eine aufregende Erfahrung und eine große Herausforderung für alle von uns, diese Art der Körpertherapie mit Kindern zu entwickeln. Der Prozeß ist noch nicht zu Ende. Für alle Therapeuten und Teamarbeiter in unserer Klinik ist klar, daß die Kinder sehr von dieser Therapie profitieren und die Kinder gewöhnlich die Sitzungen sehr gerne haben. Dieser Enthusiasmus gibt uns Energie und Mut weiterzumachen.

Aus meiner Sicht profitieren aber nicht nur die Kinder von der bioenergetischen Arbeit und Analyse. Auch die Milieu-Therapeuten können dadurch in einem Umfeld arbeiten, wo Bindung und Beziehung wachsen kann. Die klare Struktur des Programms reduziert regressives, sexualisiertes und aggressives Verhalten auf handhabbare Ebenen, ohne dieses Verhalten vollständig zu unterdrücken. Das Verständnis der Milieu-Therapeuten für die allgemeinen Psychodynamiken der Kinder hat sich sehr verbessert. Der bioenergetische Ansatz vergrößert die Fähigkeiten der Therapeuten, ihre Augen als wichtiges Instrument der Erkenntnis zu benutzen. Außerdem können sie zunehmend auch außerhalb der Körpertherapiesitzungen mit starken Emotionen angemessener umgehen.

Meine Folgerungen sind:

* Die bioenergetische Theorie und therapeutische Arbeit liefert wertvolle Beiträge zur kinderpsychiatrischen Praxis.

* Angemessen angebotene bioenergetische Übungen haben sich in der Körpertherapie mit Kindern als nützlich erwiesen. Die Kinder reagieren erstaunlich gut auf diesen direkten körperlichen Ansatz. (Vielleicht sollten wir jedoch gar nicht so erstaunt sein, denn körperlicher Ausdruck ist Kindern sehr viel näher als den eher verbalen Erwachsenen.)

* Unsere Modifikation der bioenergetischen Therapie und körperorientierten Psychotherapie kann von erfahrenen Milieu-Therapeuten ausgeübt werden, wenn sie von erfahrenen Therapeuten supervidiert werden.

* Ich-aufbauende Körpertherapie kann bei der Behandlung von schwer gestörten Kindern (Borderline-Fälle usw.) erfolgreich sein. Sie trägt zum Aufbau therapeutischer Beziehungen, zur Entwicklung von Bindung und zum Wachstum des Ichs bei. Einige der aus unserer Arbeit mit gestörten Kindern gewonnenen Prinzipien mögen ebenso bei der Arbeit mit Erwachsenen nützlich sein, die borderline, narzisstische und schizoide Charakterstörungen haben.

Basierend auf unseren Erfahrungen müßte es ebenso möglich sein, körperpsychotherapeutische Ansätze in viel stärkerem Maße in der Individual-Psychotherapie mit Kindern und Jugendlichen anzuwenden.

* * * * *

Arnt W.Halsen ist Kinderpsychiater und Körperpsychotherapeut an der Asebraten Klinik für Kinderpsychiatrie in Frederikstad. Sie erreichen ihn unter Brathammeren 10, 1600 Frederikstad, Tel.Norwegen/9/311453.

Literatur

Bowlby, John, *A Secure Base*, London 1988, Routledge
Helfaer, Philip M., *The Hated Child*, An Aspect of the Borderline Personality, in: Bioenergetic Analysis, Vol.3, No.1, 1988/89
Lewis, Robert, *Bioenergetics and Early Ego Development*, Part II and III, in: Energy & Character, Vol.7, No.2 & 3, 1976
Lewis, Robert, *Getting the Head to Really Sit on One's Shoulders*, A First Step in Grounding the False Self, in: Bioenergetic Analysis, Vol.2, No.1, 1986

Lowen, Alexander, *Bioenergetics*, New York 1975, Coward & McCann

Lowen, Alexander, *Some Observations on the Relation Between the Ego, Character and Sexuality*; unveröffentlichtes Manuskript, 1989

Ludwig, Mark, *Erdung und persönliche Entwicklung*, in: Energie & Charakter (deutsche Ausgabe), Bd.21, Nr.2, Berlin 1990

Sharaf, Myron, *Fury on Earth*, A Biography of Wilhelm Reich, New York 1983, St. Martin's Press

Waal, Nic, *On Wilhelm Reich*, in: Wilhelm Reich Memorial, Ritter Press, Nottingham 1958, reproduced in: **Boadella, David**, *Wilhelm Reich: The Evolution of His Work*, London 1976, Vision Press

UNBEWUSSTE KOMMUNIKATION

von *Michel Heller*, Lausanne (Schweiz)

Schlüsselworte: Körper - Kommunikation - Unbewußt - Worte - Übertragung

I. Einführung

Indem ich die körperliche und verbale Kommunikation zwischen zwei Menschen beschreibe, versuche ich zu zeigen, *daß Interaktion tatsächlich ein Ozean von bedeutsamen zwischenmenschlichen Regulationen ist, die hauptsächlich unbewußt sind.* Am Ende möchte ich die Stellung des Übertragungsphänomens in diesem Bereich klären. Um dies zu erreichen, diskutiere ich Modelle, die aus der klinischen Praxis und Daten stammen, die durch experimentelle Studien nonverbalen Verhaltens erlangt wurden. Eine solche Diskussion ist möglich, solange man die Spezifizität jeglichen Wissens zugibt. Die Schlußfolgerungen, zu denen wir am Ende gelangen, müssen durch weitere klinische Daten bestätigt werden.

I.a. Eine theoretische klinische Studie

Als *Freud* sein Modell der Psyche und die Begriffe Bewußt/Unbewußt vorstellte, standen jene Wissenschaften, die sich auf psychologische Phänomene und Psychotherapie beziehen, noch am Anfang und hatten nur eine kleine Datengrundlage. Seitdem haben sich diese Ansätze enorm entwickelt. Und doch geht es bei Diskussionen über unbewußte Phänomene immer noch hauptsächlich um das, was die Pioniere Freud und Jung sagten, wobei die uns inzwischen zur Verfügung stehenden beträchtlichen Daten nur selten herangezogen werden. *Mir ist außerdem aufgefallen, daß, obwohl die Literatur über körperliche Psychotherapie das Wort Unbewußt oft benutzt, die Bedeutung dieses Wortes nie diskutiert wird.* Die Autoren stützen sich einfach auf die Tatsache, daß Freud und/oder Jung dieses Wort irgendwo definierten. Die Literatur geht auch genauso unkritisch über diesen Begriff in Reichs Büchern hinweg. *Reich* verwandte das Wort "Unbewußt", beschrieb aber nur, wie Material unterdrückt wird und was psychologisch und organisch geschehen kann, wenn zurückgedrängtes Material befreit wird. Unsere Forschungen zum unterdrückten Material sind einer der Hauptgründe, warum die Körperpsychotherapie heute überhaupt bekannt ist... *aber niemand ist bereit, die theoretischen Konsequenzen dieser Erkenntnisse zu entwickeln.*

Eine solche Neubewertung beinhaltet ein Modell
a) der psychologischen Phänomene und
b) ein Modell der Beziehung zwischen der Psychologie und anderen Realitätsebenen, hauptsächlich physiologischen und sozialen.

Dies ist eine der Hauptschwierigkeiten. Für einen Einzelnen ist die Aufgabe natürlich zu komplex und als Forschungsbereich haben wir es noch nicht gelernt, die verfügbaren Kräfte zu koordinieren. Ich habe bereits eine erste Skizze (Heller 1992a) vorgestellt, um die Diskussion anzuregen.

In den 70er Jahren lernte ich, mir den Körper/Geist als funktionale Einheit vorzustellen. Die heute verfügbaren Daten verlangen jedoch ein noch differenzierteres Modell als das von Reich. *Ich stelle mir das Psychologische, das Somatische und das Verhalten als Module vor, die durch Regulationssysteme verbunden sind.* Dazu einige Beispiele.

Die Psycho-Physiologen beschreiben, wie das Durstverhalten von den Angiotensin-Hormonen reguliert wird. Diese Hormone senden eine Botschaft
a) ans Gehirn, damit dieses ein psychologisches Bedürfnis ausübt und wir beginnen, nach etwas Trinkbarem zu suchen, und
b) eine Botschaft an die Gewebe, weniger Wasser zu verbrauchen.

Angiotensin könnte also als Regulator zwischen dem Somatischen (den Geweben) und dem Psychologischen (dem plötzlichen Bedürfnis nach einem Bier) angesehen werden.

Ganz ähnlich unterscheide ich zwischen Verhaltens-Modulen und psychologischen Modulen. Die Regulatoren dieser Module sind Reflexe, so wie sie von Behavioristen beschrieben werden, und Emotionen. Dies bedeutet, daß Verhalten und Gedanken nicht als die beiden Seiten derselben Münze betrachtet werden. Wenn die Angiotensine teilweise für das Erscheinen eines Glases Bier in meinem Kopf verantwortlich sind, werden andere emotionale Fakten mein Verhalten darauf ausrichten, alleine oder mit anderen Leuten einen bestimmten Ort aufzusuchen... wo ich vielleicht nur eine Tasse Tee trinke.

Diese Unterscheidung beinhaltet die Einschränkung des Wortes "psychologisch" auf Repräsentations-Modi, die mit dem Neo-Cortex zu tun haben (eine Einschränkung, die im allgemeinen sowohl von *Freud* [1979;S.54-58] und *Reich* [1976;S.338f., S.367f.] benutzt wird). Eine *erste Definition* des Wortes *"Unbewußt"* könnte also sein: *Repräsentationen, die den Neo-Cortex einbeziehen und für das Bewußtsein nicht leicht verfügbar sind.* Ich spezifiziere nun die Relation zum Neo-Cortex, weil einige Autoren das Wort "Repräsentation" für Phänomene benutzen, die auf anderen Ebenen stattfinden; z.B., um zu beschreiben, wie das Immunsystem Zellen erkennt, die nicht zu unserem biologischen Selbst gehören (*Fridman* 1991, S.17-22).

Ein Aspekt von Freud's Modell ist immer noch relevant: Die Unterscheidung zwischen vorbewußten und unbewußten Phänomenen. Zwei Menschen, A und B, stehen in enger Wechselbeziehung. Alle von A ausgeführten Bewegungen können theoretisch von B gesehen werden. Aber vorausgesetzt, daß das Bewußtsein nur eine kleine Anzahl dieser Phänomene simultan organisieren kann, wird B nur einige dieser Bewegungen wahrnehmen. B ist sich deshalb der meisten von A's Bewegungen nicht bewußt (und der meisten von B's, also der eigenen Bewegungen, genauso wenig). Diese Bewegungen sind nicht unbewußt, sondern vorbewußt, denn wenn B seine Aufmerksamkeit anders ausrichtet, könnte er jede Bewegung, die er vorher nicht bemerkte, nun bemerken. Als Freud die Bedeutung der unbewußten Phänomene verdeutlichte, meinte er damit solche, zu denen wir nicht einfach durch eine Veränderung unserer Aufmerksamkeit Zugang haben.

Z.B. bin ich an diesem Morgen sauer auf meine Freundin. Ich komme in meiner Praxis an und gerate mit der ersten Dame, die ich dort treffe, in aggressive Händel, ohne zu verstehen, daß ich ihr meinen morgendlichen Ärger auf meine Freundin auflade. Entweder begreife ich das oder es wird mir nicht klar und es geht mir den ganzen Tage schlecht. Ein Kollege, ein Freund, ein Supervisor oder sogar einer meiner Klienten könnte meine Aufmerksamkeit auf diesen irrationalen Ärger richten. Ich würde dann vielleicht verstehen, daß ich tatsächlich wütend auf meine Freundin bin. Dieser Ärger kann eine ganze Reihe von Konsequenzen für den Verlauf der folgenden Sitzungen haben... besonders, wenn mir nicht bewußt wird, was geschah (weil ich meine Aufmerksamkeit nicht darauf richtete und es dann aus meiner Erinnerung verschwand). *Dennoch hat dieser Ärger nichts mit Übertragung oder Gegenübertragung zu tun: es ist ein rein vorbewußtes Phänomen.* Wir müssen also nicht in der äußerst umfangreichen Literatur nachlesen, die zu definieren versucht, was Übertragung ist, um zu verstehen, wie ich meinen Ärger im oben genannten Beispiel benutzte. *Übertragung und Gegenübertragung reichen viel tiefer.* Sie werden nur allmählich bewußt, nachdem das ganze Beziehungsnetz, in dem Therapeut und Klient verfangen waren, sortiert ist (Heller 1987). Wie wir noch sehen werden, kann dieser vorbewußte Ärger Teil einer Reihe von Übertragungsstrategien sein, aber nicht notwendigerweise. Nur mehr Wissen über meine Beziehung zu diesem Klienten kann dies verdeutlichen.

Ich sage am Ende dieses Artikels mehr darüber, wie ich mit unbewußten Phänomenen umgehe. Nun möchte ich aber erst einige experimentelle Daten darstellen, die illustrieren, was ich beschreiben möchte.

I.b. Experimentelle Studien

Vor einigen Jahren bat mich **André Haynal**, ein kleines Labor zur Erforschung nicht-verbalen Verhaltens und emotionalen Austauschs während psychiatrischer Interviews an der psychiatrischen Abteilung der Universität Genf (I.U.P.G.) einzurichten. Die hier präsentierten Daten stammen hauptsächlich aus diesem Labor, das nun L.A.C. (Laboratory of affect and communication) genannt wird. Die Forschungen wurden kollektiv von **Christine Lessko, Véronique Haynal, Patricia Claus, Yvonne Gitnacht** und mir selbst ausgeführt. **Laurence Tricot** half uns bei den Statistiken. **Marc Archinard** half André Haynal, unsere Bemühungen zu kanalisieren, organisieren und inspirieren.

Die hauptsächliche Forschungsrichtung dieses Laboratoriums finden wir in André Haynal's jüngstem Buch über *Psychoanalyse und Wissenschaft* (1991). Eine seiner Fragen ist es, wie wir erforschen und verstehen können, was während eines psychotherapeutischen Prozesses wirklich geschieht. Ein Psychoanalytiker, der die gleichen Sitzungen beobachtet, wird nur wenige objektive Beobachtungen machen können aber viele subjektive, während ein Wissenschaftler Physiologie- und Verhaltensdaten sammeln kann, zu denen der Psychoanalytiker keinen Zugang hat. Ein Wissenschaftler und ein Psychoanalytiker, die denselben Prozeß beobachten, werden deshalb verschiedene Informationen erhalten und deshalb auch verschiedene Arbeitsmodelle, obwohl aufgrund des gleichen Phänomens. *Das Unbewußte ist nichts, was wir heute experimentell studieren könnten.* Sobald dies zugegeben wird, kann ein Dialog dieser beiden Forschungsstrategien in einer komplementären Art beginnen.

Im allgemeinen studieren wir nicht-verbales Verhalten, indem wir das auf einem Videofilm festgehaltene Therapiegeschehen kodieren. Dadurch erhalten wir erst einmal sehr viele kodierte Daten, die verdaut werden müssen, gewöhnlich mit der Hilfe eines Computers und bestimmten Software-Programmen, die bestimmte Aspekte dessen, was kodiert wurde, analysieren. Wenn alles gut geht, findet der Forscher bestimmte Regelmäßigkeiten (wiederkehrende Erscheinungen), die mit irgendwelchen Variablen in Beziehung gesetzt werden können. Er kann nun seine Ergebnisse in einer oder mehreren Grafiken zusammenfassen, die veröffentlichbar sind. Nachdem z.B. *Frey* und seine Mitarbeiter (1983,S.172-174) alle Bewegungen kodiert hatten, die von Depressiven (interviewt von Psychiatern) gemacht wurden, erkannten sie eine klare Relation zwischen der Genesung und der Komplexität von depressiven Bewegungen.

Obwohl sich diese Analyse für die Körperpsychotherapie auf einer zu eingeschränkten Sicht des Verhaltens gründet, ist es interessant zu bemerken, daß sich die Ergebnisse oft nicht überlappen. Experimentelle Forschung betont oft das, was für Kliniker irrelevant zu sein scheint und umgekehrt. Mit anderen Worten, beide Ansätze scheinen sich auf komplementäre Aspekte des Verhaltens zu konzentrieren.

Nicht alle hier präsentierten Daten sind reif zur Veröffentlichung. Ich berichte sozusagen "mitten aus der Arbeit". Einiges wird sozusagen gerade erst gebacken. Was ich mit Ihnen heute in diesem Workshop diskutieren möchten, ist gerade das, was nicht veröffentlicht werden wird. *Es ist einfach die große Menge.* Für viele ist diese große Masse Material äußerst beeindruckend, schwierig zu organisieren und ohne Bedeutung. Aber ich denke, daß gerade Körperpsychotherapeuten die Leute sind, die über diese Masse konstruktiv nachdenken können, weil gerade sie es sind, die mit dieser Informationsmasse professionell umgehen. Meine Hoffnung ist, daß zukünftige Kommentare darüber von großem Nutzen für die Forschung sind. Die Forschungsergebnisse dieser Daten sind wohl 1992 fertig und werden dann veröffentlicht.

II. Daten

II.a. Posturale Dynamiken in einer psychologischen Fakultät und in einer Krankenschwesternschule

II.a.1.Grundkörperhaltungen

Ich bat sechs Genfer Erstsemesterstudenten in Psychologie sechs andere Erstsemester und sechs Assistenten zu interviewen (alle weiblich). Meine Hypothese war, daß man die Unterschiede des Status (Student oder Assistent) und der Rolle (Forscher oder Forschungsobjekt) in der grundlegenden Körperhaltung erkennen könne. Die *Grundkörperhaltung* kann aufgelistet werden als jene Teile des Körpers, die in einem gegebenen Moment einen Stuhl oder den Boden berühren. Ich kodierte die folgenden 26 Teile des Körpers: rechte und linke Hand, rechtes und linkes Handgelenk, gleichermaßen für Arme, Ellbogen, Oberarme, Schultern, oberer Rücken, unterer Rücken, Flanken, Po, Oberschenkel, Unterschenkel, Füsse. Für jeden Körperteil verwandte ich einen Zweier-Kode: 0 (keine Berührung) und 1 (Berührung). Eine Grundkörperhaltungs-Konfiguration kann dann z.b. durch: 01001100110011001100110011 beschrieben werden, wobei die ersten beiden Zahlen für die rechte und die linke Hand stehen und die letzten beiden für den rechten und den linken Fuß. Die Durchschnittsdauer der Interviews betrug zehn Minuten. Ich überprüfte die Position jedes Körperteils jede halbe Sekunde.

Die Protagonisten sitzen einander gegenüber. Einer fragt, einer antwortet. Dies war die Standardsituation, also eine relativ ruhige. Die Interviews fanden in dem ziemlich beeindruckenden Videostudio der Fakultät statt. Hinter Spiegelfenstern arbeiteten die Techniker mit den Kameras. Bei allen Studien fanden die üblichen ethischen Grundregeln Anwendung. Die Filme dürfen nicht veröffentlicht werden und jeder Teilnehmer kann den seinen zu jeder Zeit verlangen.

Wieviele verschiedene Arten des Sitzens konnten wir während eines so einfachen standardisierten Settings beobachten? Um diese Frage zu beantworten, zählte ich einfach wieviele verschiedene Konfigurationen von 0 und 1 ich kodiert hatte. Es waren 104 verschiedene.

Ich wiederholte diese Studie in einer Genfer Krankenschwesternschule. Neun Krankenschwestern im ersten Jahr interviewten auf dieselbe Weise neun Kolleginnen (ebenfalls 1.Jahr) und neun ihrer Lehrer (alle weiblich). Interviewt wurde im Videostudio der Schule auf Stühlen sitzend. Jedes Interview dauerte durchschnittlich fünf Minuten.

Die Krankenschwestern produzierten 261 Grundkörperhaltungs-Konfigurationen. Nur 16 von diesen wurden auch bei den Universitätspersonen beobachtet. Während ich die Daten analysierte, bekam ich den Eindruck, daß jede Person ihre eigene Bandbreite an Konfigurationen mitbrachte. Es gab natürlich gemeinsame Aspekte... z.B. berührte in fast allen Fällen der Po die Sitzfläche. Aber nichtsdestoweniger hatte das relativ formale Sitzverhalten bei jedem einen individuellen Touch, denn die 45 in beiden Experimenten beobachteten Menschen erzeugten 346 verschiedene Grundkörperhaltungen. Ein weniger grober Kode hätte wahrscheinlich zu einer noch größeren Zahl von Konfigurationen geführt. Z.B. hätte ich zusätzlich "Hand berührt Sitz" von "Hand berührt Rückenlehne" unterscheiden können; oder "Finger berühren Sitz" von "Handinnenfläche berührt Sitz" etc. Ein anderer zu betonender Punkt ist die Menge der Informationen. 12.430 Sekunden wurden analysiert. Wenn wir zugeben, daß die statischen Teile des Körpers genauso bedeutungsvoll sind wie die beweglichen, können wir die in kodierten Daten enthaltene Informationsmenge berechnen: (24.860 halbe Sekunden) x (26 Körperteile) x (2 Kodierungsdimensionen für jeden Körperteil) = 1.292.720 Informationen. Diese Informationsmenge hatten meine Programme jedesmal zu berechnen, wenn es um die Anzahl der Bewegungen oder die einfache Menge jener Körperteile ging, die vom Stuhl oder vom Boden unterstützt wurden... was eine Durchschnittsmenge von 4.309.067 Informationen pro Forscher/Subjekt-Zweiheit ergibt. Diese Berechnungen beinhalten noch nicht die qualitative Information über die Grundkörperhaltung, die ich ebenfalls, z.B. über die Art, wie das Becken auf den Stuhl gesetzt wird, kodiert habe. Diese Informationen sind natürlich auf verschiedene Art und Weise sehr bedeutsam.

Um allgemeine Körperhaltungen zu erforschen, zog ich bestimmte Variablen heran, am meisten: Selbstkontakt an der Oberfläche (wieviele Körperteile sind am Selbstkontakt beteiligt?) und Oberfläche der Körperhaltung (wieviele Körperteile werden durch posturale Dynamiken, die sich direkt an der Handhabung von Objekten, z.B. Handwerkszeug handhaben oder spezifische Kommunikationssignale geben [Mimik, Gebärden, Sprechen, etc.], bewegt?). Ich habe diese komplexeren Aspekte körperlichen Verhaltens bei den Krankenschwesterschulfilmen kodiert.

Wir versuchten, die Kodierung so einfach wie möglich zu halten. Beim Selbstkontakt kodierte ich nur, ob ein Körperteil einen anderen Körperteil berührte, aber noch nicht einmal, welcher Körperteil berührt wurde. Für die Grundhaltung mußte ich zweimal (links und rechts) 13 Körperteile analysieren, hinzu kamen 21 andere Körperteile (Kopf, Bauch, usw.). Ich beobachtete 984 Selbstkontakt-Konfigurationen und 1.501 verschiedene allgemeine Haltungskonfigurationen. Und um es noch einmal zu sagen: ein differenzierterer Kode hätte zu einer viel größeren Anzahl geführt.

Obwohl dieser Code sehr simpel war, gab es dennoch 13 Dimensionen pro Körperteil: ein Körperteil konnte den Stuhl berühren oder im Selbstkontakt sein oder nichts berühren oder den Stuhl und ein Bein berühren usf.

Analysiert wurden 13 Dimensionen von 47 Körperteilen während 10.688 Halbsekunden. Wenn wir das nun, wie beschrieben, berechnen, haben wir 6.530.368 Informationen bei 27 Teilnehmern und deshalb 362.798,2 Informationen pro Paar für 297 Sekunden im Durchschnitt.

II.a.3: Posturale Standards

Eine so große in einem doch eher primitiven Kode enthaltene Informationsmenge hatte ich nicht erwartet. Ich fragte mich, ob das vielleicht an irgendeinem im Kode versteckten Artefakt lag. Z.B. sind bei der Körperhaltung einige Körperteile stabiler als andere. Person A könnte z.b. immer wieder eine für ihn typische Standardhaltung einnehmen, z.b. *Standard A:* beide Füsse berühren den Boden, der Po berührt den Sitz und der Rücken berührt die Rückenlehne. *Standard B:* Arme und Hände nehmen verschiedene Positionen ein, während Standard A statisch bleibt.

In der bisherige Berechnung der Körperhaltungskonfigurationen würde Standard A bei jeder verschiedenen Armkonfiguration einbezogen werden. Wenn wir die Standards unterscheiden, kommen wir bei 346 Grundkörperhaltungskonfigurationen auf 190 Standards, die 1501 allgemeine Körperhaltungskonfigurationen erzeugen, jedoch 1696 verschiedene Körperhaltungsstandards. Auch wenn wir die Daten also von verschiedenen Seiten her betrachten, bleibt immer noch eine beträchtliche Mannigfaltigkeit.

Tabelle UBASD.XLF zeigt die Standards der Assistentinnen und die Durchschnittsdauer ihrer Anwendung in 1/100 Sekunden-Einheiten. Die Assistentinnen benutzen ein Repertoire von 26 Standards, die zu den 65 von den Universitätsangehörigen benutzten gehören. Ein Standard wurde nur von vier der Assistentinnen benutzt: 47A.

47 und 48 stehen für den rechten und den linken Fuß, A für die Grundhaltung. Der rechte Fuß steht also nicht zwischen der Assistentin und der Befragerin. Vier Assistentinnen benutzten also ihren Fuß unabhängig von allen anderen Körperteilen. Diese Konfiguration wurde auch bei anderen Teilnehmerinnen beobachtet. Fünf Standards wurden von zwei anderen Assistentinnen verwendet und alle anderen nur von einer.

41 und 42 stehen für den rechten und den linken den Stuhl berührenden Po. Das ergibt 47 Standards, d.h. grundlegende Arten und Weisen, wie man sich selbst auf einen Stuhl setzt. Dies ist also ein Beispiel für individuelles Verhalten, auch wenn wir nun die reduzierte Darstellung der grundlegenden Körperhaltungen anwenden.

II.a.4: Diskussion

Diese Zahlen verdeutlichen einige sofort wahrnehmbare Konsequenzen.

Erstens, sie untergraben alle Hoffnungen, man könne ein bestimmtes Spektrum "typischer Körperhaltungen" bei Studenten beobachten, eine typische Haltung von Assistenten, eine typische Haltung von Krankenschwestern usw.

Zweitens war ich betroffen von der Mannigfaltigkeit individuellen Verhaltens, die sogar in einer solch standardisierten Situation auftaucht. Nur wenige Konfigurationen wurden von etwas mehr als der Hälfte der Teilnehmer gemeinsam benutzt, die meisten anderen jeweils nur von einer Teilnehmerin. Was wir hier also wirklich haben, sind Daten über individuelle körperliche Verhaltensdarstellungen. Ich kann mir nicht vorstellen, wieviele Leute man in solchen Situationen filmen müßte, um eine bestimmte Stabilisierung des Repertoires beobachten zu können.

Weiterhin entdeckten wir, daß wir nur eine Analyse der ersten drei Minuten brauchten. Jedes Interview ganz zu kodieren, brachte nicht viel mehr bedeutsame Informationen als die ersten drei Minuten. Die Kodierung und Analyse kürzerer Abschnitte hätte dieselben Hauptunterschiede herausgestellt, obwohl weniger stark.

Die Ergebnisse, (Heller 1992b), zeigen, daß es dennoch Muster gibt, die mit *Institutionen* (Universität, Krankenschwesterschule), *Status* (Universitätsstudent, -assistent, Krankenschwesternschülerin, -lehrerin), mit der *Rolle* (Subjekt oder Forscher) und den *Individuen* korrelieren. Diese Muster sind sehr mannigfaltig und erscheinen manchmal gleichzeitig in verschiedenen Arten: z.B. einer grundlegenden, für Krankenschwestern typischen Anzahl von Körperteilen, die den Stuhl berühren und ein für die Krankenschwesternlehrerinnen typisches Selbstkontakt-Verhalten.

Die von mir beobachteten Muster folgten eher bestimmten Regeln als klaren Konfigurationen:

* Krankenschwestern hatten die Tendenz, sich im Stuhl eher weiter zurückzusetzen als die Akademiker und berührten deshalb mit mehr Körperteilen die Stühle. Diese Variable sagt nichts darüber aus, welche Körperteile das waren, einmal konnten es Arme und Hände sein, ein anderes Mal der Rücken.

* Krankenschwesternlehrerinnen veränderten ihre posturalen Standards öfter als ihre Schülerinnen, z.B. Bewegung der Beine oder der Arme oder des Rückens oder eine Kombination. An der Universität hatten dagegen eher die Studentinnen die Tendenz sich zu bewegen, als die Assistentinnen.

Das zeigt drei Dinge:

1. Verschiedene Variablen beeinflussen gleichzeitig verschiedene Körperteile.
2. Die meisten Körperteile werden von interpersonellen Regulationsmechanismen beeinflußt.
3. *Es gibt also nicht nur das Problem einer große Bandbreite von Verhalten, sondern auch das einer großen Zahl von Variablen von bestimmten bedeutsamen Gruppenphänomenen.*

Zusammenfassung: Viele Dinge geschehen, und diese Dinge werden von vielen verschiedenen Strukturen koordiniert.

II.b. Mimisches Verhalten von suizidalen Patienten

II.b.1: Allgemeines Repertoire

Die Psychiaterin Dr.*Yvonne Gitnacht* interviewte 17 Patienten der Psychiatrischen Klinik der Universität Genf 15 Tage nach einem Selbstmordversuch. Sie wurden ausgewählt, weil sie auch unter einer schweren Depression (definiert durch das DSM-III, Gitnacht 1988) litten. Während der Interviews wurde das mimische Verhalten dieser Patienten auf Video aufgenommen. Während des folgenden Jahres notierten wir, welche einen weiteren Selbstmordversuch unternahmen, denn wir wollten die Gesichtsausdrücke jener Patienten mit Wiederholungsversuch und jener Patienten ohne Wiederholungsversuch vergleichen, um herauszufinden, ob die Mimik unserer Patienten Hinweise auf das Risiko eines Wiederholungsversuches geben könnte. Fünf der 17 Patienten versuchten es noch einmal, einer starb. Die Datenbasis ist also klein, aber mehr konnte Dr.Gitnacht in diesem einen Jahr nicht filmen.

Die Kodierung mimischen Verhaltens ist eine herausfordernde Aufgabe. Wir analysierten deshalb nur zwei Beispiele von durchschnittlich 20 Sekunden pro Patient. Bei dem ersten wurden die Patienten gefragt, ob sie es noch einmal versuchen würden, bei dem zweiten wurden sie gebeten, über ihr Selbstvertrauen zu reden.

Wir benutzten das von *Paul Ekman* und *Wallace V.Friesen* (1978) in San Francisco entwickelte Mimik-Kodierungssystem (facial action coding system FACS). Es unterscheidet 42 Mimik-Einheiten oder Aktionseinheiten (action units, Au). Acht dieser Einheiten werden auf einer Skala mit sechs Dimensionen gezählt, die verbleibenden 34 Einheiten auf einer Skala von zwei Dimensionen (An oder Aus). Die Zeitskala notiert jede 4/100 Sekunde, d.h. jedes Videobild.

Lassen Sie uns noch einmal rechnen. Die gesamte Kodierungszeit betrug 8127 Zeiteinheiten, das sind 325.07 Sekunden. Jede Zeiteinheit belieferte uns mit $(8 \times 6) + (34 \times 2) = 116$ Informationen. Wir hatten also 942.732 Informationen zu organisieren (55.454,82 im Durchschnitt pro Interview). Wir kodierten auch hier wieder nur die Muskelbewegungen und nicht z.B. die Qualität der Haut, wie von Thorell (1987) vorgeschlagen wird (außer in einer kurzen Sequenz). Wenn wir auch noch Kopfhaltung und Augenbewegungen (die wir bei der ersten Frage kodierten) ausgewertet hätten, wären wir bei noch beeindruckenderen Zahlen angelangt.

Wie aus Tabelle TFREQ.XLS hervorgeht, konnten sechs von 42 Einheiten nicht beobachtet werden. Alle beobachteten Klienten blinzelten mit den Augen (Einheiten 41,42,43), 16 hielten ihre Lippen nicht geschlossen, wenn sie nicht sprachen (Einheiten 25,26,27), 14 hatten angespannte Lippen (Einheiten 23 und 24), zehn zeigten Grübchen (Einheit 14), neun lächelten zumindest leicht (Einheit 12). Die verbleibenden 32 Einheiten wurden von weniger als der Hälfte unserer Kandidaten benutzt. Von den meistbenutzten Einheiten erlaubte uns keine, jene Patienten mit

Wiederholungsversuch von denen ohne Wiederholungsversuch zu unterscheiden. *Ellegring* (1989, S.76) notierte ein bestimmtes gehäuftes Vorkommen der Einheiten 14, 24 und etwas Lächeln bei den depressiven Patienten.

Jeder Patient benutzte 4 bis 19 dieser Einheiten in sehr differenzierten Kombinationen und in einem gleichermaßen differenzierten Timing. Diese Kombinationen sind allgemein als "Gesichtsausdruck" bekannt. *Ekman* (zusammen mit *Friesen & O'Sullivan, 1988*) z.B. unterscheidet wahres Lächeln von "Pseudo"-Lächeln (wahres Lächeln erzeugt Fältchen in den Augenecken). Lächeln ist Einheit 12, Fältchen in den Augenecken ist Einheit 6. Ein wahres Lächeln besteht deshalb aus einer Reihe von Aktionseinheiten, die die Kombination 6 bis 12 enthalten. In dieser hochstandardisierten und streßvollen Situation mit 17 Patienten, die offensichtlich nicht sehr ausdrucksstark waren, wurden in einer sehr kleinen Zeiteinheit (40 Sekunden pro Patient) 131 verschiedene Kombinationen oder Gesichtsausdrücke beobachtet. 95 dieser Kombinationen wurden nur einmal von einem Subjekt angewandt. 50 Kombinationen tauchten nur auf, wenn über Selbstvertrauen gesprochen wurde, 56 Kombinationen nur, wenn es um Selbstmord ging. 25 Kombinationen wurden angewandt, wenn es um beide Themen ging.

Mannigfaltigkeit ist also auch hier wieder die Regel. Jeder neue Klient erweitert das Repertoire, und je mehr man einen beobachtet, desto weiter wird dessen Repertoire. Wie bei der Körperhaltung können wir uns also auch hier wieder fragen, wie sehr eine Person beobachtet werden muß, um sein hauptsächliches Repertoire in einer gegebenen Situation zu kennen und wieviele Personen beobachtet werden müssen, um das in dieser Situation im allgemeinen angewandte Hauptrepertoire zu erkennen. Denn nur dieser Hintergrund ist das Hilfsmittel, um individuelles Repertoire auf spezifische Variablen zu beziehen.

II.b.2. Verhaltens-Repertoire

Wieder konnten unsere Variablen nicht auf spezifische Ausdrücke bezogen werden: es gab keinen typischen Gesichtsausdruck (typische Gesichtsausdrücke) jener Patienten, die ihren Selbstmordversuch wiederholten. Andererseits konnten unsere Variablen auf verschiedene Repertoires bezogen werden:

* *Kopf*: oberes Lid hochgehoben (Einheit 5), Nasenflügel vertieft (Einheit 11), Backen aufgeblasen (Einheit 13), Zunge gezeigt (Einheit 19), Mund angespannt (Einheit 27) werden zumindest einmal von Klienten gezeigt, wenn sie über ihr Selbstvertrauen sprechen und nie, wenn sie über Selbstmord reden. Aktionseinheiten, die zumindest einmal von Patienten angewandt werden, wenn sie über Selbstmord sprechen und nie, wenn sie über ihr Selbstvertrauen sprechen, sind meistens allgemeine Kiefer/Lippenbewegungen: Lippen gegeneinander (Einheit 8), Unterlippe heruntergedrückt (Einheit 16), Lippen gerundet (Einheit 22), Lippe eingesaugt (Einheit 28), Kiefer vorgeworfen (Einheit 29), Kiefer seitwärts

(Einheit 30), aufeinandergebissen (Einheit 32), Backen aufgeblasen (Einheit 34), Nasenflügel gebläht (Einheit 38).

* *Suizidalität:* Einheiten 1, 4, 5, 8, 10, 11, 13, 19, 22, 27, 28, 30, 34, 37 und 44 werden nur von A-Patienten benutzt (keine weiteren Versuche), während Aktionseinheiten 16, 32 und 38 nur von R-S-Patienten (mit Wiederholungsversuch) benutzt werden. Diese erste Serie von exklusiven Aktionseinheiten wurde bei 8 der 12 A-Patienten beobachtet.

* *Suizidalität und Kopf:* die Einheiten 1, 2, 4, 5, 10, 11, 13, 17, 19, 24, 27 und 37 wurden ausschließlich von einigen A-Patienten (kein Wiederholungsversuch) benutzt, während sie über Selbstvertrauen sprachen. Die Aktionseinheit 7 (Anspannung um die Augen herum) wurde nur von R-S-Patienten (mit Wiederholung) benutzt. Diese Serie von exklusiven Aktionseinheiten wurde bei 9 von 12 A-Patienten beobachtet. Nur die A-Patienten (8 von 12) benutzten, während sie über Selbstmord sprachen, die Einheiten 1, 4, 7, 8, 10, 22, 26, 28, 30, 34, 37 und 44. Keine mimischen Aktionseinheiten wurden nur bei R-S-Patienten (mit Wiederholung) beobachtet. Auf diese Weise wurden 9 von 12 selektiert.

Die Einheiten 1 bis 9 und 44 betreffen Muskeln um die Augen herum. Wir bemerkten, daß Patienten mit Wiederholungsversuch dazu neigten, diese Einheiten weniger anzuwenden. Wir bemerkten, daß 1 und 2 (Heben der Augenbrauen) niemals von Patienten mit Wiederholungsversuch benutzt wurden. Wir könnten deshalb von einer bestimmten Form der "Augenblockade" bei Wiederholungspatienten sprechen, was in der Selbstmorddiskussion bestärkt wird.

Ich werde hier nur eine kurze und unvollständige Zusammenfassung der Ergebnisse vorstellen, um zu zeigen, daß der Unterschied zwischen den beiden Gruppen ziemlich groß ist, wenn wir bereit sind zuzugeben, daß die Verfügbarkeit eines Repertoires wirklich bedeutsam ist. *Alle Patienten, die sich um die Augen befindliche Aktionseinheiten anwandten, versuchten keinen Suizidwiederholung. Die Nichtanwendung dieser Einheiten wurde allerdings in beiden Gruppen beobachtet.* Der Punkt hier ist, daß ein Repertoire kein spezifisches Signal impliziert. Es bedeutet nur, daß Patienten in der einen Gruppe Zugang zu einer Reihe möglicher Ausdrücke hatten, während Patienten in der anderen Gruppe Zugang zu einer anderen Reihe möglicher Ausdrucksformen hatte. Das bedeutet nicht, daß ein Patient der einen Gruppe alle ihm möglichen Ausdrucksformen während der Interviews anwandte. Jeder Einzelne bezieht sich verschieden auf das ihm zugängliche Repertoire. *Die Bedeutsamkeit eines Repertoires* (eher als die Bedeutsamkeit spezifischer Signale) stimmt auch mit meiner klinischen Erfahrung überein:

* Es erhellt die Schwierigkeiten, die ich und viele andere, mit jenen Leuten habe, die glauben, daß das Leben so einfach ist, daß eine solch komplexe und mannigfaltige Erfahrung wie die Selbstmordneigung nur aus einem spezifischen Ausdruck (oder einer Anordnung) davon besteht (*Frey* 1991). Wenn das wirklich so wäre, müßten schon wesentlich mehr spektakuläre Ergebnisse über

non-verbales Verhalten veröffentlicht worden sein. Ich glaube, daß wir kulturell aus einer gewissen Trägheit heraus die Dinge am liebsten so einfach hätten. Andererseits haben wir ein allgemeines Gefühl dafür, wenn der andere depressiv, selbstzerstörerisch, schizoid usw. ist, und wir haben ein allgemeines Gefühl, daß es doch so eine Art Kommunikationssignal geben müsse, auf das wir diese Gefühle stützen können.

Kommunikation per Repertoire läßt Raum für:
a. die Tatsache, daß etwas kommuniziert zu werden scheint,
b. die Tatsache, daß es schwierig ist herauszufinden, was per welchem Signal kommuniziert wird und
c. daß solche Kommunikationen nur teilweise zuverlässig scheinen.

* *Repertoire bezieht sich auf einen Kontext.* Wenn ich in einer bestimmten Situation bin, habe ich eine wage Idee davon, daß diese Situation etwas Bestimmtes von mir fordert, aber ich verhalte mich selten exakt in der gleichen Situation wieder so oder ich weiß exakt, was ich in dieser Situation tun soll. Ich habe ebenso ein Gefühl, daß bestimmte Arten des Lachens bei einem Begräbnis nicht angebracht sind, jedoch wenn ich mit Freunden zusammen etwas trinke. Ich war in meinem Leben noch nicht auf vielen Begräbnissen. Begräbnisrituale werden teilweise bewußt strukturiert (mir wird gesagt, wo ich mich hinstellen soll) aber mir hat noch nie jemand gesagt, wie ich mich in einer solchen Situation genau verhalten soll. Aber dennoch habe ich ein nicht sehr präzises Gefühl eines Verhaltens, das angebracht ist und eines Verhaltens, an das ich in dieser Situation noch nicht einmal denken sollte. Der Zugang zu einem Repertoire in einer solch standardisierten Situation wie einem Begräbnis ist nicht ganz dasselbe, wie das exakte Wissen, was zu tun ist. Dieses entsteht nur durch wiederholte Erfahrung und/oder Übung meines verfügbaren Repertoires.

Solch ein Modell könnte bei der Neueinschätzung der problematischen Beziehung zwischen Ausdruck und Emotionen wertvoll sein. *Darwin* (1965) zeigte, daß Emotionen wahrscheinlich ein "hartes Repertoire" von Gesichtsausdrücken haben (*Buck* 1988, S.19-20; *Ekman & Friesen* 1984, S.23-31), in der gleichen Art wie Affen und Hunde. Wenn wir jedoch die Sache näher betrachten, werden Sie bemerken, daß dieses emotionale Repertoire in einigen Situationen bedeutsam ist, in anderen jedoch nicht. *Ekman* (*Ekman, Friesen & O'Sullivan* 1988) zeigte schreckliche Filme mit "Amputationen und Verbrennungen, die starke unangenehme Emotionen hervorrufen sollten". *Lowen* verordnet Streßpositionen und ermutigt seine Patienten zum Schreien und Schlagen einer Matte, in der Hoffnung, daß sie eine organische Beziehung zwischen Emotionen und "äffischem" Verhalten spüren. Das Darwin-Repertoire emotionaler Ausdrucksformen scheint uns also allen verfügbar (also angeboren), aber nur in bestimmten Situationen wird es angewandt.

In bestimmten Psychotherapiegruppen oder bestimmten Krisenmomenten des Familienlebens scheint die Anwendung dieses Repertoires ein Weg zu sein, um darzustellen, wie sehr sie zu dieser Gruppe gehören. Andererseits sind diese äffischen Verhaltensweisen in unserer industriellen Gesellschaft ganz klar ineffizient, wenn wir Emotionen in ihrer traditionellen phylogenetischen Funktion betrachten (Agression läßt uns den Gegner angreifen, Furcht hilft uns, einem Feind zu entfliehen usw. *Laborit* 1919, S.117). Agressivität wird bei uns manchmal effizienter durch einen guten Witz ausgedrückt, der den Gegner zu "darwinischer Wut" provoziert und ihn vor den Zuschauern lächerlich erscheinen läßt. Wir scheinen also auch bei solch bio-psychologischen Phänomenen wie den Emotionen eine Wahl an Repertoire zu haben. Diese Wahl des Repertoires muß verstanden werden, bevor wir die Wahl innerhalb eines Repertoires verstehen können.

II.b.3. Spezifische Signale als Repertoire

Sogar spezifische Zeichen können als ein Repertoire fungieren. Lassen Sie uns einen bestimmten Moment herausnehmen. Der Arzt fragt: Wollen sie immer noch Selbstmord begehen? Erst Stille, dann antwortet der Patient. Während dieser Stille nach der Frage des Arztes hatten vier von fünf Patienten mit Wiederholungsversuch leicht geöffnete Lippen (Einheit 25), während kein Patient ohne Wiederholungsversuch diese Einheit in diesem speziellen Moment anwandte. Als wir uns diese 25er Einheiten näher anschauten, bemerkten wir, daß sie funktional sehr verschieden waren. In einem Fall hatte der Patient chronisch geöffnete Lippen, offensichtlich wegen leicht hypotonischen Muskeln. Ein anderer schien mit seinen Lippen etwas sagen zu wollen, aber ohne Ton, schloß die Lippen und antwortete dann mit Lippen und Ton. A-Patienten öffneten ihre Lippen bevor sie sprachen, zögerten, schlossen ihre Lippen wieder und begannen dann zu sprechen. Schließlich gab es noch einen Patienten, der seine Lippen öffnete, aber für eine Weile still blieb, dann auch die Kiefer öffnete und zu sprechen begann.

II.c. Wörter und Gesichter - Kommunikation und Depression

Nun zu einem komplexeren Experiment zur Depression, das wir mit Prof.*Klaus Scherer*'s Abteilung der Genfer Fakultät für Psychologie (FAPSE) ausführten. *Hervine Siegwart*, die hier arbeitet, half *Christine Lessko, Veronique Haynal* und mir, die Gesichtsausdrücke dieser Patienten zu kodieren.

Ein Patient wird im zweiwöchigen Abstand von seinem Psychiater für ein semi-standardisiertes, durchschnittlich 20 Minuten langes, in französisch abgehaltenes Interview gesehen. Der Patient wird gebeten zu beschreiben, wann er zum letztenmal glücklich, wütend oder traurig, und wie es dazu kam. Nach jedem dieser Themen bat der Arzt den Patienten, auf eine Tafel zu schauen, wo folgende Worte standen: gut (bien), traurig (triste), wütend (faché), angeekelt (degouté), besorgt (inquiet). Er soll nun beschreiben, wie er sich fühlt, wenn er diese Worte benutzt und die Adjektive "wenig", "mittelmäßig" und "viel" hinzufügen. Er kann auch ein anderes Wort benutzen, wenn dies absolut notwendig erscheint. Der Arzt schreibt auf, wie der Patient sich fühlt und auch wie er sich selbst, der Arzt, fühlt, indem er die gleiche Skala anwendet. Nach jedem Interview wurde ein Hamilton- und ein Beck-Depressionstest angewandt.

Neun Patienten waren bereit, an allen fünf Interviews teilzunehmen. Ärzte und Patienten waren von beiderlei Geschlecht.

II.c.1. Allgemeines Repertoire

Bei jedem Patienten kodierten wir 20 Sekunden von jedem der vier Themen. Obwohl depressive Menschen nicht in dem Ruf stehen, sehr ausdrucksstark zu sein (*Allegring* 1989, S.58), beobachteten wir dennoch 369 verschiedene Gesichtsausdrücke (definiert wie im vorherigen Experiment). In jeder Situation beobachteten wir zwischen 120 und 143 verschiedene Ausdrücke, d.h. durchschnittlich 73.8 Ausdrücke pro Situation, die wir in keiner anderen beobachteten, jedoch auch eine Stabilisierung des Repertoires, weil wir mehr als 50 Ausdrücke erhielten, die wenigstens in zwei Situationen vorkamen. Diese Daten kommen frisch aus dem Computer, sodaß ich nicht mehr dazu sagen mag.

Wir haben bisher also insgesamt 427 Gesichtsausdrücke gefunden: 60 wurden von Mitgliedern aller Gruppen angewandt, 308 Ausdrücke nur in unseren 214 depressiven Proben und 56 Ausdrücke nur bei unseren 34 Selbstmord-Proben. Auch hier finden wir den Anfang einer Repertoire-Stabilisierung.

II.c.2. Wörter

Bisher haben wir Phänomene betrachtet, für die wir noch kein semantisches Wörterbuch haben. Wir haben gezählt, wieviele erschienen und wir werden gleich diskutieren, warum sie auf unbewußte Kommunikationen hinweisen. Die von uns dargestellte unbewußte Kommunikation zeigt nur, daß ihre Existenz sehr wahrscheinlich, umfangreich und sehr mannigfaltig ist. *Keine unserer Daten erlaubt uns jedoch in Begriffen zu denken, die dem gegenwärtigen psychoanalytischen Übertragungsmodell (Haynal 1992) ähneln.* Wir werden nun sehen, daß Daten, die zumindest auf Phänomene, die übertragungsähnlich sind, bezogen werden können, so etwas wie eine semantische Bedeutung brauchen.

Wir bereits erwähnt, haben wir die depressiven Patienten gefragt, wie sie sich bei der Benutzung eines Repertoires von fünf Worten fühlen, von denen wir dachten, sie beschrieben ihre hauptsächlichen emotionalen Zustände. Die Ärzte sollten auf dieselbe Weise beschreiben, wie die Patienten sich fühlen und wie sie sich selbst fühlen. Diese Einschätzung wurde in jedem Interview angewandt. Andere Worte konnten vorgeschlagen werden.

Die Teilnehmer benutzten meistens die vorgeschlagenen Worte (gut, traurig, wütend, angeekelt, ängstlich), aber manchmal auch andere. Von diesen 33 anderen Worten bezogen sich nur drei auf Emotionen: abscheulich, dann ein anderes Wort für Wut (en colère) und Furcht. Jedes Wort wurde von den Patienten auf sich selbst angewandt, niemals von den Ärzten. Worte, die mehr als fünfmal vorgeschlagen wurden, waren: "müde" (14mal), "nervös" (9mal), "aufgeregt" (8mal), "gestreßt" (8mal), "schmerzvoll" (7mal), "angespannt" (7mal), "ruhig" (6mal), "ängstlich" (4mal). Die Worte Depression, deprimiert, depressiv wurden nie benutzt.

Außer den drei "emotionalen" Wörtern beschrieben die verbleibenden 30 Wörter Erfahrungen, die klarerweise nicht zu dem gehören, was wir gewöhnlich eine "Emotion" nennen. Wie sie eingeordnet werden sollten, kann ich alleine nicht entscheiden. Eines scheint jedoch klar, auf die Frage: "Wie fühlst du dich?", hatten die Teilnehmer das Bedürfnis, aus zumindest zwei Repertoires zu nehmen: einem, das aus emotionalen Wörtern besteht, und einem, das eher mit intra-psychischen Phänomenen verbunden scheint, die sich auf solche Polaritäten wie gut, wohl/unwohl, müde/wach, ruhig/aufgeregt, ängstlich usw. beziehen. *Vorausgesetzt, daß Emotionen ziemlich schnell ablaufende Phänomene sind und daß das andere Repertoire sich auf Phänomene bezieht, die längere Zeit bleiben, scheint eine Stimmung aus einer Kombination von zwei Wörtern zu bestehen, von denen eines ein schnelles Phänomen und das andere ein langsames Phänomen beschreibt.* Z.B. kann Wut als Stimmung nicht existieren, es sein denn, sie ist auf Angst oder Müdigkeit oder Leerfühlen bezogen usw.

Wenn wir von einem *Gefühl* sprechen, können wir also *wenigstens drei Phänomene* unterscheiden:

a. Emotionen (schnelle Ereignisse)
b. langsame Ereignisse wie das Gefühl, müde zu sein und
c. Stimmungen (eine Kombination von a und b).

Diese Analyse zeigt, wie schwach strukturiert unser kulturelles semantisches Repertoire ist, mit dem wir unseren inneren Zustand beschreiben können. Sogar unter Wissenschaftlern. Wir brauchen also dringend semantische Forschungen auf den verschiedenen Ebenen der Selbsterfahrung, bevor wir wirklich effizient über das, was allgemein "Affekte" genannt wird, reden können.

Wir gruppierten diese Wörter in vier Kategorien (beschrieben in Tab. VOC4.XLS und benutzten eine in der akademischen Psychologie häufig angewandte Prozedur, *Osgood*'s Bedeutungseinschätzung (1975). Danach computerisierten *Laurence Tricot* und ich Korrelationen zwischen der Selbsteinschätzung des Patienten, dem Bericht des Arztes über den Patienten und der Selbsteinschätzung des Arztes. Die Ergebnisse:

* Erstes Interview: je mehr der Patient Ängstlichkeit erwähnt, desto mehr beurteilt der Arzt ihn als wütend und desto mehr beschreibt der Arzt Ängstlichkeit bei sich selbst. Mit anderen Worten, der Arzt neigt während dieses Interviews dazu, Ängstlichkeit als agressiven Akt wahrzunehmen und durch diese Miß-Interpretation sich selbst im Zustand des Patienten wiederzufinden. Die Hamilton-Skala korreliert hauptsächlich mit dem Bericht des Arztes über die Ängstlichkeit in den Gefühlen des Patienten... d.h. *der Hamilton-Test für Depression mißt in Wirklichkeit das, was der Arzt als Angst darstellt.* Die Ärzte unterschieden drei Worttypen, wenn sie über den Patienten sprachen: Wörter, sich glücklich zu fühlen; Wörter, agressiv zu sein und Wörter über negative Gefühle. Sich "gut fühlen" steht nicht klar im Gegensatz zu bestimmten Wortkategorien;

* Letztes Interview: in der Beziehung wird eine Art "emotionaler Suppe" beobachtet. Die gleichen Gefühle werden bei allen drei Berichttypen beobachtet und bestimmte Worte werden benutzt, um einen Zustand zu beschreiben, sodaß fortschreitend mehr und mehr signifikante Korrelationen in den Ergebnissen erscheinen. Die stärksten Korrelationen beziehen sich auf Wut. Je mehr Wut im Patienten ist, desto wütender wird er wahrgenommen und desto wütender fühlt sich der Arzt. Es scheint einen Konsens zwischen jenen Kategorien, die sich auf das Gutfühlen, und jenen Kategorien, die im Gegensatz zum Sich-Gutfühlen stehen, zu geben. Uns fiel ebenfalls auf, daß, je mehr Interviews stattfanden, desto größere Übereinstimmung bestand zwischen dem, was die Hamilton-Skala sagte, und was sowohl vom Patienten als auch vom Arzt gesagt wurde.

Auch hier ist die Analyse noch nicht beendet. Es scheinen sich aber folgende Trends herauszukristallisieren:

* Mit fortschreitender therapeutischer Beziehung lernt der Patient und internalisiert, wie die Psychiaterr seiner Institution "sich gut fühlen" und "sich schlecht fühlen" definieren. Dies läßt sich a) aus einem Konformismus der Patienten bezüglich der Institutsnormen ableiten und b) aus einer immer besseren Reorganisation ihrer Gefühle.

* Sobald sich dieser Organisationsprozeß der Beziehung bezüglich Normen etabliert, dringt eine seltsame Emotionsmixtur in die Beziehung ein. Man hat den Eindruck von Gefühlen, die sich in der Situation auflösen und die Protagonisten wie durch Osmose durchdringen. Wut scheint ein primärer Träger emotionaler Ansteckung zu sein. Wir können ein solches Phänomen, nun, da wir es gesichtet haben, im Detail studieren (ich sehe keine methodologischen Probleme). Es scheint auf einen Funktionsmodus hinzuweisen, innerhalb dessen solche Begriffe wie unbewußte Übertragung und Gegenübertragung plausibel sind.

III. Unbewußt, vorbewußt, bewußt

Die gerade beschriebenen Daten sind nicht dazu da, um die Validität des Modells, das ich zusammenfassen werde, zu beweisen, sondern sie ergänzen die Ergebnisse, die ich in einem früheren Artikel (Heller 1992a) dargestellt habe. Sie bestärken sie und illustrieren einige bestimmte Aspekte von ihnen. Z.B. zeigen sie ganz deutlich, warum wir zwischen bewußt und vorbewußt unterscheiden.

III.A. *Vorbewußt/Bewußt*

> *"Das Studium der Verteilung des Bewußtseins zeigt, daß sie genau so ist, wie wir bei einem Organ erwarten dürfen, das aus Steuerungsgründen einem Nervensystem hinzugefügt wurde, welches sich zu komplex entwickelt hatte, um sich weiterhin selbst regulieren zu können".* (William James, zitiert in Baars 1988, S.3)

Wir finden also in einer einstündigen Sitzung wahrscheinlich mehr als eine Million leicht wahrnehmbarer Körpersignale, die ausgetauscht werden. Wenn wir den allgemeinen Trend der Forschung non-verbaler Kommunikation betrachten, können wir vermuten, daß die meisten dieser Austauschsignale bedeutsam sind... und daß die Zahlen, zu denen ich gekommen bin, wahrscheinlich kleiner sind, als das, was wirklich während einer Therapiesitzung übermittelt wird. Wahrscheinlich ist auch, daß bestimmte Botschaften gleichzeitig und manchmal unabhängig von einander ausgetauscht werden (Heller 1992b). Unserem Bewußtsein ist also sicherlich nicht alles bewußt, was in einem gegebenen Moment erscheint, obwohl jedes Ereignis bewußt zugänglich ist, wenn wir uns darauf konzentrieren. Dies stimmt mit der klassischen Definition von 'bewußt' und 'vorbewußt' (dem Bewußtsein zugänglich, aber nicht in unserem Wahrnehmungsbereich) überein.

Dennoch können wir wahrscheinlich auch hier eine größere Unabhängigkeit zwischen den beiden System postulieren, als Freud sich dachte. Das **Bewußtsein** kann einige Daten auf sehr präzise und flexible Art und Weise gleichzeitig koordinieren. Das **Vorbewußtsein** muß jedoch mit einer ungeheuren Menge Daten sofort effizient umgehen. Meine Vorstellung ist, daß im Vorbewußten viele Module unabhängig von anderen Modulen sehr schnell spezifische Aspekte der Realität analysieren. Jedes dieser Module arbeitet auf ziemlich rigide Art. Das Vorbewußte hat vermutlich auch verschiedene Hilfsmittel, um Module auf bestimmte Ziele (z.B. Verhaltensmuster) hin zu koordinieren, z.B. die Definition von Worten. Es scheint so, als ob wir vorbewußt eine hochdifferenzierte Art des Wissens haben, zu welchem Objekt ein Wort beigestellt werden kann und zu welchem Objekt nicht. Andererseits scheint das Bewußtsein viele Probleme mit der Definition der Bedeutung eines Wortes zu haben, das vom Bewußtsein benutzt werden kann (versuchen sie in Worten zu beschreiben, wie man eine Krawatte bindet!). Die Definition eines Wortes ist eine mentale Operation, die die Verwaltung von mehr Einzelheiten erfordert, als das Bewußtsein verwalten kann. **Baars** (1988, S.33-39) schlägt vor, *daß, wenn eine Idee ins Bewußtsein tritt, sie auch von allen Modulen des Vorbewußtseins wahrgenommen wird. Diese Module werden nun von jenen Mechanismen, die die Module des Vorbewußten koordinieren auf jene Idee hin ausgerichtet, während rein vorbewußte Ideen relativ unabhängig voneinander behandelt werden.*

III.b. Vorbewußt/Unbewußt

> *"Keinerlei Introspektion könnte uns sagen, daß wir bestimmte Regeln oder Prinzipien der Grammatik wissen oder erkennen oder benutzen oder daß die Anwendung der Sprache bestimmte, von diesen Regeln oder Prinzipien geformte Repräsentationen beinhalten. Wir haben keinen privilegierten Zugang zu solchen Regeln und Repräsentationen... Die kreative Anwendung der Sprache ist ein Mysterium, das sich unserem intellektuellen Zugriff entzieht... Wo Ideen von einer mentalen Chemie erzeugt werden im Unterschied zu einem mechanischen Modell, ist es wahrscheinlich unmöglich, sie durch Introspektion in ihre Bestandteile aufzulösen". (Chomsky 1980, S.128, 222, 243)*

Wenn vorbewußte Ereignisse oft unabhängig von unserer Wahrnehmung funktionieren, sind sie nicht von einer Qualität, die man auf so etwas wie Übertragung/Gegenübertragung beziehen könnte. Wir müssen also tiefer gehen. Ich habe gerade gezeigt, daß jedes körperliche Phänomen (eine Faust ballen, einen Fuß nervös bewegen, ein Gesicht machen usw.) vorbewußt ist, weil es dem Bewußtsein zugänglich ist, wenn wir darauf fokussieren. **Deleuze** (1979) schlug vor, daß Struktur per definitionem unbewußt ist. Sie wird auch dann unbewußt bleiben, wenn wir versuchen, darauf zu fokussieren. Z.B. kann niemand mit Bewußtheit mit dem Ganzen der deutschen Sprache in Kontakt treten und so ihre Struktur wahrnehmen. Wir haben immer nur eine Art magischen Zugang zu grammatikalischen Regeln, semantischen Repertoires usf. Jeder einzelne Aspekt der Sprache kann uns, wenn nötig, bewußt werden, so etwa wie wenn wir ins Menü eines Computerprogramms umschalten. Das Bewußtsein weiß weder durch welche Modalitäten es Zugang zu diesen Menüs hat, noch wie sie organisiert sind.

Ebenso wenig ist mir möglich die ganze Struktur der Kultur, in der ich lebe, oder die meiner Familie oder die der Beziehung mit jemand anderem wahrzunehmen. **Ein psychotherapeutischer Prozeß könnte als ein Vorgang angesehen werden, bei dem der Patient sich aller "Computermenüs" bewußt wird, die er verwalten und organisieren kann, bis er schließlich - mit Hilfe eines Therapeuten - beginnt, sich ein allgemeines Bild jener Strukturen, in denen er steckte (und die ihn benutzten, um sich selbst zu inkarnieren), herzustellen.** Wie jeder weiß, kann ein solch bewußter Zugang zu Strukturen Jahre brauchen.

Freud zeigte bereits auf ähnliche Weise, daß wir keinen bewußten Zugang zu physiologischen Strukturen oder Strukturen der unteren Ebenen der materiellen

Organisation haben. *Das Bewußtsein hat also keinen direkten Zugang zu Strukturen, erhält jedoch Informationen über Strukturelemente. Das bedeutet, daß irgendetwas das Vorbewußte mit der Struktur verbinden muß... Ich schlage vor, wir nennen dieses Etwas "Unbewußtes".* Ich postuliere damit Mechanismen, die unterschiedlich vom Bewußtsein und vom Unbewußten funktionieren. Wahrscheinlich können im menschlichen Unbewußten noch mehr Daten verarbeitet werden und das auf eine noch rigidere Art und Weise. Ich frage mich auch, ob unbewußte Prozesse nicht noch weniger an der Definition von uns selbst beteiligt sind.

IV. Das Bewußtsein

Nach dem Ende meines Vortrages konnte ich jene wundervolle Diskussionszeit erleben, die in allen Seminaren erscheinen sollte, wo ein Teilnehmer nicht nur interessante Fragen stellt, sondern mir selbst zu Einblicken verhilft, die ich bezüglich meiner Daten noch nicht gewagt hatte. Ich möchte *George Downing* für die Unterstützung meines Wunsches danken, wirklich die Konsequenzen aus der Materie, mit der ich mich beschäftige, zu ziehen. Dieser Artikel und besonders das folgende Kapitel haben sehr von unserer Diskussion profitiert. Jene, die an meinem Seminar in Lindau teilnahmen, werden bemerken, daß dieser Artikel sehr viel klarer ist und Ergebnisse vorschlägt, die damals noch nicht so klar waren. Natürlich übernehme ich die volle Verantwortung für die letztendlichen Formulierungen, aber ich möchte George Downing für einige der besten Ideen, die dieser Artikel enthält, danken.

IV.a. Aqualidologie

Die Definition des Bereichs des Unbewußten als unseres Kontaktes mit Strukturen führt uns an einen noch komplexeren Ansatz der Kommunikation heran. Z.B. wurde die Zeitabfolge jeder Bewegung noch nicht in Betracht gezogen, als ich den Versuch machte, zu computerisieren, mit wievielen Informationen wir während einer Therapiesitzung umgehen. *Offensichtlich schwimmen wir in einem Ozean regulativer Mechanismen. Dieser Ozean berührt uns und entgeht großenteils unserem bewußten Zugang... außer durch solche Hilfsmittel wie die Wahrnehmung von Atmosphären. Dies führt auch zu einer anderen Definition der Psychotherapie. Das Unbewußte bewußt zu machen, kann kein gültiges Ziel mehr dessen sein, was wir tun. Ich möchte meine Arbeit folgendermaßen zusammenfassen: Ich bringe den Leuten bei zu entdecken, wie sie gerne in dem Ozean des Unbewußten schwimmen würden. Dies nenne ich Aqualidologie (aqualide = innere Welt).*

Zu einem Teil meiner Arbeit gehört es, Forschungen zu benutzen, um besser über diesen Ozean informiert zu sein, darüber, wie er sich selber reguliert, und wie wir ihn regulieren könne. Zu einem anderen Teil meiner Arbeit (mit Hilfe der

Psychotherapie) gehört es, bestimmte Arten des Schwimmens in diesem Ozean zu entdecken, die für uns angenehm sind und andere, durch die wir riskieren zu ertrinken.

Teilweise besteht diese Arbeit darin, herauszufinden, wie das Bewußtsein benutzt werden kann, wenn die Realität dem nahe ist, was ich gerade beschrieben habe. Z.B. kommen einige Patienten zu mir, um eine Art Formel zu bekommen, wie sie einen Sexualpartner finden können. Mit anderen Worten, sie hoffen auf ein Zauberlied, mit dem sie den anderen anmachen können. Dies ist tatsächlich eine bestimmte Sicht der Beziehung zwischen dem Bewußtsein und dem Unbewußten, die ich pathologisch nennen würde (der Psychose und der Psychopathie nahe).

Wir nehmen hier an, daß

a. Entscheidungen durch das Bewußtsein gefällt werden und

b. daß, sobald eine Entscheidung getroffen wurde "unbewußte Diener" mit allen Hardware-Problemen umgehen.

Inspiriert vom I Ching (*Wilhelm* 1973, S.153-155), sehe ich die Dinge jedoch unterschiedlich. Verführerisches Verhalten ist zu allererst einmal eine vorbewußt/unbewußte Regulation und was uns die Folgen dieser Regulation übernehmen läßt, ist ein hauptsächlich vorbewußt/bewußter Prozeß. Mit anderen Worten, die Qualität unserer sexuellen Beziehung stützt sich hauptsächlich darauf, *wie diese drei Systeme koordiniert sind. Dies ist für mich heute die zentrale Voraussetzung für Psychotherapie.* Das durch das I Ching inspirierte Bild ist folgendes: wenn ein Kapitän denkt, er könne den Lauf des Flusses verändern, um Probleme zwischen seinem Boot und dem Fluß zu lösen... wird er wahrscheinlich steckenbleiben.

IV.b. Übertragung

Wenn ich Beziehungen aus dieser Sicht betrachte, wird es offensichtlich für mich, *daß das meiste, was zwischen Psychotherapeut und Klient geschieht, nichts mit Übertragung/ Gegenübertragung zu tun hat. Dies nicht sehen zu wollen ist einfach feige.* Im ersten Teil dieses Artikels brachte ich das Beispiel einer emotionalen Assimilation des Verhaltens eines Klienten an die Stimmung des Therapeuten. Ich sagte, daß dies nichts mit Übertragung zu tun habe. Nun kann ich noch ein Stück weitergehen und erklären, *daß ich denke, daß soviel zwischen Klient und Therapeut geschieht, daß es absurd ist, all dies "Übertragung" zu nennen.* All die Gefühle des Therapeuten zu seinem Klienten Gegenübertragung zu nennen, ist nur eine Art, durch die Verwendung von technischen Worten die Verantwortung für die eigenen Gefühle *nicht* zu übernehmen. Ich plädiere deshalb für eine eingeschränkte Definition dieser Begriffe (Heller 1987).

Aus dieser Perspektive möchte ich folgendes Bild benutzen, um Übertragungsphänomene zu situieren. Ich habe gerade erwähnt, daß die Modalitäten, durch die Bewußtsein und Struktur reguliert werden, via unbewußter und vorbewußter Verarbeitung wahrscheinlich zentral für die Therapie sind. Ich habe nun als Bild für den allgemeinen Kommunikationsfluß das Bild einer Nervenzelle. Diese Zelle hat eine Hülle. Diese Hülle hat Kanäle, durch welche die Neurotransmitter den elektrischen Fluß des Nervs regulieren. Stellen wir uns vor, daß bei der Kommunikation ebensolche Kanäle existieren, durch die das Bewußtsein den Informationsfluß in Strukturen reguliert. Dies gegeben, schlage ich vor, daß unbewußte Phänomene in etwa wie Neurotransmitter handeln, indem sie die Beziehung zwischen Bewußtsein und Strukturen regulieren.

Lassen sie uns die Neurotransmitter-Analogie noch etwas weiter denken. Es gibt Neurotransmitter und Neurotransmitter-Blocker. Eine Substanz kann einen Rezeptor blockieren, indem es sich selbst auf einem Kanal fixiert, sodaß ein bestimmter Neurotransmitter nicht mehr in ihn eindringen und einen Nerv aktivieren kann. Geschieht dies, kann etwas in der unbewußten Kommunikation nicht mehr passieren... eine Struktur funktioniert nun nur noch teilweise. *Die Interaktion zwischen dem Unbewußten und dem Bewußten ist in diesem Kanal blockiert.* Es geht hier also um eine Art Übertragungsdynamik: ein Teil ist völlig unbewußt (jener, der die Membran der Struktur auslöst) und ein Teil ist dem Bewußtsein zugänglich (als vorbewußte Prozedur). Weil wir von Kommunikation sprechen, braucht es dazu zwei Personen, auch wenn der Block nur von einer Person kommt. Dies ist mein Bild für Übertragungs-/Gegenübertragungsdynamiken. Es betont die Tatsache, daß, wenn sich Klient und Therapeut mit der Übertragung in ihrer Beziehung beschäftigen, sie sich nur teilweise bewußt sind, mit was sie sich befassen.

Der unbewußte Kommunikationsfluß zwischen wenigstens zwei Menschen ist teilweise durch eine Verstümmelung einer bestimmten Beziehung zwischen bewußter und unbewußter Kommunikation blockiert. *Es braucht zwei Personen, um den blockierten Kanal wieder zu befreien, weil dies die Minimum-Einheit ist, die wahrnehmen kann, wo sich der Block befindet.* Die Auflösung der Blockade sollte dem Bewußtsein helfen, die Folgen der unbewußten Regulationen, die es vorher nicht integrieren konnte (z.B. die Konsequenzen, ein verführerischer Mensch zu sein), zu integrieren. Die durch die persönliche Geschichte des Patienten erzeugten Blockaden werden Übertragung genannt, die Auswirkung auf den anderen Gegenübertragung. Die durch die persönliche Geschichte des Therapeuten erzeugten Blockaden werden Übertragung genannt, die Auswirkung auf den anderen Gegenübertragung. Sobald diese Blockade entfernt ist können sich Mechanismen, die daran beteiligt sind, die Beziehungen zwischen Struktur und Bewußtsein durch diese Kanäle zu regulieren, neu etablieren, vorausgesetzt, der Regulationsmechanismus existiert noch. Wir können uns auch vorstellen, daß, wenn ein Neurotransmitter oder ein Rezeptor eine Weile lang nicht benutzt wird, er auch nicht wieder produziert wird (dies ist ein anderes Problem, das ich hier nicht diskutieren möchte). Weil es in einer Therapie nicht um den Therapeuten geht, braucht er einen Supervisor, damit er lernt, auch seine eigene Übertragung in Betracht zu ziehen. Aber auch wenn diese Analyse akzeptiert wird, hoffe ich, daß sie bemerkt haben, daß nicht behauptet wird, alles solle bewußt werden, denn ein Teil des Übertragungsmechanismus' ist per definitionem unbewußt und bezieht sich auf etwas, das per

Natur und nicht per Pathologie unbewußt ist. Therapeuten hoffen manchmal, daß sie mit Hilfe ihrer Klienten über Phänomene aufgeklärt werden, die sie sich selbst noch nicht haben bewußt machen können. Dies hat jedoch nichts mit dem Psychotherapievertrag zu tun.

Für mich sind also die Übertragungsdynamiken in der Psychotherapie nicht zentral. Sie sind jedoch offensichtlich ein mächtiges und nützliches Werkzeug, das in bestimmten Fällen angewandt werden muß, besonders als Hilfsmittel für den Therapeuten, um das Unbewußte seines Klienten mit seinem eigenen in Kontakt zu bringen. Aber da geschehen noch so viele andere wichtige Dinge zur gleichen Zeit, daß man sich fragen muß, welche Einzelheiten es wert sind, behandelt zu werden. Es kann z.b. wichtiger sein, den Kontakt zwischen den Körpergefühlen und dem Bewußtsein wieder herzustellen. Sobald wir nämlich anfangen, Übertragungsdynamiken zu analysieren, etabliert die Beziehung sich in einer bestimmten Atmosphäre, die nicht immer mit anderen ebenfalls in der Körperpsychotherapie angewandten Techniken (z.B. die Arbeit an der Pulsation des Energiefeldes, Wiedergeburt, Entspannung etc.) kompatibel ist.

IV.c. Das innere Laboratorium

> "Der intensive Blick auf diese mannigfaltigen Gegensätze und Mängel des menschlichen Verstandes haben sich so schwer auf mich gelegt und mein Gehirn erhitzt, daß ich bereit bin, allen Glauben und Verstand abzuweisen und meine Meinung nicht für wahrscheinlicher zu halten als die anderer... Glücklicherweise geschieht es, da die Vernunft diese Wolken nicht vertreiben kann, daß die Natur selbst der Absicht genügt und mich von der philosophischen Melancholie und diesem Delirium heilt, indem sie den gebeugten Geist entspannt oder durch Beschäftigung und lebhafte Sinneseindrücke, die all die Chimären auslöschen, ablenkt. Ich diniere, spiele ein Spiel Backgammon, treibe Konversation und bin fröhlich mit meinen Freunden; und wenn ich nach drei oder vier Stunden Amüsement zu diesen Spekulationen zurückkehre, erscheinen sie so kalt und angestrengt und lächerlich, daß ich kein Herz habe, mich weiter in sie zu versenken".
> (Hume 1984, S.317)

Eine andere Konsequenz des Vorangegangenen möchte ich das "Innere Laboratorium" eines jeden nennen. Am LAC brauchten wir wenigstens ein Jahr, um die aus ein paar Interviews herausgezogenen Daten zu analysieren und gewannen doch nur ein sehr simplifiziertes Bild dessen, was geschah. Jeder von uns erzeugt den ganzen Tag sehr viel mehr non-verbale Hinweise. Wir müssen also postulieren, daß wir alle ein "Interface" haben, das effizienter ist als jedes heutzutage existierende Laboratorium. Weiterhin müssen wir angesichts der Schwierigkeiten aller Laboratorien bei der Frage, wie die Analyse der Kommunikation anzugehen sei, erkennen, daß auch unser Bewußtsein nicht fähig ist, dieses Interface direkt zu kontaktieren.

Allerhöchstens hat es Zugang zu einigen Ergebnissen, die dieses Interface ins Vorbewußtsein einbringt. *Die Analyse bestätigt, was die meisten Therapeuten bereits wissen: der Zugang zu ihrem eigenen Unbewußten ist ihr bestes Hilfsmittel, um Informationen über ihre Klienten zu erhalten.* Es ist die beste Zugangsart zu allen Aspekten des Klienten, nicht nur zu dessen Unbewußtem. Wir haben gerade gezeigt, daß sogar das offensichtlich sichtbare Verhalten dem Bewußtsein *allein* unzugänglich ist.

Ohne Zugang zu unseren inneren Laboratorien wäre es unmöglich, Wissen und Techniken zu sammeln, die anderen Menschen helfen können, weil experimentelle Techniken noch nicht verfügbar sind, die den Therapeuten auf überzeugende Art und Weise helfen könnten. *Deshalb ist die Arbeit an uns selbst, um die Beziehungen zwischen unserem Bewußten und unserem Unbewußten zu öffnen, der erste und unabdingbare Schritt, ein Therapeut zu werden. Genauso essentiell ist die Fähigkeit, mit dieser Offenheit zu leben und zu lernen, im Ozean der Realität zu schwimmen, ohne alles verstehen zu müssen.* Paradoxerweise führt uns diese Offenheit zu einer festeren Beziehung mit den Strukturen, d.h. mit Wissen, Tradition, Gesetzen und dem transformationellen Fluß von Strukturen, der unsere Geschichte erzeugt. Dieses Bedürfnis betrifft den Therapeuten und ist nicht Teil dessen, was wir von den meisten unserer Patienten brauchen, wenn wir mehr Menschen helfen wollen, als jenen, die sowieso die gleiche Straße wie wir gehen.

Ich schließe mit diesen Bemerkungen wegen des aktuellen politischen Kontextes, indem sich unser Beruf befindet. In der Definition unseres Berufes sollte als erste Erfordernis der Zugang zu unseren inneren Laboratorien und dem Zustand, in denen sie sich befinden, vorhanden sein.

* * * * *

Michel Heller ist Psychologe. Er arbeitet an der Universität Genf und in privater Praxis. Sie erreichen ihn unter Boveresses 12, 1010 Lausanne, Tel. Schweiz /21/6534046.

Literatur

Baars B. J., A cognitive theory of consciousness, Cambridge 1988, Cambridge University Press

Buck R., Human motivation and emotion, New York 1988, John Wiley & sons

Chomsky N., Rules and representations, Oxford 1980, Basil Blackwell

Darwin C., The expression of the emotions in man and animals, Chicago 1965, The university of Chicago press

Deleuze G., A quoi reconnaet-on le structuralisme? Dans Chatelet F.: La philosophie, Bd.IV, 1979, Belgien-Marabout

DSM-III, American psychiatric association : Diagnostic and statistical manual of
mental disorders. Third edition. Washington : APA.

Ekman P. Friesen W. V., *Facial action coding system*, Palo Alto 1978, Consulting
psychologists press inc.

Ekman P. Friesen W. V., *Unmasking the face*, Palo Alto 1984, Consulting psychologists press inc.

Ekman P. Friesen W. V. & O'Sullivan M., *Smiles when lying*, Journal of personality and social psychology, Bd.54, Nr.3, 1988, S. 414-420

Ellgring H., *Nonverbal communication in depression*, Cambridge & Paris 1989,
Cambridge university press & Editions de la Maison des
sciences de l'homme

Freud S., *On the grounds for detaching a particular syndrome from neurasthenia
under the description 'anxiety neurosis'*, The pelican Freud
library, Bd.10. Harmondsworth 1979, Pelican Books

Frey S., Nachwort im Taschenbuch zum Nutzen und Vergnügen fürs Jahr 1778 von
Georg Christoph Lichtenberg, Mainz 1991, Dieterische Ver-
lagsbuchhandlung

Frey S., Hirsbrunner H.-P., Florin A., Daw W. & Crawford R., *A unified approach
to the investigation of nonverbal and verbal behavior in
communication research*, in: Doise W. & Moscovici S.
(Hrsg.), Current issues in european social psychology, Cambridge & Paris 1983, Cambridge University Press & Editions
de la Maison des Sciences de l'Homme.

Fridman W.H., *Le cerveau mobile*, De l'immunite au systeme immunitaire, Paris
1991, Hermann

Gitnacht Y., *La communication non verbale et l'affect chel le patient deprime*,
Doctorate dissertation presented at the medical faculty of
Geneva, 1989

Haynal A., *Psychanalyse et science face face*, Epistemologie, Histoire; Meyzieu
1991, Cesura Lyon Edition.

Haynal A., *sur l'inconscient*, in: Adire 1992

Heller M., *Le transfert: psychologie sociale, psychologie cognitive, et psychotherapie*, in: Adire Nr.2-3, 1987

Heller M., *L'inconscient*, Adire Nr.7, 1992a

Heller M., *Postural dynamics and social status*, wird 1992 veröffentlicht

Hume D., *A treatise of human nature*, London 1984, Penguin books

Laborit H., *Les recepteurs centraux et la transduction des signaux*, Paris 1990,
Masson

Osgood C.E., Suci G.J. & Tannenbaum P.H., *The measurement of meaning*,
Urbana 1975, University of Illinois press

Reich W., *L'analyse caracterielle*, Paris 1976, Petite bibliotheque payot

Wilhelm, Richard, *I Ching*, Paris 1973, Librairie de Medicis

Name	Var	1	2	4	5	6	7	8	9	10	11	12	13	14	15	16	17	18	19	20	21	22	23	24	25	26	27	28	29	30	31	32	33	34	35	36	37	38	39	41	42	43	44	Count
TAF	A		2											3			1																							7	9	5		9
TBM	A																																							10	11	8		4
TDF	A								1				1	6	1			2					2						1											15	16	12		13
TCM	A	4	7	4		1							1	1											2															22	20	12		8
TDM	A													4												3											3			36	36	23		6
TFF	A									2				5	1			1						3				2												9	9	6		14
TEM	A	1		3										1					1				3	1	2	3														33	28	21	2	10
TGF	A				1														1				1		2	4														10	3	7		10
TFM	A											2											1	2	7									1						22	25	13		7
TGM	A																	2				1	1	2	8	1	1													17	12	6		10
THF	A	1	1	3	2		1	1	9			5		2	6		4						1	2	2	7	1													17	20	11		19
TIF	A	1				2								3										2	1	1														11	8	6		6
TJF	A	1	1			2									1		1						1	2	4	1	1													11	9	6		14
TAM	R		2												1			1					1		4															12	8	6		6
TBF	R					1	1							3	1			2					1	1	2															24	18	8		10
TEF	R											1		3			2						1	1	1				1									1		8	7	7		10
TCF	R											1		2		1							1	1	6							1								19	16	17		10
THM	S											1			1									1	2	1				1										44	45	25		9
count		6	6	3	2	4	5	1	0	3	1	9	1	10	7	1	4	6	2	0	0	1	8	8	16	6	2	1	2	1	0	1	0	1	0	0	1	1	0	18	18	18	1	42

A.: no reatempt, R.: reatempt, S.: deadly reatempt. Horizontal : Facial Action units

Number of times each units is used by each patient during total coded time.

	Le patient sur lui-même	Le médecin sur le patient	Le médecin sur lui-même		Le patient sur lui-même	Le médecin sur le patient	Le médecin sur lui-même
bien-être				agressivité			
amélioré	1	1	1	nerveux	9		
bien	87	90	146	en colère	1		
calme	2	2	2	agité	4	4	
confiant	1	1		fâché	46	64	40
espoir	1			impatient			2
euphorie	1	2		tot	60	68	42
soulagé	1	1		count	4	2	2
tot	94	97	149				
count	7	6	3	angoisse			
				angoissé		3	4
depression				anxieu		4	
ne sait pas	1			coupable	1	1	
pas à l'aise	1			mal	4		
nul	1			remué	1	1	1
triste	86	145	82	stressé	4	4	
vide	2	1		tendu	2	5	
déçu	1			contrarié		1	
las		1		dégouté	48	63	30
dérouté			1	dégoutant	1		
endormi			1	peur	1		
ennuyé			1	inquiet	100	118	111
fatigué	9	1	4	tot	162	200	146
fermé		1		count	9	9	4
inhibé			1				
inutile	1						
tot	102	149	90				
count	8	5	6				
pour l'ensemble							
tot	418	514	427				
count	28	22	15	total : 38 mots			

In this table we show how many times each word was used.

The words are grouped in 4 categories, we obtained through an Osgood semantic analysis.

Subjects :	tot	count	ODB	PDC	QDD	RDE	SDF	TDG
Variable :			D	D	D	D	D	D
Combinations								
23A	7395	1						7395
31A+ 32A	14495	1					14495	
31A+ 32A+ 35A+ 36A+ 41A+ 42A+ 43A+ 47	50705	1	50705					
41A+ 42A+ 43A	70100	1					70100	
41A+ 42A+ 43A+ 48A	6805	1					6805	
32A+ 35A+ 36A+ 41A+ 42A+ 43A+ 47A	60005	1		60005				
42A	21800	1						21800
33A+ 34A	23105	1					23105	
24A+ 32A	2500	1		2500				
24A+ 36A	11000	1						11000
34A	2200	1					2200	
24A+ 28A	3695	1		3695				
35A+ 36A+ 41A+ 42A+ 43A+ 44A	76065	1				76065		
35A+ 36A+ 41A+ 42A+ 43A+ 47A	65250	1			65250			
35A+ 36A+ 47A	25105	1					25105	
35A+ 47A	26400	1	26400					
35A+ 36A	41300	1					41300	
45A	13705	1					13705	
39A+ 40A+ 41A+ 42A+ 44A+ 48A	47260	1						47260
29A	195	1					195	
32A	36495	2		14890				21605
24A	13505	2		13305				200
47A+ 48A	37045	2				36795	250	
28A	10890	2		10790				100
48A	35270	2				25970		9300
47A	90175	4	5			22665	56900	10605
Tot :	792465	34	77110	105185	65250	161495	254160	129265
Count:	26	26	3	6	1	4	11	9
Mean :	30479	1.308	25703	17531	65250	40374	23105	14363

row 1 : name of subjects. Last letter : M = mal , F = female. row 2 : variable. D for different status, E for equal status.

65 bricks were used by all university participant

other rows : Duration of each Au Combination or each subject.

KONKRETISATION

Ein Prinzip der Körperpsychotherapie

von **Oskar Holzberg**, Hamburg (Deutschland)

Die Körperpsychotherapie ist ein weites Feld. Auf der einen Seite finden wir Ansätze, die den Beziehungsaspekt weitgehend zugunsten der energetischen Arbeit an den Körperströmungen, Empfindungen und dem, was **Wilhelm Reich** "Panzerung" nannte, vernachlässigen. Auf der anderen Seite Ansätze, die auf der Grundlage psychoanalytischen Denkens arbeiten und dann den Körper integrieren, um die Durcharbeitung von Übertragungsthemen zu fördern. Die meisten Körperpsychotherapien befinden sich zwischen diesen beiden Polen. Sie arbeiten sowohl verbal als auch energetisch. Einerseits fokussieren sie auf die therapeutische Beziehung und die auftauchenden Übertragungsphänomene sowie die aktuellen Alltagsprobleme, um Verständnis und Einsicht zu verbessern. Andererseits erfüllen sie die aus der persönlichen Geschichte des Klienten stammenden Bedürfnisse durch direkte Körpererfahrung und Auflösung der energetischen Blockaden und Schwächen, um die Entwicklungsstörungen zu überwinden.

Meistens finden wir also eine Situation, in der verbale Arbeit und Körperarbeit in der Sitzung zusammengebracht und verschmolzen werden muß. Dies kann auf zwei Arten erreicht werden. Entweder indem wir auf den Körper fokussieren oder eine Körperübung vorschlagen und dann später darüber sprechen und sie ausarbeiten. Oder indem wir umgekehrt durch eine angemessene körperpsychotherapeutische Intervention die vorher erfolgte verbale Arbeit fortsetzen.

Die "Konkretisation" ist eine sehr elegante und effektive Art, vom Verbalen zum Non-Verbalen zu gelangen und den Körper in die therapeutische Situation einzubringen.

Sehr oft enden sogar Körperpsychotherapien in einer "Sprechkur" (talking cure), wenn die Sitzung einmal mit dem verbalen Austausch begonnen hat. Oder die Sitzung wird gar Monty-Python-haft unterbrochen: "und nun zu etwas völlig anderem".

Die Gründe für die Vermeidung oder die erzwungene Einführung der Körperarbeit liegen dabei weniger in der Abwehr des Klienten, als im Widerstand des Therapeuten. Direkte Körperinterventionen verlangen eine größere persönliche Beteiligung. Der Therapeut muß seine sichere Distanz aufgeben und direkteren Kontakt aufnehmen. Er verläßt Kontrolle und Reflektion und begibt sich in seine Gefühle und Körperreaktionen. Er wird mit seinen eigenen Bedürfnissen und Reaktionen konfrontiert, was sein Ich-Ideal und seine narzisstischen Grandiositätsbedürfnisse bedroht.

Umgekehrt kann natürlich ein Körperpsychotherapeut die Arbeit mit dem Körper auch zur Erfüllung seiner narzisstischen Bedürfnisse und zur Vermeidung von Kontakt benutzen. Wenn die Übertragungsthemen verleugnet werden und der Therapeut nur "seinen Gefühlen folgt" oder aber nach fixen Regeln betreffs der angeblichen Reaktionen des Organismus arbeitet, lebt er genau die gleiche Grandiosität aus.

Die "Konkretisation" ist eine wertvolle Hilfe, um aus diesen Sackgassen herauszukommen. Durch die Anwendung einer Konkretisation wird der Körper aus der aktuellen therapeutischen Situation heraus beteiligt. Das folgende Beispiel zeigt, was damit gemeint ist.

Ich hatte bereits einige Jahre lang mit *Jay Stattman* gearbeitet, als ich ihn in einem Workshop mit meiner Enttäuschung konfrontierte. Ich fühlte mich nicht unterstützt und assoziierte das mit Erfahrungen, die ich mit meinem Vater gehabt hatte. Von Jay befragt, erzählte ich, ich hätte das Gefühl, daß sich keiner in meinem Rücken befände, der mich unterstütze. Auch keiner, mit dem ich kämpfen können. Ich beschrieb, daß ich noch nie gefühlt habe, daß irgendjemand da sei, um mich aufzufangen, wenn ich fallen würde, sondern daß ich mich völlig auf mich selbst verlassen müsse. An diesem Punkt unterbrach mich Jay und fragte, ob ich an einem Experiment teilnehmen wolle. Als ich zustimmte, bat er mich, mich auf die eine Seite des ziemlich großen Raumes zu stellen, während er auf der anderen Seite stand. Dann forderte er mich auf, auf ihn zulaufen und in seine Arme springen. Er würde versuchen, mich zu fangen.

Durch diese Intervention wurde eine Körpererfahrung kreiert, die sich direkt aus dem inneren Zustand des Klienten ableitete und in der die Übertragungssituation lebendig wurde. Eine therapeutische Situation, in der eine solche Körpererfahrung erzeugt wird, ist eine Konkretisation. "Konkretisation" kann folgendermaßen definiert werden: *eine Konkretisation ist die psychotherapeutische Transformation eines psychologischen Zustandes oder einer psychologischen Situation in einen Körperzustand oder eine Körpersituation*.

Konkretisation ist keine Technik, obwohl es sehr fruchtbar ist, ihre verschiedenen Formen mit Kollegen auszutauschen.

In Supervisionsgruppen erlebe ich oft, daß Konkretisationen oder andere Techniken sofort kopiert werden. Man kann dieses "Oh, das ist eine tolle Idee" über die Gesichter der Kollegen huschen sehen, sobald eine konkrete Technik beschrieben wurde. "Das werde ich sofort nächste Woche ausprobieren". Allerdings verbietet oft unsere eigene Grandiosität, dies zuzugeben oder direkt um diesbezügliche Unterstützung zu bitten.

Die *Konkretisation ist jedoch kein Bündel von Techniken, sondern ein psychotherapeutisches Prinzip.*

Das Wort "Konkretisation" wird benutzt, um den daran beteiligten therapeutischen Prozeß zu benennen. Es leitet sich von dem Wort "konkret" ab, das aus dem lateinischen "congrescere" stammt, was "zusammenwachsen" bedeutet. Dies wiederum kommt von "crescere", was "wachsen" meint und geht auf Ceres, die Göttin des Wachstums zurück. "Crescere" läßt sich wiederum auf "ker" zurückführen, was wachsen, "helfen zu wachsen", "ernähren" und "fördern" bedeutet. Das Wort weist auf die Tatsache hin, daß wir in dem Moment zu wachsen beginnen, in dem etwas beginnt, konkret zu werden.

Die Konkretisation kann auf dem psychotherapeutischen Dialog basieren, aus der Übertragung oder vom verbalen oder non-verbalen Ausdruck des Klienten abgeleitet werden. Wir können z.b. mit der sehr einfach Konkretisation des "Haltens" arbeiten. Sie kann aus der direkten verbalen Äußerung des Klienten "ich wurde von meiner Mutter/meinem Vater nicht gehalten"' oder aus einem verbalen Statement wie "ich fühle mich ohne Halt" abgeleitet werden. Sie kann sich aber auch aus einem non-verbalen Ausdruck entwickeln. Etwa wenn sich der Klient berührt, als ob er sich selbst hielte. Oder aus dem Gefühl des Therapeuten, daß sein Klient unterstützt und gehalten werden möchte.

Im folgenden werden zur Verdeutlichung einige Beispiele und Anwendungsbereiche für Konkretisationen gegeben.

Grenzen

Grenzen definieren unsere Ich-Struktur und unsere persönliche Identität. Wir finden Grenzen, die zu rigide sind oder zu unbestimmt, überladen oder mit zu wenig psychischer Ladung, fixiert oder flexibel usw. Alle strukturellen Defizite eines Menschen beinhalten einen Grenzaspekt. Darauf kann ich in diesem Artikel nicht weiter eingehen. Ich möchte hier nur einfach demonstrieren, wie wir durch Konkretisationen mit diesem Thema Kontakt aufnehmen können.

Fred, ein 40 Jahre alter Lehrer, berichtete von seinem Gefühl, daß er all jene Arbeit tun müsse, die seine Kollegen ablehnten. Jede unbeliebte Aufgabe wurde immer ihm aufgehalst. Er vermißte den Respekt seiner Kollegen und seiner Schüler, die immer wieder an ihm ausagierten. In seinen privaten Beziehungen fühlte er sich hilflos, sobald ihm Aggression entgegenschlug. Gerade am Tag vor der Sitzung hatte es einen Zwischenfall gegeben. Es war zu einer körperlichen Auseinandersetzung mit seiner Freundin gekommen, worauf er sie aufgefordert hatte, seine Wohnung zu verlassen. Als sie ablehnte, hatte er in seiner Verzweiflung mitten in der Nacht die Polizei gerufen. Jetzt war er sehr beschämt über sein Verhalten.

Ich schlug ihm vor, sich in die Mitte des Raumes zu setzen, und für sich selbst seinen gefühlsmäßigen persönlichen Raum zu definieren. Dann nahm ich ein Kissen und schob es langsam auf ihn und seine Grenze zu und schließlich über seine persönliche Grenze hinaus (s. *J.L.Rosenberg, **Körper, Selbst und Seele**,* Oldenburg 1989) Er streckte abrupt seine Arme aus und ergriff das Kissen dort, wo er seine Grenze fühlte. Ohne weitere Bewegung hielt er es dort fest. Ein starkes Gefühl der Verzweiflung und Hilflosigkeit brach in ihm auf. Er erinnerte sich an seine rigide und aggressive Mutter, die ihn in den zwei Situationen, in denen er es gewagt hatte, sich ihr zu widersetzen, blindwütig geschlagen hatte.

Die Konkretisation brachte den Gefühlszustand, in dem der Klient steckengeg-blieben war, an die Oberfläche. Im nachfolgenden Prozeß war er fähig, die Bezie-hung mit seiner Mutter und seinen eigenen Aggressionen durchzuarbeiten und neu zu definieren. Seine intellektuelle Einsicht in seine eigene Hilflosigkeit und seinen Aggressionsmangel wurde mit seinen Emotionen verbunden.

Eine Konkretisation schafft nicht nur eine direkte körperliche Erfahrung und verbindet dadurch die Person mit ihrem eigenen Körper und Gefühl. Sie stört das neurotische Muster durch einen leichten oder auch ausgeprägteren Zustand von Verblüffung. In der Mitte eines Therapieraumes zu sitzen und sich gegen ein "angreifendes" Kissen zu wehren, ist keine Alltagserfahrung. Die üblichen, auto-matischen Abwehrstrategien versagen in dieser Situation.

Weiterhin stärkt die Einführung der Konkretisation das Gefühl des Klienten/der Klientin für die eigenen Grenzen. Indem wir den Klienten fragen, ob er an dem Experiment teilnehmen will, wird er aktiv. Sein Wille wird aktiviert und er be-kommt Kontrolle über die Situation.

Es mag Fälle geben, wo ein Therapeut sich zu einer Konkretisation entschließt, ohne den Klienten über seine Mitarbeit zu befragen. Das hängt von der Qualität des therapeutischen Kontaktes und der klinischen Diagnose ab. Bei narzisstischen Störungen und Borderline-Themen ist dies gewöhnlich eine zu bedrohliche Erfah-rung. Bei Klienten mit sichereren psychologischen Grenzen können wir diese allerdings auch einmal überschreiten, um vermiedene oder unterdrückte Emotionen zu beleben. Wenn z.B. ein Klient äußert, daß er von anderen mißbraucht wird oder er sich schutzlos fühlt, kann der Therapeut die persönlichen Grenzen des Klienten ganz konkret ignorieren. Er kann sich z.B. sehr nahe an den Klienten heransetzen oder sich tatsächlich auf ihn setzen oder beginnen, dessen persönliche Habseligkei-ten, etwa seine Tasche, zu untersuchen. Der Therapeut muß sicher sein, daß er fähig ist, die durch seine ziemlich massive Invasion entstehenden Themen in der Bezie-hung mit dem Klienten zu klären. Sofern eine vertrauensvolle und sichere thera-peutische Beziehung existiert, wird eine spontan eingeführte Konkretisation, auf die der Patient nicht vorbereitet ist, zu einem mächtigen therapeutischen Werkzeug.

Eine feinere Art der Arbeit mit Grenz-Themen und der Konkretisation ist die folgende Übung. Man steht einander gegenüber. Eine Person oder beide gleichzeitig bewegen sich aufeinander zu und versuchen, die für ihr Gefühl angemessene Distanz zum anderen zu finden. Die Grenzen werden deutlich gemacht, indem wir selbst dort anhalten oder den anderen durch ein Zeichen oder ein lautes "Stop" anhalten. Mit den Bildern und Gefühlen, die dabei entstehen, arbeiten wir dann weiter.

In diesem Setting beginnt der Klient sowohl, seine persönlichen Grenzen im Kontakt mit dem Therapeuten zu fühlen, als auch generell eine deutlichere Wahr-nehmung für seine persönliche Grenze zu entwickeln. Der Therapeut hat dabei auch die Möglichkeit, seine Wahrnehmung der Kontaktgrenzen einzubringen. Durch sein Feed-Back ("Zurückfüttern") hilft er dem Klienten, dessen eigene Grenzen wahrzunehmen.

Diese direkte Beteiligung am Prozeß ist ein anderer Aspekt der Konkretisation. Der Therapeut ist aktiv und mit seinem eigenen Körper beteiligt. Sein eigener Körper gibt ihm ein direktes und präzises Feed-Back über den Gefühlszustand des Klienten. Das ist nur möglich, wenn der Therapeut sich selbst erlaubt, "jemand" im therapeutischen Prozeß zu sein.

Das Thema "Grenzen" regt natürlich auch das Thema "Raum" an. Die dritte Dimension ist die Dimension, in der der Körper, unser Körper, existiert. Unsere räumliche Beziehung zu einem anderen Menschen oder zu Objekten ist ein wichtiger symbolischer Ausdruck unseres inneren Lebens. Unsere räumliche Beziehung zu einer anderen Person oder einem Objekt hat einen großen Einfluß darauf, wie wir emotional auf dieses Objekt reagieren. Wenn wir über Beziehungen sprechen, sprechen wir in der Sprache des Körpers und in der Sprache des Raumes.

In Beziehungen fühlen wir uns nah oder fern, wir haben Kontakt oder haben ihn nicht. Jemand ist auf unserer Seite oder er teilt unsere Position nicht. Die räumliche Beziehung von Personen ist auch immer eine Konkretisierung der emotionalen und psychologischen Beziehung. Ein großer Teil der Körpersprache wird durch sie definiert. Zwei Personen, die keine sexuelle Beziehung haben, wahren z.B. immer einen Raum, eine Distanz zwischen ihren Becken, wenn sie sich umarmen.

In der psychotherapeutischen Situation beinhaltet die Beziehung immer Übertragungsaspekte und eine unbewußte Konkretisierung davon. Wo sitzt oder befindet sich der Therapeut in Beziehung zu seinem Klienten?. Das ist aus zwei Gründen bedeutend. Erstens: jede Positionierung ist ein Ausdruck der Beziehung. Wenn der Klient immer gebeten wird, sich in die gleiche Position zu begeben, z.B. sich auf die Matratze oder die Couch zu legen, wobei der Therapeut hinter seinem Kopf sitzt wie in der klassischen Psychoanalyse, wird dadurch die Beziehung definiert. Unbewußt wird eine sich ständig wiederholende Aussage über die Beziehung geschaffen. Die Entwicklung der Beziehung zwischen Therapeut und Klient ist dadurch blockiert. Auf der anderen Seite ist jedoch nicht nur das, was dem Klienten unbewußt übermittelt wird, sondern auch das, was der Therapeut vom Klienten wahrnehmen kann, durch die starre räumliche Beziehung strukturiert und eingeschränkt.

Mit einigen Klienten wird der Therapeut/die Therapeutin z.B. effektiver arbeiten können, wenn er/sie sehr nahe sitzt. Bei anderen muß die Distanz gewahrt bleiben. Es ist oft erstaunlich, wie die Wahrnehmung einer Person und der Kontakt mit einer Person sich verändern, sobald man von der linken auf die rechte Seite der Matratze wechselt, sich einmal niedriger oder einmal höher setzt usw. Die räumliche Beziehung kann vom Therapeuten genutzt werden, wenn er begreift, daß er sich selbst in einer ständigen Situation der Konkretisierung befindet, während er im Therapieraum arbeitet. Es kommt zu einem Prozeß mit aktiver Beteiligung des Klienten, wenn die räumliche Konkretisierung in die Wahrnehmung des Klienten gebracht wird. Hier sind wir natürlich mitten im Übertragungsthema. Einfach gesprochen, hat es der Therapeut *in der Übertragungssituation mit Erfahrungen des Klienten zu tun, bei denen es sich um zu große oder zu geringe Nähe oder*

Distanz in dessen frühen emotionalen Beziehungen dreht. Es ist offensichtlich, daß hier sehr differenziert gearbeitet werden kann und sich ein unendliches Feld für Konkretisationen öffnet.

Symbolische Konkretisation

Symbolische Konkretisation nenne ich den Prozeß, in dem wir die Beschreibung eines emotionalen Zustandes nehmen, um ihn im "Hier und Jetzt" der therapeutischen Sitzung in einer symbolischen, aber konkreten Form entstehen zu lassen. Jemandem, der über das Ausmaß der an ihn gerichteten Forderungen klagt, kann z.b. ein Kissen gegeben werden. Es werden dann ständig neue Forderungen an ihn gestellt, wie es zurückgeben, es zusammenfalten, es auf seinen Kopf legen usw. Bei einem Klienten bei Verantwortungsproblemen kann der Therapeut eine Situation schaffen, in der der Klient eine bestimmte Verantwortlichkeit, in die sein Körper involviert ist, übernehmen muß, z.b. zwei Objekte aufeinander balancieren mit der Aufgabe, sie nicht herunterfallen zu lassen, etc.

Gerda, eine Klientin Mitte Dreißig, spricht über ihre Schwierigkeiten, Entscheidungen betreffs ihrer beruflichen Zukunft zu fällen. Es fällt ihr allgemein schwer, mit ihren eigenen Impulsen in Kontakt zu kommen und ihnen zu folgen. Ich erlebe sie als passiv und in unserem Kontakt vorsichtig, jeden Konflikt vermeidend. Sie fährt fort, über die verschiedenen Möglichkeiten ihrer beruflichen Zukunft zu sprechen, die vom esoterischen Reiki-Praktiker bis zu dem sehr funktionalen Job eines Lehrers reichen. Ich fühle in dieser Situation zwei Impulse. Der eine ist, sie bei ihrer Entscheidung zu unterstützen, der andere, sie mit ihrer offensichtlichen Unentschiedenheit zu konfrontieren, die sich anscheinend auf ein tiefergehendes Thema zurückführen läßt. Ich teile ihr meine gemischten Gefühle mit. Sie spricht eine Weile weiter, hört dann auf und sagt, daß sie fühle, sie habe nun den Faden verloren. An diesem Punkt schlage ich ein Experiment vor. Ich bilde einen "Faden" aus Kissen und lege sie in einer Linie durch den ganzen Therapieraum. Dann bitte ich sie, langsam und bewußt diesen Faden entlangzugehen und dabei zu sehen und zu fühlen, was geschieht. Gerda fühlt sich gut, solange sie langsam den Faden entlanggehen kann. Sobald sie jedoch das Ende erreicht, erstarrt sie und ein intensives Gefühl der Hilflosigkeit entsteht. Sie fühlt, daß sie es nicht wagt, sich zu bewegen. Sie fühlt Wut aufsteigen. Wir arbeiten nun an ihren Impulsen... Füsse stampfen, schreien, Ärger zeigen. Sie spürt sich als kleines Kind, das jeden Tag woanders leben mußte. Heute mit den Eltern ihres Vaters, morgen mit denen ihrer Mutter, dann wieder mit ihren Eltern selbst. An jedem Ort mußte sie sich verschiedenen Rollen anpassen. Sie erinnerte sich an ihre Gefühle als kleines Kind. Bei der einen Großmutter durfte sie ihren "Nachttopf" benutzen, bei der anderen war das verboten und sie wurde dafür bestraft. Sie fühlt ihre Scham und die Verwirrung, und noch mehr Wut und Verzweiflung brechen aus ihr hervor.

Die Konkretisation kannzu einem Startpunkt für eine tiefe und expressive Körperarbeit werden. Andererseits kann eine einfache symbolische Konkretisation auch nur eine kognitive Einsicht gewähren.

Barbara kommt wegen einer schwierigen Beziehung zur Psychotherapie. Abwechselnd erlebt sie ihren Ehemann warm und liebevoll, dann wieder abweisend und kalt. Unter ihrer oberflächlichen Verwirrung ist sie mit heftigen Schamgefühlen konfrontiert. Das hält sie offensichtlich davon ab, sich zu ihrem eigenen besten zu entscheiden. Als sie darüber spricht, schlage ich ihr eine Konkretisation vor. Ich nehme ihre Hand und streichele sie sanft, um sie dann plötzlich ohne Warnung ziemlich hart zu kneifen. Zuerst reagiert sie überhaupt nicht darauf. Dann, nachdem ich es einige Male wiederholt hatte, entsteht enorme Wut in ihr. Sobald sie durch diese anscheinend kleine Übung mit ihrer Wut verbunden war, konnte sie zu ihrer Wut in ihrer Beziehung finden und die notwendigen Entscheidungen treffen.

Konkretisationen sind im allgemeinen sehr effektive Entscheidungshilfen. Nicht nur im Sinne, daß der Klient fähig wird, Entscheidungen zu treffen, sondern auch dadurch, daß er oder sie Einsicht in die die Entscheidung blockierende Psychodynamik gewinnt. Techniken sind z.B.:

* Der Klient findet zwei Plätze im Raum, die die alternativen Entscheidungsmöglichkeiten symbolisieren und bewegt sich zwischen ihnen hin und her, um sich an den jeweiligen Orten zu spüren.
* In einer sehr festgefahrenen Situation kann der Therapeut/die Therapeutin den Klienten/die Klientin bitten, einfach nur stehen zu bleiben, und sich als Ausdruck seines/ihres psychologischen Zustandes überhaupt nicht zu bewegen.
* Der Therapeut kann eine imaginäre Linie ziehen und den Klienten bitten, über sie hinwegzuspringen und sich dabei vorzustellen, daß er, sobald gesprungen, seine Entscheidung getroffen hat. Das kann unterschwellige Ängste deutlich werden lassen.
* In einer Gruppensituation kann der Klient gebeten werden, zwei Personen auszuwählen, die die Alternativen repräsentieren und die nun beginnen, ihn an den Armen in ihre jeweilige Richtung zu ziehen.
* Oft ist eine Visualisierung der erste Schritt auf eine Konkretisation hin. Der Therapeut kann den Klienten bitten, ein spontanes Bild einer Körperposition zu kreieren, die mit der jeweiligen Alternative verbunden ist. Dann bittet er ihn, diese Körperhaltungen einzunehmen.

Entscheidungen können als bewußte Aspekte einer Ambivalenz verstanden werden. In der Ambivalenz fühlt sich der Klient durch Affekte von Scham oder Schuld blockiert. Die beteiligten primären Gefühle wie Wut und Sehnsucht können nicht kontaktiert oder gelebt werden.

Indem wir sie durch eine Konkretisation polarisieren, klären sich die beteiligten Gefühle. Der Therapeut kann den Klienten z.b. bitten, ihn alternativ wegzustoßen oder heranzuziehen. Wir arbeiten dann entweder zuerst mit der einen Erfahrung und vergleichen sie später mit der anderen Erfahrung. Oder wir bitten den Klienten, ziemlich schnell vom Drücken zum Ziehen und wieder zum Drücken usf. zu wechseln. Oder ein Gefühl wird durch eine Bewegung oder Geste eines Körperteils ausgedrückt, während die andere Emotion gleichzeitig durch einen anderen Körperteil ausgedrückt wird. Oder der Therapeut übernimmt eine Seite der Ambivalenz für den Klienten in einer körperlichen Interaktion.

Gruppen und Paare

Die Gruppe als physischer Einzel-Körper verstanden, ist ein sehr gutes Objekt für die Arbeit mit Konkretisationen. Ein Beispiel:

Ein neues Mitglied kommt mit viel Änstlichkeit in die Gruppe. Sie erzählt von ihrer Angst, in dieser Gruppe nicht angenommen zu werden. Sie weiß nicht genau, ob sie an ihr teilnehmen möchte und entwertet sie. Um ihre Gefühle und ihre Abwehr zu klären, wurde sie gebeten, sich außerhalb der Gruppe zu stellen und sich ihr nur soweit anzunähern, wie sie möchte. Die Gruppe durfte tun, was sie tun wollte. Die nun außenstehende neue Teilnehmerin kam mit ihrer Angst in Kontakt. Indem sie sich auf die Gruppe zu bewegte und wieder von ihr weg, konnte sie sich mit ihrem inneren Wunsch, in der Gruppe zu sein, wiederverbinden, was ihr voher nicht möglich gewesen war.

Man kann ein verbales oder non-verbales Statement eines Gruppenmitgliedes konkretisieren, wie wir das ja auch in der individuellen Arbeit tun, oder sich auf ein von der Gruppe einem Gruppenmitglied gegebenes Feed-Back stützen.

*   Wenn der- oder diejenige z.B. der große Helfer in der Gruppe ist, kann der Therapeut die Gruppe in einem Kreis anordnen und die Gruppe bitten "zusammenzubrechen". Der Helfer oder die Helferin wird nun gebeten, jedem Zusammenbrechenden wieder auf die Beine zu helfen.
*   Ist das Thema "Ablehnung" könnte der Klient sich z.B. mitten in den Kreis stellen und jedes Gruppenmitglied, das sich ihm nähern möchte, zurückstoßen.
*   Ist jemand in dem Gefühl, keinen Platz in der Gruppe zu haben, können wir ihn bitten, dafür real im Raum einen Ort zu finden, oder wir bieten ihm an, sich außerhalb der Gruppe zu begeben, und nun zu versuchen, mit all seiner Energie wieder hineinzubrechen usw.

Die alternativen Möglichkeiten des letzten Beispiels weisen auf einen anderen Aspekt der Konkretisation hin. Wir finden nie die "richtige" Konkretisation. Manchmal bewirkt eine gut durchdachte Konkretisation keinerlei innere Reaktion beim Klienten. Meistens ist es dann jedoch möglich, die Konkretisation so zu verändern, daß eine emotionale Erfahrung möglich wird.

* Jemand, der sich durch die Gruppe erstickt oder eingeengt fühlt, muß vielleicht die Körper der anderen Mitglieder der Gruppe sehr nah und eng an seinem eigenen spüren. Er braucht es vielleicht, sich kraftvoll aus der Gruppe zu befreien, die ihn in ihrer Mitte zu halten versucht. Oder aber, er benötigt es stattdessen, die Gruppe versprengt oder in großer Distanz von sich zu erleben, um seine Ängste und Bedürfnisse zu erleben.
* Fehlendes Vertrauen kann z.b. konkretisiert werden, indem sich der Klient in die Gruppe fallen läßt oder in sie hineinspringt.
* Verachtung kann konkretisiert werden, indem die Gruppe um die sitzende oder kniende Person herumsteht und auf sie herabschaut, oder umgekehrt.

Eine Konkretisation wird zu einem diagnostischen Instrument, wenn die Gruppenmitglieder gebeten werden, ihren Platz in der Gruppe zu finden.

Die diagnostische Möglichkeit bietet sich auch für die Arbeit mit Paaren an. Der Therapeut kann konkretisierende Übungen vorschlagen, die die Fähigkeit des Paares zur Kooperation und Kommunikation beleuchten:

* aufstehen und hinsetzen, während beide nur mit dem Rücken aneinanderlehnen,
* sich mit ausgestreckten Armen an den Händen halten und gleichzeitig in die Knie gehen, während das Gewicht gegenseitig von den Partner ausbalanciert wird,
* beide können gebeten werden, mit über ihren Köpfen ausgestreckten Armen auf den Zehenspitzen zu stehen, wobei ihre Hände sich berühren, bis sie sich, um ihre Stabilität zu erhalten, aneinanderlehnen müssen.

Übertragung

Als Instrument zur Beziehungsklärung und zur Vertiefung der an ihr beteiligten Emotionen wurde die Konkretisation bereits betrachtet. Dies gilt natürlich auch für die aktuelle Beziehung im Therapieraum und damit für die Bearbeitung der Übertragung. Als Beziehungspartner im Konkretisationsprozeß benutzt der Therapeut die Übertragung direkt. Unterstützung kann z.B. dadurch konkretisiert werden, indem wir gemeinsam mit dem Klienten gehen. Wegen der Übertragungsphänomene wird die unterstützende körperliche Aktivität eine starke Wirkung haben.

Erstens aktiviert die direkte körperliche Beteiligung des Therapeuten die Übertragung. Zweitens wird die Kontaktqualität zwischen Klient und Therapeut klarer, wodurch wiederum die Übertragungssituation verdeutlicht wird. Die Beziehungsthematik kann oftmals leichter aufgearbeitet werden, sobald sie sich in konkreter Form abgebildet hat. Nachdem die Beziehung konkretisiert worden ist, ist es möglich die Gefühle noch einmal durch Worte zu symbolisieren, jetzt aber auf einer neuen Verständnisebene.

Drittens wird das in jeder Übertragung liegende Bedürfnis und damit das Heilungspotential in der Übertragung effektiv angewandt. Dies gilt sowohl für positive als auch für negative Übertragungsphasen.

Viertens wird das Ich des Klienten auf verschiedenen Ebenen gestärkt, trotz eines möglichen sehr regressiven Prozesses. Indem der Klient nach seiner Zustimmung für das experimentelle Setting einer Konkretisation gefragt wird, ist die Erwachsenenebene beteiligt. Die Funktion des Willens wird aktiviert. Der Therapeut ist oft "auf fast gleicher Ebene" Teil des Experiments.

Fünftens wird nicht nur der Klient während des Prozesses der Konkretisation beginnen, seine Projektionen zu durchschauen, sondern auch der Therapeut klärt seine Gegenübertragung, indem er über sein Körpererleben seine Gefühle weiter klären kann.

Es sollte nun deutlich sein, daß die Konkretisation auf fast jede Äußerung zur Übertragungssituation angewandt werden kann. Ob sie nun vom Klienten formuliert wird oder durch die Gefühle oder Einsichten des Therapeuten entsteht. Es ist jedoch von äußerster Wichtigkeit, die richtige Konkretisationsebene zu finden, damit eine Konkretisation effektiv wird. Beim *Thema Vertrauen* oder Mißtrauen kann der Therapeut z.B. seinen Klienten fallen lassen und auffangen. Vielleicht ist jedoch eine feinere Ebene notwendig, z.B. die Erlaubnis, neben dem Therapeuten einschlafen zu dürfen.

Fühlt sich der Klient in der Beziehung eingegrenzt oder *unfrei*, ist es häufig nicht angemessen, wenn der Therapeut sofort seine Arme fest um den Klienten schlingt. Wahrscheinlich ist es angemessener, nur leicht dessen Hände, Füße oder Arme zu halten, und den Klienten an der Bewegung zu hindern. Um diesem Punkt noch ein wenig mehr zu beleuchten: wenn der Klient sich abgelehnt fühlt, ist es nicht immer weise, gleich damit zu beginnen, ihn kräftig wegzustoßen. Es mag z.B. angemessener sein, wenn der Therapeut/die Therapeutin dem Klienten/der Klientin den Rücken zudreht oder einfach wegschaut.

Das Thema des *Alleingelassenwerdens* kann konkretisiert werden, indem wir den Klienten tatsächlich im Raum allein lassen und später zurückkommen, um zu sehen, welche Gefühle entstanden sind. Aber auch hier kann es angemessener sein, den Klienten einfach in der Mitte des Raumes alleine zu lassen und sich zur Seite zurückzuziehen, damit das Gefühl der Verlassenheit entstehen kann.

Abhängigkeitsthemen müssen nicht unbedingt dazu führen, daß der Klient sich an die Therapeutin hängt oder an sie klammert. Man kann mit vorsichtigem Anlehnen beginnen. Die durch diese Konkretisierungen tiefer gefühlten und oft ein Stück weiter aufgeklärten Bedürfnisse können nun durchgearbeitet und/oder befriedigt werden. Die abhängige Person kann z.B. schließlich auf ihren eigenen Füßen stehen, während man sie beobachtet. Konkretisationen wirken auf diese Weise frühen Deprivationen und solchen, die in der therapeutischen Beziehung entstehen, entgegen.

Eine andere Art und Weise effektive und man könnte sagen notwendige Konkretisationen für den Klienten zu finden, entsteht aus dem Verständnis über die unerfüllten Bedürfnisse des Klienten in Kombination mit dem verfügbaren Wissen über die allgemeinen Entwicklungsstadien und -bedürfnisse in der Kindheit. Der Therapeut kann sich z.b. vom Klienten berühren und erforschen lassen, ihn von sich wegkriechen und wieder zurückkommen lassen oder Spiele spielen wie eine Mutter sie mit ihrem Kind spielt usw. Ziemlich oft werden Gesten den Weg zur angemessenen Konkretisation eröffnen. Durch die Art, wie er sich selbst berührt, wird der Klient unerfüllte (Körper-) Bedürfnisse ausdrücken.

Viele Themen sind hier bewußt ausgelassen worden. Fragen wie: Paßt die Arbeit mit Konkretisationen für alle psychologischen Strukturen? Welche Konkretisationen sind bei welchen Charakterstrukturen anwendbar usw., wurden nicht angesprochen worden. Die Konkretisation ist jedoch ein Prinzip, das dem persönlichen Stil des Therapeuten angepaßt werden kann. Dies mag in sich selbst viele Fragen zum Thema "Tu' dies nie mit dieser Art Klient" auflösen.

Eine Konkretisation muß nicht klappen, richtig oder sogar perfekt sein. Sie erinnern sich an das erste Beispiel, das ich gegeben habe. *Jay Stattman* vermochte es in dieser Konkretisation nicht, mich aufzufangen. Wir fielen beide hin. Aber schließlich fanden wir uns kämpfend auf dem Boden wieder und konnten so unsere Beziehung neu definieren und etablieren. Die Konkretisation wird, wie das Leben, nicht in jedem Falle das angestrebte Resultat erbringen, jedoch immer Lebendigkeit erzeugen.

Abstraktes und Theorie

Für die meisten Körperpsychotherapeuten wird die Konkretisation nichts Neues oder Ungewöhnliches sein. Es gibt viele Techniken und Ansätze, die als Konkretisationen oder als zumindest mit diesem Prozeß verbunden angesehen werden können. Sie "übernehmen" vielleicht, wie beim Hakomi, Körpergesten oder Haltungen mit ihren eigenen Händen oder dem ganzen Körper. Oder sie bitten, den Klienten, ein bestimmtes Symptom oder Körperphänomen zu sein oder es zu spielen, wie z.B. in der Prozeß-Orientierten Psychotherapie. Oder sie wenden die wohlbekannten Gestalt-Techniken an, um unbewußte Körperäußerungen zu erforschen. Auch wenn sie einen Klienten nur bitten bewußt auf eine bestimmte Art zu atmen, vielleicht sogar auf die gleiche Art und Weise, wie sie ihn die ganze Zeit unbewußt haben atmen sehen und sie ihm so seinen eigenen Gefühlszustand bewußt verschreiben, arbeiten sie auf der Ebene der Konkretisierung. Ebenso, wenn sie Klienten bitten, Teile von Träumen zu inkarnieren und die Bilder körperlich darzustellen. Oder indem sie ihn/sie dazu einladen, bei einem Konflikt über sexuelle Aggression mit dem Becken zu kämpfen. Oder bei analen Konflikten mit dem Po, wie es *Tilmann Moser*, ein deutscher Psychoanalytiker, der in seiner Arbeit viele körperpsychotherapeutische Interventionen anwendet, beschreibt. Interessanterweise ist sein Buch *"Körperpsychotherapeutische Phantasien"* das nach meiner Kenntnis einzige, das explizit über den Prozeß der Konkretisierung berichtet. Vielleicht liegt dies daran, daß das Offensichtliche schwer zu sehen ist. Wer, wie ein Körpertherapeut selbstverständlich und ständig mit dem Körper arbeitet, schenkt seinem Handeln weniger bewußte Beachtung. Ich glaube aber, daß es notwendig ist, diesen Aspekt der Körperpsychotherapie zu konzeptualisieren. Die meisten Dinge sind für uns nur real, sobald wir ihnen einen Namen geben oder über sie sprechen, sie lehren oder weiterentwickeln. Es ist offensichtlich, daß wir alle auf die eine oder andere Art und Weise geerdet sind. Aber bis zum Zeitpunkt, da das Konzept des "grounding" (der "Erdung") entwickelt wurde, wurden viele Beine und Füße auch in der Körperpsychotherapie vernachlässigt.

Man kann den Prozeß der Konkretisation, so wie ich ihn beschrieben habe, in zehn Punkten konzeptualisieren:

1. Der Therapeut geht entweder von seinen eigenen Gefühlen aus, von den Körperreaktionen des Klienten, dessen Vorstellungen oder Beschreibungen, seinem symbolischen Ausdruck (Wörter, Sätze) oder einer von ihm oder dem Klienten/der Klientin stammenden Interpretation der Situation.

2. Der Therapeut macht einen Konkretisationsvorschlag. Wenn der Klient 'nein' sagt, kann er damit arbeiten, was vielleicht zu einer anderen Konkretisation führt.

3. Sobald der Therapeut einen Vorschlag macht, wird der Klient ihn innerlich visualisieren und eine Reaktion zeigen. Zu dieser Reaktion kann der Klient befragt werden. Manchmal reicht dies schon aus und man arbeitet nur mit dem inneren Bild der körperlichen Aktion.

4. Der Therapeut bittet den Klienten, die Aktion langsam oder sanft auszuführen, bevor die aktivere Fassung folgt. Das fördert die Wahrnehmung.

5. Der Therapeut läßt den Klienten die Konkretisation ausführen.

6. Die Konkretisation wird durchgearbeitet.

7. Therapeut und Klient reden darüber. Der Therapeut bringt seine eigenen Körperreaktionen und Wahrnehmungen als Feed-Back ein.

8. Möglicherweise wird die Konkretisation leicht verändert wiederholt oder es wird mit einer anderen Konkretisation in die gleiche Richtung gearbeitet.

9. Möglicherweise werden die Rollen verändern, um mehr Informationen zu erhalten und dem Klienten eine Kontrasterfahrung zu ermöglichen, die ihn/sie leichter wahrnehmen läßt, was er/sie erlebt.

10. Therapeut und Klient arbeiten die durch die Konkretisation gemachten Erfahrungen weiter durch, sei es auf der kognitiven, emotionalen, energetischen oder beziehungsmäßigen Ebene.

Es war meine Absicht, diesen Artikel leichtverständlich und streiflichthaft zu halten. Er soll Anreize geben und dem Experten ruhig das angenehme Gefühl vermitteln, das meiste bereits zu kennen. Wenn durch ihn die Konkretisation ein Begriff mit einer festumrissenen Bedeutung in der Arbeit der Körperpsychotherapeuten wird, hat sich die Konkretisation selbst konkretisiert. Deshalb folgt jetzt auch nur wenig abstrakte Theorie.

Die Konkretisation ist ein Prozeß der Reinkarnation, in der Sprache einen Körper erhält und Symbole ihre Energie finden. Sie wendet das in der Sprache eingeschlossene umfangreiche psychosomatische Wissen an. Im Prozeß der Konkretisation können theoretisches Denken und psychologische Erkenntnisse über die symbolische Welt des inneren Dramas, der Visionen, Bedürfnisse und Komplexe mit der psychotherapeutischen Wahrnehmung der Energie des Körperausdrucks usw. verschmolzen werden. Es scheint in der tiefenpsychologisch fundierten Psychotherapie ein Zeitpunkt erreicht zu sein, in der kein Therapeut das psychoanalytische Wissen, besonders das der Objektbeziehungs-Schule und dessen, was sich aus ihr entwickelte einerseits, noch andererseits die aktive Beteiligung des Körpers im psychotherapeutischen Prozeß ignorieren kann. Konkretisation befindet sich exakt am Treffpunkt beider. Um den französischen Psychoanalytiker *Didier Anzieu* zu zitieren:

"Als Basis wende ich zwei allgemeine Prinzipien an. Eines kommt von Freud her: 'Jede psychische Funktion entwickelt sich auf der Basis einer körperlichen Funktion, deren Funktionieren auf die psychische Ebene transferiert wird'".

Mit einer Konkretisation erlauben wir also das Wiedererscheinen dieser fundamentalen Beziehung und ihre Anwendung.

Konkretisation hat aber auch einen mythologischen oder wenn man so will, transpersonalen Aspekt. Denken wir an Rituale, so finden wir hier ein sehr altes und profundes Wissen über Konkretisierung. In Durchgangsriten z.B. müssen die Initianten durch enge dunkle Öffnungen kriechen, die die Schwelle zu einer neuen Lebensperiode symbolisieren, wobei eine Konkretisation des Geburtsprozesses benutzt wird. Initianten werden isoliert, um ihre Individuation zu symbolisieren, usw.

Der existentielle Aspekt der Konkretisation liegt, natürlich, in der existentiellen Natur des Körpers selbst. Der Körper ist ein Symbol für Leben. Identifiziert mit unseren Körpern, erleben wir uns als Existierende. Wenn unser Körper nicht mehr existiert, endet unser Leben. Unser Körper steht für Realität. Wir betrachten etwas nur als real, wenn körperliche Aktionen daran beteiligt sind. Ein Traum kann sehr lebhaft sein, aber wir betrachten ihn nicht als real, weil wir unsere Körper nicht bewußt bewegen oder die äußere Realität durch Körperhandlungen verändern. Kein noch so lebhaftes Bild, keine noch so klare Einsicht, kein noch so exakter Gedanke hat die gleiche Wirkung auf uns, wie eine körperliche Erfahrung. Denken wir nur an den Unterschied zwischen:

ich denke darüber nach, berührt zu werden,
ich träume davon, daß ich berührt werde,
ich stelle mir vor, ich werde berührt,
ich fühle mich berührt,
deine Hände berühren mich.

Man kann einen Satz in ein Bild verwandeln, ein Bild in eine Geschichte, eine Geschichte in ein Symbol, aber immer findet etwas ganz Unterschiedliches statt, wenn wir etwas in eine Bewegung und in körperliche Aktivität verwandeln. Nur wenn wir es konkretisieren, geschieht das Mysterium.

Zusammenfassung

Der Begriff "Konkretisation" wird eingeführt und definiert als *Transformation von psychologischen Zuständen in körperliche Erfahrung*. Die Konkretisation ist ein oft angewandtes, aber kaum jemals explizit diskutiertes Thema. Es wird als Grundprinzip für jede Tiefen-Psychotherapie vorgeschlagen.

* * * * *

Oskar Holzberg ist Diplom-Psychologe. Er arbeitet am Institut für Unitive Körperpsychotherapie in Hamburg. Sie erreichen ihn unter Dillstr.8, 2000 Hamburg 13, Tel.Deutschland/040/446770.

Literatur

Jack Lee Rosenberg, Körper, Selbst und Seele, Transform-Verlag, Oldenburg
1989.
Tilmann Moser, Körperpsychotherapeutische Phantasien, Suhrkamp, Frankfurt/M. 1989.
Didier Anzieu, Das Haut-Ich, Suhrkamp, Frankfurt 1991.

DU, ICH UND SIE
Analytische Prozesse in der körperorientierten Psychotherapie

von *Sander Kirsch*, Rhode St.Genèse (Belgien)

Ich möchte mich Ihnen vorstellen

Von Geburt bin ich Amerikaner aus New York, d.h. "New Yorker for ever". Es handelt sich bei dieser Stadt um eine ganz spezielle Subkultur innerhalb der Vereinigten Staaten. Erst nachdem ich jahrelang in Europa gelebt hatte, begriff ich, für wie besonders New Yorker sich halten. Ich verließ die Vereinigten Staaten als ich 30 Jahre alt war, um in Europa Medizin zu studieren. Ich war Psychologe und Anthropologe und hatte jahrelang mit Forschungsstudien in non-verbaler Kommunikation im öffentlichen Leben, im Marketing, im Gesundheitsbereich und in primitiven Kulturen zu tun.

Meine Arbeit war sehr interessant, aber in einem bestimmten Moment (ich möchte hier nicht in Einzelheiten gehen), entschloß ich mich, die Forschung zu verlassen und in die klinische Arbeit einzusteigen. Einer der Gründe für diese Entscheidung war meine eigene Therapie, die ich wirklich sehr gebraucht hatte und die essentiell für mich geworden war, um vitale und grundlegende Aspekte meines Lebens zu verändern.

Als ich mich entschloß, von einem Forschungspsychologen zu einem klinischen Psychologen zu werden, hatte ich eine körperorientierte Psychotherapie in Bioenergetischer Analyse hinter mir. Ich war dem Körperansatz sehr verbunden und es schien mir absolut notwendig, eine medizinische Ausbildung zu absolvieren, wenn ich Körperpsychotherapie ausführen wollte. Zu jener Zeit dachte ich tatsächlich, daß nur Ärzte in diesem Feld seriös arbeiten könnten. Das war während der Hochkonjunktur der "Bewegung für die Entwicklung des menschlichen Potentials" in den Staaten. Ich fühlte mich von vielen Methoden und Praktiken, die zu jener Zeit Psychotherapie genannt wurden, abgestoßen.

So ging ich also an die Freie Universität von Brüssel, weil es in meinem Alter unmöglich war, einen Studienplatz in den USA zu finden. Ich habe allerdings kein Diplom erworben, weil ich mich entschloß, die Ausbildung wichtiger zu nehmen als den Titel. Ich beschloß, in Europa zu bleiben, eine Praxis in Belgien zu eröffnen und schließlich auch ein wenig in Frankreich zu arbeiten, wo ich seit acht Jahren an einem alten, sonnigen Steinhaus herumwerkele. Das Dach ist nun drauf und die Farbe fast trocken, sodaß ich jetzt Zeit habe, über meine Erfahrungen als analytischer, körperorientierter Psychotherapeut zu schreiben.

Meine ursprüngliche Orientierung lag bei der Bioenergetischen Analyse, ich hatte Therapie bei *John Pierrakos* und dann *Alexander Lowen*. Das half mir ein wenig, mich von meinem alten Selbst abzukoppeln, aber es dauerte Jahre, bis ich begriff, daß ich meine tieferen Themen nicht wirklich berührt hatte.

Ich war schon immer am analytischen Modell interessiert. Tatsächlich hatte ich während meiner bioenergetischen Therapie einen Freund, der Psychoanalytiker war. Wir diskutierten oft gemeinsam meinen Prozeß. In der Rückschau ist mir klar, daß ohne diese Diskussionen diese ersten Therapien überhaupt keinen Erfolg gehabt hätten.

Ich war auch schon immer daran interessiert, analytische Prozesse zu kombinieren: das Mysterium des Unbewußten, das Verstehen der Übertragungsbeziehung, den Sinn der Entwicklungstheorien und die Arbeit mit dem Körper durch das Verstehen seiner non-verbalen Kommunikation in seinen realen, imaginären und symbolischen Kontexten.

Während der Jahre setzte ich die Evolution meiner Arbeit fort und wurde Trainer am *Internationalen Institut für Bioenergetische Analyse.* Vor vier Jahren gab es eine ziemlich große Auseinandersetzung bezüglich der Analyse in der Bioenergetischen Analyse mit Alexander Lowen, dem Chef der Organisation, während ich nur eines der Arbeitstiere war. Schließlich wurde ich gemeinsam mit meinem belgischen Kollegen **Jacques Berliner** exkommuniziert. Die Geschichte dieser Geschichte können sie woanders nachlesen. (1)

Einführung

Ich möchte Ihnen mit diesem Artikel meine gegenwärtigen theoretischen Ideen zu einer Synthese zwischen analytischer Theorie und körperlichen Interventionen in der Therapie vorstellen. Ich möchte meinen Ansatz mit anderen gegenwärtigen Modellen in diesem Bereich vergleichen und einige meiner grundsätzlichen Meinungsverschiedenheiten diskutieren. Ich werde Konzepte und klinische Beispiele darstellen. Ich glaube, daß es wichtig ist, klinisches Material beizubringen, weil dieses im Zentrum unserer Arbeit steht und die Basis für unsere theoretischen Diskussionen sein sollte, besonders in diesem ziemlich neuen Bereich der Verbindung eines analytischen Verständnisses mit der Körperarbeit.

Die Stärke der körperorientierten Ansätze in der Psychotherapie

Die körperlich orientierten Psychotherapien sind zum größten Teil auf dem Boden von **Wilhelm Reich**'s Arbeit entstanden. Aus meiner Sicht *liegt die Stärke dieser Ansätze in der Tatsache, daß die neo-reichianischen Therapeuten sehr geschickt darin trainiert wurden, eine symbioseähnliche Beziehung mit ihren Klienten aufzubauen.* Sie sind fähig, die Grenze zwischen ihnen selbst und dem anderen zu überbrücken, um ihren Klienten, die in den frühen prä-verbalen Stufen ihrer Entwicklung gestört wurden, zu helfen. Sie sind fähig, die notwendige Zeit mit ihren Klienten an den Orten zu verbringen, wo es keine Wort gibt, wo Gefühle und Empfindungen verloren gingen oder wo Demütigungen so stark waren, daß ihnen keine Bilder hinzugefügt werden konnten.

Die in den neo-reichianischen Therapien angewandten Techniken

In den verschiedenen Schulen der neo-reichianischen Therapie wird heute ein breites Spektrum an Interventionen angewandt. Die Schulen unterscheiden sich deshalb oft durch die Art der Technik und die Ebene des Körpers, die angesprochen wird.

Zu den von diesen Schulen betonten vitalen Prozessen gehören Atmungsformen und -rhythmen, Ausdrucksweisen des autonomen Nervensystems, des inneren Flusses, der assertiven und agressiven Bewegungen.

Die Techniken zielen spezifisch auf die unwillkürlichen oder willkürlichen Aspekte der physikalischen Organisation der Person. Sie fließen entweder mit dem Ausdruck oder konfrontieren ihn, indem entweder Widerstand gegeben oder der Klient in eine Streßposition gebracht wird. Bei all diesen Techniken wird der Klient intensiv gespiegelt und seine Aussagen und Bewegungen auf irgendeine Art verstärkt. Der Mensch wird als eine biologische Entität gesehen, die von den Beziehungssystemen, in denen er sich entwickelte, unterschieden ist. (2)

Diese Techniken müssen sorgfältig betrachtet werden, weil sie dazu neigen, eine undifferenzierte Einheit zwischen dem Therapeuten und dem Klienten zu fördern. Sie können eine sofortige Befriedigung des Klienten erzeugen, die die Entdeckung des Sinnes vergangener Beziehungen vernebelt und die Entwicklung einer Anerkennung notwendiger Frustationen in Erwachsenenbeziehungen verhindert. Die Gefahr ist, daß diese Einheit dazu benutzt werden kann, eine Allianz zu etablieren, bei der Therapeut und Klient einen Block bilden, ein *"Du und Ich"* gegen die äußere Welt, gegen *"Die"*.

Die "unheilige Allianz"

Wenn der Klient und der Therapeut, dieses *"Du und Ich"*, diese Union gegen die Welt außerhalb des Therapieraumes, diese *"Sie"* oder *"Die"* (die anderen, die da draussen) formen, wird die therapeutische Allianz zu etwas, was ich *"unheilige Allianz"* nenne. Meistens handelt es sich um einen unbewußten Pakt, der die äußere Welt konfrontieren soll. Dieses *"Die"* (engl. them) ist sowohl eine Repräsentation der Vergangenheit als auch der Gegenwart. Sowohl die Vergangenheit und Gegenwart des Klienten als auch die Vergangenheit und Gegenwart des Therapeuten verwirren sich. Diese *"Die"* ist die Gesellschaft im allgemeinen, die Eltern und alle anderen nicht liebenden geliebten Objekte aus der Vergangenheit und der aktuellen Umgebung, sie sind die Verbindungen, die Partner, die Autoritäten, die Kräfte und all die unsensiblen Menschen um uns herum.

Wenn das *"Du und Ich"* beziehungsmäßig nicht untersucht wird, gerät der therapeutische Ansatz in Gefahr, einer monolithisch-monotheistischen Einheit zu ähneln. In der Körperpsychotherapie kann diese Einheit "Fluß", "Energie", "Natur", "Lebenskraft", "der unverdorbene Wilde", "das perfekte Kind", die perfekte Kindheit und nach anderen schönen idealistischen, aber nicht existierenden Lebensformen benannt werden. *Dies ist der Bereich, wo Körperpsychotherapeuten und Körperpsychotherapieschulen mehr einer Religion als einer Therapie ähneln können.* Kollektive Dogmen, Regeln und Glaubenssätze werden entwickelt, um die Welt zu beschreiben, während der schmerzvolle analytische Prozeß, bei dem der Klient seine persönlichen Wahrheiten und persönlichen Falschheiten entdeckt, verschwindet. In der heutigen Welt verschmelzen die Grenzen zwischen institutionalisierten Religionen und Therapien.

Es sind andererseits sicherlich *zeitweilige* Strukturen und Glaubenssätze notwendig, die dem Klienten durch den Prozeß der Selbstentdeckung helfen, während er eine Erwachsenenrealität entwickelt, die seine kindliche Vision vom Leben ersetzt. Es sind jedoch Übergangsstrukturen und Übergangsglaubenssätze, die ihm helfen, durch seinen analytisch-therapeutischen Prozeß die Individualität zu finden.

Reich und die "unheilige Allianz"

Die *"unheilige Allianz"* des *"Du und Ich"* gegen *"Die"* begann in der Körperpsychotherapie mit *Reich*. Sein konzeptuelles Modell von der Beziehung des Individuums zur Gesellschaft und von der Beziehung des Individuums zu sich selbst ist auf diese Art organisiert. Er entwickelte dieses Modell in der viktorianischen Zeit, in der sowohl das Kind als auch die Familie autoritären Figuren unterworfen waren.

In einem bestimmten Maße haben sich die grundlegenden sozialen und ökonomischen Bedürfnisse seit Reich's Zeiten verändert. Sexuelle Unterdrückung und das autoritäre Familienmodell sind heute immer noch irgendwie präsent, aber wir leben doch in einer Zeit, wo Familien nicht mehr so strukturiert und weniger rigide sind. Unsere Klienten brauchen heute eher gute Strukturen, um sich selbst, ihre persönliche Identität, das Gefühl für ihre Ich-Triebe und den Ort und die Absicht ihres Lebens zu finden, als die Erlaubnis, Abwehrlinien zu durchbrechen. Dies ist eine signifikante Änderung seit den Ursprüngen unseres Berufes. Reich etablierte eine Einheit zwischen dem Klienten (*"Du und Ich"*) gegen eine dritte Kraft im Inneren des Klienten: dem Widerstand, der Blockade (*"Die"*). Klient und Therapeut waren in einem Befreiungskrieg für das im Vegetativum und den Skelettmuskeln festgehaltenen orgastischen Potential verbunden. Ich glaube, daß dieser Ansatz die Spaltung zwischen Geist und Körper nur noch vergrößerte, anstatt die Psyche und das Soma des Klienten zu verbinden. *Die Selbstverbindung kommt, wenn der Klient sein inneres Dilemma mit und gegen ein Übertragungsobjekt ausdrücken kann.* Reich's Habitus, das medizinische Weiß zu tragen und mit Klienten zu arbeiten, die hauptsächlich unbekleidet waren (in den späteren Jahren), polarisierte zusätzlich seine Position in der therapeutischen Beziehung.

Lowen und die "unheilige Allianz"

Lowen trat in die Fußstapfen seines Therapeuten Reich. Er legte zwar das medizinische Weiß ab und arbeitete in Anzug und Krawatte, ließ seine Klienten sich jedoch immer noch ausziehen. Er verband sich mit seinen Klienten in einer funktionalen Einheit (*"Du und Ich"*) gegen das elterliche Paar (*"Die"*). Seine Arbeit an den Spannungen des Klienten diente dazu, einen tiefen affektiven Ausdruck gegen den verführenden Elternteil und gegen den nicht-unterstützenden Elternteil zu entwickeln. Die Interpretation wird im Lichte der Stellung des Klienten im elterlichen Paar gegeben. Lowen arbeitet mit dem Klienten daran, die Illusion in der Liebe des Klienten aufzudecken und auszudrücken. In diesem Prozeß sind die Eltern immer verführerisch oder unsorgsam; aber es erscheint als keine Frage, daß die Wut und die Schwierigkeit auf die Person des Therapeuten projiziert und durchgearbeitet werden kann.

Boyesen und die "unheilige Allianz"

Beim *Boyesen*-Ansatz drückt sich das *"Du und Ich"* auf andere Art aus. Therapeut und Klient verbinden sich in einer Verstärkung des Ausdrucks des "gesunden" Teils des Klienten: dem plasmatischen Fluß, der Peristaltik. Klient und Therapeut verbinden sich im Glauben, daß die Befreiung vom Leiden aus dem Inneren des Klienten kommt. Die Übertragung wird als hoffnungsvolle Zuversicht betrachtet, die der Klient in seinen Therapeuten setzt. Alle negativen Gefühle gegenüber dem Therapeuten werden als unangebracht angesehen und müssen in irgendjemanden oder irgendetwas außerhalb der Therapie abgelenkt werden.

Die "unheilige Allianz" vermeidet die negative Übertragung

Bei jedem dieser Ansätze geht die Beschäftigung mit dem Ausdruck körperlicher Phänomene vor die Analyse der therapeutischen Beziehung. Dies gilt besonders für den Ausdruck jeglicher negativer oder feindlicher Gefühle gegenüber dem Therapeuten/der Therapeutin.

Es ist schwierig, das Objekt direkter aggressiver Gefühle in einer engen Beziehung zu sein. *Freud* selbst gab zu, daß er sich hinter die Couch setzte, weil er Angst hatte, die "Erzeugnisse" seiner Klienten von vorne aufzunehmen.

Auch ich habe mir schon manchmal gewünscht, nicht mit dem Material arbeiten zu müssen, mit dem ich konfrontiert wurde. Manchmal habe ich jedoch auch Schwierigkeiten, wenn Patienten mir gegenüber sehr positive Gefühle äußern.

Die von Reich, Lowen und Boyesen inspirierten Körperpsychotherapien haben, auch wenn sie sich selbst analytisch nennen, Schwierigkeiten damit, ein klares Konzeptmodell der komplexen therapeutischen Beziehung zu präsentieren. Die Analyse der Ambivalenzen des Klienten kann in einem therapeutischen Prozeß nicht gelingen, in dem die Rolle des Therapeuten nicht eindeutig definiert und der Therapeut sich nicht klar über die Realität seiner Person und die Rollen ist, die er innerhalb des therapeutischen Prozesses annimmt.

Zur Aufklärung dieser Konfusionen finde ich es sehr hilfreich, zu den klassischen psychoanalytischen Modellen zurückzukehren.

Im Zentrum des therapeutischen Prozesses, gehe er nun mit verbalen oder körperlichen Interventionen einher, steht die Durcharbeitung der negativen Übertragung. Die Durcharbeitung dieser Übertragung muß auf die Person des Therapeuten innerhalb des therapeutischen Settings bezogen werden. Sie kann in der therapeutischen Situation nicht einfach nur mit Kissen, Matratzen oder Personen, die sich außerhalb der therapeutischen Situation befinden, gelöst werden. Ich weiß, daß es nicht leicht ist, diese Arbeitsposition zu akzeptieren und sie gut auszufüllen.

Modelle sind keine Wahrheiten

An dieser Stelle möchte ich einen kleinen Exkurs machen. Allzuoft werden Konzepte in der Psychotherapie so präsentiert, als seien sie die Wahrheit, die absolute Wahrheit. Ich erinnere mich deshalb immer an Reich's Worte: "Die Wahrheit von heute ist die Unwahrheit von morgen". Er sprach dabei über die Fortschritte, die er im Verhältnis zu den psychoanalytischen Modellen seiner Zeit gemacht hatte, und ich glaube auch, daß er über die Fortschritte sprach, die jeder von uns heute und in der Zukunft machen kann, um das sehr komplexe und sich ständig veränderte menschliche Leben auf diesem Planeten zu verstehen. Genau in diesem Sinne stelle ich Ihnen meine Modelle vor.

Die symbioseähnliche Beziehung in der Körperpsychotherapie ist essentiell die Reproduktion einer Objektbeziehung

Hier kann analytisches Verständnis am besten mit der Körperpsychotherapie verbunden werden. Anstatt die therapeutische Beziehung als eine "Energie"-Beziehung zu betrachten, sehe ich sie im Sinne von **Winnicott** als eine "haltende" (holding) Beziehung. In dieser intensiven Beziehung wird der Therapeut dazu benutzt, etwas in der Struktur des Klienten zu vervollständigen. Der Therapeut ist ein Partialobjekt des Klienten in einem aktuell heute stattfindenden Theaterstück, das auf der Vergangenheit des Klienten basiert. Wenn das Gegenteil passiert (der Klient wird zum Partialobjekt des Therapeuten), ist der therapeutische Prozeß in ein Stadium der Konfusion eingetreten.

Menschen, die sich von der Körperpsychotherapie angezogen fühlen, haben das Bedürfnis, vitale Elemente ihrer Persönlichkeit zu "enthüllen", die auf einer tiefen und versteckten non-verbalen Vergangenheit beruhen. Mit der Zeit werden der Klient und auch der Therpeut den Sinn und die symbolische Bedeutung von Ereignissen und Ritualen, die im therapeutischen Prozeß entstanden sind, entdek-

ken. *Alle signifikanten Beziehungen aus der Vergangenheit des Klienten sollten innerhalb des therapeutischen Settings wiederholt werden.*
Der Therapeut ist dazu da, um dem Klienten zu helfen, alle wiederbelebten Erfahrungen, auch wenn sie ursprünglich in einer prä-verbalen oder non-verbalen Zeit entstanden sind, in Worte zu fassen. *Ich glaube, daß der verbale Ausdruck vital wichtig ist, um erwachsen zu werden,* daß er die reichste Kommunikationsform ist, die wir haben, und daß es zur Rolle des Therapeuten gehört, Worte für Erfahrungen zu finden, die bis dahin unbenennbar waren.
Dieses haltende Umfeld muß das emotionale Material bewahren können, bis ein bedeutungsvolles Verständnis des Unbewußten des Klienten entstehen kann. Dieser Prozeß kann berührende und körperliche Interventionen brauchen oder auch nicht. Als ich einmal einen Klienten berührte, begriff ich plötzlich, daß ich dies tat, nicht um den Prozeß zu fördern, sondern weil ich Schwierigkeiten hatte, die Intensität dessen, was zwischen uns geschah, zu unterstützen.

Das psychoanalytische Beziehungsmodell klärt körperpsychotherapeutische Interventionen

Ich wurde von den Arbeiten *Ralph Greenson*'s stark beeinflußt. Sein Buch *The Technique and Practise of Psychoanalysis* ist eine der klarsten Beschreibungen, daß ein Psychoanalytiker gleichzeitig rigoros und ein menschliches Wesen sein kann. Dies im Gegensatz zu dem im körperorientierten Ansatz gepflegten Mythos vom unmenschlichen Psychoanalytiker. (3)
Greenson beschrieb die vier zur Psychoanalyse gehörigen therapeutischen Relationen:

- die Arbeitsallianz,
- die Übertragung,
- die Gegenübertragung,
- die wirkliche Beziehung.

Das größte heute in der körperorientierten Psychotherapie bestehende Problem sind Therapeuten, die sich nicht klar darüber sind, wie zwischen diesen vier Relationen navigiert werden muß. Dies ist keine leichte Aufgabe, denn der therapeutische Raum kann sich während des Prozesses oft ändern.
Ich möchte diese Beziehungen oder Relationen hier nur kurz erörtern, weil ich sie andernorts ausführlicher beschrieben habe. (4) Die Arbeitsallianz ist die *"Du und Ich"*-Beziehung, innerhalb der der Therapeut seine Interventionen anwendet, damit der Klient lernen kann, sich selbst zu entdecken. Die Arbeitsallianz in der Körperpsychotherapie unterscheidet sich von der der Psychoanalyse, wo der Klient eine Introjektion des beobachtenden Ich des Analytikers durch Identifikation entwickelt. *In unserer Arbeit kann die Arbeitsallianz definiert werden als die minimale Intervention des Therapeuten, die nötig ist, um die Installation und*

Fortsetzung des therapeutischen Prozesses zu garantieren. Hierzu einige Beispiele:

Angeline kam nach einer Trennung zu mir. Sie war sehr distanziert und depressiv. Schon in der ersten Sitzung wurde mir deutlich, wie sie sich auf sich selbst in meiner Gegenwart bezog. Sie war intelligent und beschrieb ihre Notlage in vielen Bildern. Ihre Worte waren voll, aber ohne emotionalen Inhalt. Sie waren abstrakt. Ich bat sie, ihre Worte und Bilder innerhalb ihres körperlichen Raums zu lokalisieren. Meine Arbeitsallianz konzentrierte sich darauf, ihre Worte in ihren Körperraum zurückzubringen. Ich handelte also als aktive Brücke zwischen den mentalen und körperlichen Gefühlen, die sie eines Tages mit mir teilen würde, anstatt sie mir nur zu beschreiben. Es dauerte einige Jahre, bis sie die Quelle dieser Spaltung entdeckte.

John erzählte in der ersten Stunde seine lange und komplizierte Geschichte. Er saß zurückgelehnt und zusammengesunken auf der Matte. Ich lauschte seiner ruhigen Stimme und wurde immer schläfriger. Ich gähnte sogar zweimal, was nicht zu meinen gewöhnlichen Verhaltensweisen gehört. Mir wurde klar, daß weder er noch ich genügend atmeten. Statt ihn nun in dieser seiner ersten Therapiestunde zu bitten, tiefer zu atmen, entschloß ich mich, näher an ihn heranzurücken, mich bequemer hinzusetzen und selbst tiefer zu atmen. Meine Nähe zu ihm und meine beständige bewußte Aufmerksamkeit für *meinen* Wunsch, zu leben, wurde in unserer Arbeitsallianz essentiell. Es dauerte viele Monate, bis wir an die schmerzvollen Tode seines Vaters und seines Bruders herankamen.

Richard, ein erfolgreicher und in seinem Beruf geachteter Mann, sprach in den ersten Stunden über die Schwierigkeiten seines Liebeslebens. Während er sprach, zeigte er keine Gefühle, bis er in der dritten Sitzung zu weinen begann. Ich legte eine Hand auf seine Schulter und er hörte sofort auf. Ich war überrascht, aber er sagte mir, daß, wenn er getröstet würde, doch kein Grund zu weinen da sei. Daraufhin hielt ich Distanz. Sehr sehr langsam konnte nun seine Angst vor Nähe und den vielen feinen Grenzüberschreitungen, die er hatte aushalten müssen, auftauchen.

Jo-Ann weinte und weinte in der ersten Sitzung, während sie sanft immer wieder sagte: "was soll das alles, es ändert sich doch nichts". Ich wußte nicht was geschah, warum sie zu mir gekommen war und wie ich ihr helfen konnte. Je länger ich schwieg, desto stärker wurden ihre Spannungen im Körper. Ich unterbrach diese bedrohlichen Schweigeräume, also mit "Aha", "Uuh", "Mmh", stellte Fragen (auf die ich gewöhnlich keine Antwort bekam) und wiederholte, was sie zuletzt gesagt hatte. Mit ziemlicher Verwirrung auf meiner Seite ging dies für einige Monate so weiter. Eines Tages trat ich an sie heran und sie schrie sofort: "Geh' weg, du versuchst mich umzubringen!" Auf diese Weise begann der aktive Ausdruck der negativen Übertragung.

Übertragung

Übertragung ist die "Die"-Beziehung. Als eine analytische Prodezur ist es der Therapeut, der diese "Die" (die anderen, die da draußen) werden muß, eher als die äußere Welt selbst. Manchmal werden wir ein *gutes* "Die" repräsentieren und manchmal ein *schlechtes* "Die" (die anderen). In einer analytischen Körperpsychotherapie muß der Therapeut die schwierige Aufgabe übernehmen, diese verschiedenen Rollen direkt zu leben.

In einigen Körperpsychotherapieansätzen gibt es eine Konfusion zwischen Übertragungsmomenten (Augenblicken) und einer Übertragungsbeziehung. Übertragung ist dann jener exklusive Moment intensiver Erfahrung, wenn der Klient Wut oder tiefe Regression und den Therapeuten exakt als Mutter oder Vater etc. erlebt. *Die Glorifizierung dieser Crescendo-Momente in der Körperpsychotherapie steht in der Tradition des orgastischen Entladungsmodells, das wir von Reich geerbt haben.*
Mein therapeutisches Interesse gilt jedoch dem langen Entfaltungsprozeß, in dem der Klient immer tiefere Aspekte seiner Erwartungen, Ambivalenzen und Konflikte entdeckt, die er in alle seine Erwachsenenbeziehungen einbringt. Die Entdeckung der Vergangenheit in der Gegenwart braucht ein konstantes therapeutisches Umfeld, das die Neutralität des Therapeuten garantiert. Die dazugehörige therapeutische Kontinuität braucht oft mehr als eine Sitzung pro Woche. *Ich glaube, daß die Therapie das Wichtigste im Leben meiner Klienten sein sollte, solange wir zusammenarbeiten.* Oder, um es anders zu sagen: daß ich die Repräsentation der wichtigsten Personen in ihrem Leben werden sollte, während sie ihre Übertragungsprozesse durcharbeiten.
Die Übertragung wird durch verschiedene Stufen gehen. Anfangs baut sie sich auf Phantasiewünschen auf, eine perfekte Person zu werden, wobei vom Therapeuten erwartet wird, daß er sie schon ist. Allmählich übernimmt der Therapeut die auf ihn projizierten und verschobenen Bilder der bedeutsamen Elternfiguren. Während sich die therapeutische Beziehung intensiviert, vertieft sich auch die Übertragung und wird zu einem Teil des Ausdrucks der sehr viel früheren non-verbalen Objektbeziehungen. Damals entwickelte sich durch die zentralen Überlebensmechanismen der Fusion, der Spaltung und der Verleugnung ein Weg, die eigene Identität zu bewahren und zu festigen, während die notwendigen Identifikationen hergestellt wurden.

Seymour verstand, als er ein besseres Körperbewußtsein entwickelte, daß er nur in seinem Kopf funktionierte und daß er seinen Körper als ein hinderliches Organ wahrgenommen hatte. Nach mehreren Verletzungen an seinen Beinen wollte er mit Hilfe von Übungen und Bewegungen größeren Kontakt mit ihnen finden. Als er eines Tages einmal stehend eine Tret-Übung ausführte, nahm er wahr, daß sich jedesmal sein ganzer Körper von mir wegdrehte, wenn er zutrat. Ob er nun mit dem linken oder dem rechten Fuß zutrat, er konnte nicht in meine Richtung treten. Seine Beziehung zu mir war immer sehr positiv und projizierend gewesen. Ich konnte nichts falsch machen. Wegen dieser bizarren Erfahrung konnte er nun nicht länger verleugnen, daß ein tiefer innerer Konflikt ihn davon abhielt, mir gegenüber aggressiv zu sein. Hier begann die Erforschung seiner latenten negativen Übertragung.

Angeline's Entdeckung ihres Körperraums ging nicht ohne Leiden ab. Ihr Rücken (immer ein schwacher Punkt) verkrampfte sich schmerzhaft während einer zufälligen Begegnung mit ihrem ehemaligen Freund. Ich entschloß mich, nicht körperlich mit ihr zu arbeiten. Denn wenn ich ihr Symptom abmildern würde, würde ich zur umsorgenden "guten" Mutter und die therapeutische Beziehung sich weg von der sich schwierig entwickelnden Vater-Übertragung polarisieren. Ich bewahrte also Distanz und sie verstand allmählich, daß ihr Vater nicht etwa abwesend gewesen war, wie sie immer erzählt hatte, sondern daß er durchaus anwesend, aber entweder unerreichbar oder demütigend gewesen war. Vor langer Zeit hatte sie es aufgegeben, ihre Hände nach ihm auszustrecken, aber der Konflikt war geblieben, in ihr Inneres hineingeschrumpft.

Debra's Vater war während ihrer Kindheit meistens chronisch krank gewesen und starb, als sie gerade ins Jugendlichenalter kam. Die Familie war sehr klassenbewußt und niemand sprach jemals über innere Gefühle. Debra hatte keine wirklichen Männerfreundschaften und jegliche Aktivität bezog sich auf beruflichen Erfolg. Sie war immer extrem höflich zu mir. Eines Tages schlug ich vor, Boxhandschuhe anzuziehen, um unsere Beziehung auf eine andere Art und Weise zu erforschen. Langsam und sanft schlug sie gegen meine Handschuhe. Ich entschloß mich nun, stärker und schneller in ihre Richtung zu schlagen. Plötzlich gab sie ihre Reserve auf und reagierte. Die unwiderstehliche Kraft ihrer Bewegung trieb ihren upper-cut gegen meine Hoden. Völlig verblüfft von ihrer Reaktion begriff sie, daß sie in sich einen enormen Männerhaß trug, mit einem Wunsch zu verletzen und zu kastrieren. Dies öffnete die Tür zur letzten Phase ihrer Therapie, zur Beziehung mit ihrem Vater, ihrem Stiefvater und Männern im allgemeinen.

Gegenübertragung

Wieder und wieder habe ich die Frage der negativen Übertragung betont. Sie können natürlich antworten, daß ich einfach nur ein Masochist bin, der die ganzen entsprechenden Affekte auf sich lenkt. Aber es ist essentiell, daß die Intensität der therapeutischen Beziehung von beiden gelebt wird, mit ihren positiven und negativen Sentiments und Emotionen. Dies wird durch die ständige Analyse der Gegenübertragung möglich. Hier klärt der Therapeut seine mögliche Konfusion des "Ich und Du". Hier trennt er sein "Die" (die anderen) von den "Die" seines Klienten. Persönliche Gegenübertragungsthemen, die den Therapeuten in seine eigene Geschichte zurückkatapultieren, müssen von übertragenen projizierten Affekten, die den Therapeuten als Schauspieler im therapeutischen Theater des Klienten vereinnahmen, unterschieden werden.

Die Fähigkeit und Art und Weise, Gegenübertragung zu analysieren, ist der persönlichste Teil des ganzen therapeutischen Berufes. Die Grundlage dafür liegt natürlich in der persönlichen Analyse des Therapeuten. Sie muß auf einer tiefen Erfahrung des eigenen unbewußten Prozesses und dem Vertrauen in ihn beruhen. (In einigen Bereichen der Körperpsychotherapiebewegung vermisse ich die Beachtung des Unbewußten. Dort werden körperliche Prozesse als pure Phänomene betrachtet, oft getrennt von ihren unbewußten symbolischen Repräsentationen.)

Im Laufe der Jahre habe ich meine eigenen persönlichen Hilfsmittel und mein eigenes Verständnis meines Gegenübertragungsprozesses entwickelt. Ich möchte nun einiges darüber erzählen. Mein unbewußter Prozeß läuft sehr viel schneller ab als mein rationaler Prozeß. *Der einzige Grund dafür, daß das Unbewußte existiert, ist es, unbewußt zu bleiben.* Deshalb werde ich meines nie in den Griff bekommen. Ich muß seine ständigen Überraschungen in der Begegnung mit mir selbst und mit meinen Klienten akzeptieren. Mein Anerkennen dieses unkontrollierbaren Prozesses hat die Art meiner Arbeit mit meiner Gegenübertragung sehr verändert.

Ich bleibe auf einer Affektebene für den Dialog in mir selbst offen, sodaß ich eventuell meine Gegenübertragung erkennen kann, bevor ich sie agiere. Heutzutage benutze ich die aus körperlichen Interventionen gewonnene Erfahrung, um den Phantasieraum innerhalb meines eigenen Körpers offen zu halten. Sehr oft transformieren sich meine Gefühle in Bilder und Worte, die mir oft Einsichten über die Übertragung und die tiefenpsychischen Konflikte meiner Klienten erlauben.

Die *negative Gegenübertragung* ist eine meiner nützlichsten Hilfsmittel. Ich habe Jahre gebraucht, um sie zu akzeptieren und korrekt zu analysieren, sodaß ich sie kreativ benutzen kann. *Lange Zeit wurde ich, wie viele Therapeuten, von dem Bedürfnis "gut" zu sein blockiert.*

Jeanne hatte mich während vieler Sitzungen systematisch angegriffen. Sie war eine sehr fähige Frau, die im Moment durch eine sehr schwierige Periode ihres Lebens ging. Ich war sehr offen und mitfühlend gewesen und nun hörte sie seit Wochen nicht auf, mich zu attackieren. Sie sagte, ich verstünde sie nicht, ich demütige sie, ich verletze sie. Ich fühlte mich von ihr so ungesehen und so verletzt. Schließlich wurde ich in einer Sitzung wütender und wütender, ich sah so rot, daß ich den Kontakt mit ihr verlor. Dann erschien mir ein Bild: ich wollte sie aus meinem Büro im zweiten Stock den langen engen Eingangskorridor hinuntertreiben und dann aus dem schmalen Fenster am Ende werfen. Ich verstand dieses Bild nicht, weil mein Büro ebenfalls Fenster hat, sehr viel größere, die für meine Absicht wesentlich bequemer gewesen wären. Ich erzählte ihr dieses Bild und sie begann zu zittern. Empfindungen einer Geburtserfahrung tauchten auf. Die Geburtserfahrung, die wir nun gemeinsam erforschten, war real und symbolisch zugleich. Sie führte zu einem Verständnis ihrer Beziehung mit ihrer Mutter und auch zu den tiefen Demütigungen, die sie innerhalb des ödipalen Dreiecks erlebt hatte.

Es können mit Klienten *sadistische, haßerfüllte und verachtungsvolle Gegenübertragungsgefühle* entstehen. Ich betrachte nun sehr genau jede körperliche Intervention, die ich ausführen möchte, besonders wenn sie für den Klienten schmerzhaft sein könnte. Ich möchte mein Ausagieren vermeiden.

Ich hatte bei *Jean-Paul* eine ganze Zeit lang Distanz bewahrt. Die Art und Weise, wie er über sich selbst und sein Leben klagte, stieß mich irgendwie ab. Als ich eines Tages näher an ihn heranrückte, fühlte ich den starken Wunsch, ihn zu würgen. Er schaute mir in die Augen und berichtete plötzlich von Bildern, wie sein Vater sich angeschlichen und ihn plötzlich geschlagen hatte. Ich wußte nun, warum sein Vater in der Therapie bisher nicht aufgetaucht war.

Sexuelle Gegenübertragung wird selten besprochen und ist doch in der Intimität der therapeutischen Beziehung sehr präsent.

Als *Sylvie* zum erstenmal kam, erschienen mir sehr deutliche Bilder ungewöhnlicher sexueller Praktiken. Diese Bilder störten mich sehr. Ich erzählte sie nicht, fragte mich jedoch weiterhin, warum ich sie hatte. Am Ende der Sitzung erfuhr ich, daß sie eine Prostituierte war. In den folgenden Monaten berichtete sie von vielen Erinnerungen an sexuellen Mißbrauch in ihrer Kindheit.

Gegenübertragungs-Kollusion kann auftauchen, wenn ich positive Gefühle zum Klienten habe, oder bestimmte Themen vermeiden muß, weil sie meine eigenen zu sehr berühren.

Barbara war eine sehr attraktive Frau, die ein interessantes Leben führte, als wir die Therapie begannen. Nach zwei Jahren flachte die Therapie sehr ab und es schien keinen Fortschritt zu geben. Wir hatten hauptsächlich an den Erwachsenen-Themen ihres Lebens gearbeitet. Ihre berufliche Selbstbestimmung und ihre Stellung in der Ehe hatten sich sehr verändert. In einer Supervisions-Sitzung begriff ich, daß ich Distanz gehalten hatte, weil sie mir sehr gefiel. Frühe Kindheits-Themen mußten durchgearbeitet werden, bevor ich ihr die Unterstützung, die sie brauchte, geben konnte.

Die reale Beziehung

Gemäß der psychoanalytischen Theorie kommt die reale Beziehung erst nach jahrelanger Therapie zum Vorschein. Die psychoanalytische Situation minimiert den Kontakt des Klienten mit dem "realen" Analytiker. In der analytischen Körper-psychotherapie ist der "reale" Therapeut durch die von Angesicht-zu-Angesicht-Beziehung wesentlich gegenwärtiger. Die reale Person des Therapeuten ist von Beginn an sehr viel greifbarer. *Das Management dieser realen Beziehung ist von äußerster Wichtigkeit bei der Vertiefung der Übertragung.*

Wenn ich die strenge therapeutische Beziehung verlasse und mich in eine mehr reale Beziehung innerhalb des therapeutischen Settings begebe, behindere ich meistens wichtige Aspekte der Übertragung (seien sie negativ oder positiv), die es zu entdecken und durchzuarbeiten gilt. Mein "Ich" (engl."me") involiert sich zusehr mit dem "Ich" (engl."me") des Klienten und die "Du und Ich"-Beziehung gerät in Verwirrung. Dennoch kann die "reale" Person des Therapeuten in der analytischen Körperpsychotherapie von Beginn an einen wichtigen Platz einneh-men, nämlich bei der Therapie mit narzisstischen Klienten. Hier kann die Identifi-kations-Allianz langsam mit dem "wahren Selbst" etabliert werden, während die Arbeits-Allianz mit dem "falschen Selbst" eingegangen wird. Ich werde dieses Konzept in einem künftigen Artikel diskutieren.

* * * * *

Sander Kirsch ist Gründungsmitglied der l'Ecole Belge de Psychothèrapie Analytique à Médiation Corporelle und Koordinierender Ausbilder der Britischen Gesellschaft für Analytische Körperpsychotherapeuten. Sie erreichen ihn unter 65 Dreve de Linkebeek, 1640 Rhode St.Genèse, Tel.Belgien/322/3583391.

Literatur

1. *Kirsch, Sander*, *"Il n'y a pas d'analyse en analyse bioénergétique"*, in: Le corps et L'Analyse, Bd.VI, Nr.2, 1991; "There is no Analysis in Bioenergetic Analysis", english translation available.
2. Eine Diskussion der Hierarchie "bioenergetischer" Blockaden ist in Vorberei-tung. Sie wird die verschiedenen physiologischen Funktionen und ihre Implikationen auf die Entwicklung von psychologi-schen Strukturen und Abwehrmechanismen erörtern.
3. *Greenson, R.*, The Technique and Practice of Psychoanalysis, New York 1967, International University Press
4. *Kirsch, S.*, *"Le corps et l'analyse"*, in: *Meyer, R.*, *Reich ou Ferenczi?* Psychan-alyse et somatothérapies. Marseille 1992 Hommes et perspec-tives, S.45-68; "Body and Analysis", erlglish translation avai-lable.

KÖRPERARBEIT MIT JUGENDLICHEN

von *Clorinda Lubrano-Kotulas*, Athen (Griechenland)

Meine Präsentation ist eher praktisch als theoretisch. Ich möchte über ein Projekt berichten, über die Voraussetzungen, das Umfeld, in dem es stattfand usw. Natürlich konnte ich dieses Projekt nicht ausführen und die Erfahrung gewinnen, ohne einen ausgiebigen theoretischen Hintergrund.

Meine Arbeit mit Jugendlichen und Kindern hat eine lange Geschichte. Von der Pädagogik ausgehend wandelte sie sich etwa 1963 zur psychologischen und psycho-pädagogischen Arbeit und wurde schließlich Anfang 1970 zur reichianischen Psychotherapie. Als reichianische Psychotherapeutin habe ich, wo immer möglich, Körperpsychotherapie angewandt. So spezialisiert, konnte ich 1973 im Wilhelm-Reich-Zentrum in Neapel (Italien) einen psychoanalytischen Kindergarten und eine Therapiegruppe für Jugendliche eröffnen. Ich möchte Ihnen nun kurz zwei Fälle schildern, die ich während dieser Zeit behandelte.

Ein Fall von Anorexia nervosa

Marina war 13 Jahre alt, als sie zu mir in die Therapie geschickt wurde. Sie war ein extrem dünnes, skelettartiges Mädchen. Sie konnte kaum auf ihren Füßen stehen, ihre Lippen und Nägel waren schwarz. Ihre Eltern setzten sie auf die Couch und sagten mir, daß sie die 2.Klasse der Oberschule besuche und sich weigere, etwas zu essen, weil sie Angst habe, dick zu werden. Sie hatten vier andere Kinder, darunter ein Baby, einer sehr schöner Junge, der sechs Jahre nach der Geburt des letzten Kindes gekommen war. Ein Bruder war älter und einer jünger als Marina, die Schwester ein Jahr jünger. Marina's Vater war Angestellter. Sie lebten ein bescheidenes, aber würdevolles Leben. Die Eltern sorgten sich um die Erziehung ihrer Kinder. Es gab keine Beweise intensiver Konflikte zwischen den Eltern. Sie sorgten sich sehr um Marina und litten unter ihrem jetzigen Zustand. Nach einigen Sitzungen folgten sie dem Rat des Arztes, Marina in ein Krankenhaus zu bringen, wo sie mit einer Lewin-Röhre ernährt wurde.

Marina kam nach einigen Wochen wieder, konnte nun einige Worte äußern, aber immer noch nicht auf ihren Füßen stehen. Sie sah wie ein kleiner müder Vogel aus. Als ich meine Hand auf ihre Brust legte, konnte ich jede ihrer Rippen zählen. Ich fragte sie, ob sie ihre Lippen wie ein kleiner Goldfisch im Wasser bewegen könne. Sie tat es einige Minuten lang und ähnelte einem Baby bei der Brustfütterung. Sie sah mich mit lächelnden Augen an.

Bei der nächsten Sitzung fragte ich sie, ob ich ihren ganzen Körper massieren dürfe und sie erlaubte es. Sie erzählte mir von ihrer Arbeit in der Schule, wo sie wirklich gut war. Ihr Vater war sehr stolz auf sie, aber auch sehr streng. Er hatte ihr verboten, mit ihren Schulkameraden zusammenzusein oder abends wegzugehen, wenn sie ihre Menstruation hatte. Ihre Mutter mischte sich nicht ein. Sie hatte sich voll in ihre Rolle als Ehefrau und Mutter begeben, jammerte nicht darüber, obwohl es für sie ermüdend war.

Marina gab scheu zu, daß sie auf ihren neugeborenen Bruder eifersüchtig sei, der die ganze elterliche Aufmerksamkeit, besonders die ihres Vaters, auf sich zog. Marina's Regression ins Alter eines neugeborenen Baby's war sehr klar. Die Eltern sorgten sich um sie, sie waren zärtlich und verfügbar.

Marina begann nun, ihre Regression zu akzeptieren und sagte, daß sie keine Menstruation haben und keine Frau werden wolle. Sie würde nie heiraten und Kinder haben. Dies alles identifizierte sie mit 'fettsein'. Deshalb dürfe sie nicht fett werden und dürfe auch nichts essen.

In dem Moment, wo sie wieder ein kleines Mädchen wurde, konnte sie auch wieder von den Eltern und den Lehrern, die sich um sie sorgten, "Brust-gefüttert" werden. Dadurch war es ihr möglich, allmählich wieder zu essen. Einige Monate vor den Sommerferien konnte sie wieder in die Schule gehen. Sie legte die Prüfungen erfolgreich ab und kam im Herbst wieder in die Therapie. Sie sah immer noch wie ein kleines Mädchen aus, konnte aber wieder auf ihren eigenen Füßen stehen und die Schule regelmäßig besuchen. Einige Monate später kam sie alleine zur Sitzung. Sie arbeitete gut mit, auch bei der Körperarbeit. Nach dem Mund arbeiteten wir sehr viel mit den Augen, um ihre Fähigkeit, zu schauen und die Realität ohne Furcht zu akzeptieren, zu verbessern. Sie erzählte mir ihre Träume und wir arbeiteten damit. Sie malte Bilder und drückte sich aus. Sie war immer noch sehr gut in der Schule, kümmerte sich aber nicht nur um ihre Prüfungen, sondern interessierte sich auch für ihre Schulkameraden.

Ihr Körper veränderte sich, Brust und ihre Lippen formten sich, sie hatte einige Angst, als ihr Bauch sich füllte und versuchte eine Diät. Ihre Eltern verstanden ihre Ängste und Bedürfnisse und unterdrückten sie nicht. Ihr Vater war nun weniger streng und erlaubte ihr, mit den Jungs auszugehen. Marina fühlte sich besonders von einem angezogen. Sie trafen sich häufig und sprachen nach der Schule über alles Mögliche. Marina's Menstruation kam und sie akzeptierte es ohne Angst.

Sie ist jetzt ein schönes Mädchen, schließt ihre Studien an der Oberschule ab und wird danach auf auf eine Kunstschule gehen, wie sie es sich gewünscht hatte. Sie war eine der wenigen Klienten zu jener Zeit, die die Geburt meines Sohnes nicht neideten.

Der Fall von Antonio

Antonio war 13 Jahre alt, als er zu mir in die Therapie geschickt wurde. Er ging in die 3.Klasse der Oberschule und seine Eltern brachten ihn wegen zunehmender Lernschwierigkeiten. Schritt für Schritt hatte er sich in sich selbst zurückgezogen. Sein Vater war ein politisch aktiver Industriearbeiter. Er hatte drei Kinder, alles Jungs, von denen er viel erwartete. Als Antonio seinen Wunsch ausgedrückt hatte, die Schule zu unterbrechen, zwangen ihn seine Eltern mit Gewalt und sogar der Polizei, weiterzumachen.

Ich schlug ihnen einen "Waffenstillstand" in diesem Schulkrieg vor. Ich versprach, Antonio bei seinen Schularbeiten zu helfen, weil ich ja selbst Lehrerin war. Ich nahm die ganze Verantwortung auf mich, ihm dabei zu helfen, die Schule innerhalb von zwei Jahren zu beenden.

Antonio kam regelmäßig zur Therapie. Anfangs nahm er Drogen, gab aber auch dies allmählich auf. Er war depressiv und unkooperativ. Während die anderen Jugendlichen malten und arbeiteten, saß Antonio nur mit gebeugtem Kopf da. Wenn ich ihm eine Frage stellte, antwortete er nur mit einem Wort. Dies dauerte acht Monate.

Während der Therapie verstärkte ich seine Gedankenprozesse und die Realitätswahrnehmung. Ich gab ihm jeden Morgen Nachhilfe. Die Jahre vergingen und Antonio beendete die 3.Klasse der Oberschule. Er verließ nun endgültig die Schule und arbeitete im Schuhgeschäft seines Onkels. Das machte ihm Spaß und er war finanziell unabhängig. Wir sprachen nun auch allmählich über Sexualität. Er fühlte sich von einigen Mädchen, die ins Geschäft kamen, angezogen. Bei der Arbeit war er sehr überzeugend. Er erzählte mir, daß er die Kunden dazu bringen konnte, statt einem Paar Schuhe zwei Paar Schuhe zu kaufen. Mein Erstaunen war groß. Antonio sollte das können, ein Junge, der kaum ein Wort geäußert hatte?! Allmählich gab er zu, daß sein Grundproblem mit dem Ödipus-Komplex zu tun hatte. Und er sagte mir auch, daß er, bevor er die Therapie begonnen habe, immer noch im Bett seiner Eltern zwischen ihnen geschlafen habe, damit sie sich nicht lieben konnten. Als ich Italien verließ, ging es Antonio sehr gut.

Bis hierher habe ich über meine Arbeit in Italien gesprochen. Seit 1978 lebe und arbeite ich in Griechenland. Ich habe bereits auf verschiedenen Kongressen versucht, die besonderen sozialen Umstände, in denen ich nun arbeite und lebe, zu beschreiben.

Während des *II.Kongresses der Europäischen Gesellschaft für Körperpsychotherapie* erwähnte ich bereits die spezifischen Probleme von Jugendliche und Kindern in der besonderen griechischen Realität und der Schwierigkeit mit ihnen psychotherapeutisch zu arbeiten. Ich machte dabei Schule und Familie als hauptsächliche Faktoren verantwortlich. Die Familie in Griechenland ist patriarchalisch strukturiert. Die ökonomische und die Entscheidungsmacht hat der pater familias, von dem Frau und Kinder abhängig sind und oft ebenso Schwiegertöchter und Neffen. Die Schulerziehung soll zur Universität hinführen. Dies ist ein langer, mit vielen Prüfungen gepflasterter Weg. Der jahrelang in die Schule gehende Jugendliche muß zwei fremde Sprachen, ein Musikinstrument und eine Sportart erlernen und hat deshalb kaum Zeit für andere Aktivitäten, bis er schließlich bei den Universitätsprüfungen angelangt ist. Während der Schulzeit geht es ums Lernen und ums Auswendiglernen. Alle Prüfungen sind schriftlich, der Schüler muß alle Fragen exakt so beantworten, wie sie in den Schulbüchern stehen. Dieses von mir auf dem II.Kongreß gezogene Fazit schien sehr pessimistisch. Der Grund war, daß zu jener Zeit die therapeutische Methode zwei jungen Menschen nicht geholfen hatte. Trotz dieses Versagens arbeitete ich mit Jugendlichen in einer Gruppe weiter, weil ich überzeugt war, daß vorbeugende Interventionen nötig sind.

Die *Vorbeugung von Neurosen* ist eines der Hauptziele des Wilhem-Reich-Zentrums in Athen, das ich 1980 gründete. Für die Arbeit mit Jugendlichen-Gruppen gibt es eine allgemeine Struktur (Ziele, Interventionen, Methodologie). Ich habe sie bereits auf dem *I.Italienischen Körperpsychotherapie-Kongreß* vorgetragen und kann sie nun zusammenfassen:

Der Jugendliche soll durch die Gruppe seine somatische und emotionale Realität und die Art und Weise, wie er mit anderen interagiert, kennenlernen.

Wir beachten sehr stark, keine Konflikte zwischen dem oder der Jugendlichen und seiner/ihrer Familie oder Schule heraufzubeschwören, denn unser Ziel ist es, ihnen zu helfen, ihr Potential für Selbstentwicklung zu verstehen und aktiv an ihrer sozialen Umgebung teilzunehmen.

Ein kleines Arbeitsmodell einer Gruppe

A. Arbeit mit dem Körper:
1. Körperhaltung,
2. Wahrnehmung der somatischen Spannungen,
3. Entspannung der Spannungen,
4. Entladung der Spannungen,
5. Körperkontakt: mit sich selbst, mit den anderen und mit der Umgebung,
6. Entdeckung des Ausdruckspotentials des Körpers.

B. Arbeit mit den Emotionen:
Ängste, Aggressivität, Akzeptanz/Ablehnung von sich selbst, Unsicherheit, Depression, Neigung vor der Realität zu fliehen.

C. Arbeit an der interpersonalen Beziehung:
Gruppendynamiken, Beziehungen mit der Familie und der Schule.

Ich würde nun gerne jeden dieser drei Punkte auf das Thema dieses Kongresses beziehen.

Worte

Jugendliche und Kinder haben mit dem verbalen Ausdruck beträchtliche Schwierigkeiten, sowohl in der Einzelsitzung als auch in der Gruppentherapie. Sie sind noch nicht einmal fähig, Worte auf defensive Art und Weise zu benutzen, wie es Erwachsene tun. Deshalb müssen wir andere Hilfsmittel anwenden, die ihnen helfen, Gefühle, Empfindungen und Bilder auszudrücken. Das Malen mit Fingern, Farbstiften oder Pinseln ist ein nützliches Ausdrucksmittel. Wenn wir sie bitten, ihre Bilder zu beschreiben, benutzen sie Worte, die ihre Gefühle und Empfindungen ausdrücken und von Emotionen, die einen kathartischen Effekt haben, begleitet werden. Ein junges Mädchen entdeckte den Leichnam ihres Vaters, nachdem dieser Selbstmord begangen hatte. Nach diesem Ergeignis bekam sie Halluzinationen. Ihr Vater hatte schon immer irrational gehandelt und einmal sogar das Haus angesteckt. Sie malte in jeder Sitzung und erlebte diese traumatischen Ereignisse auf diese Art und Weise wieder. Sie malte immer wieder eine geschlechtslose menschliche Figur, die wie eine Sphinx aussah. Deren Augen waren sehr beeindruckend, riesig, weit offen und verzweifelt. Die allmähliche Veränderung dieser Augen deutete eine Verbesserung und Befreiung von den Geistern an. Das Mädchen wurde zunehmend ruhiger und normaler.

Andere Bilder von anderen Jugendlichen zeigten Angstträume:
"Wir sind in einem Ruderboot, da öffnet sich ein großes Leck. Wir springen ins Meer. Ein Hai kommt, ich habe große Angst und fühle diese Angst auch, während ich meinen Traum male".

Dieser Junge hat einen sehr unterdrückenden und fordernden Vater, der ihn ständig zum Lernen zwingt. Der Junge hat Angst vor ihm. Am Ende der Gruppensitzung war der Junge ruhig und sagte, daß er nun ohne Angst vor Bestrafung spielen könne, wenn er nicht mehr fähig sei, weiterzulernen.

Ein anderer Traum: "Ich fahre mit meiner Mutter im Auto. Dann steigt sie aus und geht auf einen Brunnen zu. Irgendetwas zieht sie in den Schacht hinunter. Er ist sehr tief und am Boden liegen weiße Steine. Meine Mutter sieht sehr klein aus und zieht mich hinunter. Ich habe beim Hinunterfallen meiner Mutter Angst".

Ich frage das Mädchen, ob sie der Gruppe etwas mehr über ihre Mutter erzählen möchte. Sie sagte, daß ihre Eltern geschieden seien, daß sie mit ihren kleinen Schwestern, ihrer Großmutter und ihrer Mutter lebe. Die Mutter lasse sie oft allein. Sie fühlte nun Wut und Trauer darüber, auch über die Scheidung ihrer Eltern. Sie war traurig und die Gruppe hatte Sympathie mit ihr. Ohne die Hilfe ihres Bildes wäre es für das Mädchen offensichtlich sehr schwierig gewesen, über sich selbst zu sprechen.

Berührung

Genauso wie das Malen können auch Psychodrama und Gestaltarbeit den verbalen Ausdruck fördern. Die Körperarbeit nimmt in Jugend- und Kindergruppen einen hervorragenden Platz ein. Dies ist allerdings nicht leicht, weil die Jugendlichen oft Angst haben, lächerlich zu erscheinen oder beurteilt zu werden.

Noch schwieriger ist der körperliche Kontakt, ob nun mit der Therapeutin oder den Gruppenmitgliedern. Eines der wichtigsten Hilfsmittel auf dem Wege der Bewußtwerdung ist die Erfahrung des eigenen Körpers und des Gesichtsausdruckkes. Z.B. ist die Körperform nichts objektives, sondern etwas, das die persönliche Erfahrung des Einzelnen reflektiert. Eltern wollen z.B. eine weise, reife und in der Schule immer hervorragende Tochter. Das Mädchen fühlt nun, daß sie große

Schultern und ein großes Gesicht haben sollte. Sie erlebt sich selbst älter als sie wirklich ist. Während sie über ihre Situation spricht, wird ihr das ihr aufgeladene psychische Gewicht klar und sie spürt Trauer und Emotionen.

Eine andere Jugendliche, Theresa, ist 16 Jahre alt. Auch sie erlebt sich älter, als sie wirklich ist. Sie sagt, daß sie schnell aufwachsen und für sich selber sorgen müsse. Sie wurde geboren, als ihr Vater 19 und ihre Mutter 16 Jahre alt waren. Die Eltern wurden bald geschieden. Sie waren eben sehr jung und wußten nicht, wie man ein kleines Mädchen versorgt und liebt.

Angela koloriert ihre Augen im Gemälde grün, obwohl sie in Wirklichkeit schwarz sind. Sie betont, daß ihr Bruder grüne Augen habe und das die Aufmerksamkeit anderer Menschen mehr anlocke. Ein anderer Jugendlicher aus der Gruppe bemerkt, daß diese grünen Augen ein Geheimnis zu verbergen scheinen. Angela stimmt zu, möchte aber das Geheimnis der Gruppe nicht mitteilen. Auch Angela's Eltern leben im Konflikt und ständig am Rande der Scheidung.

Übertragung

Abschließend einige Beobachtungen zur Übertragung, die Jugendliche entweder in der Gruppe oder privat erleben. In der Einzeltherapie, besonders in schweren Fällen von Anorexia Nervosa, prä-schizophrenen und Borderline-Situationen, wird die Therapeutin als starkes und sicheres Elternteil erlebt, das dem Jugendlichen hilft, aufzuwachsen und von dem er/sie unterstützt wird. Dieses Erleben des Therapeuten bleibt in den meisten Fällen während der ganzen Jugend. Das Mädchen, dessen Vater Selbstmord beging, verlor nach Beendigung ihrer Therapie auch ihre 40 Jahre alte Mutter. Sie erneuert bis heute in jeder wichtigen Situation ihres Lebens den Kontakt mit mir (Heirat, Todesfälle etc.).

In der Gruppe wird die Übertragung gegenüber der Therapeutin durch andere Übertragungssituationen gegenüber anderen Gruppenmitgliedern ausgedünnt. Viele Jugendliche betrachten den Therapeuten/die Therapeutin als guten Lehrer oder erreichbaren Verwandten.

Während dieses Jahres malten die Jugendlichen Bilder darüber, wie sie die anderen Gruppenmitglieder empfanden. Ein junges hysterisches Mädchen erinnerte z.B. Theresa an ihre Mutter, sie malte es jünger aussehend, als sie war. Nie erschien mir der Ausdruck von Übertragung poesievoller als in einem Portrait von mir als guter Fee, das von einem jungen Mädchen in dieser Gruppe gemalt wurde.

* * * * *

Clorinda Lubrano-Kotulas ist klinische Psychologin, Präsidentin der E.U.A.N. (Analytische Vegetotherapeutische Psychotherapeutengesellschaft), Leiterin der E.I.N.A. (Griechisches Institut für Vegetotherapie und Charakteranalyse) und Gründerin des Wilhelm-Reich-Zentrums in Athen. Ihre Adresse: Xanthipou 74, Holargos, Athen 15561, Griechenland.

DAS ORGASMUS-KONZEPT

von *Ljiljana Klisic,* Belgrad (Jugoslawien)

Bei der Diskussion über die Sexualität kommen wir immer wieder zu dem entscheidenden, aber unklar definierten Begriff des Orgasmus als höchster sexueller Erfahrung. Wir müssen uns fragen, ob alle in der Literatur beschriebenen Orgasmen die gleichen sind? Es scheint, die Unterschiede sind so drastisch, daß wir neue Begriffe einführen müssen. Tatsächlich beschreibt das Wort "Orgasmus" ein sehr weites Erfahrungsspektrum mit sehr feinen und nuancierten Unterschieden. Sogar in der Erfahrung eigener Orgasmen gibt es gewöhnlich große Unterschiede. *Ken Wilber's* Theorie des Bewußtseinsspektrums und *Reich's* Studien der Phasen des Orgasmus gemeinsam mit neuerlichen Unterscheidungen verschiedener Potentiale (ejakulativer und orgastischer Potenz) sowie die großen Unterschiede in den Beschreibungen jener Klienten, mit denen ich gearbeitet habe, machen es nötig, neue Begriffe für verschiedene Orgasmen einzuführen, als da sind: der primitive, der neurotische, der reife, der ekstatische und der non-duale Orgasmus.

1. *Der primitve Orgasmus* charakterisiert eine frühe Phase in der phylo-genetischen Entwicklung des Menschen und eine Bewußtseinsebene, die der tierischen Stufe nahe ist. Das Bewußtsein fokussiert auf die brutale Entladung oder, wie Reich es nennen würde, das Urinieren in eine Frau. Das Gefühl der Liebe zu einem Partner ist nicht notwendig. Die Lust ist gering und ähnelt einer Entladung, einem Ausschütten, einem Ausleeren. Es bedeutet ficken und nicht gegenseitiges Beglücken. Der primitive Orgasmus wählt nicht aus, die Gier ist nur auf die Befriedigung der sexuellen Instinkte und das Bewußtsein nur auf die Sexualorgane gerichtet. Für Frauen bedeutet es ihr Loch, das gefüllt werden muß. Das Spektrum des Bewußtseins ist sehr eingeengt, die Psychodynamik nicht entwickelt.

2. *Der unreife (psychotische und neurotische) Orgasmus* ist durch eine starke Nichtkoordinierung der Impulse charakterisiert. Libido und reaktive Impulse sind nicht verschmolzen. Z.B. herrscht im Falle einer Perversion eine Impulsform über andere, die isoliert wird. Der vorherrschende Impuls dominiert einen abgetrennten Lebensbereich. Die Entladung ist auf einen Körperteil eingeengt und gibt nicht das Gefühl voller Befriedigung. Der Partner wird als Objekt mißbraucht. Bei Impotenz und Frigidität werden die Entladungswege zeitweilig durch Angst, Wut, Schmerz und durch die Kanalisierung der Energie in die Freisetzung innerer Konflikte blockiert. Dies verhindert oft den Orgasmus. Nur durch die Erweiterung des Bewußtseins durch größere Selbstakzeptanz und die Akzeptanz von anderen kann dieser Kanal wieder für die Entladung geöffnet werden.

3. *Der reife Orgasmus* ist eine wünschenswerte Verschmelzung von Liebe und aggressiven Impulsen. Er wird nur erreicht, wenn zwischen den Partnern neben der

körperlichen Anziehung auch Liebe und Akzeptanz besteht. Dieser Orgasmus ist sehr viel erfüllender, beglückender und lustvoller. Neben der Öffnung für den anderen Menschen ermöglicht die orgastische Konvulsion die Entladung von akkumuliertem Streß, er umfaßt den ganzen Körper und ermöglicht einen Zustand tiefer Entspannung. Es scheint, daß die Menschheit im allgemeinen diese Ebene des Bewußtseins nun erreicht hat und wir können logischerweise erwarten, daß die Evolution weitergeht.

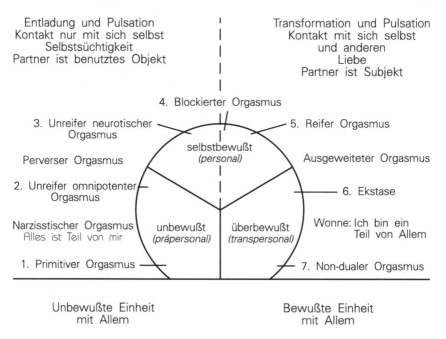

Entladung und Pulsation	Transformation und Pulsation
Kontakt nur mit sich selbst	Kontakt mit sich selbst
Selbstsüchtigkeit	und anderen
Partner ist benutztes Objekt	Liebe
	Partner ist Subjekt

4. Blockierter Orgasmus

3. Unreifer neurotischer Orgasmus

Perverser Orgasmus

2. Unreifer omnipotenter Orgasmus

Narzisstischer Orgasmus
Alles ist Teil von mir

1. Primitiver Orgasmus

selbstbewußt
(personal)

unbewußt
(präpersonal)

überbewußt
(transpersonal)

5. Reifer Orgasmus

Ausgeweiteter Orgasmus

6. Ekstase

Wonne: Ich bin ein Teil von Allem

7. Non-dualer Orgasmus

Unbewußte Einheit
mit Allem

Bewußte Einheit
mit Allem

Das Spectrum des Orgasmus

4. **Der ekstatische Orgasmus** wird möglicherweise die nächste Stufe auf dem Weg sein. Charakterisiert wird er durch die Erweiterung der Wahrnehmung des intensiven Austauschs von Energie mit dem Partner und sehr großer Lust. Während des Orgasmus werden nicht die gewöhnlichen spasmolytischen Konvulsionen erlebt (oder die Konvulsionen werden anders ausschauen). Der ganze Körper ist entspannt und im freien Fluß der Energie. Die genitale Zone gibt nur den Anfangsimpuls. Die Partner fühlen große Liebe und Hingabe füreinander und fühlen sich mit der sie umgebenden Realität verbunden. Die Ekstase ist intensiver und hält sehr viel länger an als in den vorherigen Orgasmuskategorien. Das bedeutet nicht nur einige Sekunden, sondern Minuten oder Stunden. Es gibt verschiedene Ekstasearten. Der "Tal"-Orgasmus bedeutet den langen Austausch von Liebe zwischen den Partnern, wobei der Orgasmus kontrolliert wird. Beim "Tal"-Orgasmus gibt es keine

Konvulsionen. Bei anderen Ekstase-Formen sind die Konvulsionen verändert und verlängert. Intensiver als der "Tal"-Orgasmus ist das Erwecken der Kundalini, dann kommt die Ekstase des Brahma, tiefer noch ist die Ekstase von Vishny und am Ende die Ekstase von Shiva, die die Transzendenz zur non-dualen Realität meint. Auf jeder höheren Ekstase-Stufe ist die Energie intensiver, aber auch gefährlicher (das hängt von der Menge des unbewußten Materials ab) und lustvoller. Dennoch gibt es auf diesen Ekstase-Ebenen immer noch einigen Dualismus und die Trennung des Selbst von der Umgebung, außer auf der letzten Ebene, wo der Dualismus verschwunden ist. In der Yoga-Tradition sind diese Ebenen Savikalpa samadi, weil der Dualismus noch existiert, während die letzte Stufe Nirvikalpa samadi ist, der nicht-duale Zustand.

5. *Der non-duale Orgasmus* hat nur geringe Ähnlichkeiten mit den vorher beschriebenen. Er ist eher ein Wahrnehmungszustand als eine Erfahrung. Er ist charakterisiert durch die Wahrnehmung der Einheit mit der ganzen Natur und einem Zustand der Wonne. Der oder die Erleuchtete macht Liebe mit dem ganzen Universum. Nach *Maslow* ist dies der Zustand der völligen Selbstverwirklichung. Nach *Reich* bedeutet er die Freiheit von allen Blockaden, von Charakter- und muskulärer Panzerung. Nach *Kelley* ist er das Ergebnis der Integration der sexuellen Impulse mit dem Wertesystem, die ultimative Vereinigung von Gefühl und Absicht. *Ken Wilber* nennt die ultimative Einheit das Universum des Geistes, die Ebene der Bewußtheit. Gemäß der Tantra-Traditionen kann diese Ebene durch die Transformation von sexueller Energie erreicht werden.

* * * * *

Ljiljana Klisic ist Klinische Psychologin. Sie erreichen sie unter Lipa 8, Cerak, 11030 Belgrad, Jugoslawien.

Literatur

1. *Brauer, Alan & Donna*, Extended Sexual Orgasm, Warner Books, 1983
2. *Dychwald, Ken*, Bodymind, Pantheon Books, New York 1977
3. *Douglas,N.& P. Slinger*, Sexual Secrets, Arrow Books 1977
4. *Kelley, Charles*, Education in Feeling and Purpose, Santa Monica, Radix Institute 1974
5. *Kelley, Charles*, Opening the Feelings: The Functional Approach, The Radix Journal, Vol.I,No.2,3 1979
6. *Klisic, Ljiljana*, Psychological Growth, Novi pravci grupne psihoterapije, Avala, Beograd 1980
7. *Milicevic, Franja*, Yoga of love, Zagreb 1982, (unveröffentlicht)
8. *Reich, Wilhelm*, The Function of the Orgasm, Farrar, Straus and Giroux, New York 1972
9. *Reich, Wilhelm*, Cosmic Superimposition, Orgone Institute Press, Rangeley/Maine, USA 1951
10. *Wilber, Ken*, The Spectrum of Consciousness, Quest Book, 1977

WENN EINE GRUPPE BEGINNT

von *Jerome Liss*, Rom (Italien)

Jeder kommt zu einer neuen Gruppe mit der Sorge: "Werden die anderen mich akzeptieren?", "Bin ich verrückt oder krank oder minderwertig, weil ich soviele Probleme habe, daß ich einen Therapeuten brauche?", "Kann ich über mich selbst sprechen?", "Werden die anderen lachen oder mich lächerlich machen?"

Eines der Probleme des Therapeuten oder der Therapeutin ist es, herauszufinden, wieviel emotionalen Streß die Gruppenmitglieder ertragen können. Wenn der Streß zu hoch ist, werden die Mitglieder sich durch Angst und Hemmung verschließen. Deshalb frage ich die Gruppe oft, nachdem ich die "grundlegenden Sicherheitsregeln" erläutert habe, ob sie diese anfängliche Angst als Grundlage für psychologische Arbeit verwenden wollen oder es ihnen lieber ist, zuerst Kontakt und Rückversicherung mit den anderen Gruppenmitgliedern zu erzeugen, bevor wir in das Meer der Emotionen hinabtauchen.

Das Eis brechen: "Dich kennenlernen" - Fragen und Körperübungen

Wenn der Wunsch nach einem ersten Kontakt überwiegt, schlage ich einige Übungen mit den Augen und Händen vor, die von kurzen sprachlichen Einschüben begleitet werden. Beispiel: "Partner A, während du die Hände deines Partners hältst und ihr euch anschaut, kannst du ihn fragen, was du von ihm wissen möchtest: Wo lebst du? Mit wem lebst du? Wie fühlst du dich, wenn du morgens aufwachst?" etc. Und wir ermutigen Partner B jetzt, vollständig zu antworten, "du hast jedoch immer das Recht zu sagen: 'nein, ich möchte darauf nicht antworten.'" Diesem Aufwärmen durch verbalen Austausch können biosystemische Übungen folgen, d.h. Massage, Bewegungsspiele, das Spiegeln der Gesten der anderen, Hand-zu-Hand-drücken, Arm-zu-Schulter-drücken oder Schulter-zu-Schulter-drücken (um die "sympathische Komponente des autonomen Nervensystems" anzuregen) usw.

Körperkontakt gemischt mit sprachlichem Austausch, "bricht das Eis" und fördert vertrauensvolle Kommunikation. *Die Kombination von körperlichem und sprachlichem Kontakt, von dem niemand ausgeschlossen ist, repräsentiert die Biosystemische Haltung.* Nach diesen Kontakten, die ein emotionales Klima "wir sitzen alle im selben Boot" erzeugen sollen, wird jedes Mitglied gebeten, der Gruppe mitzuteilen, mit welcher Absicht es hier ist.

Kontakt baut Vertrauen und Zuversicht auf. Wenn nun noch die Absicht jedes Teilnehmers klar wird, haben wir einen zuverlässigen "Container" (die positive Beziehung) geschaffen, der die Emotionen "halten" kann und sie nicht unkontrolliert ausagieren läßt. Eine vertrauensvolle Beziehung mit einem anderen Menschen gemeinsam mit einem zuversichtlichen Gefühl zu sich selbst ist wie das Ufer eines Flusses, das die strömenden Bewegungen leitet und verhindert, daß der Klient von Angst überschwemmt wird.

Eine visuelle Brücke zwischen der therapeutischen Situation und dem Alltagsleben bauen

Lassen Sie uns den alternativen Ansatz anschauen. Die Gruppenteilnehmer möchten ihre anfängliche Ängstlichkeit als Stimulus für die Erforschung ihrer persönlichen Probleme benutzen. Die Gruppe steht im Kreis. Der Leiter schlägt vor: "Wenn wir nun unsere Augen schließen und uns eine Szene aus unserem Alltagsleben vorstellen, beginnen wir für uns selbst die Gründe zu erhellen, warum wir hier sind. Wir stellen uns vor, daß es Feierabend ist, sechs oder sieben Uhr am Abend oder wann immer du von der Arbeit nach Hause zurückkehrst. Du siehst nun die Straße, in der du lebst". (Anm.: ein bekanntes visuelles Bild hervorzurufen verbessert die Fähigkeit, das Bild mit geschlossenen Augen tatsächlich zu *sehen* und es als gegenwärtig zu *fühlen*.) "Du schaust das Haus an, denkst an die Wohnung, in der du lebst und an alles, was darin ist, die Objekte, Möbel, Wände, die Beleuchtung und besonders die Menschen, mit denen du dort lebst oder dich selbst, wenn du mit keinem anderen zusammenwohnst". (Anm.: dies hilft, eine Beziehung zwischen "dem Problem", das der Teilnehmer behandeln will, und seiner täglichen Lebenssituation zu schaffen.) "Du denkst dir nun: *'dies ist das Leben, das ich mir erzeugt habe. Ich habe meine Ursprungsfamilie mit vielen Hoffnungen verlassen und was immer auch in meiner Wohnung passiert, repräsentiert das Ergebnis meiner Bemühungen, mein persönliches Leben zu erschaffen. Wie fühle ich mich mit meinem Leben in meiner Wohnung?* Wer lebt mit mir? Wie sieht unsere Beziehung aus? Und wenn ich alleine bin, wie fühle ich mich mit mir selber?'"

Dies dramatisiert oder "verdichtet" die Bedeutung der eigenen Wohnung, betont den Übergang von der "Ursprungsfamilie" zu der eigenen "Jetzt-Familie". Die Bemerkung, daß wir unser Leben in unserer Wohnung selbst "erzeugt" haben, bereitet den Weg für das Konzept von der "Verantwortlichkeit" vor, das später in unserer Arbeit wichtig wird. Mit anderen Worten, das Gegengift zu dem Gefühl, ein passives Opfer zu sein: "die haben mir das angetan!", das von infantilen Traumatisierungen herrührt, erfordert das Konzept der Verantwortlichkeit und eine neue Erwachsenenhaltung: "Ich kann mein gegenwärtiges Leben als Erwachsener beeinflussen und tatsächlich erzeugen, sogar wenn ich mich hilflos wie ein Kind fühle".

Mit Hilfe von Alltagsbildern fördert der Therapeut/die Therapeutin bei diesem Aufwärmen die Identifizierung jener Aspekte der Alltagssituation des Klienten, die mit seinem Problem zu tun haben. Bei einem zweiten Typus des Aufwärmens geht es um die Intensivierung der Körpererfahrungen und um das Hervorholen der emotional geladenen Phasen, die aus Streßerfahrungen entstehen. Beim ersten Aufwärmen führt uns der Vorstellungskanal (oder die bildliche Funktion) zum Problemkomplex. Beim zweiten Aufwärmen wird die intensivierte Körpererfahrung zum "Königsweg zum Unbewußten".

Die Körperimpulse intensivieren

Der therapeutische Prozeß

Therapeut: Nimm eine Haltung ein, bei der du dir sehr bewußt bist, wie du dich fühlst. Nimm deine Empfindungen war, dein Gesicht, deinen Nacken, deine Schultern, deine Arme, deine Brust, den oberen Rücken, den Bauch, unteren Rücken, Oberschenkel, Waden, deine Füße, alle Teile deines Körpers. Achte besonders auf die Empfindungen in deinem Bauch und in deiner Brust, die oft die sensitivsten Teile dafür sind, wie du dich fühlst, oder, in anderen Worten, wie "der Zustand deiner Seele ist".

*Therapeut: **Führe eine kleine Bewegung aus, die Deine Atmung nur ein ganz wenig verbessert.*** (Der Leiter zeigt der Gruppe, welche Bewegungen der Schultern, des Rückgrats, der Brust usw. die Atmung verbessern kann). Achte darauf, ob es eine Verbindung zwischen den Orten in deinem Körper gibt, wo du atmest und den Orten, wo du Gefühle hast.

Therapeut: Wir wollen nun mit den unangenehmeren Gefühlen arbeiten: Vorurteilen, Spannungen oder Angst. Später kommen wir auch zu den Gefühlen der Stärke und Zuversicht. Merkst du, wo du Verletzlichkeit spürst? Ist es möglich, dieses Gefühl durch muskuläre Kontraktionen, durch die Veränderung Deiner Körperhaltung oder das Zurückhalten deiner Atmung zu verstärken? Paradoxerweise möchten wir nun, daß ihr euer Unwohlsein oder eure Angst spürt, damit ihr dieses Gefühl besser verstehen und auch unter Kontrolle bringen könnt.

Kommentar

Ziel: die Gruppenmitglieder sollen sich auf ihren inneren Zustand konzentrieren. Die Konzentration auf die Körperempfindungen macht das *Fühlen* zum primären Fokus der Aufmerksamkeit. Danach folgt die Aufmerksamkeit für die Bilder (den visuellen Kanal) und für verbale Gedanken (den Hörkanal).

Die Körperteile in einem regelmäßigen Rhythmus auszusprechen, hilft den Teilnehmern, die innere Reise zu beginnen.

Ziel: Den Atemfluß zu verbessern hat verschiedene Funktionen: 1. die Verbesserung der körperlichen Empfindungsfähigkeit, 2. die Vergrößerung der Vitalität, 3. wir vermeiden, daß die in dieser Aufwärmphase hervorgerufenen schmerzvollen und problematischen Emotionen zu "blockierten Emotionen" werden.

Ziel: Diese Phase intensiviert den physikalischen (oder kinästhetischen) Kanal, wenn problematische Emotionen konfrontiert werden. Die Instruktion, die unangenehmen Empfindungen zu verstärken gibt die Erlaubnis, diese Empfindungen zu fühlen (anstatt sie zu verstecken oder vor ihnen zu fliehen) und erlaubt eine kinästhetische Erforschung. Es gibt aber auch noch eine andere Hypothese: wenn wir wissen, wie wir bestimmte Gefühle verschlechtern können, bringen wir sie indirekt unter Kontrolle, wie in der sogenannten "paradoxen" Verordnung der Familien-

Der therapeutische Prozeß

Aber wir können es nur kontrollieren, wenn wir es noch mehr gefühlt haben. Wir arbeiten also jetzt weiter daran, "unser Inneres zu öffnen".

Kommentar

therapeuten. Der Therapeut bittet den Patienten, jenes Verhalten, das das Problem verursacht, willentlich (d.h. kontrolliert) vorzuführen.

Die Wiederbelebung von Streß und Verletzung in therapeutischer Dosis

Therapeut: "Nun, was könnte geschehen, um dieses unangenehme Gefühl noch zu verschlechtern. Schau dich für einen Moment um, nur kurz, schließe dann deine Augen oder schau irgendwo anders hin und stelle dir etwas vor, was jetzt und hier die Spannung verschlechtern kann. Möchte irgendjemand eine Situation erzählen, die ihm eingefallen ist?"

Ziel: Die *paradoxe Verordnung* oder Anweisung, die die problematische Emotion intensivieren soll, wird weiterentwickelt. Wir suchen nach psychologischen und inter-personellen Assoziationen zu dem unangenehmen Gefühl.

Wie *Ernest Gendlin* mit seiner "Focussing-Methode" gezeigt hat, *ist es wichtig, körperliche Gefühle mit psychologischen Bildern und Gedanken im selben Moment ins Bewußtsein zu bringen.* Gendlin benutzt diese intensive Konzentration, um eine emotionale "Veränderung" (oder Transformation) zu erzeugen. Wir wollen der Person helfen, ihre Probleme und alle Elemente, die dazu gehören, intensiver zu spüren.

Alice: Wenn jemand sagt, daß ich krank bin, daß ich ein hoffnungsloser Fall bin.

Therapeut: Ich wiederhole, "Krank, hoffnungsloser Fall". Spüre, was diese Worte mit dir machen.

Marc: Wenn jemand sagt, "Du bist dumm. Du weißt nichts über Menschen!"

Therapeut: Bemerkt bitte, wie übertrieben diese Kritizismen sind, aber sie verletzen uns nichtsdestoweniger.

Elisabeth: Wenn jemand von mir sagt "Ich mag dich nicht", könnte ich mich glatt einrollen, ich fühle, daß ich falle.

Ziel: Der Therapeut wiederholt die emotionalen Schlüsselworte. Die Beteiligung der Gruppe hilft den Mitgliedern tiefe Gefühle mitzuteilen und die aus der Angst beurteilt zu werden stammende Zurückhaltung aufzugeben. Die Erlaubnis, unangenehme Gefühle zu erkennen und mitzuteilen wie: "ich kann nichts richtig machen", auch wenn wir wissen, daß sie übertrieben und irrational sind, öffnet die Tür für tiefere Bekanntheit.

Der therapeutische Prozeß	Kommentar

Der therapeutische Prozeß

Therapeut: Laßt uns unsere Empfindsamkeit anschauen. Ich wiederhole den Satz "Ich mag dich nicht?" Wo dringt diese Ablehnung in den Körper ein? In welchen Teil? Vielleicht kannst du deine Hand dort hinlegen und ihn fühlen. Du kannst es jetzt dort fühlen, es ist präsent. Das ist der Platz der Empfindsamkeit. (Pause)

Kommentar

Ziel: **Die eigene Hand auf jenen Körperteil zu legen, wo diese Emotion erfahren wird, verstärkt die Körperwahrnehmung und hilft, die Emotion ("verwurzelt" im Körper) im Fokus des Bewußtseins zu halten.**

Richard: Wenn jemand mir zeigen will, daß er mir überlegen ist. Ich mag das nicht. Es macht mich verrückt und ich möchte ihm zeigen, daß ich besser bin als er.

Therapeut: Ich wiederhole den Satz "Wenn Du denkst, daß du besser bist als ich, werde ich dir zeigen, daß du falsch liegst. Du bist nicht so gut wie ich. Tatsächlich bin ich...(zur Gruppe gewandt)...helft mir, das richtige Wort zu finden..."

Ziel: Gefühle der Demütigung, wie Verletzung, Scham und Schuld, helfen, das Vertrauen in die Gruppe zu verbessern. Es erleichtert sehr, wenn wir diese schwierigen Gefühle ohne beurteilt oder kritisiert zu werden, mitteilen können.

Carlo: Ich bin intelligenter.
Maria: Ich bin empfindsamer und feiner.
Allan: Ich bin stärker als du. Und die Frauen kommen auf mich zu, nicht auf dich.
Therapeut: Fühlt alle diese Worte. Was macht dieser Wettkampf mit euch? Fühlt ihr ihn im Körper? Habt ihr ein Bild dazu? Die eine Person handelt überlegen und die andere fühlt sich verletzt? Vielleicht sogar gedemütigt?

Ziel: Die Gruppe bitten, mit Worten zu provozieren, hilft den Teilnehmern, die **"Polarität" des emotionalen Themas**, in diesem Falle, "Minderwertigkeit versus Überlegenheit", zu erleben. Die Erwähnung der "emotionalen Polarität" wird sowohl im Psychodrama als auch in der Gestalttherapie benutzt.

Therapeut: Wir können es besonders im Körper fühlen. Welche Teile von uns fühlen sich angegriffen? Welches Selbst-Bild kann erschüttert werden?

Ziel: Die Körpererfahrung wird mit dem eigenen Selbst-Bild und der Selbst-Einschätzung in Beziehung gesetzt.

Der therapeutische Prozeß

Kommentar

Therapeut: Um es noch einmal zu wiederholen: *In eurem Verstand gibt es ein Wort oder einen Satz, vielleicht auch ein Bild, das ein Gefühl in eurem Körper erzeugt.* Du kannst dich selbst fragen "Was fühle ich? Wo? Und wieder kann ich meine Hand auf den Körperteil legen, der am empfindsamsten für diese Gefühle ist".

Ziel: Indem wir uns auf Worte, Bilder und Gefühle beziehen, bringen wir noch einmal die drei grundlegenden Kanäle: Hören, Sehen und Kinästhetik in Beziehung. Die Arbeit geht gemäß folgender Hypothese weiter: das Problem muß gefühlt werden, damit sich seine Lösung durch Aufhebung der Hemmung, Einsicht und Erforschung neuer Perspektiven auch auf das tägliche Leben des Patienten auswirkt.

Die Intensivierung des ganzen Körpers

Therapeut: Nun beginne ich, mit meiner Hand größeren Druck auf denselben Teil auszuüben. Ich kontrahiere die darunter liegenden Muskeln. Fühle ich es nun besser? Wie groß ist dieser Bereich? Welches Gefühl besteht dort ganz genau? Kann ich es noch mehr intensivieren? Ich drücke meine Füße gegen den Boden. (Der Therapeut bietet sich selbst als Modell an und demonstriert die Handlungen, während er den Prozeß der "Intensivierung" beschreibt.)

Ziel: Die Körperarbeit wird intensiviert, um die Körperemotionen zu vergrößern? Der Therapeut informiert oft über Einzelheiten, die den speziellen Körperteil betreffen, der nun gefühlt werden kann. Dies verbessert das Bewußtsein über das "Körperbild" und hilft so, die emotionale Erfahrung wahrzunehmen.

Therapeut: Ich beuge meine Knie, nun drücke ich meine Schultern nach vorne, krümme meinen Rücken ein wenig und fahre damit fort, bis mein Kopf sehr tief hängt. Jetzt kann niemand mein Gesicht sehen. Ich kann meinen Gesichtsausdruck so verändern, wie ich will. Und ich kann eine kleine Bewegung erzeugen, die mir hilft, noch tiefer in das Gefühl zu gehen.

Ziel: Um es noch einmal zu wiederholen: die spätere assoziative Arbeit (Gedanken, Bilder, Erinnerungen, Situationen, Verständnis) erfordert es, mit diesem intensiv gefühlten Körperprozeß verbunden zu sein, damit die mentale Erfahrung und die emotionale Grundlagenveränderung zusammenkommen können.

Der therapeutische Prozeß	*Kommentar*

Therapeut: Das Gefühl wird so stark, daß ich einen kleinen Ton hinzufüge, der mein Gefühl ausdrückt, es ist ein Ton, so klein, daß niemand anders ihn wirklich hören kann. (Der Therapeut macht einen kleinen Ton und hört dann jeder anderen Person in der Gruppe zu, nickend, wenn er erkennt, daß der Ton da ist.)

Ziel: Bis hierher haben wir mit *Körperwahrnehmung, Körperhaltung, Handdruck* und wiederholten *Ausdrucksbewegungen* gearbeitet. Nun fügen wir eine andere fundamentale Dimension hinzu: *Ton!*

Die Intensivierung der Stimme und die Tonspirale

Therapeut: Der Ton wird nun stärker. Ich drücke meine Hand noch ein bißchen intensiver gegen jenen Teil meines Körpers, der das verletztliche Gefühl beherbergt. Ton und Druck intensivieren sich gegenseitig. (Die Stimme des Therapeuten wird intensiver.)
Nun wird der Ton wirklich intensiv! Er wird stärker und stärker! (Der Therapeut paßt sich der zunehmenden Intensität des Tons der Gruppe an, bis er tatsächlich seine Instruktionen laut ausruft.) *Nun fühle ich, es ist da!* Dieses Gefühl! Ich erkenne es! Ich hatte es schon einmal! Und es steigt nun auf! Ich hatte es alleine! Oder ich hatte es mit anderen Menschen! (Das Ganze wird mit Pausen ausgesprochen, aber gleichzeitig, während die Gruppenmitglieder ihre eigenen Töne intensivieren.)
Wann hatte ich es? Mit wem?
(Die Arbeit mit dem Ton wird noch einige Minuten lang fortgesetzt)

Ziel: Die Intensivierung des Tons verstärkt die emotionale Erfahrung. Bei einigen Leuten wird sich der heftige Ton in Wut und Rage transformieren, d.h. zu sympathischen Emotionen werden. *Der Therapeut sollte nicht nur "Instruktionen" geben, sondern an der Körperarbeit teilnehmen.* Dies hilft ihm bei der Kommunikation: "Wir tun dies alle zusammen, wir können uns gegenseitig helfen". Wenn der Therapeut distanziert oder überlegen handelt, stört das die Offenheit und das Vertrauen der Klienten. Verbale Identifizierungen wie "Ich kenne dieses Gefühl", "Ich erkenne es", "Ich hatte es schon einmal" etc. beabsichtigen, Erinnerungen, die mit dem entstehenden Gefühl zusammenhängen, ins Bewußtsein zu bringen.

Der therapeutische Prozeß   **Kommentar**

Der Therapeut kann nun eine besonders kräftige Tonübung hinzufügen: die Tonspirale. *Nun werden wir die Tonspirale hinzufügen. Dieser Ton hat die Form aller natürlichen Impulse; er beginnt sehr weit unten, sowohl in der Tonstärke als auch der Tonhöhe und entwickelt sich dann höher und höher.* Laßt uns mit einem tiefen Atemzug beginnen! (Der Therapeut gibt das Beispiel eines tiefen Atemzuges.)... Jetzt! Aaaaaaaaaaahhhhh! (Der Ton beginnt in einer niedrigen Höhe und nimmt steigend zu. Er wird mehrere Male wiederholt.)

Ziel: Die Arbeit wird fortgesetzt. Dies verändert die Auswirkung der Übung. Statt einer nur momentanen Erfahrung stimuliert die Verlängerung physiologische Prozesse, die länger anhalten und auch spätere Stufen der emotionalen Arbeit beeinflussen. Die Aufwärmübungen bereiten also den Boden für eine Vertiefung und Intensivierung von Emotionen und für die folgende emotionale Arbeit.

Die "Tonspirale" korrespondiert mit der Intensivierung des Impuls-Systems: Stärker und stärker und stärker! Dieser besondere Ton bereitet die Auslösung tiefer emotionaler Impulse wie Wut, Angst, Sehnsucht usw vor.

An einem bestimmten Punkt fügt der Therapeut hinzu, "wenn du magst, kannst du die Töne, die du jetzt machst, fortsetzen und ebenfalls alle anderen Bewegungen und die Bilder, die in dir sind und nun ein einzelnes Wort oder einen Satz hinzufügen. Du kannst aber auch nur den Ton fortsetzen. (Pause) Wer hat ein Wort oder einen kurzen Satz, der spontan kam?" Ein Gruppenmitglied: Ich brauche jemanden, der mich liebt!

Ziel: Der Körper ist aufgewärmt und für bestimmte Emotionen vorbereitet. Hier können nun kurze Sätze spezifischere emotionale Muster stimulieren. Die anderen Gruppenmitglieder werden ermutigt, diese Mitteilungen zu wiederholen.

Gruppenecho: Ich brauche jemanden, der mich liebt!
Teilnehmer: Ich möchte Vertrauen zu mir haben!
Giovanni: Ich möchte Vertrauen zu mir haben!
Teilnehmer: Es reicht! Nichts mehr!

Ziel: Jeder Satz berührt das emotionsgeladene Thema: das Bedürfnis nach Liebe, das Gefühl des Selbstvertrauens, der Ausdruck von Wut und das Recht "nein" zu sagen. Das Gruppenecho unterstützt und erlaubt auch den anderen Teilnehmern mit dem gleichen

Der therapeutische Prozeß   *Kommentar*

Giovanni: Es reicht! Nichts mehr!
Teilnehmer: Nein, Papa, ich habe das
Recht, nein zu sagen!
Giovanni: Nein, Papa, ich habe das
Recht, nein zu sagen!
(Dies geht eine Zeit lang so weiter)

emotionalen Thema, sich zu beteiligen. Nach diesem verbalen (auditiven)
Echo können auch die visuellen (imaginativen) und kinästhetischen (emotionalen) Kanäle neue Assoziationen zu
Bewußtsein bringen.

Therapeut: Nun schließt eure Au-
gen. Die eine Hand liegt auf eurem
Bauch, die andere über euren Augen.
Was wiederholt sich nun in eurem
Kopf? Vielleicht ist es etwas, was du
gerne in einer kritischen Situation, als
du eine starke Emotion fühltest, spür-
test, aber auch, daß sie zu gehemmt war,
um herausgelassen zu werden. (Pause)
Welche Gedanken kommen? Welche
Erinnerungen? Gibt es eine Phantasie?
(Pause)

Ziel: Die Frage "Welchen Satz hät-
test Du gerne gesagt?" kommt aus der
Gestalttherapie und folgt der Hypothese, daß wir ein "unerledigtes Geschäft"
haben. D.h., daß wir Bedürfnisse haben,
die in der Vergangenheit nicht befriedigt oder vervollständigt wurden und
die nun unter Druck in unser Bewußtsein treten.

Körperkontakt, um das verbale Mitteilen zu vertiefen

Auf der nächsten Stufe präsentiert
sich das Gruppenmitglied selbst: "Jeder
wird nun die Möglichkeit haben, der
Gruppe etwas wichtiges und persönliches von sich mitzuteilen. Du kannst
über das Ziel oder die Absicht sprechen,
mit der du hierher gekommen bist. Du
kannst über das Problem, mit dem du
dich hier mit Hilfe der Gruppe beschäftigen willst, sprechen."
Während die Teilnehmer sich in der
Anfangsphase auf diese Art und Weise
zeigen, kann der Therapeut/die Therapeutin verschiedene körperliche Be-
gleitumstände vorschlagen.

Ziel: Wenn die Mitglieder sich
selbst präsentieren, enthüllen sie ihre
Kapazität für Ehrlichkeit und Selbstöff-
nung. Die hier gezeigten Probleme und
Absichten werden zu Zielen für spätere
Stufen in der emotionalen Arbeit.

Der therapeutische Prozeß

Therapeut: "Während Florence ihre Angst und Sorge um ihre Mutter, die krank im Hospital liegt, mit uns teilt, schlage ich vor, daß jemand, der sich bereit fühlt Florence nah zu sein, den Arm als Zeichen des Mitgefühls und Trostes um ihre Schultern legt, während die andere auf den Bauch gelegte Hand ihr beim Atmen hilft. Andere Gruppenmitglieder können dasselbe mit einem Partner tun". (Die Position wird vom Therapeuten sowohl beschrieben als auch demonstriert.)

Während Josef seine Wut und sein Ressentiment beschreibt, das er gegenüber seinem Vater fühlt, spiegeln wir die gleichen schwingenden Bewegungen, die Josef mit seinen Armen macht. Als ob wir einen Hammer in jeder Hand hielten und bei jedem wichtigen Satz zusammenknallten!

Kommentar

*Ziel: **Eine expressive Körperhandlung zu erzeugen, die mit dem emotionalen Inhalt korrespondiert, intensiviert diese Emotion: dies ist ein grundlegendes Prinzip jeder Körperpsychotherapie.** Änstlichkeit, Verletzung, Furcht und Trauer werden mit Hilfe "rezeptiver Kontakt-Methoden", wie beschrieben, begleitet. Es handelt sich hier um parasympathische (oder "verletzliche") Emotionen.*

Ziel: Protest, Wut und Rebellion brauchen heftige und tonisch ausdrucksstarke Bewegungen. Dies sind sympathische (oder "aggressive") Emotionen.

Die vitalisierende "Wiederverbindung" zwischen sympathisch-aggressiven Emotionen und parasympathisch-verletzlichen Emotionen

Die tiefe emotionale Arbeit der **Biosystemischen Therapie** geht weiter, indem wir uns auf ein Gruppenmitglied, genannt "das Subjekt" oder "der Protagonist", konzentrieren. Er bleibt im Zentrum, während die anderen Teilnehmer einen Kreis bilden. Die Arbeit beginnt normalerweise im Stehen; dies, weil die stehende Position das Hervorkommen von sympathisch-aggressiven Emotionen wie Wut, Protest und Selbstbestätigung fördert. Es geschieht oft, daß die parasympathisch-verletzlichen Emotionen (Angst, Verletzung und Trauer) durch eine "Wiederverbindung" nach der aggressiven Entladung auftauchen. Tatsächlich ist mein Eindruck, daß die *parasympathisch-verletzlichen Emotionen tiefer und intensiver sind, wenn ihnen eine sympathisch-tonische Phase vorausging.* Es ist, als ob tiefere Atmung, verbesserter Muskeltonus, verstärkter Blutfluß zu den willkürliche Muskeln und die physiologischen Komponenten der sympathischen Phase einen katalytischen Effekt auf die verletzbaren Emotionen ausüben. Das Weinen ist tiefer und wird von stärkerem Schluchzen und intensiverem Zittern und Muskelschütteln und manchmal sogar von Mini-Konvulsionen des Bauches und der Brust begleitet, wenn die "verletzbaren" Emotionen von einer vorangehenden Phase aggressiver Explosion aufgerüttelt werden.

Der Erforschung der "Verletzlichkeit" eine körperliche Aufwärmphase durch spielerisches Kämpfen vorangehen zu lassen, erhöht paradoxerweise das Gefühl psychologischer Sicherheit. Wenn verletzliche Gefühle mit einem fließenden Strom verglichen werden können, dann ist der durch heftige und aggressive Eingangsübungen erzeugte Muskeltonus wie das Flußufer, das die eher fließenden Gefühle der Verletzlichkeit halten und schützen können.

Dazu ein Beispiel: jemand spürt, daß es zu gefährlich wäre, in tiefe depressive Gefühle hineinzugehen. "Vielleicht ertrinke ich oder ich werde auf den Boden gezogen". Ein anderer Klient sprach über eine vorangegangene Erfahrung, in der seine "Verletzlichkeit" geöffnet wurde: "Ich fühlte, daß es nie enden würde, das Unglück, die Leere, die Folter". Wenn wir die Arbeit mit der Förderung der sympathisch-aggressiven Entladung beginnen, verringern wir diese Gefahr. Dem Umschlagen von den aggressiven Emotionen zu den traurig-depressiven Emotionen folgt dann viel leichter ein zweites Umschlagen von den traurig-depressiven (parasympathischen) zu einem zuversichtlich-aktiven (sympathischen) Zustand, der von Aggressivität und Selbstbestimmtheit charakterisiert ist.

Der Biosystemische Ansatz bevorzugt also die stehende Position als Beginn der emotionalen Arbeit, besonders in der Gruppensituation und wenn die emotionale Intensität sehr stark werden kann. Aber das ist keine absolute Regel. In Einzelsitzungen werden zuerst oft die rezeptiven Emotionen (im Sitzen oder Liegen) und dann erst die tonisch-aggressiven Gefühle erforscht.

Liebe und Haß gegenüber dem Vater und anderen Vaterfiguren

Nun eine Beispielsitzung der biosystemischen Methode.

Giovanni ist ein 34 Jahre alter Psychologe, der in einer therapeutischen Wohngemeinschaft für ehemalige Drogenabhängige arbeitet. Er kam wegen ständiger Anspannung, die ihn vom "Spaß am Leben" abhalte, vor sechs Monaten in die Gruppe. Giovanni führte seine Spannungen auf seine Arbeitssituation zurück. Obwohl er in den ersten beiden Jahren eine gute Beziehung mit dem Leiter der therapeutischen Gemeinschaft hatte, einem Priester namens Don Carlo, spürte er, daß dies in den letzten drei Jahren durch eine ständige Spannung ersetzt wurde. Während der gleichen Zeitspanne, die nach der Geburt seines zweiten Sohnes begann, fühlte er sich auch von seiner Ehefrau mißverstanden. Ihr Eheleben sah mehr und mehr so aus: "Wenn wir nicht streiten, haben wir uns nichts zu sagen".

In früheren Sitzungen der Biosystemischen Therapie war es um verschiedene Problembereiche gegangen: 1. Anspannungen bei seiner Arbeit, 2. ein Gefühl der Wut und auch der Leere in Beziehung zu seiner Ehefrau, 3. ein Gefühl der Verwirrung, wenn er Zeit alleine verbrachte, 4. keine Freundschaften mit anderen

Männern, 5. ein Wutgefühl gegenüber seinem Vater, den er immer als "streng" erlebte und der "mir nie zuhörte", 6. ein Gefühl der Resignation gegenüber seiner Mutter, die immer "passiv war und nie eine wirkliche Persönlichkeit".

Der therapeutische Prozeß	*Kommentar*
Die Sitzung beginnt: Giovanni steht im Zentrum des Raumes. Die anderen Gruppenmitglieder bildeten im Abstand von ein bis zwei Metern einen Kreis um ihn herum. Giovanni möchte sie noch näher bei sich haben, sie sollen ihn aber nicht berühren.	Das "Subjekt", das in der Mitte arbeitet, ist "der Kapitän des Schiffes". Er ist verantwortlich für die Bedingungen der emotionalen Arbeit: welche Position er einnimmt (stehend, sitzend oder liegend) und welche Positionen die anderen Gruppenmitglieder einnehmen sollen. Weil auch der Berührungskontakt ein emotionaler Katalysator ist, entscheidet er, ob er jeglichen Vorschlag zum Kontakt annehmen oder ablehnen möchte. Er entscheidet auch, wann immer er möchte, ob er Kontakt haben will.
Giovanni: Manchmal fühle ich diese Explosionen in mir. Aber ich weiß nicht, was ich mit ihnen anfangen soll. Ich fühle mich dann weniger depressiv als vorher. Es ist wie etwas, das in mir wächst, und ich habe Angst, daß jemand verletzt wird.	*Die Hypothese ist, daß vorangegangene "energiemobilisierende" Arbeit half, Giovanni's Depression in Gefühle explosiven Zornes, die bisher noch nicht assimiliert werden konnten, zu transformieren.*
Giovanni setzt die Beschreibung seiner explosiven Gefühle fort. Er denkt an seinen Direktor: "Don Carlo spricht nicht mit den Leuten, er predigt, ständig steht er auf der Kanzel". Nun erinnert Giovanni sich, daß er von seinem Vater gezwungen wurde, in die Kirche zu gehen. Der Vater sagte oft: "Dein Bruder Stefano macht mir nie Probleme!" (Stefano ist drei Jahre älter).	Eine Körpererfahrung, in diesem Falle die "exklusiven Fehler", kann mit bestimmten Erinnerungen verbunden sein. Das Konzept der "physikalisch abhängigen Erinnerung" wurde von *Ernest Rossi* entwickelt (Rossi nennt sie "Zustandsgebundene Erinnerungen"). *Freud's* "Fall der Elisabeth von R.", beschrieben in seinem Buch "Fünf Fälle von Hysterie", verdeutlicht den gleichen Prozeß: *muskuläre Spannungen enthalten emotionale Erinnerungen.*

Der therapeutische Prozeß	*Kommentar*
Therapeut: Können wir nun eine Situation erzeugen, wo du in der Kirche bist, rausgehen möchtest und wir dich vom Verlassen der Kirche abhalten? *Giovanni:* Das ist eine gute Idee.	*Ziel:* Eine Erinnerung muß auf der emotionalen Ebene tief erfahren werden, damit ihr Hervorholen einen signifikanten Eindruck auf die Persönlichkeit macht. Wie viele Biosystemische Methoden regt dieser Ansatz nicht nur das Subjekt an, sondern auch die anderen Gruppenmitglieder.

Die Gruppe stimuliert mit Provokation und hilft durch Unterstützung

Die Gruppenteilnehmer nähern sich nun Giovanni und legen ihre Hände auf seine Schultern, seinen Rücken, seine Brust und seine Arme. Einige benutzen auch ihre Schultern und Oberarme. Auf diese Art ist Giovanni nun von einer menschlichen Barriere umgeben. Er beginnt zu drücken, um fliehen zu können.	*Dies repräsentiert eine grundlegende Biosystemische Übung für das Hervorlocken von mit Wut assoziierten Erinnerungen. "Die menschliche Barriere" erlaubt Provokation und Ausdruck von Gewalt und Wut innerhalb eines sicheren und kooperativen Settings.*
Therapeut (instruiert die Gruppenmitglieder): die Leute, die vor Giovanni stehen, repräsentieren jetzt die Stimmen von Giovanni's Vater und Bruder, die sagen, daß er in der Kirche bleiben muß. Die Leute hinter Giovanni repräsentieren seine eigene Stimme, die darauf besteht, daß er die Kirche verlassen will. (Giovanni drückt nun gegen die Gruppenmitglieder vor ihm, die eine solide Wand bilden, um seine "Flucht aus der Kirche" zu blockieren.)	*Ziel:* Wie die Gestalt-Therapie versucht auch die Biosystemische Therapie häufig, Emotionen durch "Polarität" zu provozieren. In diesem Fall besteht die Polarität zwischen den väterlichen autoritären Befehlen (von Giovanni internalisiert) und seiner wütenden Rebellion.
Stimme des Vaters (eines Gruppenmitgliedes): Giovanni, du darfst die Kirche nicht verlassen! Dies ist deine Pflicht. *Giovanni:* Ich glaube nicht an deinen Gott! Ich will hier raus!	*Ziel:* Jede **Gruppenprovokation**, auf die das Subjekt voll und aktiv reagiert, hilft erstens der Kapazität des Subjekts für expressive Aktion und dramatisiert zweitens die Situation. Die Gruppe stimuliert die Themen von

Der therapeutische Prozeß

Kommentar

Stimme des Vaters (eines anderen Gruppenmitgliedes): Dein Bruder Stefano geht jeden Sonntag in die Kirche. Er klagt nie. Warum kannst du nicht so sein wie er?

Vergleich und Neid, indem sie den Vater über den jüngeren Bruder sprechen läßt.

Giovanni (explosiv): Ich hasse Stefano! Er ist immer der Gute! Du lobst immer nur ihn! Mich nie! (schreiend, mit Tränen in der Stimme). *Stimme des Vaters:* Wenn du mir gehorchen würdest, könnte ich dich auch loben. *Stimme des Bruders* (von einem Gruppenmitglied gespielt): Ja, Papa, das ist richtig! *Giovanni* (mit einer scharfen Antwort an seinen Bruder): Halt' die Klappe! Du bist ja nur ein Feigling! Ein hinter Giovanni stehendes Gruppenmitglied unterstützt seine Gefühle gegenüber Stefano: Du hast nichts zu sagen! Ich bin lieber unabhängig, als der Sklave meines Vaters! *Giovanni*: Genau! Ich bin lieber unabhängig, als der Sklave meines Vaters! Ich glaube nicht an seinen Gott und ich brauche ihn auch nicht! Ich möchte nur raus aus dieser Kirche! (Der körperliche Kampf intensiviert sich während des Dialoges zwischen dem Gehorsam einfordernden Vater und dem nach Unabhängigkeit suchenden Sohn.)

Ziel: Giovanni zeigt *"adrenalisierte Gedanken"*, d.h. eine rapide und vollständige Reaktion bei Streß: schüchterne Menschen müssen oft erst diese hochenergetische Phase durchlaufen, bevor sie größeres Selbstvertrauen erreichen können.

Dies bedeutet, daß aktive emotionale Arbeit nicht nur die Entladung von akkumulierten Haß- und Wutgefühlen fördern soll, sondern ebenso die "Entwicklung von expressiven Funktionen" repräsentiert. Nachdem jemand innerhalb des beschützenden Gruppensettings seine Wut entladen hat und sich damit wohlfühlt, zeigt er oft seine *Kapazität für "Erwachsenenwiderstand"*. Er ist nun z.B. fähig, seine eigene Meinung gegenüber der Meinung von anderen zu behaupten. Er/sie wird nun fähig, seine/ihre Ideen auch während eines Konfliktes mit fester Stimme und klarem Verstand auszudrücken. Man könnte diesen Ansatz "mit Löwen kämpfen, um mit der Meinung des Direktors nicht einverstanden sein zu können" nennen.

Giovanni entlädt seine "explosive Wut". An einem bestimmten Punkt ruft der Therapeut ermutigend: "Benutze die Kraft deiner Beine! Das ist es!"

Der Gruppendruck und die Gruppenkraft hilft eine "totale Reaktion" des Subjektes zu stimulieren. Wenn ein Körperteil nicht beteiligt ist, wird er von der Bewegung der Gruppe oder der Ermutigung des Gruppenleiters angeleitet, es

Der therapeutische Prozeß   *Kommentar*

doch zu tun ("Benutze deine Beine!").
Dies ist eine effektive Methode zur Ent-
hemmung rigider oder inaktiver Kör-
persegmente.

Die durch Sicherheitsregeln geleitete emotionale Explosion

An einem anderen Punkt sind Giovanni's Bewegungen ein wenig zu unkontrolliert:
Therapeut: Keine schnellen Bewegungen! Laß dich kraftvoll sein! Aber
mit langsamen Bewegungen! Explosion
in Sicherheit!

Ziel: Die Rückkehr zu den Sicher-
heitsregeln ohne Verminderung der
Kraft des Kampfes verstärkt auch das
Gruppengefühl der Kooperation und
das Vertrauen des Subjekts, daß die
Gruppe zu seiner Sicherheit da ist.

Die eigene Anstrengung bis zum Letzten bringen

An einer Stelle vermindert sich Giovanni's Kraft, es sieht so aus, als ob er
aufhören wolle.
Therapeut (zu den Gruppenmitgliedern hinter Giovanni gewandt): Ermutigt ihn weiterzumachen!
Die Gruppenmitglieder hinter Giovanni repräsentieren Giovanni's eigene
Stimme gemäß der "Identifikations-
Methode": Ich kann weitermachen! Ich
habe immer noch Kraft! Ich will, daß du
weißt, daß ich nicht aufgeben werden!
Ich bin genauso stark wie du!
(Giovanni wiederholt einige dieser
Sätze mehrere Male, während er fortfährt, seine Kraft auf einen neuen Höhepunkt hinzutreiben.)

Manchmal ermutigt der biosystemische Therapeut ein Gruppenmitglied,
"seinen letzten Tropfen Energie" der
ohnehin schon heftigen Aktion hinzuzufügen. Dies hat verschiedene positive
Folgen: a. auf der Beziehungsseite fühlt
sich das Subjekt ermutigt, seine ganze
Kraft zu benutzen; b. in Impuls-Begrif-
fen gesprochen, erlebt der Klient: "Ich
fühle etwas anderes, etwas neues"; c. in
Identitäts-Begriffen folgert der Klient:
"Ich wußte nicht, daß ich eine solche
Kraft und Ausdauer habe". Daraus folgt
größerer Selbstrespekt und größeres
Selbstvertrauen.

Wir stimulierten Giovanni's emotionale Arbeit hin zu den "sympathischen"
Emotionen von Wut und Rage: die Entladung von Wut erlaubt Giovanni, seine
Explosivität innerhalb eines absolut sicheren Rahmens zu erleben. Die kognitive
(mentale) Komponente ist auf die Bestätigung seiner Unabhängigkeit gerichtet. Das
verringert seine Furcht, daß seine Phantasie, "zu explodieren und den anderen zu

zerstören", Wirklichkeit werden könnte. Je vollständiger die Entladung der "sympathischen" Wut ist, desto tiefer wird das Umschlagen (rebound) in die nächste Phase der "parasympathischen" Emotionen sein: Weinen, Trauer und das Bedürfnis nach zärtlicher Liebe.

Von den Schreien der Wut zu den Tränen der Liebe: das emotionale Umschlagen vom Sympathikus zum Parasympathikus

Der therapeutische Prozeß   **Kommentar**

Tatsächlich entspannt sich Giovanni nach dieser Entladung seiner explosiven Gefühle und öffnet seine Arme, als ob er gehalten und unterstützt werden möchte.

Therapeut: Du öffnest deine Arme, Giovanni. Mit wem möchtest du nun zusammen sein?

Giovanni: Mit meinem Vater.

Therapeut: Wer in der Gruppe kann deinen Vater repräsentieren?

Giovanni (zum Therapeut gewandt): Du!

Der Therapeut öffnet seine Arme und hält Giovanni, der zu weinen beginnt.

Therapeut: Versuch' es zu sagen! Auch wenn du Tränen in deiner Stimme hast. Es ist besser so.

Der Therapeut erkennt die emotionale Geste des Klienten, das Öffnen der Arme, ohne zu interpretieren, welche Emotion dahintersteckt. Der biosystemische Therapeut und die Gruppenmitglieder sind sehr respektvoll vor dem inneren Leben des Klienten. *Wir "interpretieren" nie im Sinne suggerieren zu wollen, daß wir bereits wissen, was im Klienten vorgeht.* Unsere Ideen werden immer als Hypothesen angeboten und nie so, als ob wir besser als der Patient wüßten, was in seinem Kopf und seiner Erfahrung vor sich geht; auch wenn dieser Teil der Erfahrung unbewußt sein könnte.

Giovanni (weinend, zitternd, mit manchmal brechender Stimme, wie ein kleines Kind, das seinen Eltern etwas zu erklären versucht): Warum hast du nicht versucht... zu verstehen?! Ich wollte dich doch lieben! Und tue es immer noch! Aber du gibst mir immer nur Befehle! Oder du bist weg! Ich wollte doch nur, daß du mir zuhörst! Daß du nahe bist!

Die Ermutigung des Weinens bei gleichzeitigem sprachlichem Ausdruck primärer Bedürfnisse ist ein sehr guter Weg, eine tiefere Ebene der Selbst-Integration zu erreichen. Durch diesen Ansatz ermutigen wir die Wiedervereinigung zwischen viszeralen und kognitiven Funktionen.

Dieser "Durchbruch" tiefer Liebe erscheint nach einer Wutexplosion (wie im Falle von Giovanni) oder auch durch das Erzählen von illusionsgetragenen Hoffnungen. Es handelt sich hier um einen Wendepunkt in der Therapie. Wenn Therapeut und Gruppe sensibel für die Verletzbarkeitsgefühle des Klienten sind, löst sich die defensive Struktur von Wut, Skeptizismus, Kälte, Intellektualität usw. (zeitweilig) dramatisch auf und aus dem versteckten Teil des unbewußten Eisberges taucht das Urbedürfnis auf: "Ich liebe ich und ich brauche dich".

Diese tiefen Gefühle schwappen mit Tränen und Schluchzen empor.

Nachdem der Patient den Boden seiner primären Liebesbedürfnisse berührt hat, verbleibt er noch für einen Moment der Stille in meinen Armen. Ich habe den Eindruck, daß er nichts mehr zu sagen hat, aber es immer noch braucht gehalten zu werden. (Die in der Biosystemischen Therapie geöffneten Emotionen erfordern fast immer eine Periode direkten Körperkontaktes und ein "Halten", damit die ausgelegten Wellen sich beruhigen und zu einem Gleichgewicht und einer Wärme zurückkehren können.) Eine Möglichkeit dazu ist eine Phase der Stille und der ruhigen Introspektion (Innensicht) für die ganze Gruppe. In diesem Moment mit Giovanni fühle ich jedoch, daß seine Gefühle so tief sind, daß es nützlich wäre, eine *"Identifikations-Unterstützung"* von anderen Gruppenmitgliedern zu haben. Denn sonst könnte er sich eventuell isoliert fühlen, vielleicht sogar beschämt und gedemütigt, weil er solch primäre Bedürfnisse, die sein "inneres Kind" repräsentieren, berührt und gezeigt hat. Das Erwachsenenbewußtsein braucht die Rückversicherung, daß das innere Kind geschätzt und respektiert wird.

Unterstützende Identifikation durch die Gruppenmitglieder

Der therapeutische Prozeß	*Kommentar*
Therapeut: Ich schlage vor, daß jeder von euch, der mit jemand anderem Kontakt haben möchte, einen Partner findet, und daß ihr dann dieselbe Position, die Giovanni und ich nun haben, einnehmt (in den Armen gehalten werden). Wir können nun *"Identifikationen geben"*. Welche Gefühle wird Giovanni nun haben? Wenn du möchtest, kannst du auch eine Identifikation mit der Position des Vaters geben.	*Ziel:* Weil die Gruppenmitglieder ohnehin schon "in Berührung" mit Giovanni's Leiden und seinem Bedürfnis nach der Liebe seines Vaters sind, ist es nützlich für sie, die gleiche Körperhaltung wie Giovanni einzunehmen, nämlich in den Armen des "guten Vaters" zu sein. Dies hilft ihnen, die Spannung über die Entäuschung mit dem "wirklichen Vater" auf die gleiche Art wie Giovanni zu lösen.

Der therapeutische Prozeß

Kommentar

Alain (in einer Identifikation mit Giovanni): Ich wollte dir das schon seit Jahren sagen. Sei nicht so streng. Ich brauche es, daß du mich liebst. *Giovanni:* nickt und weint. Seine Stimme deutet an "ja, so ist es". *Marguerite:* Das tiefe Gefühl ist warm und sanft. Es gilt nicht nur meinem Vater, sondern auch meiner Mutter. *Giovanni:* mmmhh - mmmhh (das klingt nach 'nein').

Ziel: Diese von den Gruppenmitgliedern angebotenen verbalen Identifikationen (immer als "Ich-Botschaften" gegeben und nicht als "Du-Botschaften") helfen Giovanni, sich der mitfühlenden Haltung der Gruppe bewußt zu werden. Dies verstärkt sein Vertrauen, daß diese Menschen auf seiner Seite sind. Er denkt sich vielleicht: "Auch wenn sie meinen Vater und meinen Bruder während unseres Kampfes in der Kirche spielten, sehe ich nun, daß sie meine Gefühle verstehen können".

Lorenzo: Ich will mich jetzt mehr mit meinen Kindern beschäftigen und wärmer zu ihnen sein. Ich möchte es besser machen als meine Vater mit mir. *Giovanni:* Uh - huh! (Ton empathischer Zustimmung) *Tiziana:* Ich schäme mich ein bißchen, bin ein bißchen verletzlich, weil ich euch, den Leuten in der Gruppe, dieses Bedürfnis nach Liebe, dieses Bedürfnis nach einem guten Vater zeige. *Giovanni:* Nicht wirklich Scham, aber ich fühle mich ein wenig unsicher. Ich möchte nicht, daß ihr mich verurteilt. Ich weiß, daß andere durch die gleiche Sache gegangen sind, aber immer noch fühle ich... daß ein Mann nur seine harte Seite zeigen darf.

Die Bedeutung von Lorenzo's Anmerkung zu Giovanni's Kindern wird später klar, wenn Giovanni zu diesem Thema als Basis für das *"neue Lernen"* zurückkommt. Eine Identifikation kann also auf die versteckten Resourcen des Subjektes hinweisen.

Lorenzo: Mein Vater zeigte immer nur die harte Seite. Er hat mir dadurch eine rigide Vorstellung von dem, was ein Mann ist, vermittelt. *Giovanni:* Das ist richtig... Aber so werde ich ab jetzt nicht mehr mit meinen eigenen zwei Kindern umgehen.

Giovanni kommt zum zweiten Mal mit dem Thema seiner Kinder. Einen Moment vorher zeigte er empathische Zustimmung mit Lorenzo's Identifikation "Ich möchte ab nun wärmer mit meinen eigenen zwei Kindern sein". Der Therapeut erinnert sich an diese

Der therapeutische Prozeß   *Kommentar*

Reaktion, um sie in einer späteren Periode, die "neues Lernen" genannt wird, für eine psychodramatische Szene zu verwenden.

Die Klärung des Ehemann-Ehefrau-Konfliktes

In einer späteren Sitzung geht Giovanni das Problem der "konstanten Spannungen und Kämpfe" zwischen ihm und seiner Frau Fulvia an. Er beginnt mit einer Reihe von Klagen: "Sie ist sehr kritisch. Wenn ich nichts tue, sondern z.b. Zeitung lese, sagt sie: 'Warum tust du nicht etwas, um mir zu helfen?' Giovanni fühlt, daß Fulvia den Streß, unter dem er steht nicht versteht und sein Bedürfnis nach Entspannung nicht respektiert. "Sie sieht nicht, wie hart ich arbeite, sie realisiert nicht, wie schwierig es mit meinem Chef ist. Dabei brauche ich doch wirklich ein warmes, zärtliches Gefühl, wenn ich nach Hause komme".

Ein Gruppenmitglied fragt: "Giovanni, warum hast du Fulvia geheiratet?". Giovanni scheint erstaunt über diese Frage. "Weil sie sehr lebendig war und es immer noch ist! Sie ist eine Art Führerin. Sie hat immer viele Ideen!"

Ein anderes Gruppenmitglied: "Erinnert sie dich an irgendjemanden?" Giovanni zögert und sagt dann, immer noch erstaunt: "Ein wenig an meinen Vater".

Zu einem späteren Zeitpunkt bildet die Gruppe einen Kreis um Giovanni und eine Frau, die Giovanni's Ehefrau spielen soll. Giovanni und die rollengespielte Fulvia drücken mit ihren Händen gegeneinander. Um den körperlichen Druck zu halten und zu vergrößern, unterstützen verschiedene Gruppenmitglieder ihre Arme und üben eine Art Botschafter-Druck auf die Rücken der beiden Protagonisten aus. Zur gleichen Zeit halte ich ihre aneinandergedrückten Hände von einer Seite zusammen, während ein anderes Gruppenmitglied dies von der anderen Seite tut. Auf diese Weise konfrontieren Ehemann und Ehefrau sich, wobei die Gruppe die andauernden körperlichen Anstrengungen unterstützt. Der physikalische Kontakt und Druck garantiert, daß der *"Impuls-Level"* der Arbeit intensiv bleibt.

Ich schlage vor, daß Giovanni dieselbe Kritik und dieselben Klagen, die er vor kurzem der Gruppe mitteilte, nun gegenüber der rollengespielten Ehefrau ausdrückt.

Giovanni: Du bist ständig hinter mir her, damit ich mehr im Haus tue. Siehst du nicht, daß ich mich entspannen muß, wenn ich von der Arbeit nach Hause komme?

Was zuerst von Giovanni nur in einer emotional neutralen Stimme aufgezählt wird, wird nun in einer Art *"Bio-Drama"* wiederholt. D.h. ein Psychodrama, das die emotionalen Elemente

Der therapeutische Prozeß

Fulvia (rollengespielt durch ein Gruppenmitglied): Ich höre deine jammernde Stimme! Ich mag das nicht!
Giovanni (ein bißchen lauter): Ich versuche dir zu sagen, daß ich das nicht mag!
Ein Mitglied hinter Giovanni: sag' es noch einmal, Giovanni!
Ein anderer Teilnehmer: Stärker!
Noch ein anderer: Ich will es nicht! (die Stimme ist sehr stark, um ein Modell zu geben).
Giovanni (ermutigt): Ich will das nicht! Ich will das nicht! (Seine Stimme wird lauter und lauter). Nachdem er diesen Satz mehrmals wiederholt hat, fügt er andere Fakten hinzu, die er nicht mag, seine Stimme bleibt fest und seine Ansichten werden klarer und kommen schneller heraus.

Kommentar

körperlichen Ausdrucks erhöht.

Ein weinerliche oder opferhafte Stimme zeigt einen emotionalen Knoten an: Wut und Bedürfnis nach dem anderen sind verschmolzen. Diese Verschmelzung vermindert jedoch die Triebkraft beider Bedürfnisse. Die Intensivierung der einen Seite, in diesem Falle der Wut, erlaubt auch der anderen Seite, dem weinenden Bedürfnis nach Liebe, mit größerer Kraft und Klarheit aufzutauchen. Wir sehen, daß hier Teile des emotionalen Musters wieder auftauchen, das Giovanni mit seinem Vater erlebte. Es ist deshalb nicht überraschend, daß Giovanni herausfindet, daß sein Vater und seine Frau ähnliche Merkmale aufweisen. Sobald Giovanni seine wütende Kritik wiederholt, erscheinen sehr schnell neue Ideen, die in einer festen Stimme ausgedrückt werden. Dies repräsentiert erneut *"adrenalisiertes Denken"*.

Viele Menschen blockieren sich in ihren Beziehungen, weil sie Angst vor ihrer eigenen Wut haben. Wut bedeutet für sie Destruktivität. Vielleicht hatten sie einen wütenden Vater oder eine wütende Mutter, die den anderen Angst machte und sie niederdrückte. Wenn deshalb ein Problem mit einem anderen Menschen entsteht, sind solche Menschen unfähig, sich selbst zu behaupten und: "Nein, damit stimme ich nicht überein. Ich habe eine andere Sichtweise", zu sagen.

Destruktive Wut entsteht, wenn wir den anderen beleidigen oder unsere Verachtung zeigen. Wenn wir jedoch unsere wütenden Gefühle in einer klaren Sprache, die den anderen nicht angreift, sondern nur gegen eine besondere Handlung protestiert, ausdrücken, benutzen wir unsere Wut, unseren Ärger und unseren Zorn, um eine positive Veränderung auszulösen, und nicht, um den anderen zu verletzen.

Unter den besten Umständen hätte Giovanni seinem Protest "Ich will das nicht" einen positiven Vorschlag folgen lassen, wie etwa "Ich will mehr Verständnis für mein Bedürfnis, zu entspannen!" *Dies korrespondiert mit unserem Prinzip: "Laß' dem dynamischen negativen Statement ein konstruktives positives Statement folgen". Eine Metapher: "Das Negative gräbt ein Loch, das Positive pflanzt einen Baum. Beide werden gebraucht!"*

Interpretation verhindert eine Beziehung der Gleichheit: ein persönliches Gefühl

Ein therapeutisches Problem verfolgt mich seit Jahren: Wie können wir jemand mit seinem "Unbewußten" konfrontieren, d.h. einem Teil seiner selbst, der negativ ist, vielleicht sogar destruktiv, dessen er sich aber nicht bewußt ist? Und wie können wir gleichzeitig den Respekt für die Integrität und die Individualität dieses Menschen behalten?

Die übliche psychotherapeutische Methode ist die Interpretation. Aber ich habe sie nie gemocht. Ich habe das Gefühl, daß die Interpretationsmethode den Empfänger oft fühlen läßt, daß er in der unterlegenen Position ist. Ich versuche, diesen negativen Eindruck von Interpretationen zu vermeiden, indem ich meine Ideen als Hypothesen anbiete, die der Patient akzeptieren oder ablehnen kann. Nichtsdestoweniger habe ich immer noch das Gefühl, daß diese Kommunikationsart das "Gefühl der Gleichheit" innerhalb der Beziehung schädigt. Damit wird die therapeutische Allianz geschwächt.

Ein neuer Ansatz der Interpretation:

1. Das "Ich-Statement" der Identifikation

Diese Betrachtung hat mich in den letzten fünf Jahren einen neuen Therapeut-Patient-Kontakt entwickeln lassen: die ***"Ich-Aussage der Identifikation"***. Sie überwindet den negativen Eindruck von Interpretationen.

Sie entwickelte sich in zwei Phasen: bei der Identifikationstechnik Methode bietet der Therapeut (oder ein Gruppenmitglied) seine Idee von der inneren Erfahrung des Patienten in Form einer Identifikation an, wobei er einen "Ich-Satz" benutzt. Wenn ein Patient z.B. anscheinend unglücklich über die Forderung seiner Mutter ist, zweimal in der Woche mit ihr zu telefonieren, bietet ein Gruppenmitglied vielleicht folgende "Ich-Aussage" als emotionale Identifikation an: "Ich möchte meine Mutter nicht zweimal in der Woche anrufen. Das ist zu oft!" Wenn der Patient findet, daß die emotionale Identifikation korrekt ist, muß er sie wiederholen! "Ich möchte meine Mutter nicht zweimal in der Woche anrufen. Das ist zu oft!" Das bedeutet, daß er/sie nun Verantwortung für das Gefühl übernimmt.

Therapeut: "Kannst du das mehrmals wiederholen?"
Patient: "Es ist zu oft! Es ist zu viel! Es ist zu viel für mich!" (Rufend)
Therapeut: "Wie fühlst du dich?"
Patient: "Besser und schlechter! Besser, weil ich spüre, daß dies mein wirkliches Gefühl ist! Schlechter, weil ich mich gegenüber meiner Mutter schuldig fühle! Aber so fühle ich mich ja die meiste Zeit! Ich möchte das verändern!"

Eine Identifikation wird dem Subjekt niemals aufgedrückt. Außerdem bedeutet die Tonart des- oder derjenigen, die die Identifikation anbietet, niemals ein "Ich weiß etwas über dich, das du selbst nicht weißt!" Eine Idee wird angeboten und wenn der Patient sie zurückweist: "Er ist richtig für sich selbst".

2. *Die provokative Identifikation*

In der zweiten Stufe wurde eine Methode entwickelt die Konfrontation erlaubt, aber das selbstvertrauende Subjekt nicht schwächt. Die Identifikationstechnik unter 1 wurde innerhalb des Kontakts empathischen Verständnisses für den Patienten entwickelt, d.h. ein Verständnis, das sagt: "Ich weiß, wie du dich fühlst". Wir wollten diese Methode jedoch erweitern, damit das "Subjekt-im-Zentrum" mit seinen "blinden Flecken" konfrontiert werden kann, besonders dem Eindruck, den er auf andere macht und selbst nicht erkennt. Ein Klient mit einer dünnen Stimme, der durch sie seine Selbstkontrolle aufrecht erhält, könnte z.B. von einem anderen Gruppenmitglied hören: "Ich mag meine dünne Stimme. Jeder muß sich anstrengen, um mich zu hören". Der Klient sagt: "Ja, ich fühle das" und wiederholt den Satz. Ein anderes Gruppenmitglied meint: "Ich mag es nicht, wütend zu werden. Aber ich mage es, Leute zu kontrollieren. Meine dünne Stimme veranlaßt die Menschen, sich vorzubeugen und mich zu fragen 'Was hast Du gesagt?' und ich mag das. Der Klient: "Ich weiß nicht, ob ich es mag, andere Menschen zu kontrollieren. Aber es ist wahr, daß ich es mag, daß Leute sich vorbeugen und mich fragen 'Was hast du gesagt?' Es macht mich zu etwas besonderem".

Ein wichtiger Teil der Identifikationstechnik (der durch **Alvin Mahrer's** Buch *Experiential Psychotherapy* inspiriert wurde), besagt, daß der Patient das Wort "Du" weder vom Therapeuten noch von einem der Gruppenmitglieder hört. Jede Interpretation oder Hypothese dessen, was der Patient gerade erleben könnte, bewußt oder unbewußt, wird in der "Ich-Form" gegeben, d.h. in einem "Ich-Satz". "Ich brauche mehr Liebe als irgendjemand anders auf der Welt". "Ich habe Angst davor, kritisiert zu werden". "Ich fühle mich dann, als ob ich sterben müßte". "Ich bin verwirrt und brauche Hilfe". "Ich fühle mich, als ob ich explodieren könnte!" usw. Diese spezielle Sprache scheint eine besondere Auswirkung zu haben: Die *"Ich-Satz-Identifikation"* scheint die Gefühle oder Impulse des Klienten nicht zu stören, auch wenn die Identifikation nicht richtig zu sein scheint. Im Gegensatz dazu stört die *"Du-Interpretation"* wie "Du warst wütend auf deine Eltern, weil sie solange weg waren", auch wenn sie empathisch gegeben wird, die "Ich-Erfahrung" des Klienten, ob die Identifikation nun richtig erscheint oder nicht.

Sprachformen sind wie Spiralen: der "Ich-Satz", den wir in der Identifikations-Methode benutzen, scheint die Ich-Sprachproduktion des Subjekts zu betreten und dessen wachsende Impulse zu nähren, wenn sie richtig sind oder einfach beiseite zu fallen, wenn sie nicht stimmen. (Nur der Patient und niemand anders kann entscheiden, ob eine interpretative Identifikation "korrekt" oder "inkorrekt" ist.) Der "Du-Satz", den wir als Interpretation anbieten (sei sie nun korrekt oder inkorrekt), stört die inneren Sprach-Spiralen und deshalb auch die Wachstumsimpulse, die sich auf den innerlich konstruierten Ich-Sätzen aufbauen. Es ist, als ob die "Du-Definition", die von einem anderen ausgesendet wird, unser wachsendes "Ich" stört.

Kurz, die Biosystemische Therapie benutzt diesen methodologischen Ansatz der "Ich-Satz-Identifikationen" als äußerst nützlichen Satz anstatt der traditionellen "Du-Satz-Interpretation". *Der Ich-Satz gibt alle Informationen, die auch im traditionellen Du-Satz enthalten sind, ohne jedoch die Impulse zu blockieren.* Subjekt und Helfer fühlen sich gleich, wenn der Helfer auf die Erfahrung des Klienten mit einem empathischen "Ich-Satz" reagiert, anstatt mit einem nicht-empathischen "Ich-weiß-was-dein-Problem-ist"-Du-Satz.

Die Angst vor der negativen Identifikation: "Ich hasse den Gedanken, daß ich so sein könnte wie meine Mutter"

Lassen sie uns nun zu der therapeutischen Arbeit mit Giovanni zurückkehren, um zu sehen, wie die "Ich-Satz-Identifikationen" ihm halfen, neue Elemente der Beziehung mit seiner Frau zu erkennen.

Während Giovanni von Angesicht zu Angesicht mit seiner Frau (rollengespielt) Fulvia stand, sagte ein Gruppenmitglied hinter *Fulvia*: "Ich bin Fulvia. Du hast mich geheiratet, weil ich lebendig und wie eine Führerin bin". (Das Gruppenmitglied gibt eine Identifikation mit der konfrontierenden Ehefrau.) *Giovanni* antwortet: "Das ist richtig. Du bist lebendig. Und ich bewundere dich, weil du eine starke Person bist. Aber du versuchst immer noch, mir zu sagen, was ich tun soll und das mag ich nicht!"

Ein Gruppenmitglied hinter Giovanni gibt folgende Identifikation: "Du bist lebendig und interessant, Fulvia, genau wie mein Vater, der ebenso lebendig und dominant in der Paar-Beziehung ist". *Giovanni* sagt: "Das ist richtig", und wiederholt den Satz. Diesmal ist sein Lächeln nicht erstaunt, sondern eher glücklich. Giovanni belebt seine Beziehung mit seiner Ehefrau aus einer neuen Perspektive neu.

Der therapeutische Prozeß

Ein *Gruppenmitglied*: "Ich habe etwas schwieriges zu sagen, Giovanni, möchtest du es hören?"

Giovanni : "Ja".

Gruppenmitglied: "Hier ist meine Identifikation. 'Ich bin Giovanni. Meine Frau, Fulvia, ist lebendig und interessant, obwohl manchmal ein bißchen herumkommandierend wie mein Vater.

Kommentar

Es ist oft nützlich, jemanden zu warnen, wenn wir eine negative oder schmerzhafte Idee anbieten. Dies zeigt, daß wir auf die Gefühle derjenigen Person Rücksicht nehmen. Durch dieses Konzept, das auch in der "konstruktiven Kritik" angewandt wird behält der Empfänger einige Kontrolle über die Kommunikation. Deshalb ist das, was gesagt

Der therapeutische Prozeß

Andererseits fühle ich mich, wenn ich nach Hause komme und sage, daß ich überhaupt nichts mehr tun will, wie meine Mutter, dumpf und leer.'"

Giovanni: (seine Gesicht wird bleich, wie das seiner Geister-ähnlichen Mutter, er beginnt zu schwitzen und wird zunehmend unbeweglich) "Das ist ein schreckliches Gefühl. Wirklich schrecklich! Das ist das schlimmste, was jemand zu mir sagen kann!" Er beginnt zu schreien und drückt mit seinen Händen noch intensiver als vorher. Er beginnt einen Konflikt mit der Gruppe, als ob es um sein Leben ginge: "Ich möchte nicht so sein! Vielleicht ist es wahr. Vielleicht ein bißchen, aber ich möchte überhaupt nicht so sein! Und ich werde alles mögliche tun, um es zu verändern!".

Gruppenmitglieder (hinter Giovanni in ermutigender Tonlage): "Ja, ich tue alles, um das zu verändern!"

Giovanni (wiederholend): "Ja, das ist richtig, ich tue alles mögliche, um das zu verändern! Ich will nicht so tot sein wie meine Mutter!"

Kommentar

wird, was immer es auch ist, nicht aufgezwungen, sondern wird mit der Bewußtheit angeboten, daß es einige schwierige Gefühle aufrütteln kann.

Giovanni's Gefühl inneren Zusammenbruchs ist auch eine Teil-Identifikation mit seiner Mutter. Aber er hat die Unterstützung und den Kontakt der Gruppe. Dies hilft ihm, sich aus der negativen Identifikation herauszukämpfen. Wenn ein Streß auslösender und aktiv reagierender Prozeß richtig vorangeht, fühlt sich die Person stärker und intakter, um das schmerzvolle Erlebnis zu konfrontieren.

Ein wichtiger Teil der dramatischen Erfahrung ist die vom Klienten gespürte Hilflosigkeit und Einsamkeit gegenüber dem Schmerz. Die vorgeschlagene Identifikation mit der Geist-ähnlichen Mutter stimulierte ein frühes Trauma. Giovanni wurde bleich und sah für einen Moment aus, als würde er zusammenbrechen. Der Streß ist in dieser therapeutischen Situation jedoch begrenzt und zusätzlich wurde Giovanni ermutigt, aktiv zu reagieren. Auf diese Weise stellt er sich dem Streß mit seiner Mutter, identifiziert zu werden, indem er mit rebellischer Selbstbestätigung antwortet. Dies bewahrt ihn davor, in die Falle der Hilflosigkeit hineinzustürzen (mit der seine Mutter gewöhnlich auf Streß reagierte).

Von der Klein'schen "schlechten Brust" zum Stern'schen "Mangel an vitaler Einstimmung"

In der Psychoanalyse und allen Tiefen-Psychologien findet eine wichtige konzeptuelle Veränderung statt. In der Vergangenheit mag der Psychotherapeut folgendermaßen argumentiert haben: Giovanni hat sich mit einer negativen elterlichen Figur, der Mutter, so identifiziert, als sei sie eine "schlechte" oder "böse Brust" (Formulierung von *Melanie Klein*). Die Negativität des Elternteils hat also eine emotionale Qualität: Feindseligkeit, Rückzug, Zerstörung, Invasion, Eskapismus usw.

Neuere Videoforschungen zur Mutter-Kind-Interaktion, die sich nicht mehr nur auf sprachlich vermittelte Erinnerungen (wie in der klassischen Psychoanalyse) stützen, werfen ein völlig anderes Licht auf diese Interaktion. Prof.*Daniel Stern* ist einer der Pioniere dieser neuen Sichtweise. Er stellt klar, daß es bei der Interaktion um eine *"energetische Einstimmung"* zwischen Mutter und Kind geht, und nicht nur um eine bestimmte von der Mutter ausgehende emotionale Qualität, wie z.B. ihre Agressivität-Feindseligkeit oder Rezeptivität-Zärtlichkeit. Dadurch können wir auf neue Weise Giovanni's "negative Identifikation" mit seiner Mutter interpretieren: *es ist nicht so sehr ihr depressives Verhalten als negative "Qualität", sondern vielmehr ihr niedriger Vitalitätszustand (was ja eine Frage der "Energie" ist), der ihre Einstimmung mit dem Kind verhinderte.* Mit anderen Worten, es ist der niedrige Energiezustand der Mutter, der bei ihrem Sohn Giovanni die negative und (fast terrorisierende) Vorstellung erweckte, daß er wie sie sein könne: ein wirkliches Gespenst.

Dies klärt auch Giovanni's Wahl seiner Frau, Fulvia, die "lebendig", "interessant", und wie er bemerkt, "ein bißchen wie mein Vater ist".

Die Perspektive von "Energie" und "Vitalität" verstärkt also die Bedeutung der Biosystemischen Therapie als Weg, energetische Hemmungen zu überwinden und die eigene Vitalität wiederzugewinnen. Giovanni's körperlicher Kampf gegen die Identifikation mit seiner Mutter nimmt also eine zusätzliche Bedeutung an: seine Mutter hat nie aktiv gekämpft, sie fand nie ihre tiefe Vitalität. Giovanni's Kampf in der Therapie veränderte sein "wer er ist" (die Identifikation) und reorientierte sein körperliches Sein (den Impuls) auf aktive Vitalität hin und nicht mehr auf submissive Zurückhaltung.

Integration und Bewußtsein: "Etwas, was ich nicht zugeben wollte, noch nicht einmal mir selber"

Lassen Sie uns zu der therapeutischen Szene zurückkommen: der Kampf geht weiter. Schließlich spürt Giovanni, daß seine Wut und Entrüstung draußen sind. Er setzt sich und die anderen Gruppenmitglieder setzen sich um ihn herum. Er spricht nun, mit einer tieferen Stimme, als ob sie aus seinem "Bauch und seinem Atem" käme. Auch seine mentale Haltung ist introspektiver und reflektiver: "Ja, hier gibt es etwas nachzudenken. Die Vorstellung, daß ich ein wenig wie meine Mutter handele... (Pause). Manchmal blitzte das in der Vergangenheit plötzlich in mir auf, aber gewöhnlich habe ich es sofort aus meinem Verstand geworfen. Meine Mutter ist wie eine tote Person, eine tote Persönlichkeit. Sie kam nie aus dem Schatten meines Vaters heraus. Ich schämte mich sogar als Jugendlicher, daß sie im Haus wie ein Gespenst, wie ein Schatten umherging. Und die Vorstellung, daß diese bleiche Gestalt, diese Nicht-Wesenheit meine Mutter war, erschreckte mich!"

"Induktion" verstehen: "Ich beeinflusse den anderen Menschen zum Besseren oder Schlechteren"

Giovanni fuhr fort: "Aber noch wichtiger... bin ich manchmal wie sie, wenn auch nur ein wenig, wenn ich mit Fulvia zusammen bin? Zeige ich vielleicht manchmal diese seltsame Passivität, die Fulvia so irritiert? Dann gibt es einige böse Worte und ich ziehe mich noch mehr zurück. Das passiert nicht jeden Tag, aber oft genug".

Diese letzte Einsicht, die Giovanni spontan hatte, zeigt seine Wahrnehmung der "Induktion". *"Induktion" bedeutet, daß wir auf eine Art und Weise handeln, die den Anderen dazu provoziert, bestimmte Einstellungen und Verhaltensweisen gegenüber uns selbst beizubehalten (oder noch zu verstärken).* Wir wenden diese Induktionen überall an, stimulieren unsere Partner zum Lachen, dazu uns Aufmerksamkeit zu widmen, sich an unserer Gegenwart zu erfreuen, damit wir uns geschätzt und wertvoll fühlen, wenn wir mit ihnen zusammen sind etc. Dies sind positive Induktionen. Auf der anderen Seite entstehen viele unserer Probleme mit anderen Menschen aus selbstzerstörerischen Induktionen: Wir brauchen eigentlich Aufmerksamkeit, aber unsere depressive Haltung läßt den anderen entmutigt weggehen. Wir wollen Vertrauen und Intimität aufbauen, aber unsere eindringenden Fragen veranlassen unseren Partner dazu, sich zu verstecken und zu verteidigen. Wir wollen uns selbst bestätigen, aber unser negativer Prozeß irritiert den Zuhörer und beendet den Dialog.

Spiralen der negativen Induktion: negative Situationen beinhalten oft Induktionsspiralen. Jede Kommunikation wird dadurch zu einer Mißkommunikation und die Situation verschlechtert sich. Wenn wir z.B. depressiv sind, irritiert unsere Langsamkeit und Passivität die anderen. Indem wir ihre Ablehnung wahrnehmen, verlieren wir noch mehr an Selbstwert und geraten umso stärker in die Depression. Unsere Gesten werden noch hilfloser und wir fühlen uns in unserem Kasten eingeschlossen.

Wenn wir ängstlich sind, machen wir andere nervös. Sie fragen uns mit Druck und Ungeduld und wir spüren, daß wir noch ängstlicher werden. Alle fühlen sich unangenehm und unzufrieden.

Wenn wir zornig unser Verhalten rechtfertigen, fühlen sich die anderen durch unseren entrüsteten Tonfall unterdrückt. Wir wollen eigentlich Sympathie, doch der andere antwortet mit Kälte. Unsere Entrüstung wird erneut entzündet. Der andere schlägt zurück, zeigt kein Mitgefühl und wir selbst spüren, wie wir noch kriegerischer werden und bereit sind, zu explodieren. Ergebnis: Explosion oder Abbruch.

Giovanni machte einen großen emotionalen Schritt, als er erkannte, daß er vielleicht die Kritik und die Befehle seiner Frau durch seine Identifikation mit seiner gespenst-ähnlichen Mutter und der damit verbundenen unbewußten Passivität induzierte (herbeirief). Die Gruppe bot ihm folgende Identifikationen an: "Vielleicht entsteht meine Passivität, weil ich nicht weiß, wie ich direkt nach dem fragen kann, was ich brauche, z.b. eine gute Umarmung und einen Kuß, wenn ich nach Hause komme oder ein wenig Zärtlichkeit während des Abends".

Eine tiefgehendere Identifikation war "meine Mutter fühlte sich vom Leben geschlagen, sie war resigniert. Vielleicht fühle ich dieselbe Resignation tief in mir".

Der Regel folgend wiederholte Giovanni jenen Teil der Identifikationen, mit denen er übereinstimmte. Auf diese Weise konnte er die Erkenntnisse der Gruppe nutzen und einige schmerzvolle Teile seiner Erfahrung erkennen und damit die Verantwortung für sein teilweises Hervorrufen der negativen Haltung seiner Ehefrau anerkennen. Die Tatsache, daß Giovanni diese schmerzvollen Teile sehen konnte, während er die ihn umgebenden Gruppenmitglieder gleichzeitig als empathisch, nicht verurteilend und hilfreich wahrnahm, machte diese therapeutischen Konfrontationen zu neuen Stimuli für positive Veränderungen.

Zusammenfassend: Es ist schmerzhaft, sich Teilen von uns selbst gegenüberzustellen, die wir nicht wünschen: Rache, Eifersucht, Demütigung, Unfähigkeit. Manchmal können der Therapeut/die Therapeutin oder verschiedene Gruppenmitglieder auf diese versteckten und unangenehmen Teile hinweisen. Aber wie können wir diese schwierigen Botschaften, die durchaus mit positiven Absichten angeboten werden, annehmen? Die *"Identifikation und Provokation durch Ich-Botschaften"* bietet ein sehr sensitives Mittel zur Übermittlung von schmerzhaften Ideen bei einer guten Dosierung von Empathie und Respekt.

Die Induktionen des Therapeuten: "Wir lösen immer etwas aus"

Die Biosystemische Therapie wurde von Anfang an (in den 70er Jahren) im Bewußtsein der "Energieintensität" entwickelt. Die sympathisch-parasympathische "Energiekurve" repräsentiert ein physiologisches Modell, das den Veränderungen der "Energieintensität" Sinn verleiht. *Mit "Energieintensität" meinen wir die "Intensität des beobachteten Verhaltens" (von außen besehen) genauso wie die Intensität innerer Emotionen und Impulse (innerlich gesehen, aber auch durch einen äußeren Beobachter intuitiv erfaßbar).*

Indem der Therapeut also die sich verändernden Energieintensitäten des Patienten unterstützt, d.h. "der Energiekurve des Patienten folgt" (was *Mauricio Stupiggia* angemessenerweise "Körper-Empathie" nennt) verändert der Therapeut auch die "Intensität" seines eigenen Verhaltens und bleibt in Synchronisation mit dem Patienten. Darüber hinaus gibt der biosystemische Gruppentherapeut auch Instruktionen an die Gruppenmitglieder (wir haben bereits einige Beispiele am Fall Giovanni's erlebt), damit auch sie mit dem Klienten "eingestimmt" bleiben. Beispiele: Die Gruppenmitglieder spiegeln, geben ein Echo, reagieren im Chor etc. Der Punkt ist: der emotionale Impuls braucht die psychologische und körperliche Empathie, um herauszukommen. Hier gibt es keine Neutralität! Entweder Sie sind irgendwie auf die Person eingestimmt oder, wenn Sie die ganze Zeit völlig unbeweglich sind (wie bestimmte "neutrale" Therapeuten zu sein scheinen), weisen Sie die Körper-Empathie zurück und blockieren die emotionalen Impulse des Patienten, zumindest jene, die fein und verletzlich sind und Einstimmung und Empathie brauchen, um zu erscheinen.

"Einstimmung" bedeutet kein künstliches Spiegeln wie ein Affe. *"Einstimmung" bedeutet, das "gerade richtige" Maß an Spiegelung geben, das den Patienten erkennen läßt, daß Sie aufmerksam, verständnisvoll und nicht beurteilend sind und ihn als ganzheitliche Person anerkennen.* Ausbildungskurse sollten von Videofilm-Studien des Kommunikationsverhaltens des Therapeuten begleitet werden, damit dieser die professionelle Kompetenz in diesem delikaten Bereich erlangen kann.

Methoden und Absichten der Biosystemischen Therapie

In diesem Kapitel möchte ich eine Liste der in der Biosystemischen Therapie am häufigsten angewandten Methoden und Absichten präsentieren. *Ein spezieller Beitrag des Biosystemischen Ansatzes ist die Intensität und die Variationsbreite der "körpermobilisierenden Techniken"*: Aber wir werden sehen, daß auch noch viele andere psychologische Funktionen ins Spiel kommen.

Wir können das Anfangsproblem als Ausgangspunkt für eine Serie von Veränderungen ansehen. Der Patient lernt und praktiziert während des psychotherapeutischen Prozesses neue Fähigkeiten.

Beginn: der doppelte Fokus der Aufmerksamkeit

Der Therapeut hat einen doppelten Fokus der Aufmerksamkeit: auf sich selbst und auf den Patienten, auf beide zur gleichen Zeit. Auf diese Weise ist sich der Therapeut/die Therapeutin seiner/ihrer eigenen Reaktionen bewußt (oder intuitiv bewußt), während er mit dem Patienten präsent ist. Diese innere Konzentration des Therapeuten gibt ihm wesentliche Informationen über das, was der Patient gerade erlebt, weil viele Faktoren einer grundlegenden emotionalen Erfahrung über unbewußte Prozesse ablaufen, die die Körper-zu-Körper-Lücke zweier Menschen überspringen können, wenn diese sich in empathischer Einstimmung befinden. Wir können dies den informativen Aspekt des inneren Fokus des Therapeuten nennen.

Ich möchte einen eigenen, ganz persönlichen Faktor hinzufügen: ich fokussiere auf meine *eigene* innere Welt, weil es mein Wunsch ist "zu existieren", während ich ein praktizierender Therapeut bin. Ich kann dies einerseits rechtfertigen, weil ich glaube, daß Patienten "den anderen" als wirkliche Person in der Gegenwart brauchen, auch wenn der therapeutische Prozeß bedeutet, daß beide besonders aufmerksam für die Kommunikation und die innere Welt des Patienten sind. Die Gegenwart des anderen hilft dem Patienten, eine neue Dimension im Person-zu-Person-Kontakt zu finden. Dies wird ein integraler Teil des ganzen therapeutischen Prozesses. Auf der anderen Seite rechtfertige ich den "inneren Fokus" auf mich selbst dadurch, weil ich mir wünsche zu leben. Ich bin in der Rolle eines Therapeuten und ich bin eine Person.

Während die erste Rechtfertigung für die doppelte Aufmerksamkeit des Therapeuten - gegenüber sich selbst und gegenüber dem anderen - der *"informative Aspekt"* war, möchte ich diese zweite Rechtfertigung - für den anderen da sein und gleichzeitig für mich selbst da sein - die *"existentielle Dimension"* nennen.

Die psycho-physiologische Einstellung

Ich frage mich selbst: "Was geschieht hinter den Worten, Gesten, Gesichtsausdrücken, Atmungsbewegungen usw. dieses Menschen, den ich bereits kenne und der gerade zu mir spricht?"

Ich erlaube meiner inneren Motivation zu erscheinen und nach dem Unbekannten zu suchen: der inneren Person, die mir und auch jedem anderen unsichtbar ist; der inneren Erfahrung des anderen, die ich oder auch irgendjemand anders nie wirklich kennen wird, der ich mich aber von Berufs wegen nähere.

Darüber hinaus erlaube ich mir selbst, kaum bewußt ausgeführte Veränderungen meiner Körperhaltung auszuführen, besonders meines Rückens, der Schultern und Arme, manchmal meines Gesichtes (dieser Teil ist aber nur sehr wenig bewußt), sodaß ich allmählich eine gewisse Ebene der Einstimmung erreiche.

Wenn sich der Klient durch seine Worte und seine körperliche Präsenz "enthüllt", "lasse ich einfach los", weil ich weiß, daß ich an dem, was vorgeht, interessiert bin, es mag und gleichzeitig das Vertauen habe, daß der Patient sehr wahrscheinlich in seinem therapeutischen Abenteuer Fortschritte machen wird.

Die Intensität verstärken

1. Konzentration: Schließe deine Augen. Was fühlst du in deinem Körper? (der Impuls). - Was fühlst du über dich selbst? - (selbst). Wer kommt dir bei geschlossenen Augen in den Sinn? In welcher Situation? - (der andere).

2. Den Fühl-Impuls vertiefen: Wenn du sagst "Ich fühle mich angespannt", legst du deine Hand für einen Moment auf deine untere Brust (der Therapeut zeigt "wo", indem er ein Spiegelbild der Geste macht, die er beim Patienten sah). Sobald der Patient nun wieder seine Hand auf den speziellen Körperbereich gelegt hat, gewöhnlich einen Teil des Bauches, der Brust oder der Kehle, fährt der Therapeut fort: kannst du deine Hand nun dort behalten... und nun füge etwas Druck hinzu.

Drücke stärker und stärker mit deiner Hand! Atme gegen den Druck an! Nun drücke noch etwas stärker! Bleib dabei! Vertiefe die Atmung!

3. Wiederhole die Geste: Du machst jedesmal, wenn du dagegen protestierst, daß du nicht gezwungen werden willst zu gehorchen, diese klopfende Geste! Könntest du bitte denselben Satz und dieselbe Geste wiederholen? (Der Therapeut begleitet die Geste, indem er sie ebenfalls ausführt; vielleicht wiederholt er auch den Satz).

4. Intensiver: Kannst du diesen Satz jedesmal etwas lauter sprechen (der Therapeut zeigt wie). Optional: Kannst du diese Geste (Therapeut zeigt welche) jedesmal ein wenig stärker ausführen?!

5. Den gesamten Muskeltonus im Sitzen verstärken: wenn du über dieses Problem sprichst und das dabei entstehende Gefühl wahrnimmst, kannst du vielleicht deine Füsse gegen den Boden und deinen Rücken gegen die Lehne des Stuhls drücken? (Therapeut zeigt wie). Beobachte nun, ob bestimmte Gefühle mit größerer Stärke kommen.

6. Den gesamten Muskeltonus im Stehen vergrößern: Beuge deine Knie etwas. Beuge sie noch etwas tiefer. Nun drücke deine Ellbogen nach außen, als ob du mehr Platz haben wolltest. Du kannst eine Faust machen. Nun schüttle deine Faust, als ob du wütend auf jemand bist und ihm deinen Willen zeigen willst.

7. Im Liegen den gesamten Muskeltonus verbessern: Kannst du deinen Kopf hochheben... und nun deinen oberen Rücken und in dieser Position bleiben? Meine Hand unter deinem Rücken gibt dir keine Unterstützung, sondern läßt dich nur deine halbaufgerichtete Position spüren. Kannst du nun auch deine Beine heben? Das ist sehr anstrengend: aber mach weiter so! (Wiederholt dies). Später: sag mir, wann du aufhören möchtest. Ich werde dich dann ermutigen, noch ein paar Sekunden länger auszuhalten.

Eine körperliche Situation mit emotionaler Signifikanz erzeugen

8. Jeder hat einen Partner. Umarme deinen Partner, aber drücke ihn nicht, sei nur präsent und fest. Nun versucht der Partner dich zu verlassen und spricht "Ich möchte gehen!", während die Person, die festhält, antwortet "Nein, bleib bei mir!" (Alternativsätze: "Du bist blockiert! Du bist gefangen! Du kannst nichts tun!" Antwort: "Nein, ich kann etwas tun und ich werde etwas tun!") Sobald die Übung angelaufen ist, können die Teilnehmer neue Sätze kreieren, um ihre emotionale Einstellung auszudrücken, also entweder die eine Position oder die andere.

9. Der Kreis: die Gruppe versammelt sich im Kreis um diejenige Person, die nun das "Subjekt-im-Zentrum" ist. Jedes Mitglied legt eine Hand auf einen Körperteil des oder der in der Mitte Stehenden und den anderen Arm um jemand, der ihm oder ihr im Kreis am nächsten steht. Der in der Mitte Stehende kann nun die ihn oder sie berührenden Hände arrangieren, d.h. ihren Platz und die Intensität verändern. Wenn die Person nun spricht, vergrößert sich der Druck der Hände (der Druck einer Hand oder von Händen, korrekt angewandt, katalysiert oft muskuläre Reaktionen und intensiviert sie

10. "Ich will" versus "Ich will nicht": der Klient drückt seinen Wunsch aus und zeigt gleichzeitig ein Gefühl der Ambivalenz: "Ich möchte mit meinem Partner sprechen, aber ich kann nicht". "Ich will die Prüfung ja machen, aber ich habe solche Angst davor". "Ich will mich ja verändern, aber vielleicht ist es gefährlich" etc. Der positive Wunsch repräsentiert die Vorwärtsbewegung, während die Negation des Wunsches die Rückwärtsbewegung oder das Zurückhalten repräsentiert. In der ersten Phase bitten wir den Patienten, sich mit seinem Körper vorwärts zu bewegen und den Wunsch auch verbal auszudrücken. Gleichzeitig halten wir den Patienten körperlich zurück und negieren seinen Wunsch auch verbal: "Nein, ich will das wirklich nicht machen!", oder anders: "Ich habe Angst das zu tun!", oder anders: "Ich schäme mich das zu tun, es ist zu selbstsüchtig!" etc. In der zweiten Phase tauschen wir die Rollen und der Patient hält zurück, verbalisiert die Negation seines Wunsches, während wir ihn nach vorne drücken und den positiven Wunsch aussprechen (sehr oft wird heftigste Agressivität in der "Zurückhalte-Bewegung" eingeschlossen. Deshalb wird der Klient/die Klientin während der Zurückhalte-Phase enorme Kräfte ausüben. Dies enthüllt eine versteckte Aggressivität, die intensiver ist als die bei den "Schlage-Methoden" gezeigte.

11. Verbale Unterstützung durch die Gruppe: Die Gruppe wiederholt den Satz des Klienten, z.B. "Ich möchte in meinem neuen Job Erfolg haben" und fügt parallele Ideen hinzu: "Ich kenne die dazu notwendigen Fertigkeiten!", "Ich habe Vertrauen in mich selbst!", "Ich kann die notwendigen Opfer bringen!" usw.

12. Verbale Unterstützung und verbale Provokation: Die Leute hinter dem Subjekt-im-Zentrum unterstützen dessen Bewegungen und auch seine verbale Bestätigung, läßt sie widerhallen und fügt parallele Sätze (s.o.) hinzu. Die Leute, die vor dem Klienten stehen, opponieren seine Bewegungen und drücken ebenfalls sprachlich ihre Opposition aus: "Das darfst du nicht tun!", "Du wirst es niemals schaffen!", "Wir werden dich nicht lassen!", "Du hast doch gar keine Ahnung, wie das geht!" usf. Manchmal kann die Opposition ganz speziell sein: "Du weißt doch, daß deine Frau Donatella, dagegen ist", und "Du hast doch Angst, etwas gegen sie zu sagen!".

Alle Methoden mit provokativem oder herausforderndem Inhalt werden nur mit der vollen Erlaubnis des Subjekts angewandt. Keine Methode wird jemals jemandem aufgezwungen. Wenn der Patient "Nein" sagt, wird dies völlig respektiert. Die Übung wird nicht ausgeführt und die Ablehnung des Patienten nicht als "Widerstand" etikettiert. Wenn eine Methode abgelehnt wird, kann der Therapeut den Klienten fragen: "Hast du vielleicht einen Vorschlag?". Wenn der Klient "Nein" sagt, könnte der Therapeut fragen: "Könnte ich die Gruppenmitglieder fragen, ob sie einen Vorschlag haben?" (Dies wird oft akzeptiert. Wenn der Klient jedoch immer noch ablehnt, muß der Therapeut eine angemessene Meta-Kommunikation führten, wie etwa: "Sollen wir an diesem Punkt etwas warten? Oder siehst du eine andere Möglichkeit?")

13. Öffnen der Brust und des Bauches: der Therapeut oder ein Gruppenmitglied steht vor dem Klienten (Subjekt), bietet ihm/ihr die Seite eines Arms an und schlägt vor, daß der Klient nach vorne drückt. Während das Subjekt drückt, bleibt der Helfer fest stehen und bietet eine Seite seines Körpers an. Auf diese Art und Weise kann der Patient nun seinen Bauch und seine Brust gegen den Oberarm des Helfers mit großer Intensität drücken und dabei auch Töne herauskommen lassen wenn er möchte. Subjekt und Helfer können ebenfalls durch andere Gruppenmitglieder unterstützt werden. Die Gruppenmitglieder können auch durch andere Techniken unterstützen (unterstützende Identifikation, provokative Identifikation, Echo, usf.). Dies öffnet verletzliche Gefühle (im parasympathischen Spektrum) und erlaubt Verbalisation.

14. Den Rücken mobilisieren: während der Aufwärm-Periode oder auch der sympathisch-aggressiven Phase der emotionalen Arbeit kann eine kräftige Rückenmassage angeboten werden. Solche Massagen unterstützen oft aggressive und selbstbestätigende Armbewegungen wie beim Schlagen oder "Wegdrücken".

15. Konstanter Tiefendruck: Sehr oft findet der Klient einen bestimmten Punkt - im oberen Bauch, in der Brust oder in den Schultern - , der einen "konstanten Tiefendruck" zu brauchen scheint, so als ob ein emotionaler Block in diesem Muskelknoten eingebettet sei. Der Helfer findet die exakte Position unter Leitung des Klienten (zwei Zentimeter neben dem "richtigen Punkt" zu sein, kann den Effekt signifikant reduzieren). Der Helfer erzeugt nun einen beständigen Tiefendruck, während der Klient (das Subjekt) seinen ganzen Körper dagegen setzt. Der Tiefendruck kann auch durch die Faust oder eine Schulter des Helfers entstehen. Der Helfer kann sich auch von einer Wand unterstützen lassen. Viele tiefe Emotionen brauchen einen solchen verlängerten und intensiven Druckkontakt, damit sie zu Bewußtsein kommen können und gleichzeitig, um die unterliegende Muskelspannung, die das Gefühl zurückhält, zu lösen.

16. Verifizieren, daß die "therapeutische Allianz" aufrechterhalten bleibt: Nach einer Übung mit körperlicher oder verbaler Provokation möchte der Therapeut vielleicht sicherstellen, daß der Klient die "therapeutische Allianz" mit dem Therapeuten und den Gruppenmitgliedern immer noch fühlt. Der Therapeut könnte z.B. fragen: "Fühlst du, daß ich und die Gruppe hier sind und wir für dich da sind?... Fühlst du, daß wir auf deiner Seite sind?... Spürst du, daß unsere Provokationen dazu dienen sollen, dir zu helfen?" usw. Wenn das Subjekt mit "Nein" antwortet oder unsicher zu sein scheint, sollte der Therapeut die Situation weiter klären: "Welches Problem besteht im Moment mit uns?" oder der Therapeut könnte nach einer Möglichkeit fragen, die Allianz wieder zu verbessern: "Was können wir tun, damit du unseren Respekt und unsere Solidarität wieder fühlst?" Wenn das Problem ernst ist, weil das Vertrauen in den Therapeuten oder die Gruppe verloren ging, könnte eine Periode der Konfrontation ("Was ist das Problem?") und der Wiederherstellung ("Wie können wir die Allianz wieder herstellen?") notwendig sein. Dies hat Vorrang vor der Frage individueller Analyse. *Mit anderen Worten, die Selbst-Andere-Allianz ist wichtiger als die Erforschung des Selbst und des Impulses.*

17. Verifizieren, daß die erste Phase der Arbeit - Vertiefen und Entladen - vollständig ist: Sehr oft ist der Übergang von Phase 1 "Vertiefen und Entladen" zu Phase 2 "Neues Lernen" und "Die korrektive Erfahrung" klar und offensichtlich. Der Klient hat glänzende Augen, ist entspannt, positiv und hoffnungsvoll. Manchmal kann sich der Therapeut jedoch nicht sicher sein, ob die Transformation der Emotionen vollständig abgeschlossen ist. In diesem Fall fragt er das Subjekt eine von verschiedenen Fragen, die die "innere Situation" erforschen sollen: "Wie fühlst du dich nun?", "Ist die Wut noch da?" (wenn die Arbeit im sympathischen Bereich stattfand), "Ist immer noch Traurigkeit da?" (wenn die Arbeit im parasympathischen Bereich stattfand), "Gibt es immer noch Verletzung oder Anspannung zu erforschen?" (um zu sehen, ob immer noch psychischer Schmerz vorhanden ist), "Sind wir immer noch in der Phase der Erforschung des Problems oder können wir uns der Frage von Lösungsmöglichkeiten zuwenden?" (Wenn der Patient über die Konzepte der Phasen 1 und 2 des "Erst-vertiefen-und-dann-neu-lernen" gelesen oder mit dem Therapeuten diskutiert hat, wird er verstehen, worauf wir hinaus wollen und zumindest andeuten, welche Richtung richtig ist.)

18. Die Regeln der Entscheidungsfindung: Alle in der bio-systemischen Therapie gemachten Entscheidungen korrespondieren mit folgenden Paradigmen:

a. der Therapeut kann einen Vorschlag machen;
b. der Klient bietet seine eigene Idee an;
c. der Klient macht die letztliche Entscheidung.

(Es versteht sich von selbst, daß der Therapeut/die Therapeutin niemals eine Methode vorschlägt, die ihm selbst gefährlich oder unethisch für sich selbst oder den Klienten vorkommt und niemals derartige Vorschläge des Klienten akzeptiert.)

Wie funktioniert dieses Modell gegenseitiger Entscheidungsfindung, wobei der Patient die letztendliche Verantwortung für die praktische Arbeit hat? Der Therapeut übernimmt oft die Initiative und bietet seinen Vorschlag an ohne etwas erzwingen zu wollen. Dies vermeidet Energielücken, in denen das Momentum der emotionalen Arbeit verloren geht. Es muß klar sein, daß der Klient immer das Recht auf seinen Vorschlag behält und, noch wichtiger, die Verantwortlichkeit für die letztliche Entscheidung übernimmt: "Ja, ich will diese Übung machen" oder "Nein, ich will sie nicht machen". Und sobald eine Übung begonnen hat, hat der Patient immer noch das Recht auf den Satz: "Stop! Ich möchte nicht weitermachen". Das "Nein" des Klienten wird, wie bereits gesagt, niemals kritisiert ("Du möchtest dich selbst nicht ernst nehmen", "Du willst nicht, daß es dir besser geht", "Du bist im Widerstand", "Du hilfst dir selber nicht"). Der Therapeut sagt jedoch etwas zu jeder Entscheidung: "Du zeigst deine Kapazität, 'Nein' zu sagen" und kann z.B. eine Frage mit offenem Ende hinzufügen, "Möchtest du das Gefühl, das dich 'Nein' sagen ließ, erforschen, oder bevorzugt du es, daß wir in eine andere Richtung gehen?"

19. Alternativen zum "Neuen Lernen" und der "Korrektiven Erfahrung":
Gemäß den gerade beschriebenen entscheidungsfindenden Prinzipien "bieten der Therapeut, der Klient oder die Gruppenmitglieder einen Vorschlag an, wohin die emotionale Arbeit orientiert sein soll. Im folgenden möchte ich einige Orientierungstypen während der zweiten Phase der Biosystemischen Therapie, die wir Neues Lernen, Positive Einschätzung, Neues Programm, Korrektive Erfahrung oder Korrektive Konstruktion nennen, vorstellen. *All diese Begriffe beleuchten den Fakt, daß wir nun ein neues Selbst aufbauen.*

20. Konfrontiere das Ursprungs-Problem mit größerer Selbstbestimmtheit:
Viele psychologische Probleme entstehen aus einer "Aktionshemmung angesichts Streß" wie Prof. *Henry Laborit* betont hat. Während Phase 1 wird die Erforschung negativer Gefühle - Wut, Verletzung, Traurigkeit - gemäß dieses Hemmungszustandes erforscht. Phase 2 versucht das Problem zu berichtigen (und gleichzeitig neue selbstbestätigende Kapazitäten zu kultivieren), indem dem Klienten in einer rollengespielten Situation geholfen wird, mit Klarheit und Beständigkeit zu kommunizieren. Wenn das Trauma der Vergangenheit z.B. die Zurückweisung durch einen kritisierenden und strafenden Vater beinhaltete ("Er sah nur das, was ich falsch machte und äußerte nie ein freundliches Wort. Und wenn er schlug, dann schlug er hart"), kann das Rollenspiel vielleicht in der Konfrontation eines bedrohlichen Chefs oder eines dominierenden Leiters in der Gegenwart bestehen. Wenn es sich z.B. bei dem Problem um die Passivität eines Säuglings handelt ("Ich lebte in seinem Schatten") kann der Klient im Rollenspiel z.B. die Initiative gegenüber seinen Freunden übernehmen.

21. Lernen, Konflikte zu verhandeln: Wenn es bei dem Problem um beständige Kämpfe und andauernde Feindseligkeit zwischen dem Klient (dem Subjekt) und einem Elternteil oder auch zwischen den beiden Elternteilen handelt (in der Vergangenheit), könnte die Erforschung des Problems zu folgender Schlußfolgerung führen: die Eltern waren ungenügende Modelle zur Verhandlung und Lösung von Konflikten. Die "korrektive Erfahrung" könnte deshalb auf die Herstellung von Selbst-Bestätigung und Konfliktlösung gerichtet sein, indem die Gruppenmitglieder Ermutigungen und Ich-Zustands-Identifikation geben, die den Weg dazu ebnen. Diese Sitzung nimmt eine aktuelle, ständig konfliktträchtige Situation, z.B. zwischen Ehemann und Ehefrau, Kind und Elternteil, Kollege und Kollege, auf.

22. Die positive Wieder-Beelterung: Manchmal entsteht eine "positive Wieder-Beelterung" spontan als Hilfsmittel, welches das Leiden und das Gefühl der Deprivation (Beraubung) löst, das in Phase 1 hervorgelockt und erforscht wurde. "Positive Be-Elterung" kann auch als neue Möglichkeit in Phase 2 eingeführt werden (diese Idee kommt von der berühmten Psychoanalytikerin *Frieda Fromm-Reichmann* und wurde von dem Psychologen *Albert Pesso* weiterentwickelt). Bei der "positiven Be-Elterung" übernimmt der Therapeut oder ein Gruppenmitglied die Rolle eines positiven Elternteils und bietet Zärtlichkeit, Wertschätzung, Wärme, ruhige Aufmerksamkeit usf. an. Die positive Erfahrung eliminiert nicht das frühe

Trauma negativer Be-Elterung, bietet jedoch ein neues Modell, eine neue Vision und oft auch eine neue Hoffnung an.

23. *Der Klient (das Subjekt) als Elternteil seiner eigenen Kinder:* Bei dieser Erfahrung unterbricht der Klient/die Klientin die einengende und gefangennehmende Logik: "wie der Vater, so der Sohn" oder "wie die Mutter, so die Tochter". Das Ziel ist, mit anderen Worten, jene Formel zu verändern, die das Problem von Generation zu Generation weitergibt. Statt daß der Klient/die Klientin nun vom Therapeuten oder einem Gruppenmitglied eine "positive Be-Elterung" erhält, wird er/sie nun selbst zum positiven Elternteil und übernimmt die Rolle des das rollengespielte Kind (Kinder) nährenden, wärmegebenden und verständnisvollen Elternteils. Die Gruppenmitglieder übernehmen vielleicht die Rollen der Kinder des Klienten/der Klientin, nehmen ihre Namen an, ihr Alter und ihre Verhaltensqualitäten. Wenn der Klient keine Kinder hat, aber seinen starken Wunsch danach zeigt (ein Wunsch, der vielleicht durch die negativen Elternmodelle der Vergangenheit und einen Mangel an Selbstvertrauen blockiert ist), hat er nun die Möglichkeit, positives Eltern-Sein zu üben (mit Gruppenunterstützung und Identifikation) und dadurch ein wichtiges Modell zu erzeugen, das in der Zukunft erinnert werden wird.

24. *"Konstruktive Kritik" und "Meta-Kommunikation":* "Konstruktive Kritik" und "Meta-Kommunikation" sind zwei Kommunikationsformen, bei denen sich die Person bewußt darüber ist, wie sie einen positiven Eindruck auf andere macht. Bei der "konstruktiven Kritik" informiert der Klient vollständig darüber, was ihm nicht gefällt und was er bevorzugt. Die Sprache der "konstruktiven Kritik" ist klar und wahrhaft, es gibt keine unterschwellige Angriffe, vage Attribute oder negative Klagen. Die Beziehung bleibt deshalb solide.

Bei der "Meta-Kommunikation" kommentiert die Person ihre eigene Kommunikation oder die ihres Partners auf eine Art, die Absichten klärt und ungewollte Bedeutungen ausschließt. Zusätzlich kann die Meta-Kommunikation neue Kommunikationsstrategien erzeugen (Strategien, die positiver, ursprünglicher und funktionaler sind). Gemäß meiner eigenen Erfahrung in Psychotherapie und Familienleben kann die korrekte Anwendung der Meta-Kommunikation die meisten Kommunikationsprobleme lösen.

Um diese neuen Kommunikationsformen zu benutzen, müssen die Gruppenmitglieder erst einmal das relevante Material lesen, und dann Zeit bekommen, sie in praktischen Sitzungen auszuprobieren. Wenn Phase 2 also die Anwendung konstruktiver Kritik und Meta-Kommunikation beinhaltet, muß allen Gruppenmitgliedern die Möglichkeit gegeben werden, ihre Kommunikationsfähigkeiten durch praktische Übungen zu verfeinern.

25. *Selbst-Wertschätzung und die Wertschätzung der anderen:* Für einen Menschen, der tief an einer schwachen Selbst-Wertschätzung und/oder negativen Einstellungen anderer gegenüber leidet, ist die einfache Angelegenheit, zu erklären, was er an sich selbst und an anderen anwesenden Menschen gut findet, eine wichtige emotionale Handlung. Die Wertschätzung richtet sich oft auf die eigenen Kapazitäten und Qualitäten: "Ich bin eine warmherzige Person", "Ich kann anderen helfen und Aufmerksamkeit schenken", "Ich kann mir selbst helfen", "Ich kann gut entscheiden und die Initiative übernehmen", "Ich kann kreativ sein", "Ich kann lachen und andere zum Lachen bringen", "Ich kann singen und ich kann tanzen" (der Klient/die Klientin kann genau das mit den Gruppenmitgliedern nun tun). Die Wertschätzung kann auch "existentiell" sein, d.h. sich nicht auf die Kapazitäten oder speziellen Qualitäten richten, sondern auf das pure Sein Existieren: "Ich bin! Das ist ausreichend!", "Ich existiere. Ich lebe. Das ist das Wichtigste!", "Mein Herz schlägt, mein Blut fließt durch meine Adern, ich sehe und ich atme! Ich brauche mich selbst mit anderen nicht zu vergleichen. Ich existiere und das ist der Anfangspunkt für alles Wichtige in meinem Leben".

Ich glaube, daß diese Art der "existentiellen Wertschätzung" wesentlich für jeden ist. Sie ist bedingungslos, ohne Bedingung. Es gibt keine Überprüfungen der Kapazität und keine Bewertung der Qualität. Der wesentliche Punkt ist, daß jeder von uns lebt. Das wird nicht immer so sein, denn wir werden sterben. Und weil das Leben kostbar ist, sind wir ebenfalls kostbar, weil wir sind.

26. Psychologische Integration: Der Klient/die Klientin kann die Bedeutung der Phase 1 einschließlich der Gründe für sein Leiden und der Folgen aus diesem Leiden für seine Entwicklung diskutieren. War z.B. das Kindheitstrauma die Ursache für eine emotionale Entscheidung? ("Niemand wird mich jemals lieben", "Ich werde niemals einem anderen Menschen vertrauen" usw.). Wenn das so ist, kann diese Entscheidung nun neu bewertet und eventuell verändert werden? Kann eine depressive Orientierung durch eine eher optimistische Haltung ersetzt werden? Kann die eigene Abhängigkeit von familiären Vorbildern durch eine reifere zwischenmenschliche Beziehung (engl. dependence-interdependence) abgelöst werden? Kann der Klient diesen besonderen Bereich der emotionalen Arbeit innerhalb des größeren Rahmens seiner persönlichen Evolution sehen? Welche Bereiche brauchen noch Aufmerksamkeit und Erforschung? usw.

27. Neue Pläne: Phase 2 dient auch der Entwicklung eines neuen Plans, der dann durch "positive Visualisierung" verstärkt wird. Der Plan kann auf eine umfassende neue Lebensentscheidung hinauslaufen: bezüglich der Familie, der Karriere, des eigenen Platzes im Leben usf. Oft geht es aber um "kleine Schritte": eine neue Initiative, eine neue Kommunikation, eine positive Haltung im Alltag, etc. Die kleinen Schritte sind oft sicherer als der große Sprung. Wenn die neue Handlung konkret vorgestellt wird, als ob sie tatsächlich "hier-und-jetzt" geschieht, ist es so, als ob sie jetzt zum ersten Mal entsteht. Diese "positive Visualisierung" erzeugt einen neuen "Eindruck".

28. Das Projekt der "Freizeit": Der biosystemische Ansatz achtet besonders darauf, wie wir unsere "Freizeit" verwenden. Was ist unsere Freizeit? Normalerweise bezieht sie sich auf jene Periode des Tages, wo wir fühlen: "ich kann jetzt selbst entscheiden, was ich tun will". Dies bedeutet die Zeit außerhalb unserer Arbeit. Für einige bedeutet es auch "die Zeit, wo ich nicht gezwungen bin, mit meiner Familie zusammenzusein". Aber dies ist eine individuelle Entscheidung. Jedenfalls geht es um jene Zeit, in der wir uns wirklich selbst entscheiden können, was wir tun möchten. Wieviel Freizeit haben wir? Der eine sagt vielleicht: "Fünf Stunden jeden Tag, also die Zeit zwischen Feierabend und einschlafen". Ein anderer meint vielleicht: "Weniger als 5 Minuten am Tag, nicht mehr als jener Moment, wenn ich schließlich im Bett liege und das Licht ausdrehe".

Freizeit ist also das, was ich dazu mache. Im biosystemischen Ansatz wird die Entscheidung jeder Person respektiert. Wir erheben dann zwei Fragen:

1. "Wie entscheidest du, was du mit deiner Freizeit anfängst?"
2. "Wie realisierst du diese Entscheidung?"

Es ist wirklich sehr schade, daß unsere normale Schulerziehung und das Familienleben uns so schlecht ausgestattet haben, um solch grundlegende Fragen wie die folgenden zu entscheiden: Wie möchte ich meine Zeit verbringen? Was möchte ich nach der Arbeit tun? Oder nach dem Abendessen? Oder nachdem ich das Haus sauber gemacht habe? Wie soll ich mein freies Wochenende verbringen? Soll ich ein Programm aufstellen oder die Dinge einfach kommen lassen? Wenn wir auf die vorherrschende moderne Droge schauen, das Fernsehen, können wir die Dimension dieses Problems besser verstehen: der durchschnittliche Mensch verbringt 20 Stunden pro Woche vor dem Fernseher. Dies bedeutet, daß unsere kostbarste Kraftquelle, unsere Freizeit, um "zu sein", um zu erzeugen, entweder allein oder mit anderen, völlig verschwendet wird. In biosystemischen Gruppen wird dieses Problem bis in die Tiefe hinein diskutiert.

Eine biosystemische Gruppe endet oft damit, daß wir unsere eigene Musik machen und tanzen. Es ist immer ein spezieller Moment, wenn ein Klient/eine Klientin die emotionale Arbeit der Phasen 1 und 2 in einem besonderen Zustand der Offenheit und Kreativität beendet. An diesem Punkt erzeugt die Gruppe vielleicht Hintergrundrhythmen und Bewegungen, während der Klient/die Klientin zu einem singenden Poeten wird und in einem Lied die eigene Reise durch die inneren Bereiche von Streß und Leiden erzählt und dann seine/ihre Rückkehr von dort zelebriert.

* * * * *

Jerome Liss ist Professor für Psychologie an der La Jolla-Universität in San Diego, Kalifornien (European Campus, Lugano, Schweiz). Seine Adresse: Piazza.S.M.Liberatrice 18, 00153 Rom, Tel.Italien/6/5744903.

KONTAKT UND ÜBERTRAGUNG
IN DER FUNKTIONALEN KINDERTHERAPIE

von *Eleonora Magrassi*, Neapel (Italien)

Inhalt

1. Die funktionale Kindertherapie
2. Wörter, Emotionen und die Bilderwelt des Kindes
3. Kontakt und Berührung in den verschiedenen Therapiephasen
   Psychosomatische Regression
4. Die Übertragungs-Beziehung mit dem Kind. Ausgedehnte Gegenübertragung

1. *Die funktionale Kindertherapie*

Die jüngsten Studien zu den Objektbeziehungen in der Kindheit und die Anwendung des funktionalen Modells auf die Beobachtung des Kindes und das Studium des Entwicklungsprozesses haben zu neuen Behandlungshypothesen und bemerkenswerten Anwendungen in der Kinder-Körpertherapie geführt. Die hauptsächlichen Hypothesen, die das Modell auszeichnen und für die Entwicklung des Kindes bedeutsam sind, heißen:

a. Es gibt ein Körper-Selbst mit verschiedenen Ebenen, der kognitiven, der emotionalen, der posturalen und der physiologischen Ebene.

b. Es gibt eine ursprüngliche Integration, die sich entwicklungsmäßig ausdehnt und durch eine Ausweitung und Diversifikation der Bewegungen, Emotionen, des Symbolischen, Bildhaften und Physiologischen im Bereich der Funktionen des Selbst komplexer wird.

c. Die Kapazität zur Planung ist dem Kind angeboren. Sein Organismus arbeitet von Anfang an kognitiv, wahrnehmend und unterscheidend. Es kann Beziehungen mit ganzen Objekten aufnehmen, was zur Integration und Transformation von initialen Erfahrungen beiträgt. Es gibt deshalb keine Anfangsphase der Non-Integration, die sich erst zur Integration hin entwickeln müsse. In seinen Beziehungen mit der Umwelt spielt das Kind bereits mit Hilfe seiner Fähigkeit zum Kontakt und seiner tiefen Interaktion mit den verschiedenen Objektrealitäten eine aktive Rolle.

Das funktionale Modell beinhaltet eine Beobachtung des Kindes und eine Diagnose seines Problems (ob dies diesem bewußt ist oder nicht) und der objektiven Symptome. Dabei wird immer auf folgendes geachtet:

— auf die Entwicklung und Evolution der verschiedenen Bereiche des Körper-Selbst (in Relation zum Alter des Kindes), als da sind der *kognitive* (mit seinen Subsystemen des Symbolischen, des Ideellen, des Bildhaften, des Logisch-Intellektuellen), der *emotionale*, der *physiologische*, der *posturale* (somatische Struktur, Körperhaltung, Muskeln);

— auf die Beziehung zwischen den verschiedenen Bereichen, d.h. ihrer Hyper- oder Hypo-Entwicklung;

— auf die Integration zwischen diesen oder das Ausmaß und der Typus der Spaltung;

— auf den Charakterzug als Abwehrmechanismus, der alle Bereiche des Körper-Selbst durchdringt.

Das Problem des Kindes kann in einem Bereich oder gleichzeitig in verschiedenen Bereichen ersichtlich sein:

— im physiologischen System mit Atemstörung, Magenproblemen, Bauchproblemen, Allergien etc.

— im posturalen Bereich: motorische Hemmungen, morphologische Disharmonie, hypertonisches oder hypotonisches Muskelsystem etc.;

— im kognitiven Bereich mit Spracheinschränkungen, Lernblockaden, Schwierigkeiten bei der einen oder anderen Intelligenzfunktion (logisch-mathematisches Denken, die Symbolebene, etc.);

— im emotionalen Bereich mit Ängsten, phobischen Symptomen, charakterlicher Instabilität, Aggressionsausbrüchen, etc.;

Wenn wir also mit der Hypothese der Existenz einer ursprünglichen psychischen Einheit beginnen und annehmen, daß diese infolge von Außeneinwirkungen und affektiven Interaktionen, die nicht seinen Bedürfnissen entsprechen, aufgespalten werden kann, kann es geschehen, daß eine ganze Reihe von Emotionen und Ausdrucksmöglichkeiten nicht ins Bewußtsein gelangen und im Körper durch Muskelkontraktionen, die in verschiedenen Phasen der Entwicklung entstanden sind, verschlossen bleiben und zurückgehalten werden.

Von einer Anfangsdiagnose ausgehend, die die Störungsbereiche, aber auch die Integrationsbereiche identifiziert, intervenieren wir dort, wo wir dem tiefen Kern des Selbst am nächsten sind. *Im therapeutischen Projekt suchen wir also eher nach etwas, was existierte und wiedergefunden werden muß, als nach dem Mangel oder der Negativität.*

Die Anwendbarkeit des funktionalen Modells auf die Kindertherapie ist sowohl durch funktionale Langzeit-Psychotherapie als auch kurzzeitige Unterstützungstherapie und durch Diagnosesitzungen, die die Integration verschiedener Ebenen des Selbst als auch der Auswirkungen von Spaltungen in der Familie, den sozialen Beziehungen oder der Schule zum Ziel haben, verifiziert worden.

Die Besonderheit des funktionalen Modells für die Kinder-Körpertherapie besteht in der Möglichkeit, mit dem Kind von Anfang an über verschiedene Kanäle, besonders den somatischen, Kontakt aufzunehmen (Stimulierung der internen kinästhetischen Wahrnehmung, der sensorisch-taktilen Wahrnehmung, Empfindungen, die mit Körperbewegungen oder Körperteilen verbunden sind).

2. Wörter, Emotionen und die Bilderwelt des Kindes

Wörter, Berührung und Übertragung wirken getrennt und gemeinsam in unterschiedlicher Art auf verschiedene Bereiche des Selbst, entsprechend unterschiedlicher Phasen der Therapie. Der Zugang zu den posturalen, emotionalen und kognitiven Bereichen ist leichter als zum physiologischen.

In der Anfangsphase sind Worte nicht sehr hilfreich, um Kontakt mit dem logisch-rationalen Subsystem aufzunehmen, sondern eher ein Hilfsmittel, damit das Kind Emotionen ausdrücken und sich mit seiner imaginativen und symbolischen Welt verbinden kann. Traumatische, vom Kind verdrängte Ereignisse, werden nur schwerlich über die kognitive Ebene herausgestellt. Wegen der zeitlichen Nähe sind die Auswirkungen der Spaltung noch eher direkt angreifbar, wenn die Interventionen nicht nur auf der kognitiven Ebene, sondern auch in den Bereichen der symbolischen und imaginativen Sprache ausgeführt werden.

Diese Ebene erscheint als leichtester Zugang zum Kind, allerdings kann auf ihr nicht gearbeitet werden, wenn sie mit Angstphantasien überladen ist. Diese Phantasien müssen akzeptiert werden, sie können jedoch nicht zu einem Kraftpunkt der Therapie werden, denn wenn diese Route immer wieder gegangen wird, besteht das Risiko, daß das Kind einen sich immer wiederholenden Kreislauf ohne Ausgang einschlägt. Um den kognitiven Bereich mit dem emotionalen und dem posturalen zu verbinden, wenden wir Dramatisationstechniken an, die phantasierte Situationen (erlebte oder gefürchtete) wirklich werden lassen. So wird der Teufelskreis von Zwangsgedanken durchbrochen. Erinnerungen steigen auf, einschließlich Körpererinnerungen, die bisher blockiert und bewußt nicht voll akzeptiert waren.

Ein elfjähriger Junge mit phobischen Symptomen hatte ständig Todesangst, die sich in schrecklichen Phantasien von Unfällen und detaillierten Geschichten tragischer Ereignisse, bei denen er Zeuge oder die Hauptperson war, darstellte. Während fast des ganzen ersten Therapiejahres wählte er die Dramatisation von Szenen, in denen er alternativ Opfer und Angreifer war. Indem er sich mit dem Aggressor identifizierte, begann er seine bis dahin völlig blockierte Aggressivität auszudrücken und wieder in Besitz zu nehmen. In der Rolle des Opfers konnte er seine Phantasmen exorzieren und mich als Retter hinstellen oder sich gegen mich verteidigen. Bei diesen Aktivitäten bekamen unsere Worte eine andere Bedeutung als in der lediglich verbalen Kommunikation (die dort aus Gedanken entstanden, die im logischen oder symbolischen Subsystem zirkulierten).

Die Verbindung zur emotionalen Welt entstand über die Körperhaltungen. Dadurch konnten die von uns benutzten Worte eine tiefe Verbindung mit den verkapselten Emotionen aufnehmen, die ansonsten von Interpretationen oder Arbeit auf der physiologischen Ebene kaum erreichbar waren. Interventionen auf der physiologischen Ebene scheinen für ein Kind keine Bedeutung zu haben, deswegen muß mit zwei Ebenen gleichzeitig gearbeitet werden, der posturalen und der physiologischen.

3. Kontakt und Berührung in den verschiedenen Therapiephasen Psychosomatische Regression

In der funktionalen Psychotherapie werden viele verschiedene Kontakt- und Berührungstypen angewandt. In Verbindung mit Atmung, Bewegung und Körperhaltung ergeben sie ein ganzes Spektrum von Interventionen, die jeweils für die verschiedenen Phasen des therapeutischen Prozesses und bestimmte Symptome passen.

Eine haltende, versichernde Berührung, bei der die Hand Wärme, Sicherheit und Akzeptanz vermitteln soll, ist bei psychosomatischen Regressionen angezeigt, d.h. dem Erscheinen von Bewegungen und Emotionen, die zu den tieferen Schichten des Selbst gehören, wodurch abgespaltene Bereiche wieder verbunden werden können.

Die psychosomatische Regression muß allmählich und auf Berührungsebenen stattfinden, die der Situation entsprechen, die die Blockade auf der emotionalen Ebene oder die Hemmung auf der kognitiven Ebene verursachte. Dies bedeutet nicht einfach die Rückkehr zu einer archaischen Phase, sondern es geht darum, das, was existierte und blockiert wurde, unter all den Spaltungen und Trennungen, die identifiziert worden sind, wiederzufinden, d.h. einen Kern integrierter Funktionen. Es geht hier noch nicht einmal um ein spezifisches Trauma, auch wenn dieses zum Ausbruch eines Symptoms beigetragen haben mag. Das Trauma kann sich auch auf eine bereits existierende Spaltung oder einen Bildungsprozeß zwischen verschiedenen funktionalen Prozessen in einem Bereich des Selbst aufstrukturiert haben.

Wir beschreiben hier die psychosomatische Regression nicht wegen der Arbeit mit dem Körper in der therapeutischen Praxis oder wegen des Körperkontakts zwischen Therapeut und Patient, *sondern weil das Unbewußte im Körper liegt,* also dort, wo Bewegung, Emotion und das Physiologische ihre besondere Bedeutung haben. Tatsächlich hat es sich in das Muskelsystem, in die bio-chemischen Prozesse, in die Phantasien, Empfindungen, Gedanken und gegenwärtigen Emotionen, die mit vergangenen Emotionen verbunden sind, eingeschrieben.

Die psychosomatische Regression gelingt bei Kindern leichter, weil der Zugang zum tieferen Kern des Selbst zeitmäßig näher liegt und wahrscheinlich noch weniger verschlossen ist. Ein bei einem Kind ausbrechendes Symptom ist einerseits besorgniserregend und deutet an, daß es eine gewaltsame Reaktion auf eine als störend empfundene Situation gegeben hat, läßt aber andererseits eine günstige Prognose zu, weil die Situation noch keine Zeit hatte, zu kristallisieren. Wir müssen nur den intakten Kern des Selbst finden und auf ihn zielen. Dieser ist bei jedem Fall verschieden, denn es kommt darauf an, wann, wie und wo die Blockade oder das Trauma erschien.

Die Faktoren, die in Bewegung gesetzt werden müssen, um eine Regression einzuleiten, beziehen sich auf viele Ebenen der therapeutischen Beziehung: wie Therapeut und Kind in ihrem gemeinsamen Raum, ihrer Haltung, ihrer Umwelt, dem Tonus ihrer Stimme und allem, was wahrgenommen wird und den verschiedenen Bereichen des Selbst inhärent ist, zueinander stehen.

Als Beispiel möchte ich den Fall eines dreijährigen Kindes darstellen, das noch nicht einmal die einfachsten Worte sprechen konnte. Es hatte keine organischen Schäden. Es hatte noch nie gesprochen, nur im siebten und achten Monat gestammelt und das so heftig, daß eine Schädigung des Gehörapparates befürchtet werden mußte. Die entsprechenden Tests bestätigten dies jedoch nicht. Wegen einer mechanischen Störung, die in den ersten Monaten einen Gastro-Oesophagus-Reflux und häufiges Erbrechen verursachte, hatten sich sowohl Mutter wie Vater nur um das körperliche Wachstum des Kindes gekümmert. Die Mutter hatte sich in den wachen Stunden des Babies nur darauf konzentriert, es zu füttern und sein Erbrechen zu vermeiden, indem sie es für lange Zeit immer in der aufrechten Position hielt. Der Schlaf-Wach-Rhythmus des Kindes änderte sich völlig: es schrie für Stunden während der Nacht und schlief ruhelos während des Tages. Im Übergang vom ersten zum zweiten Jahr ging es durch eine autistische Phase und verschloß sich völlig. Es schien weder etwas zu hören noch zu sehen und kam nur allmählich wieder heraus. Seine Körperhaltung drückte große Spannung aus, eine bestimmte Rigidität beim Gehen, Unsicherheit und Vorsicht in den Gesten, es vermied das Neue. Es schrie nicht, sondern kreischte eher, klammerte sich an seine Mutter, drückte jedoch, wenn sie nach einer Trennung wiederkam, keine Freude aus. Der Junge drückte überhaupt keine Zuneigung gegenüber seinen Eltern aus, küßte oder streichelte sie nicht, biß aber oft. Manchmal vermied er den Augenkontakt, besonders während des Spielens, er lächelte nur selten, beobachtete aber die andere Person und schien bei bestimmten Gelegenheiten Freude daran zu haben, obwohl er immer Körperkontakt vermied und es ablehnte, zärtlich gehalten zu werden. Er war sehr willensstark. Seine Eltern gaben allen seinen Launen nach und setzten ihm keine Grenze.

Unsere auf der Anamnese und den ersten Sitzungen beruhende diagnostische Hypothese vermutete eine tiefsitzende Spaltung zwischen der kognitiven und der emotionalen Ebene. Auf einigen Ebenen waren die Wahrnehmungen blockiert. Es lag eine Isolierung des kognitiven Bereiches vor, was sich an seiner Fähigkeit zu beträchtlicher Konzentration, z.B. bei einem Spiel, das ihn völlig in Anspruch nahm, zeigte.

Die posturale Ebene war die zugänglichste. Hier wollten wir mit psychosomatischer Regression arbeiten. Wir nahmen an, daß die Entwicklung im fünften oder sechsten Lebensmonat gestört worden war.

Ich baute mit Hilfe von Objekten, die ihn interessierten und durch Bewegungsspiele, die ihm freudige Aufregung vermittelten und die ich als eine Art Köder benutzte, um ihn aus seiner Isolierung herauszuholen, eine Kontaktbeziehung. Freude im Kontakt konnte jedoch nur in regressiven Situationen hergestellt werden, bei denen es keine verbalen Stimuli gab, sondern er Empfindungen eines angstfreien Kontaktes und langsamer, ruhiger Bewegungen wahrnehmen konnte.

Wir arbeiteten uns in die Vergangenheit zurück. Von Wettrennen um den ganzen Raum zu solchen auf allen vieren, von Versteckspielen hinter Vorhängen, hinter denen ich mich verbarg und gefunden wurde, zu Situationen der Verlassenheit, bei denen er auf der Matratze lag. In der vertikalen Position war sein Verhalten sehr viel rigider, während sich der Kontakt besonders bei aufregenden Spielen änderte. Nach einem Wettrennen legte ich mich auf die Matte, dann kam er, legte ein Kopfkissen neben meines, legte sich hin und bedeckte sich mit meiner Decke. Diese uns beide bedeckende Decke war tatsächlich das erste Übergangsobjekt, das ihm zu einem Gefühl der Freude im Kontakt verhalf. Ich arbeitete mit ihm daran, sich dieses Kontaktes solange wie möglich zu erfreuen, denn von hier aus entwickelte sich sein Wunsch zu kommunizieren und Freude an der Kommunikation zu haben. Ich brachte einen Cassettenrecorder mit und spielte langsame Musik mit flüssigen Tönen. Er legte ein Ohr an den Lautsprecher und schaute mich an, lächelte ein wenig und äußerte einige stotternde Töne. Er spielte mit meinem Haar, meinen Ohrringen, steckte einen Finger in meinen Mund, nahm meine Hand und zeigte mir, was ich damit tun sollte. Ich benutzte den Kontakt mit den Händen, um ihm die Entdeckung der Körperumrisse zu ermöglichen. In dieser regressiven Situation bestätigte sich die Anfangsdiagnose: *es ging nicht so sehr um Autismus, sondern um eine tiefgehende Spaltung zwischen der kognitiven und der emotionalen Ebene und zwischen der emotionalen und der physiologischen Ebene.*

Auch die therapeutischen Hypothese wurde verifiziert. Es gab die Möglichkeit, auf einer tiefen Ebene Kommunikation wieder herzustellen und in seinem Körper Empfindungen und Emotionen einer sehr frühen Phase wiederzuerwecken, in der er noch keine Abwehr gegen die Übergriffe und Ängste seiner Mutter aufgestellt und sich aus der verbalen Kommunikation zurückgezogen hatte. Auf diese Weise konnte er die Verbindung zwischen der emotionalen, der posturalen und der physiologischen Ebene wiederherstellen und so unterdrückte Emotionen, Bedürfnisse und Wünsche nach Kontakt ausdrücken, was sich an seiner Körperhaltung und der Benutzung seiner Stimme, um Aufmerksamkeit zu erregen, zeigte.

Auf der muskulären Ebene können wir in Bereichen, wo Vitalitätsgefühle fehlen oder die besonders schmerzvoll sind, mit der provokativen Berührung arbeiten; oder mit einer widerstehenden Berührung, die bestimmte Schwierigkeiten bei der Ausübung einer Bewegung offenbart. Es geht hier nicht darum, diese Bewegung zu blockieren, sondern sie, nachdem das Hindernis überwunden ist, entstehen zu lassen, was Empfindungen, Emotionen und ein Fließen erzeugt.

Bei einem Kind mit phobischen Symptomen benutzte ich auch Übergangs-Objekte, die unseren Spielbereich als Beziehungsbereich abstecken sollten. In diesem Beziehungsbereich konnte das Kind seine zwanghaften Charakterzüge in sich wiederholenden Spielabläufen ausdrücken. Dies gab ihm das Gefühl, seine neue Umgebung und die Beziehungssituationen kontrollieren zu können. Die Stofftiere und die Stricke, mit denen wir uns aneinander banden und wieder losbanden, waren Hilfsmittel. Sie öffneten die Wege in die symbolischen Unterbereiche der kognitiven Ebene des Kindes, die durch seine zwanghafte Kontrolle unbeweglich geworden waren. Diese Bewegung innerhalb des Kognitiven bereitete dessen Wiederverbindung mit dem Posturalen, das bisher kaum beteiligt war, ein, denn die psychoaffektive Blockade und eine durchdringende Angst hatten ernsthaften Schaden verursacht, was sich an der Trägheit und der motorischen Instabilität, einschließlich der Haltungen beständigen Rückzugs ablesen ließ.

Durch den mit Hilfe der Objekte hergestellten ersten Kontakt und den über die regressiven Positionen geknüpften zweiten Kontakt kamen wir schließlich zu einer provokativen Berührung in jenen Bereichen, wo hypotone Muskeln und Empfindungslosigkeit vorherrschte: spielerische Kitzelkämpfe im Diaphragma-Bereich und der Brust dienten anfangs dazu, seine Arme in Bewegung zu setzen, zuerst in abwehrender Haltung, dann in aggressiven, gegen mich gerichteten Bewegungen. Zuerst handelte es sich um einfache Reaktionen auf meine Provokationen, dann jedoch wurden sie mit größerer Bewußtheit ausgeführt, nicht nur spielerisch, sondern bald auch mit Wutgefühlen und auf wettkämpferische Art gegen mich vermischt.

Während einer späteren Stufe der Therapie rangen wir in einem improvisierten Ring miteinander, wobei er die Stärke seiner Arme und Beine ausprobieren konnte, während ich eine zunehmend stärkere Widerstandsbewegung anwandte. Zuerst versuchte er nur fest zu stehen, um mich wegzudrücken, wurde dann aber zunehmend provokativer, widerstand mir immer mehr und manifestierte Aggressivität. In dieser Therapiephase stiegen tief unterdrückte und auf der neurophysiologischen Ebene (Fehlen des Muskeltonus) zurückgehaltene Emotionen auf der emotionalen Ebene an die Oberfläche; sie waren nicht länger von Angst eingefroren: es entstand der Wunsch, durchzubrechen, eine Bresche zu öffnen und allmählich auch das Bewußtsein, dazu fähig zu sein.

Auch in der abschließenden, wiederherstellenden Phase können wir einen regressiven Kontakttypus anwenden, der nun natürlich eine andere Funktion hat als in den früheren Therapiephasen. Mit dem gerade erwähnten Kind, das zu Anfang für eine längere Periode jeglichen Körperkontakt vermied, probierte ich eine andere Berührungsart aus, die regressive Empfindungen hervorrufen sollte: die Stimulierung und Verbesserung innerer und äußerer Wahrnehmungen sollte eine "elterliche" Berührung wiederherstellen. Anfangs handelte es sich dabei um eine leichte Berührung, die immer tiefer und intensiver wurde und mit den gespreizten Fingerspitzen über die Oberfläche des gehaltenen Kopfs ausgeführt wurde. Anfangs blieb das Kind passiv, dann begann es meinen Bewegungen zu folgen, entspannte seinen Nacken und rieb seinen Kopf gegen meine Finger. Dann bewegte es sich auf dem Rücken liegend nach hinten, während es an meinem Gesicht, das seinem nahe war, vorbeisah. Dies reorganisierte Gefühle des Gehalten-Seins, die der Junge kaum in seiner Beziehung mit der Mutter erlebt hatte.

Durch diese psychosomatische Regression konnte er auf Entwicklungsstufen zurückkehren, auf denen die posturalen, emotiven und neuro-vegetativen Ebenen integriert arbeiteten (oder allgemeiner gesprochen, die physiologische und die symbolische Ebene).

4. *Die Übertragungs-Beziehung mit dem Kind. Ausgedehnte Gegenübertragung*

Die Übertragungsbeziehung in der Funktionalen Therapie mit einem Kind unterscheidet sich von der mit einem Erwachsenen. Die Übertragungsbeziehung mit einem Kind ist eine direkte Übertragungsbeziehung und nicht eine "Als-ob-Übertragungsbeziehung". Die Beziehung entwickelt sich aus erster Neugierde für einen Erwachsenen, der sich anders verhält als es das Kind bisher gewohnt war, zu einem Gefühl der Omnipotenz hin, durch das das Kind die Möglichkeit erfährt, seinen eigenen Aktions- und Spielraum zu kontrollierten, entwickelt sich von dem Mißtrauen gegenüber der Möglichkeit einer Trennung hin zu einem positiven Gefühl des Vertrauens, geboren aus der Erfahrung einer beständigen Beziehung und dem Erlebnis, daß das Objekt während der intensiven negativen Übertragungsperiode seine destruktiven Attacken überlebt.

In der therapeutischen Beziehung mit einem Erwachsenen überträgt das Kind auf das Setting und wiederbelebt eine bereits konsolidierte Beziehung, auch wenn es keine gelöste ist. Die frühe Situation wird mit der reziproken Wahrnehmung des "als-ob" reproduziert. Dies auch in der Gegenwart anderer abwesender Personen, die momentan vom Therapeuten verkörpert werden. Auch wenn es ein Bewußtsein von der Fiktion des Spieles haben sollte, ist das Kind doch direkt im Kontakt mit bereits erlebten frühen Emotionen und Affekten, auch wenn es sie nicht fühlen kann. Es wird sich während der Therapie kaum an frühere Ereignisse erinnern, aber sie können in seinem gegenwärtigen Verhalten gesehen werden. Deshalb ist es kaum notwendig, andere Personen, die in die Beziehung hineinspielen, zu interpretieren. Die Beziehung mit den Eltern ist noch nicht festgefahren. Das Kind kann Affekte, die es bereits erlebte, auf den Therapeuten projizieren, es kann aber auch eine direkte Beziehung mit ihm oder ihr ausprobieren. Neue Handlungsweisen können als Korrektiv und verändernde Hilfe in einem Prozeß dienen, der immer noch formt und auf die Außenwelt übertragen werden kann. Die Beziehung mit dem Therapeuten wird für ein Kind, das sich ja immer noch in der Entwicklung befindet, zu einem Faktor der Veränderung, des Wachstums und der Rekonstruktion.

Als Beispiel möchte ich den Fall eines Achtjährigen (er war der zweite Sohn) anführen, der wegen einer extremen Abhängigkeit von der Mutter und einer intensiven Feindseligkeit gegen den Vater, einer Neigung, sich von jeglichem sozialen Leben zu isolieren, Apathie, Stottern und einer gewissen Unsicherheit in seiner Sexualität, die sich besonders im Alter zwischen drei und fünf Jahren andeutete, in die Therapie kam. Der entscheidende Punkt in seiner Beziehung mit den Eltern war, daß er von beiden nicht akzeptiert wurde. Die Mutter war eine sehr ängstliche Frau, die nicht verleugnete, daß ihr eine Tochter lieber gewesen wäre. Der Vater gab zu, daß er jeglichen Ausdruck kindlicher Sexualität bei seinem Sohn hart unterdrückt und damit die Abhängigkeit des Kindes von seiner Mutter und seine Identifikation mit ihr gefördert hatte. Beide Eltern hatten Schwierigkeiten damit, dem Kind einen Rahmen und damit seinen exzessiven Forderungen Grenzen zu geben. Sie fühlten sich auf verschiedene Art und Weise schuldig.

Die jüngste Schichtung des Abwehrmechanismus des Kindes war es, den Erwachsenen zu spielen, so wichtig zu sein wie sein Vater. Hinter diesem Charakterzug versteckte er seine tiefste Emotion, die unausgedrückte und kontrollierte Angst vor seinem harten und autoritären Vater, was ja zu seiner älteren Abwehr, der Identifikation mit seiner Mutter (also das Mädchen sein zu wollen, das sie bevorzugt hätte) und der Ablehnung seines Vaters geführt hatte.

Der therapeutische Weg mußte also zum Kern der tiefsten Ängste, d.h. hinter die jüngeren Angstschichten und reaktiven Charakterzüge führen, und die Empfindungen auf allen Ebenen verstärken. (er akzeptierte sie, nachdem er einen regressiven Kontakt mit mir aufgenommen hatte). Er sollte durch die Übertragungsbeziehung mit mir fähig werden, seine Beziehung mit den Eltern, die sich ja immer noch entwickelte, zu verändern. In der Therapie sollte er jemanden mit dem Charisma der Autorität und des Grenzensetzens erleben können, der aber nicht den Ausdruck seiner Impulse und Emotionen behinderte und andererseits eine haltende (containing) Mutter, die ihm Freude und Spaß am Kontakt vermitteln konnte, ohne daß er dabei ihre Ängste absorbieren und eine Identität konstruieren mußte, wegen der er von ihr geliebt wurde.

In den ersten vier oder fünf Therapiemonaten zeigte das Kind immer wieder seinen Geschmack für schöne Dinge, für Kleider und dafür, sich zu verändern, einen ästhetischen Sinn, der sich anfangs in stereotypen Spielen ausdrückte, die später immer imaginativer wurden. In seinen Handlungen und in seiner Sprache wurde eine Integration beider Elternteile immer deutlicher. Er näherte sich allmählich seinem Vater an. Er wollte oft, daß ich da sei, vermied aber direkten Körperkontakt und hielt die Distanz, wobei er zeigte, daß er allein bleiben müsse, um ein Spiel zu organisieren. Er verstand also die Möglichkeit mich wegzuschicken und am Ende des Spieles wieder herbeizurufen. Das half ihm dabei, die Angst, seine Mutter zu verlieren, zu vertreiben. Außerhalb der Therapie entfernte er sich tatsächlich von seiner Mutter, um seine Autonomiemöglichkeiten zu überprüfen und sich vor ihren Ängsten und Sorgen zu schützen.

Gleichzeitig weichte die Rigidität seines Charakterzuges auf, der eine Reaktionsformation gewesen war, die ihn gezwungen hatte, den Starken in Opposition zu seinem Vater zu spielen und damit seine Unsicherheit und schwache Selbstwahrnehmung zu unterdrücken. In der Übertragungsbeziehung konnte das Kind seine femininen Aspekte und damit jene Teile seiner Identität, die sich von der seines Vaters unterschieden, wiedergewinnen und damit sein Selbstgefühl und sein Bedürfnis, sich von ihm zu unterscheiden, verstärken.

Ein entscheidender Schlüssel für die Anwendung der Übertragungsbeziehung ist die Arbeit an der eigenen Gegenübertragung, d.h. am Selbst des Therapeuten in seiner Ganzheit. Wir sehen hier das Übertragungsfeld auch als einen Ort, wo Übereinstimmung und Nicht-Übereinstimmung zwischen Übertragung und Gegenübertragung gelöst werden kann.

Die Erfahrungen der Therapeutin entwickeln sich ebenfalls auf verschiedenen Ebenen, die nicht immer gut verbunden sind. Ihre inneren Bilder stammen nicht immer aus einer bewußten Reaktion auf die Gedanken und Handlungen des Kindes, sondern aus all jenen Wahrnehmungsebenen, denen ihre Sinneswelt ausgesetzt ist, bewußt oder unbewußt. Es geht hier also um eine emotionale, kognitive und körperliche Gegenübertragung.

Unzweifelhaft leidet die Beziehung zwischen Kind und Therapeutin an der Gegenwart der Eltern, die ja nicht nur symbolisch ist, sondern die im Hintergrund und während der Therapie handeln. Die Gefühle, die in ihnen während der Therapiezeit ihres Kindes entstehen, sollten genau untersucht werden, um festzustellen, ob eine, wenn auch vielleicht nur geringe, therapeutische Zusammenarbeit mit ihnen möglich ist, oder ob sie von der neuen sich entwickelnden therapeutischen Beziehung möglichst weit entfernt gehalten werden sollten. Es werden in ihnen starke Schuldgefühle entstehen, die sich mit einer rigiden Abwehr und Angst abwechseln, daß der Therapeut/die Therapeutin ihre Kindererziehung und damit auch z.B. ihre geistige Einstellung verurteilen könnte. Deshalb sollten ihnen auch positive Rückmeldungen auf der Ich-Ebene gegeben werden.

In der wiederherstellenden Phase geht es nicht nur um die Erforschung und Interpretation eines pathologischen Prozesses, sondern um die Rekonstruktion einer neuen Lebensweise, die allerdings gar nicht so neu ist, denn sie wurde bereits, wenn auch nur andeutungsweise, in jener Zeit erlebt, bevor der Pfad der Abwehr und die Straße von Rigidität, Charakterzug und Spaltung beschritten wurde.

* * * * *

Eleonora Magrassi ist Psychologin. Sie ist Mitglied der Italienischen Gesellschaft für Funktionale Körperpsychotherapie (S.I.F.) und arbeitet am Wilhelm Reich Institut in Neapel. Ihre Adresse: Via Cappella Vecchia 8, 80121 Neapel, Tel.Italien/81/7643348.

ENTWICKLUNGSTRAUMA UND SCHOCKTRAUMA

von **Lisbeth Marcher** und **Peter Levine**, Kopenhagen (Dänemark)

Einführung

Marcher: Im Laufe meiner bisher zwanzigjährigen Forschungsarbeit zum Entwicklungstrauma interessierte ich mich allmählich auch für die Beziehung von Schocktrauma und Entwicklungshemmung. Gemeinsam mit meinen Kollegen am *Bodynamischen Institut* entwickelte ich eine 'Körperkarte' und konnte aufgrund dieser Körperkarte Unstimmigkeiten in den Entwicklungsmustern von Klienten feststellen. Diese Unstimmigkeiten erwiesen sich oft als Auswirkungen von Schocktraumata. Wir mußten also auch mit dem Schock arbeiten, um zu einer völligen Lösung von Hemmungsmustern in der Entwicklung zu kommen. Deshalb galt es auch praktische Ansätze für die Arbeit mit dem Schock zu entwickeln.

Peter Levine erarbeitete ebenfalls in den frühen siebziger Jahren ein umfassendes Modell der Gründe und Auswirkungen traumatischer Schockzustände auf Körper und Geist. Prinzipien aus der Neurophysiologie, Ethologie (dem Studium der Tiere in ihrer natürlichen Umwelt) und der Systemtheorie benutzend, entdeckte er, daß es möglich war, traumatische Reaktionen ohne eine erneute Retraumatisierung (wie sie oft bei Methoden des "Wiedererlebens" und der Katharsis erschienen) "neu zu behandeln".

Wir trafen uns 1985 auf einer internationalen Konferenz am Esalen-Institut in Big Sur, Kalifornien. Peter begann gerade die spezifischen, eine Neubehandlung des Traumas betreffenden motorischen Muster der Entwicklung zu erforschen, einen Bereich, den ich seit 20 Jahren intensiv studierte.

Levine: Und Lisbeth Marcher, die sich für die Unterschiede zwischen Entwicklungs- und Schocktrauma interessierte, suchte nach Wegen, die Klienten nicht retraumatisierten.

Marcher: Peter Levines Arbeit war für mich die zur Bodynamischen Analyse passende umfassende Theorie und Methodologie. Gemeinsam diskutierten wir viele Aspekte der körperpsychotherapeutischen Herangehensweise an das Trauma, inklusive Fragen der Übertragung und Gegenübertragung.

Im folgenden Artikel diskutieren wir einige der vielen Fragen bezüglich der strukturellen Differenz zwischen Entwicklungs- und Schocktrauma und stellen einige Leitlinien dar, wie diese Unterschiede erkannt und wie mit ihnen umgegangen werden kann. *Es geht hier also um die Unterschiede zwischen traumatischem Schock (dem "Schocktrauma") und dem Trauma von unvollständiger oder gehemmter Entwicklung (dem "Entwicklungstrauma").* Wir zeigen, daß es bei beiden sehr verschiedene Übertragungsdynamiken gibt, und im besonderen wie eine undifferenzierte Behandlung dieser Traumata-Typen zu einer *"theoretischen Gegenübertragung"* führen kann. Die falsche Anwendung einer Entwicklungstheorie auf ein Schocktrauma kann den Klienten in schwierige Übertragungen hineinzwingen, die ganz aktuelle Reaktionen auf Gegenübertragungsirrtümer des Therapeuten sind. Daraus kann ein frustrierender und oft destruktiver Zyklus von Übertragung/Gegenübertragung entstehen. Es werden aber auch andere Trauma-Übertragungen beschrieben, z.B. die Identifikation des Therapeuten mit einer Bedrohung.

Theoretische Übertragung

Marcher: Wir haben viel über Übertragung und Gegenübertragung, die persönliche Übertragung und das, was *George Downing* die "übertragene Übertragung" nannte, gesprochen. Wir haben dies ziemlich diskutiert und wir beide arbeiten sehr viel damit. Aber es gibt da noch eine andere Art Übertragung, eine Art "theoretische Übertragung". Wenn wir z.B. nach einer Theorie arbeiten würden, die besagt, daß es wirklich gut ist, einen Klienten tief in seine Emotionen hineinzuführen, dann kann diese Theorie eine Barriere für das sein, was richtig für diesen Klienten wäre. Nicht weil der Therapeut ein schlechter Therapeut ist, sondern weil ihm das für die Arbeit mit einigen bestimmten Klienten notwendige Wissen fehlt. Ich denke hier besonders an Klienten, die extreme Schocksituationen erlebt haben. Das ist gar nicht so selten. Wir müssen wirklich einiges darüber wissen, mit was diese Person im Speziellen zu uns kommt und welche Art der Übertragung sich deshalb entwickeln könnte. Wenn Sie z.B. mit Vietnamveteranen, wie Peter Levine es tut, arbeiten oder wie ich in Dänemark mit Veteranen der Widerstandsbewegung im Zweiten Weltkrieg, müssen Sie wissen, daß Sie diese Leute nicht mit dem Rücken vor ein Fenster oder eine Tür setzen sollten. Diese Leute müssen in einem Raum sitzen können, wo sie sowohl auf die Türen als auch auf die Fenster schauen können. Wenn sie das nicht können und nun über ihre aus dieser Zeit stammenden Schock-Streß-Situationen sprechen sollen, bringen Sie sie in eine Situation, in der sich ihr ganzer Körper innerlich wie in einer todesbedrohlichen Situation anfühlt. Denn damals ging es immer um Leben und Tod.

*Levine: **Und es ist sehr wahrscheinlich, daß Sie deren Übertragungsreaktionen falsch interpretieren, da Sie nicht verstehen, daß Sie diese bereits provoziert haben, weil Sie die Sicherheitsbedürfnisse Ihres Klienten nicht verstanden haben.***

Marcher: Dies ist ein Beispiel für die theoretische Übertragung. Es fehlt uns an Wissen, und wir produzieren eine Art Gegenübertragung. Es geht hier also nicht um die persönliche Arbeit des Therapeuten oder die Themen mit denen wir arbeiten, es ist keine übertragene Übertragung, sondern eine fehlende Theorie, ein Mangel an Wissen.

Levine: Es ist wichtig, dies als eine andere Art der Übertragung zu erkennen.

Der Unterschied zwischen Schockthemen und Entwicklungsthemen

Marcher: Es ist wirklich wichtig zu wissen, wie wir mit Schock und Trauma arbeiten müssen. Denn wir unterscheiden zwischen beidem, wir sagen, es gibt ein Entwicklungstrauma und es gibt ein Schocktrauma. **Mit dem Schocktrauma muß man viele Male arbeiten.** Die Arbeit mit dem Schocktrauma unterscheidet sich wirklich von der Arbeit mit dem Entwicklungstrauma. Wenn Sie das nicht wissen, oder wenn Sie nicht erkennen, daß Ihr Klient auf eine Schockreaktion zugeht, produzieren Sie eine Art Gegenübertragung. Wenn der Klient in der Entwicklungs-arbeit allmählich Emotionen entwickelt, kann man ihn dazu reden oder irgendetwas tun lassen, damit die Emotionen noch besser entstehen können. Wenn Sie aber wissen, daß es sich um ein Schocktrauma handelt, müssen Sie etwas tun, damit der Klient aus seinen Emotionen herauskommt. Aber das müssen Sie natürlich erst einmal wissen. **Wenn Sie mit der Entwicklung arbeiten, ist die Verstärkung der Emotion gut, wenn Sie mit der Entwicklung aber arbeiten wie mit einem Schock, wird nichts dabei herauskommen. Wenn Sie aber mit einem Schock arbeiten und die Emotionen verstärken, wird der Klient re-traumatisiert.** Es kommt also auf den theoretischen Hintergrund an. Deshalb möchten wir Ihnen nun etwas darüber sagen, was wir mit Schocktrauma und was wir mit Entwicklungstrauma meinen und wie Sie ein Schocktrauma erkennen und es behandeln können und in welche Art der Gegenübertragung Sie geraten, wenn Sie ein Schocktrauma wie ein Entwick-lungstrauma behandeln. Zuerst aber etwas Geschichte.

Geschichte der Traumatheorie

Levine: Die Geschichte des Begriffs "Trauma" ist sehr verwirrend. Wir können die Gegenwart nicht ohne ein wenig Geschichte verstehen. Wie Yogi Berra, ein berühmter amerikanischer Baseballspieler, sagte: "Die Zukunft ist eine Sache der Vergangenheit."

Wir schreiben den Beginn der psychologischen Erforschung des Traumas **Sigmund Freud** zu. Das ist nicht ganz korrekt, denn zwei Leute arbeiteten hier in der Tat zusammen. Der andere war **Pierre Ganet**, der ein wenig vor Freud dazu kam. Das ganze Feld wurde durch die Arbeiten von **Mesmer, Charcot** und **Breuer** vorbereitet. Der Franzose Ganet machte eine sehr wichtige Entdeckung zum Trau-ma und beschrieb meisterhaft die verschiedenen Symptome, die erscheinen, wenn ein Mensch extremer physikalischer Bedrohung ausgesetzt wird. Im Grunde be-schrieb er das, was wir heute als Dissoziation und dissoziative Erscheinungen kennen. Verglichen mit Freud, der eher ein Förderer von Dingen war, war Ganet mehr ein Lehrer, deswegen sind seine Ansichten ziemlich im Schatten von Freud verloren gegangen.

Freud sagte, daß die verschiedenen Neurosen und hysterischen Symptome durch körperliche, sexuelle Traumata in der Kindheit verursacht werden. Er benutzte von Mesmer, Charcot und Breuer entwickelte Methoden, Hypnose und andere Techniken, damit der Klient sich in einer emotionalen Katharsis bezüglich dieses Traumas abreagieren konnte. Genauso wie Mesmer erzielte auch Freud zu Anfang sehr gute Resultate. *Freud befand sich allerdings in einer weniger beneidenswerten Position als Mesmer. Er sah seine Klienten über längere Zeit. Mit Mesmer konnte man Wunderheilungen erleben. Klient nach Klient wurde im Beisein von vielen Zeugen "geheilt", aber er erlebte nie, ob das auch wirklich anhielt, während Freud sich tatsächlich damit beschäftigte.* Freud war ein intellektuell und wissenschaftlich hoch versierter Mensch. Er folgte seinen Patienten, nachdem er mit ihnen durch die Katharsis gegangen war, wo sie alte Erfahrungen wiederbelebten und von ihren Symptomen befreit wurden, bis dorthin wo die Symptome auf die gleiche Art oder anders wiedererschienen.

Freud mußte also weitergehen, mußte nach weiteren Erinnerungen suchen und sich auf die ganze Geschichte des möglichen Traumas, inklusive des sexuellen Mißbrauchs, konzentrieren. Freud setzte sich durch seine Entdeckung, daß Traumata häufig durch sexuellen Mißbrauch verursacht werden, einem hohen gesellschaftlichen Druck aus. Erst in den letzten zehn oder zwanzig Jahren erkennt man in vielen Ländern allmählich die Häufigkeit des sexuellen Mißbrauchs von Kindern. Daran können Sie abschätzen, unter welchem Druck Freud stand. Außerdem waren die durch die kathartische Methode entstehenden Ergebnisse sehr aufrüttelnd. Die Patienten projizierten und übertrugen auf ihn viele verschiedene Phantasien, die sich, wie ich glaube, eng auf bestimmte Überlebensmuster beziehen, die ein Mensch wählt, wenn er unter dieser Art sexueller Bedrohung leben muß. Das "Stockholm-Syndrom" ist ein sehr gutes Beispiel: Frauen, die als Geiseln festgehalten wurden, entwickelten eine extrem starke sexuelle Übertragung auf ihre Geiselnehmer, bis zum Extrem, jahrzehntelang zu warten, bis diese aus dem Gefängnis kamen, um sie dann zu heiraten. Das ist wirklich eine sehr starke Übertragung. - In seiner Gegenübertragung veränderte Freud die Regeln: "Nein, dies ist nicht wirklich geschehen. Was wirklich geschieht, ist, daß du Phantasien darüber hast, mit mir eine sexuelle Beziehung eingehen zu wollen und damit auch mit dem Vater (oder dem gegengeschlechtlichen Elternteil)". Er interpretierte diese Übertragungsreaktionen so, weil er aus seiner Gegenübertragung heraus unfähig war (und sich unter Druck fühlte), sich mit den Reaktionen tatsächlich zu beschäftigen.

Interessanterweise wurde der erste bekanntere Artikel, der sich damit beschäftigte, daß das Trauma von außen an den Menschen herangetragen wird, von *Cardina* geschrieben. Er ist heute als Entdecker des posttraumatischen Streß' (PTS) bekannt. Er erforschte Schockzustände bei Soldaten des Zweiten Weltkrieges (die also nicht hauptsächlich durch innere psychodynamische Konflikte oder auf den gegengeschlechtlichen Elternteil gerichtete Impulse entstanden waren). 1945 schrieb *David Levy*, ein brillanter Psychiater des New Yorker Bellevue-Krankenhauses einen weiteren sehr wichtigen Artikel. Er entdeckte, daß die Kinder, die sich hier irgendwelchen medizinischen Prozeduren, einschließlich Operationen, unterziehen mußten, fast exakt die gleichen Symptome wie die Soldaten zeigten, die man aus den Kriegsgebieten in Europa und Afrika nach Hause schicken mußte. Die Ärzte und Krankenschwestern reagierten darauf meistens folgendermaßen: "Oh ja, die Kinder übernehmen die Ängste der Erwachsenen und so müssen wir also den Erwachsenen sagen, nicht angstvoll zu sein." Die Ärzte und Operateure baten also die Eltern ihre Kinder zu belügen. Damit wurden die Kinder allerdings nicht nur durch die medizinischen Prozeduren traumatisiert, sondern auch noch betrogen und verlassen. Und damit steckte man in sehr großen Traumata-Problemen bei hospitalisierten Kindern.

Nach 1945 erschien praktisch kein anderer Artikel zu diesem Thema, bis 1975 drei weitere herauskamen. Der erste wurde über den "Buffalo Creek Staudamm" geschrieben, der brach und viele Tote in den naheliegenden Städtchen verursachte. Der zweite wurde über ein Feuer in einem Bostoner Club, das "Coconut Grove Fire" geschrieben. Der dritte war eine Studie von *Lenore Ture* über Kinder, die in Cochilla in Zentralkalifornien gekidnappt und dreißig Stunden lang unter extremem Streß festgehalten wurden.

Ich glaube jedoch, daß nicht diese drei Studien die Richtung der Psychologie veränderten, sondern etwas, daß gleichzeitig in Amerika und der ganzen Welt geschah. Die Frauenbewegung richtete die Aufmerksamkeit vieler, vieler Menschen, einschließlich der Profis im Gesundheitswesen darauf, daß Kinder wirklich Schmerzen erleben. Es wurde damit unmöglich, zu behaupten, daß Kinder keine Schmerzen erleben könnten.

Marcher: Und auch, daß Kinder sich erinnern können.

Levine: Seitdem interessieren sich sehr viele Leute für diesen Bereich und es gibt sehr viele Artikel über traumatischen Streß. Aber es ist noch keine zusammenhängende Theorie entworfen worden, die beschreibt, was in diesen überwältigenden Situationen geschieht und die dann zu einer vernünftigen Behandlungstheorie geführt hätte. Dies war also eine sehr kurze Geschichte der Verwirrung zwischen Entwicklungstrauma und traumatischem Schock. Jetzt wird Lisbeth etwas über das Entwicklungstrauma sagen und danach werde ich mit dem traumatischen Schock fortfahren.

Entwicklungs - Traumata

Marcher: Viele Psychiater versuchen herauszufinden, warum Menschen mental krank werden. Zu Beginn wurden viele Informationen aus der Tierforschung gewonnen. Aber wenn Sie so herangehen, indem sie Schmerzen zufügen, beschäftigen Sie sich nicht mit einem Entwicklungstrauma sondern mit einem Schocktrauma. Und wenn sie versuchen, die Ursachen eines Entwicklungstraumas und seine Behandlungsmöglichkeiten mit Informationen, die aus einem Schocktrauma stammen, zu ergründen, wird dies nicht gelingen.

Was ist also ein Entwicklungstrauma? Wir alle wissen, daß Kinder auf bestimmten Altersebenen bestimmte Entwicklungsaufgaben zu bewältigen haben und da geschieht es, daß z.B. ein Kind krabbeln will, aber der Boden so rauh ist, daß es sich verletzt und deshalb damit aufhört. Damit hört es aber auch auf "wahrzunehmen" was "da draußen" ist. Es wird nun versuchen, die Krabbelbewegungen zu vermeiden und etwas anderes zu tun. Die Krabbelbewegung ist aber eines jener Dinge, die eine Brücke zwischen den Gehirnsystemen baut. Wenn das Kind also diese Bewegungen überspringt, wird es später Probleme kriegen - psychologische Probleme. Ein Gegenbeispiel: Viele Eltern mögen es, wenn ihre Kinder zu krabbeln anfangen, und lieben es, wenn sie zu gehen beginnen. Wenn sie dann allerdings Sachen in der Wohnung anfassen und prüfen, versuchen viele Eltern ihre Kinder davon abzuhalten. Die Kinder tun dies aber, um die Welt kennenzulernen. Sie müssen alles anfassen, es in ihre Hände nehmen, daran riechen, es schmecken. Wenn Sie ihnen verbieten dieses *Spezielle* zu tun, wissen die Kinder nicht, das Sie wirklich nur *das* meinen, sie kennen den Unterschied nicht: Das ist meins, das ist nicht meins. Das müssen Sie ihnen wirklich langsam beibringen. Zu Anfang dieser Periode ist es sehr leicht, Kinder davon abzuhalten, überhaupt irgendetwas zu tun. Wenn die Eltern wütend sind, wird das Kind stoppen. ***Das Schlimmste, was Eltern tun können, ist jedoch den "Kontakt zu unterbrechen". Wenn Sie wütend werden und den Kontakt abbrechen, hören Sie auf, ihrem Kind etwas zu geben, was es unbedingt braucht, nämlich den Kontakt, und das hat sehr starke Auswirkungen.***

Wenn Sie sich zurückziehen, vermitteln sie dem Kind, daß es irgendetwas tun muß, um den Kontakt wiederzubekommen. Das Kind hört z.B. auf, seine Arme auszustrecken, sowohl emotional als auch tatsächlich körperlich. Wenn Kinder ihr Wissen darüber, wie man seine Arme ausstrecken muß anwenden, werden sie dieses auch tun. Aber wenn sie ihre Arme ohne zu denken ausstrecken, werden sie es nur noch halbherzig tun, sie halten sich zurück, weil sie es nicht besser wissen. Und das geschieht nicht als Folge eines Zwischenfalls, sondern weil sie es oft erleben.

Wenn wir über die Entwicklung des Kindes sprechen, sprechen wir auch über seine "Rechte". Es gibt sehr viele Dinge, die das Kind lernen muß. Im Mutterbauch hat es bereits das Recht zu existieren, und es lernt, daß es geliebt wird, nicht weil es irgendetwas tut, sondern weil es ist. In einer frühen Struktur, die wir ***"Bedürfnisstruktur"*** nennen (in vielen Theorien "orale Struktur") muß das Kind lernen, das einzufordern, was es braucht. Ein gesunder Mensch ist jemand, der fähig ist, einzufordern und seine Bedürfnisse "halten" (containen) kann, wenn sie nicht direkt erfüllt werden. Aber er weiß, wie er sie auf Dauer erfüllen kann.

Die nächste Stufe ist die der ***"Autonomie"*** (Lowen hat hier den Psychopaten angesiedelt). Es handelt sich um die Zeit zwischen dem achten Monat und dem zweiten Lebensjahr, wo das Kind lernt, in die Welt hinauszugehen und energetisch von seinen Eltern getrennt zu sein. Es lernt, daß Emotionen etwas sind, was ihm unter die Haut geht, daß niemand fähig ist, ihm diese Emotionen abzunehmen, daß niemand fähig ist, ihm diese Emotionen zu geben, daß aber einige Menschen durchaus fähig sind, etwas zu tun, worauf es emotional reagiert. ***"Ich bin wirklich fähig, meine Emotionen nach außen zu geben. Deshalb bin ich wirklich ein von anderen Menschen unterschiedener/getrennter Mensch mit dem Recht auf meine***

Besonderheiten und dem Recht mir selbst zu gehören". Das Kind ist nun auch fähig, ganz bestimmte körperliche Dinge zu tun: Es kann springen, auch wenn es erst nur vielleicht von etwas herunterspringen kann, es kann gehen und es kann klettern. Wenn das Kind seinen eigenen Körper in Besitz nimmt, nimmt es sich gleichsam selbst in Besitz, es wird zum Herrn und Meister seiner selbst. Ein weiteres Thema in diesem Alter ist das Thema "Hilfe". Das Recht, Hilfe zu bekommen, bedeutet nicht, daß jemand anders dieses oder jenes für mich tut (denn dann wird das Gefühl wieder heruntergeschluckt), sondern das er/sie *mir hilft, etwas zu tun.* Die nächste Ebene heißt *"Willensstruktur".* Die Willensstruktur ist die "Brükkenstruktur" zwischen den drei früheren Strukturen und den drei späteren Strukturen. Die Willensstruktur (2 - 4 Jahre) ist eine sehr, sehr schwierige Zeit für das Kind. Es beginnt zu reden, und es beginnt, einen Zeitrahmen zu bekommen. Es fängt an, Pläne zu machen, weil es anfängt, sich zu entscheiden. Es unterscheidet und vergleicht zwei "Dinge", die gleichzeitig existieren. Z.B.: "Ich kann auf jemand wütend sein und ihn gleichzeitig aber auch lieben". Zwei verschiedene Emotionsarten. "Ich kann nach Hilfe fragen und es gleichzeitig ganz alleine tun wollen". Aber wie geht das? Auf dieser Entwicklungsstufe lernt das Kind, zwei verschiedene Teile auszubalancieren.

Die nächste Struktur hat mit *"Liebe und Sexualität"* zu tun (3 - 6 Jahre). Das Kind muß sich nun in dem Dreieck Vater - Mutter - Kind bewegen. Es lernt, was Sexualität ist und was die Erwachsenen damit machen. Es spürt seine Genitalien auf bestimmte Art und Weise, es muß lernen, daß es ein Mädchen oder ein Junge ist. Und es nimmt in sich auf, was dies in seiner Kultur bedeutet. Das hat nichts mit wirklichem Sex zu tun und besonders nicht mit dem Sex der Erwachsenen. Aber natürlich mit dem Spiel, wie es sein könnte, Sex zu haben, wenn es erwachsen wäre.

Levine: So eine Art üben, wenn sie so wollen.

Marcher: Üben. Es geht auch darum, wie man flirtet und weiß, wie man mit dem anderen Geschlecht in Kontakt kommt. Was muß man in der eigenen Kultur tun, um das zu kriegen? Aber es hat nichts damit zu tun, es wirklich geschehen zu lassen. Schauen sie sich doch die jungen Katzen und Hunde an. Ab einem bestimmten Alter versuchen sie, Sex miteinander zu machen und natürlich versuchen sie es auch mit Mama oder Papa, aber die stoßen sie wieder weg. Wenn sie das vielleicht ein wenig zu rauh gemacht haben und das kleine Hündchen schreit, dann wird es eben abgeleckt. Und dann können sie beobachten, wie das Hündchen wieder aufsteht und es mit Mama erneut versucht. Es ist das Recht des Kindes, es zu versuchen und es ist die Verantwortung des Erwachsenen, eine Grenze zu setzen.

Auf der nächsten Stufe (5 - 8 Jahre) versuchen Sie, eine eigene Meinung zu bekommen, wir sind also in der *"Meinungs-Struktur".* Und manchmal sind wir in diesem Alter wirklich so clever und klug, verschiedene Dinge wirklich zusammenzufassen. Und auch wenn etwas falsches dabei herauskommt, haben wir bewiesen, daß es geht. Erwachsene können dies natürlich ganz leicht auseinanderpflücken und sagen: "Ach, das stimmt aber nicht". Was das Kind aber wirklich von seiner Mama und seinem Papa möchte, ist, das die mit ihm/ihr diskutieren, damit es lernen kann, wie es die Dinge zusammenbringen kann und wie nicht.

Die letzte Altersstufe ist eine der schwierigsten. Sie dauert vom siebten bis zum zwölften Lebensjahr und heißt *"Solidarität/Darstellung"*. Darüber wurde bisher am wenigsten geschrieben. Hier lernen Kinder, in Gruppen zu sein, sich selbst zu behaupten und dennoch die Beziehung mit der ganzen Gruppe zu halten. Sie lernen, ein Führer und/oder ein Mitglied der Gruppe zu sein. Sie lernen ebenfalls, für das, was sie für richtig halten zu kämpfen, und gleichzeitig beginnen sie, die Augen dafür zu öffnen, daß sie nicht immer Recht haben. Das sind alles sehr schwierige Balanceakte in diesem Alter.

Dies sind also ihre Aufgaben und Rechte und jedesmal, wenn sie davon abgehalten werden zu lernen, kommen sie in eine Streßsituation. Wenn Kinder zu sehr gestoppt werden oder zu wenig Kontakt bekommen oder sie zu grob aufgehalten werden, entsteht für sie ein Entwicklungstrauma.

*Levine: **Ein Wiederholungstrauma.***

Marcher: D.h., sie entwickeln eine Art und Weise mit Problemen umzugehen, indem sie ihre Energie manipulieren. Sie werden sie entweder zurückhalten oder teilweise ganz aufgeben, das ist abhängig davon, *was ihnen den größten Kontakt mit den Eltern ermöglicht.* Dies ist das Schlüsselelement: Gegenseitige Verbindungen. Wir müssen verstehen, wie und warum ein Kind ein bestimmtes Verhalten und ein Seinsart entwickelte, die, wenn es erwachsen geworden ist, als gesund oder ungesund angesehen/beurteilt werden kann. Diese Verhaltensweise und Seinsart war gesund - weise -, in Kinderzeiten, da es dadurch den größtmöglichen Kontakt erhielt. Es war seine Art zu überleben. Diese Art erlaubte ihm/ihr aber nicht, mit allem was es hat und ist herauszukommen. Es wird nun dasselbe Muster wiederholen, sobald es vor der gleichen Aufgabe oder dem gleichen Problem steht. Man kann dieses Muster aber auch als Art "Ladung" betrachten und so auf die Kräfte, die in ihm stecken, fokussieren. Dies ist eine Art der unterschiedlichen Behandlung eines Entwicklungstraumas von einem Schocktrauma.

Levine: Wenn wir uns die Lebenserfahrung eines Menschen als einen Strom vorstellen, wird es Störungen in dieser Erfahrung geben. Diese Störungen vereinigen sich wieder mit dem Fluß der Lebenserfahrung, bis es zu einem neuen Problem, einem neuen Hindernis, einer neuen Herausforderung kommt. Dann gibt es wieder ein Herumwirbeln, einen Aufruhr, bis die Störung vorbei ist und in den Gesamtfluß der Lebenserfahrung integriert wird. Es gibt aber auch Störungen, die selbst zu Hindernissen im Fluß werden und deshalb nur schwierig in die ganze Erfahrung reintegriert werden können. Die Ressourcen werden ausgedünnt, fließen aber dennoch im Hauptstrom der Lebenserfahrung eines Menschen mit. Vielleicht sind sie isoliert, eingeschlossen oder kristallisiert. *David Boadella* beschrieb die Charakterentwicklung als Streßantwort. Die Bodynamiker beschreiben die Charakterentwicklung in Begriffen motorischer Funktionen und die Hakomi-Leute sprechen von den strategischen Veränderungen, die ein Mensch wegen seiner Charakterstruktur ausführt. *Aber durch all dies fließt die Energie des Menschen immer noch. Sie fließt vielleicht auf komische Art und Weise, sie kann "hier" nicht durch, deshalb muß sie "dort" fließen, aber immer findet sie ihren Weg in den Strom zurück. Dies unterscheidet das Entwicklungstrauma vom traumatischen Schock.*

Traumatischer Schock

Levine: Der traumatische Schock sieht grundlegend anders aus. Die beste Definition des Trauma kommt immer noch von *Freud*, der 1914 das Trauma als eine "Bresche im Schutzwall gegen die Stimulation", beschrieb, "was zu überwältigenden Gefühlen der Hilflosigkeit führt". *George Downing* sprach heute sehr schön über die Modulationen (Regelungen) in der Übertragungsbeziehung. Hier geht es um die grundlegenden Arten und Weisen, wie sich ein Organismus vor Kräften schützt, die von außen in ihn eindringen wollen. Es geht hier um das Nervensystem und um organismische Funktionen. Das Schocktrauma führt zu einem überwältigenden/überschwemmenden Gefühl der Hilflosigkeit. Beim Entwicklungstrauma geht es um Emotionen, denen nicht erlaubt wird, sich auf normale Art und Weise zu entwickeln. Sie unterscheiden sich quantitativ und qualitativ von den Emotionen und Auswirkungen, die mit dem Zusammenbruch des Stimulusschutzes und der hereinbrechenden "Sturmflut" zu tun haben.

Wenn die Schutzbarrieren des Körpers (an denen das Nervensystem, die Wahrnehmungssysteme, die kognitiven Systeme, besonders auf den primitiven Ebenen des Gehirnstammes und in den primitiven Teilen des Körpers, dem Reaktionssystem, dem Gamma-System der Muskeln und der Nervensysteme) durchbrochen werden, strömen die Energien und Informationen des Erlebens strudelartig aus (wie Badewasser durch das Abflußloch), wobei der Strudel eine derart starke Störung verursacht, daß es ein eigenes System außerhalb des Entwicklungssystems bildet. Wegen dieser Bresche, diesem Loch, müssen wir in der Therapie das, was sich vom Hauptstrom abzweigte, durch das Loch ausfloß, wieder in den Hauptstrom zurückleiten. Wir müssen hier anders arbeiten als beim Entwicklungstrauma. *Beim Entwicklungstrauma müssen wir durch affektive Arbeit Barrieren durchbrechen. Beim traumatischen Schock dürfen wir dagegen nicht noch mehr Energie aus dem System heraustreiben. Wir müssen die Energie statt dessen wieder reintegrieren. Die Psychotherapie sieht in diesem Feld allerdings bisher sehr schwach aus.* Marty Horowitz spricht über eine phasenorientierte Trauma-Arbeit (Phasenorientierte Psychotherapie). Aber die Freud'sche Vermischung von Entwicklungsschock und traumatischem Schock besteht immer noch.

Körperempfindungen

Levine: Als Körpertherapeuten haben wir einige sehr wertvolle Werkzeuge. Nr.1: wir haben den Körper. Wir haben als Körpertherapeuten bisher aber auch zwei Schwachstellen. Die eine heißt Übertragung und Gegenübertragung, die andere Körperwahrnehmung und Körperempfindung.

Marcher: Körperempfindung meint, genau zu empfinden, was die Muskeln tun. Ist der Muskel angespannt, weniger angespannt, schlaff usw. Es geht hier nur um die Empfindung im Körper, und nicht um irgendeine Art Erfahrung oder Emotion.

Levine: Und das in sehr unterschiedlichen Abstufungen, kontrollierten Energiemengen und kontrollierten Erfahrungen, sehr langsam mit Hilfe einer besonderen Sequenz von Methoden.

Dissoziation

Levine: Dissoziation ist das, was geschieht, wenn die Erfahrung sich vom Fluß des vollen Erlebens trennt, oder wie *Woody Allen* sagt: "Ich habe keine Angst vor dem Tod, ich möchte nur nicht dabei sein, wenn es geschieht". Die Dissoziation schützt uns vor überwältigender Bedrohung und überschwemmendem Schmerz, den z.B. das Beutetier erleben könnte, wenn es seinem Jäger gegenübersteht. *Stanley Livington* beschreibt in seinem Afrika-Tagebuch sehr anschaulich seine Begegnung mit einem Löwen: "Ich hörte einen Schrei, drehte meinen Kopf und sah einen Löwen auf mich zuspringen. Ich stand auf einer kleinen Anhöhe. Er packte im Springen meine Schulter und riß mich hinunter. Sein schreckliches Brüllen drang mir ganz nah ins Ohr und schockte mich wie ein Terrier eine Ratte. Der Schock erzeugte eine Lähmung, wie man sie bei einer Maus nach dem ersten Zuschlagen der Katze sehen kann. Es war eine Art Traumzustand ohne Schmerzgefühl, ohne Sorge, ich fühlte den Schlag nicht. Dieser einzigartige Zustand war kein Ergebnis irgendeines mentalen Prozesses. Der Schlag vernichtete die Angst und erlaubte kein Gefühl des Schreckens, als ich mir die Bestie anschaute".

Dieser Zustand, der uns erlaubt, der Zerstörung zuzuschauen, also unserem eigenen Zerrissenwerden, ist eine der fundamentalsten biologischen Schutzmechanismen. Fundamentaler als *Ganet*, den ich bereits erwähnte, glaubte und fundamentaler als *Freuds* Unterdrückungsmechanismus. Er ist viel ursprünglicher, eine primäre biologische Reaktion. Wenn Kinder jedoch immer und immer wieder dissoziieren müssen, wird sie zu einem fixierten Muster im Nervensystem und im Körper. Sie lernen, ich meine hier nicht auf kognitive Art, sondern ihr Organismus lernt, als erste Abwehrlinie gegen jegliche Bedrohung (Affekte etc.) die Dissoziation ins Feld zu führen. Sie dissoziieren sehr leicht, springen also leicht in den Strudel.

Marcher: Sie gehen also auch viel öfter als andere in den Schockzustand, sie haben nicht so viele Möglichkeiten, sich in verschiedenen Situationen anders zu verteidigen, sie hören deshalb auf zu sehen, was wirklich geschieht.

Levine: Sie werden wie von einem Staubsauger verschluckt, wie von einem schwarzen Loch einfach eingesogen. Die meisten Psychologen betrachten die Dissoziation hauptsächlich als Trennung eines Teils des kognitiven Prozesses und des Erinnerungsprozesses von anderen Prozessen. Dissoziation steht dem psychologischen Prozeß der Assoziation gegenüber. Wir erkennen Dinge, in dem wir Erfahrungsstücke miteinander assoziieren. Die Dissoziation ist das Auseinanderbrechen assoziierter Teile. Wir wissen als Körpertherapeuten, daß es ein fundamentales Trennen des Körpers vom Geist gibt und ein Aufbrechen des Körpers in verschiedene Teile, die nicht miteinander kommunizieren, besonders in verschiedene Organsysteme aber auch in Muskeln. Bei unserer Arbeit mit dem Schocktrauma müssen wir also fähig sein, mit den organspezifischen Systemen, die die dissoziierten Schockfragmente absorbiert haben, zu arbeiten. Es geht hier also nicht nur um Muskeln oder Knochen etc., sondern es wird sehr viel komplizierter. Wir müssen uns hier wirklich auch die Faszien der Knochen, das Periost und besonders die Organsysteme und das autonome Nervensystem anschauen. Und dann geht es darum, mit einem ständig genauen Blick auf die Gegenübertragung eine gemessene Körperarbeit zu leisten.

Schritt für Schritt

Levine: Wir arbeiten uns vom Hier-und-Jetzt allmählich zum Schock vor und integrieren die Energien in den Hauptstrom der Erfahrung. Die Körperwahrnehmung ist sehr wichtig. Bestimmte Techniken helfen den Klienten, das dissoziierte Material langsam wieder zusammenzubringen. Langsam, denn wenn Sie Dinge, die dissoziiert waren, wieder assoziieren, retraumatisieren Sie die Person und sie wird auf einer tieferen Ebene, oft in den Organsystemen, erneut dissoziieren. Wir arbeiten also Schritt für Schritt, damit die Zeit der Reassoziation nicht zu einer Retraumatisierung führt.

Marcher: Wir nehmen jedesmal nur wenig von der Energie weg, so daß wir niemals ein wirklich hohes Energieniveau erreichen. Bei den Entwicklungsthemen ist es umgekehrt. Dort hat sich die Energie zurückgezogen und wir müssen sie wieder in den Körper zurückholen, ein wenig mehr Energie als üblich in die Emotionen einleiten, so daß der Klient seine Emotionen spüren, mit ihnen herauskommen und sie verstehen kann. *Bei einem Schocktrauma geht es darum, jedesmal ein wenig Energie wegzunehmen.*

Levine: Wenn dies methodisch gemacht wird, geschehen erstaunliche Dinge. Die Klienten entwickeln, oder wieder-entwickeln, diese sehr tiefen biologischen, muskulären Abwehrmechanismen, Fluchtmechanismen, die von dem, was das Trauma verursachte, überrannt wurden. Und bedenken sie nun, welche Kraftquellen dies sind. Und stellen sie sich nun vor, wie vorsichtig diese Energien behandelt werden müssen, es ist wie das Mischen von Chemikalien. Stellen sie sich folgendes vor: Ein Tier (Mensch) flüchtet mit äußerster Geschwindigkeit und wird auf der Höhe der Aktivität seines autonomen und somatischen Nervensystems gestoppt. Nun stürzt die gesamte Energie, die das Tier (der Mensch) benutzte, um zu fliehen, in den Schockzustand ein. Wenn es oder er nun aus dem Schock auftaucht, besteht eine ungeheure Überladung. Er wird nun entweder retraumatisiert oder er stößt das Trauma auf eine tiefere Ebenen hinab. Deshalb muß eine Ebene nach der anderen allmählich bearbeitet werden, damit sie wieder an das Körpergefühl angeschlossen werden und sich das Trauma integrieren kann.

Marcher: Dies ist der Unterschied zwischen der Arbeit mit einem Entwicklungtrauma und einem Schocktrauma. Beim Entwicklungstrauma lassen Sie den Klienten sich mehr und mehr bewegen, Sie benutzen ihre Hände, um mehr Energie zu geben, seine Emotionen zu vertiefen, damit er sie wirklich spürt. Oder Sie beschäftigen sich mit den vergessenen Teilen, um größeres Verständnis zu erzeugen. Beim Schock geht es um etwas anderes. Jedesmal wenn der Klient vertiefen will, müssen Sie vom Vertiefen weggehen. Ich arbeite mit sehr viel aus dem Krieg stammenden Schockzuständen. Viele haben jedoch auch Schocks in ihrer Kindheit erlitten. Diese Leute gehen sehr leicht in Bewegung, in Emotion und in das, was anscheinend fehlt, aber nichts verändert sich wirklich oder der Klient dissoziiert mehr und mehr.

Levine: Oder sie sind süchtig nach dem Prozeß, das was wir "abhängige Übertragung" nennen, die durch bestimmte biochemische Veränderungen verursacht wird.

Marcher: Ich erinnere mich an die Bearbeitung meines eigenen Schocktraumas. Ich tat dies in einer Gestalttherapie und dann auch mit einigen Körperpsychotherapeuten. Immer wenn ich mich dem Schock näherte und meinen Durchblick verlor, sagten sie nur: "Das macht nichts, beweg dich nur und komm heraus mit deinen Emotionen". In der Gestaltarbeit sagten sie mir, wenn ich mich fürchtete: "Du kennst die Angst nicht wirklich, bis du mit ihr gearbeitet hast". Aber ich wußte doch, daß ich sie in meiner Kindheit gehabt hatte. Und sie sagten, daß die Angst oft kommt, wenn wir Wut zurückhalten. Und so wurde ich wütend und fühlte mich auch irgendwie erleichtert. Wenn ich jedoch nach Hause kam wurde ich in derselben Nacht krank. Einmal wurde ich ohnmächtig, ein anderes Mal bekam ich eine Gehirnentzündung, weil ich stärker dissoziierte. Es war keine schlechte Therapie, aber der Therapeut wußte einfach nicht, wie man mit Schock arbeitet.

Levine: Es dissoziiert ins Nervensystem und in die Organsysteme.

Marcher: Der Therapeut konnte es auch nur schwer erkennen, weil ich ja im Moment erleichtert war, gleichzeitig aber auch sehr dissoziierte. Und das kann sehr schwierig zu erkennen sein, wenn man nicht weiß, woran man es erkennen kann. Ich begann deshalb Physiologie und Pawlow zu studieren und fügte meine Kenntnisse aus meinen Tierstudien hinzu, um einen Weg der Behandlung des Schocks zu finden, bei dem wir weniger in all die Bewegungen gehen. Ich nenne es *Titrieren*. Wir am Bodynamischen Institut waren in diesem Prozeß, als wir Peter (Levine) trafen und erkannten, daß er die gleichen Theorien vertrat. Wir konnten sie dann sehr leicht zusammenfassen und sehen, wie wichtig sie waren.

Sie können einen Klienten mit vielen verschiedenen Entwicklungsproblemen haben, die sie auf eine spezifische Charakterstruktur zurückführen können, und trotzdem fehlt noch etwas. Dies ist oft so, weil ein Schock dieser Person ein Muster gegeben hat, das wie diese Charakterstruktur ausschaut. Sie werden deshalb ihre Arbeit an der Charakterstruktur nicht beenden können, wenn sie nicht vorher mit dem Schock gearbeitet haben.

Levine: Wir werden nun versuchen, ein Gesamtkonzept für beide Perspektiven zu entwickeln.

Struktur und Setting

Levine: Wenn wir mit traumatisierten Menschen im Übertragungs/Gegenübertragungsumfeld arbeiten, müssen wir bestimmte Dinge beachten: Wir müssen den Sicherheitsbedürfnissen des Klienten Rechnung tragen. Eine Frau, die vergewaltigt wurde, sollte nicht gezwungen sein, dies ist wirklich wichtig, ihr Auto des nachts im Parkhaus abstellen und irgendwelche dunklen Treppen zur Sitzung hinaufsteigen zu müssen. Lassen Sie sie am Tag kommen, im hellen Tageslicht. Oder wenn sie mit einem Folteropfer arbeiten und ihm nun Fragen zur Person stellen, übernehmen sie die Gegenübertragung des damaligen Befragers und erhalten eine starke Übertragung vom Klienten.

David Boadella sagte am ersten Tag, wir hätten eine Übereinkunft, daß die Übertragung beim Klienten läge und bei uns die Gegenübertragung und fragte, wieso dies eigentlich so klar sei? Hier ist es also umgekehrt. Unsere Gegenübertragung setzt die ganze Dynamik der Übertragung überhaupt erst in Gang. Wir sollten also erst unser eigenes Trauma bearbeiten und unsere ganze Gegenübertragung loswerden.

Sie erinnern sich nicht an den Schock als schockierend

Levine: Wenn man Menschen fragt, ob sie ein Trauma gehabt hätten, sagen sie oft: "Ich weiß nicht, wirklich nicht". Hier wirkt oft die Verleugnung. Ich arbeitete einmal mit einer Frau, deren Augen ziemlich aus den Höhlen herauskamen (ein ziemliches Zeichen). Ich fragte sie, ob in den letzten Jahren etwas Beängstigendes geschehen war. Ich fragte sie niemals etwas zu ihrer Geschichte, weil ich wußte, daß nichts dabei herauskommen würde. Sie antwortete: "Nein, absolut nichts". Könnte es sein, sagte ich, daß Sie es nur vergessen haben. Ich erinnerte mich an eine Studie, die besagt, daß 75% der Menschen in ihren letzten fünf Jahren etwas Schlimmes erlebt haben. Sie sagte: "Oh ja, ich wurde entführt, vor etwa zwei Jahren". Das ist typisch.

Marcher: Ich habe noch ein Beispiel. Ich las am Körper einer Klientin ab, daß sie einen Schock gehabt haben müsse. Und das wahrscheinlich in den letzten drei Jahren. Vor vier Jahren hatte sie ein Kind bekommen. Ich fragte, ob es bei der Geburt Probleme gegeben habe. "Nein, keine". Aber es sah so aus, als ob sie sich wirklich vor etwas ängstige. Bei weiterem Befragen fand ich heraus, daß sich ein Jahr nach der Geburt bei ihr viel verändert hatte, aber "nichts schockierendes". Dann arbeiteten wir am Körper und sie sagte: "Oh ja, jetzt erinnere ich mich, bei der Geburt wäre ich fast gestorben".

Levine: Das müssen Sie wirklich ernst nehmen, die Leute erinnern sich nicht. Ich fragte die Frau, die gekidnappt wurde: "Haben Sie sich nicht gefürchtet?" "Nein, wir waren auf dem Weg zum Skifahren." Ich sagte: "Was meinen sie damit?" "Ich war auf dem Weg zum Abendessen, als dieser Mann mich in sein Auto riß." "Und was hat er getan?" "Er brachte mich zu sich nach Hause." "Was tat er dort?" "Er band mich ans Bett." "Hat Sie das geängstigt?" "Nein." "Es hat Sie also nichts geängstigt?" "Mmh, ja, da hingen überall Messer an den Wänden."

Darüber hätte man tatsächlich lachen können, aber hier taucht ein durchgängiges Muster auf. Ich erzähle dies nur, um zu illustrieren, wie dramatisch und subtil das alles sein kann. Sie müssen wirklich die ganze Geschichte kennen. Sie müssen sich das immer wieder ins Gedächtnis rufen, das ist der Hintergrund auf dem Sie arbeiten. Wenn Sie also mit jemand arbeiten, Emotionen aktiviert werden, müssen Sie nach bestimmten Dingen im Körper suchen, die Ihnen einen eventuellen Hinweis auf eine Schockreaktion geben könnten, worauf Sie sich wieder von der Emotion entfernen.

Ich habe eine Liste mit zwölf **Schockhinweisen** aufgestellt. Wenn einer dieser Hinweise auftritt, dann sollten sie einen Schock vermuten. Wenn sie zwei Hinweise entdecken, ist die Chance 80%, daß ein Schocktrauma vorliegt. Wenn sie drei erwischen, können sie absolut sicher sein. Ich werde ihnen einige vorstellen, die leicht zu entdecken sind, und einige, bei denen sie etwas Übung brauchen.

Ein Hinweis bezieht sich auf den Affekt selbst, es handelt sich um einen sehr schnellen Wechsel von Affekten, es ist ein Springen von einem zum anderen oder von Null auf Hundert und wieder zurück. Es sind sozusagen Katastrophenveränderungen.

Ein anderer Hinweis ist, wenn jemand über etwas wirklich Traumatisierendes berichtet und überhaupt keinen Affekt zeigt. Die wertvollsten Hinweise entstehen aus der Beobachtung der autonomen physiologischen Veränderungen im Körper des Klienten. Dies muß allerdings geübt werden. Sobald Ihnen dies jedoch gelingt, haben Sie einen direkten Test, und können die tiefsten Gehirnprozesse lesen. Wenn Sie zum Beispiel sehen, daß sich die Farbe eines Klienten blitzschnell von weiß nach rot verändert, steuern Sie auf einen Schock zu.

Marcher: Genauso von rot nach weiß.

Levine: Genau, oder wenn sie starke Veränderungen im autonomen Nervensystem beobachten, aber keine muskulären Veränderungen, handelt es sich wahrscheinlich um Schock.

Marcher: Das bedeutet, daß der Klient plötzlich...

Levine: ...dissoziiert.

Marcher: Oder der Herzschlag verändert sich abrupt, wird plötzlich sehr viel schneller oder sehr viel langsamer...

Levine: ...aber mit den Muskeln geschieht nichts. Sie arbeiten nicht zusammen. Ein ziemlich sicheres Zeichen für das Vorhandensein eines tiefen Schockzustandes ist die Stasis. Sie könnten, wenn sich der Herzschlag eines Klienten verlangsamt, vermuten, daß dies eine Entspannungsreaktion des parasymphatischen Teils des Nervensystems ist. Gleichzeitig beobachten Sie jedoch, wie sich die Finger weiß oder violett färben, dies ist ein starke symphatische Reaktion. Die beiden Teile des autonomen Nervensystems arbeiten also gegeneinander, ein Fakt, den auch Reich erkannte. Reich begann tatsächlich zu jener Zeit über den Schock zu sprechen. Die parasymphatische Reaktion legt sich also über eine symphatische Reaktion, dies geschieht, wenn Sie ihr Auto sehr, sehr schnell stoppen müssen. Wenn Sie das in der Therapie sehen, ist der Schock sehr nah, verlieren Sie also keine Zeit. Sie müssen sich nun wirklich zentrieren, ihre eigenen Energien containen, weil das ihrem Klienten helfen wird und dann ziehen Sie ihn...

Marcher: ...aus der Schocksituation. Greifen Sie ein, reden Sie mit ihm über etwas anderes. Sie können danach wieder "zurückgehen", aber Sie müssen ihn jedesmal wieder "herausholen".

Levine: Und achten Sie wirklich darauf, daß der Klient sich zentriert, bevor Sie allmählich wieder zurückgehen.

Frage: Habt ihr spezifische Techniken dafür?
Marcher: Die Zeitschrift *Energie & Charakter* wird im Sommer 1992 darüber einen Artikel von uns veröffentlichen. Im Frühling 1992 wird darüber beim Bodynamischen Institut ein Hundert-Seiten-Heft zu erhalten sein.

Levine: Es gibt drei grundlegende Technikarten und über zwanzig verschiedene Unterarten. Das Wichtige ist, sie zur richtigen Zeit anzuwenden.

Marcher: Zuerst werden aber fast immer die Körperempfindungen erforscht und geübt.

Levine: Immer.

Marcher: Lassen Sie den Klienten spüren und fühlen, was im Moment geschieht. Helfen Sie ihm zu spüren, daß sein Herzschlag schneller oder langsamer wird, was in seinem Muskelsystem, aber auch in seinem autonomen System geschieht, ob ihm kalt wird, er bleich wird, einfach was tatsächlich geschieht, die Empfindung. *Dann holen Sie ihn heraus aus dem Schock und erklären ihm, warum dies alles geschieht. Das ist wichtig. Sie lernen dadurch ihren eigenen Körper aus ihren Empfindungen heraus und aus dem "Kopf" heraus kennen.* Und wenn Sie das tatsächlich besitzen, können Sie zum nächsten Schritt vorangehen.

Levine: Das deshalb, weil der Klient in einen Traumastrudel hineingezogen wird und verschiedene Empfindungen, Gedanken und Gefühle zusammenschwappen und sich sozusagen verknoten: "zur Enge in der Brust, dem Würgen an der Kehle, seine Hände, die auf mich zukommen, ich sehe seinen Schwanz, ich fühle Wut, es wechselt zu Scham, und Furcht, und das alles verschwimmt zu einem Bild..." Und alles geschieht extrem schnell. Und wenn die Frau nun ihre einzelnen körperlichen Reaktionen identifizieren und jede aus dem ganzen System nach und nach herausholen kann, kann sie sie wieder in Besitz nehmen. *Die Grundstrategie bei der Arbeit mit dem Trauma ist es also, nicht wieder ins Trauma zu gehen. Ziehen Sie eine Schockschicht nach der anderen ab und verdauen Sie jede einzelne.* Wenn sich die Frau ihrer verschiedenen Reaktionen bewußt wird, wird sie fähig, die Muster aufzubrechen. Es ist wie bei diesen chinesischen Feuerwerkskörpern, die an einer Schnur hängen. Sobald Sie sie anzünden, explodiert nach und nach die ganze Geschichte. Wenn Sie jedoch die Verbindung unterbrechen können, kann die Emotion in Grenzen gehalten und bearbeitet werden, ohne das der Klient dissoziieren muß. Mit der Dissoziation schützt sich das Nervensystem davor, auszubrennen. Es schneidet sich einfach von bestimmten Teilen ab. Wenn diese Teile vor der Explosion geschützt werden können, muß das Nervensystem nicht dissoziieren.

Körperempfindung

Marcher: Ich möchte nun über eine Frau sprechen, die gefoltert wurde. Wir haben beide mit ihr gearbeitet. Es ging viel um Kraft. Wenn ein Mensch so verängstigt ist, müssen Sie einen großen Raum haben, Sie können ihn nicht in einen kleinen Raum sperren. Und Sie müssen Distanz zwischen sich und ihr lassen, dann haben Sie Kontakt. Ich konnte an der Veränderung und an ihrem schnellen Herzschlag sehen, daß sie verängstigt war (obwohl sie dies am Anfang nicht spürte). Ich fragte: "Was spürst Du im Körper. Ich sehe dies, kannst Du das spüren?" Nach einer Weile konnte sie es jedesmal spüren, wenn es geschah. Wieder nach einer Weile konnte sie jedesmal, wenn sie anfing es zu spüren, beobachten, daß ein Bild aus dem Schock auftauchte. Sie konnte sagen: "Okay, nun spüre ich wie mir die Hitze in den Kopf steigt, wie ich Fieber kriege, ich spüre meinen Herzschlag und ich sehe das Bild, aber nun kann ich alles stoppen und sagen was ich spüre, und ich sehe, daß Du hier bist und nicht dieser fürchterliche Mann und daß es dieser Raum hier ist und nicht diese Folterkammer." Die Arbeit dauert sehr lange, sie verläuft Schritt für Schritt.

Levine: **Beim Trauma werden die Reizbarrieren, die Reizschwellen des Menschen, niedergerissen. Dadurch wird nicht mehr zwischen innen und außen unterschieden. Beides muß wieder entkuppelt werden.** Es geht darum, Grenzen wiederaufzurichten.

Marcher: Man muß immer mit den Grenzen beginnen. Gleichzeitig mit dem Schocktrauma bestehen natürlich auch eine Menge Entwicklungstraumata. Der Therapeut arbeitet z.B. an einem Entwicklungstrauma und kommt zu einem Schock.

Levine: Diese Frau wurde von Psychiatern als Psychotikerin diagnostiziert. Aber es geht ihr jetzt gut.

Marcher: Sie konnte ihren Körper immer besser spüren. Wir haben zwei bis drei Jahre lang gearbeitet, sie zwischendurch auch mit einem anderen Therapeuten, weil ich nicht die ganze Zeit in den USA war. Und nun ist sie bei Peter (Levine), der auch mit ihren Organen usw. arbeitet.

Levine: Es ist wirklich kompliziert. Sie ist einer der kompliziertesten Fälle, die ich jemals gesehen habe. Wichtig ist, daß wir die therapeutische Allianz von Lisbeth (Marcher) und ihre Übertragungsbeziehung mit der Klientin zu Hilfe nahmen. Mit anderen Worten, wir benutzen Lisbeths Kenntnis dieser schrecklichen Dinge, einer fürchterlichen Folter, damit ich verstehen konnte, was in im Körper und Nervensystem der Klientin vor sich ging. Die Klientin konnte nun durch die Arbeit mit mir Bilder von ihren Empfindungen malen und diese Bilder tatsächlich mit ihren

Gefühlen und Erinnerungen verbinden, die in ihrer Arbeit mit Lisbeth entstanden waren. Wir benutzten also die eine therapeutische Allianz als Hilfsmittel für die weitere Therapie. Wir arbeiteten als Team.

* * * * *

Lisbeth Marcher ist Leiterin des Bodynamik-Instituts in Kopenhagen. Sie erreichen Sie unter Schleppegrellsgade 7, 2200 Kopenhagen, Tel. Dänemark/98546031

Peter Levine arbeitet ebenfalls am Bodynamik-Institut. Seine Adresse: Forärsvey 1, 2920 Charlottenlund, Tel. Dänemark/4531636883

KÖRPERZENTRIERTE PSYCHOTHERAPIE IKP
Umgang mit ganzheitlich definierter Übertragung mittels körperzentrierter Interventionen

von *Yvonne Maurer*, Zürich (Schweiz)

1. Definition von Übertragung

1.1. Aus psychoanalytischer Sicht

Es wird darunter das Erleben von Gefühlen, aber auch Phantasien, Triebimpulsen, Einstellungen, Vorstellungen und Abwehrhaltungen verstanden, und zwar einer Person gegenüber, obschon sich die beschriebenen Regungen in Wirklichkeit auf eine andere, frühere Bezugsperson beziehen und zur erstgenannten gar nicht passen. Es handelt sich mit anderen Worten um eine Wiederholung, eine Neuauflage von Beziehungsverhalten oder anders ausgedrückt, um einen Anachronismus, d.h. einen Irrtum in der Zeit, da die Reaktionen zu jener früheren Bezugsperson, aber nicht zur Situation im Hier-und-Jetzt und zur neuen Bezugsperson passen.

Übertragungsreaktionen sind unangemessen hinsichtlich der *Quantität*, also im Sinne eines Zuviel oder Zuwenig, unangemessen auch im Sinne der *Qualität*, z.B. zu nahe oder zu distanziert, oder zu kindlich, elternhaft, etc. und auch unangemessen hinsichtlich ihrer Dauer. Kurz zusammengefasst, diese Übertragungsreaktionen passen genau auf Personen der Vergangenheit und nicht zur Situation und zum Beziehungsverhalten der Person, auf die übertragen wird. Es ist das Verdienst der ersten Psychoanalytiker, festgestellt zu haben, daß besonders im therapeutischen Verhältnis Übertragungsreaktionen häufig sind, aber auch sonst bei wichtigen Bezugspersonen im Alltag vorkommen können. So kriegen speziell Lehrer, Autoritätspersonen, Arbeitgeber, Leader, ältere Personen, aber auch Partner Übertragungen ab.

Eine andere, kurze und bündige, aber doch sehr bildliche Definition ist, daß bei Übertragungsreaktionen immer zwei reale Menschen anwesend, aber drei Menschen beteiligt sind. Also eine frühere Bezugsperson ist mitbeteiligt. Man könnte auch sagen, daß sich eine frühere dritte Person zwischen zwei aktuelle Partner stellt (Abb.1).

Dieses Dazwischenstellen äußert sich dann als Gefühl, Gedanke, Vorstellung, Erwartung, im Sinne von "der andere ist... (z.B. unzuverlässig)", "der andere macht... (z.B. übernimmt Führung)", "der andere löst bei mir... Gefühle aus" oder "der andere denkt über mich...".

Häufig ist festzustellen, daß Übertragungsreaktionen auch einen Auslöser haben, d.h. das reale Verhalten der Beziehungsperson gab Anlaß für die Verwechslung. In einer meiner Ausbildungsgruppen kam dies deutlich zum Ausdruck, als ich als Leiterin einmal zehn Minuten zu spät kam. Eine Teilnehmerin reagierte darauf sehr enttäuscht und aggressiv, schließlich kam heraus, daß sie sich von mir dadurch vernachlässigt fühlte, das Gefühl hatte, zu wenig Aufmerksamkeit und stofflichen Inhalt zu bekommen und daß sie darüber nun völlig enttäuscht war und sich wie in einem dunklen Loch fühlte und dies alles, obschon sie wußte, daß ich umgekehrt am Ende der Gruppe häufig Zeit zugab. Der Auslöser bei dieser Reaktion war sicher eine zehnminütige Verspätung, ihre Reaktion darauf aber weit übertrieben und passte in die frühere Zeit, als sie als Kind auf ihre Mutter warten mußte. Daß sie diese damaligen Reaktionen von Ärger, Wut, Enttäuschung und das Gefühl, verlassen zu sein, auf mich übertrug, war ihr zum damaligen Zeitpunkt, wie das bei Übertragungsphänomenen häufig ist, nicht bewußt.

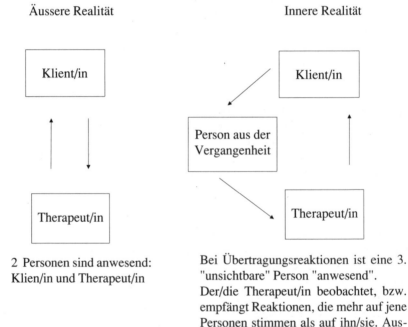

Äussere Realität   Innere Realität

Klient/in   Klient/in

Person aus der
Vergangenheit

Therapeut/in   Therapeut/in

2 Personen sind anwesend: Klien/in und Therapeut/in

Bei Übertragungsreaktionen ist eine 3. "unsichtbare" Person "anwesend". Der/die Therapeut/in beobachtet, bzw. empfängt Reaktionen, die mehr auf jene Personen stimmen als auf ihn/sie. Ausbildung und Supervision des Therapeuten tragen dazu bei, dies zu erkennen und nicht seinerseits Übertragungsreaktionen zu machen (dann wären sogar 4 Personen "anwesend")

Abb. 1: Übertragungsreaktion

Was sind *Projektionen* im Unterschied zu Übertragung?
Darunter wird verstanden, daß eigene persönliche Strebungen, Wünsche, Haltungen, Erwartungen auf eine andere Person oder Personengruppe übertragen, bzw. projiziert werden. Jede Übertragung ist in diesem Sinne auch eine Projektion, aber

nicht jede Projektion eine Übertragung. Allerdings sind beides letztlich Abstraktionen, sowohl die Übertragung als auch die Projektion. Sie vermögen die Komplexität des Menschen nicht in ihrer vollen Differenziertheit wiederzugeben. Projektionen kommen z.b. vor, wenn ein Volk eigene, oft unangenehme Eigenschaften einem fremden Volk zuschreibt oder Einzelpersonen eigene Wünsche bei einer anderen Person zu entdecken glauben. So steckt hinter Eifersuchtsreaktionen häufig der unbewusste Wunsch, selber mit einem andern Partner auszugehen oder auch die Angst, nicht zu genügen. Auch gute optimistische Gefühle und Vorstellungen können projiziert werden, woraus auch Verliebtheit entstehen kann.

Wichtig ist, daß sowohl Projektionen als auch Übertragungen die Menschen die Realität nicht voll erkennen lassen, wodurch in Verkennung der Realität Fehlverhalten entsteht, das auf die betreffenden Partner verletzend, ungerecht wirken und zu Streitigkeiten, ja Auseinandergehen von Beziehungen führen kann. *Perls* (1976) weist darauf hin, daß sich in der Projektion die Grenze zwischen uns und der übrigen Welt, zu sehr zu unseren Gunsten verschiebt, so daß Aspekte unserer Persönlichkeit (z.b. sexuelles Gehemmtsein) verleugnet und bei einem andern Menschen fälschlicherweise "wahrgenommen" werden. Wenn also, schreibt Perls, der Projizierende sagt "die Anderen" oder "es", meint er gewöhnlich "ich" (S.55).

1.2. Übertragungsreaktionen aus der Sicht der Körperzentrierten Psychotherapie IKP, bzw. aus ganzheitlicher Sicht gesehen

In Ergänzung zum unter 1.1. beschriebenen Phänomen der Übertragungsreaktionen und zu meinen früheren Ausführungen (Maurer 1987, S.84-88) möchte ich hier den Aspekt des Gedächtnisses hervorheben. Wir wissen heute, daß das Gedächtnis Grundlage unseres Verhaltens ist. Ich bin der Meinung, daß auch Übertragungsreaktionen auf Gedächtnisspuren beruhen, die durch ähnliche Bedeutungszusammenhänge aktiviert werden. Entgegen der Vorstellung, das Gedächtnis funktioniere wie eine einfache Kartei von Karten, steht heute fest, daß Gedächtnisspuren nicht nur isolierte visuelle oder akustische Spuren sind, sondern Eindrücke, die gleichzeitiges Erleben auf sämtlichen Sinneskanälen festhalten (Maurer 1990a). Übertragungen sind demnach soziopsychophysiologische Gedächtnisspuren. Übertragungen sind also nicht nur psychische, sondern ganzheitliche Geschehnisse. Sie können aus jedem Lebensalter stammen, offenbar ist es aber so, daß in früheren Jahren das Verhalten von Beziehungspersonen eindrücklicher ist, so daß Gedächtnisspuren, die in jener Zeit gesetzt wurden, im späteren Verhalten eine besondere Rolle spielen können.

Unsere Hypothese ist also, *daß eine Übertragung mit visuellen, akustischen, aber auch körperlichen Gedächtnisspuren einhergeht.*

2. Neuer Umgang mit Übertragungen gemäß den Erfahrungen von Yvonne Maurer (Bedürfniszentrierte Restrukturierung)

Weil Übertragungen mit visuellen, akustischen und körperlichen Gedächtnisspuren einhergehen, habe ich mir die Aufgabe gestellt, diese dem Klienten als erstes bewußt zu machen und im weiteren ihm zu helfen, diese alten, zu Übertragungen führenden Gedächtnisspuren durch *neue* zu ersetzen.

Beim Bewußtwerden kann nicht nur das Zuhören, sondern auch die Sensibilität des Therapeuten hilfreich sein. So kann er, wenn er dafür genügend offen ist, gefühlsmäßig und körperlich Sensationen erleben, die auf eine Übertragung hinweisen. Diese Sensationen müssen nicht nur Schmerz sein, sondern können auch dem Gefühl von Druck, Schwere, vom Boden abheben, Spannung etc. entsprechen (Downing 1991). Der Nachteil dieser Methode ist, nicht mit Sicherheit zu wissen, ob es sich bei diesen Feststellungen des Therapeuten um eine intuitive (gesunde) Wahrnehmung handelt oder um ein persönliches Erleben. Daher ist wesentlich, immer wieder beim Klienten selber nachzufragen.

Wie aber gelingt es, *ohne* über den langwierigen Weg einer Übertragungsneurose im psychoanalytischen Sinne mit Übertragungsreaktionen umzugehen? Oft genügen zur Bewußtwerdung der Hinweis auf die beschriebenen Wahrnehmungen des Therapeuten und die Aufforderung, der Klient möge seine Reaktion verstärken und sich dann fragen, woher er dieses Gefühl, dieses Erleben bereits kenne. Unsere Erfahrungen sind, daß viele Klienten durchaus in der Lage sind, ihre Übertragungsreaktionen auf diesem Weg bewußt zu erkennen. Wie aber gelingt es, in die früheren Gedächtnisspeicher einzudringen und neue Gedächtnisspuren zu setzen? Meine Hypothese ist, daß dies am besten gelingt, wenn der betreffende Klient in regressiver Weise, in jene Zeit, in der die Gedächtnisspur die Übertragung erstmals bewirkt hat, zurückkehrt, sich gefühlsmäßig in jene Situation und die Bedeutsamkeit derselben zurückversetzt, dabei auch Reaktionen von Trauer und Ärger loswerden, und dann auch möglichst Neues erleben und im Gedächtnis speichern kann. Das ist an und für sich nicht neu, sondern wird so z.B. von *Petzold* (1977) in der Integrativen Gestalttherapie beschrieben und gelehrt. Neu ist, daß ich eine andere Art von *"corrective emotional experience"* vorschlage, die noch spezifischer auf die Gedächtnisspuren einwirkt. Und dies ohne den Bedürfnisaspekt zu vernachlässigen, sondern im Gegenteil, indem ich ihm noch präziser gerecht werde. Daß dies möglich ist, hängt damit zusammen, daß ich einerseits sämtliche Sinneskanäle, andererseits die Vorstellungskraft des Klienten vermehrt einbeziehe (vgl. Erfahrungsübungen).

Bevor wir zum mehr experientellen Teil kommen, noch kurz die Bemerkung, daß die psychoanalytische Therapierichtung bewußt gemachte Übertragungen deutet, d.h. dem Klienten verbal hilft, die Brücke zu schlagen zwischen dem aktuellen Übertragungserleben von heute und dem damaligen Erleben von früher. Dies ist nicht immer leicht, da der Klient sein aktuelles Reagieren gegenüber dem Therapeuten oft für Wirklichkeit nimmt und nicht glauben kann, sich dermaßen täuschen zu können. Meine persönliche Erfahrung ist, daß leichte Übertragungen oft eher angenommen werden können als bereits sehr stark gewordene und eine sogenannte Übertragungsneurose unnötig oder gar schädlich ist. Dazu kommt, daß das einmalige Bewußtmachen, bzw. das Deuten, nicht immer Hilfe bringt, was bereits *Greenson* (1981) beschrieben hat. Erlebniszentrierte Psychotherapieansätze, wie die Körperzentrierte Psychotherapie IKP, sind diesbezüglich erfolgreicher. Dies, weil Erklären, Denken, d.h. die Einsicht und das darüber sprechen (Durcharbeiten) allein selten genügt, sondern *neue gefühlsmässige Erlebnisse* an die Stelle der alten treten: bedürfniszentrierte Restrukturierung. Im folgenden werden wir zeigen, wie dieses gefühlsmäßige Erleben speziell auch im *körperlichen* Bereich berücksichtigt und bewußt gemacht werden kann, um Übertragungen besser auflösen zu können.

Mit emotionszentrierten Methoden können wir auch an Übertragungen, die sich bei der Klientin mit irgendwelchen Personen des Alltags einstellen, arbeiten und brauchen nicht abzuwarten, bis eine Übertragungsneurose gegenüber uns Therapeuten/innen entstanden ist. Dadurch werden unsere Therapien kürzer. Da Übertragungen allerdings häufig sind, versuchen wir Übertragungsreaktionen möglichst rasch wahrzunehmen und bewusst zu machen, damit negative Übertragungen nicht zu einem Abbruch der therapeutischen Arbeit führen, oder positive Übertragungen zu intensiver illusionärer Verliebtheit, der dann desillusionierende Enttäuschung und Schmerz folgen müssen.

3. *Erfahrungsübung* (schwerpunktmässig zusammengefaßt)

1. Wähle Dir eine Helferin/einen Helfer aus. Mach es Dir dann bequem, entweder, indem Du sitzest, Du kannst Dich auch an eine Wand anlehnen oder wie bei der Meditation den Lotossitz einnehmen, oder Dich hinlegen. Wenn Du Dich hinlegst, sei aber darauf bedacht, daß Du geistig hellwach bleibst und ganz aufmerksam, sonst besteht leicht die Gefahr des Einschlafens.

2. Wähle in Deiner Vorstellung nun eine Person, z.B. aus diesem Kreis aus, die Dir Mühe macht, die Dir unsympathisch ist, oder aber wähle eine Person aus, von der Du weißt, daß Du auf sie Übertragungsreaktionen machst. Schließlich kannst Du auch einen Elternteil, Vater oder Mutter, auswählen, von denen Du weißt, daß frühere Erlebnisse mit ihnen von Dir gelegentlich auf andere Personen übertragen werden.

3. Stell Dir diese Person genau vor, sieh, wie sie auf Dich zukommt, Dich anblickt, vielleicht mit Deinem Namen anspricht, sieh ihr in die Augen, nimm auch die Situation wahr, in der sie Dir begegnet, also die Umgebung, spür die Atmosphäre und versuche, dies alles ganz intensiv zu erleben.

4. Spüre, welche Körpergefühle dies in Dir aufkommen läßt und laß sie sich verstärken. Vielleicht ändert dies auch Deine Körperhaltung oder läßt Dich eine kleine Bewegung machen, um es noch besser auszudrücken. Wie atmest Du übrigens jetzt, nimm dies einfach wahr (wenn eine andere Person als die Eltern, Geschwister, etc. gewählt wurde, kann auch mit der Frage "Woher kennst Du dieses

Gefühl, diese Körperhaltung?" zu jener in der Vorstellung zurückgegangen werden. Die Arbeit wird dann mit dieser fortgesetzt).

5. Gehe dann mit Deinem Körpergefühl erneut in Deiner Aufmerksamkeit zur gewählten Person und Situation und versuche, von Deinem körperlichen Zustand her zu spüren, was Du für ein ***Bedürfnis*** hast gegenüber der gewählten Person, was Du von ihr brauchst.

6. Versuche nun, in Deiner Phantasie, dieses Bedürfnis selber zu erfüllen und teile dieses Bedürfnis in ein bis zwei Stichworten Deiner Helferin/Helfer mit.

7. Wenn Du Dir das Bedürfnis nicht erfüllen kannst, frage Dich auch, wie anders müßte sich die gewählte Person verhalten, damit von Dir ein Bedürfnis gespürt werden könnte. Welches Bedürfnis wäre dies? Kannst Du es Dir jetzt erfüllen?

8. Wenn Du nun daran bist, Dir dieses Bedürfnis zu erfüllen oder es Dir bereits erfüllt hast, nimm bitte wahr, was Du nun im Körper spürst, vergleiche auch ein Atemmuster mit demjenigen, das Du während des unangenehmen Gefühls zu Beginn hattest. Präge Dir dann das nach der Erfüllung entstandene Atemmuster und den Impuls zur Körperhaltung ein. Vielleicht mußt Du nun sogar, um Dein Bedürfnis ganz zu stillen, eine bestimmte Körperhaltung, Körperstellung einnehmen oder gar aufstehen oder gar Dich etwas bewegen. Wichtig ist, daß Du Dich ganz von diesem neuen Körpergefühl und Atemmuster durchtränken läßt. Deine Helferin/Helfer wird Dir durch sanftes Betasten Deiner neuen Körperhaltung helfen, diese noch besser ins Gedächtnis einzuprägen.

9. Versuche nun als letztes, in der neuen Körperhaltung mit dem neuen Atemmuster nochmals der gewählten Person zu begegnen und dieses neue Gefühl ihr gegenüber durchzuhalten oder ganz einfach zuzulassen. Was erlebst Du nun?

4. Abschließende und zusammenfassende Bemerkungen

Der Umgang mit Übertragungsreaktionen im Sinne der erlebniszentrierten Bewußtmachung und der bedürfniszentrierten Restrukturierung hat mehrere Vorteile gegenüber z.B. der klassischen Methode der Übertragungsneurose.

Sie ist spezifischer und intensiver wirksam hinsichtlich Beeinflussung alter Gedächtnisspuren. Ferner ist sie stärker bedürfniszentriert und respektiert mehr die Eigenständigkeit und die Eigenverantwortlichkeit der Klientin. Die therapeutische Arbeit wird dadurch auch kürzer.

Diese Methode eignet sich vor allem für Personen, die Übertragungsreaktionen betreffend Personen, von denen sie bereits getrennt leben, bearbeiten möchten. Aktuelle Beziehungskonflikte werden selbstverständlich primär auf der Beziehungs- und Verhaltensebene angegangen, es sei denn es zeige sich eine möglicherweise zusätzliche oder gar vordergründige Übertragungsproblematik. Wir denken also einmal mehr im Sinne des anthropologischen Würfelmodells (s.Abb.2).

(1) Psychologisch–geistige Aspekte

— Ich/Es/Über–Ich
— Bewußtes/Unbewußtes
— Libido
— Ich–Psychologie
— Gefühle (ethische, soziale ästhetische Liebe/Haß, etc.)
— Einsicht/Erkennen/Philosophieren
— wissenschaftliches Bewußtsein
— innerer Dialog

(2) Körperliche Aspekte

— genetische, biologische und
— physiologische Aspekte
— non–verbales Verhalten
— Trainingszustand
— Gefühle (z.B. körperliche Frische, Kraft, etc.)
— Sensory Awareness
— Körperbewußtsein

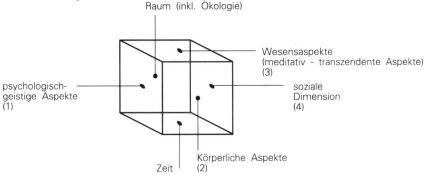

(3) Wesensaspekte

— tiefe Selbsterfahrung
— prozeßhaftes (»mystisches«) Bewußtsein
— transpersonales Erleben, Einfühlen und Handeln (Zusammenhänge zwischen Selbstentfaltung und größerem Ganzen erfassen.
— Liebe als Grundmotivation und handelnde Grenzerfahrung
— vollkommene Harmonie, Zusammenschau

(4) Soziale Dimension

— Beziehungen im privaten und beruflichen Bereich
— Berufliche Kompetenz
— Engagement und Verbundenheit mit Wohnort, Land, Welt

Abb. 2: Anthropologisches Würfelmodell nach Y. Maurer (1987, S. 15 – 20): Die wesentlichen Dimensionen menschlichen Seins (symbolisch als Vielheit in der Einheit dargestellt)

* * * *

Dr.med.*Yvonne Maurer*, geb.1943. Ursprünglich eidg.diplomierte Turn- und Sportlehrerin, dann Studium der Medizin, Spezialärztin für Psychiatrie und Psychotherapie (FMH), langjährige Tätigkeit an psychiatrischen Kliniken, zuletzt als Oberärztin und Chefarztstellvertreterin; zahlreiche Publikationen. Begründerin und Leiterin des Instituts für Körperzentrierte Psychotherapie ("IKP" - ges.gesch), Bäckerstr.30, CH-8004 Zürich, Tel.Schweiz/1-7107527.

Literatur

Downing, George, *Vortrag* auf dem III. Europäischen Kongreß für Körperpsycho-
    therapie in Lindau (Sept.1991)

Greenson, R.,*Technik und Praxis der Psychoanalyse*, Klett-Cotta, Stuttgart 1981

Maurer, Yvonne, *Kongreßbericht 1990*, Vortrag auf dem II.Int. Kongreß für
    Körperzentrierte Psychotherapie (organisiert durch das IKP)
    in Zürich, Sept.1990a;

dto., *Körperzentrierte Psychotherapie - Behandlungskonzepte, Erfahrungen, Bei-
    spiele*, Hippokrates, Stuttgart 1987, S.84-88;

dto., *Physikalische Therapie in der Psychiatrie: ein Weg zur psychischen Gesund-
    heit*, Bern 1979, Huber-Verlag;

dto., *Bedeutende Psychotherapieformen der Gegenwart*, Stuttgart 1985, Hippokra-
    tes;

dto., *6-Phasenmodell der Körperzentrierten Psychotherapie IKP zur Behandlung
    psychosomatischer Störungen*, in: TW (Therapiewoche) Neu-
    rologie - Psychiatrie, Schweiz 1(1), 60-63 (1990b);

dto., *Vom inneren Erfülltsein*, Oldenburg 1992, Transform-Verlag.

Perls, Fritz, *Grundlagen der Gestalttherapie*, J. Pfeiffer, München 1976

Petzold, Hilarion, *Die neuen Körpertherapien*, Junfermann Verlag, Paderborn
    1977

RICHTIGE PRÄSENZ

Eine Therapie zur Beseitigung von Lebenshindernissen
Ein Training zur Bereicherung der Lebensqualität

von **Richard Meyer**, Straßburg (Frankreich)

Da sein, nur da sein, ganz da sein

Von der Vielschichtigkeit des Gegenwärtigen zur Komplexität der Präsenz

Ich komme gerade von den Leichtathletikweltmeisterschaften in Tokyo (per Fernsehschirm) zurück und kann immer noch mit meinem geistigen Auge die Helden des Hochsprungs in jedem Moment ihrer Leistung beobachten:

* sie bereiten ihre Muskeln durch leichte Bewegungen vor und regeln ihre Körpertemperatur ein, indem sie ihre Trainingsanzüge an- oder ausziehen;
* sie entspannen sich durch Sitzen und Hinlegen und vermeiden es, andere anzusehen, so als ob sie nicht von deren Heldentaten abgelenkt werden möchten;
* bevor sie anlaufen, überprüfen sie genau den Weg und mimen den Sprung. Eine der Champs zieht ihre Schultern nach oben, als ob sie ihren Körper vom Boden fortreißen wolle;
* und dann stellen sie sich der Herausforderung, *völlig*... der Absprung, die Distanz, die zurückgelegt werden muß, ein direkter, stetiger und überzeugter Blick;
* und schließlich... das Vorwärtslehnen, das Anlaufen, der Sprung und dann... die Freude oder Enttäuschung in... richtiger Präsenz;
* aber es ist noch nicht vorüber und die letzte Springerin schaut zur Latte hinauf, um zu sehen, wieviele Zentimeter sie noch bewältigen kann;
* und letztlich, nach dem mißglückten dritten Versuch, ein Lächeln und Armewinken trotz allem, denn sie ist: Weltmeisterin.
  Das ist *"Richtige Präsenz"*.
  Wahre Präsenz betrifft nicht nur Hochleistungssportler oder Menschen, die für den roten Knopf der Atomwaffen verantwortlich sind! Sie betrifft jeden von uns.
  Sie kann genauso wie die Vorbereitung und das Training einer sportlichen Leistung erworben und gelernt werden.

Die Richtigkeit der Präsenz ist ein Seins-Zustand, der mit der Komplexität des athletischen Hochsprungs vergleichbar ist: sie ist globaler Natur und kann, wenn sie erscheint, nicht abgebrochen werden. Sie ist die hinter der Hochleistung steckende Magie, sowohl für den Athleten als auch die Zuschauer. Die Präsenz eines gegebenen Moments führt uns zur Spontaneität des Kindes zurück, das Du so sehr wegen seiner Fähigkeit einfach dazusein bewunderst. Als ob wir diese Fähigkeit verloren hätten. Tatsächlich neigen wir durch die an unser Erwachsenwerden herangetragenen sozialen Einengungen und Verantwortlichkeiten dazu, diese Freude, mit einigen wenigen Ausnahmen, zu verlieren.

So laufen wir also der totalen Präsenz hinterher und versuchen, sie einzufangen, mit all ihren außerordentlichen Nuancen, die uns an das Paradies erinnern... aber welchem Paradies? Dem Mutterbauch, der mütterlichen Brust oder unserem Leben als Baby?

Je mehr wir der richtigen Präsenz nachjagen, desto mehr entwischt sie uns. Je mehr wir sie zwingen wollen, desto stärker rebelliert sie. Wenn wir einschlafen wollen, wendet sich Morpheus von uns ab und je verzweifelter wir versuchen, einen Höhepunkt zu erreichen, desto eher bleibt der Anti-Höhepunkt in unserer Seele.

Denn "Dasein" ist etwas Zusätzliches, so etwa wie das Geheiltwerden in der Psychotherapie. Die Freude der Präsenz kommt, ob wir das nun wollen oder nicht. Nicht jeder bleibt ein Kind, weil er es will oder wird eine gute Seele, nur weil er ein fanatischer Kirchgänger ist.

Und dennoch kann diese unbeschreibliche Qualität, genannt Präsenz, durch Vorbereitung und Übung erworben werden. Sie kann mit Geduld erlernt werden. Sie kann nicht wieder-erlernt werden; es geht nicht darum, die Spontaneität eines Kindes wiederzufinden, weil das Leben seine Richtung verloren hat. Wir müssen sie erarbeiten, indem wir die "Richtige Präsenz" benutzen.

Für ein kleines Kind ist die Gegenwart eine einfache Angelegenheit, begrenzt und eingeengt auf zwei oder drei Faktoren, an die es sich sofort klammert, indem es unbewußt alles andere aus seinem Kopf *ver*drängt, bis dieses "alles andere" in der Gegenwart sich wieder in seine Aufmerksamkeit *hinein*drängt. Allmählich wird die Gegenwart jedoch zu einer vielschichtigen, pluralen und mannigfaltigen Wesenheit. Ein Überfluß an Botschaften, sehr oft im Wettstreit miteinander oder sogar in Opposition zueinander, schwirrt gleichzeitig herum. Wir beschäftigen uns nur mit einem Teil von ihnen und nehmen, auch das nur teilweise, irgendwie wahr, daß der Rest auch noch da ist. Wir sind nicht länger ganz hier oder ganz dort. Dieser schmerzvolle Kampf reißt unsere Freude am Sein und die Ganzheit des Seins auseinander.

Natürlich können wir versuchen, wieder eine einfache Realität aufzubauen. Den traditionellen Gesellschaften gelang dies teilweise. Totalitäre Gesellschaften wollten es erzwingen. Aber beide Formen wurden von der Mannigfaltigkeit und Vielschichtigkeit der Realität überrollt. Auch wenn wir bedauern, daß dies geschieht, können wir es nicht vermeiden.

Die Gegenwart ist vielfältig, plural und mannigfaltig. Deshalb muß eine offene, globale und komplexe Präsenz erreicht werden.

"Richtige Präsenz" als Therapie und Ausbildung ist ein Hilfsmittel, das dazu dient, diese offene, umfassende und komplexe Präsenz wiederherzustellen und zu lernen.

An dieser Stelle müssen wir ihre wahre Essenz innerhalb der Komplexität verstehen. Hochsprung ist nicht nur eine Bewegung, die den Körper emporhebt. Der Sprung beansprucht Dutzende von Muskeln, ein bestimmtes Maß der Anspannung in diesen Muskeln, eine bestimmte Konzentration, aber ebenso Entspannung, die Entschlossenheit eines Gewinners, eine richtige Verteilung der Kräfte während des ganzen Wettkampfes, den Kontakt mit dem Publikum und dem Trainer und letztendlich das Recht, zu versagen. All dies muß in einer umfassenden Haltung, die per definitionem komplex ist, präsent sein. Der Schuljunge, der die ein Meter hohe Latte überspringen soll, darf nicht von seinen Schulkameraden ausgelacht werden. Wer an nichts anderes als das denkt, wird niemals die Latte überqueren.

Aber allzu oft sind wir in genau dieser Situation des Schuljungen. Wir konzentrieren unsere Aufmerksamkeit auf das eine oder andere Element der Gegenwart, spannen uns wegen dieses Elementes an und sind unfähig, ganz dazusein. Das kann tatsächlich zu einer geringeren Lebensqualität führen, aber es kann sich auch in wirkliche Krankheit ausdehnen, wie etwa in der klassischen "Ambivalenz" des Psychotikers. Kaum hat er festgestellt, daß etwas "weiß" ist, erklärt er auch schon, daß es "schwarz" sei, kaum daß er für zwei Minuten zufrieden in sich selbst war, argwöhnt er schon im nächsten Moment, daß ein Kampf bevorsteht. Wenn er hier ist, ärgert er sich darüber, daß er nicht woanders ist! Der grundlegende Prozeß dieser Ambivalenz liegt genau im wahrnehmenden Sein, das auf eine geringe Zahl von Botschaften begrenzt ist, die nur durch die Herannahme der anderen Botschaften, die zur gleichen Zeit eintreffen, korrigiert werden kann - obwohl auch sie durch die gleiche Enge betrachtet werden.

Diese Globalität und Komplexität verbietet jegliche äußere Einmischung im Moment des Erfahrens. Aber sie öffnet den Weg für vorbereitende Übungen, die geradewegs in das Vorzimmer des Augenblicks führen, mit anderen Worten zur "wahren Präsenz".

Richtige Präsenz: Ein strukturiertes Netzwerk für das Dasein

Alle Zivilisationen haben in jeder Epoche Lehren und Rituale entwickelt, die zur "richtigen Präsenz" führen sollen, vom Yoga zur Meditation, von initiatorischen Prüfungen und rituellen Wettkämpfen zu Schularbeiten und Sportwettbewerben. Die Essenz dieser Übungen hat mich zu einem Netzwerk inspiriert, innerhalb dessen die "richtige Präsenz" auf bestmögliche Weise in unserer westlichen Kultur in Form von Therapie und als eine Übung im "besseren Sein" ermöglicht werden soll. Innerhalb der wenigen Jahre der Existenz von Somato-Therapie und Somato-Praxis hat sich die Bedeutung dieses Projektes hunderte Male erwiesen, sowohl mit Patienten als auch mit Therapeuten in Ausbildung. Die Ausführbar- und Übertragbarkeit wurde von anderen Therapeuten, die es übernahmen, bestätigt.

Das grundlegende Prinzip dieser Arbeit liegt in der Anerkennung der Multiplizität der Gegenwart und des Bedürfnisses, sich selbst für die maximale Zahl ihrer

Elemente zu öffnen. Es geht also darum, immer mehr Elemente global und komplex zu erfahren, wobei wir uns natürlich auf die wichtigsten konzentrieren.

Logischerweise ist das Projekt deshalb folgendermaßen strukturiert:

* **die Bestimmung der Elemente der Gegenwart**, die Konzentration auf die wichtigsten, wobei jedes während einer Therapiesitzung bearbeitet wird (z.b.: die Schwerkraft, der Boden, der Rücken, die Vorderseite des Körpers).
* **die Differenzierung und Wahrnehmung** der drei Reaktionsarten auf dieses Element:
  - die passive Haltung oder "Präsenz von" (Schwerkraft, Boden etc.)
  - die aktive Haltung oder "Präsenz hin zur" (Schwerkraft, dem Boden usw.)
  - die korrektive Haltung der "gerichteten Präsenz", wenn nötig.
* **das Erfahren jeder dieser Reaktionen auf verschiedenen Funktionsebenen**, mit anderen Worten, den Situations-, Körper- und Geistebenen.

Auf diese Weisen zeichnen wir einen gut strukturierten Rahmen, der darstellt, wie die Sitzungen und die Stufen der Therapie sich entwickeln werden. Ich möchte nun einen globalen und dennoch sibyllinischen Plan dessen, was "richtige Präsenz" ist, darstellen, wobei ich seine Nützlichkeit an einigen Illustrationen erklären möchte.

Eine Sitzung der "Richtigen Präsenz"

Die Übersicht zeigt uns, daß wir jedes Element der Gegenwart in neun Phasen der Präsenz durcharbeiten, in der Hoffnung, daß wir den Moment der Hingabe erreichen, der uns die Übung vergessen läßt und uns befähigt, ganz einfach nur dazusein.

Das folgende zeigt uns wie die erste Sitzung mit einer Gruppe von Menschen (Patienten oder z.B. auch Kongreßmitgliedern) mit einem ganz willkürlich als erstem gewählten Element, der Schwerkraft, abläuft:

Stufe 1, Sitzung 1

1a. Ich rufe ganz einfach in Erinnerung, daß wir alle ständig mit einer Kraft zusammenleben, die uns herunterdrückt und uns ein Gewicht von 50, 70 oder 100 kg gibt, das ist die gegenwärtige Situation.

Die Teilnehmer können dies, wenn sie wollen, wiederholen und mich sozusagen daran erinnern, daß dies eine Kraft ist, die uns nach unten zieht, von oben kommt usf. Diese objektive Bemerkung ändert nichts an der vorgeschlagenen Arbeit oder der subjektiven Arbeit, die wir tun wollen.

	Stufe I			
Elemente der Gegenwart	Sitzung 1	Sitzung 2	Sitzung 3	Sitzung 4
	Schwerkraft	der Boden	der Rücken	die Vorderseite des Körpers
	Stufe II			
	Sitzung 5	Sitzung 6	Sitzung 7	Sitzung 8
	der Geist	der Bauch	Hinterraum	Vorderraum
	Stufe III			
Phase der Präsenz	Sitzung 9	Sitzung 10	Sitzung 11	Sitzung 12
	das Universum	die Erde	"Nein"	"Ja"

1.) die Präsenz von:

   a) - Situation
   b) - Empfindung
   c) - Bedeutung

Beispiel: Sitzung 1

   - Schwerkraft
   - nach vorne lehnen
   - "zerdrückt"

2.) Präsenz hin zur:

   a) - Situation
   b) - Empfindung
   c) - Bedeutung

   - Haltung gegenüber der Schwerkraft
   - aufrichten
   - "Anstrengung"

3.) gerichtete Präsenz:

   a) - Situation
   b) - Empfindung
   c) - Bedeutung

   - nach oben ausdehnen
   - das Gesicht entspannt sich
   - "Balance"

Abb. 1 : Skizze der "Richtigen Präsenz"

1b. "Die Schwerkaft erzeugt Empfindungen in unserem Körper, die wir wahrnehmen müssen. Was fühlst du in deinem Körper bezüglich dieses Gewichts, dieser Schwerkraft?"

1c. Nach ein oder zwei Minuten füge ich hinzu: "Diese Empfindungen haben auch eine Bedeutung, eine Wichtigkeit, und diese wird durch Worte, Bilder und Erinnerungen, die mit diesen Empfindungen assoziiert sind, ausgedrückt. Sobald sie ihre Präsenz anzeigen, teile sie uns laut mit". Nun passiert eine ganze Menge, ich höre in Stille zu und versuche mich zu erinnern: "zusammengedrückt, schwer, fester Boden, aufrecht, gebeugt, Energie, Bestrafung, Himmel, Wachstum, Steifheit, Enge, schmal, atmen, depressiv, Kampf, mein autoritärer und tyrannischer Vater usw."

Wenn die Liste lang genug ist, beginne ich, die Reaktionen zu kommentieren oder gehe gleich zum Punkt "Präsenz hin zur" über (ich werde dies später noch genauer ausführen).

2a. "Die Schwerkraft zwingt euch, eine sehr aktive Haltung einzunehmen, ohne die ihr alle flach auf dem Boden liegen würdet, ob ihr nun sitzt oder steht. Dies ist eine neue Realität".

2b. "Versuche in deinem Körper zu fühlen, was die Haltung, die du bezüglich der Schwerkraft eingenommen hast, verursachte".

2c. Nach ein oder zwei Minuten füge ich hinzu: "Und wieder, diese Empfindungen haben eine Bedeutung, eine Wichtigkeit, die sich in Worten, Bildern, Erinnerungen und Phantasien widerspiegelt. Sobald du diese Bedeutungen erkennen kannst, teile sie uns mit". Es kommen neue Meinungen hinzu: "Widerstehen, sich aufrichten, eines Tages sagte ich zu meinem Vater: 'leck mich ..', Niederlage, Entmutigung, Zirkulation von Energie, Gleichgewicht, Wegfliegen, Atlas trägt die Erde, etwas ergreifen, Licht, Buddha, das Schilf biegt sich, aber bricht nicht, ich atme, ich versuche, usw."

Auf dieser Stufe der Entwicklung wird alles kommentiert und analysiert. Was im Körper der anderen Person gesehen wurde, ist genau so wichtig wie das, was gesagt wurde. Wenn du mit jemandem alleine arbeitest, bezieht sich die Analyse natürlich nur auf diese Person, die korrigierende Haltung wird an jeden individuellen Fall angepaßt. In einer Gruppe wie dieser muß deutlich gesagt werden, daß die Analyse natürlich nicht auf jeden paßt.

Ich möchte mich hier nur mit einem Fall beschäftigen, der sich auszeichnet durch:

- in 1c: zusammengedrückt, schwer, fester Boden, gebeugt,
- und in 2c: Entmutigung, ich versuche.

Diese Menschen erfahren die Schwerkraft als etwas, das sie zusammendrückt und nach unten treibt. Ihre spontane Haltung reicht nicht aus, das Gewicht auszubalancieren. Deshalb muß eine korrigierende Haltung, die sie dazu befähigt, die Kräfte auszubalancieren, vorgeschlagen werden.

3a. "Als einer Form gerichteter Präsenz schlage ich nun vor, daß du dich nach obenhin streckst und deine Vertikale zur Decke hin ausdehnst, so als ob deine Brust und dein Kopf sich in Form eines zwei Meter hohen Zylinders fortsetzen, der schließlich die Decke berührt. Dies ist nicht einfach ein Bild oder eine einfache Idee, sondern eine Körperempfindung, die den ganzen Raum über dir aufnimmt. Und auch dein Atem fließt in diesen bis zur Decke hochgestreckten Körper hinein".

3b. "Diese neue Haltung erzeugt Empfindungen, die entdeckt werden müssen."

3c. Und nach zwei oder drei Minuten: "Diese mit dem Nach-oben-strecken verbundenen Empfindungen haben eine Bedeutung, die du ebenfalls erkennen mußt und uns vielleicht mitteilst".

Hier können wir vielleicht folgende Dinge hören: "die Freiheitsstatue, Licht, strahlend, Kundalini, ich habe Angst nach oben zu fliegen, Levitation, Gott, Exaltation, blockiert, gutgehen, ätherisch, Balance, Opposition, Anstrengung, Barriere, Klarheit des Geistes, befreiter Bauch, Illusion, Schachtel".

Wir hören, und können es auch in den Körpern und Gesichtern lesen, die die fantastischen Auswirkungen des Streckens, des Sichausdehnens und des von *Franz Veldman* beschriebenen "Circumsensus". Worte reichen nicht aus, um diesen Effekt zu beschreiben, der jedesmal erreicht wird, überall, egal bei welchen Klienten, wenn die Dehnungsarbeit den Zusammendrück-Effect kompensiert und ausbalanciert. Allerdings sollte hier ganz klar gemacht werden, daß zwei extreme Haltungen entstehen können:

* die Unmöglichkeit des Dehnens: "blockiert, Anstrengung, Opposition, Illusion".
* exzessive Ausdehnung, die bedeutet, daß der Kontakt mit dem Boden verloren ging und die Person sich in einem Vakuum befindet: "ich habe Angst, nach oben wegzufliegen, schwindelig, Levitation".

Diesen beiden Patiententypen muß an diesem Punkt ein breites Spektrum an persönlicher Arbeit vorgeschlagen werden:

* Arbeit an Dehnung und Ausdehnung (z.B. durch Hapto-Therapie),
* Arbeit an der Verwurzelung und am Kontakt (z.B. durch Bioenergetik).

Auch diese Arbeit kann strukturiert und gerichtet sein oder aber auch analytisch bleiben, indem wir nicht-direktiv allen Aspekten, die mit diesen Erfahrungen assoziiert werden - verbal, körperlich und übertragungsmäßig - zuhören.

Ist dies alles getan, kommen wir zur zweiten Sitzung, die ziemlich einfach den Boden, den Stuhl oder die Sitzgelegenheit erforscht, auf dem unser Körper plaziert ist. Wir rufen uns dabei wieder die drei Arten der Präsenz in Erinnerung (die Präsenz des Bodens, die Präsenz hin zum Boden, die gerichtete Präsenz in Bezug zum

Boden) und untersuchen für jede Art der Präsenz die Ebene der Erfahrung, die öko-soziologische, die somatologische und die psychologische.

Die grundlegenden Wahlmöglichkeit bei der "Richtigen Präsenz"

Wie jedes Wählen ist auch das in der "Richtigen Präsenz" sowohl notwendig und bedeutungsvoll, als auch gewollt. Wenn sie das beim Lesen der beiden vorangegangenen Kapitel gespürt haben, haben sie etwas von der wahren Präsenz verstanden! Es geht nicht darum, die Notwendigkeit wählen zu müssen zu diskutieren, sondern die getroffene Wahl zu kommentieren und das auf zwei Ebenen:

* der Situationselemente und
* der Schritte, die der erlebten Präsenz inhärent sind.

Die Situationselemente

Wir haben bereits gesehen, daß die Situationen in Stufen organisiert sind, die vier Elemente enthalten. Bis hierher sind drei Stufen ausführlich dargestellt worden, obwohl die dritte noch etwas zerbrechlich erscheint:

Stufe 1: Schwerkraft, Boden, Rücken, Vorderseite des Körpers
Stufe 2: der Geist/Verstand, Bauch, hinterer Raum, vorderer Raum
Stufe 3: das Universum, der Planet Erde, "nein" und "ja"

Wir haben hier also drei Ebenen der Wahl:

* die Anzahl der Stufen: drei
* die Anzahl der Elemente pro Stufe: vier
* die Elemente selbst

Die vier Elemente pro Stufe

Sie haben jetzt wahrscheinlich schon die dahintersteckende Idee verstanden: die vier Elemente sind auf jeder Stufe räumlich in Relation zu den vier Richtungen arrangiert:

Damit wird also bezüglich des geographischen und körperlichen Raums eine Ganzheit erzeugt, was für uns von besonderem Interesse ist, wie wir später sehen werden. Den größtmöglichen Platz einzunehmen, ist ein grundlegendes - und leicht wahrnehmbares - Element der wahren Präsenz.

Die drei Stufen: personal, interpersonal und transpersonal

Jede Stufe ist daher eine Einheit, die "selbstgenügsam" ist. Dies befähigt uns bereits wirklich mit "Richtiger Präsenz" auf einer einzigen Stufe zu arbeiten oder auf den ersten beiden Stufen. Die Dinge werden natürlich komplexer, wenn wir zu den weiteren Stufen fortschreiten, weil diese den Inhalt der Erfahrung ausweiten. Inhalt und Symbolisation dehnen sich tatsächlich aus, wenn wir von einer Stufe zur anderen fortschreiten. Die Bewegung verläuft vom Personalen (Stufe 1) zum Interpersonalen (zwischenmenschliche Beziehungen Stufe 2) zum Transpersonalen (Stufe 3).

Richtung	Stufe I	Stufe II	Stufe III
aufwärts:	die Schwerkraft	der Geist	das Universum
abwärts:	der Boden	der Bauch	die Erde
rückwärts:	der Rücken	Hinterraum	"nein"
vorwärts:	die Vorderseite des Körpers	Vorderraum	"ja"

Abb. 2 : Wie die Elemente der Gegenwart im Verhältnis zum Raum angeordnet sind.

Wir bewegen uns also vom Somatischen (Stufe 1) zum Psychischen (Stufe 2) und dann zum Spirituellen (Stufe 3).

Die *erste* Stufe ist die homogenste: die Schwerkraft, der Boden, der Rücken und die Vorderseite des Körpers, wo sich alle Sinnesorgane befinden, betreffen alle ganz klar die Person und den Körper, wobei die ökologischen Aspekte (Schwerkraft und Boden) sich ganz direkt auf den Körper auswirken.

Die *zweite* Stufe ist nicht so geregelt und dennoch kohärent: das Gehirn als Denkorgan, der Bauch als Organ, das Emotionen unterstützt, Vorderraum und Hinterraum, die entsprechend gut oder schlecht durch die Sinnesorgane wahrgenommen werden, wobei dies alles offensichtlich mit dem Beziehungs- und dem psychischen Aspekt zu tun hat. Mit dem letzteren insbesondere dadurch, daß er den Emotionen und der Qualität der entsprechende Bereiche Bedeutung verleiht.

Die *dritte* Stufe ist eine sehr subtile und wieder eher subjektiv. Ich spürte, daß es sehr wichtig war, den transpersonalen und spirituellen Aspekt einzuführen. Denn auch hier geht es um eine Verbindung. Wenn wir uns nach oben strecken und ausdehnen, gibt uns das Universum die Empfindung mit geheiligten Dingen in Kontakt zu sein. Das Gefühl, den Planeten Erde unter unseren Füßen zu haben, erinnert uns an unsere Verantwortlichkeit für das ökologische System. Die Arbeit mit dem Nein und dem Ja gibt uns die Möglichkeit, einen Moralkodex zu skizzieren. Es ist manchmal möglich, diese spirituelle, öko-politische und moralische Verbindung in die Therapie zu integrieren. Das hängt vom Patienten ab. In der Ausbildung dienen sie als Ergänzung zum Thema "Wohlfühlen" und führen manchmal zu engagierten Diskussionen, die immer willkommen sind.

Und noch einmal, sobald wir mit Hilfe der vier Richtungen soviel Raum wie möglich einnehmen, nehmen wir auch soviele Seins-Ebenen wie möglich an: die öko-soziologische, die körperliche, die psychische und die geistige. Natürlich darf es dabei keine Blockaden oder ein Verschließen geben. Mit den zwölf Bereichen der Präsenz kann es auch keinesfalls zu einer neuen, irgendwie gearteten Form von Totalitarismus kommen. Das Risiko ist tatsächlich auf dieser Stufe nicht da. Die Elemente sind so komplex, daß sie nicht mißbraucht werden können und weil ihre tatsächlich simultane Präsenz innerhalb einer Mannigfaltigkeit von Realitäten per definitionem eine öffnende ist. Wir werden uns diesen grundlegenden Prozeß später noch einmal genauer anschauen.

Außerdem wird niemand daran gehindert, die Reihenfolge der durchzuarbeitenden Elemente zu verändern, vorausgesetzt, daß wir die auf jeder Stufe stattfindende Globalisierung (mit hoch, niedrig, vorne, hinten) und die zunehmende Komplexität der Stufen (personal, interpersonal und transpersonal) weiterhin beachten.

Schließlich kommen wir zu einer *vierten* Stufe, einer "therapeutischen" Stufe, die uns befähigt, am Symptom, an einer Krankheit oder einem sich wiederholenden Problem des Patienten zu arbeiten. Diese vierte Stufe ist sehr persönlich und individuell. Sie braucht jedesmal eine neue Entwicklung und kann nur nach langer vorhergehender Praxis auf den ersten drei Stufen bearbeitet werden. Vor allem erfordert sie ein tiefes Verständnis des Prozesses der "Richtigen Präsenz". Wir werden uns deshalb hier nicht länger mit diese Thema beschäftigen.

Die zweite Sitzung der "Richtigen Präsenz"

Jerôme war einer von jenen, die hochsprangen, als er seinen Körper nach oben streckte. Er fühlte sich berauscht und schwindelig, aber auch leicht und er hatte Angst. Ich ließ ihn jedoch nicht sozusagen in die Atmosphäre hinein wegfliegen. Ich machte ihm klar, daß seine Ausdehnung und sein Hochstrecken an der Decke endete und es dort nicht weiterging. Außerdem erinnerte ich ihn daran, daß er seine Füße fest auf dem Boden zu halten habe.

Zwei Wochen Arbeit befähigten ihn, der Leichtigkeit größeren Raum zu geben und seine Angst abzubauen, auch wenn ein gewisses Schwindelgefühl blieb. Ihn auf die Zimmerdecke zu beschränken, war manchmal grausam, weil er sich danach sehnte, darüber hinwegzufliegen, um jenen Rausch, den er zu Beginn erlebt hatte, wiederzufinden.

1a. Nachdem ich so mit ihm gearbeitet hatte, ließ ich zwei Wochen vergehen und schlug dann vor, uns mit dem zweiten Element der Gegenwart zu beschäftigen: dem Boden.

"Unter uns ist etwas, was uns trägt, ein Stuhl für unseren Po, Armlehnen für unsere Arme und vor allem der Boden für unsere Füße und den Stuhl; ein Boden, der manchmal ein weicher Teppich ist und manchmal harter Beton. Es ist gut, diese Tatsache wahrzunehmen, die wir nur allzu oft vergessen".

1b. Eine Minute später: "Diese Unterstützungen erwecken in uns eine Anzahl von Prozessen, die letztlich in wahrnehmbare Empfindungen übersetzt werden. Versuche, diese Empfindungen zu spüren". Ich sehe, wie Jerôme seine Augen schließt und in sich geht, während er die gleiche Körperhaltung behält.

1c. Zwei Minuten später: "Auch die Präsenz des Bodens und unsere korrespondierende Haltung haben eine Bedeutung. Unser Gehirn möchte eine Bedeutung finden. Laß die Worte, Bilder und Erinnerungen in dir aufsteigen..."

* "Hart, spitz, zerbrechliches Gleichgewicht..." spuckt er Stückchen für Stückchen aus.

Als ich ihn nach einer Erklärung frage, antwortet er, daß der Stuhl hart sei und seine beiden Pobacken wie Spitzen auf ihm sitzen. Er verspürt eine Andeutung von Schmerz. Die beiden Stützen, Stuhl und Boden, erweisen sich als unbeständig, und vermitteln ihm die Empfindung des zerbrechlichen Gleichgewichts. Jerôme spricht noch nicht einmal von seinen Armen und den Armlehnen.

2a. "Diese Unterstützungen, der Boden und der Stuhl, die der Schwerkraft entgegen wirken, geben dem Körper eine gut definierte, aktive Haltung und Einstellung, auch wenn diese unbewußt erreicht werden. Was bedeutet diese Körperhaltung im Moment?" Nach einer kurzen Weile sehe ich, wie seine Ellbogen sich fester auf die Armlehnen stützen.

2b. "Diese Körperhaltung erzeugt Empfindungen in deinem Körper. Welche Empfindungen spürst du?" Er führt eine weitere kleine besitzergreifende Bewegung auf dem Sitz mit seinem Becken aus und streckt sich zur gleichen Zeit.

2c. "Diese Haltung und diese Empfindungen haben eine Bedeutung. Welche Bedeutung ist es?"

* "Zart, Anstrengung, Anwendung, dich selbst plattdrücken, Test...", diese Worte wallen aus seinem wirklichen Kern empor.

Jerôme hat größeren Kontakt zu den Unterstützungen gefunden, der Kontakt ist aber immer noch so etwas wie ein Test, ein Versuch, diesen anderen Ort zu konfrontieren, über den er so wenig weiß. Er versucht wirklich, ihm zu vertrauen, dies gelingt ihm jedoch nur, indem er eine angespannte Haltung einnimmt. Die leichte Rigidität seiner unteren Gliedmaßen geben ihm ein Gefühl, enger mit dem Sitz und dem Boden verbunden zu sein. Die Kontraktion seines gestreckten Rükkens erlaubt ihm größere Einheit mit seinen Pobacken und Armen. Alle diese Empfindungen werden von muskulären Spannungen gehalten (contained). Sein ganzer Körper wird durch die gleiche Anstrengung zusammengehalten. Dies geschieht hauptsächlich durch die Arbeit der langen Rückenmuskeln, die die oberen und unteren Teile zusammenziehen. Wir verstehen nun die befreienden Auswirkungen der Aufwärtsstreckung, die allerdings auch zu Schwindelgefühlen führen kann, wenn die Bewegung nicht im Boden verankert wird.

3a. Eine Instruktion, die diese angespannte Präsenz korrigieren kann, stammt aus folgender Beobachtung. "Gut, Jerôme, ich habe bereits den Betonboden erwähnt, aus dem hier der Boden besteht. Dieser Boden ist also völlig solide. Du selbst hast gesagt, wie hart der Sitz ist, was uns an die gleiche Solidität und Festigkeit denken läßt. Versuche also, diesen beiden Unterstützungen absolut zu vertrauen, gehe in Kontakt mit ihnen, laß dich wirklich nieder und versuche nicht, die Arbeit zu tun, die Aufgabe des Bodens oder des Stuhles ist. Mit anderen Worten, versuche nicht, dich selbst zu tragen."

Ich sehe nun, wie sich Jerôme tatsächlich niederläßt. Er rutscht auf dem Stuhl nach hinten, lehnt sich leicht vorwärts und überläßt sich dem Sitzen. Seine Arme legen sich breiter auf die Lehnen und seine Füße, sowohl die Fersen als auch die Zehen, stehen ganz auf dem Boden. Kleine Bewegungen seiner Brust deuten an, daß er nach einer ausbalancierten Position zwischen Zusammensinken und gestrecktem Aufrechtsitzen sucht.

3b. "Das Vertrauen, das du nun in deinen Stützen und deiner neuen Haltung gefunden hast, führt zu neuen Empfindungen."

3c. "Und all dies nimmt eine Bedeutung an, die herausgestellt werden muß".

* "Fetter Hintern, Breite, Weite, Pascha, Entspannung, Schwere..." sind Worte, die er ziemlich bestimmt ausspricht.

Die Bedeutungen, die Jerôme seinen Empfindungen gibt, sind gemischt, aber seine Körperhaltung integriert sich gut in diese "gerichtete Präsenz". Er gibt sich schließlich seinen Unterstützungen hin und entspannt seine Po-Muskulatur. Dies verbreitert und erweitert tatsächlich den Kontakt mit der Oberfläche und inspiriert zu diesem sehr "weiten, breiten Hintern". Tatsächlich saß er ja vorher auf den "Spitzen seiner Pobacken", ein Ausdruck, der gut die anatomischen Merkmale von angespannten Pomuskeln beschreibt. Sobald sie sich entspannen, breiten sie sich aus, werden fleischig und sogar wollüstig, denn sie transformieren Jerôme in einen "Pascha". Die Entspannung ist offensichtlich. Die Muskeln müssen in der Sitzposition nicht länger arbeiten und es liegt nun am Rücken, diese Haltung länger zu gewährleisten. Dies ist eine gute Ökonomie. Weil für ihn diese Form des Wohlbefindens ungewöhnlich ist, fühlt Jerôme noch eine gewisse Schwere. Um sich selbst darin zu trainieren, sollte er bewußt und entspannt sitzen, ohne Angst, daß seine Muskeln nachgeben werden. Wir können ihm diesen Rat ganz einfach geben, mit dem er sich während der nächsten zwei Wochen bis zur nächsten Sitzung beschäftigen wird. Dies ist die "strukturierte", gerichtete (direktive) Form der Therapie, die wir hier vorstellen. Aber wir könnten auch auf der traditionellen analytischen Ebene beginnen:

* "Es ist erstaunlich, daß sich diese Energieersparnis nicht in eine schöne Entspannung umwandelt".
* "Ja, sie haben Recht. Irgendetwas fehlt. Eine Art der Spannung, an die ich gewöhnt bin. Ich habe das Gefühl, daß mir in diesem Stuhl die Spannkraft fehlt. Wenn jetzt etwas geschehen würde, wäre ich nicht fähig, schnell genug aufzuspringen".
* "Das hört sich nach Gefahr an?"
* "Ich weiß nicht warum. Es ist nicht hier, mit dir fühle ich mich eigentlich vertraut. Aber dennoch. Als ich ein Kind war, war es uns nicht erlaubt, in einem Sessel herumzulungern oder so etwas. Sobald meine Mutter mich sah, fand sie irgendetwas, was ich tun mußte. Sie wollte nicht, daß ich las oder einfach nur so daherträumte...", usf.

Wenn Sie in einer Gruppe arbeiten, können Sie hier nun auch Gestaltarbeit oder Psychodrama einführen. Gestaltmäßig würden wir den "heißen Stuhl" vorschlagen. Ein leerer Stuhl wird vor Jerôme hingestellt und seine Mutter symbolisch darauf gesetzt. Sie wird nun mit ihm sprechen - durch Jerômes Mund. Dann wechselt Jerôme den Sitzplatz und nimmt die Rolle des Kindes ein, das seiner Mutter antworten muß. Schritt für Schritt verwurzelt sich dieser Dialog immer mehr, ein Dialog, der in Wirklichkeit nie stattfand, weil das Kind der Vergangenheit auf diese direkte Art und Weise nicht mit seiner Mutter sprechen konnte. Mit ein bißchen Glück und Geschicklichkeit endet die Szene auf einer emotionalen Ebene, auf der es dem kleinen und dem großen Jerôme letztendlich gelingt, sich freudig in dem Stuhl zu entspannen.

Die therapeutischen und somatologischen Prozesse der "Richtigen Präsenz"

Genau wie die gute Präsenz komplex ist, ist es auch die "Richtige Präsenz", denn sie bringt die vielfältigen und subtilen Prozesse der Handlung ins Spiel. Wir können ohne Übertreibung behaupten, daß hier die wichtigsten Prozesse auf dem Spiel stehen. Wir werden sie kurz unter den vier Hauptüberschriften erwähnen:

* die Bereicherung der Wahrnehmng der Gegenwart
* die Erweiterung der Wahrnehmung
* die Sättigung des Erfahrungsbereiches mit der Präsenz-Gegenwart
* primäres Funktionieren

1. Die Bereicherung der Empfindung und Wahrnehmung der Gegenwart

Die ersten beiden oben erwähnten Sitzungen beginnen mit Fakten: der Schwerkraft und dem Boden. Dies setzt sich mit der langen Rückenmuskulatur und der Vorderseite des Körpers fort, die ja die hauptsächlichen Wahrnehmungsorgane trägt... Paradoxerweise vergessen wir oft diese einfachsten Tatsachen, übergehen die Empfindungen und verlieren dadurch eine bestimmte mentale und körperliche Kapazität. Der einfache Kontakt mit diesen ansonsten doch so vertrauten Elementen bereichert unser Sein und läßt es erst ganz erblühen. Diese Blüte intensiviert sich noch durch folgende Themen: der Bauch als Sitz der Emotionen und der Sensibilität (Sitzung 6), die Vorderseite mit ihrem "Ja" aus der einfachen Tatsache resultierend, daß wir uns mit allen unseren Empfängern (Sensoren) zu ihm hinwenden (Sitzung 12) usw.

Dieser sehr einfach erscheinende Aspekt sollte nicht unterschätzt werden. Er ist ein sehr wichtiger Punkt in der Psychotherapie: einfach wahrnehmen.

2. Die Erweiterung des Wahrnehmungsfeldes

Bei der "Richtigen Präsenz" geht es nicht nur darum, ein Element der Gegenwart nach dem anderen hervorzulocken. Wir müssen uns auch gleichzeitig und simultan über eine große Anzahl von Fakten, die diese Gegenwart ausmachen, bewußt sein. Wir strecken uns nach oben, um der Schwerkraft entgegenzuwirken, wir stehen auf dem Boden, wir fühlen den Energiefluß in der Struktur der Rückenmuskeln und wir bemerken das Maß der Offenheit/Geschlossenheit der vorderen Sinnesorgane (Ohren, Augen, Nase, Geschmacksknospen, Haut, Herz, Gedärme und Geschlechtsorgane). Präsenz wird daher immer umfassender, anstatt auf ein einzelnes Element beschränkt zu sein. Es sei denn, wir konzentrieren uns durch eine bewußte Entscheidung auf tatsächlich nur eines, etwa Lesen, dem Nachdenken über ein mathematisches Problem, dem Zuhören einer schwierigen Rede usw. In diesem Moment konstituiert die Konzentration auf ein einzelnes Objekt die "genaue Präsenz". Die Ausbildung in der "Richtigen Präsenz" favorisiert jedoch die Erweiterung des Wahrnehmungsfeldes und der Empfindungen durch die Arbeit an der simultanen Wahrnehmung.

Denn dann wird der Seins-Zustand verändert:
* der Körper ist rezeptiver und vermittelt mehr, er ist entspannter und wartet auf Botschaften;
* die Wahrnehmung öffnet und läßt uns von der angespannten Konzentration auf ein einzelnes Objekt zur Gelassenheit kommen, die einen Überblick über die ganze Situation erlaubt;
* der Kontakt mit der Umgebung und den Menschen wird gelassener und vertraut.

Ich möchte hinzufügen, wie auch Psychoanalytiker dies tun würden, daß du es erfahren mußt, wenn du es wissen willst. Allerdings erfahren wir diese Erlebnisse oft auch ganz spontan. Tatsächlich entwickelt sich dieser Seins-Zustand gegenwärtig nicht nur durch Yoga, Meditation oder Entspannungstechniken, sondern auch durch multiple Situationen, wo wir gleichzeitig lesen oder studieren und Musik lauschen, manchmal sogar mit einem Kind, das im Büro herumspielt... oder mit Filmen, wo in die ablaufenden Bilder ein zweiter Bildschirm eingebunden ist und noch viel allgemeiner mit audiovisuellen Hilfsmitteln. Es ist bekannt, daß audiovisuelles Lehren, das zwei Sendekanäle gleichzeitig benutzt, besser ist als das mit nur einem Kanal. Manchmal fühlen wir, daß wir Kontrolle und Kraft verlieren. Tatsächlich ist das Gegenteil wahr: wir haben einen wesentlich besseren Überblick über die Situation. Die Gelassenheit, die wir erreichen, ist die einer Katze, die nichtsdestoweniger bereit ist, loszuspringen, wenn es notwendig ist.

3. Die Sättigung des Erfahrungsfeldes mit der Präsenz-Gegenwart

Die Erweiterung des Erfahrungsfeldes hat natürlich auch seine Grenzen. Versuchen Sie einmal gleichzeitig die verschiedenen Instrumente eines Symphonieorchesters wahrzunehmen; es wird ihnen vielleicht gelingen, zwei, drei oder sogar vier Melodielinien zu unterscheiden... vielleicht sogar einige mehr, wenn sie ein großer Musikliebhaber sind. Das Erfahrungsfeld ist daher ab einer bestimmten Ebene gesättigt, obwohl die gerade angegebenen Zahlen keine obere Grenze darstellen, denn in Fällen extremen Öffnens reichen sie keinesfalls aus. Dies ist strukturell unmöglich. Wir können es letztlich nicht wissen. Dies ist ein Aspekt des "Unbewußten".

Nichtsdestoweniger ist unser normales Erfahrungsfeld irgendwann gesättigt und führt zu einer Empfindung der Globalität und Fülle, deren Äquivalent nur in der Qualität der Präsenz gefunden wird. Wir sind nicht nur da, sondern vollständig da, freudig da. Die Sättigung des Erfahrungsfeldes ist durchaus bekannt und wird auch häufig praktiziert. Leider versuchen die meisten Leute es durch Intensität zu erreichen, etwa durch die emotionale Intensität moderner Filme, die Intensität von Sex, Geschwindigkeit und Drogen, anstatt sie durch das gelassene Öffnen für alle Aspekte der Realität zu suchen.

4. Der Moment und das primäre Funktionieren als therapeutischer Prozeß

Wie ich in meinen ersten Arbeiten zu diesem Thema (*Meyer* 1982) unter der Überschrift des "primären Moments" und des primären Funktionierens vorgeschlagen habe, konstituiert die Sättigung des Erfahrungsfeldes den idealen therapeutischen Prozeß. Wenn das Erfahrungsfeld mit Präsenz verbunden wird, wenn es rezeptiv für Präsenz ist und die entsprechenden Aktionen und Handlungen vermittelt, dann gibt es keinen Raum für pathologische Mechanismen:
*
* für geistige Verdrängung,
* für emotionale Unterdrückung,

* für Körperblockaden.

Alles fließt, alles ist dynamisch. Der existentielle Fluß strömt frei und die Lebenskraft wird dynamisch. Dabei kann man immer noch dumme Dinge tun oder linkisch reagieren, aber es gibt keine chronische Pathologie mehr. Dies ist die "Katharsis" des jungen *Freud* und dies ist *Reichs* "Orgasmusreflex". Es ist *Perls* "Hier und Jetzt" und der "primäre Moment" der Somatologie.

Mit der "Richtigen Präsenz" trainieren wir, diesen Moment der Heilung und Anmut zu verlängern, bis er zum "primären Funktionieren" wird.

Die hauptsächlichen Schritte der Sitzungen 3 - 8

Ich werde Stufe 3, die transpersonale Stufe, hier nicht behandeln, weil sie eine detaillierte und feinstrukturierte Darstellung erfordert. Aber wir können die vorangehenden Sitzungen auch mit einigen wenigen prägnanten Erklärungen verstehen.

Sitzung 3: Der rückwärtige Teil des Körpers

Das heißt, der Rücken oder präzise, die lange Rückenmuskulatur, die am Ansatz des Schädels beginnt und an der Wirbelsäule herunter bis über die Rückseiten der Beine zu den Sohlen der Füße führt. *Francoise Mezière* hat ihre Einheitlichkeit beschrieben. Wenn wir aufstehen oder uns hinsetzen, tut diese Muskelkette die größte Arbeit (um Körperhaltungen zu halten). Sie ist daher der Sitz der Energie. Dies muß gefühlt und identifiziert werden.

Das Problem besteht auf dieser Ebene in schwierigen Anstrengungen, Anspannungen und sogar Schmerz. Bei 3a. (der "gerichteten Präsenz") erinnerten wir an die zwei vorausgegangenen Sitzungen, die den Körper nach oben ausdehnten und ihn im Boden verankerten. Es ist nun ausreichend, die Empfindung dieser Energie, die entlang der Muskelkette zirkuliert, zu suchen, um die Anstrengung, das Anspannen und den Schmerz zu vermindern oder sogar aufzulösen.

Sitzung 4: Die Vorderseite des Körpers

Die Vorderseite des Körpers ist der Bereich des Kontaktes, weil sie alle "Empfänger" enthält:

* die Sinnesorgane: Ohren, Augen, Nase, Geschmacksknospen, Haut
* die emotionalen Organe: Eingeweide
* die Affektorgane: Herz
* die Lustorgane: Sex

Die übliche direktive Form der Arbeit besteht aus dem Öffnen und Schließen dieser Organe, eins nach dem anderen, eins in Beziehung zum anderen, eins in

Konkurrenz zum anderen oder es sogar ausschließend. Wenn wir mit der analytischen Arbeit fortfahren, können wir für mehrere Sitzungen auf dieser Stufe bleiben und alle "Empfänger" durcharbeiten.

Sitzung 5: Der Geist/Verstand

Das Gehirn ist der Sitz des Verstandes. 24 Stunden täglich beherbergt dieses Organ Gedanken, Bilder, Wörter und Phantasien. Wir müssen uns dessen bewußt sein, es fühlen und identifizieren.

Die häufigste Pathologie besteht in einer Über- oder Unterfunktion des Verstandes. Bei der Überfunktion, dem häufigsten Fall, arbeiten wir mit dem Patienten noch einmal die vier vorhergehenden Sitzungen durch, die sich ja hauptsächlich mit Körperangelegenheiten beschäftigen, die das mentale Funktionieren auf beste Art und Weise ausbalancieren.

Sitzung 6: Der Bauch

Der Bauch ist der lebende und empfangende Sitz von:

* häufigem Unwohlsein: bei der Verdauung, der Peristaltik, dem Menstruationszyklus, einer nervösen Blase usw;
* Emotionen: die Eingeweide verkrampfen sich aus Angst und Wut oder entspannen sich aus Lust;
* Sinnlichkeit: beginnend mit sehr sanften Wellen der Erotik bis zu den Spasmen des Orgasmus.

Als Einführung erklären wir die Hilfsmittel, mit denen das Unwohlsein aufgelöst werden kann. Dann müssen wir die vorhandenen Emotionen erkennen. Wenn sie nicht da sind, schlage ich vor, den Bauch nicht als etwas Leeres und Neutrales zu empfinden, sondern als Basis einer leichten Sinnlichkeit. Es reicht aus, dies anzudeuten, damit es sehr leicht geschehen kann.

Sitzung 7: Die Rückseite

Die Rückseite ist ein Ort in der Gegenwart, der kaum wahrgenommen wird.

Das Hauptproblem ist eben diese schlechte Wahrnehmung, die die Rückseite zu einer unbekannten und gefährlichen Gegend macht: deshalb neigen viele Menschen dazu, in einem Restaurant den Stuhl zu nehmen, der mit der Rückseite an der Wand steht. Hier gibt es zwei Instruktionen:

* erstens, es gibt dennoch eine gute Wahrnehmung von Lärm (Ohren) und Vibrationen (Takt),
* zweitens, unser Rücken ist voller Kraft, die als Schild gegen alle von hinten kommenden Gefahren dient.

Sitzung 8: Die Vorderseite

Die Vorderseite ist sowohl in der Therapie als auch im realen Leben der Ort, an dem wir anderen begegnen. Hier wirkt vor allem das Herz und seine Empfindungsnachbarn, die Eingeweide und ihre Emotionen, die Sexualorgane und ihre Lust. Hier gibt es die Möglichkeiten des kommunikativen Öffnens oder hemmenden Verschließens, zwischen Empfangen oder Übermitteln und einer Auswahl der kommunizierenden Organe und Partner.

Hier wird die Situation sehr komplex. Deshalb werde ich keine allgemeinen korrektiven Indikationen geben, weil ich mir wünsche, diesen Punkt so stark wie möglich zu personalisieren.

$$* * * * *$$

Richard Meyer ist Arzt, Psychiater und Gründer der Somatoanalyse. Er war Präsident des ersten und dritten Kongresses für Somatotherapie. Seine Adresse: 20 Places des Halles, 67000 Straßburg, Tel.Frankreich/33/88224692

Literatur

Meyer, Richard, *A Somatoanalysis: Why and how?*, First European Congress on research in psychotherapy, Trier 1981.

dto., *"Le corps aussi"* De la psychoanalyse à la somatoanalyse. Ed. Maloine, Paris 1982.

dto., *"Portrait de groupe avec Psychiatre"*, La Psychiatrie et la Psychoanalyse à l'épreuve des nouvelles thérapies. Ed. Maloine, Paris 1984.

dto., *"Les thérapiescorporelles"*, Hommes et Groupe, Paris 1986.

dto., *"La Somatologie, un modèle théorique pour les psycho-, socio- et somato-thérapies, une science de l' homme"*, "Somatothérapies et Somatologie", Nr.9 - Sonderband, Ed."Somatothérapies", Straßburg 1991.

dto., *"Somatotherapy today"*, in: "Somatotherapies and Somatology" Nr.1, Ed. Somatothérapies, Straßburg 1991.

Höll, Rüdiger (Hrsg.), *Sport und Bewegungstherapie*, Schattauer Verlag, Freiburg

LIEBE - WUT - FURCHT - TRAUER
Die Intensiv-Emotional-Integrative Therapie

von *Lois Reiersol*, Oslo (Norwegen)

Die Hauptgrundlagen für diese sich ständig weiterentwickelnde Arbeit sind die Primärtherapie, die Funktionale Therapie, das Pesso-System und der Fischer-Hoffman-Prozeß.

Ich gehe von dem Respekt, der Sorge und der Unterstützung für das verletzte innere Kind aus. Indem ich ein sicheres und akzeptierendes Umfeld bereitstelle, kann der Klient das erfahren, was bisher unterdrückt und nicht akzeptiert war. Schmerzvolle Situationen werden körperlich als Spannungen oder chronische oder als immer wiederkehrende Krankheiten gelagert. Sie zeigen sich als stereotype oder gestörte emotionale Reaktionen und können die mentale und intellektuelle Funktion des Klienten beeinflussen.

Sowohl mit Einzelpersonen als auch in Gruppen auf allen drei Ebenen (mental, emotional und physikalisch) unter Anwendung von Symbolen und Phantasie arbeitend, ist es möglich, den Schaden zu beheben. In einem stilisierten Psychodrama wirken die Gruppenmitglieder als Rollenspieler, um Konflikte und Widerstand deutlicher sichtbar werden zu lassen. Nachdem genügend Regression erlaubt wurde, damit der Klient ausdrücken konnte, was bisher unterdrückt war, können wir mit der symbolischen Rekonstruktion beginnen und damit die Erwartungen des Klienten verändern und seine Möglichkeiten entwickeln.

Die *Seele* ist alles, was wir sind: Potentiale und Möglichkeiten, das, was manifest ist und das, was sich noch nicht notwendigerweise entwickelt hat.

Der *Körper* beherbergt und bindet die Seele und gibt ihr Ausdruck. Wenn es sich in der Seele rührt, ist das *Energie*. Diese Energie fordert oder erzeugt Bewegung oder *Aktion*. Aktion braucht einen Fokus, eine Person oder eine Situation, um zu *interagieren*. Wenn es eine angemessene Interaktion gibt, fühlt sich der Patient *befriedigt* und die Erfahrung wird *bedeutungsvoll*. Wegen Interaktionen aller möglichen Arten und Qualitäten entwickeln wir Erwartungen, wie die Welt (unser Umfeld) reagieren wird. Mit neuen Interaktionen, die befriedigender sind und einem größeren Teil unserer Seele erlauben sich zu manifestieren, können wir unsere *Karte* (das Spektrum unserer Erwartungen) auf den neuesten Stand bringen.

Wir arbeiten innerhalb einer *Struktur*, in der sich der Klient zeigen kann. Es mag ein besonderes Thema geben, dessen sich der Klient bewußt ist und es präsentiert, oder sie/er beginnt, körperliche Empfindungen und Emotionen im Hier-und-Jetzt zu erforschen. Wenn der Klient spricht, können wir direkt und unmittelbar mit dem obigen Modell arbeiten. Oder der Therapeut hört vielleicht eine versteckte Sprache (Selbstgespräch), dessen sich der Klient nicht voll bewußt ist und dessen Implikationen er vielleicht nicht wahrnimmt. Die beständigeren Aspekte können vielleicht von Rollenspielern als *Stimmen* der (z.B.) Kritik, der Beurteilung, des Zweifels, der Unsicherheit, der Scham oder der Schuld verkörpert werden. Es gibt genauso Aspekte des Widerstandes wie Aspekte der Karte des Klienten im Selbstgespräch, die ans Licht gebracht werden sollten. Der Klient erlebt viele Emotionen, die ihm/ihr unbewußt oder nur wenig bewußt sind. Diese könnten z.b. von einem nichtbeurteilenden *Zeugen* (einem anderen Rollenspieler) gesehen/beobachtet werden. Der *Moment der Wahrheit* oder *das Zentrum der Wahrheit* erscheint im Konflikt zwischen dem inneren Selbstgespräch und den beobachteten Emotionen. Es kann sich jedoch genauso in der Disharmonie oder Inkongruenz zwischen dem was gesagt wird und den Körperbewegungen zeigen. Die Lösung erscheint durch die Beteiligung von bestimmten Typen von Rollenspielern, den Antidot-Figuren (Unterstützer, Verbündeter, Idealvater, Idealmutter, spiritueller Führer, etc.), die symbolisch geben, was das innere Kind vermißte oder der Erwachsene jetzt braucht.

Wir nennen die Reaktionen der Rollenspieler *Akkomodation*. Es ist die Aufgabe der Rollenspieler, mit Hilfe des Therapeuten auf die Bedürfnisse und die Stimuli, die der Klient aussendet, zu antworten. Akkomodationen können verbal, emotional und/oder motorisch sein. Das Übertragungs/Gegenübertragungsthema ist durch den Part der Rollenspieler minimiert, obwohl nicht vermieden. Negative Selbstgespräche, einmal verkörpert, werden oft der negative Elternteil, der negative Säugling, der negative Lehrer usw., der zu den verschiedenen Aspekten der Seele "nein" sagt. Hier liegen Übertragungsaspekte, die dann angemessener ausgerichtet werden können. Die übrig gebliebenen Übertragungsthemen können wir in späteren Einzelsitzungen vollständiger erforschen.

* * * * *

Lois Reiersol arbeitet als Körperpsychotherapeutin am Zentrum für Persönliches Wachstum und Entwicklung in Oslo. Ihre Adresse: Gjennomfaret 34, 0876 Oslo 8, Tel.Norwegen/472/181322.

BERÜHRUNG UND KONTAKT IN VERSCHIEDENEN THERAPIEPHASEN: DAS HILFS-SELBST

von *Luciano Rispoli*, Neapel (Italien)

Ich möchte im folgenden Aufsatz zuerst darüber sprechen, wie wir uns einer Arbeitsdefinition dessen, was *Kontakt* in einer Funktionalen Theorie der Körperpsychotherapie wirklich ist, nähern können. Danach kategorisiere ich verschiedene Arten der Berührung, die den wirklichen Kontakt ermöglichen (der die Bedürfnisse des Patienten in den verschiedenen Phasen des therapeutischen Prozesses befriedigt) und die sich von den puren Techniken, die gemäß irgendeiner undefinierbaren *"Intuition"* angewandt werden, unterscheiden.

A. Kontakt

Wenn wir in der Körperpsychotherapie über Kontakt sprechen, beziehen wir uns auf ein Konzept und ein grundlegendes und zentrales Element jener Theorien, die den Menschen *holistisch* betrachten und die deshalb auch die tiefsten Funktionen aller Ebenen einbeziehen, die die Ganzheit des Selbst ausmachen.

Dank neuester Forschungen und Entdeckungen im Bereich von Psychologie, Physiologie und unserem eigenen Feld der Körperpsychotherapie ist es uns nun möglich, das Phänomen des Kontaktes, und im besonderen des *tiefen Kontaktes*, klarer zu verstehen. Viele Autoren der Psychoanalyse (wie *Bowlby*, *Winnicott* und besonders *Hartmann*), der Gestalttherapie (*Perls*) oder der humanistischen Therapien (besonders *Rogers*) haben die Bedeutung der *Empathie* in der Psychotherapie hervorgehoben. Schon die Etymologie der Begriffe "cum tactum" (Zusammenberühren) und "Empathie" (die Welt des Patienten direkt wahrnehmen) läßt uns begreifen, daß es hier mehr als um Funktionsebenen des menschlichen Wesens geht und wie eng sie mit der körperlichen Berührung verbunden sind. Außerdem haben Studien und Forschungen zur vorgeburtlichen Phase gezeigt, daß das Baby nicht isoliert im Wahrnehmungssolipsismus lebt, sondern in engem Kontakt mit der Außenwelt und das über mehrere Wahrnehmungskanäle, die alle miteinander und mit der emotionalen, imaginativen und motorischen Welt des Kindes vernetzt sind. Dies sollte uns befähigen, das weite Feld der Vorstellung zu klären, daß die Empathie irgendeine Art "magische" und "unaussprechliche" Bedingung oder ein mysteriöser Zustand sei, der nur mit Hilfe einer "Intuition" erreicht werden könne. *In Wahrheit gründet sich Kommunikation auf sehr präzise kommunikative Signale, die wir im Moment noch definieren und analysieren.* Dies ist sicherlich eine langwierige Aufgabe, weil die Ebenen, durch die Menschen miteinander kommunizieren und "sprechen", viele und gleichzeitige Ebenen sind und daher eine Art zirkuläres Feld mit verschiedenen parallelen Feedback-Kanälen erzeugen.

Die funktionale Herangehensweise an die Körperpsychotherapie setzt sich selbst die Aufgabe, diese Beziehungsebenen zu untersuchen und damit auch alle funktionalen Prozesse des Systems des Selbst und vor allem der Gesetze, die sie regieren und jene Verbindungen und Beziehungen zwischen den verschiedenen Ebenen und Unterebenen, die das Selbst ausmachen. So betrachtet ist Kontakt die Möglichkeit, durch die Stereotypen und die Trockenheit des falschen Selbst zum tiefen Kern des ursprünglichen Selbst zu kommen, wo alle funktionalen Ebenen präsent, bezogen und integriert sind:

> Emotionen - Bewegung, d.h. Gesten, Haltung, Körperform;
> Rationalität, d.h. Wahrnehmung, Vorstellungskraft, das Symbolische;
> physiologische Aktivierung, d.h. Tonus der Stimme, Muskeltonus, Wahrnehmungen, Temperatur, Atmung, Hautfarbe etc.

Kontakt als Hilfsmittel und Kontakt als Endzustand

Wir können in der Psychotherapie nicht nur von einem der beiden Pole sprechen, die das komplexe Feld der Aktivierung der untersuchten Phänomene konstituieren, denn zwei Selbst-Systeme sind beteiligt, das des Therapeuten und das des Patienten oder der Gruppe. Diese geraten in eine Wechselbeziehung und das auf mehr als einer Ebene und Funktion. Somit entsteht eine ganz besondere und spezifische Feldkonfiguration, die wir nun analysieren und in ihre verschiedenen Komponenten aufteilen können, um ihre Funktionsgesetze besser zu verstehen.

Sobald die funktionellen Diagramme der gegenwärtigen Konstellation der verschiedenen Funktionen (und wie sie sich allmählich mit der Zeit veränderten und transformierten) sowohl des Therapeuten als auch des Patienten klar sind, wird es möglich, die reziproken Einflüsse beider Systeme zu verstehen. Eine besondere Befähigung des Therapeuten z.B. in der imaginativen (Bilder-) Welt, kann eventuell die Phantasien des Patienten außerordentlich anregen, aber auch vielleicht bedeuten, daß der Ebene der Bewegung oder der verschiedenen physiologischen Möglichkeiten weniger Aufmerksamkeit geschenkt wird.

Deshalb ist ein tiefer Kontakt nur möglich, wenn solche Veränderungen den Weg zum tiefen ursprünglichen Kern des anderen nicht behindern. Dies kann nur erreicht werden, wenn im therapeutischen Prozeß ein Moment der Integration des Selbst für beide existiert oder erzeugt wird; dies durch jene funktionalen Ebenen, die in einer tiefen Interaktion mit dem Anderen verblieben sind. Für den Therapeuten wird deshalb der Kontakt, so wie er hier verstanden wird, zu einem grundlegenden Teil seiner/ihrer Arbeit, ohne den es ansonsten nur leere Aktionen und einen sterilen Technizismus geben kann, der den affektiven Teil des Anderen mißachtet.

Abgesehen von den Schwierigkeiten, die aus dem Zusammentreffen und der Überlagerung von zwei funktionalen Systemen entstehen können, *ist das Selbst des Therapeuten, das Schlüsselinstrument der Beziehung*. Für die therapeutische Arbeit ist es grundlegend, die Merkmale des eigenen Selbst zu kennen, um die exzessiven oder zu schwachen Reaktionen, die inneren Bewegungen, sowohl die imaginativen, die symbolischen als auch die selbstwahrnehmenden, zu entziffern. Wir nennen dies die Arbeit mit der *"erweiterten Gegenübertragung"* ("erweitert" schließt die verschiedenen psycho-körperlichen Ebenen ein). Wenn ich die Geschichte der Veränderungen und meinen eigenen therapeutischen Weg kenne, kann ich als Therapeut verstehen, warum an diesem oder jenem Punkt der Sitzung plötzlich eine Phantasie auftaucht oder ein Schmerz in der Schulter, eine alte familiäre Empfindung im Magen usw. und ebenso ihre Bedeutung im Bezug zum Patienten und seinem therapeutischen Prozeß begreifen. Nur auf diese Art und Weise kann ich meinen Patienten dort erreichen, wo er ist. Durch mein Selbst erzeuge ich den Kontakt und die Empathie mit diesem speziellen Zustand und kann ganz klar unterscheiden, was seins ist und was meins.

Die Anwendung des Selbst des Therapeuten oder des Hilfs-Selbst ist gegenwärtig einer der wichtigsten Punkte in der Theorie der Technik. Dies kann nicht dem Zufall überlassen bleiben, sondern muß der Person und vor allem den verschiedenen Phasen der Therapie angepaßt werden. Wir können z.B. mit den eigenen Emotionen des Therapeuten in der Anfangsphase der Therapie nicht direkt arbeiten, weil der Patient auf keinen Fall mit der Verantwortung, was in der Therapie geschieht, belastet werden kann. Gleichzeitig wird es andererseits das Hilfs-Selbst des Therapeuten sein, welches durch Atmung, Bewegungen, Wiederverbindungen und Erinnerungen ausdrückt, wo immer diese Teile im Patienten fehlen, unverbunden oder geschwächt sind.

Dieser Zustand tiefen Kontaktes wird für den Patienten wichtig und ist unabdingbar, damit er ihn später ohne Hilfe des Therapeuten, also außerhalb der besonderen Konditionen einer Therapiesitzung, erreichen kann. Tiefer Kontakt wird deshalb zu einem fundamentalen Schlüssel für den Patienten. Er erreicht nun andere dort, wo sie sind. Er kann äußere Situationen verändern, ohne durch Rückzug, Veränderung des Selbst und anderer Leute Ängste gelähmt zu werden.

B. Berührung

Daß die körperliche Berührung für den Kontakt von besonderer Wichtigkeit ist, wird nun immer mehr anerkannt und wurde in verschiedenen Studien belegt. Die auslösende Kraft der Berührung ist mit der Existenz einer peripheren Körpererinnerung, die in der Funktion der muskulären und physiologischen Struktur des Organismus eingebettet ist, verbunden. Weniger bekannt ist, *wie wichtig es ist, diese Erinnerung während der Therapie zu verändern*, denn es reicht nicht aus, sie einfach ans Tageslicht zu holen, um signifikante Veränderungen des Selbst zu erreichen.

Denn sonst besteht das Risiko, daß diese Mechanismen mit den gleichen Stereotypen und verhärteten Modalitäten wiederkehren oder die bestehenden und gestörten Verbindungen sich nur noch mehr einschleifen. Wir sehen nun, wie wichtig es ist, geduldig und sorgfältig z.B. Berührung und Wörter, den Tonus der

Stimme und die Atmung mit der konstanten Präsenz des Hilfs-Selbst des Therapeuten wiederzuverbinden, das dafür sorgt, daß sich allmählich aber konstant, die Reaktionsmodalitäten, Muster und Charakterfallen bewegen und verändern.

Verschiedene Arten der Berührung und verschiedene Ziele

Obwohl es etwas willkürlich ist, irgendeine Kontaktart aus dem Kontext zu reißen, in dem sie erscheint, lassen sie uns nun dennoch die verschiedenen Ziele (wie sie von der funktionalen Körpertherapie erforscht worden sind) darstellen, die wir durch den direkten Körperkontakt erreichen können.

1. Berührung, die Bewegung wiederentdeckt und ausdehnt

Dieser Berührungstypus bezieht fast immer den ganzen Körper des Patienten ein (unabhängig von der spezifischen Situation). Er soll bestimmte Bewegungen, die ohne die Führung des Therapeuten unmöglich wären oder immer in die alten sich wiederholenden Modalitäten zurückführen würden verändern: zu grob, zu sprunghaft, mit zuwenig Energie, zu begrenzt etc. Die Hände des Therapeuten leiten die Bewegungen mit Präzision und Gewissenhaftigkeit zu der anderen Nuance und emotionalen Färbung, die der Klient sonst nicht erreichen kann und verhindern so das Einklinken in die übliche Emotion, die immer wieder von bestimmten gewohnheitsmäßigen Bewegungen, die ebenso immer wieder die gleiche Modalität einnimmt, ausgelöst wird.

Bewegungen, die mit der begleitenden Hilfe der Hände des Therapeuten ausgeglichen und mit einem angemessenen Tonus der Stimme zu einer dauerhaften Erinnerung verbunden wurden, können schließlich feine Gefühle wiedererwecken, die für immer für den Ausdruck und die Wahrnehmung des Patienten verloren schienen.

a.   Berührung kann also sanft aber präzise Bewegungen begleiten und sie in die richtige Richtung weisen (falls dies für den Patienten zu dem bestimmten Zeitpunkt bereits möglich ist).

b.   Andererseits kann in den frühen Phasen der Therapie die Berührung die fehlende Bewegung, die der Person letztendlich erlaubt, verlorene Empfindungen wiederzuentdecken und mit ihnen zu experimentieren, ersetzen.

c.   Berührung ermutigt ebenso das Wachstum einer Bewegung, besonders jener Bewegungen, die Kraft und Energie erfordern, indem der Bewegung widerstanden und so der Wunsch ausgelöst wird, sie auszuführen und das Hindernis zu überwinden, sie zu beenden und nicht halb und nutzlos verbleiben zu lassen.

2. Berührung, die Empfindungen betont

Diese Art der Berührung variiert Intensität, Stärke und Geschwindigkeit, sodaß mit ihr verschiedene Typen der Körperwahrnehmung erforscht und allmählich wiedererweckt werden können. Natürlicherweise ist diese Berührung eher diagnostisch und auf die Erkundung der Empfindungsbreite und emotionalen Zustände begrenzt. Damit sie letztlich therapeutisch wird, ist es notwendig, auf jenen Wahrnehmungen zu insistieren, die dem Möglichkeitsspektrum des Patienten fehlen, jene, mit denen er große Schwierigkeiten hat.

Eine starke Berührung kann so eine Empfindsamkeit für Schmerz wiederherstellen, die vielleicht anästhetisiert wurde. Eine sanfte Berührung kann Empfindungen der Angst vor Kontakt auslösen, wenn sie allmählich und vor allem unter Einbezug und der ständigen Unterstützung anderer Bereiche des Selbst des Patienten vorgenommen wird.

3. Berührung, die die Körperhaltung mobilisiert

Der Therapeut kann mit Hilfe seiner Hände die Wahrnehmung von chronischen und stereotypen Körperhaltungen fördern und helfen, das Möglichkeitsspektrum Schritt für Schritt zu erweitern. Wenn eine Körperhaltung durch die Berührung des Therapeuten verstärkt wird, nimmt der Klient leichter wahr, was diese wirklich "bedeutet", wie die in ihr versteckte unbewußte Botschaft heißt, die der Patient ständig mit Hilfe dieser Körperhaltung in die Welt sendet. ＇

Später wird immer wichtiger, ihm mit beträchtlicher Präsenz (der Therapeutin/des Therapeuten) zu helfen, sodaß diese Körperhaltung losgelassen und die Fähigkeit errungen werden kann, Körperhaltungen einzunehmen, die der Umwelt die völlig gegensätzlichen emotionalen Zustände (ebensoviele Ausdrucksformen, wie das Selbst hat), mitteilen.

4. Berührung, die den Muskeltonus verändert

Der chronische, die Art der Bewegung bestimmende Grundmuskeltonus, erlaubt dem Patienten nicht, seine Wahrnehmung seines Seins in dieser Welt zu modifizieren. Ein in bestimmten Körperteilen vorherrschender grundlegender hypertonischer Zustand übermittelt ein beständiges Alarmsignal der Wachsamkeit, eine unangenehme Empfindung herannahender Gefahr, die mit dem, was tatsächlich im Umfeld stattfindet, nicht verbunden ist.

Auf der anderen Seite produziert ein Nach-Vorne-Fallen des Muskelsystems der Schultern und des Rückens oft die vernichtende Empfindung der Niederlage, der Impotenz und der Melancholie, die typisch für depressive Syndrome sind.

Die Berührung gleicht in diesem Falle einer wirklich tiefen Massage. Sie muß bis zu den inneren Punkten hinabreichen, an denen die Muskeln mit dem Feedback-Signal in Kontakt treten, das in der Muskelspindel beginnt. So kann der chronische

Kurzschluß, der diese Körperhaltung unpassend machte und von anderen abspalte-
te, behoben werden. Deshalb muß es eine körperlich intensive, langsame und tiefe
Berührung sein, die die Muskelmasse bewegt, hält und langsam den Tonus und den
um die Knochenstruktur gelegenen Zustand verändert.

5. Regressive Berührung

**Die Sorge, daß Berührung notwendigerweise "erotisch" sei, haben typischer-
weise nur jene, die über kein direktes Wissen der körperpsychotherapeutischen
Arbeit verfügen.** Ihre Sorge ist nur gerechtfertigt, wenn die Therapeutin/der Therapeut nicht weiß, welche Berührung in welcher Therapiephase angemessen ist.

Mit unserer derzeitigen Kenntnis und den verfügbaren Techniken können wir
heutzutage sehr viel leichter in eine Therapiephase eintreten, die als "regressiv"
bekannt ist. Ein Großteil der Therapie beschäftigt sich daher von Beginn an mit
Erfahrungen und Empfindungen aus besonders frühen, sicherlich jedoch prä-geni-
talen Perioden, in denen die Sexualität weit von der Fülle der Probleme und
Schuldgefühle eines Erwachsenen entfernt ist.

Aber um der Gefahr "zu entgehen" und zu jenen frühen Empfindungen zu
gelangen, müssen wir von Beginn an eine regressive Berührung anwenden. Der
Therapeut muß bemerkenswerten Druck ausüben und den Körper des Patienten
halten, um jene Körpererinnerungsempfindungen auszulösen, die jenen ähnlich
sind, die von dem Neugeboren durch die Kraft und den Griff eines Erwachsenen
gespürt werden. Die Auswirkung stellt sich sofort und präzise ein: der Patient
verläßt sofort Gedanken an Erwachsenensexualität und läßt sich in diese Urwahr-
nehmungen hinabsinken. Es entstehen Gefühle der Kleinheit, Zerbrechlichkeit und
verschwimmender Empfindungen. Der Therapeut wird sich nun um diesen "Kleinen" sorgen, mit all seinen infantilen Emotionen, charakteristischen Körperhaltungen und Bewegungen.

Eine sanfte Bewegung, die nur über die Person hinüberstreicht, ist in dieser
Phase alarmierend, weil sie die frühen Empfindungen nicht klar zurückbringt. Ein
Patient berichtete hier von Gefühlen, die ihn alles erwarten ließen: Verführung,
Betrug, Gewalt. Dies, weil in dieser Therapiephase diese Art von Berührung als
nicht ehrlich gemeinte Sanftheit aufgefaßt werden kann.

In späteren Phasen, wenn die Beziehung etablierter, die Regression entstanden,
das anfängliche Mißtrauen und die erste negative Übertragung überwunden ist und
sich eine positive Übertragung entwickelt hat, kann die sanfte Berührung sehr
nützlich sein.

Die regressive Berührung soll im Patienten einen grundlegenden und notwendigen Zustand wiederherstellen, nämlich einfach "zu sein". Der Muskel wird mit
großer Ruhe, Kraft und Geduld "gehalten" (contained), damit der Patient aufhören
kann, sich selber zu halten, weil er fühlt, daß dies nicht mehr notwendig ist.

Dies ist eine überwältigende Erfahrung: die Person fühlt zum erstenmal nach
langer, langer Zeit, daß kein anderes Bedürfnis mehr besteht, als sich einfach gehen

zu lassen. Und er läßt die verschiedenen Teile seines Körpers los, Schritt für Schritt, bis er seine Fähigkeit "zu sein", wiederentdeckt. Diese Fähigkeit ist dem Neugeborenen, das noch nicht unter Streß steht, sehr bekannt, z.b. wenn es satt und zufrieden die Brust losläßt und sein Mund offen steht, es die Augen schließt und sich zurücklehnt, um einfach bei völlig entspanntem Körper ins Leere zu schauen.

6. Wiederverbindende Berührung

Der Therapeut bringt mit seinen Händen verschiedene Teile des Körpers des Patienten in Berührung miteinander, aber nicht wie es die Gestalttherapie tut, indem sie verschiedene Aspekte der Persönlichkeit wieder in Kontakt bringt und auch nicht im energetischen Sinne, der die Energie wieder zirkulieren lassen möchte. Stattdessen geht es um die Absicht, bestimmte Zonen wieder als zusammengehörig zu fühlen, Zonen und Bereiche, die in der Wahrnehmung tatsächlich gespalten werden können. Es geht um die Wiederverbindung mit dem Selbst, die Wiederverbindung der unteren und oberen Körperteile und um die Wiederentdeckung einer ursprünglichen Einheit, die einst verloren ging.

7. Berührung und Schmerz

Eines der häufigsten Probleme in der Therapie besteht darin, daß der Patient in einem unbestimmten Knoten körperlichen und psychischen Unwohlseins, düsteren und unerreichbaren Schmerzes eingeschnürt ist, den er allerdings nicht bemerkt, der aber einen sichtbaren Leidenszustand und einen düsteren Geisteszustand erzeugt, der noch mehr verängstigt, weil er nicht verstanden wird. In diesen Fällen muß der "Knoten" geöffnet und das Leiden berührt werden, um es wahrnehmbar, umschreibbar und dann lösbar werden zu lassen. Es gibt Körperbereiche, die extrem schmerzen, aber vom Patienten nicht wahrgenommen werden. Wenn diese Leidensstellen berührt und massiert werden können, auch wenn es schmerzhaft ist, wird das "kosmische" so unerträgliche Schmerzgefühl abgegrenzter, menschlicher und erträglicher, bis es sich mit einem klaren Gefühl der Entspannung und Freude vermischt. Das Leiden arbeitet nicht länger auf einer unterschwelligen subtilen Ebene, sondern nimmt offene Formen an, so daß die Berührung sowohl an dem psychischen als auch an dem körperlichen Zustand arbeiten und sie verändern kann.

8. Die "elterliche" Berührung

Dieser letzte Aspekt der direkten Berührung zeigt uns ein anderes konkretes Beispiel dessen, was wir mit Modularität und Evolution in der Therapie meinen, d.h. einem Therapiekonzept, das die Therapie in verschiedene aufeinanderfolgende Phasen unterteilt.

Eines der Merkmale, an denen wir die Abfolge der Phasen studieren können, ist das Merkmal der Wahrnehmung, d.h. die Art und Weise, wie der Patient seinen Therapeuten während der Entwicklung der Beziehung wahrnimmt.

Wir können während der Reise von der Abhängigkeit zur Unabhängigkeit vier Phasen unterscheiden:

1. eine elterliche Erfahrung;
2. eine veränderte elterliche Erfahrung;
3. eine Wahrnehmung des Therapeuten als Person;
4. die letztliche Zusammenarbeit.

Auch wenn die Phasen in chronologischem Sinne nicht völlig getrennt sind, muß die Anwendung der Berührung in den verschiedenen Phasen notwendigerweise anders sein.

Die *erste* Phase zielt darauf, die zu der Familiengeschichte gehörigen Empfindungen wiederzuentdecken, auch die tieferen; dies mit Hilfe einer Berührung, die der der Eltern ähnelt: provokativ, unehrlich sanft, unterdrückend, unsicher, schmerzhaft, gewaltsam oder wie auch immer.

Die *zweite* Phase will die Geschichte des Patienten verändern und eine völlig andere Berührungserfahrung anbieten.

Wie ich in einem früheren Artikel geschrieben habe:

"Die Empfindungen des Patienten in der Anfangsphase ähneln denen, die er bereits kennt: Angst und Schmerz, sich selbst darzustellen. Auf diese Weise wiederholt er die frustrierenden Erfahrungen. Dies bildet den grundlegenden Kern der Schwierigkeit in der Analyse. Der Therapeut repräsentiert wegen der Übertragung und der anfänglichen Regression, die jene frühen Erfahrungen reproduzieren, die elterlichen Figuren. Der in seinen Wahrnehmungen, in seinen motorischen und emotionalen Bereichen ermutigte Patient reagiert automatisch auf den Therapeuten, genauso als ob der Therapeut einer jener affektiv wichtigen Figuren aus ihrer/seiner Kindheit wäre.

Auf bestimmten Ebenen des Selbst kann die Klientin/der Klient aus der gegenwärtigen Realität stammende Daten, die sich von denen der Vergangenheit unterscheiden, aufnehmen, festhalten und bewerten. Frühe Phantasien werden von in der Sitzung gemachten Wahrnehmungen verändert; automatische emotionale Reaktionen durch physiologische Modifikationen gemildert, die die Emotionen mit dem, was wirklich stattfindet in Verbindung bringt. *In dieser Phase modifizierter elterlicher Erfahrung können wir von einer wirklichen "korrektiv-emotionalen Erfahrung" sprechen.* Das Elternteil, das der Therapeut nun verkörpert, muß von dem wirklichen Elternteil sehr verschieden sein". (Rispoli 1990)

Berührung ist deshalb einer der Grundpfeiler der Körperhaltung, aber nur, wenn sie in klarer und unzweideutiger Art und Weise ausgeführt und von einer präzisen

Techniktheorie, die aus einem allgemeinen theoretischen Modell stammt, unterstützt wird. Die Gefahr liegt in der Wiederholung der archaischen Erfahrung und so in der Vertiefung der Spaltung des Selbst. Wegen der evokativen Kraft der Berührung kann eine falsche, für eine bestimmte Phase der Therapie unangemessene Berührung den ganzen schwierigen und komplexen Prozeß stören. Ein Prozeß der, wenn wir in ganzheitlicher Art alle Ebenen und psycho-körperlichen Prozesse anwenden, dem Klienten hilft, ein harmonisches und gut ausbalanciertes Selbst herzustellen; mit anderen Worten: ihm ermöglicht, seine vollen Möglichkeiten zu leben.

* * * * *

Luciano Rispoli ist klinischer Psychologe und Begründer der Funktionalen Therapie, Präsident der S.I.F. (Italienische Gesellschaft für Funktionale Körperpsychotherapie), Mitglied des nationalen Vorstandes der italienischen Gesellschaft für klinische Psychologie, Präsident des italienischen Wissenschaftskomitees für Körperpsychotherapie und des Comité scientifique international pour la thérapie psycho-corporelle (Internationales Wissenschaftskomitee für Körperpsychotherapie).

Sie erreichen ihn unter der Adresse Vico S.Maria, App.23, 80132 Neapel, Italien.

DER KÖRPER UND DIE PSYCHOSYNTHESE

von **Anna Baldini** und **Massimo Rosselli**, Florenz (Italien)

Die *Psychosynthese* wurde von dem Psychiater und Psychotherapeuten *Roberto Assagioli* (1888 - 1974) entwickelt. Er trennte sich in den zwanziger Jahren (1) von der Hauptrichtung der psychoanalytischen Bewegung, um offiziell die Grundlage der Psychosynthese zu formulieren. Seitdem hat sie sich in den verschiedensten Teilen der Welt ausgebreitet, vor allem in den Vereinigten Staaten, wo sie seit den sechziger Jahren eine wichtige Stellung in den humanistischen, existentialistischen und transpersonalen Schulen der Psychologie einnimmt (2). Gemeinsam mit diesen Schulen betont die Psychosynthese *Identität, Wachstum, Verantwortlichkeit und Wahrnehmung,* genauso wie *Entwicklung hin und die Offenheit für die höheren Spären des Bewußtseins und die Verwirklichung der menschlichen Potentiale.* Obwohl sich Assagioli von der psychoanalytischen Bewegung trennte, verleugnet die Psychosynthese nicht die Bedeutung ihrer psychoanalytischen Wurzeln: Assagioli betonte, daß verschiedene Ideensysteme und Annäherungsweisen nicht notwendigerweise völlige Alternativen sind, sondern wertvolle Aspekte beinhalten, die entsprechend den unterschiedlichen Bedürfnissen der einzelnen Klienten integriert werden sollten.

Obwohl die Psychosynthese offensichtlich eklektisch und reich an technischen Möglichkeiten ist, konstituieren einige spezifische und klar unterscheidbare Punkte ihren starken Kern, z.B. das Prinzip der Synthese auf verschiedenen Ebenen und verschiedenen Dimensionen; die Suche nach einem Punkt des Bewußtseins - *dem Selbst,* um das herum sich das psychische Leben arrangiert.

Wir sollten uns nun zwei Abbildungen anschauen. Sie vermitteln uns ein Bild davon, wie die Psychosynthese arbeitet und illustriert ihre grundlegende Metapsychologie. Wir müssen uns jedoch daran erinnern, daß es nur Abbildungen sind und als solche eine nur eingeschränkte Version der reichen und fruchtbaren menschlichen Realität geben, die oft einfach nicht befriedigend in Wörter übersetzt werden kann.

Die erste Abbildung stellt ein allgemeines psychologisches Bild des Menschen nach Assagioli dar (3). Es werden die Ebenen des Unbewußten, des Bewußten und des Selbst unterschieden; die drei horizontalen Dimensionen des Ovals können auch als Vergangenheit, Gegenwart und Zukunft interpretiert werden.

Assagioli beschreibt das *Niedrige Unbewußte* nicht als minderwertig, sondern als unterliegende, unterstützende Struktur, also wie das Fundament eines Gebäudes. Das Niedere Unbewußte enthält die grundlegenden Triebe und primitiven Instinkte mit ihren entsprechenden Komplexen. Es ist der Bereich des Unbewußten der persönlichen Vergangenheit des Menschen, den *Freud* zuerst studierte (gefolgt von anderen im psychoanalytischen Bereich). Nach Assagioli ist die Analyse und die konsequente Integration dieser Ebene eine grundlegende wichtige Phase, aber nur eine von vielen.

Das **Mittlere Unbewußte** in der Psychosynthese ist gleich dem Freud'schen Vorbewußten: es wird von Elementen konstituiert, die den Bewußten leicht zugänglich sind. Wir können es uns wie ein Vorzimmer für jene unbewußten Inhalte vorstellen, die sozusagen eine wichtige psychische Schwangerschaft durchlaufen, bevor sie ins Bewußtsein hineingeboren werden.

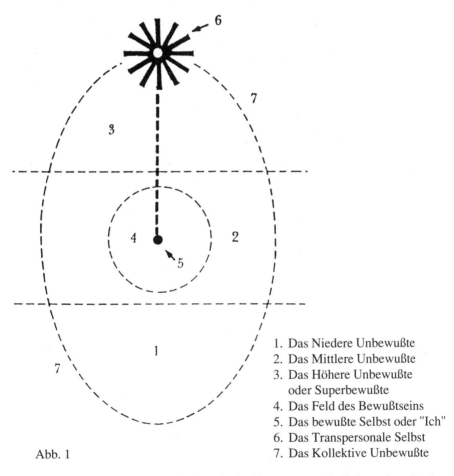

Abb. 1

1. Das Niedere Unbewußte
2. Das Mittlere Unbewußte
3. Das Höhere Unbewußte oder Superbewußte
4. Das Feld des Bewußtseins
5. Das bewußte Selbst oder "Ich"
6. Das Transpersonale Selbst
7. Das Kollektive Unbewußte

Auf einer anderen Ebenen finden wir das **Transpersonale Unbewußte** oder das **Höhere Unbewußte**. Es beinhaltet die höheren Intuitionen und die künstlerischen, philosophischen und wissenschaftlichen Inspirationen, genauso wie die Kreativität, die ethischen Imperative und unser Bedürfnis nach altruistischen Handlungen, ebenso wie Erleuchtungs-, Kontemplations- und Ekstasezustände. Hier geht es um eine systematische und wissenschaftliche Erforschung dessen, was im Osten wie im Westen (4) als "spirituell" bezeichnet wird: jene Dimensionen, die *Maslow* "Gipfelerfahrungen" (2) nannte oder *Jung* das "prospektive Unbewußte", in denen die fruchtbarsten Möglichkeiten des Menschen wohnen.

Genau wie andere Analytiker hielt es auch Assagioli für wichtig, daß Unbewußte bewußt zu machen, aber in Richtung einer *"Höhenpsychologie"* und nicht nur einer "Tiefenpsychologie". Die Erforschung der vordersten Grenzen der menschlichen Natur rufen nach einem Prozeß von *Integration und Synthese* mit den Aspekten der Persönlichkeit. Die Psychosynthese benutzt dazu bestimmte *Techniken und Methoden*. Wir sollten uns daran erinnern, daß das Transpersonale Unbewußte durch Abwehrmechanismen, die dem Ich ähnlich sind, unterdrückt werden kann.

Assagioli beachtete genauso wie Jung auch die *kollektive Dimension*. Jung war für ihn "von allen modernen Psychotherapeuten, der in Theorie und Praxis der Psychosynthese nahestehendste" (5).

Das *Kollektive Unbewußte* sei eine weite Welt, die sich vom biologischen Niveau des Menschen bis hin zur spirituellen Ebene erstrecke. Hier müßten Unterschiede zwischen Ursprung, Natur und Qualität gesetzt werden. Jung habe in seine kollektive Dimensionen das, was in psychosynthetischen Begriffen "transpersonal" sei, eingeschlossen. Dieses weite Feld des Unbewußten nehme nichts von der Bedeutung des Bewußten weg oder von der Verfeinerung der Wahrnehmung der verschiedenen psychologischen Inhalte, die damit assoziiert seien und analysiert und eingeschätzt werden müßten.

Aber was ist das Bewußte? In der Psychosynthese ist es das Selbst, das wahre Zentrum des menschlichen Seins; es ist ein Punkt bewußter Wahrnehmung und bewußten Willens auf zwei Erfahrungsebenen: der persönlichen und der transpersonalen.

Das Ich oder das *persönliche Selbst* wird als das integrative Zentrum der Persönlichkeit betrachtet und kann durch eine "Disidentifikation" von den verschiedenen Inhalten des Bewußtseins erlebt werden. Es wird zum sich nicht verändernden "Beobachter", während sich die körperlichen, emotionalen und mentalen Aspekte ständig verändern.

Nach Assagioli ist das *transpersonale Selbst* das eher umfassende Zentrum frohen Bewußtseins und Willens. Es ist eine Realität, die direkt erfahren werden kann. Ein solches Erlebnis der Identität, in der sich Universalität und Individualität paradoxerweise vereinigen, ist selten, obwohl einige davon bekundet und von Assagioli erwähnt werden. Wörter sind jedoch oft nur unangemessene Ausdrucksmittel. Es gibt aber Psychosynthesetechniken, die direkter den Kontakt mit den Qualitäten des transpersonalen Selbst und seine Auswirkungen auf die Persönlichkeit (3) vermitteln können.

Schließlich sollten wir uns die *Einheit des Selbst* anschauen. Das persönliche Selbst oder Ich ist ein leichter zugängliches Erlebnis, eine Reflexion des transpersonalen Selbst auf der Persönlichkeitsebene, mit anderen Worten, wir haben zwei verschiedene Erfahrungen der einen Realität.

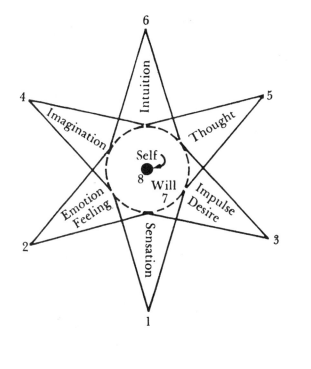

1. Empfindung
2. Emotion – Gefühl
3. Impuls – Wunsch
4. Vorstellung
5. Gedanke
6. Intuition
7. Wille
8. Zentraler Punkt:
   Das Ich oder das
   Persönliche Selbst

Abb. 2

Assagioli nennt sieben psychologische Funktionen. Die zweite Abbildung stellt diese in Relation zum Zentrum des Bewußtseins dar und zeigt, daß der Wille eine zentrale Rolle hat, indem er die verschiedenen Funktionen als einen direkten Ausdruck des Ich koordiniert (6). Die Erfahrung des Willens ist tatsächlich ein Weg das Ich zu erfahren und umgekehrt. Das hat nichts mit dem veralteten Willensbegriff zu tun (der "Willenskraft") sondern er schlägt eine phänomenologische und analytische Erforschung des Willensprozesses bezüglich seiner Qualitäten, Stufen und Aspekte vor, die sie eng mit dem ganzen psychologischen Prozeß des menschlichen Wesens verbinden. Mit den sieben psychologischen Funktionen liefert Assagioli außerdem eine sehr fruchtbare Hypothese der menschlichen Typologie (7).

Wie wichtig ist der Körper in der Psychosynthese? Assagioli sagte dazu auf einem Therapeutentreffen in London 1966 (8):

"Die Psychosynthese sollte eigentlich *'Bio-Psychosynthese'* genannt werden, damit deutlich wird, daß sie den Körper in einer völligen Synthese der menschlichen Persönlichkeit einbezieht. Die beständige reziproke Interrelation zwischen dem Körper und der Psyche wird im allgemeinen akzeptiert. Die ganze psychosomatische Medizin basiert auf dieser Tatsache. Obwohl dies erkannt und erforscht wurde, ist es immer noch nicht angemessen in die allgemeine Medizin oder die Psychotherapie eingeflossen. Es gibt immer noch nur wenige Psychotherapeuten, die die physikalischen Aspekte der Persönlichkeit und die reziproken Einflüsse, die zwischen diesen Aspekten und den anderen psychologischen Funktionen herrschen, in Betracht ziehen. Ein gesunder menschlicher Körper ist ein bewundernswertes Beispiel der Bio-Psychosynthese: Er ist eine harmonische Synthese vieler verschiedener und gegensätzlicher Funktionen. Die Art, wie ein Körper funktioniert illustriert gleichzeitig auch, wie der Geist funktioniert. Die gegenseitige Beeinflussung von Körper und Geist deutet offensichtlich an, daß das menschliche Wesen aus beiden Sphären heraus operiert. Aber dennoch wird diese einfache Anwendung des gesunden Menschenverstandes allgemein ignoriert".

26 Jahre sind vergangen, seit Assagioli diese Worte sagte. Seine Bemerkungen sind heute noch offensichtlicher. Ihre Essenz kann in vielen Ansätzen heutiger Psychotherapeuten und in vielen psychosomatischen Ansätzen wiedererkannt werden. Tatsächlich war Assagioli ja einer der Gründer der *Italienischen Gesellschaft für psychosomatische Medizin* und seine in der Psychosynthese zusammengefaßten Ideen, machen ihn zu einem Pionier: die Zukunft entwickelte sich an den von ihm vorgezeigten Linien. Für die Psychosynthesetherapeuten repräsentieren diese Linien ein offenes Bezugsnetz für die Dialektik und Einheit von Körper und Geist.

Der Körper wird in der Psychosynthese in seiner vollen "Subjektivität" und "Co-Präsenz" innerhalb seines expressiven und vervollständigenden Prozesses angesehen und nicht nur als Objekt von Beeinflussungen, die von irgendwoher kommen. In diesem Sinne fordert die Bio-Psychosynthese ebenfalls eine Erforschung der Komplexität und des Mysteriums der "Bios". Hier geht es auch um die verschiedenen Ebenen ihrer "Dichtigkeit", schon von den somatischen und biologischen Ebenen an bis dann hin zu den energetischen Ebenen; schon von den Körpererinnerungen seiner Geschichte her bis hin zum "sozialen" Körper; von den symbolischen Ebenen bis zu den metaphorischen Ebenen, die sowohl innerhalb der Psyche als auch des Körpers analog sind (9).

Jede dieser verschiedenen und vom Stil des Therapeuten, der Person, der Beziehung und der Situation abhängigen Art des Körperlesens paßt in die Psychosynthese. Genauso wie die vielfältigen Hilfsmittel der Dekodierung des psychischen Lebens, rufen auch diese nach einer Art Synthese, die sie mit der Einzigartigkeit und Originalität eines jeden Klienten in Verbindung bringt. Dies ist der Grund für die Arbeitshypothese einer Bio-Psychosynthese (10), die nicht nur historisches Interesse (11) erwecken soll. Wegen ihrer umfassenden Fähigkeit das menschliche Phänomen zu interpretrieren, repräsentative Modelle herzustellen, therapeutische und neue, kreative Erziehungstechniken vorzuschlagen und/oder bereits bekannte neu einzuführen, ist die Bio-Psychosynthese, im Lichte einer möglichen Integration mit dem Körper betrachtet, eine sehr präsente und mögliche Realität. Weil die Psychosynthese nicht mit eine Reihe von Techniken und Übungen identifiziert werden kann, sondern eine Form der Annäherung und des Ansatzes und ein Bezugsnetz ist, sollte die Bio-Psychosynthese nicht als eine besonders spezialisierte Art der Psychosynthese angesehen werden, sondern als ein Prozeß, der zu einer expliziten und methodologisch greifbaren Synthese des *Körper-Geist-Transpersonalen* führt.

Die verschiedenen psychosynthetischen Techniken können in folgende Kategorien (12) eingeordnet werden:

1. Analytische Techniken
2. Techniken der Koordination und Transformation (Entwicklung der verschiedenen psychologischen Funktionen und der Rekonstruktion der Persönlichkeit um ein vereinendes Zentrum herum).
3. Techniken der Meditation
4. Ausdruckstechniken und Erdungstechniken (Verbindung des internen Prozesses mit der Existenzsituation).
5. Beziehungstechniken (interpersonale Psychosynthese und Gruppenpsychosynthese).

Der Körper wird in der Psychosynthese als eine physikalische Domäne innerhalb der Raum-Zeit betrachtet, die, wie in der Abbildung oben illustriert, die Vergangenheit, die Zukunft, die Gegenwart, die psychischen Funktionen und das Selbst enthält. Der Körper kann als die konkreteste Realität angesehen werden, die erste Realität, mit der es in Kontakt zu kommen gilt und die auf einen graduellen Prozeß der Wahrnehmung, der Transformation und der Selbstrealisierung zusteuert.

Manchmal ist es der Körper, der den besten Zugang zum Menschen öffnet, ein anderes Mal ist es die direkte mentale Arbeit (aber im Bewußtsein, daß alle Ebenen präsent sind, auch wenn einige momentan schweigen). Der Körper ist ja doch die unabdingbare Erfahrung und Erdung dessen, was Innen erlebt wurde. Was jedoch vor allem wichtig ist, ist die Synthese der verschiedenen Ebenen. Obwohl der Psychosyntheseprozeß auf eine progressive und harmonische Integration der Persönlichkeit um das Selbst herum hinzielt, ist die vorangehende Identifikation mit dem Körper (Körpersein) notwendig, auch wenn das auf verschiedenen Wegen und zu verschiedenen Zeiten geschieht. Der Körper ist das teilweise vereinende Zentrum und auf diese Weise mag das Selbst, ein weiteres vereinendes Zentrum, von ihm Besitz erlangen. Das Gewahrwerden des Körperbewußtseins verhilft oft zu einer regressiven Erfahrung, die im Psychosyntheseprozeß als wichtig angesehen wird, damit wir an bedeutungsvolle Inhalte und Erlebnisse herankommen.

Grundlegend kann die Regression mit dem Körper von zwei Seiten aus betrachtet werden: einerseits als Destrukturierung, die der Körpererinnerung an die persönliche Geschichte Stimme verleiht, wobei die Primärerlebnisse oft in kathartischer Weise wieder auftauchen (13); andererseits als Rückkehr zu den Wurzeln, zu den Ursprüngen, durch die der Körper und das ganze Sein zu jener vergessenen, aber latenten Vitalität zurückkehrt und seine ursprüngliche Weisheit wiederentdeckt oder vielleicht auch zum ersten Mal erlebt (14). Der Körper wird in der Psychosynthese jedoch nicht nur im regressiven Sinne gesehen oder nur z.B. mit der emotionalen Sphäre verbunden. *Er ist die letztendliche Repräsentation aller Komponenten des Menschen. Die Wiedererweckung des Körperbewußtseins ist daher wie eine Inventur all dessen, was innerhalb des Körpers existiert und weiterhin eine Entdeckung und Aktivierung seiner Potentiale (15).*

Hier ist es interessant, sich die Worte von *Schilder* (16) in Erinnerung zu rufen: "Das Körperschema repräsentiert das konstante psychische Wissen zum eigenen Körper; das somatische Bild ist die sich verändernde Repräsentation des Körpers innerhalb der Seele; durch alle Veränderungen des somatischen Ich hindurch bleibt die kontinuierliche Empfindung des eigenen Körpers. Bild, Schema und Ich: alle drei sind in sich selbst keine somatische, sondern psychische Phänomene".

In der Psychosynthese drückt jedoch das somatische Ich die Physikalität des Körpers aus, während das Körperschema oder Bild die psychische Erfahrung ausdrückt. Der Beobachter geht über das physikalische und psychische hinaus und nähert sich einer ersten Erfahrung der Körper-Geist-Integration.

Diese drei Momente werden in der Psychosynthese durch ein Dreieck dargestellt. Dies, um besser den Stand der Entwicklung des Bewußtseins darzustellen, die zur Verwirklichung des Selbst, also zur persönlichen Psychosynthese führt.

Wenn die Polaritäten von Körper und Geist sich in einer ersten Integration bei der Verwirklichung des persönlichen Selbst treffen, findet letzteres seinen harmo-

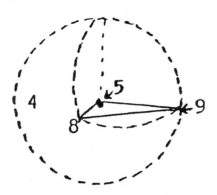

Abb. 3

4. Das Feld des Bewußtseins
5. Das Ich oder
   Das Persönliche Selbst (Körperbild)
8. Der Körper (Somatisches Ich)
9. Der Geist (Körperschema)

nischen Ausdruck in seiner Verwirklichung des transpersonalen Selbst, dem Ziel des bio-psychosynthetischen Prozesses, bei dem auch der Körper seinen Teil, seine Form, findet. Dies wird durch die folgende Abbildung dargestellt.

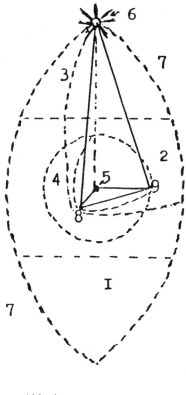

Abb. 4

1. Das Niedere Unbewußte
2. Das Mittlere Unbewußte
3. Das Höhere Unbewußte
   oder Superbewußte
4. Das Feld des Bewußtseins
5 Das Ich oder
   Das Persönliche Selbst
6. Das Transpersonale Selbst
7. Das Kollektive Unbewußte
8. Der Körper (Somatisches Ich)
9. Der Geist (Körperschema)

In der Bio-Psychosynthese sind Körpertechniken einerseits Körperübungen, die von psychischen Untersuchungen und Verbalisationen begleitet werden, die der Erfahrung Sinn geben, andererseits auch jenen Techniken, die Assagioli (3) und andere Autoren (17,18,19) beschrieben haben.

Das Wort **"Kontakt"** ist der zentrale Begriff aller dieser Techniken. Dieser Kontakt kann als Präsenz, als Beteiligung, als mit sich selbst und mit anderen sein, interpretiert werden. Er hat sowohl mit der körperlichen Erfahrung von Berührung (20) als auch mit allen anderen Sinnen zu tun. Es handelt sich hier um eine Empfindsamkeit, die Teil eines Identifikations- und Empathieprozesses innerhalb einer Beziehung und Teil einer progressiven Öffnung und Integration des Körper-Geist-Transpersonalen ist.

Um diesen Kontakt herzustellen, werden neben anderen Techniken besonders jene angewandt die Bewegung, Körperhaltung, Massage, Wahrnehmungstraining, Atmung, innere und äußere Beobachtung des Körperlichen, Emotionalen und Mentalen, genauso wie Identifikation und Disidentifaktion, Entspannung, Ruhe und Meditation beinhalten. Besonders wird in der Psychosynthese mit den psychischen Funktionen der Imagination (21,22), Intuition (3,18) und des Willens (6) gearbeitet. Dies alles sowohl mit einzelnen als auch in der Gruppe.

Es soll hier betont werden, daß die verschiedenen Techniken einen spezifischen Sinn haben. Es geht bei ihnen um die Integration der Wahrnehmung und die Strukturierung der Persönlichkeit, es geht um die Synthese der Ebenen des Bewußt-seins, der Funktionen und verschiedenen Erfahrungen als auch um die Hilfsmittel, die zur Förderung des Wachstumsprozesses eingeräumt werden.

Die aktive Anwendung von Symbolen in der geleiteten Bilderarbeit (21,22), sowohl in der Einzel- also auch in der Gruppenarbeit, soll hier als typisches Beispiel der Psychosynthesearbeit dienen. Einige dieser Bilder sind, wie im folgenden Beispiel deutlich werden wird, besonders evokativ und repräsentativ für die integrative Geist-Körperarbeit:

"Stell Dir vor, Du seist ein Baum, atmest ein, aus der reichen Erde hinauf in deine Äste und auf den klaren Himmel zu. Dann atmest Du vom Himmel aus zurück zur Erde. Jedesmal, wenn Dein Atem zur Erde zurückkehrt, sprießen unter Deinen Füßen kleine Wurzeln, werden länger und stärker und reichen tiefer und tiefer hinab zum Zentrum der Erde hin. Stell Dir die Energie vor, die Du aus der Erde ziehst, aus den Felsen, aus den reinen, fließenden Flüssen, mit jedem Atemzug stärker werdend und Deinen Körper durchdringend und stell Dir auch die Wärme der Erde vor, die durch Dich fließt. Der Stamm Deines Baumes erreicht Dein Zwerchfell, von wo aus nun blättrige Äste sprießen, sich ausdehnen und in den klaren blauen Himmel hinaufreichen. Und nun stell Dir vor, daß hoch über Dir, am blauen Himmel die Sonne glänzend scheint und Dir ihre Wärme und ihr Licht sendet, jede Zelle Deines Körpers durchdringt und das ganze Deines Seins. Und jedes Mal kehrt Dein Atem zur Erde zurück, trägt diese Wärme und das Licht mit sich. Du fühlst, wie die Energie der Erde und die Energie der Sonne sich in Deinem Körper, in Deinem Zwerchfell treffen. Atme weiter und erlaube diesen Energien sich in Dir zu treffen und Dich zu durchdringen..." (17).

Es ist wichtig, hier den kleinen aber bedeutsamen Unterschied zwischen *Entspannung* und *Ausweitung* zu beachten. Entspannung beruhigt den Körper-Geist und lockt seine Harmonie hervor. Sie hilft auch dabei, Ausweitung zu erreichen. Die Ausweitung ist ein besonderer Bewußtseinszustand, bei dem die Ruhe von

Körper, Emotionen und Geist nicht wie bei der Entspannung zu Passivität, sondern zu einem Zustand rezeptiver Klarheit führt, durch die wir in Kontakt mit dem transpersonalen Teil kommen können. Die *Atmung* ist in der Bio-Psychosynthese sehr wichtig (23). Atmung ist ein Hilfsmittel für den Kontakt mit den Emotionen. Sie wird dann zu einer Brücke zum Körper-Geist-Transpersonalen. Die verschiedenen Atmungstechniken dienen nicht dazu, sie zu kontrollieren, sondern sind ein Hilfsmittel, um den eigenen Atemrhythmus wiederzuentdecken, der, einmal wiederentdeckt, die Neigung hat zu bleiben. Sollten die Lebensereignisse diesen Rhythmus dennoch wieder einmal stören, wird es sehr viel leichter sein, wieder mit dem ursprünglichen Rhythmus in Kontakt zu kommen. Mit sich selbst als atmendem Wesen in Kontakt zu kommen, ist eine Frage des Lernens. Der Körper-Geist ist mit Intelligenz und Weisheit (14) ausgestattet, so daß, wenn diese Qualitäten einmal erweckt sind, er seinen eigenen Rhythmus immer wieder finden wird, auch wenn er einmal zeitweilig verloren ging.

Zusammenfassend, es ist wichtig sich auf die drei grundlegenden, von Assagioli als Basis für die Psychosynthese postulierten Phasen zu konzentrieren und den Körper im Verhältnis dazu zu sehen (24):

In der ersten *"Lerne-Dich-selbst-kennen-Phase"* ist die Arbeit am Körper *de*-strukturierend, wobei auf Form, Farbe und Temperatur genauso wie auf die "Hier-und-Jetzt-Bewegungen" fokussiert und Betonung auf den Kontakt mit Gefühl, Wahrnehmung und Atmung gelegt wird.

Die Destrukturierungsphase führt zur Körperwahrnehmung und erlaubt das Aufsteigen psychischer Inhalte und Einsichten. Dies erlaubt auch den Kontakt mit dem "Wie ich mich selbst repräsentiere" und dem "Wie ich mich im Hier und Jetzt Kontext sehe". Hier wird auch der Wille angesprochen und aktiviert. Es ist jene Phase der Körperarbeit, in der der Körper gleichzeitig Subjekt und Objekt ist und ebenso bedingt, ein Hilfsmittel der Geistes zu werden.

In der zweiten *re*-strukturierenden *"Besitze-Dich-selbst-Phase"*, ändert sich die Richtung: "Nun, da ich mich selbst kenne, möchte ich wissen, wie mein Ideal-Modell auf meiner physikalischen, emotionalen, mentalen und spirituellen Ebene im Hier-und-Jetzt aussieht?" Der kreative Wille beginnt zu wirken und der Körper arbeitet mit den Emotionen und dem Geist zusammen. Es wird also nicht länger *am* Körper gearbeitet, sondern *mit* dem Körper. Der Körper als Zentrum wird evident. In dieser Phase wird die Aufmerksamkeit bewußt und mit Bewegung, Atmung, Imagination und der Ausbildung von wahrnehmenden und psychischen Funktionen verbunden.

In der dritten *"Transformiere-Dich-selbst-Synthese-Phase"* wird die Arbeit durch den Körper getan und der integrierte Wille tritt auf. "Welche Hilfsmittel oder Qualitäten besitze ich, die mir helfen, so zu werden, wie ich es wünsche?" In diesem "ich wünsche" liegt die Wahrnehmung der Möglichkeiten, die wir in der Gegenwart in uns tragen. Aber es ist das Selbst, daß das Ideal-Modell wählt. Man könnte sagen, daß die Persönlichkeit und der persönliche Wille zur Seite treten, um dem transpersonalen Willen zu erlauben, zu erscheinen. In dieser Phase ist die Bewegung weniger körperlich, sondern hauptsächlich Atmung und Meditation. Die Vereinigung von Körper und Geist formt das Instrument, um das transpersonale Selbst zu empfangen.

Das Ziel ist die Verwirklichung des Selbst in einer Bio-Psychosynthese, d.h. die harmonischen Integration von Körper, Emotionen, Gedanken, Intuitionen und Wille in der harmonischen Vereinigung von Körper, Geist und Transpersonalem.

* * * * *

Massimo Rosselli, Dr.med., arbeitet am Institut für Psychosynthese in Florenz. Seine Adresse: Via Ximenes 24A, 50125 Florenz, Tel.Italien/55/2298608.

Anna Baldini, ebenfalls Institut für Psychosynthese, erreichen Sie unter Via Pimentel 6, 50100 Florenz, Tel./Italien/55/572513.

Literatur

1.***The Freud Jung Letters***, McGuire 1974.
2.***Maslow A.H.***, *Toward a Psychology of Being*, Van Nostrand 1962
3.***Assagioli R.***, *Psychosynthesis, A Manual of Principles and Techniques*, London, Turnstone Books 1965
4.***Ferrucci P.***, *Inevitable Grace*, Wellingborough, Thorsons 1990
5.***Assagioli R.***, *Jung e la Psicosintesi*, Istituto di Psicosintesi 1966
6.***Assagioli R.***, *The Act of Will*, Wellingborough, Thorsons 1974
7.***Assagioli R.***, I Tipi Umani, Istituto di Psicosintesi 1978
8.***Assagioli R.***, *Conferenza al Knightsbridge Hotel 1966*, Istituto di Psicosintesi
9.***Rosselli M.***, *Il corpo nel processo psicoterapeutico*, Psyche 1987
10.***Assagioli R.***, *Medicina Psicosomatica e Biopsicosintesi*, Acta Medica Psychosomatica, F.Antonelli e L.Ancona 1966
11.***Rosselli M., Baldini A., Maneschi S.***, *Biopsicosintesi: una definizione o realt attuale?*, Atti IX Congresso Istituto di Psicosintesi 1986
12.***Rosselli M.***, *Introduzione alla Psicosintesi*, Istituto di Psicosintesi 1991
13. ***Lowen A.***, *The Language of the Body*, Collier 1971
14. ***Roshi T.D., Chauchard P.***, *Zen et Cerveau*, Le Corrir du Livre 1976
15. ***Baldini A.***, *Biopsicosintesi: L'integrazione armonica dell'essere umano - una proposta*, Thesis presented to the Italian Society of Therapeutic Psychosynthesis, Florence 1984
16. ***Schilder P.***, *The Image and Appearance of the Human Body* Kegan Paul - London 1935

17. **Baldini A.**, *Quaderno di Biopsicosintesi*, Istituto di Psicosintesi 1989; English translation: Between Heaven and Earth: Through the Body to the Transpersonal Self in Psychosynthesis, Istituto di Psicosintesi 1991

18. **Ferrucci P.**, *What We May Be*, Wellingborough, Thorsons 1982

19. **Whitmore D.**, *Psychosynthesis Counselling in Action*, Sage Publications, London 1991

20. **Montagu A.**, *Touching: the Human Significance of the Skin*, Columbia University Press 1971

21. **Caldironi B., Widmann C.**, *Visualizzazioni guidate in psicoterapia*, Piovan 1980

22. **Peresson L.**, *L'imagine mentale in psicoterapia*, Citt Nuova 1983

23. **Leboyer F.**, *L'art du souffle*, A.Michel 1984

24. **Baldini A.**, *Il corpo nella visione psicosintetica*, englische Übersetzung: The Body from a Psychosynthetic View, unveröffentlichtes Manuskript, Conferenz 1989

MASKENTHERAPIE

von **Henry Saigre**, Paris (Frankreich)

Der Maskentherapie-Workshop fand in der Volksschule in Lindau statt. An den Wänden des Ganges zum Seminarraum hingen Kinderbilder, die ernste und lächelnde Gesichter zeigten: Masken!

Dies war kein Zufall für mich, denn es ist logisch, daß die Masken wieder dorthin zurückkehren, wo sie herkommen und auch hingehören, zu den Menschen.

Die Teilnehmer (22 Personen) kamen zu einem therapeutischen Workshop, der von einem Paar geleitet wurde (Joelle Cornelisse-Saigre und mir). Das symbolische Elternpaar wird immer in unseren Gruppen repräsentiert und von einem Mann und einer Frau dargestellt. Abgesehen von der Anzahl der Teilnehmer (normalerweise arbeiten wir in Gruppen mit acht Patienten) und der begrenzten Zeit (normalerweise drei Stunden, hier zwei Stunden) haben wir den normalen Ablauf einer Maskentherapie-Sitzung nicht verändert. Wir stellten allerdings einige theoretische und technische Punkte heraus, die für unseren therapeutischen Ansatz bedeutend sind. Wir konnten zwei Spiele aufführen. Am ersten nahmen fünf Teilnehmer und die Gruppenleiter teil. Am zweiten fünf andere Personen in nonverbaler Aktion, die wir normalerweise praktizieren. Durch das Feedback konnten wir folgende für die Maskentherapie bedeutsame und spezifische Punkte herausarbeiten.

Zitate

a. "Wenn es eine Maske gab, die ich überhaupt nicht wollte...", "wenn es eine Maske gab, die ich ganz bestimmt wollte...", "...dann war es die, die mir gegeben wurde". Die Maske fokussiert auf die unbewußte Kommunikation zwischen zwei Personen.

b. "Ich wünschte, ich könnte alle Masken, die ich mir genommen habe, tragen". Tatsächlich sind alle von einer Person gewählten Masken Teil dieser Person.

c. "Ich hatte Angst vor Maske B, dann traf ich Maske C, die mir die Kraft gab, Maske B zu begegnen". "Ich fühlte extrem mächtige Kräfte im Raum". Maskenspiele bringen das Bindungssystem zutage. Masken sind mehr oder weniger mit Energie geladen.

d. "Als ich die Maske einer Löwin trug, begann ich plötzlich zu brüllen... Ich habe niemals geglaubt, daß ich mit einem solchen Brüllen herauskommen könnte!" Masken ermutigen dazu, Hemmungen fallen zu lassen und erlauben freien Zugang zu bisher ignorierten Teilen und Talenten in uns selbst.

e. "Es hat mir sehr viel Spaß gemacht, mit einer anderen Frau zu tanzen, ohne an die homosexuelle Dimension dieser Beziehung zu denken und daß andere Teilnehmer und die Gruppenleiter in ihrem Feedback mit Fingern auf mich zeigen könnten". Es gibt verschiedene Versionen für jedes Spiel in der Gruppe. Wir arbeiten teilweise auch mit diesen "Diskrepanzen" und "Differenzen".

f. "Ich fühlte mich sehr schnell in der Position eines Babies". Masken fördern eine schnelle Regression (jedoch Konterindikation für Borderliner).

g. "Ich hatte große Freude daran, diese sensible Rolle zu spielen. Als ich genug hatte, verließ ich den Kontakt". Eine der Hauptkriterien der Maskentherapie ist die Freude, die sie dem Menschen gibt. Wahrscheinlich bezieht sich dies direkt auf das kreative Kind, das zuerst die Maske kreiert, dann seine Rolle in seinem Raum entwickelt und dabei Bewegung und Handlung erzeugt. Masken bringen außerdem unsere hauptsächlichen Abwehrmechanismen ans Licht.

h. "Ich sehe in diesen Masken einen "Mond, eine Spirale, eine lebende Sonne, voll von Energie, sie läßt mich lachen, eine autistische Maske". Eine Maske bietet immer, verbunden mit ihren verschiedenen Facetten, verschiedene Lesarten und Interpretationsmöglichkeiten an. Jede neue Maske wird deshalb von ihrem Erzeuger präsentiert und dann von allen Teilnehmern der Gruppe, die einen verschiedenen Aspekt in ihr gesehen haben, repräsentiert. Die betroffene Person wird gebeten, alle diese Elemente (die Sonne, den Mond, Autismus) zu beachten, die alle ein Teil von ihm/ihr sind, weil die Maske der Zuschauer ist.

i. "Ich habe diese Maske gewählt, weil sie freudig aussah; als ich sie an mein Gesicht hielt, war sie schrecklich". Masken ziehen uns auf seltsame Weise an, zwingen uns oft dazu, die Realität der Gesichtszüge zu verleugnen. Sie scheinen sich direkt auf unser Unbewußtes zu beziehen. Jeder Maske wird von ihrem Hersteller ein Name gegeben. Die oben erwähnte Maske hieß "Du stirbst/Tumor".

j. "Ich hatte Angst, als ich die Maske trug, ich fühlte mich paralysiert; dann sah ich deine Augen durch deine Maske hindurch und ich dachte, daß du meine sehen würdest, das machte mich etwas sicherer...". Die Arbeit mit dem Augenausdruck ist für die Maskentherapie essentiell. Während der Behandlung spielen wir immer mehr den Zeugen; d.h. sie bedeutet einfach einen langen und tiefgehenden Austausch von Blicken, der starke Emotionen auslöst.

k. "Diese Maske ärgerte mich, die engen Spalten für die Augen schränkten meinen Blick beträchtlich ein, das machte mich wütend und ich mußte seltsame Haltungen einnehmen, um in Kontakt mit dem zu bleiben, was um mich herum vorging". Masken werfen uns geradewegs in die Welt des Subjekts; eine Maske, die "X" machte, bedeutet auf dieselbe Art wie er zu sehen, zu fühlen und zu atmen.

Wir benutzen ein Spiel als Struktur, innerhalb der der Einzelne seine Befürchtungen und seine individuelle Art des Seins ausdrücken kann. Es erlaubt ihm oft, einen Schritt zurückzutreten und dadurch eine sofortige Veränderung hervorzubringen. Es gab in unseren Workshops viele autistische Patienten, die zuerst eine Kastenmaske herstellten, die keine Öffnungen hatte. Sie trugen sie dann einmal und ließen sie dann uns bei der nächsten Sitzung tragen, wobei sie für sich selbst eine etwas offenere Maske wählten.

l. "Unter der Maske konnte ich meinen Atem hören, der zuerst keuchend war, aber dann immer freier wurde". Die Maske zwingt uns, tiefer zu atmen, obwohl wir uns dessen nicht immer bewußt sind. Um diesen Effekt zu erreichen, brauchen wir also keine anderen technischen Übungen. Die bessere Atmung läßt Emotionen leichter an die Oberfläche steigen, wir können sie besser ausdrücken.

Alle diese Ausführungen zeigen, daß die Maskentherapie eine ernsthafte Angelegenheit ist und als solche behandelt werden muß. Wir spielen nicht die omnipotenten Therapeuten, auch wenn uns oft bereits vom ersten Spiel und der Präsentation der ersten Maske die essentielle Struktur der persönlichen Geschichte und des Hintergrundes des Klienten klar wird. Dies führt natürlich nicht zu einer sofortigen und schnellen Interpretation dieser Geschichte. Wir begleiten den Klienten vielmehr, respektieren seinen eigenen Rhythmus und folgen ihm in sein gestörtes Universum, um ihm dabei zu helfen, sich leichter zu befreien.

Maskentherapeut wird man nicht von heute auf morgen: es ist das Ergebnis eines zweijährigen Trainings in verschiedenen Ländern und als Zusatzausbildung für bereits anerkannte Therapeuten. Wegen der Kürze der Zeit konnten wir zwei wichtige Themen leider nicht behandeln: das Lesen der Masken und die Rolle der Übertragung in der Maskentherapie (sie arbeitet auf verschiedenen Ebenen, sowohl bei der Maske als auch beim Therapeuten).

Inmitten einer Gruppe hinter einer Maske zu sein erlaubt uns, über unsere Hemmungen hinauszugehen und unsere kreativen Potentiale zu entwickeln.

Zu jeder Zeit und überall auf der Erde hatte und hat die Menschheit eine sehr spezielle Beziehung mit der Maske. Ob Masken nun zu einer Katharsis wie in der griechischen Tragödie führen sollten oder den drei Typen und zehntausend Charakteren, die es nach *Zeami* und der japanischen No-Tradition gibt oder zum Kontakt mit den Jungianischen Archetypen oder zum Schamanismus, der sie dazu benutzt, um Geister auszutreiben oder um Brücken zwischen Natur und Kosmos bei den Eingeborenengemeinschaften zu erzeugen oder, was uns und unserer karnevalistischen und fastnachtlichen Traditionen nähersteht, wenn die Maske zum Aufgeben von Unterdrückungen ermutigt und eine relativ schnelle Aufhebung von Hemmungen erlaubt.

Die Maskentherapie versucht eine Integration dieser Ansätze der verschiedenen Gesellschaften und Kulturen. Sie ist eine Gruppentechnik, die bei der Behandlung von mentaler Krankheit weiter geht als das analytische Psychodrama, die klassischen Körperansätze oder die schauspielerischen Rollenspiele. Die Maskentherapie unterstützt die Verbindung zwischen den natürlichen und kulturellen Kräften und stellt eine direkte Beziehung zwischen dem Bewußten und Unbewußten her.

* * * * *

Henri Saigre ist Begründer der Maskentherapie, Sekretär der Französischen Psychotherapeuten-Gesellschaft und Mitglied des Int.Wissenschaftskomitees des Int.Kongr.d.Körperpsychotherapien. Seine Adresse: 7, rue du Temple, 75004 Paris, Tel.Frankreich/42774896.

Literatur

Henri Saigre, The Beyond of Masks or the improbable encounter

KONZENTRATIVE BEWEGUNGSTHERAPIE
Übertragung und Gegenübertragung

von **Christiane Schleidt**, München (Deutschland)

Wir konzentrieren, fokussieren, richten unsere Aufmerksamkeit auf Bewegung, auf Fortbewegung, Bewegung der Skelettmuskulatur, des Atems etc. und auf das, was uns bewegt. Bewegen und bewegt sein.

Die KBT ist in Deutschland und Österreich bekannt, jedoch weniger in anderen Ländern Europas. Ein Grund dafür liegt darin, daß sie deutschen Ursprungs ist. Fast alle berühmten Psychotherapierichtungen kommen aus den USA, auch wenn sie oft auf wegen des 3.Reichs emigrierte Deutsche oder Österreicher, z.B. **W.Reich**, **F.Perls** oder **J.Moreno** zurückgehen. Eine zweite Generation von Psychotherapeuten aus WestEuropa ging später in die Staaten, um dort zu lernen und hat dann die verschiedenen Methoden in ihre Länder zurückgebracht. Die KBT mußte sich von Deutschland und Österreich ausbreiten, und das ist offensichlich schwieriger. Ein weiterer Grund, warum sie es außerhalb des deutschsprachigen Raums nicht leicht hat, besteht darin, daß dem Verbalen oder besser gesagt, der Verkörperung des Verbalen und umgekehrt, ein großer Stellenwert zukommt, und so muß ein KBT-Therapeut in der jeweiligen Sprache wirklich zuhause sein, und das ist natürlich nicht sehr oft der Fall.

Die KBT ist eine Verbindung der Lehren der Gymnastikschulen der 20er Jahre (**Elsa Gindler**) mit psychoanalytischem Denken. Der Name KBT wurde 1958 von **H.Stolze** geprägt. Seit 1962 ist sie ein Bestandteil der jährlichen Lindauer Psychotherapiewochen und 1976 wurde der DAKBT e.V. (Deutscher Arbeitskreis für KBT) gegründet, 1981 der ÖAKBT (Österreichischer Arbeitskreis für KBT). Sie wird von freischaffenden Psychotherapeuten verwendet und ist außerdem in vielen psychosomatischen Kliniken vertreten.

Die Methode der Konzentrativen Bewegungstherapie bietet die Möglichkeit, daß sich das Übertragungs-Gegenübertragungsgeschehen "als Spiel" entfalten kann; vergleichbar mit der analytischen Kinderspieltherapie. In diesem Punkt unterscheidet sie sich von anderen Methoden. Des weiteren möchte ich auf das Problem des Agierens eingehen.

Gerade den Körperpsychotherapien kann von Seiten der Psychoanalyse sehr schnell der Vorwurf des Agierens gemacht werden; d.h. unbewußte Wünsche und Phantasien werden in der Gegenwart gelebt und deren Ursprung und Wiederholungscharakter nicht erkannt. (2)

Freud spricht mit dem Begriff "Agieren" drei Aspekte an.

Erstens bezieht er sich auf die Wiederholung in der Übertragung: "Der Analysierte erzählt nicht, er erinnere sich, daß er trotzig und ungläubig gegen die Autorität der Eltern gewesen sei, sondern er benimmt sich in solcher Weise gegen den Arzt...

Je größer der Widerstand ist, desto ausgiebiger wird das Erinnern durch das Agieren (Wiederholen) ersetzt sein." (3)

Zweitens meint Freud auch das Agieren jenseits der eigentlichen Übertragung: "Wir müssen also darauf gefaßt sein, daß der Analysierte sich dem Zwange der Wiederholung, der nun den Impuls zur Erinnerung ersetzt, nicht nur im persönlichen Verhältnis zum Arzt hingibt, sondern auch in allen anderen gleichzeitigen Tätigkeiten und Beziehungen seines Lebens, zum Beispiel, wenn er während der Kur ein Liebesobjekt wählt, eine Aufgabe auf sich nimmt, eine Unternehmung eingeht." (4)

Drittens bezieht sich Freud mit dem Begriff Agieren auf "die Zuflucht zur motorischen Aktion". (5) Heutzutage "hat sich das Verständnis des Agierens inzwischen dahingehend verschoben, daß der motorische Anteil betont und vornehmlich alles das als Agieren erfaßt wird, was mit motorischen Aktionen verknüpft ist. So hat sich im Lauf der Zeit ein Verständnis herausgebildet, daß von einer Gegenüberstellung von Berichten (Verbalisieren) versus Agieren bestimmt ist." (6)

An dieser Stelle möchte ich auf **Boesky** verweisen, der nach Klüwer "diese übliche Gegenüberstellung von Berichten versus Agieren... auflöst." (7) Boesky "greift auf **Laplanche & Pontalis** (1967) zurück, die, wie er sagt, als erste darauf aufmerksam machten, daß auch dann, wenn nicht motorisch agiert wird, die sich aktualisierende Übertragung bereits eine ausdrückliche, wenn auch noch unbewußte Handlungsabsicht hat, die dem Objekt etwas tun will oder von ihm etwas getan haben will." (8)

Klüwer geht noch einen Schritt weiter und stellt fest, daß "die unbewußte Handlungsabsicht ständig unter der Tendenz steht, in Handlung überzugehen. Im Zuge der sich entfaltenden Übertragung, der Vertiefung des analytischen Prozesses verwandelt der unbewußte Wunsch seine Erscheinungsform und geht von der bloßen Vorstellung, einer Phantasie, über in die konkrete Behandlung eines Objekts (des Analytikers), immer noch unbewußt: der Patient möchte nicht nur tun, sondern schließlich tut er. Diese Tendenz ist ja nichts anderes als das, was, von anderer Seite gesehen, dem Übertragungswiderstand zuzuschreiben ist. Die in unbewußte Handlung übergegangene Behandlung, die der Patient dem Analytiker zukommen läßt scheint mir, solange wir uns im Bereich neurotischer Konflikte bewegen, stets das eigentliche und wichtigste Material der Analyse in dem Sinne zu sein, daß es immer vorrangig vor anderem Material zu bearbeiten ist." (9)

Notwendig scheint es mir hier auch, ein Bewußtsein für die Möglichkeit der Divergenz zwischen bewußtem Denken und unbewußtem 'Behandeln' zu haben. "Wir gewannen ferner den Eindruck, daß das Verhalten des Analytikers eine stärkere Wirkung auf die Situation ausübt als das, was er bewußt denkt. Dies liegt natürlich völlig auf der Linie gut bekannter Alltagserfahrungen. Was jemand tut (als Autoritätsfigur, Vorbild, Lehrer, Partner), zählt mehr als das, was er sagt. Im Gegenteil, wenn jemand nicht das tut, was er sagt, macht er das Gesagte unglaubwürdig. Das divergierende Verhalten taucht in der Regel in kleinen, unscheinbaren, beiläufigen Zügen auf, die aber vom Patienten unbewußt als Signale dafür aufgenommen werden, daß es ihm gelungen ist, den Analytiker zu etwas zu verführen." (10)

Dieses Phänomen, daß das Handeln höher bewertet wird als das Sprechen, daß man dem ersteren im Zweifelsfall mehr glaubt, wurde auch von anderen Autoren bestätigt. Ein weiterer wichtiger Schritt zum Verständnis des Agierens ist ebenfalls *Klüver* zuzuschreiben, der einer der ersten ist, der sich mit dem Begriff des 'Mitagierens' in der Weise beschäftigt, daß er den Terminus des 'Handlungsdialogs' einführte. (11) Klüver betont, daß "das Mitagieren im Sinne eines Handlungsdialogs analog der Gegenübertragung ein unausweichliches Phänomen im psychoanalytischen Behandlungsprozeß darstelle. Es könne zum Organon neuer Einsichten werden." (12) Wichtig erscheint mir auch, daß Klüver sowohl das Agieren, wie das Mitagieren von der negativen Konnotation befreit; Klüver ist der Ansicht, daß "neben dem verbalen Dialog immer auch ein Handlungsdialog stattfindet", und daß es gilt "den Handlungsdialog aufzudecken und zu deuten" und daß dies "die erste Aufgabe des Analytikers in der Therapie" sei. (13)

Lachauer geht nun, so finde ich, einen entscheidenden Schritt weiter wenn er schreibt, daß "die ganz spezifische Problematik und Konfliktlage eines Patienten sowohl verbal als auch im 'Handlungsdialog' aktualisiert werden muß". (14) Diese Forderung von Lachauer scheint mir sehr bedeutsam; gerade in der Körperpsychotherapie, wo es viel Handlungsspielraum gibt, ist es notwendig, die Bedeutung des Handlungsdialogs zu begreifen und zu nutzen. Eine wesentliche Erkenntnis der Psychoanalyse ist ja, daß die Übertragungsneurose entstehen muß, daß sich 'die Szene', ein Gefüge von Übertragung und Gegenübertragung, entwickelt, damit der 'alte' Konflikt wiederholt und so "in flagranti" gelöst werden kann.

Ein Grund, weshalb ich die Methode der KBT schätze, ist der, daß sie Raum gibt für das Entstehen der ÜbertragungsGegenübertragungs-Szene oder des Agierens und Mitagierens und gleichzeitig Wert auf das Deuten legt; d.h. es gilt den Ursprung und Wiederholungscharakter zu erkennen. Dies wird, so denke ich, besonders gut durch die Maxime gewährleistet, den Körper zu versprachlichen und die Sprache zu verkörpern. Wobei es natürlich wichtig ist zu erinnern, daß man unter Deuten, das Erhellen der latenten Bedeutung versteht. (15) Dadurch können auch gleichzeitig aus Yoga, Autogenem Training, hypnoiden Zuständen, Chakra-Arbeit, Arbeit mit der Schwerkraft, dem Atem etc. gewonnene Einsichten in die Arbeit integriert werden. Genauso wie wir im Verbalen aus dem gesamten Reichtum unserer Erfahrungen schöpfen, genauso schöpfen wir im körperlichen Sein aus unseren früheren körperlichen Erfahrungen.

Ein weiterer Grund, weshalb ich meine, daß die KBT eine spezielle Möglichkeit bietet, besteht darin, daß sie Gegenstände (natürliche und vom Menschen gemachte Objekte) in die Arbeit miteinbezieht. Die Gegenstände werden wegen der Möglichkeit der Sinneswahrnehmung und wegen des Symbolgehalts verwendet. Deshalb habe ich auch die KBT mit der analytischen Kinderspieltherapie verglichen. Mir scheint, daß dies die einzigen beiden Methoden sind, die derartige Möglichkeit zum Entstehen des Handlungsdialogs lassen. Die Wichtigkeit der Gegenstände im Handlungsdialog wurde neulich auch durch Gedanken von *J.Willi* unterstützt, der den Umgang mit Gegenständen für wesentlich in der Paarbeziehung hält. Es gilt den Handlungsdialog auch immer wieder zu begrenzen, und dies ist einen Grund, warum ich den Titel meiner Gedanken an das Shakespeare Zitat "The whole world as stage" anlehnte.

* * * * *

Christiane Schleidt, Dr., erreichen Sie unter Nordendstr. 5, 8000 München 40, Tel.Deutschland/(0)89/2724453.

Anmerkungen

(1) Niederschrift zu einer Theoretical Presentation auf dem 3.Congress of Body-Psychotherapy "Words, Touch, Transference" in Lindau/Deutschland im September 1991

(2) *Laplanche,J. & Pontalis,J.-B.*, *Das Vokabular der Psychoanalyse*, Frankfurt 1973, Suhrkamp, S.46: "Nach Freud die Tatsache, daß das Subjekt unter der Herrschaft seiner unbewußten Wünsche und Phantasien diese in der Gegenwart mit einem um so lebhafteren Gefühl von Aktualität lebt, als es deren Ursprung und Wiederholungscharakter verkennt."

(3) *Freud,S.*, (1914) *"Erinnern, Wiederholen und Durcharbeiten"* GW X, 125-136; zit. bei R. Klüver, in: Psyche 1983, S.835

(4) *Freud,S.*, GW II-III, 573; zit. nach Laplanche,J. & Pontalis,J.-B., siehe (2) S.46

(5) *Laplanche,J. & Pontalis,J.-B.*, S. 46, siehe (2)

(6)-(10) *Klüver,R.*, *"Agieren und Mitagieren"*, in: Psyche 1983, S.831-836

(11)-(14) *Lachauer,R.*, *"Der 'Handlungsdialog' im therapeutischen Prozeß"*, in: Psyche 1990, S.1082f.

(15) *Laplanche,J. & Pontalis,J.-B.*, siehe (2) S.117, Deutung: "Aufdeckung der latenten Bedeutung der Worte und Verhaltensweisen eines Subjekts durch die analytische Untersuchung. Die Deutung erhellt die Modalitäten des Abwehrkonflikts und zielt letztlich auf den Wunsch ab, der sich in jeder Bildung des Unbewußten ausdrückt."

KI-ENERGETISCHE THERAPIE UND CHARAKTERSTRUKTUREN

von **Joachim Vieregge**, München (Deutschland)

Den Hintergrund der Ki-Energetischen Therapie bilden:

1. Die über 2000 Jahre alte Yin-Yang-Theorie Chinas,

wonach die ursprüngliche formlose Masse der Welt sich in zwei Kräfte - Yin und Yang - teilte. Sie stehen zueinander in relativer Opposition, und sie bezeichnen so die Fluktuation aller lebenden Wesen zwischen ruhender Materie und Bewegung. Im Yin-Yang-Symbol sind enthalten:

a) die Welle:
sie meint die rhythmische Balance aller Bewegung;
b) die Zentren:
sie meinen die Relativität aller entgegengesetzten Kräfte;
c) der Kreis:
er meint die harmonische Ganzheit.

2. Der Taoismus

Sein erstes Ziel ist es, das eigene Wesen (Tao) zu finden, das zugleich eine Widerspiegelung des Wesens von Natur und Kosmos ist; sein zweites Ziel ist es, die eigene Individualität und ihre optimale Integration in die Umgebung (Grundordnung) zu entwickeln.

Der Taoismus versteht die Natur energetisch entsprechend der Yin-Yang-Theorie. Er denkt holistisch insofern, als es natürliche Entsprechungen zwischen dem Makrokosmos und dem Mikrokosmos (Mensch) gibt. Der Taoismus beschreibt keine festen Körper, sondern die Beziehungen und Wechsel im Körper und zwischen Körpern innerhalb bestimmter Zeiten. Für die Ki-Energetische Therapie relevant sind folgende grundlegenden taostischen Gesetze:

a) Zuerst muß der Mensch sein Leben in einen gesunden Zustand bringen. Er muß sich selber gut behandeln, ehe er andere gut behandeln kann.

b) Zwischen Körper (physis) und Geist (spirit) gibt es keine Spaltung. (Aber der Taoismus kennt keinen Begriff "Seele"). Der Mensch ist eine Geist-Körper-Einheit. Alle taoistischen Beschreibungen sind symbolisch und beziehen sich immer auf Prozesse. Der Taoismus definiert nicht in Abstraktionen.

3. Das buddhistische Denken

Es kennt keine Subjekt-Objekt-Spaltung und verwendet kein analytisches, diskursives Denken. Besonders relevant ist hier die japanische Spielart des Zen-Buddhismus. Zen (chin. ch'an) meint u.a. die totale Subjektivität, d.h. man identifiziert sich mit dem Wahrgenommenen, sieht es von innen und fühlt sich eins mit ihm.

4. Die Lehre von den fünf Wandlungsphasen (5-Elementen-Lehre),
die sich um 3000 - 2000 v.Chr. allmählich in China entwickelte und in den Taoismus einging. Sie stellt ein umfassendes System von Entsprechungen zwischen den fünf Elementen Metall (Luft), Erde, Feuer, Wasser und Holz (Vegetation) dar, die fast alle physischen, psychischen und geistigen Ausdrucks- und Wahrnehmungsebenen des Menschen umgreifen. Diese Lehre ist ebenfalls vom taoistischen Denken durchdrungen, indem die Gesetze der fünf Elemente sowohl das Leben des Menschen (Mikrokosmos) als auch das der Natur und des Kosmos (Makrokosmos) bestimmen. Das Fließgleichgewicht aller Elementenfunktionen bedeutet die völlige Integration des Menschen in seiner Umgebung.

5. Das Meridian-System,
das etwa 5000 v.Chr. in China entstand und die Grundlage der alten und modernen Akupunktur in China ist. Es wurde später im Nei King (*So Quenn* und *Ling Tsrou*) schriftlich festgehalten und ist das Grundlagenwerk der traditionellen chinesischen Medizin. Nach diesem System durchziehen den menschlichen Körper zwölf Energiekanäle (Meridiane), in denen das Ki (jap./chin. ch'i), die Lebensenergie, fließt. Alle Meridiane stehen untereinander in Verbindung und pulsieren in einem 24-Stunden-Rhythmus wie eine Welle, die alle zwei Stunden je einen Meridian an- und abschwellend durchzieht. Den Meridianen wird von außen Ki zugeführt durch die Atmung, die Nahrungsaufnahme und das ererbte Ki, das der Mensch von seinen Vorfahren mitbekommt. (Heute weitergehende Untersuchungen sagen, daß emotionales, mentales und spirituelles Ki über die Chakren in den Körper eintritt und ihn belebt.) Nach westlich-medizinischem Verständnis haben das Blutgefäßsystem und das Nervensystem (vor allem das vegetative) eine morphologische Entsprechung zum Meridian-System; dies ist aber eine zu enge Sichtweise. Nach westlich-medizinischer Ansicht versorgen die Meridiane die Dermatome (Head'sche Zonen), Myotome, Sklerotome, ein oder mehrere innere Organe und verschiedene Körperteile mit Energie;

6. Das Shiatsu, die japanische Akupressur-Therapie,
die sich in Japan seit etwa 1920 etablierte und auf dem Meridian-System der Akupunktur beruht. Besonders das von **Masunaga** und seinem Schüler **Ohashi** weiter entwickelte moderne Shiatsu bezieht Zen-buddhistisches Denken und die psychologischen Aspekte der Fünf-Elementen-Lehre mit ein.

7. Die von Wilhelm Reich (ab 1920) begründete und von A.Lowen (ab 1950) weiter entwickelte bioenergetische Psychotherapie.
Ihr Energiekonzept ist anders als das fernöstliche. Es versucht, die materiellen Qualitäten der Bioenergie einerseits naturwissenschaftlich zu erfassen und anderer-

seits ihre psychischen Qualitäten mit Begriffen der Psychoanalyse **Freuds** zu beschreiben, in eine Synthese zu bringen und für die Therapie zu nutzen. **John Pierrakos** vertieft das bioenergetische Energiekonzept um die spirituellen kosmischen Qualitäten der Energie, die den Menschen über die Chakren auf der Vorder- und Rückseite des Körpers erreichen und beeinflussen.

Durch Erfahrungen am eigenen Leib in meinen Ausbildungen zum Körperpsychotherapeuten bei W. Ohashi und J. Pierrakos, durch Selbstbeobachtungen im Alltag und durch die jahrelange Arbeit mit Klienten ist für mich klar geworden, daß es zwischen der bioenergetischen, bzw. core-energetischen Charakteranalyse und den Meridiantherapien, die, wie im Shiatsu, mit der Ki-Energie arbeiten, einen Zusammenhang gibt, der für die Körpertherapie fruchtbar gemacht werden kann.

Demnach lassen sich den fünf bekannten bioenergetischen Charakterstrukturen bestimmte Störungen des Ki in den Meridianen zuordnen. Und erstaunlicherweise sind die Beschreibungen der psychischen-gefühlsmäßigen Aspekte der Meridian-Funktionen in der östlichen Fünf-Elementen-Lehre ähnlich den Beschreibungen der psychischen Störungen in der Bioenergetik.

Charakter-struktur	Ki-Funktionsstörungen			
	Element/ Meridiane	generelle Ki-Funktion	gesunde Körperfunktion	Gefühls-funktion
Schizoid	Metall (Luft): Lunge/Dickdarm	Atmen/ Ausscheiden	Haut- und Körperhaar	Trauer, Kummer
Oral	Erde: Magen/Milz	Verdauen	Bindegewebe Fleisch, Fett	Vertrauen, Mitgefühl
Psychopathisch	Holz: Gallenblase/ Leber	Verteilen und Speichern von Ki	Muskeln, Sehnen ·	Zorn, Wut
Masochistisch	Wasser: Blase/Niere	Lebensantrieb, Reinigung	Knochen, Zähne, Mark	Angst, Schrecken
Rigide	Feuer: Herz/Dünndarm: Herzkreislauf/ 3-facher Erwärmer	Emotionale Reaktion und psychologische Veränderung	Gefäß- und Immun-system	Freude und Lust

Mit diesen Ki-Funktionen sind beileibe nicht alle Ebenen erfaßt, die von der Fünf-Elementen-Lehre den Meridianen und ihren Funktionen zugeordnet werden. Der Leser sei hier auf das schöne Buch von **Dianne Connelli** und auf meine Broschüre *"Die Psychologie der Fünf-Elementen-Lehre"* hingewiesen.

Unter Störungen des Ki versteht man, daß in einem Meridian zu wenig Ki fließt, daß er als ganzer Meridian hat oder in einigen Abschnitten eine Leere aufweist (spürbar beim Palpieren oder für den geschulten Körpertherapeuten sichtbar als Verlangsamung der entsprechenden Körperbewegung). Aber auch das Gegenteil ist eine Störung: der Fülle-Zustand eines Meridians. Beides, Leere und Fülle, sind Formen der Ki-Stagnation. Da die Meridiane untereinander verbunden sind wie in einem System kommunizierender Röhren, werden bei Störungen in einem Meridian immer auch die anderen, wenngleich abgeschwächt, mit betroffen. Deshalb ist die Ki-Therapie eo ipso immer eine ganzheitliche Therapie.

Um ein Beispiel für eine Ki-Störung bei einer Person mit rigider Charakterstruktur zu geben. Nehmen wir einmal an, eine solche Person weist eine Fülle im Herz-Meridian auf. Die "generelle gesunde Ki-Funktion" führt dann zu einem überkontrollierten Zurückhalten emotionaler Reaktionen. Auf der Ebene der Körper-Funktionen ist das Gefäßsystem unter Druck, die Person leidet dann unter Bluthochdruck. Auf der Ebene der Gefühlsfunktionen des Ki hält sie die Gefühle von Freude und Lust unter Kontrolle. Sie hat ein "verschlossenes (doch übervolles) Herz" und wirkt zu ernst, evtl. maßregelnd. Gehen wir weiter zu anderen Ki-Funktionen, die in unserer Übersicht ausgespart blieben. Die natürliche Eigenschaft des Ki ist es, zu strömen und zu pulsieren. Sind die Bewegungen der Meridiane, die dem Feuer-Element zugehören (Herz, Dünndarm und Herzkreislauf, Dreifacher Erwärmer), in Fluß, dann äußert sich die *bewegte "Gestalt" des Ki* in spontanen emotionalen Reaktionen und direkter Kommunikation mit anderen Menschen, ohne dabei die innere Selbstkontrolle zu verlieren und "auszuflippen".

Da das Ki im Herz-Meridian aber stagniert (Fülle), kann sich diese Person nicht aussprechen, ihr Herz nicht ausschütten, wie der Volksmund sagt. Sie kann u.U. zwar intellektuell voll da sein, aber die Herz-Gefühle sind nicht beteiligt, so daß sie auf andere Menschen arrogant wirkt. Inspiration, spontane und direkte Einsicht gehören zur Ki-Funktion *"Angeborene Eigenschaft"* dieses Elements. Bei einem Fülle-Zustand des Herz-Meridians spürt diese Person, daß ihr spontane Einsicht abgeht, so daß sie sich leicht langweilt, weil keine Botschaft ihr verschlossenes Herz erreichen kann. Es ist, bioenergetisch gesprochen, gepanzert.

Die Ki-Funktion *"Tätigkeit"* für das Feuer-Element ist das Gehen. Wenn der Herz-Meridian durch die Fülle-Stagnation gestört ist, wird der Gang einer solchen Person irgenwie steif sein. Er könnte uns an den gockelhaften Gang eines Playboys an südlichen Stränden erinnern, der zwischen den Frauen herumstolziert und gleichzeitig Angst vor ihnen hat. Damit kommen wir sogleich zu der *"Tugend"*, einer weiteren Ki-Funktion im taoistischen Fünf-Elemente-System. Für das Feuer-Element heißt sie Sittlichkeit. Das Unsittliche wird für jede Frau spürbar, wenn sie den Eindruck eines solchen "Playboys" auf sich wirken läßt, indem er mit dem Aushängeschild "Sex" herumläuft aber ohne Respekt und Herzenswärme für sie auszuströmen. Zusammenfassend gesagt können wir in diesen Beschreibungen gestörter Ki-Funktionen des Feuer-Elements unschwer viele Merkmale der rigiden Charakterstruktur wiederfinden, die *Reich* und *Lowen* genannt haben.

Wie sieht nun die Ki-energetische Therapie in der Praxis aus? Grundlage, theoretisch und praktisch, ist zunächst auch hier die reichianische Charakteranalyse. Aber die Körperarbeit sieht doch etwas anders aus. Dazu will ich kurz den Zusammenhang zwischen Blockierungen der Segmente und der daran beteiligten Muskeln einerseits und von Störungen der Meridiane andererseits grundsätzlich klären.

In der klassischen Bioenergetik wurden und werden Blockierungen der Bioenergie in den horizontal durch den Körper verlaufenden Segmenten oder muskulären "Ringen" erkannt. Ganzheitlich fühlt sich der Mensch, wenn die zentrifugale/zentripetale Pulsation dieser Segmente so locker ist, daß die vertikalen Strömungen der Bioenergie im Körper nicht eingeschränkt werden. Die erste Therapeuten-Generation der Bioenergetiker arbeitete vor allem mit manuellem Druck an den Muskeln der Segmente, die chronisch kontraktiert waren. Sie manipulierten damit kathartische emotionale Reaktionen ihrer Klienten. Heute wissen wir, daß diese psychopathische Phase in der Geschichte der Körpertherapie einer viel differenzierteren Sichtweise von energetischen Blockierungen gewichen ist. Dazu gehören z.B. die Untersuchungen von *Gerda Boyesen* (über den viszeralen "Panzer") oder die von *David Boadella*. Sie ermöglichen es uns, auch mit frühgestörten Patienten körpertherapeutisch wirksam zu arbeiten.

In der Ki-energetischen Therapie spielen der longitudinale Verlauf der Meridiane und die Lage der Akupunkturpunkte (jap. Tsubo) auf ihnen eine große Rolle. Nur ein Meridianpaar - der Leber- und der Gallenblasen-Meridian - ist mit den psychophysischen Funktionen von Muskeln und Sehnen verbunden. Alle anderen Meridiane, obwohl häufig in den Furchen von muskulären Facies laufend, regeln andere physische Funktionen: der Lungen- und Dickdarm-Meridian die von Haut- und Körperbehaarung, der Magen- und Milz-Meridian die des Bindegewebes und Körperfetts, der Herz- und Dünndarm-Meridian die des Gefäß-Systems, der Blasen- und Nieren-Meridian die von Knochen, Zähnen und Knochenmark und der Herzkreislauf- und Dreifacher Erwärmer-Meridian die des Immunsystems via Lymphbahnen. Und alle diese physischen Funktionen sind, wie schon angedeutet, mit spezifischen Emotionen gekoppelt.

Während der Körpertherapie werden also nicht Muskeln und Sehnen der Segmente manuell behandelt (obwohl auch das vorkommen kann), sondern spezielle Punkte auf speziellen Meridianen, bei denen eine Störung vorliegt. Dadurch wird die Behandlung von Blockaden viel genauer und buchstäblich "auf den Punkt" gebracht. Um ein Beispiel zu nennen: Angenommen der Therapeut diagnostiziert eine Blockade des Zwerchfells, eine Inhibierung der Ausatmung, dann behandelt er jene Punkte des Lungenmeridians am Arm des Klienten, die einen Füllezustand aufweisen. Dies hat unmittelbare Wirkungen auf die Tätigkeit der Lungen. Er behandelt also nicht wie in der klassischen Bioenergetik das Zwerchfell und die

Intercostalmuskulatur durch breitflächige Massage und Druck, während der Klient auf dem bioenergetischen Stuhl oder der Rolle liegt, sondern spezielle Punkte am Lungenmeridian im Arm werden mit dem Daumen, dem Ellenbogen oder dem Knie behandelt. Natürlich beschleunigt sich auch hier der Effekt, wenn der Klient dabei auf dem bioenergetischen Stuhl liegt, weil dadurch die Meridiane klarer hervortreten.

Es gibt noch einen weiteren wichtigen Unterschied zwischen der Ki-energetischen Therapie und der Bioenergetik. Wir sind es gewohnt, immer auf das zu schauen, was weh tut - angeschwollen, gerötet, verhärtet, verknotet, versteift, verspannt usw. Die Bioenergetik ist auch darin ein Kind der klassischen Medizin, da sie ihre Behandlung am Offensichtlichen ansetzt. Doch so wie die Psychoanalyse nach den verborgenen, unbewußten Ursachen der zutageliegenden Neurose sucht, so sucht die Ki-energetische Therapie nach den verborgenen Ursachen eines offen ins Auge springenden schmerzhaften Füllzustands einzelner Meridiane oder Tsubos. Sie sucht nach dem Leere-Zustand in Meridianen, jenen Zonen energetischer Unterversorgung, wo der Klient Unterstützung und Energiezufuhr braucht. Und diese sind für den geschulten Therapeuten durch Palpieren der Diagnose-Zonen am Hara (Bauch) oder durch Beobachtung der körperlichen Bewegungsmuster des Klienten zu erkennen. Fast immer entspricht ein extremer Fülle-Zustand in einem Meridian oder in Abschnitten eines Meridians irgendwo im Energiekörper ein extremer Leere-Zustand eines Meridians. Und diesen zu diagnostizieren ist die therapeutische Kunst. In der Praxis unterscheiden sich die Zusammenhänge zwischen Fülle- und Leere-Zustände der Meridiane und/oder einzelner Tsubos auf ein und demselben Meridian von Klient zu Klient und bei demselben Klienten manchmal noch von Sitzung zu Sitzung. Erst über einen längeren Beobachtungs- und Behandlungszeitraum von acht bis zehn Sitzungen kann man energetische Muster erkennen, die gewisse Übereinstimmungen mit den diagnostizierten Charakterstrukturen aufweisen. Und selbst dann noch weist jeder Mensch ein einzigartiges Energiesystem auf, das individuelle Therapie erfordert. Deshalb möchte ich meine Aussagen nur als mögliche Zusammenhänge Ki-energetischer Störungen und bioenergetischer Charakterstrukturen auffassen und vor einer abstrakten modellhaften Betrachtung warnen.

So kann z.B. ein Klient mit masochistischer Charakterstruktur eine Leere im Blasen-Meridian haben; d.h. er hat zu wenig Energie für nach vorne gerichtete assertive und aggressive emotionale Bewegungen. Er ist ängstlich, fühlt Kälte im Rücken (ein sicheres Zeichen für "Leere" des Blasen-Meridians) und klagt über Blasen-Schmerzen. Ein anderer Klient mit derselben Abwehrstruktur kann bei der Diagnose aber eine Leere im Magen-Meridian aufweisen, d.h. ihm fehlt es an einem Grundvertrauen, er fühlt sich nicht geerdet in den Beinen, fühlt sich stets abhängig von den Urteilen anderer und zögert zu handeln (dies sind die psychischen Entsprechungen des Magen-Meridians). In der Ki-energetischen Therapie müßte im ersten Fall die aggressive Rücken-Energie, im zweiten Fall die (orale) solide Bein-Energie gestärkt werden - sei es durch die bekannten bioenergetischen Übungen oder durch manuelle Tonisierung des Blasen-, respektive des Magen-Meridians oder durch eine Kombination von beidem. Im ersten Fall kann der Klient z.B. gegen den Druck meiner Daumen, die auf leeren Tsubos an seinem Blasen-Meridian am Rücken plaziert sind, rückwärts gehen. Im zweiten Fall kann ich den Klienten mit unterge-schlagenen Unterschenkeln auf dem Rücken liegen lassen, und ich tonisiere mit Handballen und Daumen seinen Magen-Meridian auf den Vorderseiten seiner Oberschenkel.

Die unterstützende Therapie von defizitären Meridianen kann aber auch durch innere Bilder erfolgen. Der Hintergrund dafür ist wiederum die Fünf-Elemente-Lehre, wonach die Meridiane physische, emotionale und mentale Funktionen haben. Ich kann, um beim Beispiel zu bleiben, einen Leere-Zustand im Blasen-Me-ridian auch dadurch anregen, daß ich dem Klienten das Bild eines Menschen entwerfe, der Selbstwertschätzung ausdrückt, etwa eines Künstlers, der sein Pro-dukt der Öffentlichkeit vorstellt oder eines Kämpfers, der im entscheidenden Moment das Richtige tut. Geeignet sind dazu Zen- oder Sufi-Geschichten, in denen beherztes Handeln eine Lösung bringt. So gibt es für jede Energie-Dysfunktion mentale Interventionen in Form von visualisierten Bildern, welche die Körperen-ergie verstärken.

Zusammenfassend: die Ki-energetische Therapie ist weniger eine kathartische Therapie von energetischen Überladungen (Fülle-Zustände), obwohl auch das vorkommen kann, als vielmehr eine supportive, die Energie-Defizite des Klienten anregende und nährende Therapie.

Dies beruht auf der Tatsache, daß Fülle wie Leere zwei Formen der Energie-Stagnation sind, die sich wechselseitig bedingen. Tonisiere ich, durch welche Techniken auch immer, eine Leere-Zone, in der die Energie langsam, mit schwacher Pulsation und bei kühler Temperatur fließt, dann ziehe ich dadurch Energie aus der Fülle-Zone ab, in der die Energie schnell, mit hoher Pulsation und heißer Tempe-ratur auf der Stelle fließt - bis ein relatives Fließgleichgewicht zwischen beiden Zonen erreicht ist, ohne daß ich die heiße, somatisierende Zone überhaupt berühre.

Ki-energetische Therapie mit dem Ziel einer relativen Homöostase des Ener-gie-Systems beim Klienten gelingt natürlich nur in dem Maße, wie der Therapeut selber energetisch ausgeglichen und in Kontakt mit seinen Meridianen ist. Dies ist zwar ein Idealprozeß, ich will ihn aber trotzdem skizzieren, weil er m.E. in der Wahrnehmung unserer energetischen Störungen und Unausgeglichenheiten einge-schlossen ist. Anders gesagt: Wir könnten uns nicht krank, unausgeglichen etc. fühlen, wenn wir nicht ein Wissen um unsere "innenwohnende Ganzheit oder Gesundheit" hätten. Diese immer und immer wieder zu erarbeiten, ist unsere Evolution.

Für die Ki-energetische Therapie ist es wichtig, daß der Therapeut gut im Hara zentriert ist. Das Hara ist der energetische (und auch geometrische) Mittelpunkt des

Körpers. Nach der Lehre des Shiatsu-Meisters *Masunaga* treffen hier alle Meridiane zusammen. Die Ki-Energie fließt vom Hara aus aufwärts zum Kopf und den Fingern und abwärts über das Becken zu den Zehen. Das Hara ist physiologisch der gesamte Bauchraum, und innerhalb des Bauchraums gibt es einen zentralen Ki-Punkt, das Tanden (deutsch: Meer von Ki). Er liegt in der Mitte des Bauchraums, etwa vier Finger breit unter dem Bauchnabel und von dort einwärts zur Mitte des Leibs. Ist ein Mensch gesund, fühlt sich diese Zone elastisch an und bewegt sich bei der natürlichen Ein- und Ausatmung. Dann sind alle Meridiane gleich stark geladen. Ein Mensch mit einem gesunden Hara fühlt sich geistig und körperlich frisch und ausgeglichen. Er ist in einem "ready-to-go-state", selbst wenn er schläft, d.h. er ist fähig, zu jeder Situation instinktiv das Richtige zu tun, ohne aus dem seelischen Gleichgewicht zu kommen. Alle seine Meridiane sind wach und ohne große Extreme geladen, so daß er in seiner Mitte ist, egal, ob er handelt oder nicht.

Von der Kraft der Handlungen, die aus dem Hara kommen, mag man eine Ahnung erhalten, wenn man Taek-won-do- oder Karate-Kämpfern zusieht, die ohne muskuläre Anstrengung und ohne Gewalttätigkeit einen Gegner außer Gefecht setzen, der ihnen in Größe und Muskelkraft überlegen ist. "Im Hara sein" ist auch ein geistiger gesunder Zustand. Man nennt in der östlichen Hara-Kultur dieses Energiezentrum auch das "zweite Gehirn". Mit dem Hara verbundenes Denken ist in der Familie, der Kultur und Geschichte des Menschen geerdet, und zugleich weiß es um die Unbeständigkeit und Relativität aller Aussagen des Ego über die Phänomene dieser Welt, deshalb ist es nicht-identifizierendes Denken. Wer mit dem Hara verbunden denkt, weiß um seine Vergänglichkeit und die aller anderen lebenden Wesen, ohne dadurch zu verzweifeln, denn er versteht, daß Vergänglichkeit ein Phänomen des Lebens überall in der Natur und im Kosmos ist.

Merkwürdigerweise entwickelt sich mit Hara-Bewußtheit auch ein unaufdringliches Mitgefühl und Erbarmen für Menschen, die im Daseinskreislauf (Samsara) gefangen sind und leiden; d.h. für Menschen, die aus Angst vor dem Tod ihre Identität durch Festhalten von materiellen Dingen, von Emotionen und Ideen abzusichern glauben. Davon sind wir alle nicht frei, deshalb ist die Hara-Kultur für mich selber wichtig, um Mitgefühl mit dem eigenen Leiden zu haben. (Der Leser mag diesen Aspekt des Hara ruhig als "spirituell" bezeichnen).

Ein Hara-zentriertes Leben ist ziemlich unneurotisch und frei von Narzißmus. Und da wir im Westen in einer neurotischen narzißtischen Welt leben, fallen Menschen mit einem relativ ausgeglichenen Hara nicht sonderlich auf. In dem Film "Urga" kann man ziemlich klar den Unterschied zwischen Menschen fühlen, die in Übereinstimmung mit ihrem Hara leben (das ist die bäuerliche Familie des Mongolen) und die das neurotische Leben der Industriemenschen leben (das ist das Leben des russischen LKW-Fahrers und der Stadt-Chinesen). Von der Seite der Chakra-Forschung (s. *Brennan* 1987) gibt es eine psychophysische Entsprechung zwischen dem Hara und dem Nabel-Chakra. Die Aktivität dieses 3.Chakras wird mit Lebensfreude und Weisheit verbunden. Wenn man seinen Platz im Universum und in der Kette der eigenen Vorfahren kennt, dann ist dieses Chakra offen, und man weiß um seine Beziehungen zu anderen Menschen, zu Familienmitgliedern z.B., zur Frau/zum Mann, mit der/dem man zusammenlebt, ohne viele intellektuelle Analysen über die Beziehungen machen zu müssen.

Die Ursprungsbeziehung des Menschen ist die zwischen Mutter und Kind, und der sichtbare Ausdruck davon ist die Nabelschnur, die vom 3.Chakra zum 3.Chakra verläuft - sie bleibt energetisch auch dann noch fühlbar, wenn ihr physisches Substrat längst durchtrennt wurde. Wurde die emotionale "Nabelschnur" (besser gesagt: das Energieband) zwischen Mutter und Kind zu früh oder zu abrupt zerrissen, dann bleibt eine Wunde im 3.Chakra zurück - und ein Mensch mit einer solchen Energie-Wunde sucht sich später eine(n) Lebensparter/in, mit der er/sie sich symbiotisch verbindet, um diese Wunde zu heilen. Leider nimmt eine solche Mann-Frau-Beziehung oft den Lauf wie die Ursprungsbeziehung - es sei denn, beide arbeiten kontinuierlich an der Lockerung der Symbiose und sagen gleichzeitig "Ja" zu ihrer Verbindung als selbständige, in sich zentrierte Individuen.

Aus all dem Gesagten ist hoffentlich deutlich geworden, wie wichtig eine gute Hara-Zentrierung für den Therapeuten ist. Brennan (1987) bezeichnet das 3.Chakra (Hara) als das Heilungs-Zentrum, das besonders bei Heilern gut funktioniert. Intuitiv (über das Energieband von Nabel- zu Nabelchakra) wird in einem Patienten der Wunsch geweckt, gesund zu sein, wenn er mit einem Heiler in Kontakt kommt, dessen Hara lebendig ist (und dabei ist es nicht unbedingt so, daß dieser Heiler/Therapeut seine Fähigkeiten als Beruf ausübt, er kann z.B. auch einfach ein "mongolischer Bauer" sein). Daß bei uns im Westen alle möglichen östlichen Formen des Zentrierens und Meditierens aufgegriffen werden, spiegelt m.E. wieder, wie sehr wir in unserer Kultur wurzellos, heimatlos und unreligiös geworden sind, wie sehr wir unser Hara verloren haben. Das stellt *Dürckheim* anschaulich in seinem Klassiker-Buch "Hara" (Dürckheim 1978) dar. Ich selber bin ein Kind dieser durch Krieg, Heimatvertreibung und viele zerbrochene Familien-Beziehungen gekennzeichneten Epoche. Deshalb ist für mich die kontinuierliche Entwicklung der inneren Sammlung im Hara eine tägliche Aufgabe, zum Wohle meiner Gesundheit, zum Wohle der Gesundheit meiner Nächsten und zum Wohle meiner Klienten. Die abschließenden Empfehlungen an Therapeuten beruhen auf eigenen Erfahrungen. Sie gelten umso weniger für Therapeuten, desto selbstverständlicher und gesünder sie eingebunden in ihre Ursprungs- und Gegenwartsfamilie, in ihrer Kultur und Religion leben.

1) Betrachte Deinen Körper als kostbares Werkzeug für die Therapie, das dir von einem Höheren Wesen ermöglicht wurde.
2) Ein Wissen um Deine Lebensenergie (Ki) entwickelst Du, wenn Du über die Atmung in Deinem Zentrum (Hara) gesammelt bleibst.
3) Die Hara-Zentrierung ist eine lebenslange Aufgabe.

4) Die Hara-Zentrierung hilft Dir nach und nach, den Fluß des Ki in den Meridianen zu fühlen.

5) Wenn Du Dein Wissen über die Funktionen der Meridiane mit der Wahrnehmung der Meridianbewegungen in Deinem Körper in Gegenwart eines Klienten paarst, dann hast Du ein Ki-energetisches Wissen über Deine Beziehung zum Klienten, dem Du getrost vertrauen und mit dem Du arbeiten kannst.

6) Vergiß nicht: Respektiere das Ki des anderen. Denn: obwohl sich Ki physisch, psychisch, mental und im Verhalten des Menschen zeigt und behandelt werden kann, bleibt ein unerklärlicher Rest - weil das Ki eine spirituelle Energie ist.

* * * * *

Joachim Vieregge ist Körperpsychotherapeut. Sie erreichen ihn in 8000 München 19, Ruffinistraße 2.

Literatur

Brennan, Barbara, *Licht-Arbeit*, München 1989, Goldmann

Connelli, Dianne M., *Traditionelle Akupunktur - Das Gesetz der Fünf Elemente*, Heidelberg 1987, Verlag Anna-Christa Endrich

Dürckheim, Karlfried Graf, *Hara - Die Erdmitte des Menschen*, München 1978, O.W.Barth-Verlag

Masunaga, Sh./Ohashi, W., *Shiatsu*, Reinbeck 1989, Rowohlt

Pierrakos, John, *Core-Energetik* Essen 1987, Synthesis Verlag

Sabetti, Stephano,*Lebensenergie*, München 1985, Scherz-Verlag

Vieregge, Joachim, *Die Psychologie der Fünf-Elementen-Lehre*, Wienacht 1989, Lehrinstitut und Verlag für Akupunkt Massage (Bezug über den Autor)

Vogel, Reinhard, *Akupuktur und bioenergetische Analyse*, Heidelberg 1986, Haug-Verlag

ÜBERTRAGUNG UND ÜBERMITTLUNG IM GRENZBEREICH ZUR 4.DIMENSION: DAS I GING ALS INSTRUMENT FÜR INTERDIMENSIONALE PROZESSE

von **Andreas Wehowsky**, Jaderberg (Deutschland)

1. Einführung
2. Die 4.Dimension als das sich ausweitende Bewußtsein von Raum, Zeit und Wissen
3. Übertragung und Übermittlung
4. Zum Gebrauch der Kode-Struktur des I Ging
5. Entscheidungen und nächste Schritte finden
6. Der Körper im Bild - das Bild im Körper

1. Einführung

Zu Beginn möchte ich einige Worte zu meiner Geschichte mit dem I Ging sagen.

Ich lernte das I Ging zuerst Ende der siebziger Jahre kennen, zu einem Zeitpunkt, als ich auch der Körperpsychotherapie zum ersten Mal begegnete. Anfang der achtziger Jahre begann ich mich sehr für dieses Buch zu interessieren und es ganz durchzulesen. Nicht nur die Hexagrammtexte, die eigentlichen Orakel, sondern ebenso alle Kommentare des I Ging. Was mich insbesondere beschäftigte, war die Kode-Struktur des I Ging, beginnend mit der abstrakten Ebene der Yang und Yin Linien - ich werde darauf später eingehen - welche sich zu differenzierten Ebenen von Bedeutungen und Symbolen entwickeln. So gibt es beispielsweise Bezüge zum Körper und zur Natur. Letztere beschäftigten mich am meisten, denn wenn wir ein Hexagramm auffinden und auf seine Naturbezüge achten, entdecken wir eine komplexe Szenerie von Landschaften.

Also las ich mehr darüber und dachte: "Ich kann in meine eigenen Bilder gehen, ich brauche nicht nur den Text und die Formulierungen des I Gings selbst zu lesen," welche, nebenbei gesagt, voller Bilder sind, die jedoch zum Teil schwer zu verstehen sind, da wir den kulturellen Hintergrund nicht kennen. Aber wir können unsere eigenen Bilder entwickeln, unser Hexagramm selbständig bearbeiten.

Ich begann damit zu experimentieren, und da die achtziger Jahre eine Zeit vieler Krisen für mich waren, hatte ich genug Grund, um nicht nur passiv den Text eines gefundenen Hexagramms zu lesen, sondern aktiv die Landschaftsbilder zu visualisieren und in mein eigenes inneres Kino zu gehen, um herauszufinden, was als nächstes geschehen würde.

Insbesondere in Zeiten vieler Schwierigkeiten, wenn ich Orientierung brauchte, nutzte ich dieses Verfahren und habe oft Botschaften auf verschiedenen Stufen von Symbolisierung erhalten, die den nächsten Schritt in den Entwicklungen und meinen möglichen Beitrag dazu anzeigten.

Therapie arbeitet viel mit der Vergangenheit und der Heilung alter Traumata. Jedoch fand ich mich in diesen Situationen in ganz aktuellen Traumatisierungen wieder, die zwar mit meiner Vergangenheit zu tun hatten, aber eine sehr gegenwärtige Dynamik an den Tag legten. Ich hatte dementsprechend das Bedürfnis, etwas über die Zukunft herauszufinden: 'Wie wird die weitere Entwicklung sein und wie kann ich mit der Situation umgehen?' Ich entwickelte meine eigene Methode, mich in bestimmte Kraft-Felder, die von Hexagrammen dargestellt werden, einzustimmen und sie durchzuarbeiten. Und das gelang gut!

Ebenso entwickelte ich ein Konzept, um diese Arbeit mit anderen Menschen zu teilen und leitete für eine gewisse Zeit zwei I Ging Gruppen in Berlin. Ich lehrte die Teilnehmer diese Möglichkeit, sich gegenseitig zu begleiten: ein Hexagramm zu werfen und sich durch die aufkommenden Bilder zu führen, oft in gleichzeitiger Arbeit mit dem Körper. Wir machten damit sehr gute Erfahrungen, für die ich meinen eigenen theoretischen Rahmen anwandte.

Während der Jahre entwickelte sich meine Beziehung zu dieser Arbeit in Wellen von Begeisterung und Phasen der Ruhe. Ich möchte die Gelegenheit dieses Vortrages gerne zu einem Überblick und einer theoretischen Aktualisierung nutzen.

2. Die 4.Dimension als das sich ausweitende Bewußtsein von Raum, Zeit und Wissen

Zunächst, warum benutze ich den Begriff 'vierte Dimension'?

Dieser Begriff hatte eine Art Glanz für mich. Ich wollte immer herausfinden was gemeint ist, wenn Menschen über die vierte Dimension sprechen. Also nutzte ich die Chance für eine genauere Untersuchung.

In der Physik wird die vierte Dimension gewöhnlich als Zeit aufgefaßt. Dabei können wir Zeit nicht unabhängig von Raum betrachten. Es gibt keine Zeit in einem absoluten Sinne, wir haben eine relative Bedeutung von Zeit, die so sehr mit Raum verbunden ist, daß Einstein von einem Raum-Zeit-Kontinuum sprach, einem Raum-Zeit-Feld.

Die Physiker haben also ein Konzept von Zeit als vierter Dimension, aber tatsächlich spekulieren einige Physiker und Mathematiker über eine vierte - und mehr - Dimensionen von Raum allein. Heute sind konzeptuell vielfache räumliche Dimensionen denkbar, sie würden jedoch so unendlich klein sein, daß wir sie überhaupt nicht messen könnten. Da wir sie nicht untersuchen können, bleiben diese Konzepte abstrakt.

In der esoterischen Tradition wird der Begriff 'vierte Dimension' zwar sehr vage gehalten, er bezieht sich jedoch üblicherweise auf gewisse Eigenschaften des Bewußtseins. Wir können auch sagen, daß das Bewußtsein selbst die vierte Dimension darstellt oder vertritt. Die Bewegung des Bewußtseins - Bewegung als ein wichtiges Merkmal einer Dimension - verläuft sowohl nach außen als auch nach innen. Wir können mit unserem Bewußtsein durch unsere Sinne in die Welt reichen und ihrer gewahr werden, wir können jedoch auch nach innen gehen in unsere eigenen inneren Prozesse und unser inneres Universum. Dies sind die Richtungen, die das Bewußtsein einschlägt.

Das Bewußtsein umfaßt natürlich viel mehr als das, was wir mit den Sinnen wahrnehmen. Vieles von dem, worauf sich der Begriff 'vierte Dimension' beziehen soll, meint tatsächlich ein freieres, traumähnliches Bewußtsein, das mehr mit unserem Energie-Körper als unserem physischen Körper verbunden ist. Manche Menschen sagen auch, es ist mehr verbunden mit unserem Licht-Körper.

Indem ich dies sage, führe ich das Konzept verschiedener Körper ein. Ein solches Konzept behauptet, daß wir einen physischen, einen energetischen, einen emotionalen, einen Traum-Körper, Geist-Körper und höhere spirituelle Körper haben. All diese Körper sind miteinander verbunden und stellen verschiedene Ebenen unseres Seins dar. Je mehr wir uns vom physischen Körper durch den energetischen in den Traum-Körper usw. hochpolen, desto mehr kann sich unser Bewußtsein ausweiten und ist nicht mehr auf den drei-dimensionalen physischen Körper begrenzt. Es weitet sich über unsere Sinne hinaus aus.

Zum Einen können wir unsere Sinne so weit verfeinern, daß wir viel mehr wahrnehmen - wir entwickeln eine Art *hoch-sensorischer* Wahrnehmung. Zum Anderen denke ich jedoch auch, daß einige Menschen - vielleicht sogar wir alle - über ihre Sinneswahrnehmungen hinausgehen können und *außer-sinnliche* oder *über-sinnliche* Wahrnehmungen haben. Tatsächlich ist also unser Bewußtsein viel mehr als das, was gewöhnlicherweise in unserem physischen Körper durch unsere Sinne und unser Nervensystem moduliert wird. Wir können sogar sagen, daß unser physischer Körper nur ein Teil des Bewußtseins ist und daß Bewußtsein sich in ihm verkörpert, aber Bewußtsein selbst die drei-dimensionale Welt überschreitet.

Wenn wir die vierte Dimension als Bewußtsein mit den Wahrnehmungsfähigkeiten innerer Sicht oder innerer Sinnesorgane auffassen, transzendieren wir unsere physische, drei-dimensionale Örtlichkeit in Raum und Zeit und beginnen eine ausgeweitete, feld-artige Aufmerksamkeit zu entwickeln, die angewandt werden kann, um konventionelle Grenzen von Raum und Zeit zu 'öffnen'. Wir würden von dem nicht ortsgebundenem Potential des Bewußtseins Gebrauch machen und Oberflächen öffnen, die normalerweise unsere Reichweite sinnesgebundener Wahrnehmungen einschränken.

In den Naturwissenschaften, der Mathematik und Physik werden gegenwärtig Theorien hervorgebracht, so z. B. von **David Bohm**, in denen von einer expliziten Ordnung - unsere manifestierte drei-dimensionale Welt, wie wir sie kennen - und einer impliziten Ordnung , welche eher eine potentielle Ordnung ist, gesprochen wird. Der Mathematiker **Jean Charon** spricht von einer imaginären Raum-Zeit, einer Art parallelem Universum.

Ich denke, diese kann als eine potentielle Realität verstanden werden, die ich auch mit **Rupert Sheldrakes** morphogenetischen Feldern in Zusammenhang bringen würde. Mit diesen Feldern haben wir die Blaupausen oder Schablonen, die für die Erschaffung von Leben benötigt werden. Zum Beispiel alle Entwürfe zum Bau des physischen Körpers. Tatsächlich ist unser physischer Körper also eine Manifestation tieferer Ursprungs-Muster, welche ständig in der impliziten Ordnung gegenwärtig sind. Wir können sagen, daß jene Welt aus schöpferischem Potential besteht. *Unsere Träume sind potentielle Brücken, um uns mit dieser Welt zu verbinden. Träume sind Erfahrungen von Raum und Zeit, die konventionelle Einschränkungen überschreiten.* Wenn wir uns nun mit Träumen befassen, schlage ich dafür eine umfassende Perspektive vor. Ich mag sehr, wie die Indianer Nordamerikas über den Traum sprechen. Sie meinen damit nämlich nicht nur den Nachttraum, sondern vor allem die Vision. Das ist sehr wichtig.

Während ihrer Initiations-Riten gehen sie in die Natur zur Visions-Suche, um etwas über ihr zukünftiges Leben herauszufinden. Warum sind sie hier, was ist ihre Lebensaufgabe und wie kann sie gelebt werden? Nun, normalerweise haben wir solche Bräuche nicht mehr. Was wir in unseren Träumen erfahren sind oft persönliche Alpträume, unsere Traumata, die in den Träumen auftauchen.

Wir haben in unseren Träumen zwei verschiedene Aspekte. Einen *karmischen,* bestehend aus traumatische Mustern, die zu Wiederholungen neigen, und wir haben *andererseits Lichtblitze der Intuition und Inspiration von einer höheren Quelle, oft das Höhere Selbst genannt,* die uns eine neue Richtung geben und neu erschaffen.

Meine Arbeit mit dem I Ging findet meistens auf beiden Ebenen statt. Sie beginnt gewöhnlich mit alten Mustern von Verzerrungen, mit denen wir steckenbleiben und Schwierigkeiten wiederholen. Indem wir diese im Bereich der Vorstellungen klären, öffnen wir uns für neue Einsichten, für neue Inspiration, für schöpferische Vision. Dies kann eine große sein für ein ganzes Leben, aber ebenso eine kleine für den Tag, sogar für eine Frage wie: 'Welches Cafe möchte ich jetzt aufsuchen?' Es kann sich um eine kleine Vision handeln. Ob klein oder groß, es ist die Vision, die das Potential in sich birgt, unser Leben zu formen und die die Kraft der impliziten Ordnung in die expliziten Dimensionen hinüberträgt.

Die Chinesen selbst betrachteten das I Ging als eine Verbindung von innerer und äußerer Welt. Das Prinzip, auf der diese Verbindung basiert und durch das sie funktioniert, wurde von *C.G.Jung* "Synchronizität" genannt. Das Gesetz der Synchronizität besagt, daß wir Übereinstimmungen von Ereignissen vorfinden können, die nicht in Begriffen von Ursache und Wirkung gemessen und erklärt werden können. Unser normales Denken kann sie nicht als kausale Entwicklungen betrachten, erkennt diese Ereignisse jedoch als gleichzeitig auftretende und bedeutungsvoll Zusammenhängende an. Wir können nur nicht sagen, warum sie stattfinden.

Ich erlebte ein kleines Beispiel als ich in dieses Gebäude kam. Ich bat im Büro um ein Glas Wasser und sah ein paar Bücher im Schaufenster. Eines davon war ein Buch über China. Nun, dies könnte ein kleines, aber bezeichnendes Zusammentreffen sein.

Ich denke, jeder von uns hat seine eigenen Beispiele von Ereignissen, die plötzlich miteinander in Verbindung treten und sehr bedeutungsvoll sind, die wir aber nicht erklären können. Es sei denn wir arbeiten mit einem Konzept der höheren Körper, die in einer super-bewußten Verbindung miteinander stehen, derer wir uns jedoch normalerweise nicht bewußt sind. Dies wäre wie eine Super-Informationsbank, die wir mit anderen Menschen teilen und die uns dazu verhilft, plötzlich an der richtigen Stelle zur richtigen Zeit jemandem zu begegnen, an den wir vielleicht vor wenigen Stunden gedacht haben.

Synchronizität als ein verbindendes Prinzip innerer und äußerer Ereignisse, das jenseits unseres konventionellen Verstehens, meßbaren Raums und meßbarer Zeit operiert, kann als Hinweis auf die Arbeitsweise der vierten Dimension betrachtet werden. Vorstellungen - wie Träume und Visionen - sind ein Teil der Werkzeuge, mit denen wir in die vierte Dimension eintreten und in ihr reisen.

3. Übertragung und Übermittlung

Ich möchte damit fortfahren, die Begriffe Übertragung und Übermittlung (engl. transmission) zu klären.

Gelegentlich ist die Verwendung des Wortes Übertragung sehr verwirrend. Manche Menschen betrachten Übertragung als etwas Negatives, als eine Verzerrung, die durch eine Charakterstruktur entsteht. Andere sagen, Übertragung ist alles, was wir an jemanden herantragen. Ihr Ursprung kann sowohl eine Charakterstruktur sein, als auch der ungehinderte Ausdruck des Kerns oder wahren Selbstes.

In diesem Vortrag benutze ich den Begriff Übertragung im Sinne eines Störungsmusters. Übertragung verzerrt etwas und verhindert gewöhnlich das Auftreten von Resonanz. Um ein Beispiel zu geben:

wenn ich an meine Freundin denke und sie mir innerlich vorstelle, kann ich alle möglichen Dinge von mir auf sie übertragen und projizieren. Diese Art der "Wahrnehmung" wäre Übertragung innerhalb meiner eigenen inneren Bilder. *Die andere Möglichkeit ist, daß ich tatsächlich gar nicht so viel übertrage, sondern sie (die Person) innerlich klar wahrnehme entsprechend ihrer augenblicklichen Befindlichkeit und eine Art Seelen-Kontakt mit ihr empfinde. Dies ist für mich Übermittlung.* Dies ist ein Beispiel von Übermittlung als eine telepathische Verbindung oder Resonanz auf einer vier-dimensionalen Geist-Energie-Ebene.

Natürlich impliziert der Begriff Übermittlung nicht notwendigerweise diese Art von nicht-physischer Bewußtseins-Übermittlung. Für mich bedeutet Übermittlung, daß ich einen Austausch von Informationen oder eine klare Wahrnehmung von Informationen von einer Quelle habe. Diese kann mein eigenes Höheres Selbst sein, eine andere reale und physisch anwesende Person oder was auch immer. Im Falle direkten Kontaktes können wir sagen, daß wir resonieren - falls wir nicht verzerren - und das es eine klare Übermittlung gibt, nur normalerweise benutzen wir dieses Wort nicht.

Tatsächlich ist es jedoch ein Wort, das im Buddhismus und in anderen Religionen benutzt wird. Beispielsweise übermittelt der Lehrer sein Wissen an seinen Schüler, und wenn der Schüler klar genug ist und die Botschaft nicht verzerrt, wird die Übermittlung gelingen. Drei Arten von Übermittlung können benutzt werden: Übermittlung durch die Schrift, durch mündliche Instruktion und durch nicht-physische Geist-zu-Geist Verbindungen, wie im Falle empfangener Lehren von nicht verkörperten Meistern.

In paraphysischen Fällen von Übermittlung, in denen Menschen in Beziehung treten, die nicht in direktem physischen Kontakt stehen, ist eine hohe bzw. feinstoffliche Ebene des Geistes beteiligt. Wenn wir das Konzept, daß Gedanken eine sehr feinstoffliche und vielleicht sogar augenblicklich wirkende Energie haben, ernstnehmen, dann können wir diese Art von Verbindung verstehen. Wir können solche Verbindungen oder Kommunionen mit anderen Menschen erleben, mit unserem Höheren Selbst oder vielem weiteren: mit Tieren, Bäumen, der Erde usw., wir können mit einem vollständigen universellen Kreis von Wesenheiten durch unser Bewußtsein in Verbindung treten.

Wir haben hier also eine Polarität zwischen meinem Gebrauch des Wortes Übertragung, das sich auf ein karmisches, verzerrendes Muster, welches Einsicht blockiert, bezieht, und Übermittlung, durch die wir klare Kommunikation und klare Einsicht erhalten und durch die wir *viel mehr* Information und Wissen bekommen können, als gewöhnlicherweise durch unseren intellektuellen Geist, indem wir die höheren Wahrnehmungsfähigkeiten unseres Geistes benutzen. Wenn wir dies tun, können wir uns mit vielen Seelen oder Wesenheiten verbinden. Wir können uns meditativ für das Einströmen von Informationen aus super-bewußten Ebenen öffnen.

Das grundlegende Prinzip in meiner Arbeit mit dem I Ging besteht darin, ein Tableau eines Landschafts-Szenariums herzustellen, in dem wir mental und gegebenenfalls auch physisch, das verzerrende Muster aufführen können. Spannungen können entladen oder befreit werden, falls dies gewünscht wird. Wenn wir zum Beispiel ein Gewitter in unserer Vorstellung erleben, das unsere emotionale Energie darstellt, könnten wir ihm erlauben, sich zu entladen. Anschließend ist der Himmel sehr klar und wir nehmen allmählich Ereignisse und Menschen in einem neuen Licht wahr. Wir erforschen eine sich verändernde Wahrnehmung, wir sehen jemand anderes - ich vereinfache im Moment - nicht mehr als einen Feind, sondern wir sehen eine tiefere Ebene, wir sehen einen Konflikt in einer veränderten Weise und beginnen zu spüren, was hinter jemandes Verteidigungen und unserer eigenen liegt, wir verbinden uns direkter von Kern zu Kern. In dieser Weise kann mit den energetischen und bewußtseinsmäßigen Aspekten von Übertragung gearbeitet werden. Sicherlich gibt es in den Komplexitäten der praktischen Arbeit noch viel mehr Möglichkeiten, dies zu tun.

Wir können also sagen, daß diese Arbeit nicht versucht, zu schnell in die Vision einzutreten. Sie bewegt sich durch die Blockade, durch die Verteidigungen und öffnet sich dann für neue Einsichten.

Es ist die Idee, die Vision nicht unverzüglich zu erreichen, sondern auf das innere Szenario von Schwierigkeiten zu meditieren, die als Schwierigkeiten in der Natur, in Landschaften, veranschaulicht sind. Ich werde später Beispiele dafür geben. Und indem wir durch sie durchgehen, sie verarbeiten, sie erlösen und abschließen, verwandelt sich unsere Wahrnehmung und wir erhalten neue Perspektiven.

Das Prinzip bedeutet, daß, wenn wir uns durch die Übertragung hindurcharbeiten, wir viel klarer sind für das Empfangen von Übermittlungen.

In dieser Arbeit sehe ich die Vorstellungen als Mittler zwischen der psychophysischen Welt, die unseren emotionalen und mentalen Körper mit dem physischen Körper verbindet, und der psycho-spirituellen Welt, in der wir größere Botschaften aus den ur-sächlichen Reichen erhalten.

4. Zum Gebrauch der Kode-Struktur des I Ging

Ich gehe an diesem Punkt nicht auf die Geschichte des I Ging ein. Denn was wir üblicherweise über die Geschichte des I Ging lesen, ist tatsächlich Mythologie und historisch nicht wahr. Alles was wir sagen können, ist, daß die Schriften, in denen das I Ging als System von Hexagrammen erwähnt wird, in einer Zeitperiode zwischen dem achten und zweiten Jahrhundert vor Christus geschrieben wurden. Die Quellen dieser Texte sind wahrscheinlich viel älter.

Es gibt verschiedene Quellen und verschiedene Veränderungen, aber wahrscheinlich gab es ursprünglich nur die Hexagramme und kurze Texte, wie zum Beispiel kurze Urteile oder Kommentare für jede der Linien. Alle späteren Kommentare stammen aus verschiedenen Zeiten, verschiedenen politischen und kulturellen Hintergründen, bis aus dem I Ging ein konfuzianischer Klassiker wurde. Der Text enthält eine Menge kultureller Entwicklungen, weshalb ich denke, daß es sehr lohnend ist, ihn als brillante Kode-Struktur zu betrachten und den kulturellen Hintergrund etwas herauszuhalten.

Diese Kode-Struktur möchte ich erläutern und dann sehen wir, was wir mit ihr anfangen können. Die Art meiner Präsentation folgt nicht der historischen Entwicklung, sondern basiert auf strukturellen Erwägungen.

a) Erste Unterscheidungen

Wir können mit der ursächlichsten Ebene beginnen, die - wir mögen sie Gott nennen - in China das TAO genannt wird. Das TAO emaniert die erste Unterscheidung, Yang und Yin, graphisch repräsentiert durch eine durchgehende Linie für Yang und eine unterbrochene Linie für Yin (Abb.1).

Yang   Yin

Abb. 1

Dies ist eine sehr grundsätzliche Kodierung von Geist und Materie, Licht und Dunkelheit, männlich und weiblich, und Zeit und Raum. Wir finden diese sehr grundsätzlichen Kategorien am Anfang, auf höchster Ebene. Dann können wir diese Linien kombinieren, wir verdoppeln sie vertikal und erhalten vier Möglichkeiten, vier Kombinationen von Yin und Yang (Abb.2). Ich werde diese vier Bigramme nicht näher erläutern, es ist jedoch interessant, daß sie - als vier grundlegende Buchstaben -den vier Nukleotiden des genetischen Kodes entsprechen. Die Kode-Struktur des I Ging ist unserer DNA also sehr ähnlich, es handelt sich um eine sehr grundlegende Struktur.

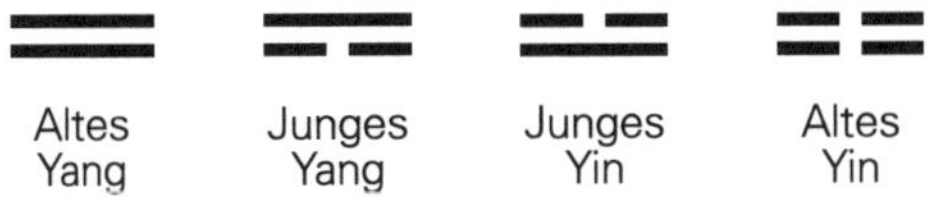

Altes Yang	Junges Yang	Junges Yin	Altes Yin

Abb. 2

b) Die Trigramme

Wenn wir eine weitere Linie zu den bisherigen zwei hinzufügen, erhalten wir drei Linien. Die acht möglichen Formationen von drei Linien werden Trigramme genannt und stellen die grundsätzlichen Strukturen dar, mit denen ich arbeite (Abb.3).

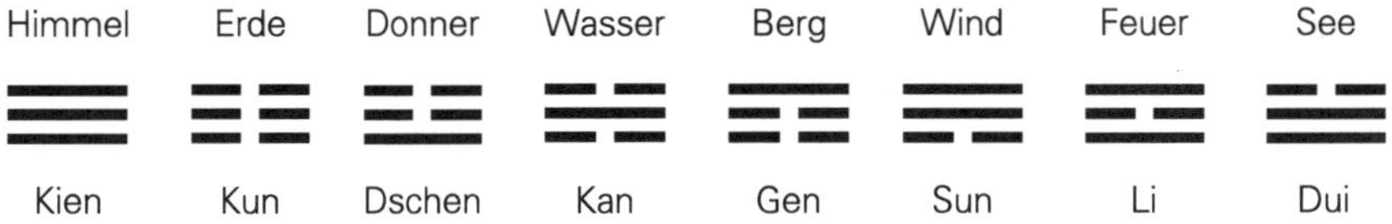

Himmel	Erde	Donner	Wasser	Berg	Wind	Feuer	See
Kien	Kun	Dschen	Kan	Gen	Sun	Li	Dui

Abb. 3

Das erste zeigt drei durchgehende Linien in vertikaler Anordnung. Dieses Trigramm symbolisiert das Schöpferische, Kien genannt, der Himmel. Ich verstehe dies gerne im Sinne von Himmeln (Plural), da hierdurch eine kosmologische Bedeutung angegeben ist. Es handelt sich nicht nur um den Himmel den wir sehen, sondern es repräsentiert eine kosmologische Bedeutung von Universum. Auf einer sozialen Ebene bezieht sich das Trigramm auf den Vater. Es bedeutet ebenso Zeit und Bewegung. Sein Landschaftsbild ist der Himmel. Bezogen auf den Körper ist es das Haupt.

Ihm gegenüber finden wir drei unterbrochenen Yin Linien, die natürlich das Gegenteil zu Kien darstellen und die Erde repräsentieren bzw. Materie in einem umfassenderen Sinn. Das Trigramm Kun symbolisiert auch die Erde als Planeten. Es ist das Empfangende und bezieht sich auf Raum, auf die Bedeutung von Öffnen und Schließen und auf die Mutter. Wenn Kien den schöpferischen Samen darstellt, ist Kun das empfangende Behältnis. Auf einer körperlichen Ebene wirkt Kun im Bauch, was für Frauen in genauerem Sinne die Gebärmutter bedeutet.

Kien und Kun können als das ursprüngliche Paar betrachtet werden. Natürlicherweise bekommen sie Kinder.

Der erste Sohn, Dschen, ist Donner, das Erregende, manchmal auch Erdbeben als Bewegung innerhalb der Erde. Das Trigramm wird graphisch als zwei unterbrochene Yin Linien oberhalb einer Yang Linie dargestellt, als Licht (Yang) unter Erde (Yin). Für mein Verständnis bezieht sich Dschen auf Impulse, auf eine keimende Saat, einen Anfang und auf Willen. Im Körper bezieht sich Dschen auf die Füße, die, wie die Chinesen sagen, sich auf der Erde am schnellsten bewegen. Wir laufen auf den Füßen.

Das nächste Trigramm ist Kan, der zweite Sohn, das Abgründige, welches zu Wasser in Beziehung steht. Wasser in einem sehr breiten Sinne: alles was naß ist, ein Fluß, ein Ozean, Regen, Wolken, ein Sumpf. Kan bedeutet Gefahr, den Abgrund, den Mond und Fließen. Seine Graphik zeigt eine Yang Linie zwischen zwei Yin Linien.

Jetzt kommen wir zum dritten Sohn, Gen, das Stillehalten, das sich als Berg manifestiert. Und wieder brauchen wir ein breites Verständnis vom Berg, es kann sich nämlich auch um einen Tempel handeln, um einen spirituellen Ort, ein spirituelles Gebäude. In der Symbologie sind Berge üblicherweise Stätten des Aufstiegs. Wir besteigen einen Berg und sind den Himmeln näher. Aber dies könnte auch durch einen Tempel repräsentiert werden. Graphisch hat dieses Trigramm eine Yang Linie des Lichts über zwei Yin Linien. Ken bedeutet auch Pflegen und Nähren. Im Körper bezieht es sich auf die Wirbelsäule. Im Yoga sitzen wir still wie ein Berg.

Wir betrachten nun die weiblichen Trigramme und beginnen mit der ältesten Tochter, Sun, das Sanfte, das mit Wind und Holz in Verbindung gebracht wird - es hat eine doppelte Bedeutung. Die Gemeinsamkeit von Wind und Holz besteht für mich darin, daß etwas sanft eindringt. Wir fühlen den Wind, er berührt uns, und Holz oder Vegetation bezieht sich auf den Wachstums-Zyklus der Natur, wenn Pflanzen in ihre Form hineinwachsen und eine Blume oder ein Baum werden. Das Trigramm bezieht sich deutlich auf Wachstum. Im Körper wirkt es in den Oberschenkeln, wir haben hier die wachsende Bewegung aus dem Bauch in die Beine hinein. Die Graphik zeigt zwei Yang Linien oberhalb einer Yin Linie.

Das nächste Trigramm, Li, das Haftende, eine Yin Linie umschlossen von zwei Yang Linien, bezieht sich auf Feuer, auf Sonne, auf Licht. Wenn wir ein Feuer anzünden, muß es an etwas haften können, wie am Holz, das es verbrennt, um zu scheinen. Das Haftende wirkt in den Augen, die zwar Licht in sich selbst haben, aber sich ebenfalls an etwas anhaften müssen, um es sehen zu können. Darüberhinaus ist Li strahlend und bezieht sich auf Klarheit, Schönheit und Verstehen. Schließlich die jüngste Tochter, Dui, das Heitere, die mit dem See in Verbindung gebracht wird. Dies kann in zweifacher Weise verstanden werden. Eine Bedeutung bezieht sich auf den See als Reservoir im Sinne von Fülle. Aber gewöhnlich wird der See mit einer ruhigen Oberfläche assoziiert, die wie ein Spiegel wirkt. Es handelt sich also nicht um die Wasser-Qualität des Sees, sondern um seine Qualität als Spiegel. Zum Beispiel spiegelt sich der Berg im See oder wir uns selbst. Indem er spiegelt was da ist, bezieht sich dieses Zeichen auch auf Ernte, seine Zeit ist der Herbst, in dem wir ernten, was wir gesät haben. Dies hat einen kontemplativen Aspekt, wir reflektieren in diesem Zeichen und lösen vielleicht auf, was da ist. Der Herbst war in China auch die Jahreszeit der Gerichtsurteile, der Urteile über Menschen im Sinne einer sozialen 'Ernte'. Dies zeigt die Konfrontation mit einer karmischen Verbindung an. Körperlich ist dies ausgedrückt durch Duis Verbindung mit den Mundwinkeln.

Wie wir sehen, gibt es also ziemlich komplexe Bedeutungen der Trigramme. Um zusammenzufassen: Es gibt Himmel und Erde, Donner als Impuls und Wind oder Holz, es gibt Wasser, Kälte und Fließen und die Polarität davon, Licht, Strahlung und Wärme. Schließlich haben wir die Polarität von Stillehalten, dem Berg als Punkt des Übergangs, und die Reflektion des Sees.

Wir können diese acht Trigramme in verschiedener Weise anordnen. Normalerweise finden wir kreisförmige Anordnungen vor. Ich gehe hier nicht näher darauf ein, weil dies von keiner großen praktischen Bedeutung für unsere Absichten ist. Um es einfach zu sagen: Es gibt zwei besonders berühmte Anordnungen (Abb.4). Im ersten (a) sehen wir die **Polaritäten** der Trigramme, da sie jeweils gegenüber ihrem Gegenstück in kreisförmiger Auslegung angeordnet sind. Wir sehen die Polarität von Himmel und Erde, Feuer und Wasser, See und Berg und Wind und Donner, wie der keimende Same und sein Wachstum.

Die andere Anordnung (b) ist eher eine **zyklische**, innerhalb derer die Trigramme mit den Jahreszeiten verbunden sind. Sie beginnt mit Donner, der ein Start-Signal darstellt für etwas, das wächst und im Sommer Klarheit erreicht und sichtbar wird. Dann kommen wir zum Herbst, repräsentiert durch den See, der die Erntezeit anzeigt. Hier gewinnen wir neue Samen für neue Schöpfung, repräsentiert durch Kien, Himmel, und für spätere Aussaat. Wasser entspricht der Winterzeit und der Berg - ein Stop-Signal - dem letzten Stadium, in dem wir in einen alten Zyklus verlassen. Er ist ein Punkt des Übergangs, wo etwas stirbt und eine neue Geburt vorbereitet wird.

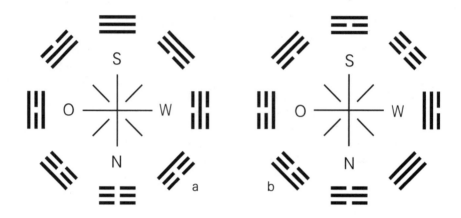

Abb. 4

c) Die Hexagramme

Die Trigramme sind die acht Urbilder oder grundlegenden Strukturen des I Ging. Der nächste entscheidende Schritt der Differenzierung
besteht in der Verdopplung der Trigramme zu Hexagrammen, sechs Linien in vertikaler Anordnung. Die 64 Hexagramme repräsentieren die Ebene des Orakels, also dessen, was wir als Weissagung erhalten. Die Linien werden von unten nach oben gezählt, 1, 2, 3, 4, 5, 6, was hilft, die innere Struktur der Hexagramme zu erklären. Linien 1 - 3 zeigen das untere Trigramm und 4 - 6 das obere. Es gibt auch zwei innere Trigramme, nämlich die Linien 2 - 4 und 3 - 5. Diese sind von zweitrangiger Wichtigkeit für die Interpretation des Hexagramms.

Folgende Sequenz von Linien soll uns als Beispiel dienen: Yang, Yang, Yin, Yang, Yin, Yang (Abb.5).

Abb. 5

Hier finden wir den See in der unteren Hälfte und Feuer oder Sonne über dem See in der oberen Hälfte. Als innere Trigramme haben wir Feuer und Wasser. Wenn wir diese Informationen erhalten und in die inneren Vorstellungen gehen, taucht sehr wahrscheinlich ein ganzes Szenario von Bildern auf. Wie sieht der See aus? Wie scheint das Licht und reflektiert sich vielleicht im See? In welcher Form erscheint das Wasser oberhalb des Sees? Als Regen, als eine Wolke oder ist es Nebel? Was immer es sein wird, niemand kann es im Voraus sagen. Es entsteht aus der Persönlichkeit und der Stimmung des Tages. Aber diese Vorstellungen sind mein Ausgangspunkt. Wir müssen jedoch noch mehr Parameter berücksichtigen. Der nächste ist das *Gesetz der Enantiodromia*, das das Erreichen des Höhepunktes einer Kraft beschreibt und den nachfolgenden Umschlag in ihr Gegenteil. Dadurch wandelt sich Yang in Yin und Yin in Yang - Aktivität in Ruhe und Ruhe in Aktivität. Durch bestimmte Kodierungs-Techniken während des Auffindens des Orakels können gewisse Linien dazu bestimmt werden, als wandelnde Linien zu fungieren. Ein Kreis oder Kreuz markieren jeweils die entsprechende Linie im Hexagramm als eine sich wandelnde (Abb.6).

Abb. 6

Diese Wandlungen spezifischer Linien bedürfen der Beachtung und Interpretation, wofür es im I Ging die einzelnen Linien-Texte gibt. Es handelt sich um hervorragende Orte des Wandels, die zu einem Kommentar und Ratschlag herausfordern. Natürlich wird jede wandelnde Linie das gesamte Hexagramm verändern. Das ursprüngliche Hexagramm verwandelt sich in ein anderes, in eine neue Situation.

Ein weiterer Parameter ist der *Zeit-Fluß* des Hexagramms. Die erste, unterste Linie repräsentiert die aufsteigende Zukunft. Sie stellt den in eine Situation neu eintretenden Aspekt dar. Die sechste, oberste Linie repräsentiert die verebbende Vergangenheit, alte Aspekte, die ihren Einfluß verlieren. Dieser Zeit-Fluß legt nahe, die ersten beiden Linien als Zukunft, die mittleren als Gegenwart und die oberen zwei als vergangene Aspekte der angezeigten Situation zu betrachten.

Wenn wir uns die soziale Kodierung der sechs Linien anschauen, bekommen wir eine ähnliche Bewegung durch die Hierarchie der Gesellschaft. Unten finden wir gewöhnliche Leute, wie z.B. Bauern. In den mittleren Rängen Beamte und Minister und den König auf der fünften Linie. Die sechste repräsentiert den Weisen. Was können wir damit anfangen? Wenn wir dies in intrapsychische Strukturen übersetzen, entspricht eines der möglichen Modelle hierfür analog der Transaktions Analyse und ihres dreiteiligen Modells von Kind, Erwachsener und Eltern. Bringen wir dies mit dem Zeit-Fluß in Verbindung, können wir folgendes Modell benutzen: das Kind als zukünftiges Potential (Linien 1 und 2), die Erwachsenen als gegenwärtiges Potential (Linien 3 und 4) und die Weisen als groß-elterliches, erfahrenes Potential der Vergangenheit und als Erinnerungs-Bank (Linie 5 und 6). Dies entspricht dem Verständnis des Zeit-Flusses und der Teil-Persönlichkeiten innerhalb der Hexagramm-Struktur.

Dieses Konzept gibt einige Anhaltspunkte - insbesondere für die Erforschung der sich wandelnden Linien in der Vorstellungsarbeit - um die Vorstellung realer, lebendiger Personen als auch imaginaler Wesenheiten innerhalb der vorgestellten Landschaft einzuführen.

Die Chinesen benutzen für die Analyse des Hexagramms die grundlegende Kodierung der *räumlichen* Dreiheit von Erde unten, Himmel oben und uns Menschen in der Mitte. Wir haben also Erde, Himmel und den Menschen als soziales Wesen, wodurch das Herz eingeführt wird. Das Herz ist ebenso der Mittler zwischen Bauch und Kopf oder unterem und oberem Körper. Und schließlich ist das Herz der mitfühlende Gleichgewichts-Punkt zwischen Körperlichkeit und den mental-spirituellen Reichen, also erneut zwischen Erde und Himmel.

Ich denke, die Vielfalt der Parameter, die wir während der Bilderarbeit ausprobieren können, wird deutlich. Wir brauchen diese Flexibilität, da wir nie wissen, *wie* eine Person das Hexagramm durcharbeiten wird, welche Parameter spontan am Anfang gewählt werden. Als Begleiter ist es unsere Aufgabe, unseren Klienten sowohl in einer Prozeß-orientierten Weise, als auch in enger Verbindung mit den Anhaltspunkten des Hexagramms zu begleiten. Mit anderen Worten, wir müssen einen Überblick darüber behalten, wie ein Klient sich innerhalb des Hexagramms bewegt und wo Potentiale zur weiteren Erforschung und Verwandlung aufgesucht werden können.

Zum Beispiel versuche ich mir sehr bewußt zu sein, *wo* eine Person in die Vorstellung des Hexagramms eintritt. In unserem vorherigen Beispiel von Licht über dem See ist ein beliebiger Einstieg möglich. Er könnte von oben, um das Licht herum fokussiert, geschehen oder von unten, in den Tiefen des Sees, oder auf einer mittleren Position um die Oberfläche des Sees herum. Bewegungen können horizontal auf der selben Ebene stattfinden oder vertikal herauf und herunter. Wenn ich mir wandelnder Linien bewußt bin - als Anzeichen für vornehmliche Gebiete des Wandels - werde ich dazu geneigt sein, eine Person einzuladen, zu diesen Gebieten zu gehen, die räumlich durch das Hexagramm angezeigt sind. An diesen Orten mag alles Mögliche geschehen, entsprechend des Prozesses und des Spektrums der anderen, oben diskutierten Parameter.

Ich erlebe regelmäßig viel Übereinstimmung zwischen Wandlungen, die während des Prozesses geschehen, und Wandlungen, die vom Hexagramm angezeigt wurden. Normalerweise sage ich meinen Klienten nichts im Vorhinein über die Möglichkeiten von Wandlungen, aber oft sind die zwischenzeitlichen und abschließenden Vorstellungen in Übereinstimmung mit den Wandlungen und dem Ergebnis des gegebenen und - durch die sich wandelnden Linien - erreichten Hexagramms. Manchmal sind diese Übereinstimmungen erstaunlich, und dennoch hätte der Prozeß selbst nicht vorhergesagt werden können.

5. Entscheidungen und nächste Schritte finden

Eines meiner stärksten Motive dafür, das I Ging zu befragen und einem Klienten diese Art von Prozeß-Arbeit vorzuschlagen, besteht darin, in schwierigen Zeiten nächste Schritte oder Entscheidungen herauszufinden.

Kürzlich erlebte ich ein sehr ernstes Beispiel mit einem Mann, der eine Firma leitet, die schlecht läuft. Er hatte diese Firma von seinem Vater übernommen und war jetzt kurz davor, das Ende dieser Unternehmung zu beschließen. Wir entschieden uns für eine I Ging Arbeit, teilweise schon deshalb, um ihn aus seinen gewöhnlichen Gedanken-Mustern der linken Gehirnhemisphäre herauszubringen und stattdessen das bildhafte Denken der rechten Hemisphäre anzuregen.

Er warf das Hexagramm Nr.6, Konflikt oder Streit (Rechtsstreit), ein Titel, den ich ihm erst später mitteilte. In seinen Bildern sah er einen merkwürdigen Ponton an der Küste, eine schwimmende Plattform von den Ausmaßen eines großen Gebäudes. Als er diesen Ponton untersuchte und durch alle möglichen Räume innerhalb dieser Plattform ging, kam er zu dem Schluß:

"Ich verstehe nicht, wie dieses Ding gemacht wurde, wie es gebaut wurde. Aber es ist offensichtlich ohne Liebe gebaut worden und ich verstehe seinen Sinn nicht."

Später sagte er: "Jetzt kann ich die Entscheidung treffen, daß ich aus diesem Ding heraus möchte, daß ich es verlassen will."

In diesem Beispiel wurde die Entscheidung nicht durch einen tiefen emotionalen Prozeß herausgefunden. Dieser Mann war zwar präsent und sich der Empfindungen seines Energie-Körpers bewußt, aber er ging nicht in Weinen oder ähnliches. Ihm wurde jedoch klar, daß es nicht die Pflicht für den Rest seines Lebens ist, mit etwas weiterzugehen, das er nicht geschaffen hat und das ihm tatsächlich keinen essentiellen Raum zum Leben zur Verfügung stellt. Seine Entscheidung: "Ich beende dies", ist wie die Trennung von den Fesseln der Geschichte. Es ist teilweise ein Individuationsprozeß.

Natürlich ist dies in Wirklichkeit ein langwährender Prozeß. Es ist nicht so einfach, eine solche Firma aufzulösen, vom inneren Prozeß ganz zu schweigen. Aber er gewann eine Orientierung, und da ich die Realität einige Monate später kenne, kann ich versichern, daß er seine Entscheidung verwirklicht hat.

Hierum dreht sich diese Arbeit, um das Auffinden des nächsten Schrittes. Normalerweise sehen wir das schließliche Resultat nicht schon am Anfang voraus, aber sie hilft, den nächsten Schritt zu finden und von dort aus weiterzugehen.

6. Der Körper im Bild - Das Bild im Körper

Nachdem ich dieses Beispiel gegeben habe, möchte ich einiges über die Prinzipien sagen, mit denen ich die Arbeit gestalte.

Für mich ist mit das Wichtigste, was ich zu sagen habe, daß ich versuche, das Bild oder die Vorstellung nicht vom Körper abzuspalten. Ich glaube, die Arbeit ist nutzlos, wenn sie nur auf mentaler Ebene stattfindet.

Was ich gelernt habe, ist, in der Vorstellung verkörpert zu sein und die Vorstellung zu verkörpern, beide Wege sind wichtig.

Gewöhnlich empfehle ich den Leuten zu Beginn, wenn sie sich auf die Matratze legen, sich die Augen zu reiben, um die Spannungen in den Augen etwas aufzulösen, und einige tiefe Atemzüge zu nehmen. Ich benutze jedoch nicht hypnotische Induktionen oder Ähnliches. Denn die Bilder kommen von jeder möglichen Spannungs-Ebene und entsprechend können wir mit allen arbeiten. Sie vertiefen und intensivieren sich in der Regel ohnehin während der Arbeit. Aber das Erste, worauf ich achte, wenn eine Vorstellung oder eine Landschaft entsteht, ist, ob die Person in dem Vorstellungsbild verkörpert ist. Wir könnten ja auch einfach nur Bilder sehen, z.B.: 'Ich sehe einen See,' aber wo bin ich?

Schwebe ich nur in meinem Bewußtsein darüber? Dann bin ich nicht in der Vorstellung verkörpert. Gelegentlich mag es wertvoll sein, außer-körperliche Fähigkeiten der Aufmerksamkeit zu nutzen. Aber selbst dann ziehe ich es vor, einen Bezug oder Anker zu dem imaginären Körper einer Person, die diese Art des aus dem Körper projizierten Bewußtseins ausübt, innerhalb der Vorstellungsbilder zu behalten.

Eine der ersten Fragen, die ich stelle, bezieht sich also auf die imaginäre Verkörperung: "Wo bist Du?" "Oh, ich stehe am Ufer eines Flusses." Nun frage ich weiter: "Was für eine Haltung nimmst du ein? Stehst du oder sitzt du? Wie bist du gekleidet? Bist du allein oder ist jemand bei dir?" Die Antworten auf diese Fragen geben mir wichtige Informationen über den vorgestellten Körper.

Danach erforsche ich die Umgebung. Währenddessen beobachte ich genau, was im Körper vor sich geht, denn normalerweise werden die Vorstellungen den physischen Körper ziemlich schnell beeinflussen und wir können sehen, wie kleine Vorgängen geschehen.

Ich möchte dies an einem weiteren Beispiel illustrieren. Es handelt von einem Mann, der zu dieser Sitzung nicht mit einem schweren Problem oder einer schwierigen Frage kam. Wir folgten also einfach der Idee, Imaginationen zu erforschen. Der Mann warf ein Hexagramm (Nr.48, 2. und 5. Linie wandelnd) und fand sich in seiner Vorstellung an einem Seeufer wieder, von dem aus er einen Balken auf dem Wasser beobachtete. Während er dort nun stand und den Balken beobachtete, begann dieser eigenartige Bewegungen auszuführen. Er tauchte und sprang aus dem Wasser wie ein Delphin.

Der Mann bemerkte, daß etwas in seinem Körper geschah. Also sagte ich zu ihm: "Fühle die Resonanz mit den Bildern in deinem Körper," und er begann damit, diese Bewegungen nachzuvollziehen und sagte: "Ich imitiere diesen Balken und es fühlt sich an, als ob er mir etwas beibringen will."

Mit dieser Strategie, mit den Bewegungen der Bilder zu resonieren, ermutige ich Menschen, mehr in ihren Körper hineinzugehen. Im Verlauf dieser Geschichte kam es nun zu einem Punkt, wo sich beide verabschieden mußten. Der Balken wollte gerne, daß der Mann ihm ins Wasser folgt. Aber der Mann sagte zum Balken: "Ich würde zwar gerne mit dir sein, aber ich habe etwas Angst. Das Wasser ist nicht mein Zuhause." Ich fragte ihn daraufhin: "Wo empfindest Du diese Gefühle, einerseits mit dem Balken zusammen sein zu wollen und andererseits Angst zu haben?" Er antwortete: "Ich habe Spannungen in meinen Beinen und Erregung in meiner Brust." Also forderte ich ihn auf, beide Empfindungen auszudehnen, woraufhin er sich zu bewegen begann, sich viel dehnte und beugte, und wir in eine längere Bewegungsfolge eintraten. Schließlich fragte ich ihn: "Was ist mit deinen Bildern? Wo bist du? Was geschieht mit dem Balken?" Er sagte: "Etwas sehr Überraschendes geschieht. Der Balken kommt zu mir ans Ufer, er hatte nicht erwartet, daß ich mich so viel bewegen würde." Plötzlich hatte er einen Kameraden gewonnen, der sich *zu ihm* hingezogen fühlte. Vorher war es umgekehrt gewesen. Dies war die Verwandlung, mit der er sich sehr gut fühlte.

Natürlich ist dies keine große menschliche Interaktion - sie fand auf einer symbolischen Ebene statt - aber die Vorstellung wurde zum Körper in Beziehung gebracht und umgekehrt verwandelten die Bewegungen des Körpers die Vorstellung, beide Richtungen waren wichtig.

In der physischen Welt würde dieser Mann keinen Balken finden, der ihn etwas lehrt, aber er kann die Erfahrung leicht übersetzen. Wenn er sich in der Gegenwart anderer Menschen nicht versteift, wenn er sich bewegt, zieht er eher andere Menschen an. Dies ist ein Schlüssel, seine Zukunft anders als die Vergangenheit zu formen.

Sicherlich ist eine der Gefahren dieser Arbeit, Ersatz-Realitäten zu schaffen, in denen das Trauma verleugnet wird, mit denen wir uns von ihm fortbewegen und tatsächlich nichts lösen oder heilen, sondern ein Märchenwelt aufbauen. Ich denke, das muß ernst genommen werden. Aber gerade deshalb, um es noch einmal zu wiederholen, ist für mich die Verbindung zum Körper so wichtig. Der Körper lügt nicht. Wenn die Vorstellungen den Körper nicht berühren, können sie in der Tat trügerisch sein. Aber wenn wir mit den Vorstellungen und ihrem Bezug zum Körper sorgfältig arbeiten, bekommen wir Ergebnisse, die sich oft sogar zu dramatischen und kathartischen Befreiungen steigern können.

Ganz gewiß würde ich diese Arbeit nicht tun, wenn ich das Gefühl hätte, daß sie spaltet. Ich würde das nicht unterstützen wollen. Aber meine primäre Intention mit dieser Arbeit besteht *nicht* darin, sie notwendigerweise zur Heilung alter Traumata zu benutzen, sondern ein Stück weiter in zukünftige Möglichkeiten hineinzuschauen. Wie forme ich mein zukünftiges Leben? Indem ich diese Fragen stelle, mag ich auf alte Traumata stoßen und muß dann mit ihnen umgehen. Aber indem ich die Körperarbeit mit der emotionalen Arbeit und der Vorstellungsarbeit verbinde, werde ich sehr wahrscheinlich Lösungen finden. Nicht zuletzt haben wir eine Möglichkeiten in der Integration: wenn wir während der Vorstellungsarbeit auf einer symbolischen Ebene geblieben sind, mag es anschließend sehr wichtig sein zu fragen, was ein möglicherweise verdecktes Trauma ursprünglich gewesen sein mag und wie die Symbologie sich auf die soziale Welt bezieht.

Tatsächlich birgt diese Arbeit eine Menge Vorteile. Zum Beispiel finden Menschen es oft sehr leicht, ihr Drama auf solche Natur-Szenarien zu projizieren und sind froh, wenn noch keine anderen Menschen darin vorkommen. Dabei können wir andere Menschen jederzeit mit hineinnehmen. Wir können dazu auffordern, Leute zu treffen und beispielsweise Konflikte auszutragen, wenn das angesagt ist. Oft werden wir dadurch zu Zeugen sich entsprechend verändernder Beziehungen, zuerst in den Bildern, dann im wirklichen Leben. Wir müssen also nicht notwendigerweise in die entwicklungs-psychologische Vergangenheit zurückgehen, wir können auf einer gegenwärtigen Ebene in der Vorstellungs-Welt bleiben, wir haben viele Wahlmöglichkeiten. Wir können in die Vergangenheit zurückgehen, wenn wir das wollen, aber wir haben die Wahl, gegenwärtige Erfahrungen in der Wirklichkeit der Vorstellungen zu ermöglichen.

Ich möchte damit fortfahren, etwas mehr über die Eigenschaften der Vorstellungen bzw. Bilder zu sagen und wie ich mit ihrer Verkörperung arbeite. Ich denke, solche Vorstellungen sind schon von sich aus sehr nah am Körper, oft viel näher als Worte. Indem wir mit ihnen arbeiten, wenden wir uns einem wirkungsvollen Kanal zur Verbindung von Geist und Körper zu. Dieser Kanal ist grundlegend für die Arbeit mit den verbindenden, feinstofflichen Körpern.

Ich habe bereits die Strategie erwähnt, die Resonanz im Körper zu dem in den Vorstellungen Gesehen auszuweiten. Dies ist eine Methode der Verkörperung, aber es gibt sicherlich viel mehr Möglichkeiten. Ich denke an ein Beispiel, wo ein Mann ziemlich stecken blieb. Er befand sich in einer afrikanischen Szene. Er stand in der Nähe von zwei Löwen in einem Käfig und beobachtete eine vor-gewitterliche Atmosphäre, aber nichts geschah, auch nicht in seinem Körper. Das war schwierig, denn es gab keine klare Verbindung zum Körper außer der, das nichts geschah. Aber es gab diese Vorahnung eines Gewitters dort draußen. Also sagte ich zu ihm: "Wie wäre es, wenn du für eine Weile dieses Gewitter bist?"

Er stimmte zu und wurde sehr energetisch und lebendig als Gewitter. Später brachten wir ihn zurück zu seinem realen Körper und er konnte sich einiges von dieser Vitalität erhalten. Er fühlte sich ziemlich anders. Hier machte ich Gebrauch von einer Gestalt-Technik, die hilft, einen Ausweg aus einem sehr rigiden Bild zu finden.

Mein grundsätzlicher Kommentar zu dieser Erfahrung besteht darin, daß die Vorstellung nicht etwas im Kopf ist, sondern wie ein Feld. Wir sind in einer Landschaft verkörpert und wir können die Landschaft in unseren Körper nehmen, beides ist möglich. Ich kann ein ausgedehntes Bild hervorbringen, in dem ich mich imaginativ verkörpert finde. Dann drehe ich den Prozeß um und fühle die Vorstellungen somatisch, ich lasse mich von der Energie der Landschaft durchdringen und meine Zellen beginnen, mit ihr zu resonieren. Ich kann auch Teile der Vorstellung sehr spezifisch in meinen Körper hineinnehmen. In dem afrikanischen Beispiel habe ich dieses Prinzip an die Schwelle tatsächlicher Identifikation mit einem Teil der Vorstellung vorangetrieben.

Ich kann jedoch ein harmloseres Beispiel geben, nicht von Identifikation, sondern eher von Überlagerung: Wenn jemand einen schnell fließenden Fluß sieht, könnten wir folgende Einladung aussprechen: 'Wie wäre es, diesen schnell fließenden Fluß innerhalb deines Rumpfes zu spüren?' Wird ihr gefolgt, beginnt die Energie sich allmählich durch den Rumpf zu bewegen, sie wird direkt in den Körper projeziert. Wir können weitere Anweisungen geben: 'Wenn dein Körper sich bewegen möchte, folge der Bewegung', und plötzlich entsteht sehr leicht ein Bewegungsfluß.

Oft bleibt die Person nicht auf der Matratze liegen; insbesondere deshalb nicht, weil ich dazu neige, die Handlung des Körpers in der Vorstellung mit der somatischen Handlung sehr direkt zu synchronisieren. Wenn jemand sagt: "Ich stehe an diesem Fluß", kann ich fragen: "Wie wäre es tatsächlich aufzustehen? Du kannst deine Augen geschlossen halten, während du an diesem Fluß stehst. Also, was tut dein Körper jetzt?"

Von Zeit zu Zeit mag es notwendig sein, die Augen zur Orientierung zu öffnen, aber wir können durch einen umfassenden energetischen Prozeß im Stehen gehen und die Augen schauen nach innen, um in der Vorstellung zu bleiben. Sie sind in dieser Art nicht blockiert oder desintegriert, solange sie innerhalb der Vorstellungen Kontakt halten und solange die Verbindung mit dem Therapeuten durch den sprachlichen Bericht dessen, was passiert, klar genug ist. Diese Strategie, den vorgestellten Körper mit dem physischen Körper zu synchronisieren und aufzuführen, kann sehr kraftvoll sein.

Eine weitere Verbindung besteht in der Atmung, beispielsweise: 'Wie atmest du in einer bestimmten Landschaft?' Kürzlich arbeitete ich mit einem Mann - tatsächlich handelte es sich hier nicht um I Ging Arbeit, aber sie zeigt das Prinzip - der mit einem mittelstarken Asthma-Anfall kam. Während der Sitzung probierte ich einige körperliche Interventionen aus, um seine Krämpfe zu übernehmen. Schließlich fragte ich ihn: "Was für ein Bild kommt aus deinem Körper?" Nun, er fand sich in der Landschaft wieder, in der er aufgewachsen war. Ich fragte ihn: "Wie kannst du dort atmen?", und er erwiderte: "Ich kann sehr gut atmen." Ich fuhr fort: "Gut, atme wie in deiner Vorstellung", und es half ihm, seine Atmung zu entspannen. In seinem gewöhnlichem Muster wird er sehr ungeduldig, wenn er einen Anfall bekommt, zappelt herum und verspannt sich, aber in seinem Bild entstanden tiefere Atemzüge, die ihm halfen, sich zu entspannen und zu zentrieren. Dies ist ein Beispiel dafür, wie ich den Atem als einen Mittler zwischen Vorstellung und Körper benutze.

In ähnlicher Weise können wir Symbole als Mittler zwischen den psycho-spirituellen Bereichen und dem Körper benutzen. Symbole, insbesondere religiöse Symbole, üben eine gewisse Kraft aus. Kinesiologen benutzen Muskel-Test-Techniken, um herauszufinden, welche Symbole den Ki-Fluß im Körper schwächen und welche ihn stärken. Jedes Symbol ist ein Kraft-Feld, daß uns in-formiert, daß Form bildend oder störend ist, zum Besseren oder Schlechteren. Aber die Reaktion, die Antwort basiert auf spezifischen Bedingungen des Subjekts, weshalb wir von einem

Dialog zwischen Symbol und Subjekt sprechen können. Zu diesen spezifischen Bedingungen gehört der aktuelle Prozeß, in dem ein Subjekt gerade eingebunden ist, und dies wird die Tiefe mitbeeinflussen, in der ein Symbol fähig ist, uns zu berühren.

Wenn wir uns entscheiden, eine spirituelle Praktik, Visualisationen eingeschlossen, zu üben, könnten wir feststellen, daß die Praktik uns nicht so tief ergreift, wie wir es uns wünschen. Vielleicht ist sie nicht so nah mit unserem Prozeß verbunden, wie es potentiell sein könnte. Aber mit dieser Art von vorstellender Prozeßarbeit, geerdet in der Synchronizität des aufgefundenen Hexagramms, kann es geschehen, daß wir plötzlich auf unser Symbol stoßen, das zur Zeit mit uns übereinstimmt. Es kann

verschiedener Herkunft sein, z.B. aus der Natur, von Artefakten der Zivilisationen, von Geometrien usw., aber es hat eine bestimmte Energie, die für uns in diesem Moment bedeutungsvoll ist.

Es muß sich nicht einmal um ein Symbol handeln. Wie ich sagte, wir können Begegnungen mit unseren Geliebten oder Führern oder mit imaginären Wesenheiten haben, die uns mit einem ausgeweiteten Bewußtsein und einer vergrößerten Energie versehen.

Bei Konflikten ist diese Arbeit sehr geeignet, um die verschiedenen Schichten von Spannungen zu durchdringen. Wenn wir normalerweise einen Konflikt mit jemandem haben, denken wir in einer bestimmten Weise, wir haben unsere logischen und irrationalen Gedanken darüber. Aber wenn wir die Kanäle wechseln und fragen: 'Wie sehe ich die Person jetzt im Moment in meiner Vorstellung?', können wir vollkommen verschiedene Informationen bekommen. Vielleicht nehmen wir eine bestimmte Haltung wahr, die von der Person eingenommen wurde. Vielleicht sieht sie uns plötzlich gar nicht mehr so ärgerlich an, sondern ist eher ein schüchterner Mensch, und eine andere Art von Interaktion beginnt.

Unversehens finden wir uns auf einer mehr auf den Kern bezogenen, mehr spirituellen Ebene des Austausches wieder. Dies setzt eine bestimmte Energie frei, die wir in unserem Herzen oder wo auch immer fühlen können. Sie wird gewiß in einer wahrnehmbaren Weise verkörpert sein.

Meine Erfahrungen mit Natur-Symbologie polarisieren sich grundsätzlich in zwei Möglichkeiten. An einem Ende des Spektrums erhalten wir Aussagen wie 'Ich fühle mich sehr gut, meine Sinne weiten sich aus, plötzlich kann ich entspannen, ich fühle viel Freiheit, es ist wie Ferien.' Wenn wir diese Erfahrungen in den Körper aufnehmen, haben sie eine heilende Qualität. Am anderen Pol finden wir das gegenteilige Extrem: 'Natur ist gefährlich, ich muß mich irgendwo verstecken, eine Katastrophe wird geschehen.' Und auch hier nutzen wir den Körper, um dies zu fühlen.

Beide Pole und das gesamte Spektrum dazwischen sind wichtig zu erforschen. Der erste hilft, uns mit der Natur und unserem eigenen Körper mehr zu verbinden, er mehrt und reflektiert Vertrauen und Glauben ins Leben, er zeigt die nährenden Seite. Der andere Pol offenbart erlebten und aufs Neue vorhergesehen Schrecken oder fokussiert auf gegenwärtige und zukünftige Unglücke - möglicherweise sogar ohne einen starken Hintergrund vergangener Traumata. Aber wir sind nicht passive Empfänger innerer Vorstellungen. Wir sind in der Lage, diese Erfahrungen durchzuarbeiten und den Weg für zukünftige Möglichkeiten aus den besten und tiefsten Schichten unseres Seins zu öffnen. Diese Absicht liegt der I Ging Prozeßarbeit zugrunde.

* * * * *

Andreas Wehowsky ist Körperpsychotherapeut und Ausbilder am Biosynthese-Institut in Zürich. Sie erreichen ihn unter Hakenweg 17, 2933 Jaderberg, Tel.Deutschland/(0)4454-8272.

DER HAKOMI-ANSATZ ZUR SCHAFFUNG EINER HEILENDEN BEZIEHUNG

von **Halko Weiss**, Heidelberg (Deutschland)

(Als meine Lösung des Problems der Geschlechter in der Sprache ordne ich verschiedenen Rollen in einem Text durchgängig entweder die männliche oder die weibliche Bestimmung zu. Hier wird die Therapeutin immer weiblich, der Klient immer männlich sein.)

Ron Kurtz, der die *Hakomi-Methode Körperzentrierter Psychotherapie* entwickelt hat, sagt gern, daß unser Ansatz indirekt sei. Wir versuchen nicht, Probleme direkt in Angriff zu nehmen, sondern schaffen zunächst eine Beziehung zum Klienten, in der Wandel natürlich und spontan geschehen kann. Diese Beziehung ist der Kontext für alles, was wir dann tun. Unsere Annahme ist, daß die richtige Art von Beziehung die heilenden Kräfte in beiden Personen hervorrufen wird. Wir nennen das die *"heilende Beziehung"*. In diesem Artikel möchte ich gerne drei Aspekte dieser Beziehung ansprechen, die in unserer Methode von großer Bedeutung sind: Kontakt, Sicherheit, und die Kooperation des Unbewußten.

Kontakt

Aus unserer Sicht ist es eine Aufgabe der Therapeutin, das gegenwärtige Erleben des Klienten zu verstehen und zu bestätigen. Sie sollte nicht erwarten, daß der Klient sich an ihr Verständnis der Welt oder ihr gegenwärtiges Erleben der Therapieereignisse anpaßt, sondern sie sollte sich dahin begeben, wo sich ihr Klient befindet. Dazu ist es notwendig, eigene Konzepte und Sichtweisen zur Seite stellen zu können und die des Klienten zu entdecken. Die Therapeutin muß also mit der inneren Welt des Klienten Verbindung aufnehmen und verstehen, wie diese wirklich erlebt wird. Und sie muß dieses Verständnis demonstrieren. Wenn sie in den Kontakt mit ihm geht, richtet sie also einerseits ihre Aufmerksamkeit auf sein gegenwärtiges Erleben und seine Weltsichten, zum anderen zeigt sie ihm, daß sie sie mitkriegt.

Das alles setzt bestimmte Fertigkeiten der Therapeutin voraus. Eine davon nennen wir **"tracking", die Kunst des Beobachtens**. Eine andere ist **"making contact", die Kunst der verbalen und nonverbalen Kommunikation des Verstehens**. Natürlich werden auch Kenntnisse benötigt, sowohl rationaler wie auch intuitiver Natur, aus denen das **Verstehen** selber entsteht.

Über solche Fertigkeiten hinaus hat wahrer Kontakt mit den persönlichen Fähigkeiten und Begrenzungen der Therpeutin zu tun. Bis jetzt habe ich noch nie eine Therapeutin oder einen Therapeuten kennengelernt, mich eingeschlossen, die ganz und fundamental in Kontakt sein konnten. Es ist eine Frage der Ausprägung, mehr oder weniger. Mit anderen Menschen in echtem Kontakt zu sein, hat mit unseren tiefsten Barrieren gegenüber dem Öffnen, der Hingabe und dem Erleben der Wirklichkeit zu tun.

Auch ist es nötig, angemessene Grenzen wahren zu können, und eine Klarheit über die eigene Erfahrung zu haben.

Allein durch eine Therapiesitzung hindurch in gutem Kontakt zu sein hat einen starken therapeutischen Effekt. Manchmal ist es alles, was nötig war. *Aus unserer Sicht hat eine gute Therapie viel mit der Kraft zu tun, wirklich präsent zu sein, im Kontakt mit uns selbst und mit dem Anderen.*

Die Fähigkeit in Kontakt zu sein ist sowohl eine der Fertigkeiten der Therapeutin als auch eine Spiegelung ihres Charakters und ihrer Einstellungen. *Berührungen*, die eine Form genauen engen Kontaktes mit dem Unbewußten anbieten, aber auch *Worte*, die Verständnis und eine dichte Bindung an die Erfahrung des Klienten zeigen können, und die *Übertragung*, da Kontakt ein starkes Beziehungsangebot ist, sind alle drei tief integrierte Anteile der Fähigkeit in Kontakt zu sein.

Sicherheit

Allein den Kontakt der Therapeutin zu spüren, hilft dem Klienten sich zu entspannen. Er fühlt sich gehört und verstanden. Es ist nichts falsch oder beschämend an ihm, auch nicht durch Implikationen. Und wird er nicht durch jemanden in überlegener Position belehrt.

Es kann eine Weile dauern, bis der Klient das merkt. Aber es ist essentiell. Nur wenn Sicherheit gespürt wird, kann die Abwehr nachlassen und das wahre Selbst findet eine Umgebung vor, in der es wagen kann, sich schrittweise zu zeigen.

(Als eine Seitenbemerkung möchte ich hier erwähnen, daß die Hakomi-Methode sich um das Erfahren, das Verstehen, und den Wandel der *Selbstorganisation* einer Person dreht. Daher scheint es uns für eine gewisse Zeit wichtig zu sein, daß nichts die Suche nach dem, was *wirklich ist*, behindert, und niemand versucht, etwas zu verändern. *Feldenkrais* sagt: "Du kannst nicht tun, was Du willst, bis Du weißt, was Du tust.")

Also schafft Sicherheit einen Ort, an dem der Klient seine Abwehr sinken lassen und anfangen kann zu erforschen, wer er wirklich ist (im Kontrast zu dem, wer er denkt, er sei, wer er sein müßte, oder wer er gerne wäre).

Das erfordert wieder Fertigkeiten der Therapeutin. Sie muß die Sicherheit in der Beziehung herstellen, Distanzen und Zeitmuster wählen, in Kontakt sein und es zeigen, empfindliche Aspekte in angemessener Form zum Gegenstand der Therapie machen, starke Lernsituationen kreieren und vieles mehr. Sie braucht eine Menge Fertigkeiten und Techniken.

Doch auch hier liegen charakterliche und einstellungsabhängige Muster der Fähigkeit der Therapeutin, Sicherheit herzustellen, zugrunde. Muß sie etwas erreichen, oder kann sie Dinge sein lassen? Wie sehr kann sie schwierige Situationen und Beziehungen tolerieren? Wie sehr muß sie helfen? Diese und andere Kernfragen bestimmen das Maß, in dem sie Sicherheit anbieten kann.

(Noch eine Seitenbemerkung über die Hakomi-Methode: nachdem ausreichende Sicherheit hergestellt ist, lädt die Therapeutin den Klienten normalerweise ein, ein Stück seines Erlebens in einem bestimmten Bewußtseinszustand, genannt *innere Achtsamkeit*, zu untersuchen, meist über den Körper. Innere Achtsamkeit kann man mit folgender Beschreibung charakterisieren: nach Innen gewandt sein, auf das gegenwärtige Erleben der Selbstorganisation, langsam, ohne Wertungen und nicht zielorientiert.)

Sicherheit erlaubt es dem Klienten, seine Aufmerksamkeit auf sich selbst zu richten. Ereignisse, die in irgendeiner Weise bedrohlich erlebt werden, würden ihn wieder nach Außen rufen, zur Welt - welches den Bewußtseinszustand charakterisiert, den wir normalerweise erleben. Anders herum, wenn der Klient sich nach Innen wendet, auf das Ziel des Selbststudiums hin, beginnt in der Hakomi-Therapie der Weg zum Kernprozeß.

Das Konzept der Hakomi-Therapie schlägt vor, eine Beziehung herzustellen, die es dem Klienten und der Therapeutin erlauben, ein Team zu werden, das untersucht, was wirklich *ist*, statt wünschenswerte Änderungen zu verlangen, vorzuschlagen, oder zu implizieren.

Indem dieser Weg gewählt wird, kann der Klient anfangen, sich an zentral organisierendes psychisches Material anzunähern, das normalerweise der Wahrnehmung oder den Mitteilungsmöglichkeiten entzogen ist, da es durch Bewertung oder Beschämung zu verletzbar scheint. Die nicht-bedrohliche und nicht-herausfordernde Beziehung ermöglicht es, diese empfindlichen Bereiche zu berühren.

Physische *Berührung* kann dabei ein wichtiger Teil sein. Der Körper versteht die Intimität präziser Berührung oft als zunehmende Sicherheit in der Beziehung.

Worte helfen das Gewebe von Botschaften zu weben, das dem Klienten über den Therapeuten informiert, und ihm sagen, daß es sicher ist.

Typischerweise entstehen bei dieser Art zu arbeiten in der Anfangsphase positive bzw. idealisierte Formen der *Übertragung*.

Kooperation des Unbewußten

Dies ist eines der Schlüsselelemente der Hakomi-Therapie. Wenn Therapie die tiefsten Erinnerungen, die verborgenen, vergessenen und unterdrückten Teile der Person erreichen soll, dann muß das Unbewußte kooperieren. Das Unbewußte hat die Entscheidungsmacht und verhält sich nach seiner eigenen Logik. Während das Bewußtsein des Klienten versuchen mag, zu kooperieren, gibt es doch kein Material, das irgendeine Anstrengung an den Tag locken kann, wenn das Unbewußte es nicht will. Also muß die Therapeutin sich so verhalten, daß das Unbewußte des Klienten ihr vertrauen kann, und zwar nach seiner eigenen Logik. Wenn das Unbewußte es als sicher befindet, wird es Informationen, Transformation, oder was immer, freigeben. Darum spielt das Spontane in unserer Arbeit eine große Rolle. Eine Hakomi-Therapeutin beobachtet genau, ob das Unbewußte des Klienten kooperiert oder sich gegen die Therapeutin verteidigt. Sie wird von jeder Marschroute abrücken und sich dem Aufbau der Beziehung zum Unbewußten wieder zuwenden, wenn es Widerstand leistet.

Das Unbewußte spricht durch den Körper, vielleicht *ist* jeder Körper sogar, wie *Reich* sagte, das Unbewußte selber. Es spricht auch durch die Stimmung, durch das Gefühl, die Körperhaltung, Stimmführung, Zeitaufteilung, Gesichtsausdruck usw. Die Therapeutin kann hier Verbindung aufnehmen und es berühren.

Auf der Ebene der Fertigkeiten gibt es eine Reihe von Techniken und Strategien, um die Kooperation zu fördern: den Körper beobachten/"tracken", Verfahren zur Überprüfung des Kooperationsniveaus, Beobachtung und Feineinstellung ihres eigenen Verhaltens und anderes. Auf der Ebene der Haltungen und Einstellungen ist unser Grundsatz der *Gewaltlosigkeit* von großer Bedeutung. Das Unbewußte als "mind" (im Sinne *Gregory Bateson*'s als kombinierte Intelligenz von Körper und Geist) hat die Person bisher gewöhnlich in den Grenzen seiner Möglichkeiten gemanagt und organisiert. Es weiß alles über ihn und tut - so wie wir es sehen - bereits das Bestmögliche unter den herrschenden Umständen. Es wird sich nicht von einer Therapeutin umstülpen lassen, die glaubt, es besser zu wissen und um eine Änderung ringt. Das Unbewußte wird Widerstand leisten.

Also wird eine Hakomi-Therapeutin mit den vom Unbewußten subtil kommunizierten Vorschlägen mitgehen. Sie wird ohne Bewertung oder Vorlieben erforschen. Sie wird die Abwehr bestätigen und ehren. Sie wird bereit sein, zurückzuweichen und zu warten.

Dafür braucht eine Therapeutin Reife. Eine solche Haltung kann nicht simuliert werden. Das Unbewußte läßt sich durch Simulation nicht betrügen.

Das Ziel und hauptsächliche Ergebnis einer erfolgreich etablierten heilenden Beziehung ist, daß das Unbewußte bereitwillig kooperiert. Der Klient rutscht in eine leichte Mitarbeit, ohne Notwendigkeit zum Widerstand. Dinge passieren ohne Mühe: Bilder, Gefühle, Erinnerungen und alles andere treten aus ihren tiefsten Schlupfwinkeln ohne Kampf hervor. Die Therapeutin hat sich als unbedrohlich und als verständnisvoll gegenüber der Erfahrung des Klienten etabliert.

Als weitere Nebenbemerkung zur Hakomi-Methode möchte ich hier erwähnen, daß wir glauben, daß das Unbewußte tatsächlich verzweifelt darauf gewartet hat, seine Geheimnisse anzuvertrauen. Es konnte nur keinen richtigen Ort dafür finden. Aber wenn das passiert, wird es entschieden vorwärtsdrängen mit all seiner Kraft, Lösungen zu finden, zu heilen und zu wachsen.

Auch in diesem Zusammenhang: *Berührung* ist ein direkter Ausdruck von zwei Unbewußten, die Verbindung haben und sich gegenseitig anerkennen. Wenn sie kunstvoll verwendet wird, kann Berührung starke Äußerungen des Unbewußten des Klienten hervorrufen und uns direkt zu zentral organisierten Erfahrungen führen.

Auch *Worte* tun das. Sie rufen Verknüpfungen und Erfahrungen hervor, und sie kommunizieren Verständnis und Sicherheit. Sie tragen auch Sinn und benennen die Sichtweisen, die die persönliche Welt einer Person vom Kern her organisieren.

Übertragungen beleuchten die Überzeugungen und Sichtweisen, die das Unbewußte hält, auf der Ebene der Beziehung. Im Rahmen einer funktionierenden heilenden Beziehung können sie bewußt erlebt, ausgedrückt und bearbeitet werden.

Als eine letzte Nebenbemerkung würde ich die heilende Beziehung gerne als eine Kontext-Voraussetzung zu einigen anderen wesentliche Dingen beleuchten, die wir in einer typischen Hakomi-Sitzung tun. Diese anderen Dinge schließen viele weitere Aspekte und Techniken unserer Arbeit ein, die ich in einem solch kurzen Artikel nicht ansprechen kann. Als extrem vereinfachte Landkarte, könnte eine Hakomi-Sitzung folgende Schritte einschließen:

1. eine heilende Beziehung schaffen;
2. innere Achtsamkeit aufsuchen;
3. in innerer Achtsamkeit Erfahrungen hervorrufen (mit den Mechanismen der Selbstorganisation experimentieren und sie erforschen);
4. die aufsteigenden Erfahrungen durcharbeiten;
5. spontanen Wandel unterstützen; und die Integration des Wandels (wenn das in einer bestimmten Sitzung geschehen will).

Das war eine kurze Übersicht über einige Aspekte der Hakomi-Methode in Beziehung zu den Themen dieses Kongresses. Sie zeigt in keiner Weise die Komplexität unseres Ansatzes, aber ich glaube, daß sie etwas über die Bedeutung und die Kraft einer heilenden Beziehung deutlich machen kann.

Ron Kurtz schreibt in seinem Buch *"Body-centered Psychotherapy - The Hakomi-Method"* (1990, LifeRhythm, Mendocino, CA.): "Eine heilende Beziehung ist etwas Besonderes. Wenn Du darin bist, kannst Du es fühlen. Da ist dann eine unglaubliche Empfindlichkeit, die man nicht zu stören wagt. Da ist eine Verbindung mit Dir selbst, die es erlaubt, sich zu entspannen, neugierig zu sein und zu warten. Es kommen Intuitionen, die ganz von allein auftauchen und machtvolle Beiträge zur Arbeit liefern. Es besteht eine grundlegende Wärme und Freundlichkeit. Es besteht eine grundlegende Wachheit, die sowohl die Therapeutin, als auch den Klienten informiert. Es gibt keine Fragen, wer Heiler und wer Geheilter ist. Beide sind Teil von etwas Größerem, das geschieht. Beide fühlen es. Beide heilen". (S.64; Übers.d. Verf.)

* * * * *

Halko Weiss ist Diplom-Psychologe. Er arbeitet am Europäischen Hakomi-Institut in Heidelberg. Seine Adresse: Bergstr.161, 6900 Heidelberg, Tel.Deutschland/(0)6221/400952.

ANHANG

Entschließungen der **Europäischen Gesellschaft für Körperpsychotherapie** auf ihrem III.Kongress in Lindau/Bodensee im September 1991

Definition der Körperpsychotherapie

Der Körperpsychotherapeut arbeitet direkt und indirekt mit dem Organismus als einer essentiellen Verkörperung des mentalen, emotionalen, sozialen und spirituellen Lebens. Er/Sie ermutigt sowohl innere selbstregulative Prozesse als auch die angemessene Wahrnehmung der äußeren Realität.

Durch seine/ihre Arbeit ermöglicht der Körperpsychotherapeut entfremdeten Aspekten des Klienten bewußt, anerkannt und ins Selbst integriert zu werden.

Um diesen Übergang von Entfremdung zu Ganzheit ermöglichen zu können, sollte der Körperpsychotherapeut folgende Qualitäten haben:

1. Intuitive Wahrnehmungsfähigkeit und ein reflektives Verständnis einer gesunden menschlichen Entwicklung.
2. Die Kenntnis verschiedener Muster ungelöster Konflikte aus der Kindheit und ihrer spezifischen chronischen Spaltungen in Geist und Körper.
3. Die Fähigkeit, einen dauerhaften Bezugsrahmen herzustellen.

Außerdem sollte er ein differenziertes Gefühl haben für den Zusammenhang von

a. Signalen des Organismus, den vegetativen Fluß muskulärer Überspannung (Hypertension) oder Unterspannung (Hypotension), energetischer Blockaden, energetisch integrativer Pulsation und Zuständen sich verstärkender und natürlicher selbstregulativer Lebensfunktionen;
b. Erscheinungsweisen psychodynamischer Prozesse der Übertragung, Gegenübertragung, Projektion, defensiver Regression, kreativer Regression und verschiedener Arten des Widerstandes.

Nur einfache Mitgliedschaft

Die Aufteilung der Mitgliedschaft in zwei Kategorien, Vollmitglieder und Kandidaten, wurde aufgegeben und durch eine einfache Mitgliedschaft ersetzt, da keine hierarchischen Strukturen gefördert werden sollen, die eventuell zwischen einer alten eingesessenen Elite und jungen Kollegen entstehen könnte.

Vier Kriterien der Mitgliedschaft

Durch die Einführung einer einfachen Mitgliedschaft mußten auch die vier quantitativen Kriterien verändert werden. Weil viele Bewerber um die Mitgliedschaft diese Standards nicht erfüllen werden, wurde die Alternative "oder ein Äquivalent" eingeführt. Denn gerade ältere Kollegen konnten sich, da es bis vor etwa 15 Jahren fast keine formalen Körperpsychotherapieschulen in Europa gab, auch nicht in solchen ausbilden lassen. Das folgende Modell gilt bis zum nächsten Kongreß und ist dann für Veränderungen offen:

1. Wenigstens 600 Stunden professionellen Trainings als Psychotherapeut innerhalb einer wenigstens dreijährigen Periode, davon mindestens 400 in einer anerkannten Körperpsychotherapieschule "oder ein Äquivalent".
2. Wenigstens 150 Stunden kontinuierlicher Individual- oder Gruppenkörperpsychotherapie, wobei eine dreistündige Gruppensitzung einer Stunde individueller Psychotherapie entspricht. Diese Stunden persönlicher Psychotherapie sollten außerhalb der Ausbildung bei einem professionellen und bezahlten Körperpsychotherapeuten genommen werden. Wenigstens 50 Stunden sollten individuelle Einzelsitzungen sein "oder ein Äquivalent".
3. Wenigstens 100 Stunden professioneller Supervision durch einen Körpersychotherapeuten entweder in einer Gruppe oder individuell außerhalb der Ausbildung "oder ein Äquivalent". Für die Gruppensupervision gilt die Formel: Stunden der Gruppensupervision x 2 : Anzahl der Gruppenmitglieder.
4. Wenigstens 600 Stunden bezahlter professioneller Arbeit als Körperpsychotherapeut seit wenigstens 3 Jahren entweder in der Gruppe oder individuell "oder ein Äquivalent".

Akademische Voraussetzungen

Es sollen keine allgemeinen Standards akademischen Trainings für die Mitglieder der Gesellschaft aufgestellt werden, da sie in den einzelnen Ländern zu sehr differieren. Außerdem könne es nicht darum gehen, die Forderungen nationaler Regierungen unbedingt zu erfüllen. Jedes Mitglied sollte jedoch spezielle Kenntnisse in folgenden vier Bereichen haben oder erwerben:

1. Über Psychodynamiken, die für die Praxis der Psychotherapie relevant sind;
2. über Psychopathologien, die für die Praxis der Psychotherapie relevant sind;
3. über Theorien einer gesunden psychologischen Entwicklung;
4. über die Anatomie und Physiologie des Soma, die für alle Schulen der Körperpsychotherapie wichtig sein könnten.

Nationale Sektionen der Europäischen Gesellschaft

Es wurden nationale Sektionen der Europäischen Gesellschaft für Körperpsychotherapie gegründet. Hier die Vorstände der deutschsprachigen:

Die **Deutsche Sektion** ist mit derzeit 88 Mitgliedern die größte. In den Vorstand wurden gewählt: Manfred Thielen (Berlin), Ruppert Lorusso (Berlin), Ingrid Kramer-Neumann (Bochum), Traudel Anders-Hoepgen (Dortmund), Bernhard Maul (Berlin).
Die **Österreichische** Sektion wählte in ihren Vorstand Christian Bartuska (Wien), Peter Bolen (Brunn), Felix Hohenau (Wien), Christl Lieben (Wien).
Die **Schweizer** Sektion hat in ihrem Vorstand Christiane Geiser (Wil), Helen Müller-Hofer (Zürich), Regula Isenring (Etzwilen), Thomas Ehrensperger (Basel) und Bernhard Villiger (Zürich).

Die Auswahl der Körperpsychotherapieschulen

Der wiedergewählte Präsident der Europäischen Gesellschaft für Körperpsychotherapie, **David Boadella**, hat eine Liste von 52 Ausbildungen zusammengestellt, die in unterschiedlichem Maße mit Körperpsychotherapie zusammenhängen. Das IMC entschied sich zur Erstellung eines Fragebogens, der jeder Schule zugesandt wird. Danach soll entschieden werden, welche von der EABP anerkannt werden und welche nicht. Die EABP verfolgt dabei offensichtlich jedoch eher eine Politik der offenen Tür als der der Abgrenzung. Mögliche Ausschlüsse werden erst auf dem 4.Kongreß entschieden.

Forschung

Als ersten Schritt verschickt die EABP an alle Mitglieder und Ausbildungsschulen in Europa folgenden Fragebogen:
1. Interessiert sich ihre Schule oder interessieren Sie sich für Forschungsprogramme? Bevorzugen Sie qualitative oder quantitative Forschung? Ergebnisforschung, um den Einfluß von körperpsychotherapeutischen Prozessen auf Veränderungen beim Klienten zu bewerten? Prozeßstudien, die sich darauf konzentrieren warum und wie spezifische Interventionen auf die Dynamiken eines therapeutischen Kontextes wirken? Haben Sie bereits selbst Forschungsprogramme organisiert? Sind Sie bereit, Geld und Zeit zu investieren? Möchten Sie mit anderen Schulen auf europäischer Ebene kooperieren? Kennen sie Forscher (nicht notwendigerweise Körperpsychotherapeuten), die interessiert und fähig sind, ein Forschungsprogramm in Körperpsychotherapie auf bezahlter professioneller Basis durchzuführen (auch auf unbezahlter professioneller Basis durchzuführen)? Können Sie uns über spezifische Fonds in ihrer lokalen oder nationalen Gemeinschaft aufklären? Veröffentlicht ihre Schule Publikationen

auf akademischer Ebene? Möchten Sie etwas zu einem Handbuch für Körperpsychotherapie beitragen? Welche Artikel sollten nach ihrer Meinung in einem
solchen Buch stehen? Möchten Sie über die Aktivitäten des Forschungskomite-
es informiert werden?

Das Komitee der nationalen Repräsentanten

arbeitet direkt mit dem wiedergewählten Vizepräsidenten der Gesellschaft,
Björn Blumenthal, zusammen und besteht aus Vertretern aus Österreich, Belgien,
Tschechoslowakei, Dänemark, England, Deutschland, Griechenland, Italien, Jugo-
slawien, Norwegen, den Niederlanden, Polen, Portugal, Spanien, Schweden und
der Schweiz. Außerhalb Europas gibt es Kontakte mit Körperpsychotherapeuten in
Australien, den USA und Südamerika.

Neben dem Aufbau eines kommunikativen Netzwerkes ist eine ihrer Aufgaben
die Erstellung eines Überblicks über die gesetzliche Situation eines jeden Landes.
Innerhalb Europas gibt es große Unterschiede. In Norwegen z.B. dürfen nur
klinischen Psychologen und Ärzte (Psychiater) Psychotherapie praktizieren, in
Spanien gibt es darüber keine Gesetze. Besonders durch die Entwicklung eines
gemeinsamen europäischen Marktes wird es Initiativen geben, die nur Psychologen
und Ärzten die Ausübung der Psychotherapie erlauben wollen. Es gibt jedoch viele
Körperpsychotherapieschulen, die nicht von Psychologen oder Ärzten geleitet
werden. Die EABP setzt sich deshalb sowohl bei den nationalen Regierungen und
Institutionen als auch bei den europäischen Gremien für einen flexibleren Zugang
ein. (Für eine vertiefende Diskussion des Themas lesen Sie bitte den Artikel
*"Organismus & Organisation: Der Platz der Somatischen Psychotherapie in der
Gesellschaft"* von **David Boadella** in *Energie & Charakter - Zeitschrift für Biosyn-
these und Somatische Psychotherapie*, Sonderband 1).

Publikations-Komitee

Zu den Zielen des Komitees gehört die Vorbereitung einer computerisierten
Bibliographie aller Bücher, Journale und Artikel betreffs Körperpsychotherapie,
die allen Mitgliedern zur Verfügung stehen soll. Sie soll der Forschung, dem
professionellen Austausch und der Dokumentation der phänomenologischen und
wissenschaftlichen Grundlage der Körperpsychotherapie dienen. Ein anderes Lang-
zeitziel ist die Vorbereitung eines umfassenden Handbuches der Körperpsychotherapie.

Ethik

Die Zustimmung zur Ethik der EABP war einhellig, heftig diskutiert wurde
allerdings, ob sie nun Leitlinie bleiben, oder zur Regel erhoben werden soll, die als
solche natürlicherweise auch Sanktionen, d.h.z.B. bei Verstoß etwa Ausschluß nach

sich ziehen. Diese Frage entzündete sich vor allem am Thema Sexualität. Bis zum nächsten Kongreß 1993 gilt die Ethik der EABP als empfohlene *Leitlinie*. Das Ethikkomitee der Gesellschaft nimmt formale ethische Klagen und Fragen entgegen. Das Ethikkomitee kann auch inoffiziell und anonym befragt und um Rat gebeten werden.

Die allgemeine Ethik des individuellen Körperpsychotherapeuten

Körperpsychotherapeuten arbeiten innerhalb einer Vielzahl komplexer Beziehungen: Individualtherapie, Gruppentherapie, Ausbildung, Supervision, Kollegen und den Wechselbeziehungen zwischen allen. Immer repräsentieren sie ihren Bereich vor den Augen der Öffentlichkeit. Sie erkennen, daß sie in allen Therapien, Ausbildungen, Supervisionen und Beratungen, innerhalb verschiedener Bandbreiten und Stärken asymmetrischer Beziehungen arbeiten, in denen sie primäre Verantwortung für die Angemessenheit von Inhalt, Kontext und Grenzen tragen. Ihre Handlungen werden deshalb von der Wahrnehmung der Erfordernisse der fraglichen Beziehung geleitet. Sie verstehen, daß ihre Ziele sowohl von ihren offensichtlichen Handlungen als auch ihrem derzeitigen Zustand bestimmt sind.

Sie übernehmen die Verantwortung, sich über neue Entwicklungen in der Psychotherapie zu informieren, ihre Fähigkeiten und Kenntnisse ständig zu verbessern und auf den neuesten Stand zu bringen, sich, wenn nötig, von Kollegen beraten und unterstützen zu lassen und eventuell die eigene Therapie fortzuführen, um persönliche Probleme zu lösen.

A. Individuelle Therapie

(Ich benutze abwechselnd die männliche und die weibliche Sprachform, sie steht dann jeweils für beide).

Vertrag

Der Körperpsychotherapeut schließt mit seinem Klienten einen eindeutigen Vertrag über die Häufigkeit, die Bezahlung, Methoden, Interventionsebenen und spezifischen Ziele sowie über die Länge der Sitzungen und (wenn bekannt) der Therapie ab.

Beispiel: Der Therapeut informiert den Klienten über seine professionelle Ausbildung, beschreibt seine Methoden. Der Klient kann bestimmte Prozeduren ablehnen. Es gibt klare Vorstellungen darüber, wie eine Therapie begonnen, beendet und eventuell unterbrochen wird. Der Klient wird über mögliche Unterbrechungen im voraus informiert. Der Therapeut bleibt im allgemeinen auf dem vereinbarten Level der Intervention und arbeitet auf das vereinbarte Therapieziel zu - oder verhandelt neu. Er stellt ein angemessenes Arbeitsumfeld zur Verfügung. Wenn der Klient minderjährig ist, trägt er Verantwortung gegenüber den Eltern oder dem gesetzlichen Vormund genauso wie gegenüber dem Klienten.

Vertraulichkeit

Alle Informationen über den Klienten sind vertraulich, ob sie nun vom Klienten selbst stammen oder von anderen oder aus der eigenen Wahrnehmung. Dies betrifft auch die therapeutische Beziehung. Dies solange, bis die Vertraulichkeit in gegenseitigem Einverständnis aufgehoben wird, oder ihre Aufrechterhaltung einen Gesetzesbruch oder die Gefährdung des Klienten nach sich ziehen würde.

Beispiel: Der Therapeut nimmt Sitzungen auf Rekorder oder Video nur mit schriftlicher Zustimmung des Klienten auf, nachdem vorher mögliche Beeinflussungen des therapeutischen Prozesses diskutiert worden sind.

Präsenz

Die Therapeutin ist energetisch, emotional und kognitiv präsent, zentriert und mit dem therapeutischen Prozeß verbunden. Sie respektiert die Grenzen des inneren Prozesses des Klienten. Sie läßt ihr eigenes Bedürfnis nach Dankbarkeit und Belohnung nicht die erste Stelle in der Beziehung einnehmen.
Beispiele: Der Therapeut nimmt eine Haltung fürsorglichen Interesses ein und sorgt für angemessene innere und äußere Arbeitsbedingungen. Er spricht Themen auf vertraglicher, zwischenmenschlicher und anderen Ebenen an und beobachtet Übertragung und Gegenübertragung im therapeutischen Prozeß. Er begegnet seinem Klienten auf einer angemessenen Ebene, vermeidet es ihn zu isolieren oder grundlos zu verletzen und definiert Themen nicht auf inadäquate Weise um, indem er sie z.B. etikettiert oder sein Wissen zur Schau stellt.

Einschätzung

Die Therapeutin schätzt regelmäßig den Stand des Therapieprozesses, seines Fortschritts und seiner Nützlichkeit für die Klientin ein. Diese Einschätzungen bestimmen ihre Handlungen.
Beispiele: Zu Beginn der Therapie schätzt die Therapeutin die Bedürfnisse der Klientin und deren Fähigkeit ein, sie zu befriedigen. Sie respektiert den Gesundheitszustand der Klientin und ermutigt sie, sich angemessene Hilfe zu holen. Sie überprüft die Angemessenheit ihrer Interventionen und den Prozeß der therapeutischen Interaktion (vertraglich, zwischenmenschlich, übertragungsmäßig). Sie beachtet die Auswirkungen der Therapie auf den Alltag der Klientin und den Einfluß des Alltags auf die Therapie. Sie verhandelt über die Beendigung der Therapie, wenn sie glaubt, daß sie nicht länger von Nutzen für die Klientin ist.

Ehrlichkeit

Der Therapeut berichtet ehrlich über seine Ausbildung und seine Fähigkeiten, über die Grenzen von Therapie und seine Wahrnehmung des Klienten, als auch über die Interaktionen zwischen ihnen.
Beispiele: Der Therapeut überweist seinen Klienten an einen Kollegen, wenn die präsentierten Themen über seine Möglichkeiten hinausgehen. Er erklärt seinem

Klienten realistisch die eigene Methode und vergleicht sie mit anderen. Wenn es angemessen erscheint, erläutert er seine eigenen Gefühle, Fehler, Mängel an Aufmerksamkeit usw. Wenn es angemessen erscheint, ist er auch bereit, seine Visionen und Werte - soziale, persönliche, spirituelle, ethische, intellektuelle - darzustellen, die seiner Arbeit innewohnen.

Respekt

Die Therapeutin respektiert die körperlichen, persönlichen, spirituellen, religiösen und politischen Grenzen des Klienten.
Beispiele: Die Therapeutin behindert keine Entscheidungen des Klienten, es sei denn, sie seien schädlich für ihn oder andere. Wenn sie den sozialen oder persönlichen Strukturen des Klienten in einem die Therapie stark behindernden Maße ablehnend gegenübersteht, nimmt sie dazu Supervision, ändert eventuell den Therapievertrag oder beendet die Therapie.

Macht

Der Therapeut benutzt seine Position als Autorität, um das Wachstum und die Autonomie der Klientin zu fördern und keinesfalls zur persönlichen Erhöhung.
Beispiele: Der Therapeut initiiert nur Prozesse, die die Klientin auch integrieren kann. Er beutet sie weder finanziell, emotional, sexuell oder anders aus. Er unterstützt die Wahrnehmungsfähigkeit und Kraft seiner Klientin bezüglich ihrer Rechte und Bedürfnisse. Er ermutigt ihren Selbstrespekt durch Unterstützung und Beispiel und etabliert gegenseitigen Respekt und Grenzen durch angemessenen Widerstand.

Sexualität

Der Therapeut ist in seiner eigenen Sexualität zentriert und geerdet und verwendet dies, um seine Klienten in ihrem psychosexuellen Wachstum zu begleiten und keinesfalls wegen seiner eigenen sexuellen Bedürfnisse.
Beispiele: Der Therapeut reagiert in einer fürsorglichen und begrenzten Art auf die sexuellen Gefühle von Klienten, ob diese nun auf einer Eltern-Kind-Ebene oder einer Erwachsenen-Erwachsenen-Ebene erscheinen. Er hat keinen Geschlechtsverkehr mit seinen Klienten und verhält sich nicht verführerisch. Er beendet die Therapie, wenn die sexuelle Atmosphäre einen Grad erreicht hat, der seine Klarheit behindert, oder wenn die haltende Umgebung nicht mehr adäquat vorhanden ist. Der Prozeß der Beendigung der Therapie beinhaltet wenigstens eine Stunde mit einem außenstehenden Therapeuten, der dabei hilft, die therapeutische Beziehung zu klären. Dauer und Bezahlung werden ebenfalls mit Hilfe dieses Kollegen geklärt.

Kongruenz

Die Therapeutin ist sich über andere Beziehungen, die sie direkt oder indirekt zu der Klientin hat und die die therapeutische Beziehung beeinträchtigen könnten im Klaren. Sie vermeidet oder klärt sie.

Beispiele: Die Therapeutin vermeidet generell therapeutische Beziehungen mit Angestellten, engen Freunden, Verwandten etc., sogenannte Doppelbeziehungen. Sie erkennt, daß soziale Kontakte außerhalb der Therapie Komplikationen erzeugen können und vermeidet sie wenn möglich, oder klärt ihren Einfluß auf die Therapie. Ist dies nicht gewährleistet beendet sie die Therapie. Der Prozeß der Beendigung der Therapie beinhaltet wenigstens eine Stunde mit einem außenstehenden Therapeuten, der dabei hilft, die therapeutische Beziehung zu klären. Dauer und Bezahlung werden ebenfalls mit Hilfe dieses Kollegen geklärt. Generell tritt sie nicht z.B. als Beraterin in private oder professionelle Beziehungen mit ihren Klienten oder deren Angehörigen ein.

B. Gruppentherapie

Die ethischen Leitlinien der Gruppentherapie sind dieselben wie die der Einzeltherapie. Sie werden jedoch in einer Situation angewandt, in der der Therapeut die Bedürfnisse der Gruppe und die des Einzelnen ausbalancieren muß.
Beispiele: Nur solche, die von der Einzeltherapie abweichen. *Vertraulichkeit*: Alle Gruppenmitglieder bewahren gegenseitige Vertraulichkeit. Video- und Audio-Aufnahmen dürfen nur mit Zustimmung aller Gruppenmitglieder gemacht werden. *Einschätzung*: Die Therapeutin beachtet immer die Bedürfnisse der ganzen Gruppe, auch wenn sie mit Einzelnen arbeitet. *Respekt*: Sie ermutigt zu grundlegendem Respekt zwischen den Gruppenmitgliedern. *Macht*: Sie ermutigt zu angemessener Konfrontation und Unterstützung zwischen den Gruppenmitgliedern und entmutigt Kollusion und Sündenbockverhalten. *Sexualität*: Es gibt klare Vereinbarungen über sexuelle Beziehungen zwischen Gruppenmitgliedern. *Kongruenz*: Sie zieht die Auswirkung von zusätzlichen therapeutischen Beziehungen, die sie zu Gruppenmitgliedern außerhalb der Gruppe hat, in Betracht und handelt entsprechend.

C. Ausbildung

Die Prinzipien sind dieselben, wie bei der therapeutischen Beziehung, jedoch an eine Situation angepaßt, in der der Trainer auf die zur Entwicklung von professionellen Fähigkeiten gehörigen Bedürfnisse des Einzelnen und der Gruppe eingeht.
Beispiele: Vorausgesetzt wird eine Ausbildung in der Gruppe. Beispiele werden nur genannt, wenn sie sich von jenen der Gruppentherapie unterscheiden. *Vertrag:* Der Trainer bewertet in verantwortlicher Art und Weise den zufriedenstellenden Fortschritt und Abschluß der Ausbildung. Er schließt Studenten von der Ausbildung aus, wenn ihnen genügende Reife, Bemühen oder Fähigkeit fehlt. Er gibt zu Beginn des Trainings die Ausbildungsregeln bekannt. *Vertraulichkeit:* Das im Training von den Studenten mitgeteilte persönliche Material wird vertraulich behandelt. Der Trainer kann seine Einschätzung der Kompetenz und Befähigung seiner Studenten seinem Supervisor und anderen Trainern mitteilen, jedoch nicht seinem Einzelthe-

rapeuten. *Einschätzung:* Die Ausbilderin schätzt die persönlichen Erfordernisse und Resourcen ihrer Studenten und ihre Fähigkeiten, präsentiertes Material zu assimilieren und professionell anzuwenden ein. *Respekt:* Ausbilder können definitive Erfordernisse an die persönliche Entwicklung der Studenten stellen, damit die Anforderungen des Trainings erfüllt werden können. *Macht:* Ausbilder benützen ihre Macht und Autorität nur, um die Struktur und die Qualität der Ausbildung zu gewährleisten. *Sexualität:* Ausbilder akzeptieren generell nicht ihre eigenen Sexualpartner in ihrem Training. Sie akzeptieren auch keine Studenten als Sexualpartner. *Kongruenz:* Ausbilder klären inkongruente Beziehungen in ihren Ausbildungen. Sie nehmen ungelöste Themen zwischen Ausbildern und Studenten wahr.

D. Supervision

Die ethischen Prinzipien für die Supervision sind dieselben wie für die Einzeltherapie, allerdings auf eine Situation angewandt, in der der Supervisor den Supervisanten unterstützt und konfrontiert, um ihm zu helfen, seine professionellen Fähigkeiten zu verbessern.

Beispiele: Nur wenn sie sich von jenen des Trainings unterscheiden. *Vertrag:* Supervisoren stellen ganz klar die Unterschiede zwischen Supervision und Therapie heraus und respektieren diese Grenzen und Unterschiede jederzeit. *Kongruenz:* Supervisoren akzeptieren keine Angehörigen oder engen Freunde von Supervisanten als Therapieklienten.

E. Forschung

Der Forscher folgt im allgemeinen den oben beschriebenen Richtlinien, im besonderen denen für die Einzel- und Gruppentherapie, es sei denn, er untersuche sie direkt.

Forschungen, die die ethischen Leitlinien der EABP überschreiten, müssen dem Ethikkomitee zur Diskussion vorgelegt werden.

F. Professionelle Beziehungen

Diese Kategorie betrifft eher symmetrische Beziehungen als asymmetrische. Hier geht es hauptsächlich um das ethische Prinzip des Respekts: Therapeuten behandeln die spezifische Kompetenz und Verantwortlichkeit von Kollegen und anderen Berufssparten mit Respekt. Sie sind sich im Klaren darüber, wann sie die Kompetenz anderer Berufssparten und technischer sowie administrativer Quellen zum Wohle ihrer Klienten heranzuziehen haben.

Beispiele: Therapeuten ziehen bereits existierende therapeutische Beziehungen in Betracht und handeln entsprechend. Sie vermeiden generell konkurrierende Therapie. Geschieht dies, informieren sie den anderen Therapeuten. Sie stehen ihren Kollegen loyal gegenüber und verbreiten in der Öffentlichkeit keine Meinungsunterschiede in herabwürdigender Art und Weise. Sie lassen sich, bevor sie von Kollegen Informationen über einen ihrer Klienten einholen, von diesem die Erlaubnis dazu geben.

G. Öffentlichkeit:

Therapeuten repräsentieren integer ihren Beruf und präsentieren ihre Arbeit und ihre Theorien präzise.
Beispiele: Sie anerkennen die Qualitäten anderer Therapieformen und auch, daß kein System oder Therapeut das oder der beste ist. Sie veröffentlichen nur unter ihrem Namen, wenn sie einen eigenen signifikanten Beitrag geleistet haben. Sie versuchen nicht, die öffentliche Kritik ihrer Arbeit zu verhindern. Wenn sie für sich werben, dann nur durch einfach Hinweise darauf, was sie tun, wobei sie ihre Arbeit und Theorien angemessen darstellen. Ihre öffentlichen Aussagen, Werbungen oder professionellen Publikationen enthalten keine falschen, betrügerischen, unfairen oder täuschenden Informationen.

Vorstand

In den **Vorstand der EABP** bis zum IV.Kongreß im September 1993 wurden gewählt:

David Boadella (Schweiz) - Präsident; **Björn Blumenthal** (Norwegen) - Vizepräsident; **Marianne Bentzen** (Dänemark) - Sekretariat; **Matthew Speyer** (Deutschland); **Alison Duguid** (Italien); **Hans Krens** (Niederlande) - Finanzen; **Yvonne Maurer** (Schweiz).

* * * * *